# 이희호 평전

# 이희호 평전

고난의 길, 신념의 길

고명섭 지음

한겨레출판

이 책은 내가 여성 지도자로,
야당 정치인과 대통령의 아내로
살아온 일생을 진솔하게 증언한 것입니다.
〈한겨레〉에 연재되는 동안 많은 분들이
그동안 몰랐던
한국 현대 정치사의 내적 진실을 알게 되었다고
사랑과 격려를 해주었습니다.

– 이희호(김대중평화센터 이사장)

프롤로그

# 이희호 없는 김대중을 생각할 수 있는가

2009년 8월 23일 제15대 대한민국 대통령을 지낸 현대 정치사의 거인 김대중이 이 땅의 사람들과 영원히 작별했다. 이날 오후 국회를 떠난 영구차는 현충원에 고인을 내려놓기 전 서울시청 앞 광장을 들렀다. 민주주의 수호자의 마지막 가는 길을 보려고 모여든 수많은 시민을 앞에 두고 검은 상복을 입은 노구의 부인이 단상에 올랐다. 슬픔에 젖은 가녀린 몸에 어울리지 않는 카랑카랑한 목소리가 광장으로 울려 퍼졌다. 고인과 47년의 삶을 함께한 부인 이희호였다.

"사랑하고 존경하는 국민 여러분! 제 남편은 일생을 통하여 민주주의를 지키기 위해 피나는 고통을 겪었습니다. 많은 오해를 받으면서도 오로지 인권과 남북의 화해협력을 위해 노력해왔습니다. 바라옵건대, 남편이 평생 추구해온 화해와 용서의 정신 그리고 평화를 사랑하고 이웃을 사랑하는, 행동하는 양심으로 살아가기를 간절히 원합니다. 이것이 남편의 유지입니다."

세상을 뜨기 전 김대중은 피로써 이룬 민주주의가 깨져나가는 걸 보며 독재의 부활을 걱정했다. 2009년 5월 23일 제16대 대통령 노무현의 갑작스런 죽음을 접하고 자기 몸의 절반이 무너지는 것 같은 충격을 받았다. 검찰을 앞세운 정권의 잔인한 보복이 끝내 전임 대통령의 자살을 불렀다. 김대중은 "노무현 대통령의 자살은 이명박 정권에 의해 강요된 것이나 마찬가지"라고 일기에 썼다. 김대중은 장례식에서 읽으려고 쓴 조사에서 비명에 간 후배 대통령을 향해 이렇게 소리쳤다.

"노무현 대통령! 당신은 죽어서도 죽지 마십시오. 우리는 당신이 필요합니다. 당신은 저승에서, 나는 이승에서 힘을 합쳐 민주주의를 지켜냅시다. 그래야 우리가 인생을 산 보람이 있지 않겠습니까."

김대중은 정권의 방해로 이 조사를 읽지 못했다. 6월 11일 6 · 15남북공동선언 9돌 기념식이 열렸다. 김대중은 아픈 몸을 이끌고 참석해 혼신을 다해 말했다. "독재정권이 과거에 얼마나 많은 사람을 죽였습니까. 그분들의 죽음에 보답하기 위해, 우리 국민이 피땀으로 이룬 민주주의를 지키기 위해 우리가 할 일을 다해야 합니다. 행동하는 양심이 됩시다. 행동하지 않는 양심은 악의 편입니다." 마지막 생기를 다 모아 쏟아낸 연설을 뒤에 남기고 얼마 지나지 않아 김대중은 쓰러졌다. 그것이 영원한 잠의 시작이었다.

김대중은 서울 동작동 현충원의 새로 단장한 묘역에 묻혔다. 장례식 이후 이희호는 매주 두 번씩 남편의 묘소를 참배했다. 비가 오는 날도 눈이 오는 날도 빠지지 않았다. "남편이 하늘에서도 이 나라 민주주의와 남북의 화해와 세계 평화를 위해 힘써달라고 기도합니다." 남편의 몸이 땅으로 돌아갔지만 아내는 남편을 떠나보내지 않은 것 같다. "매일 밤 잠자리에 들기 전에도 남편을 생각하며 같은 내용으로 기도합니다." 이희호 곁에는 여전히 김대중이 있다.

이희호의 삶은 김대중의 존재와 떼려야 뗄 수 없이 얽혔다. 그러다 보니 이희호 자신보다는 '김대중의 부인'으로 더 알려졌다. 그러나 김대중과 만나기 전에도 이희호는 사회운동의 주목받는 지도자였다. 이름이 나는 데 굳이 김대중이라는 존재에 빗질 이유가 없었다. 미국에 유학한 유망한 사회학 연구자로서 대학 강단에 섰고, 여성문제연구회의 창립을 주도했으며, 대한YWCA(Young Women's Christian Association)연합회 총무로서 여성기독교운동을 이끌었다. 총무로 취임해 활동한 4년 동안 이희호는 여성운동의 새 장을 열었다. 이 나라 여성인권운동 성장의 중심에 이희호가 있었다.

여성의 권리를 위해 싸우던 이희호는 김대중과 부부의 인연을 맺음으로써 삶의 행보가 바뀌었다. 운명은 두 사람을 현대사의 회오리바람 속으로 밀어 넣었다. 두 사람이 걸은 길은 수난의 골고다 언덕이었다. 그러나 아내가 남편을 마냥 뒤따르는 길은 아니었다. 이희호와 김대중이 즐겨 쓴 표현을 쓰자면, 두 사람의 일생은 '동행자', '동역자'의 삶이었다. 함께 걷고 함께 일하고 함께 싸우는 삶이었다. 이희호는 김대중의 동지, 가장 깊은 신뢰로 묶인 평생 동지였다. 이희호와 김대중은 동지로서 서로를 일으켜주었고 부추겨주었다.

이희호와 김대중을 잘 아는 사람들은 '이희호가 없는 김대중을 생각할 수 있는가' 하고 자주 물었다. 동행자 이희호 없다면 정치인 김대중도 있을 수 없다는 뜻이었다. 생전의 김대중 자신이 그런 생각을 가장 분명하게 표현한 사람이었다. 김대중은 1983년 미국 망명 시절에 샌프란시스코에서 강연하던 중 이렇게 말했다.

"아내가 없었더라면 내가 오늘날 무엇이 되었을지 상상도 할 수 없습니다. 오늘 내가 여러분과 함께할 수 있는 것은 내 아내 덕분이고, 나는 이희호의 남편으로서 이 자리에 서 있습니다. 나는 그것이 너무나 자랑스럽습니다."

독재자들의 핍박을 받던 시절 이희호는 남편의 안위가 걱정돼 기도로 밤을 새우면서도, 독재자와 싸우기를 중단하라거나 민주주의 투쟁 일선에서 물러나라고 한 적이 없었다. 그러기는커녕 오히려 투쟁을 지원하고 독려했다. 1972년 10월 대통령 박정희가 '유신 쿠데타'를 일으키자 일본에 있던 김대중은 망명 아닌 망명 생활을 해야 했다. 이희호는 정보기관의 감시를 피해 남편에게 쓴 편지에서 "어느 누구도 바른말을 하지 못하고 가슴 답답해하고 있다"고 조국의 현실을 전한 뒤 "현재로서는 당신만이 한국을 대표해서 말할 수 있으니 더 강한 투쟁을 하시라"고 적었다.

박정희 정권의 '김대중 도쿄납치사건'이 일어나기 석 달 전인 1973년 5월 편지에서는 "중앙정보부가 무슨 짓을 할지 모르겠다"고 불안하고 두려운 마음을 밝히면서도 "꾸준히, 용감하게 싸워나가달라"고 또박또박 썼다. 상황이 너무나 위험하니 이제 투쟁을 그만두고 타협하라고 할 수 있을 법도 한데, 이희호의 입에서는 끝내 그런 말이 나오지 않았다. 이 단호한 태도가 김대중의 양심을 단련시켰다. 1971년 대통령 선거에 신민당 후보로 나선 남편을 대신해 찬조연사로 전국을 돌 때 이희호는 연단에 서서 시민들에게 말했다.

"만약 남편이 대통령이 돼 독재를 하면 제가 앞장서서 타도하겠습니다."

이희호의 부드러움 속에는 부러지지 않는 철심이 들어 있었다. 그

철심이 남편의 민주주의 신념이 가혹한 탄압에 흔들리는 것을 막아 주었다. 김대중의 신조 '행동하는 양심'의 그 양심 한가운데 이희호가 있었다. 유신독재 시절 옥중의 남편에게 보낸 편지에서 이희호는 이렇게 말했다.

"당신이 늘 말하는 바와 같이, 행함이 없는 양심은 악의 편에 속한다 하는 말씀이 떠오릅니다. '무엇을 하는 것이 옳은 일인지 알면서도 행하지 않으면 죄가 된다는 것을 기억하십시오.'(야고보서 4장 17절) 우리 크리스천은 사회를 새롭게 변혁하는 행함으로 지상의 천국을 이루어나가야 할 것입니다."

이희호가 김대중의 양심을 지키고 키웠다는 사실을 김대중은 아내에 관해 쓴 글에서 솔직하게 밝혔다.

"우스갯소리로 나는 늘 아내에게 버림받을까 봐 내 자신의 정치적 지조를 바꿀 수 없었다고 말하곤 한다. 그러나 이것은 우스개가 아니다. 나의 진심이다. 1980년 당시 내가 정권에 협력하지 않으면 목숨을 잃을 상황이었다. 쿠데타에 참여했던 실력자가 나를 찾아와 온갖 회유와 협박을 했다. 나도 인간인데 그런 유혹 앞에서 흔들리지 않을 수 없었다. 그때 한순간 흔들리던 나의 마음은 아내를 생각하며 올곧게 바로잡혔다. 아내는 결코 나의 배신을 용납하지 않을 것이다. 아내의 사랑을 잃는다는 것은 내게는 곧 목숨을 잃는 것과 다를 바 없는 것이었다. 나는 아내의 사랑을 택했다."

이희호가 김대중과 함께한 세월의 태반은 핍박과 죽음의 불길이 어른거리는 환난의 시간이었다. 그 시절 내내 신념과 의지를 지키고 두려움을 이겨내게 해준 것이 신앙이었다. 이희호는 자신이 믿는 신에게 간구하고 또 간구했다. 기도하다 밤을 새우는 날이 몇 날 며칠

인지 몰랐다. 성경 말씀을 읽고 또 읽었다. 남편이 쿠데타군에 잡혀가 행방도 생사도 알 수 없던 시절에 이희호는 이사야서를 되풀이해 읽었다. "내가 너와 함께 있으니, 두려워하지 말라. 내가 너의 하느님이니, 떨지 말라. 내가 너를 강하게 하겠다. 내가 너를 도와주고, 내 승리의 오른팔로 너를 붙들어주겠다." 망망한 바다에서 난파당한 배의 파편 한 조각을 붙들고 흘러가는 것 같은 시간들이었다. 이 표류가 어디서 끝날지, 어디에 육지가 있을지 도무지 짐작도 할 수 없었다. 기댈 것은 기도뿐이었다. 몸과 마음이 갈라지고 부서질 것 같았으나 기도로 버텼다.

이희호의 신앙 안에서 '개인 구원'과 '사회 구원'은 하나로 만났다. 사회의 고통을 외면하고 개인의 기복에만 매달리는 신앙은 "죽은 신앙"이었다. 이희호에게 신앙은 자유, 정의, 인권 그리고 민주주의를 찾으려는 싸움의 보이지 않는, 최후의 무기였다. 이희호가 남편의 목숨을 지켜달라고 하늘에 간구했던 것은 남편이 이 땅에서 해야 할 일이 있다고 믿었기 때문이었다. 자유롭고 정의로운 세상을 만드는 하느님의 사업에 일꾼으로 동참하는 것이 남편이 할 일이었다. 그 신앙이 용기의 원천이었다. 김대중은 "용기는 성격에서 나오는 것이 아니라 진리에 대한 헌신에서 나온다"고 했다. 이희호가 낸 용기야말로 '진리에 대한 헌신', 곧 이희호 자신이 믿는 하느님의 뜻에 대한 헌신에서 나온 것이었다.

이희호의 용기는 용서로도 나타났다. 자신의 신앙이 가르치는 대로 이희호는 원수조차 용서해야 한다는 신념을 실천했다. 1977년 남편에게 쓴 편지에서 이희호는 이렇게 말했다.

"오직 악은 악으로 이길 수 없고 선으로만 이긴다는 것을 우리는

다 같이 알아야 할 것으로 믿습니다. '내 원수가 주리거든 먹을 것을 주고 목마르거든 마실 것을 주라'고 가르친 이런 사랑을 생각하고 체험하게 되기를 바랍니다. 나를 사랑하는 사람을 사랑하는 것은 누구라도 할 수 있는 일이고 크리스천이 아니어도 할 수 있는 것이니, 원수까지 사랑하는 아가페의 사랑을 실천해야겠습니다."

이 편지를 보낸 것은 남편이 유신정권의 폭압에 저항하다 5년형을 받고 서울에서 가장 먼 진주교도소 독방에 갇혀 있을 때였다. 수난의 한가운데서 용서를 이야기하려면 용기가 필요하다. 이희호는 신군부가 조작한 '김대중 내란음모 사건'으로 남편이 대법원에서 사형 확정을 받은 직후에도 똑같이 기도했다. "우리를 괴롭히는 사람들도 사랑해주시고 축복해주시옵소서."

이희호가 보여준 이 용서의 정신은 김대중이 사형선고를 받는 자리에서 했던 유언과 하나로 연결돼 있다. 그때 김대중은 이렇게 말했다. "머지않아 반드시 민주주의가 회복될 것입니다. 나는 그걸 확신하고 있습니다. 그때가 되거든 먼저 죽어간 나를 위해서든, 또 다른 누구를 위해서든 정치적인 보복이 이 땅에서 다시는 행해지지 않도록 해주시기를 부탁드립니다." 이희호와 김대중이 공유한 용서는 신앙적 차원의 결단이고 신념이었다.

"사랑은 오래 참고, 친절합니다. 사랑은 시기하지 않으며, 뽐내지 않으며, 교만하지 않습니다. 사랑은 무례하지 않으며, 자기의 이익을 구하지 않으며, 성을 내지 않으며, 원한을 품지 않습니다. 사랑은 불의를 기뻐하지 않으며, 진리와 함께 기뻐합니다. 사랑은 모든 것을 덮어주며, 모든 것을 믿으며, 모든 것을 바라며, 모든 것을 견딥니다."

이희호를 아는 사람들 가운데 여러 사람이 이희호를 생각하면 고

린도전서의 이 구절이 떠오른다고 말한다. 자기를 내세우지 않으면서도 언제나 제자리를 지키는 그 한결같음 때문일 것이다. 그렇다. 많은 이들이 이희호의 가장 두드러진 특징으로 바로 그 한결같음을 꼽는다. "옛날이나 지금이나 한결같다. 고난의 시절이나 영광의 시절이나 한결같다." 이희호는 그런 한결같음으로 인간으로서는 감당하기 어려운, 모질고 강팍한 시련의 현대사를 통과했다. 이희호가 걸은 길은 고난의 길이었고 믿음의 길이었다. 우리는 이제 이희호가 거쳐온 그 세월의 맨 처음으로 돌아가 어린 날의 이희호를 만나게 된다.

차례

## 제4부 제5공화국



## 제5부 광장의 시련

제1부

# 학업시대

1

# 남 주기 좋아하던 수줍은 아이

## 어린 시절

"나는 너무나 공부가 하고 싶어 사흘 동안 밥을 안 먹고 떼를 썼지만 여자 애라고 학교에 안 보내주셨다."

어린 시절 이희호가 어머니에게 자주 들었던 말이다. 이희호의 어머니는 집안 오빠들처럼 신식 학문을 배우고 싶어 했지만, 그 시절 신식 학교에 다니는 사람은 극소수였고, 여자는 더구나 찾아보기 어려웠다. 집 안에 갇힌 어머니는 오빠에게 한글과 한문을 익히고 영어도 조금 배웠다. 그 덕분에 성경책을 읽고 찬송가를 부를 수 있게 됐지만, 학교에 다니지 못한 것이 한으로 남았다. 결혼한 뒤 어머니는 그 한을 자식 교육으로 풀었고, 딸들에게 "여자도 공부를 해야 한다"고 입버릇처럼 말했다. 어린 희호의 가슴속에 어머니의 한과 꿈이 스며들었다. 거기서 훗날의 여성지식인·여성교육자·여성운동가 이희호가 자라났다.

이희호가 태어난 날은 3·1만세사건이 나고 3년 반이 지난 1922년

9월 21일이었다. 아기는 서울 종로구 수송동의 외가에서 탄생의 첫 울음소리를 냈다. 종로1가 쪽에 있던 외가는 종로3가에 붙은 관수동 본가와 가까웠다. 이 여자아이의 출생일로부터 정확히 1년 3개월 보름 뒤 반도의 서남쪽 끝에 붙은 하의도 바닷가에서 미래의 남편이자 동지가 될 사내아이도 태어났다.

아들만 줄줄이 보았기 때문에 아버지는 첫딸을 얻은 것을 무척 기뻐했다. 조부모도 손녀가 태어난 것을 반겼다. 할아버지는 손녀의 이름을 남자아이들에게만 쓰는 돌림자를 넣어 '희호'(姬鎬)라고 지었다. 희호 위로는 오빠가 셋이었다. 또 희호 밑으로 두 살 아래 여동생이 태어나고 다시 남동생 셋이 뒤를 이어 모두 6남2녀의 대가족을 이루었다. 태어나서 며칠 안 돼 죽은 오빠와 어려서 세상을 떠난 동생까지 포함하면 부모는 8남2녀를 낳았다. 이 형제들은 뒷날 이희호의 삶이 혹독한 정치적 풍파에 휩쓸릴 때 그 격랑에 함께 휘말리게 된다.

배움에 대한 어머니의 소망이 이희호의 삶을 앞으로 나아가게 하는 힘이었다면, 모태신앙은 이희호의 혼을 키운 요람이었다. 이희호가 부모로부터 물려받은 종교는 기독교, 그중에서도 감리교였다. 이희호는 감리교의 품 안에서 자랐고, 감리교에서 세운 여학교와 전문학교를 다녔고, 뒷날 감리교에서 마련해준 장학금으로 미국 유학을 떠났다. 감리교는 태어나기도 전부터 이희호를 감싸고 있던 태반이었고, 이희호의 몸과 마음을 둘러싼 공기이자 문화였다.

그 감리교가 어떤 성향의 종교인지, 훗날의 남편의 말을 빌려 알아보는 것도 좋겠다. 2002년 2월 대통령이던 김대중이 미국 대통령 조지 부시(George W. Bush)와 청와대에서 만났다. 부시가 북한을 '악의 축'으로 몰아붙여 한·미 관계가 몹시 삐걱거리던 때였다. 김대중은

어머니, 여동생(영호)과 함께한 5살 때의 이회호(왼쪽).
할아버지는 손녀의 이름에도 남자아이들에게만 쓰던 돌림자를 넣었다.

만찬 도중 분위기를 풀려고 미국 대통령에게 사적인 질문을 던졌다. "종교가 무엇이냐"는 물음에 "감리교"라는 대답이 돌아왔다.

"나는 가톨릭이고 내 아내가 감리교입니다."

그러자 부시는 대통령 부인이 자기와 종교가 같다며 관심을 보였다. 김대중은 산업혁명 이후 영국에서 감리교가 한 역할에 대해 설명했다.

"당시 영국 국내 상황은 최악이었습니다. 산업혁명 이후 토지를 잃은 농민들이 도시로 몰려나와 빈민이 되었습니다. 노동자들은 열악한 근로조건에 반발하고 있었습니다. 폭동이 나기 직전이었습니다. 그때 위기에서 영국을 구한 것이 세 가지입니다. 첫째가 시민의 뜻을 대변하는 자유로운 언론이고, 둘째가 약자의 억울함을 호소할 수 있는 공정한 법원, 마지막이 바로 감리교였습니다. 존 웨슬리(John Wesley)가 창시한 감리교는 시민들에게 정신적 위안과 안정을 주었습니다. 당시 성공회는 왕족과 귀족의 종교로서 사교그룹과 비슷했으나 대중들의 고통은 외면했습니다. 성공회가 외면한 사람들을 감리교가 품어준 것입니다. 감리교는 버림받은 사람들을 위로하고 보호하고 희망으로 이끌었습니다. 감리교가 영국 사회를 구원한 것입니다."

이야기가 끝나자 부시의 표정과 태도가 달라졌다. 감리교가 19세기 말 조선에 들어와 했던 일은 탄생지 영국에서 했던 일과 그리 다르지 않았다. 초기에 감리교가 관심을 기울인 것은 교육 사업과 의료 사업이었다. 1885년 서울에 온 미국 선교사 헨리 아펜젤러(Henry Gerhard Appenzeller)가 정동의 자기 집을 열어 영어를 가르쳤는데, 그것이 한국 최초의 서구식 교육기관인 배재학당의 기원이 됐다.

비슷한 시기에 서울에 온 의료선교사 윌리엄 스크랜턴(William B. Scranton)도 아펜젤러에 이어 정동 자택에서 그해 9월부터 환자를 돌보았다. 정동감리교병원이 거기서 태어났다. 1년 뒤 스크랜턴의 어머니 메리 스크랜턴(Mary Fletcher B. Scranton)도 조선 땅을 밟아 여학생에게 영어를 가르쳤다. 이화학당의 시작이었다. 이화학당은 뒷날 이화고등여학교(이화여고 전신)와 이화여자전문학교(이화여대 전신)가 됐다. 이희호는 이 두 학교를 차례로 나오게 된다.

감리교는 교인 양성보다는 사회 활동에 힘을 쏟았고 특히 민족의식을 키우는 일에 정성을 기울였다. 감리교 민족운동은 3·1운동으로도 이어졌다. 민족 대표 33인 중 9명이 감리교인이었다. 3·1운동 때 23명이 집단학살을 당한 수원 제암리 교회가 감리교회였고, 또 감옥에서 순국한 유관순이 이화학당 학생이었다. 감리교를 포함해 기독교가 민족의식 양성소 구실을 하자 일제는 뒤에 기독교를 집요하게 탄압했고, 신사참배와 일제에 대한 충성을 강요해 혼을 더럽혔다.

이희호의 집안이 언제부터 감리교인이 됐는지는 확실하지 않다. "할아버지가 미국 선교사에게 한글을 가르쳤다고 하니까 그때 기독교를 믿게 된 것 같습니다." 이희호의 말이다.

아버지 이용기는 1893년에 태어났고 어머니 이순이는 그보다 한 해 뒤에 태어났다. 두 사람은 같은 이씨였지만, 본관이 달랐다. 아버지는 전주, 어머니는 연안이었다. 두 사람의 조상은 양쪽 다 대대로 서울 4대문 안에서 살았다. 아버지는 친구 여동생인 어머니와 1913년 관수동 집에서 멀지 않은 청계천 옆 수표교회에서 결혼식을 올렸다. 당시로서는 보기 드문 신식 혼례였다. 어머니의 집안도 감리교를 믿었으므로 두 감리교인의 만남이었다. 두 사람 사이에서는 두 살 터울로 자식들이 태어났다.

아버지는 할머니의 고향인 개성의 송도고등보통학교를 나와 세브란스의학교를 1917년에 졸업한 뒤 서울의 종합병원 의사가 됐다. 선교사들이 미국 유학을 권했으나 아버지는 부모와 집안을 책임져야 하는 장남 노릇을 그만둘 수 없어 유학을 단념했다. 아버지는 유학을 포기한 것을 오랫동안 애석하게 여겼다. 더 많은 공부에 대한 미련은 아버지한테도 있었다.

아버지는 첫딸을 무척 예뻐했다. 아기를 버들고리에 눕혀 일터인 병원으로 데려가 곁에 두고 보았다. 이희호가 기억하는 아버지는 고지식하고 위생관념이 철저한 사람이었다. "아버지는 냉수를 입에 대는 일이 없고 물은 꼭 끓여서 드셨습니다. 돈이 여러 사람의 손을 거치기 때문에 돈처럼 더러운 것이 없다며 핀셋으로 집으셨어요. 융통성이 부족했다고 볼 수 있지요. 그런데 머리는 참 좋아서 공부를 잘했고 수학에 아주 뛰어났다고 합니다."

아버지는 희호가 어렸을 때 경기도립 인천의원으로 옮겼다. 다섯 살 무렵 인천에서 어머니, 여동생과 함께 찍은 사진이 남아 있다. 아버지는 희호가 일곱 살 쯤 됐을 때 아무 연고가 없는 충청남도 서산으로 이사해 읍내에 개인병원을 열었다. 시골 의사 생활은 고생스러웠다. 맑은 날이나 궂은 날이나 자전거를 타고 왕진을 다녔다. 그러나 벌이는 나쁘지 않아서 자식을 두루 가르쳤고 생활 형편도 여느 집보다 나았다.

어머니는 2남2녀 중 셋째였는데, 오빠에게 글을 배운 것 말고 따로 학교를 다니지 못하자 다른 쪽에서 재능을 키웠다. 요리와 양재였다. 어머니가 자라던 수송동 집 인근에 숙명고등여학교가 있었는데, 그

학교에 다니는 여학생들한테 뜨개질을 배웠다. 나중에는 강습회에서 음식 만드는 법도 익혀 그 시절엔 구경하기도 쉽지 않은 서양식 도넛이나 카스텔라를 아이들 간식으로 만들었다. 또 눈썰미가 날카로워 일본 아이들이 새로운 모양의 양복을 입고 나오면 눈여겨보았다가 집에서 똑같이 만들어 아이들에게 입혔다.

어머니의 손재주는 그대로 딸에게 이어졌다. "나도 어머니를 따라서 어려서부터 바느질과 뜨개질을 했는데, 상당한 수준에 올랐어요. 젊었을 적에는 내 옷을 직접 지어 입었고, 결혼한 뒤에는 세 아이의 옷도 만들어 입혔어요. 남편과 큰아들이 감옥에 가 있던 시절에는 수의를 직접 지어 교도소에 들여보내고 스웨터나 양말을 짜서 넣었습니다."

희호는 어머니 성격을 닮아 남에게 주기 좋아하는 아이로 자랐다. 그 시절 겨울이면 아이들 손발이 터서 피가 나는 경우가 많았다. 희호는 아버지 병원에서 글리세린을 퍼다 친구들에게 나누어주었다. 글리세린을 바르면 손등의 핏기가 사라졌다.

희호는 남과 다투지 않는 성격이었다. 나중에 어른이 되어서도 다툴 일이 생기면 입을 다물거나 자리를 피했다. 다만 바로 밑 여동생 영호와는 자주 토닥거리며 자랐다. 어느 집에서나 있는 일이었다. "영호는 집안 정리를 잘하는 살림꾼인데 나는 그러지 못했어요. 어지르고 늘어놓는 편이었어요."

희호가 아홉 살 때 항상 업어주고 예뻐하던 동생이 죽었다. 돌도 되기 전이었다. 동생을 잃은 희호는 골방에서 그 시절 유행하던 윤심덕의 〈사의 찬미〉를 불렀다. "광막한 황야에 달리는 인생아. 너의 가는 곳 그 어데냐. 쓸쓸한 세상 험악한 고해에 너는 무엇을 찾으러 가느냐." 이바노비치(Iosif Ivanovich)의 〈도나우 강의 잔물결〉 곡조에 가사를 붙인 구슬픈 노래는 동생을 잃은 어린 희호의 마음을 어루만졌다.

어머니는 서산에 이사 온 뒤 집에서 1킬로미터쯤 떨어진 감리교 서산제일교회를 다녔다. 어머니는 성실하고 믿음 깊은 신자였다. 희호는 어머니를 따라 교회를 학교처럼 오갔다. 추수감사절이나 성탄절이면 이 작은 교회의 교인들은 직접 농사지어 얻은 곡식으로 떡을 만들어 감사예배를 드렸다. 어린 희호에게 가장 중요한 놀이터이자 배움터가 바로 교회였다. 여러 형제 중에서 희호가 가장 열심히 교회에 다녔다. 주일학교도 매번 나갔고 여름성경학교도 빼먹지 않았다.

"나는 내성적이고 수줍음이 많은 아이였습니다." 이희호가 스스로 말하는 자신의 타고난 성격이다. "그런데 어려서부터 교회를 다니며 사람들 앞에 나가 노래도 하고 동화 구연도 하고 성탄절이나 추수감사절에는 성극을 하기도 했어요. 그러다 보니 여러 사람 앞에 서는 일이 자연스러워졌지요." 노래하는 이희호, 연극하는 이희호, 연설하는 이희호는 이때 틀이 만들어졌다. 특히 젊은 시절에는 내향적 성격을 뚫고 솟구치는 활동성이 두드러졌다. "그러다 유학을 다녀온 뒤 본래의 성격으로 돌아갔어요. 말수가 적어졌어요." 도무지 나서지 않을 것처럼 잠자코 있다가도 한번 앞에 섰다 하면 다들 놀랄 정도로 제몫을 하는 그런 성격이 어린 희호 안에서 자라고 있었다.

일곱 살 희호가 학교생활을 시작한 곳은 서산공립보통학교였다. "초등학교(보통학교) 들어갈 나이가 안 돼서 어머니가 유치원에 보내려고 했는데 당시엔 서산에 유치원이 없었어요. 그래서 1학년을 두 번 다녔지요. 입학하려고 해도 받아주지 않으니 그냥 학교에 가서 다른 아이들 옆에 앉아 있었어요. 그만큼 어머니가 나를 놀리지 않고 가르치려고 애를 쓰셨습니다."

당시 서산공립보통학교는 학생 수가 적어 1·2·3학년을 한 반으로 묶고, 4·5·6학년을 다른 한 반으로 묶어 가르쳤다. 남자아이나 여자아이나 책가방이 없어 보자기에 책을 넣고 둘둘 말아 어깨나 허리에 매고 다녔다. 점심으로 도시락 대신 누룽지를 싸오는 아이들도 있었다.

"5학년 2학기 때부터 1년 동안 담임선생이 없었어요. 그러니 제대로 배우지를 못했죠. 6학년 2학기 때에야 일본인 여성 야마구치 선생님이 새 담임으로 왔어요. 그때 선생님이 '상급 여학교 갈 사람은 손 들어보라' 하니까 손 든 사람이 나 하나뿐이었어요."

어머니는 희호를 상급 학교로 진학시키겠다고 진즉부터 마음을 굳혔다.

"5학년 것과 6학년 것을 한꺼번에 배워야 하는데 학교 공부로 부족하니까 담임선생님이 하숙하고 있는 곳에 저녁마다 가서 배웠어요. 그런데 아무래도 그것으로는 서울에 있는 여학교에 들어가기 어려울 것 같아 6학년을 한 번 더 다녔습니다. 그래서 결국 초등학교를 8년이나 다닌 셈이 됐지요."

어머니가 돌봐주고 마음을 쓴 덕에 희호는 이화고등여학교(이화고녀) 입학시험에 합격했다. 열다섯 살 희호는 1936년 봄 서울로 향했다.

2

# 인생에서 가장 행복했던 시절

## 이화의 사춘기

서울 정동 덕수궁 옆의 이화고녀는 전국에서 올라온 여학생들의 삶터였다. 지방 학생들은 대개 기숙사에서 살았다. 기숙사는 팔도 사투리로 시끄러웠다. 이희호의 귀에 자주 들린 건 북쪽 사투리였다.

"당시 이화고녀 학생은 평안도·함경도·황해도 출신이 많았어요. 서울 학생도 꽤 있었고요. 기독교가 처음에 중국을 통해 들어왔기 때문인지 북쪽이 먼저 개화가 돼서 그랬던가 봐요. 반면에 충청도·경상도·전라도는 당시엔 상당히 보수적이어서 여자아이들 교육에 관심이 적었어요. 남쪽에서 온 학생은 한 학년에 대여섯 명이나 있을 정도였지요."

이희호와 함께 입학한 학생은 120명이었다. 120명을 60명씩 두 반으로 나누었다. "입학생 대다수가 졸업할 때까지 다녔어요. 중도에 그만둔 학생이 별로 없었지요."

이희호는 이 학교에서 먼저 연극 재능으로 학생들 사이에서 눈에 띄는 존재가 됐다. 어려서 교회에서 했던 연극 활동 덕에 무대에 서는 것이 어렵지 않았다. 이희호가 입학하던 1936년은 이화학당 창립 50돌이 되는 해였다. 1학년인 이희호는 극본을 쓰고 연출하고 주역을 맡아 5월 31일 창립 50돌 기념 무대에 올랐다.

"어떻게 1학년인 내가 그 모든 걸 했는지 모르겠어요. 정동 한 울타리 안에 있던 이화여전이 한 해 전 신촌캠퍼스로 이전하면서 생긴 공백 때문에 1학년 학생에게까지 기회가 떨어진 것이 아니었을까 생각합니다."

시간이 갈수록 이희호의 연극에 대한 열정은 커지고 나중에는 직업 연극인 못지않은 연기력으로 사람들의 환호와 찬사를 받게 된다. 연기는 세파와 풍상으로 표정이 굳어진 훗날의 정치인 아내 이희호를 생각하면 선뜻 떠올리기 어려운 젊은 날의 재능이다.

'친구들을 웃기는 여학생'은 그 시절 이희호의 또 다른 면모였다. 10대 소녀 이희호는 요즘 말로 하자면 '개그우먼'의 끼를 한껏 발산했다. 교실에서든 기숙사에서든 일단 이야기를 시작하면 아이들의 웃음보가 터졌다. 특히 한 달에 한 번씩 열리는 기숙사 합동생일잔치는 '개그우먼 이희호'의 무대였다. 이를테면 이런 식의 우스갯소리를 했다.

"선교사가 수탉을 잡아서 산 채로 털을 뽑다가 그만 닭을 놓치고 말았어. 그 선교사가 우리말을 잘 못해. 그래서 뭐라 했냐면 '혹시 병아리 아버지 옷 벗고 왔다 갔다 하는 거 봤어요?'"

친구들이 깔깔거리고 좋아하면 이희호의 기분도 좋아졌다. 연극으로 두각을 나타내고 우스갯소리로 즐겁게 해주니 동급생들이 자연스럽게 이희호를 따랐다. 이희호는 2학년 때부터 반장으로 계속 뽑혔다. 이희호가 보인 리더십은, 굳이 분류하자면 '솔선수범형'이었다. 무던하고 무심한 듯 어려운 처지의 친구들을 보살펴주고 남들이 피하는 일을 맡아서 했다. 이희호의 이화고녀 동창 이규임의 회고다.

"기숙사 친구 중에는 이상한 냄새가 나든지 이를 몹시 갈아 한방 쓰기를 꺼려하는 친구도 있었다. 그럴 때도 희호는 묵묵히 한방을 써주었다. (…) 때로는 급한 사정으로 기숙사를 들어오지 않으면 안 될 학생이 있었다. 그런 경우 하는 수 없이 한 침대에서 잠을 자야만 했다. 한창 감수성이 예민한 처녀로서는 남과 한 침대를 쓴다는 것이 참을 수 없는 고역이었다. 그러나 다른 사람들이 기피하는 일을 희호는 말없이 했다."

이규임은 다른 일화도 전한다.

"근로봉사 시간이라고 해서 교외에 가서 일을 하기도 했다. 언제인가 덕수궁 연못을 청소할 때였다. 그런 경우 대강대강 하고 시간을 때우기 마련인데, 이 친구는 뻘뻘 흐르는 땀을 주먹으로 닦아가며 끝까지 해내고야 마는 털털하고 직심스러운 성격의 소유자다."

'직심'(直心), 이규임이 쓴 이 단어에 에둘러가지 않는 이희호의 성격이 집약돼 있다. 내가 해야 할 일이라는 판단이 서면 이것저것 따지지 않고 앞으로 나서는 모습, 그것이 그 시절에 확연히 드러나기 시작한 이희호의 특징이었다.

정동에서 보낸 여학교 시절은 나라 잃은 겨레 전체로 보면 암울함이 짙어지는 때였지만 10대 중반을 넘어가는 소녀들에게는 꽃 같은 청춘이었다. 이희호는 이 여학교 4년의 시간을 "내 인생에서 가장 행복했던 때"로 기억한다.

이희호가 입학할 때 입은 교복은 검정 통치마에 저고리였다. 머리

세일러복에 단발머리를 한
이화고녀 4학년 때의 모습.(맨 오른쪽이 이희호)

는 길게 땋아 댕기를 드렸다. 그렇게 3년을 다니다가 4학년 졸업반 때 통치마와 저고리 대신에 여학생들의 소망인 세일러복을 입게 됐다. 학생들은 환호성을 질렀다. 또 댕기머리를 자르고 단발머리를 할 수 있게 됐는데, 다만 부모의 허락을 받아야 한다는 조건이 달렸다. 이희호는 아버지에게 '평생의 소원이니 단발을 허락해달라'는 장문의 편지를 써 보냈다. 아버지는 단발을 허락한다는 답장을 보내주었다. "나중에 보니 부모의 허락을 받고 머리를 자른 학생은 나 말고 없었어요." 여기서도 어딘지 순진하고 곧이곧대로 하는 그 시절 이희호의 모습을 볼 수 있다.

기숙사를 나와 바깥바람을 쐬는 주말 외출은 여학생들에게 특히 즐거운 시간이었다. 그 시절 사람들이 가장 가고 싶어 하는 곳이 백화점이었다. 지금의 신세계백화점 본점 자리에 있던 미쓰코시백화점, 또 종로에 있던 화신백화점은 온갖 신식 물건들로 사람들의 마음을 훔쳤다. 이희호는 백화점 진열대의 네모난 가죽 가방이 몹시 갖고 싶었지만 부러운 눈으로 바라보기만 했다. 그 시절 백화점은 지방 학생들의 수학여행 코스에 포함될 정도로 대단한 인기를 누렸다. 화신백화점의 움직이는 계단은 놀라웠다. 그 에스컬레이터에 몸을 실어 본 것이 어른 아이 할 것 없이 두고두고 자랑거리였다. 이희호와 친구들은 전차를 타고 명동으로 나가기도 했다.

3학년 가을에는 청량리에서 기차를 타고 금강산으로 수학여행을 갔다. '1만2000봉'이 눈앞에 펼쳐졌다. "나는 걸음이 빨라 맨 앞에 서서 올라갔어요." 비로봉에서 바라본 금강산은 단풍으로 물든 붉은 빛의 바다였다. 학생들은 중턱에 있는 표훈사에서 하룻밤을 자고 내려와 외금강의 온정리에서 하룻밤을 더 보냈다. 이희호는 그 시절로부터 거의 70년이 지난 2007년 8월에 금강산을 다시 찾았다. 1998년 '국민의 정부' 때 금강산 관광길이 열린 덕이었다. 빠른 걸음으로 올랐던 금강산을 다리가 불편해 휠체어에 앉아서 바라보았다. 1만2000봉이 그대로였다. 금강산 가는 길은 이명박 정부에 들어와 다시 막히고 말았다.

그 3학년 2학기 때 이희호에게 잊을 수 없는 사건이 일어났다. 시험을 거부하고 백지로 내는 이른바 '백지동맹'이었는데, 표적이 된 선생은 영어를 가르치던 선교사 메리 처치(Mary Church)였다. 어느 날 4학년 상급생 반장이 3학년의 두 반장을 불러 "내일 영어 시험을 보이콧하기로 했으니 백지로 내라"고 했다.

"반장으로서 학급의 뜻을 물어야 하잖아요. 급우들에게 물어보니까 다들 '옳소, 옳소' 하며 좋아서 야단이에요. 그래서 백지동맹을 하기로 했죠. 다음날 아침 신봉조 교장 선생님이 학생들에게 강당에 다 모이라고 하더라고요. '미스 처치가 청춘을 바쳐서 너희들을 가르쳤는데 그럴 수 있느냐?'고 하시면서 'A, B, C, D라도 써내라'고 했어요. 그래서 그렇게 했지요." A, B, C, D…를 써내긴 했지만 백지로 낸 거나 마찬가지였다.

1937년 중일전쟁을 일으켜 군국주의로 치닫던 일제는 황국신민화 정책에 저항하는 선교사들을 눈엣가시같이 여겼다. 메리 처치는 1929년부터 이 학교 교장으로 있다가 총독부 압력을 받아 1938년 교장직을 내놓고 영어를 가르치던 미국 선교사였다. 독신이어서 다들 '미스 처치'라고 불렀다.

"백지동맹은 교장직에서 물러난 미스 처치를 더욱 곤경에 몰아넣으려고 누군가가 사주해 일으킨 사건이었는데, 우리는 아무것도 모르고 따라갔던 거예요. 훗날에 곰곰이 생각해보니 친일파 선생이 뒤에서 시킨 일이었던 것 같아요."

이 일로 이희호는 반장을 그만뒀다. 학교에서는 "4학년 때도 반장을 할 수 없다"고 못을 박았으나 4학년이 되자 급우들이 다시 반장으로 뽑아주었다. 그러나 학교에서 인정해주지 않아 반장 일을 하지는 못했다.

백지동맹은 이희호에게 뼈저리게 아픈 사건으로 남았다. 그도 그럴 것이 백지동맹으로 몰아내려 했던 미스 처치의 사랑을 가장 많이 받은 학생이 이희호 자신이었기 때문이다. "2학년 때 미스 처치가 학생 서너 명을 교장실로 부르더니 나더러 기도를 해보라고 했어요. 이

때 여러 사람 앞에서 하는 '공중기도'를 처음으로 했지요." 그 후 이희호는 매주 수요일 저녁 기숙사 예배의 사회를 보았고, 외부에서 기독교 행사가 있을 때마다 학생 대표로 참석했다. 그렇게 특별히 아껴주었던 사람에게 못된 짓을 했던 것이다.

"1980년대에 미국에서 망명하던 시절에 독신 선교사가 은퇴 후 기거하는 시설이 두 군데 있다는 사실을 알았어요. 처치 선생님이 거기 계셨을 텐데 여러 일들에 치여 찾아가 뵙지 못한 것이 그렇게 후회스러울 수가 없어요."

여학교 시절 이희호는 성적이 "그저 상위에 속하는 정도"였다. "한 반 60명 중 10등 안에 들었죠. 아버지를 닮아서 수학을 잘했는데, 수학은 공식을 외우면 되니까 쉬웠어요." 가장 많은 시간을 들인 건 학교 공부가 아니라 교회 활동이었다. 졸업할 때 우등상은 받지 못하고 개근상과 함께 종교상을 받았다. 신앙심이 깊고 종교생활에 모범이 되는 학생에게 주는 상이었다. 이 종교상을 여학생 세 명이 함께 받았는데, 이희호는 그 상을 "이제껏 받은 모든 상 중에서 가장 자랑스럽고 소중한 상"으로 간직했다.

이희호는 졸업반 시절 '무엇이 될 것인가'를 놓고 고민하다가 '공부를 더 많이 해서 김활란 박사처럼 되자'고 결심했다. 당시 김활란은 젊은 여성들에게 선망과 흠모의 대상이었다. 우리나라 최초의 여성 대학 졸업자로서 미국에 유학해 '여성 박사 제1호'가 된 사람이었다. 또 1939년 앨리스 아펜젤러(Alice R. Appenzeller) 교장에 이어 이화여자전문학교(이화여전) 교장으로 취임함으로써 여성 지식인의 둘도 없는 표상이 됐다. 일제협력으로 생채기가 나기 전의 김활란은 여성도 무엇이든 할 수 있다는 것을 보여주는 가슴 뛰는 증거였다.

졸업을 앞두고 이희호에게 커다란 근심거리가 생겼다. 고향의 어머니가 원인을 알 수 없는 병에 걸려 앓아누웠다. 어느 날 저녁 교회에서 불을 때던 전도사의 딸이 갑자기 분 바람을 맞고 온몸이 불길에 휩싸였다. 예배를 보던 어머니는 그 무서운 광경을 목격하고 충격을 받았다. 허겁지겁 밤길을 달려와 아버지를 데리고 교회로 갔다. 전도사의 딸은 화상이 극심했다. 그 뒤로 어머니는 "한쪽 귀에서 윙윙 소리가 나고 얼굴 반쪽이 꼭 불에 데어 회초리로 맞는 것처럼 아프다"고 했다. 병이 깊어지면서 "저기 불에 탄 귀신이 나를 오라고 한다"고 자주 헛소리를 했다.

평소에 그토록 딸의 공부를 독려했던 어머니는 병석에 누워 진학을 앞둔 딸에게 말했다. "졸업하고 1년만 내 곁에 있어주면 좋겠다." 이희호는 전문학교 입학시험 준비를 중단했다. 졸업식장에서 눈물이 폭포수처럼 흘렀다. 어머니의 병환에 대한 걱정과 진학의 꿈을 접어야 하는 데 따른 설움을 주체할 수 없었다. 졸업식을 마친 이희호는 어머니를 간병하러 곧장 서산 집으로 내려갔다. 그러나 1년을 앓던 어머니는 딸이 집으로 내려간 지 사흘 만에 세상을 떠났다. 1940년 3월 24일이었다. 막냇동생이 아홉 살이었다. 마흔여덟에 혼자가 된 아버지는 홀로 희미한 목소리로 〈클레멘타인〉을 불렀다.

이희호는 어머니를 잃고 한동안 깊은 슬픔에서 헤어나지 못했다. 교회가 유일한 의지처였다. 어머니가 하던 살림을 떠맡아 동생들을 돌보았다. 그해 가을쯤에 새어머니가 들어왔다. 어머니를 잊을 수 없었던 큰딸은 아버지의 재혼이 원망스럽기만 했다. "아버지에게 편지를 써 실망감을 쏟아냈어요." 그러나 결국엔 새어머니를 받아들였다.

집안 살림 의무에서 벗어난 이희호는 이듬해 입학시험을 준비하려고 서산을 떠났다. 이희호는 그때 '결혼하지 않는다', '건강을 지킨다', '공부를 많이 한다'는 세 가지 약속을 속으로 했다. "'결혼하지 않는다'는 건 독신주의를 고집하겠다는 것이 아니라 학업을 마칠 때까지 결혼에 뜻을 두지 않겠다는 다짐이었지요." 이희호는 이 약속을 지키는 것이 어머니의 꿈을 이루는 길이라고 생각했다. 어머니라는 강력한 후원자를 잃어버린 스무 살 이희호 앞으로 고단한 날들이 밀물처럼 다가오고 있었다.

3

# 입주 가정교사에서 농촌 지도원까지
## 이화여전의 시련

1941년 서울로 올라온 이희호는 큰오빠(이강호) 집에 기거하며 입학시험을 준비했다. 경성고등상업학교를 나와 상업은행에 들어간 큰오빠는 어머니가 돌아가시기 두 달 전 서둘러 결혼했다. 1942년 봄 이희호는 이화여전 문과에 입학했다. 6학년을 두 번 다닌 데다 어머니의 병환으로 2년의 공백이 생긴 터라 후배들과 함께 학교를 다녔다.

어머니가 바라던 전문학교에 들어갔지만 집안의 분위기가 딸에게 우호적인 것은 아니었다. 1학년 여름방학 때 서산의 집에 내려갔다가 큰오빠가 아버지에게 보낸 편지를 발견했다. "계집애를 전문학교 공부시켜서 뭐하시려고…." 편지의 내용도 내용이거니와 '계집애'란 표현이 모멸감을 자극했다. 큰오빠가 동생을 아끼지 않은 건 아니었지만, 그 시절 형제 많은 집안에서 여자에게 고등교육 기회를 주는 건 쉽지 않은 일이었다. 이희호는 '공부도 계속하고 유학도 가겠다'는 결심을 더 단단히 굳혔다.

1학년 2학기를 마칠 즈음 아버지가 작정한 듯 말을 했다. "동생들도 많고 하니 학교를 그만두었으면 좋겠다." 날벼락 같은 말이었다. '아버지 어떻게 그런 말씀을….' 아버지를 향한 원망의 말이 목구멍까지 올라왔지만, 딸은 아무 대꾸도 하지 않았다. 아버지가 반대한다면 스스로 벌어서 학교에 다니는 수밖에 없었다.

이희호는 기숙사에서 나와 입주 가정교사로 들어갔다. 종로구 명륜동에 있는 정읍 사람의 집이었다. 그 집 초등학생 딸을 가르치며 학비와 생활비를 벌었다. "아이를 가르치는 일이 어렵지 않고 적성에 잘 맞았어요." 그 후로도 이희호는 할 수 있는 한 집에 손을 벌리지 않고 혼자 힘으로 공부했다. 생활은 팍팍했지만 집에서 독립해 뜻대로 살려면 어쩔 수 없는 일이었다.

이화여전을 다니던 중에 한번은 아버지가 큰딸을 결혼시키려고 혼담을 서둘렀다. 상대는 일본 메이지대학을 나온 사람이었다. 이희호는 아버지의 뜻에 완강하게 맞섰다. 어머니의 죽음 앞에서 '결혼하지 않고 계속 공부하겠다'고 약속했던 딸이었다. 아버지는 딸을 어떻게든 설득해보려 했으나 하도 단호하게 뿌리치자 결국 포기했다. 아버지는 그 후 다시 결혼 이야기를 꺼내지 않았다.

이화여전 학생 이희호는 학과 공부로 바쁜 중에도 좋아하던 연극을 계속했다. 그 시절 무대에 올린 작품 중에는 에리히 폰 슈트로하임(Erich von Stroheim)의 〈어리석은 아내들*Foolish Wives*〉도 있었다. 〈어리석은 아내들〉은 오스트리아 출신의 영화감독 슈트로하임이 대본을 쓰고 연출한 영화였는데, 그 영화 내용을 연극 무대로 옮긴 것이었다. 남녀관계의 심리를 극사실적으로 묘사하는 슈트로하임의 장기가 발휘된 작품이었다.

시국이 흉흉했다. 이희호에게 바늘구멍만 한 낭만의 여유를 허락하던 학창 시절도 곧 끝나고 말았다. 이희호가 이화여전을 다니던 시기는 일제 군국주의의 광기가 최후를 향해 돌진하던 때였다. 1940년 일제는 내선일체라는 명목으로 식민지 조선에 창씨개명을 강요했다. 성을 갈아야 한다는 것은 조선인들에게는 참기 어려운 치욕이었다. 그해 11월 일제는 미국 선교사들을 추방했다.

1941년 12월 일본은 하와이 진주만을 기습함으로써 세계대전을 전지구 차원으로 확대하였다. 일제는 식민지의 인력과 자원을 있는 대로 끌어내 태평양전쟁의 불길 속으로 던져 넣었다. 징용, 징병, 학병 그리고 정신대로 조선의 젊은 남녀들을 끌고 갔다. 조선의 혼과 말에 대한 탄압도 극심해졌다. 1943년 제4차 조선교육령을 내려 조선어 교육과정을 아예 없애버렸다. 학교에서 조선말을 쓰면 불온분자로, '불령선인'으로 찍혔다.

마침내 총독부는 1943년 말 전시교육임시조치령이라는 것을 내렸다. 이 조처에 따라 이화여전은 그해 12월로 기존 교육과정을 모두 중단하고 '여자청년연성소 지도원 양성기관'으로 바뀌었다. 이때 학생들의 과반수가 학교를 그만두었다. 재학생들은 이듬해 1월부터 모두 기숙사에서 생활하며 황국신민 교육을 받았다. 3개월의 지도원 양성 훈련은 날마다 황국신민서사를 외우는 것으로 시작됐다. 교육과정을 마친 학생들은 4월 강제 졸업을 했다. 그 졸업생 중에 이희호도 끼여 있었다. 4년제 대학을 사실상 2년 만에 마친 꼴이었다.

이희호는 친구와 함께 인사하러 김활란을 찾아갔다. 학교를 떠나는 마당에 앞으로 어찌해야 하는지 스승에게 물어보려는 것이었다. 김활란은 1939년부터 이화여전 교장으로 있었다. 일제는 기독교 학교인 이화여전을 무슨 핑계를 붙여서든 폐교시키려고 했다. 이화를 지키는 것이 목숨만큼이나 중요했던 김활란은 친일단체에 가입해 활동하는 오욕도 감수했다. 그런 사정을 아는 학생들은 여전히 김활란에 대한 신망을 거두지 않고 있었다.

"그때 김활란 박사가 '백인백승'(百忍百勝)이라는 글씨를 붓으로 써서 주셨어요. 백번 참으면 백번 승리하리라는 뜻이었지요. 이 말 속에 말 못 할 고뇌가 담겨 있었을 거라고 생각합니다."

김활란은 이희호의 이화여전 스승이기만 한 것이 아니라, 막 세상을 알아가던 시절의 이희호에게 삶의 좌표가 된 사람이기도 했다. 그런 스승이 일제의 압박 아래 황국신민 교육과 군국주의 시책을 선전하는 활동을 하는 걸 이화여전 제자들은 지켜보았다. 일제가 조선인 징병제를 실시하자 김활란은 〈매일신보〉 1943년 8월 7일치에 "나라를 위하여 불덩이같이 끓는 피와 몸을 통틀어 바쳐 성은에 보답할 수 있는 문이 활짝 열렸으며 반도 남아의 의기를 보일 기회가 드디어 왔다"고 썼다.

또 이화여전을 '지도원 양성기관'으로 바꾸는 조처가 내려진 1943년 12월에는 〈매일신보〉에 이렇게 썼다. "싸움이란 반드시 제일선에서만 있는 것은 아닙니다. 이런 의미에서 우리 학교가 앞으로 '여자청년연성소 지도원 양성기관'으로 새로운 출발을 하게 된 것은 당연한 일인 동시에 생도들도 황국 여성으로서 다시없는 특전이라고 감격하고 있습니다."

김활란의 말은 사실이 아니었다. 학교가 여자청년연성소 지도원 양성기관으로 바뀌자 수많은 학생들이 학교를 떠났고 그러지 않은 학생들도 마지못해 학업을 계속했다. 나중에 김활란은 자서전에서 그 시절의 심경을 이렇게 기술했다. "나는 그렇게 질질 끌려다니면서 그때까지 이화를 지켜보겠다고 버둥거리며 남아 있다가 이러한 일마저 하지 않을 수 없게 된 나의 처사를 거의 후회하기까지 했다."

이희호가 기억하는 김활란은 일본어를 잘하지 못했다. 그 때문에 철없는 학생들이 김활란의 서툰 일본어를 들으며 히죽거리기도 했다. "영어를 그렇게 잘했던 사람인데, 마음에서 우러난 친일파였다면 일본어를 영어처럼 유창하게 하지 못할 리가 없었을 거예요. 그런 점을 생각하면 김활란을 자발적 친일파와 똑같이 보기는 어렵습니다." 일본에 자진 협력하여 영달을 하고 재산을 불리고 동족을 괴롭힌 사람들을 단죄하는 것은 마땅히 해야 할 일이지만, 김활란을 그런 부류의 친일파와 함께 묶을 수는 없다는 것이다.

"나는 이승만 박사의 가장 큰 잘못이 친일파를 불러들여 자신의 취약한 정치기반을 다진 일이라고 생각합니다. 친일파를 단죄하기는커녕 오히려 중용한 것 때문에 대한민국은 민족정기를 바로 세우지 못했고 불의가 득세하게 됐습니다." '친일파의 죄를 물어야 한다. 동시에 그 시대의 어둠도 함께 보아야 한다.' 이것이 친일 문제를 보는 이희호의 태도다. 그러나 이희호는 김활란이 5·16쿠데타 직후 미국 정부에 쿠데타를 승인해달라고 요청하고 박정희 군사정권을 지지한 데 대해서는 딱 잘라 비판했다.

이희호는 자신의 일제 말기 선택을 어떻게 생각할까. "나는 스무살이 넘는 성인이었지만 전혀 저항하지 못했습니다. 자괴감을 느끼면서도 여자청년연성소 지도원 양성 과정을 마쳤어요. 학업을 중단하고 싶지 않았고, 또 학교를 그만두면 서산의 집으로 내려가야 하는데 그럴 수는 없다고 생각했어요." 이희호는 농촌계몽운동을 할 수 있는 기회이기도 하다고 스스로 위로하며 그 과정을 견뎠다. 그런 선택 때문에 훗날 남편에게서 "당신은 친일파요"라는 놀림을 받기도 했다. 자신의 신념대로 사는 성숙한 이희호를 만나려면 조금 더 시간이 흘러야 한다. 스물두 살 이희호의 마음은 아직 확고하지 못했다.

학교에서 강제 졸업을 당한 이희호는 1944년 4월 충남 예산의 삽교공립국민학교에 부설된 여자청년연성소 지도원으로 갔다. 서산의 집에서 가까운 곳이어서 그곳에 배정된 것이었다. 15살에서 20살 사이 교육받지 못한 여자 청소년들을 월요일·수요일·금요일 오전에 가르쳤다. 다른 날에는 출타 중인 남자 교사들을 대신해 국민학교 상급생들을 가르쳤다. 그리고 오후에는 학생들과 함께 논밭에서 김을 매고 풀을 베었다. 그 시절에 젊은 남자들이 징용이나 징병으로 끌려갔으므로 농촌에는 일손이 부족했다. 국민학교 상급반만 돼도 노역에 동원돼 교실에서 공부하는 날보다 들과 산으로 나가 일하는 날이 많았다.

이희호는 지도원 양성 훈련 중에 마음먹었던 대로 농촌계몽운동을 한다는 자세로 현실에 적응했다. 농촌계몽은 그 시절 뜻있는 젊은이들의 가슴 깊은 곳에 새겨진 사명이기도 했다. 서산에서 자랐지만 이희호는 어려서 농사일을 해본 적이 없었기 때문에 논매고 밭일하는 것이 서툴렀다. 그러나 무슨 일이든 일단 맡으면 피하지 않고 끝까지 하는 성격대로 논두렁 밭두렁을 다니며 농촌 아낙들과 똑같이 일했다. 그런 스스럼없는 태도 때문에 그곳 사람들과 쉽게 친해졌다.

이희호의 눈에 비친 농촌 여성들의 현실은 가혹했다. 여성들은 억압적인 가부장제 아래서 짓눌렸고, 집안일과 바깥일을 모두 함께 하느라 중노동에 시달렸다. 이때의 경험으로 이희호는 뒷날 미국 유학을 갈 때 '유학에서 돌아와 농촌여성 교육기관을 세우겠다'는 꿈을 품기도 했다. 결국 돈을 마련할 길이 없어 그 꿈을 접었지만, 여성의 비참한 현실을 어떻게 바꿀 것인가 하는 문제는 그 뒤로도 이희호의 관심사로 남았다.

1945년 8월 15일. 그날 이희호는 학교에 있다가 일본이 항복했다는 소식을 들었다. 꿈에도 그리던 해방이었다. "그날이 오면 그날이 오며는/삼각산이 일어나 더덩실 춤이라도 추고/한강물이 뒤집혀 용솟음칠 그날이,/이 목숨이 끊기기 전에 와주기만 할 양이면,/나는 밤하늘에 날으는 까마귀와 같이/종로의 인경을 머리로 들이받아 울리오리다." 심훈이 〈그날이 오면〉이라는 시에서 격정적으로 노래했던 바로 그 감격과 흥분이 이희호의 온몸을 훑고 지나갔다.

이희호는 가르치던 학생 10여 명을 데리고 일본인 교장과 선생들이 있는 학교를 빠져나와 자취방으로 갔다. 무슨 영문인지 모르는 학생들에게 나라가 해방됐다는 사실을 알리고 그 자리에서 애국가를 가르쳤다. 그 시절 애국가 가사는 지금의 가사와 같았지만 곡조는 스코틀랜드 민요 〈올드 랭 사인〉이었다. 안익태의 〈애국가〉가 없었다. 이희호는 아이들과 함께 애국가를 목청껏 부르며 삽교 거리를 행진했다. 소방서에 들어가 확성기를 틀고 주민들을 향해 일본이 항복했다고, 나라가 해방됐다고 큰 소리로 알렸다. 그리고 아이들과 함께 애국가를 합창했다. 아직 일제의 공권력이 살아 있던 때였다.

"지금 생각해보면 어떻게 그런 일을 했는지 모르겠어요. 누가 하자고 한 것도 아닌데 그냥 기뻐서 가만히 있을 수 없었습니다."

깊이 생각할 겨를도 없이 저지른 감격적인 해방행진이었다. 어쩌면 의식의 밑바닥에 오랫동안 그런 생각이 잠복해 있었는지도 모른다. 자취방으로 돌아온 이희호는 라디오 뉴스에 귀를 기울이며 짐을 쌌다. 그리고 어디선가 본 적이 있는 '동진공화국'(東震共和國)이라는 말을 붓글씨로 써서, 벽에 걸어놓은 족자에 덧붙였다.

"왜 동진공화국이라고 했는지는 잘 기억이 나지 않아요. 아마도 민족 지도자들이 새로운 공화국 건설을 꿈꾸며 임시로 붙인 이름이었던 것 같습니다. 어쨌든 동진공화국이라는 글씨를 써놓고 그날 잠이 안 와서 밤을 꼬박 새웠습니다."

새 나라, 새 조국에 대한 꿈을 붓글씨로 써 족자에 담은 셈이었다. 이튿날 이희호는 기차 창문에 그 족자를 걸어놓은 채로 삽교를 떠났다. 1년 4개월 만이었다. 천안에서 서울행 기차로 바꿔 탈 때는 사람들이 너무 많아 열차 지붕 위로 올라가야 했다. 기차가 터널을 지날 때마다 그을음을 뒤집어썼지만, 해방의 기쁨에 들뜬 사람들은 서로 마주 보며 웃음을 감추지 않았다. 이희호의 새카만 얼굴에도 웃음꽃이 피었다.

4

# 남자들보다 우렁찼던 구령 소리
## 사범대 리더

해방의 감격은 오래가지 않았다. 38선을 사이에 두고 미국과 소련의 군대가 진주했고, 미·소의 분할선은 머잖아 남북의 분단선으로 굳어질 참이었다. 어떤 나라를 세울 것이냐를 놓고 좌익과 우익의 대립과 갈등이 날이 갈수록 격심해졌다. 한반도 전체가 이념 충돌의 소용돌이 속으로 빨려들었다. 자주독립 통일국가 건설이라는 온 겨레의 꿈이 안개에 휩싸이기 시작했다.

이희호의 가족은 15년 넘게 살던 서산을 떠나 서울로 올라왔다. 아버지는 의사가 된 둘째오빠(이경호)와 함께 병원 일을 시작했다. 여동생 영호는 언니의 뒤를 이어 이화고녀를 졸업하고 은행에 들어간 뒤 해방 직후 9월에 같은 은행 동료와 결혼했다.

이희호의 소망은 여전히 다시 학교로 돌아가 공부를 계속하는 것이었다. 해방 이듬해 4월 이희호는 아침 일찍 인천 셋째오빠(이태호) 집을 나와 서울행 기차를 탔다. 일본인 올케가 친정으로 돌아가 있던 터라 이희호는 그 무렵 셋째오빠 집에 머물며 살림을 도와주고 있었다.

해방 전의 이화여전은 이화여자대학이 되어 있었다. 이희호는 문과 과장 방문을 두드렸다. 〈향수〉의 시인 정지용이 문과 과장을 맡고 있었다. "정지용 교수는 당시엔 그렇게 유명하지 않았어요. 키가 작고 얼굴이 가무잡잡하고 잘생긴 분이었지요." 이희호는 정지용에게 3학년으로 편입시켜달라고 이야기했다. 이화여전을 2년 다니고 강제로 졸업을 당했으니 3학년부터 다시 다니게 해달라는 것이 무리한 요구는 아니었다.

정지용의 답변은 이희호를 실망시켰다. 문과는 2학년으로 들어와야 하고 또 시험을 먼저 쳐야 한다는 것이었다. 어머니의 죽음으로 2년을 허송하다 후배들과 같이 학교에 다닌 것도 억울했는데 또 시험을 쳐서 2학년부터 시작해야 한다고 하니 기운이 쭉 빠졌다. 방문을 닫고 나오는 이희호의 눈에서 눈물이 솟았다. '어디에 가서 하소연해야 하나?'

이희호는 북아현동 고갯길을 걸어서 넘어 서울대학교로 통합되기 전의 동숭동 문리대로 갔다. 철학과 교수 박종홍의 방문을 두드렸다. 박종홍은 이희호가 이화여전 학생일 때 문과 과장이었다. 이희호는 자기를 가르쳤던 스승에게 문리대 청강생으로 넣어달라고 부탁했다. 박종홍은 "우리 학교에 청강생 제도가 없다"며 공부해서 가을 입학시험을 보는 게 어떠냐고 옛 제자에게 얘기했다. 그 시절은 미군정 때여서 대학 학기가 미국처럼 9월에 시작했다. 머릿속에 먹구름이 끼는 것 같았다.

박종홍 교수 연구실 아래층에 최호진 교수 방이 있었다. 최호진은 조선경제사 연구자로 이름을 날리고 있었는데 이희호 고모부의 사촌이어서 잘 아는 사이였다. "최호진 교수에게 사정을 이야기했더니,

여자는 어떻게 될지 알 수 없으니까 일단 여자사범대학 부설 중등교원 양성소에 다니며 자격증을 따는 것이 좋겠다고 했어요." 최호진의 조언대로 이희호는 인천에서 통학하며 3개월 과정을 이수하고 중등교원 자격증을 땄다. "하지만 실제로 그 자격증을 써먹지는 못했지요."

이 무렵 고종사촌 최정환이 결혼하고 몇 년이 지나도록 아이가 생기지 않자 이희호에게 같이 공부해서 서울대 문리대 입학시험을 보자는 제안을 했다. 당시 서울대는 하나로 통합돼 출범하기 직전이어서 단과대학별로 시험을 치렀다. 이 제안이 이희호의 삶에 미처 예상하지 못한 전환점을 마련해주었다. 이희호는 고종사촌 집에 머물며 입학시험을 준비했다. 문리대 국문과에 응시한 이희호는 결과가 어찌될지 몰라 사범대 영어과에도 지원했다.

"문리대 시험은 경제학·철학·역사·수학을 포함해 일곱 과목인가를 봤어요. 여학교 다닐 적에 수학을 잘했기 때문에 어느 정도 자신이 있었는데, 시험지를 받아보니 배운 적 없는 고등수학이 나왔어요. 백지로 내다시피 했지요. 그런데 나중에 보니까 문리대와 사범대 양쪽 다 합격했더라고요."

이희호는 문리대 국문과에서 공부하기로 결심하고 동숭동 문리대 본부로 등록하러 갔다. "본부에 가보니 분위기가 아주 험악해요. 대학생들하고 기마경찰대가 대치하고 있는데 도저히 들어갈 수가 없는 상황이었어요." 그때가 바로 국대안(국립서울대학교설립안) 반대운동이 불타오르기 시작하던 때였다.

국대안 파동은 1946년 8월 23일 미군정이 경성제국대학 후신인 경성대학과 서울·수원 전문학교 9곳을 통합하여 국립서울대학교로 재편하는 방안을 발표하자 거기에 관련된 교수·학생이 반발해 일어난 사건이었다. 좌익은 미군이 서울대 총장을 맡는다는 이유를 들어 "조선의 민족혼을 말살하려는 흉계"라고 주장했다. 좌익의 반대가 거세지자 이번에는 우익이 조직적으로 국대안에 찬성하고 나섰다. 결국 처음에는 대학 개편에 따른 이해관계자들의 반대운동이었던 것이 미군정에 대한 정치적 반대운동으로 번지고 나중에는 좌익과 우익 사이의 극심한 폭력적 갈등으로 비화했다. 국대안 파동은 1947년 여름까지 계속돼 수천 명의 학생이 제적당했다가 복적됨으로써 가라앉았다.

이희호가 등록하러 간 날은 국대안 파동으로 충돌이 격렬해지던 때였다. 이날 본부에 발도 들이밀지 못한 이희호는 등록 기한 마지막 날 다시 서울에 올라왔다. 그러나 경찰과 학생의 살벌한 대치는 풀릴 기미가 없었다. "그때 서울역에서 만난 친구가 사범대로 등록하러 간다기에 그 친구를 따라가 사범대 영어과에 등록했어요." 우연과 운명이 겹친 행로였다.

사범대에 입학한 뒤 이희호는 문리대에 미련이 남아 중도에 전과를 시도했다. "사범대에 좌익이 많아 공부할 분위기가 되지 못했다"는 것도 이유였다. "여학생들이 빨간 머플러를 두르고 수업 중에 들어와 교실 뒤에 서서 지켜보기도 했어요." 이희호는 친척의 도움으로 당시 미군정청 문교부장 고문으로 있던 호러스 호턴 언더우드(Horace Horton Underwood, 한국명 원한경)를 찾아갔다. 언더우드는 사범대 학장의 허락을 받아오면 문리대로 옮겨주겠다고 말했다. 이희호는 다시 사범대 학장 장이욱을 찾아가 방문을 두드렸다. "학장을 만났는데, 좌우익 충돌로 사범대학이 얼마나 시끄럽던지 골치를 앓고 있는 거예요. 거기다 대고 '사범대 싫으니 문리대로 가겠다'는 말을 할 수 없어 그냥 나오고 말았지요."

국대안 사건 이후로 서울대의 좌우익 갈등은 극으로 치달았다. "사범대에 특히 좌익 학생과 교수가 많았지요. 여기에 맞서 우익 학생들도 결집해 연일 시위를 벌이고 그 와중에 부학장이 우익 학생들에게 테러를 당해 목숨을 잃기도 했어요." 좌익이나 우익이나 눈에 핏발이 서 있었다. 대학뿐만이 아니었다. 해방정국의 온 나라가 좌우익 갈등으로 폭발할 지경이었다.

이희호는 3학년에 올라갈 때 사범대 안의 교육학과로 적을 옮겼다. 중등학교 교사가 되는 것보다는 공부를 계속해 유학을 가고 싶은 마음이 컸다. 영어과에 다닐 때 수필가로 유명한 피천득이 담당 교수로 있었다. 세 번의 만남과 헤어짐을 그린 〈인연〉의 그 피천득이다. 뒷날 팔순을 넘긴 노년의 피천득은 사범대 학생 이희호를 기억하는 짧은 글을 남겼다.

"(이희호는) 서울대가 종합대학교로 된 초기에 사범대학 영어과에 입학했습니다. 그때 그의 학업성적은 탁월하였고, 언니스러운 인품과 활빌한 성격은 사범대학 전교 여학생들의 지도자적 역할을 하게 하였습니다. 그는 영어과 2학년을 수료한 후 교육과로 전과하기를 원하였습니다. 나는 간곡히 말렸습니다. 그는 가고야 말았습니다."

이 시기에 가까이 지낸 사범대 후배로 시인 김남조가 있다. 대학시절 선배를 따랐던 김남조는 1970년대 이후 이희호가 유신정권의 핍박을 받을 때 마음을 나누는 벗이 됐다. 남편이 옥중에 있는 동안 이희호는 서울 효창동에 있는 김남조의 집을 찾아가 위로를 받았다. 그게 문제가 돼 김남조는 중앙정보부에 잡혀가 '왜 이희호를 만나느냐'며 고초를 겪기도 했다. 그러나 이희호는 후배가 괴롭힘을 당했다는 사실을 훗날에야 알았다. 그런 사실을 알게 되면 발걸음을 끊을까 봐 일부러 말하지 않았던 것이다.

대학생 이희호는 혼자 돌며 공부에만 몰두하는 유형이 아니었다. 피천득의 회고에서도 얼핏 드러나듯이 이희호는 사범대 여학생들의 리더 구실을 했다. 그 시절 이희호에게 따라붙었던 별명이 독일어 중성관사 '다스'(das)였다. 행동만 봐서는 여자인지 남자인지 구분이 잘 되지 않는다는 뜻이었다. "나는 걸음걸이가 빠르고 행동이 남성적이었요. 그래서들 '다스'라고 불렀지요."

중성적인 씩씩함은 불리한 환경에 대처하려고 이희호 스스로 연출한 태도이기도 했다. 딸이라고 해서 표 나게 차별을 받아본 적이 없고 여자들만 있는 학교를 다니며 평등한 생활을 했기 때문에 처음 남녀공학에 입학했을 때 이희호가 받은 문화적 충격이 작지 않았다. 남존여비 의식이 남자들의 몸과 마음에 배어 있었다.

남자들만 그런 것이 아니었다. 여자들 자신이 가부장제 사고방식에 젖어들어 기를 펴지 못했다. 가정학과를 빼면 여학생 수가 많지 않았는데, 점심시간이면 여학생들끼리 빈 강의실에 모여 조용히 도시락을 먹었다. 여학생들은 부끄러워서 남학생들 사이에 끼지도 못했다. 이희호는 여학생들의 그런 모습을 보면 안타깝기도 하고 화가 나기도 했다.

"신입생 환영회 같은 행사에 남녀 학생들이 같이 모이면, 남학생들은 맥주를 사다가 마셔요. 그런데 여학생들은 남학생들 앞이라고 수줍어서 과자도 제대로 집어먹지 못하고 고개만 수그리고 있어요. 여자들 스스로 자기를 낮추는 거예요. 그런 모습을 참을 수 없어 후배 여학생들에게 고개를 똑바로 들고 당당하게 앞을 보라고 했어요. 또 모임이 있을 때는 여학생들이 마실 수 있도록 음료수를 준비해달라고 요구했지요."

그 시절 이희호와 남학생들의 관계를 보여주는 말이 '누님'이다. 남학생들은 너나없이 이희호를 누님이라고 불렀다. 다른 학생들보다 나이가 많기도 했지만 거침없고 활기 넘치는 태도로 일마다 앞장서는 것이 누님다웠다. 당시 경동교회 전도사였던 강원용의 목격담이다.

"이희호 씨는 성격이 소탈하고 인간관계가 아주 원만한 사람이어서 그와 만나는 학생들은 예외 없이 그를 좋아했다. 남학생들과도 아주 가깝게 사귀었는데 혹시 연애를 하는 것이 아닌가 하고 의심이 들 정도였지만, 자세히 보면 그들은 이희호 씨를 '누님'이라고 불렀다. 심지어 이희호 씨보다 나이가 한두 살 위인 학생도 서슴지 않고 누님이라고 불렀다."

그때는 물자 부족으로 책이 귀한 시절이었다. 책을 직접 손으로 베끼고 등사판으로 밀어 교재를 만들어 써야 했다. 글씨를 반듯하고 시원하게 쓰는 이희호는 2년 동안이나 등사실에 살다시피 하며 그 일을 했다. 보통은 남학생들이 하는 일이었다. 동등한 권리를 주장하려면 남자 뒤로 빠져선 안 된다는 것이 이희호의 생각이었다. 말을 앞세우지 않고 여성과 남성이 평등하다는 것을 몸으로 보여주는 것, 그것이 페미니스트 이희호가 여성차별 현실 앞에서 택한 전략이었다.

학도호국단 활동은 그 시절 이희호의 태도와 성격을 보여주는 전형적인 사례다. 대학 3학년 때인 1949년 3월 전국 중등학교와 대학교에 일제히 학도호국단이 조직됐다. 이희호는 사범대 학도호국단 부대대장을 맡았다. 여학생에게 할당된 몫이었다. 1949년 4월 22일 서울운동장에서 대통령 이승만과 문교부 장관 안호상이 참석해 중앙학도호국단 결성식을 열었다. 결성식이 끝난 뒤에는 시가행진을 했다. 이희호는 키가 160센티미터였는데, 그 시절 기준으로 보면 작은 키가 아니었다. 더구나 자세가 반듯하고 꼿꼿했다. 부대대장 이희호는 남학생 대대장이 없을 때면 조회시간에 학생들 앞에서 구령을 했다. "남자들보다 목소리가 커서 구령 소리가 아주 잘 들렸어요." 서울지역 전 대학 학생들이 모여 집회를 하고 행진을 할 때도 이희호는 사범대 학생들을 지휘했다.

당시 학도호국단은 이승만 정권이 반공과 통일을 명분으로 내세워 만든 학생조직이었다. 대통령이 총재를 맡고 문교부 장관이 중앙단장을 맡았다. 모든 중등학생과 대학생은 의무적으로 가입해 반공교육과 군사훈련을 받아야 했다. 학도호국단은 1960년 4·19혁명 뒤 해체됐고 유신시대에 부활했다가 제5공화국 때 폐지됐다. 이희호의 생각이 학도호국단의 극단적 반공주의와 일치하는 것은 아니었다. 이승만 정권의 독재 행보에 비판적이었지만, 학도호국단을 이끄는 자리에 누군가 서야 한다면 자기가 하는 수밖에 없다고 본 것이다. 이희호 말고 다른 적임자를 찾기도 어려웠다.

5

# '히히호호' 크게 웃던 학생
## 연극배우

사범대 학생 시절 이희호가 특히 몰두한 것이 연극이었다. 연극은 이화고녀와 이화여전에 다닐 때도 열심히 했지만, 이 시기에 이희호는 연극을 단순한 문화적 취미활동을 넘어 사회적 참여활동으로 삼았다. 당시 연극은 대중적 예술 장르이자 정치적 선전 도구였고 사회적 메시지를 전달하는 유용한 미디어였다. 이희호뿐만 아니라 많은 대학생·젊은이들이 연극 활동에 뛰어들었다. 이희호는 무대의 좋고 나쁨을 가리지 않았다. 심지어는 통학열차 안에서 즉석 연극을 하기도 했다.

"둘째오빠가 의사로 개업을 해서 안양역 근처에 살았는데, 거기에 한동안 얹혀살면서 통학을 했어요. 기차로 서울역까지 와서 학교로 갔지요. 그때 통학열차 안에서 승객들을 관객 삼아 연극을 했어요. 어떤 내용으로 연극을 했는지, 몇 사람이 같이했는지는 기억나지 않는데 혼란한 시절이라 피난민 돕기 모금을 하는 차원에서 했던 것 같습니다."

이희호는 어느 배역이든 맡는 대로 소화했지만, 연기의 선이 굵어서 남장을 하고 남자 역을 많이 했다. 이희호의 연기력이 어느 정도였는지는 당시 조선민족청년단에서 활동하던 서영훈의 증언이 생생하다. 서영훈은 1948년 여름 조선민족청년단 중앙훈련소 제2기 여성반 훈련 때 본 것을 다음과 같이 회상했다.

"특별히 인상 깊었던 일은 훈련생들이 큰 밤나무 밑에 가설무대를 만들어놓고 〈이수일과 심순애〉의 연극 공연을 할 때 있었던 일이다. 심순애 역은 서울대학교 법대에 재학 중이던 황윤석 씨가 맡았고 이수일 역은 이희호 씨가 맡았는데, 이희호 씨의 그 대사, 연기력이 놀라울 만큼 뛰어났다. 이범석 장군을 비롯하여 여성 지도자들, 안춘생·장준하 선생과 훈련생 200여 명이 청중으로 앉았는데 그때 이희호 씨와 황윤석 씨의 연기는 큰 인기를 얻었고 나에게도 강렬한 인상으로 남았다. 알고 보니 대본은 이희호 씨가 손수 썼고, 그 활발 명쾌했던 연기는 프로를 능가하는 것이어서 모든 사람을 감탄케 하였다."

조선민족청년단(족청)은 중국에서 독립운동을 하던 광복군 참모장 출신의 이범석이 1946년 6월 귀국해 만든 민족주의 청년운동단체였다. 처음에 30명에서 시작해 창립 2년 만에 120만 명의 단원을 거느린 전국적인 조직이 됐다. 초기에는 민족주의 의식이 강한 청년들이 많이 참여했다.

"나는 그때 민족청년단에 깊이 관여한 것은 아니었어요. 서울대 문리대에 다니던 친한 친구가 '여름방학 동안 놀지 말고 민족청년단 훈련에나 가자' 해서 같이 갔던 거예요. 가보니 훈련이 한창이었어요. 나머지 시간 동안 훈련을 받았고 마지막에 연극하는 시간이 있어서 〈이수일과 심순애〉를 한 거지요."

선 굵은 연기로 인기가 높았던 서울대 사범대 학생 시절,
공연 후 찍은 기념사진.(뒷줄 왼쪽에서 네 번째가 이희호)

민족청년단 단장 이범석은 잘 웃지 않는 근엄한 사람이었는데, 이희호의 연기를 보고는 참을 수 없어서 폭소를 터뜨렸다고 서영훈은 기억한다. 이희호 주연의 〈이수일과 심순애〉는 다른 곳에서도 여러 차례 무대에 올랐다. 말하자면 〈이수일과 심순애〉는 '연극인' 이희호의 레퍼토리 가운데 하나였다.

민족청년단 훈련소에서 심순애 역을 맡은 황윤석은 1952년 제3회 고등고시 사법과에 합격해 대한민국 최초의 여성 판사가 됐다. 이때의 인연으로 두 사람은 나중에도 절친한 관계를 유지했다. 황윤석은 이희호를 멘토로 여겨 결혼 뒤에도 고부갈등 같은 집안문제를 상담하기도 했는데, 애석하게도 서른두 살, 이른 나이에 세상을 뜨고 말왔다.

서울대 재학 시절 이희호는 기독교청년학생운동에 열성적으로 참여했다. 학도호국단 활동은 학생 신분인 이상 의무적으로 한 것이고 민족청년단은 일시적으로 참여한 정도라면, 기독교학생운동은 이희호가 열정을 바쳐 뛰어든 주요 활동 영역이었다. 이 시기에 이희호를 기독교학생운동으로 이끈 사람이 경동교회의 강원용이었다. 강원용은 이희호와 처음 만나던 장면을 다음과 같이 떠올렸다. 이희호는 독특한 자기소개로 강원용의 눈길을 끌었다.

“1946년 아니면 1947년이었다고 기억한다. 당시에 나는 기독학생운동을 일으켜 전국의 대학과 고등학교를 순회하며 강연을 했다. 어느 날 강연이 끝난 후 학생들과 모여 앉아 대담을 하게 되었고 학생들이 돌아가며 자기소개를 했다. 그런데 모여 앉아 있던 학생들 중에 한 여학생이 자기소개를 하기 전에 ‘히히호호’ 하며 크게 웃었다. 나는 왜 저렇게 웃는가 했더니 그 여학생 말이 제 이름이 ‘희호’이기 때문에 ‘히히호호’ 하고 웃는다고 했다. 나는 그 여학생의 재치 있는 자기소개와 밝은 성격에 끌려 그를 따로 만났다. 그것이 이희호와 나의 만남의 시작이었다.”

이희호보다 다섯 살 위였던 강원용은 해방정국에서 대단한 웅변으로 정치지도자들의 관심을 끌고 대중들의 사랑을 받던 청년 운동가였다. 함경남도 이원군에서 태어난 강원용은 열여섯 살에 기독교에 입문해 독실한 크리스천이 됐다. 일제강점기에 일본 경찰에 잡혀가 혹독하게 당한 터라 친일파라면 이를 갈았다. 해방 뒤 공산주의자와 소련군의 무법적 행태에 질려 월남한 뒤 반공을 원칙으로 삼았다. 친일파도 배척하고 공산주의도 반대했던 강원용은 처음에는 우파 민족주의 계열 이승만·김구·김규식을 모두 존경하고 따랐다. 그러나 이승만이 친일파를 가까이하고 권모술수를 부리는데다 남한 단독정부 수립을 주장하는 것에 배신감을 느껴 이승만을 떠났다. 강원용은 김규식과 여운형 중심의 좌우합작을 통한 통일국가 건설이 민족의 살길이라 보고 그 일을 성사시키는 데 힘을 쏟았다. 또 그 자신은 우파에 속하면서도 통 큰 좌파 지도자 여운형을 흠모했다.

서울대 사범대 강연 뒤 강원용은 이희호와 자주 만났다. 강원용이 여러 대학과 고등학교 학생 중에서 핵심 인재를 뽑아 '신인회'(新人會)라는 기독교학생운동 조직을 만들었을 때 이희호는 '핵심 중의 핵심'으로 참여했다. 신인회는 기독교학생운동의 중추 구실을 했다. 1947년에 결성된 한국기독학생총연맹(KSCF)도 경동교회의 신인회 멤버들이 주축이었다. 강원용은 경동교회를 수시로 드나드는 이희호를 친동생처럼 대했다.

"나는 그 당시 경동교회 안에, 아래위에 방 한 칸씩인 초라한 사택에서 가족과 함께 하루에 옥수수죽 두 끼를 먹으며 살고 있었다. 참 어렵던 시절인데 그(이희호)는 우리 집에도 허물없이 찾아와 옥수수죽을 함께 먹으며 한 식구처럼 가깝게 지내게 되었고, 나의 두 딸은 그를 '고모'라고 부르게 되었다."

강원용의 강연이 학생들에게 큰 인기를 얻자 여러 군데서 강연 내용을 책으로 써달라는 요청이 밀려들었다. 1949년 여름 강원용은 다른 일을 제쳐두고 집필에 들어갔는데, 이때도 이희호는 강원용이 책을 완성할 때까지 옆에서 도왔다.

"글은 원고지에 써야 하는데 내 글씨가 하도 악필이어서 내가 쓴 글을 나도 읽을 수 없었다. 이런 뜻을 안 이희호 씨는 원고 정리는 자기가 책임질 테니 걱정 말고 책을 쓰라고 해서 그의 도움으로 1949년에 《새 시대의 건설자》를 펴내게 되었다.”

강원용과 이희호의 인연은 그 뒤로도 오래 이어졌다. 한국전쟁이 난 뒤에는 부산에서 만나 기독교학생운동을 재건하는 데 힘을 합쳤다. 1962년 이희호가 김대중의 청혼을 받았을 때 김대중의 '면접'을 본 사람도 강원용이었다. 강원용은 김대중을 만나본 뒤 이희호에게 이렇게 말했다.

“내 생각에 그와 결혼하면 보통 사람들이 흔히 생각하는 행복한 결혼생활을 하기는 어려울 것 같다. 정치적으로 매우 야심 있는 사람일 뿐만 아니라 소질도 있는 사람이라고 본다. 한국 같은 사회에서 유능한 정치가의 길이란 매우 험난하고 시련이 많은 가시밭길일 것이다. 그러나 당신은 사회활동에 능한 사람이니 정치가의 내조자로서 사는 데 보람을 느낄 수 있다면 결혼하는 것도 좋으리라 생각한다.”

강원용은 1980년 신군부가 김대중에게 내란음모 혐의를 씌워 사형선고를 내렸을 때 대통령 전두환에게 국정자문위원을 맡을 테니 김대중을 살려달라고 요청하기도 했다. 제5공화국은 당시 사회에서 존경받는 사람들을 끌어들여 쿠데타와 광주학살의 죄를 덮으려고 했다. 자기 이름이 더러워지는 걸 각오하고 김대중 구명에 나설 만큼 강원용이 이희호와 맺은 인연은 각별했다.

사범대 시절 이희호의 또 다른 활동 공간은 '면학동지회'였다. 면학동지회는 1947년 겨울 각 대학의 학생 리더들이 뜻을 합쳐 만든 모임이었다. 좌우익 갈등에 학교가 휩쓸리던 시절에 배움에 힘쓰면서 민족의 미래를 열어가자는 것이 창립 취지였다. 그해 12월 13일 이화여고 강당에서 결성식이 열렸다. 대학생 33명이 모여 시대의 엄혹

면학동지회 회원들과 함께 경교장을 찾아가
백범 김구를 만났다.(앞줄 왼쪽에서 두 번째가 이희호)

한 분위기가 배어든 비장한 선언문을 낭독했다. "우리는 면학동지회의 한 사람으로 불같은 조국애와 동지애를 가지고 새 나라 건설을 위해 같이 배우고 같이 일하고 같이 죽기를 엄숙히 선언한다." 이 자리에는 이범석·안호상을 비롯해 정치·교육계의 거물들이 참석하고 미국·영국·중국의 외교사절들이 축하전문을 보내왔다. 꽤나 주목도가 있는 모임이었다.

눈에 띄는 것은 면학동지회 결성식이 끝난 뒤 회원들이 다 함께 경교장으로 달려가 백범 김구를 만났다는 사실이다. 백범을 가운데 두고 면학동지회 사람들이 기념사진을 찍었다. 그 자리에 대학생 이희호도 있었다. 면학동지회 멤버들이 김구를 방문한 그때는 김구가 이승만과 최후의 결별을 할 무렵이었다. 1945년 11월 충칭(중경) 임시 정부 각료들을 데리고 환국한 김구는 이승만과 함께 우익 정치 노선을 걸었다. 김구는 좌우합작에 거리를 두었고 집요하게 신탁통치에 반대했다. 이승만이 극우로 치달으며 남한 단독정부 수립을 주장할 때도 이승만에 대한 미련을 버리지 못했다. 그러나 1947년 12월 초 한민당 거두 장덕수 암살 사건이 터진 뒤 이승만이 김구를 배후로 지목하자 김구는 더 참지 못했다. 이때부터 김구는 이승만의 단독정부 노선을 맹비난하고 남북협상으로 방향을 틀었다. 이희호가 면학동지회 멤버들과 함께 경교장을 방문한 날은 이런 정치적 대전환이 막 이루어지던 참이었다.

김구는 1948년 2월 10일 '삼천만 동포에게 울며 고함'이라는 성명을 발표했다. "통일하면 살고 분열하면 죽는 것은 고금의 철칙이니 (…) 삼천만 자매형제여! 마음속의 38선이 무너지고야 땅 위의 38선도 철폐될 수 있다. 나는 통일된 조국을 건설하려다 38선을 베고 쓰러질지언정 일신의 구차한 안일을 취하여 단독정부를 세우는 데는 협력하지 아니하겠다."

김구 일행은 그해 4월 19일 남북협상을 하러 북행길에 올랐다. 경교장에 수많은 사람들이 모여 북행을 반대하자 김구는 군중에게 호소했다. "이대로 가면 한국은 분단될 것이고 서로 피를 흘리게 될 것이다." 김구는 경교장 뒷담을 넘어 북으로 향했다. 그러나 김구의 북행은 너무 늦은 결단이었다. 남북협상은 사실상 아무런 소득 없이 끝났고 남한은 5·10총선을 강행해 단독정부를 수립했다. 김구는 1949년 6월 26일 암살당하고 한반도는 동족상잔의 비극 속으로 빨려들어갔다. 김구의 죽음 앞에서 이희호는 오랫동안 울었다.

그 시절 장차 이희호의 남편이 될 김대중도 시국의 흐름을 주시하고 있었다. 김대중은 해방 직후 여운형이 결성한 건국준비위원회에 참여해 목포지부 선전과장을 맡았다. 그 뒤 좌우합작을 표방하는 조선신민당에 가입했다가 당내 공산주의자들과 갈등을 빚은 끝에 탈당했다. 이후에도 청년 김대중은 좌우합작을 통한 통일정부 수립에 모든 희망을 걸었다. 분단을 막고 전쟁을 피하려면 중간파가 주도하는 좌우합작 말고 다른 길이 없었다. 미군정청 사령관 존 하지(John R. Hodge)도 좌우합작에 기대를 품고 있었다. 이희호가 그 시절에 따르던 길도 민족주의적 열정을 동력으로 한 김구의 남북협상 노선이었다. 그러므로 뒷날 이희호와 김대중의 만남은 해방정국의 좌우합작과 남북협상 노선의 만남이기도 했다. 이들의 만남 속에 깃들인 남북화해와 평화통일 정신은 40년 뒤 남북정상회담으로 이어진다.

시절이 어지러웠지만 이희호는 마지막 학년에 졸업논문을 쓰느라 바빴다. 논문 주제를 '가이던스'(교사의 학생 지도)로 잡고 겨울방학 내내 미국공보원에 가서 거기 있는 책들을 참고삼아 논문을 완성했다. 1950년 5월 이희호는 서울대 사범대학을 졸업했다. 28살이었다. "나는 결혼에는 흥미가 없었고 공부를 더 계속하고 싶은 마음뿐이었습니다." 유학을 염두에 두고 이희호는 미국공보원 부설기관 이티아이(ETI, English Teaching Institute)에 등록했다. 영어교사·언론인·공무원·군인 60명과 함께 1년 동안 영어를 배우는 프로그램이었다. 그러나 이희호는 한 달도 채 다니지 못했다. 전쟁이 터진 것이다.

6

# 전쟁통에 짓눌린 여성을 위해

## 여성운동 첫발

1950년 6월 25일 일어난 한국전쟁은 일찍이 겪어보지 못한 대재앙이었다. 전선은 거대한 롤러처럼 전진과 후퇴를 반복하며 그 아래 사람들을 벌레처럼 깔아뭉갰다. 제2차 세계대전 기간 중 유럽 전역에 쏟아부은 폭탄보다 더 많은 폭탄이 반도를 초토화했다. 전쟁이 치러진 3년 동안 최소 300만 명의 남북한 주민이 목숨을 잃었다. 한반도 인구 3000만 명의 10퍼센트가 사라졌다. 전선에서 싸우다 죽어간 군인보다 더 많은 민간인이 폭격에 맞아 죽고 굶어 죽고 얼어 죽었다. 좌익이라는 이유로, 우익이라는 이유로, 좌익인지 우익인지 분간하기 어렵다는 이유로 수십만 명이 서로 죽이고 죽임을 당했다. 한반도 전체가 증오범죄 현장이었다. 증오는 여자도 아이도 피해가지 않았다. 필설로 형용할 수 없는 극단의 범죄적 전쟁이었다. 한국인으로 태어났다는 것 자체가 저주였다.

이희호는 그 아비규환의 지옥에서 살아남았다. 남한 정부는 도망가고 인민군이 점령한 서울에서 이희호는 종로구 충신동 큰오빠네 집에 숨어 살았다. 언제 인민군에게 잡혀갈지 몰라 안심할 수 없었다. "교육받은 사람은 더 잡아가려고 하니까, 옷도 허름한 것을 입고 얼굴에는 검댕을 묻히고 머리도 헝클어뜨리고 다락방에 숨어서 지냈지요."

8월 중순쯤 친구가 고향에 갔다가 올라왔다. 이희호는 친구와 함께 서울을 빠져나갔다. 철교가 끊어진 한강을 배를 타고 건너 친구의 집이 있는 충남 서산으로 향했다. 나흘 동안 쉬지 않고 걸었다. 그보다 조금 앞서, 훗날 이희호의 남편이 될 김대중도 인민군 치하의 서울을 빠져나갔다. 6·25 직전 해운업 일로 출장을 왔다가 서울에 발이 묶인 김대중은 이희호가 간 길과 비슷한 길을 따라 목포로 향했다. 지상은 인민군이 지배하고 있었지만 하늘은 미군기가 장악하고 있었다. 미군기는 땅 위의 움직이는 것들을 향해 총탄과 폭탄을 퍼부었다. 하늘의 미군은 민간인과 적군을 애써 구분하지 않았다. 김대중은 만경평야에서 전투기가 떨어뜨린 폭탄에, 목포 인근에서는 미군기의 기총소사에 목숨을 잃을 뻔했다. 비슷한 일을 피란 중의 이희호도 겪었다.

"큰길을 따라 내려가는데 헬리콥터가 날아오더니 피난민들을 향해 총을 쏘아댔어요. 사람들이 미친 듯이 숨을 곳을 찾아 뛰었지요. 나는 근처의 큰 나무 아래로 뛰어가 숨었어요. 피하지 못한 사람들은 총탄을 맞아 죽기도 했고요. 그런 일을 서산까지 가는 동안 세 번쯤 겪었습니다."

이희호는 미군이 인천상륙작전으로 9월 28일 서울을 수복한 뒤 집으로 돌아왔다. 미군과 국군은 파죽지세로 북진했다. 그러나 중공군이 참전하자 전세는 순식간에 역전되었다. 서울이 다시 위태로워졌다. 지난여름 서울에 남았다가 죽을 고생을 한데다 서울로 돌아온 이승만 정권이 인민군 부역자를 색출한다고 법석을 떨었기 때문에 서울 시민은 너나없이 짐을 쌌다. 12월 하순 이희호는 피란민 대열에 끼어 부산으로 향했다. 운 좋게 기차를 탔다. 임시수도 부산은 그나마 사람이 사람 꼴을 하고 살 수 있는 곳이었다. 이희호의 가족들도 부산에 모였다. 남원도립병원에 있던 아버지는 부산 조선방직회사 부설 병원의 내과 과장으로 들어갔다. 1950년 12월 말 부산에 도착한 이희호는 처음에는 큰오빠 집에 있다가 아버지의 전셋집으로 거처를 옮겨 1953년 휴전이 이루어질 때까지 그곳에서 지냈다.

부산에서 이희호가 가장 먼저 한 일은 대한여자청년단 결성이었다. 그 시절 대한청년단은 위세가 대단한 반공청년단체였다. 대한청년단 안에 여성국이 있었는데, 이희호의 친구 김정례가 여성국장을 맡고 있었다. 이희호와 김정례는 서울에 있을 때부터 여성국을 따로 떼어내 여자청년단을 만들자고 뜻을 모았다. “북한에선 여맹(노동당 산하 여성동맹)을 만들어 활발히 활동을 하는데 그게 인상 깊었어요. 서울 수복 뒤 김정례 씨를 만났더니 ‘우리끼리 여자청년단을 만들자’고 하는 거예요.” 김정례·이희호 외에 박기순·장옥분이 의기투합했다. 대한여자청년단 총본부는 부산에서 결성됐다. 네 사람이 규약을 만들고 국방부 정훈국에 등록했다.

“처음에는 김활란 이화여대 총장을 단장으로 모시기로 하고 찾아갔는데, ‘이건 청년단이니까 청년들이 알아서 하는 게 좋겠다’ 해서 돌아섰지요.” 결국 시인 모윤숙이 단장, 여성운동가 김철안이 부단장을 맡았다. 또 총무국장 이정희, 조직국장 김정례, 선전국장 박기순, 외교국장 이희호로 실무조직을 짜고, 그 아래 부장들을 두었다. 처음

6개월 동안은 대구에서 간부 20여 명이 합숙을 하며 지냈다. “원래 우리 목표는 여성의 사회 진출과 권익 향상을 돕는 여성운동을 하는 것이었어요. 그런데 전쟁 중이라 여성문제에 집중하지 못하고 전시 군경원호 사업을 하는 것으로 그치고 말았습니다.”

여성이 주체가 되는 조직을 만들자고 해서 여성청년단을 결성했지만 하는 일이 군경원호 활동이니 이희호의 마음에 쏙 들 리 없었다. “1년 남짓 여성청년단에서 활동하다가 결국 제 발로 그만두었지요.” 그러다 부산에서 다시 만난 경동교회 목사 강원용과 기독교학생운동 재건사업에 뛰어들었다. 그때 강원용은 한국기독교연합회(NCC)에서 청년조직을 맡고 있었다. 강원용의 회고다. “학생운동에 가장 열성을 쏟았던 나는 상이군인회관 안에 따로 방을 하나 빌려 학생운동 사무실로 썼는데, 당시 이희호가 나를 도와 그 사무실에서 실무를 보느라고 무척 애를 썼다. 나는 그 사무실과 남성여고 강당을 근거로 해서 학생들을 상대로 한 여러 활동을 해나갔다.”

부산에서 강원용을 돕고 있을 때 이희호는 여성계 지도자인 황신덕·박순천·이태영과 자주 만났다. 전쟁의 가장 큰 피해사는 여성이었지만, 여성들은 가부장제 아래 짓눌려 숨도 쉬지 못하고 있었다. 여성의 인권을 지키고 지위를 높이는 일을 할 기구가 절실한 때였다. 이희호는 여성 지도자들과 함께 1952년 11월 여성문제연구원을 창립했다. 황신덕이 초대 원장을 맡았고, 가장 젊은 이희호가 상임간사가 됐다. 이희호는 발기문 작성에서 연구원 등록까지 실무를 도맡아 했다.

여성문제연구원이 첫발을 내딛던 해에 이태영이 변호사가 됐다. 이태영은 1951년 초 제2회 고등고시 사법과에 37살 나이로 합격했다. 여성 최초였다. 1952년 여름에는 15개월의 판검사 실무 수습을 높은 성적으로 마쳤다. 당연히 판사로 임용되어야 했다. 그러나 대통령 이승만은 이태영의 남편 정일형이 야당 정치인이라는 이유로 판사 임용을 거부했다. 당시 대법원장 김병로가 대통령의 인준은 형식적 절차일 뿐이라고 항의하자 이승만은 다음과 같이 소리쳤다. "야당하는 정일형의 마누라를 판사 시킬 수는 없어!" 이태영은 변호사로 개업할 수밖에 없었다.

아이러니하게도 이태영의 불행은 여성들에게 축복이 됐다. 변호사 이태영은 여성문제연구원에서 매달 법률 강좌를 열어 여성의 권리를 알리고 무료 상담을 했다. 이 법률 강좌와 무료 상담이 1956년 여성법률상담소로 진화했고 1961년에 독립해 현재의 가정법률상담소가 되었다.

여성문제연구원은 1959년 여성문제연구회로 이름을 바꾸었고, 황신덕에 이어 1964년부터 이희호가 2대 회장을 맡았다. 여성문제연구원이 가장 주력한 것은 남녀차별 법조항을 철폐하고 헌법에 보장된 남녀평등을 현실에 구현하는 것이었다. 여성문제연구원이 시작한 남녀차별 철폐운동은 1989년 가족법 개정으로 귀결했다. 비로소 여성은 남편이나 아들에게 종속된 상태에서 벗어나 남자와 동등한 권리 주체가 됐다. 1989년 가족법 개정을 주도한 사람은 당시 제1야당인 평화민주당의 총재 김대중이었다. 이희호가 속한 여성문제연구원이 가족법 개정 운동의 씨앗을 뿌렸고 훗날 남편의 입법활동으로 이 운동이 열매를 맺은 것이다.

서울의 대학생 모임이었던 면학동지회도 1951년 피란지 부산에서 다시 모였다. 33명으로 시작한 면학동지회는 전쟁이 나는 바람에 후속 회원을 뽑지 못했다. 대다수가 대학을 졸업하고 사회인이 됐기 때문에 면학동지회는 이름을 면우회로 고치고 문을 외부로 열었다. 면우회는 매달 한 번씩 모여 만남을 계속했다. 이 면우회에서 이희호는 김대중을 알게 된다. 물론 이때는 두 사람이 부부가 되리라고는 꿈에도 생각하지 못한 때였다.

그 부산에서 이희호가 정작 마음에 둔 사람은 따로 있었다. 4·19 이후 재야운동의 기수가 되는 계훈제였다. 결론부터 말하면, 두 사람의 만남은 애틋했지만 애틋한 마음으로 끝났다. 결혼을 생각하기에는 두 사람이 처한 여건이 나빴고 마음도 충분히 깊지 못했다. 이희호가 계훈제를 처음 만난 것은 6·25가 나기 직전 대학 졸업 무렵이었다. 면학동지회 회원 중 한 사람이 계훈제를 이희호에게 소개했다. 평안북도 출신인 계훈제는 서울대 정치학과 학생위원장을 지냈고 서북청년회 멤버로서 당시 우익 학생운동의 주도자였다. 계훈제는 김구의 민족주의 노선을 따랐다. 김구를 존경했던 이희호는 계훈제를 동지적 결합을 해도 될 만한 사람으로 생각했다.

이희호와 계훈제 사이에 연민의 정이 생긴 것은 1950년 12월 부산 피란 때였다. 그때 계훈제는 결핵에 걸린 데다 맹장염 수술을 받은 환자였다. 이희호는 계훈제와 조카딸(계훈제 형의 딸)과 함께 국민방위군을 실어 나르는 부산행 열차를 얻어 탔다. 계훈제는 유작이 된 자서전《흰 고무신》에서 열차 안 상황을 이렇게 기록했다.

"성탄절 눈 내리는 밤에 노래가 터져 나왔다. 민간인이라곤 이 여인(이희호)과 희(조카딸) 그리고 나뿐이다. 방위군이 한 곡 잘 넘기고 우리 동행인 이 여인에게 노래를 청했다. 들을 리 없다. 야유하며 강박한다. 이 여인은 (…) 내가 저들만 못하겠냐고 〈아, 목동아!〉를 불렀다. 아우성이 터졌다. 재청이 나왔다. 나는 더 참을 수 없었다. 찻간에 자리한 병석을 차고 일어나서 '지금 우리 젊은이들이 이유 없이 죽어가는데 노래가 다 무슨 노래냐. (…)' 말이 떨어지자 어느 젊은 병사가 '저것, 빨갱이다' 하며 확 달려든다. 담요를 푹 쓰고 발길을 막아냈다."

그러나 이희호의 기억은 조금 분위기가 다르다. "군인들이 억지로 노래를 시킨 것은 아니었고요. 기차가 부산까지 가는 데 사흘이나 걸렸어요. 지루하니까 노래들을 불렀어요. 그때 거기에 종로 깡패 이정재가 있었는데, 이 사람이 지독히 사람을 웃기는 재주가 있어요. 그때는 그이가 깡패라는 것을 몰랐는데, 그 사람이 좌중을 웃겨가면서 노래를 하게 했어요. 그래서 (나를 포함해) 몇 사람이 돌아가며 불렀지요."

부산에 도착한 이희호와 계훈제 일행은 난민으로 가득 찬 역 앞 여관 복도의 사람들 틈에 끼어들어 하루를 보냈다. 이희호는 이화고녀 후배이자 면학동지회 멤버인 심치선을 찾아갔다. 심치선은 당시 연세대 학생이었는데, 어머니와 함께 부산 자갈치시장 옆 부둣가의 셋방에서 피란생활을 하고 있었다. 이희호는 심치선의 어머니에게 병든 계훈제를 부탁하고, 먼저 부산에 와 있던 큰오빠 집으로 갔다. 계훈제는 같은 평안북도 출신인 심치선에게 장학금을 주선해준 일도 있었다. 그런 인연 때문에 심치선의 어머니는 계훈제에게 방 한 칸을 선뜻 내주었다.

부산에 내려온 뒤 계훈제의 몸은 더욱 악화돼 심치선의 셋방에서 한 달 반 만에 거제도 세브란스병원의 결핵병동으로 옮겼다. 결핵환자가 한방에 20명이나 누워 있는 곳이었다. 이희호는 대한여자청년단 활동과 기독교학생운동을 하는 중에도 자주 병동에 찾아와 환자를 간호했다. 1951년 가을에 계훈제는 마산 공군요양소로 옮겼다. 결핵으로 시작한 병은 늑막염으로 깊어졌다. 이희호는 그때도 이틀에 한 번씩 간호하러 요양소를 들렀다. 그러나 병은 나아지지 않았고 이희호는 계훈제를 떠나기로 결심했다.

이희호는 그 시절 여성운동과 사회운동을 하면서 다른 한편으로 미국 유학의 꿈을 계속 꾸고 있었다. '유학을 간다면 병들어 요양소에 있는 사람은 어찌해야 하는가?' 이희호의 마음에 계속 맴돌던 질문이었다. 그때 함께 기독교운동을 하던 강원용은 이희호에게 유학을 가라고 종용했다. 이희호는 망설임 끝에 공부를 계속해야겠다는 결정을 내렸다. 휴전 뒤 서울로 올라온 이희호는 병든 사람을 두고 왔다는 죄책감으로 오랫동안 괴로워했다.

계훈제는 전쟁이 끝나고도 계속 요양소에 머물다 늑골 여섯 대를 잘라내는 대수술을 한 뒤 조금씩 건강을 회복해 4·19 나기 한 해 전에 서울로 올라왔다. 두 사람의 관계는 흔한 남녀관계가 아니라 동지적 연대라고 할 만한 관계였으나, 어려운 처지에 빠진 사람을 외면하지 못하는 이희호의 성격 때문에 애처로움과 안타까움이 배어들었다고 할 수 있다. 뒷날 계훈제가 결혼하여 아들을 두었다는 소식을 듣고서야 이희호는 마음의 짐을 벗었다.

## 7

# 엘리너 루스벨트를 만나다

### 미국 유학시절

이희호가 유학을 떠난 것은 1954년 8월이었다. 유학을 결심하고 용기를 내는 데는 미국에 살던 외삼촌 이원순의 도움이 컸다. 이원순은 일제강점기 때 이승만과 함께 미국에서 독립운동을 하기도 했는데 뜻이 맞지 않아 이승만과 헤어졌다. 이원순은 해방 뒤인 1947년 조국에 돌아와 한동안 머물렀다. 이희호는 외삼촌을 만나 미국 유학을 가고 싶다는 꿈을 이야기했다. 외삼촌은 조카에게 꿈을 포기하지 말라고 격려해주었다.

부산 피란 시절 이희호는 미국으로 돌아간 외삼촌에게 편지를 써 도와달라고 부탁했다. 돈이 없던 때니 유학을 가려면 스칼라십(장학금)을 얻는 것이 가장 큰일이었다. 1952년 여름 외삼촌으로부터 기다리던 편지가 왔다. "미국 주재 한국대사 양유찬 박사가 여학생용 스칼라십을 여러 개 가지고 한국으로 나가는데 네 얘기를 해놓았으니 찾아가봐라." '드디어 꿈이 이루어지는구나.' 두근거리는 마음을 안고 이희호는 양유찬이 머물고 있던 경남도청으로 찾아갔다. "그런데 양 대사가 하는 말이 외삼촌은 스칼라십을 또 보내줄 수 있는 분이니 이번 것은 처지가 어려운 학생들에게 양보하는 게 어떻겠냐는 거예요."

이희호는 아쉬움이 컸지만 곤궁한 학생에게 기회를 주자는 말에 고개를 끄덕이고 돌아섰다. "그 뒤 외무부에 근무하는 면우회 회원을 만났더니 '지금 고위층 딸들이 그 스칼라십으로 유학 수속을 밟고 있다'는 말을 해요." 어처구니가 없었지만 엎질러진 물이었다. "외삼촌에게 사정을 말씀드리고 다시 부탁하니 '재정보증' 서류를 보내주셨어요. 재정보증 얻는 게 어려운 일이었거든요."

재정보증보다 더 중요한 것은 스칼라십을 제공하는 대학을 찾는 일이었다. 시간은 가는데 도움을 주겠다는 대학이 나타나지 않았다. 이희호는 먼저 미국으로 유학 간 친구 김봉자에게 편지를 썼다. 1953년 휴전협정이 맺어지기 직전이었다. 김봉자는 면학동지회 멤버였고 이희호와 절친했다. 이화여대 영문과를 나온 김봉자는 한국전쟁 중 대구의 미군 정훈국에 근무했다. 당시 정훈국의 군목으로 있던 제임스 크로(James Crow)가 김봉자의 성실함을 높이 사 유학길을 열어주었다.

친구의 편지를 받은 김봉자는 크로 목사에게 친구를 도와달라고 요청했다. 고향에 돌아가 있던 크로는 미국 남부 테네시 주 멤피스의 감리교회 44곳의 남성클럽 회장인 변호사 클리퍼드 피어스에게 이희호라는 한국 여성을 소개하고 추천하는 편지를 썼다. "선교사 10명을 한국에 파견하는 것보다 한국 학생 한 명을 공부시켜 보내는 게 더 좋은 결과를 낼 것입니다." 피어스는 남성클럽을 움직여 4년 동안 공부할 장학금을 모으고 미국행 비행기 표까지 마련했다.

이희호는 유학 수속을 마쳤다. 미국으로 떠날 날을 기다리던 중 제3대 민의원(국회의원) 선거가 다가왔다. 투표일은 1954년 5월 20일이었다. 이희호는 서울 종로구에 출마한 박순천 후보의 선거 지원 요청에 응했다. 박순천은 제2대 민의원 선거 때 대한부인회 대표로 나와서 당선된 현역 의원이자 이희호가 여성문제연구원을 만들 때 지도자로 모신 사람이었다. 박순천의 상대 후보는 윤보선이었다. 이희호는 박순천 캠프에서 지프차를 타고 날계란을 먹어가며 "여성은 여성에게 투표합시다" 하고 길거리 유세방송을 했다. "나는 당시 정치에 관심이 많아 선거운동을 열심히 했지요. 하지만 직접 정치를 해야겠다는 생각은 없었어요."

박순천은 아깝게 떨어졌는데, 공교롭게도 여성문제연구원 활동이 낙선의 원인이 됐다. 여성문제연구원은 남녀평등 차원에서 간통죄에도 쌍벌제를 적용할 것을 건의했다. 잘못은 같이했는데 여성만 처벌받아서는 안 되며 남성도 함께 처벌해야 한다는 것이었다. 박순천은 이 건의를 받아 쌍벌죄를 발의했다. 쌍벌죄 법안은 1953년 6월 국회를 통과했다. 바로 이 법이 문제가 됐다. 종로 3가의 홍등가 여성들이 쌍벌죄 때문에 장사가 안 된다며 박순천을 외면했다.

이 3대 민의원 선거 때 김대중도 정치에 발을 들였다. 청년 사업가 김대중을 정치로 이끈 사건은 1950년 한국전쟁과 1952년 부산정치파동이었다. 김대중은 인민군 치하에서 '반동'으로 체포돼 처형 직전에 살아난 경험이 있었다. 한국전쟁은 한민족 전체의 재앙이었다. 정치의 실패가 동족상잔을 부른 것이나 마찬가지였다. 나라를 구하려면 정치를 바꿔야 했다. 부산정치파동은 이승만의 재선 욕심이 일으킨 정치적 난동이었다. 이승만은 국회 간선제로는 대통령 재선이 불가능해지자 정치깡패와 폭력경찰을 동원해 국회를 장악하고 대통령 직선제 개헌안을 통과시켰다. 민주주의를 짓밟는 부패 권력에 대한 분노가 하늘을 찔렀다.

김대중은 목포지역 노동조합의 전폭적인 지지를 받아 무소속으로 출마했다. 그러나 이승만의 자유당은 가만히 있지 않았다. 경찰을 시켜 노동조합 지도자들을 잡아다가 협박해 김대중 지지를 철회시켰다. 김대중은 첫 도전에 실패했다. 이때의 경험으로 김대중은 이듬해 한국노동문제연구소의 주간을 맡아 노동문제를 연구하고, 〈사상계〉 1955년 10월호에 '한국 노동운동의 진로'라는 논문을 실었다. 김대중은 "지금 우리나라의 노동조합은 완전히 모당(자유당)의 한낱 예속물의 처지를 면치 못하고 있다"고 비판하고 노동조합이 환골탈태해 사회개혁의 진지가 되어야 한다고 썼다.

1954년 8월 15일 이희호는 여의도비행장에서 노스웨스트 비행기에 몸을 실었다. 여비는 친구들의 도움으로 돈 있는 사람들의 지원을 받아 마련했다. "나는 아버지나 오빠들한테는 손을 내밀지 않았어요. 도움을 받지 않았으니까 간섭도 받지 않았지요." 떠나는 날 아버지가 여의도비행장에 나왔다. 아버지는 딸의 유학을 뿌듯하게 여겼다. "네 힘으로 미국까지 가서 공부하게 되다니 기쁘고 장하다." 아버지는 딸이 자기 꿈을 대신 이루어주었다며 고마워했다.

노스웨스트 비행기 안에는 이희호 말고도 유학 가는 학생들이 몇몇 있었다. 여기저기서 훌쩍이는 소리가 들렸다. 이희호는 유학을 간다는 기쁨보다는 전쟁으로 폐허가 된 조국을 두고 떠난다는 비감이 더 컸다. 마음을 굳게 먹었다. "초행이었지만 두려움은 없었어요. 눈물도 흘리지 않았고요. 그런데 학교에 도착해 기숙사 방문을 열고 들어가니까 나도 모르게 눈물이 막 나오더라고요."

그 시절엔 미국으로 바로 가는 비행기가 없었다. 이희호는 도쿄에서 미국행으로 갈아탔다. 이어 시애틀에 도착해 국내선을 타고 로스앤젤레스까지 갔다. 다시 기차를 타고 텍사스 주 샌안토니오로 가 유학길을 열어준 은인 제임스 크로를 만났다. "기차 안이 한여름인데도 참 시원했어요. 에어컨이라는 게 있다는 걸 몰랐지요."

이희호는 8월 말 테네시 주 잭슨 카운티에 있는 램버스대학에 첫발을 디뎠다. 장학금을 제공한 테네시 주 멤피스의 감리교회 남성클럽이 지정해준 학교였다. 특별학생으로 영어 코스를 밟으며 사회학을 공부했다. "전쟁 중에 사회운동을 경험한 것 때문에 전공을 사회학으로 했지요. 사회문제를 규명하고 해결하는 데 노력하고 싶은 마음이 있었어요." 나이 든 새내기 유학생 이희호는 처음 1년 동안 영어 때문에 죽을 고생을 했다.

"남부 사투리까지 섞여 있어서 도무지 말을 알아먹을 수가 없었어요. 숙제는 또 얼마나 많은지 매번 밤샘을 하다시피 했지요. 램버스대학에 임은숙이라는 먼저 유학 온 학생이 있었어요. 미군부대에서 근무하다가 군목이 양녀로 삼아서 미국으로 데려갔는데, 이 친구는 양부모 집에서 지내다 대학에 왔기 때문에 영어를 잘했어요. 후배가 영어를 유창하게 하니 나는 더욱 입이 떨어지지 않았지요."

학과 공부에 시달리고 외로움에 치이니 고국에서 온 편지만 보아도 눈물이 줄줄 흘러내렸다. "교회에 나가면 한국 고아들 돕자고 모금을 하는데 피란 시절 기록필름을 보여줘요. 그걸 보고 있으면 우리나라 생각이 나서 또 눈물이 났어요."

용돈이 궁하던 이희호는 램버스대학에 있던 동안 여름이면 두 달

1956년 여름, 밀워키의 공장 동료들에게
'수복강녕'(壽福康寧)이라는 글씨를 써 선물하고 기념사진을 찍었다.

씩 공장에서 일했다. 공장은 테네시 주에서 한참 떨어진 위스콘신 주 밀워키에 있었다. 하루 여덟 시간씩 전기코일을 감고 한글씨를 써넣었다. "처음에는 한 시간에 1달러씩 주었어요. 하숙비 제하고 나면 조금 남아요. 그다음에는 1달러 50센트, 나중에는 1달러 80센트를 줬어요."

이희호는 글을 써서 상금을 받기도 했다. 1955년 여름에 '대학 캠퍼스의 음주 문제'라는 주제로 미국 대학생 에세이 콘테스트에 응모해 가작으로 입상했다. 5달러를 받았다. "전교생이 모인 데서 그 5달러를 주는데요, 다들 놀라요. '재는 영어도 못하는데 어떻게…' 하면서요." 이어 캐나다에서 열린 북미 전역 경선에서도 1298편 중 최종

50편 안에 뽑혀 25달러를 상금으로 받았다. 구두 한 켤레가 5달러였으니 적지 않은 돈이었다.

램버스에서 2년을 보낸 뒤 1956년 테네시 주의 주도 내슈빌에 있는 스캐릿대학으로 옮겨 석사과정을 밟았다. 램버스에는 석사과정이 없었다. 스캐릿대학 생활은 램버스 시절보다 한결 쉬웠다. 우선 이 대학에는 한국·일본·인도 같은 아시아에서 온 여학생들이 많았고, 이화여대 동문들도 있었다. 친구 김봉자를 다시 만난 곳도 그곳이었다. 이 대학 맞은편에는 교육전문대학인 피바디대학이 있었는데, 거기에 서울대 사범대 교수와 동문들이 유학하고 있었다. 또 피바디대학 옆의 남부지역 명문 밴더빌트대학에도 한국 유학생들이 있었다. 뒤에 스캐릿과 피바디는 밴더빌트에 흡수돼 단일 종합대학교가 되었다.

"내슈빌의 한국 유학생들은 한 달에 한 번씩 모였어요. 스캐릿·피바디·밴더빌트의 유학생이 다 모이면 40명쯤 됐어요. 다들 기독교인이라 함께 예배를 보고 한국 음식을 만들어 먹었지요. 양배추에 핫소스를 뿌려 김치를 담가 먹었는데 흉내만 낸 김치가 그렇게 맛있을 수가 없었어요."

이희호는 석사과정을 밟는 동안 흑인사회를 찬찬히 들여다볼 기회도 얻었다. 사회집단 한 곳을 정해 지속적으로 관찰한 뒤 보고서를 써내는 커리큘럼이었다. 이희호가 선택한 곳은 흑인들이 다니는 교회였다.

"내가 떠나온 한국의 시골과 실정이 비슷해서 일부러 흑인교회를 택했어요. 일요일마다 흑인들이 사는 집에 가서 점심도 같이 먹고 저녁예배까지 보고 왔지요. 그 시절에 남부는 흑백 차별이 심했어요. 흑인은 버스를 타더라도 뒷자리로 가야 하고, 앞자리는 백인 차지였어요. 하루는 우리 학교에 흑인학교 학생들이 와서 합창을 하는데 눈물이 막 나와요. 그네들이 차별받는 게 다 느껴지니까요. 흑인들도 같은 인간인데, 인간으로서 존중을 받는 날이 빨리 오기를 바랐지요."

이희호는 흑인교회 관찰 결과로 보고서를 써 석사학위를 받았다. 유학 시절에 이희호가 읽고 공부했던 사회학·여성학·종교학·문학 관련 책 100여 종의 목록이 남아 있다. 그 목록에 여성 문화인류학자 마거릿 미드(Margaret Mead), 루스 베네딕트(Ruth Benedict)의 저작들도 다수 들어 있다.

이희호가 스캐릿에서 겪은 가장 잊을 수 없는 사건은 32대 미국 대통령 프랭클린 루스벨트(Franklin D. Roosevelt)의 부인 엘리너 루스벨트(Anna Eleanor Roosevelt)를 만난 일이었다. 엘리너는 남편이 대공황을 극복하고 제2차 세계대전을 승리로 이끄는 동안 자기만의 의제를 따로 내걸고 사회활동을 했다. 특히 인종차별과 여성차별에 반대하는 운동에 앞장섰다. 엘리너는 루스벨트가 죽은 뒤에도 인권운동가로서 열정을 다해 활동했고, 미국의 국제연합(UN) 대사로 파견됐다. UN 인권위원회 의장으로 선출돼 1948년 세계인권선언을 주도한 것은 엘리너의 최대 업적이었다.

엘리너는 1957년 12월 10일 '세계 인권의 날'에 내슈빌을 방문했다. 이희호는 설레는 마음으로 환영행사를 준비했다. "엘리너는 키가 크고 약간 구부정했는데 기품이 있었어요. 엘리너가 내민 손이 따뜻했지요. 그 감촉이 잊히지 않아요." 인권 투사 엘리너의 모습은 이희호의 마음에 깊이 새겨졌다.

엘리너의 강연이 끝나고 난 뒤 한국 유학생들은 한국 문화를 소개하는 프로그램을 무대에 올렸다. 이희호는 피바디에 유학 중이던 여학생 이영식과 함께 한국춤을 추었다. 과거 연극무대에서 그랬던 것처럼 이영식이 여자 역을 맡고 이희호는 남자 역을 맡았다. "남학생이 한복을 가지고 있어서 그걸 빌려 입었어요. 무대에서 한복을 입고 춤을 춘 건 처음이었지요."

이희호는 1958년 5월 스캐릿대학 석사과정을 마쳤다. 박사과정을 밟고 싶었지만 감리교회 남성클럽에서 정해준 유학 기한이 다 돼 더 있을 수가 없었다. 그해 8월 15일 이희호는 학생을 가르치는 일을 하고 싶다는 소망을 품은 채 고국으로 돌아왔다. 서른여섯이었다.

제2부

# 만남과 동행

1

# 학문의 길과 사회운동의 길 사이에서

## YWCA 총무

미국 유학을 마침으로써 이희호의 수업시대도 끝이 났다. 돌아온 이희호를 만난 사람들이 가장 놀란 것이 태도의 변화였다. 어디를 가나 우스갯소리를 잘하고 스스럼없이 어울리던 사람이 말수가 줄어들고 차분해졌다. 내성적이고 수줍어하는 타고난 성격으로 돌아간 것 같았다. 처음 만나는 사람들은 심지어 차갑게 보인다고도 했다.

이희호의 인상에 대한 평가는 미국 유학 이전부터 이희호를 아는 사람과 미국 유학 이후 알게 된 사람 사이에서 뚜렷이 갈렸다. 유학 전부터 아는 사람들은 이희호를 넘치는 활기를 감추지 못하는 활달한 사람으로 기억했다. 반대로 뒤에 만난 사람들은 이희호를 자기를 잘 드러내지 않는 조용한 사람으로 알았다. “나이가 들어서인지 미국에서 고생을 한 탓인지 잘 모르겠어요. 하여튼 주위에서 내가 바뀌었다고 했어요.” 미국에서 보낸 4년의 시간은 말하자면 발효와 숙성의 기간이었다. 세월이 가면서 생기는 자연스런 정서의 변화에 더해 문화 충격과 지적 훈련으로 마음이 단련됐고 생각이 깊어졌다.

1958년 8월 귀국 짐을 풀어놓고 이희호가 먼저 찾아간 사람은 이화여대 사회사업학과 과장으로 재직 중이던 외숙모 이매리였다. 하와이 이민 2세인 외숙모는 미군정이 들어선 뒤 1946년 미군정청 후생부 고문으로 한국에 왔다가 이듬해 이화여대 기독교사회사업학과(후에 사회사업학과)를 만들었다. 대한민국 정부가 수립된 뒤 미국으로 돌아간 외숙모는 한국전쟁이 끝나자 남편(외삼촌 이원순)과 함께 한국으로 돌아와 그 후 자신이 만든 학과에 자리를 잡았다.

"외숙모를 찾아뵈었더니 나더러 학생들에게 강의를 해달라고 했어요." 이희호는 사회사업학과 학생들에게 사회학 원서 강독을 했다. 또 이화여대에 부설된 사회사업관의 관장 자리도 맡았다. "사회사업관은 이화여대 인근 지역의 빈곤가정 여성들에게 도움을 주는 시설이었어요. 초등학교도 못 간 청소년들을 불러 야학을 열고 가난한 집 여성들을 상담하는 일을 했지요. 낮에는 대학생들을 가르치고 밤에는 사회사업관에서 살다시피 했지요."

그때 이희호는 대학교수의 길로 나아갈 생각을 했다. 누가 보아도 학생을 가르치는 데 소질이 있는 사람이었다. 그러나 학생을 가르치는 일은 한 학기 만에 뜻하지 않은 경로 변경으로 중단됐다. 그 전환의 계기를 제공한 사람이 당시 이화여대 부총장이던 박마리아였다. 박마리아는 이승만 정권의 제2인자인 국회의장 이기붕의 부인으로서 위세를 떨쳤다. 남편 이기붕을 뒤에서 좌지우지했고 이화여대의 실권도 쥐고 있었다.

1958년 12월 어느 날 이희호의 서울대 사범대 후배가 사회사업관으로 찾아왔다. "내가 창설에 관여했던 대한여자청년단에서 박마리아 부총장을 단장으로 모셨는데, 나더러 부단장을 맡아주면 좋겠다는 거예요. 나는 여자청년단에는 가고 싶지 않다고 거절했지요." 여자청년단 쪽에서는 박마리아를 찾아가 이희호를 설득해달라고 부탁했다. 이희호는 박마리아에게서 만나자는 연락이 왔지만 가지 않았다. 이기붕은 당시 자유당 정권의 부패와 타락의 상징이었다. "자유당이 워낙 욕을 먹고 있었기 때문에 나는 박마리아 부총장을 만나고 싶지 않았어요. 그런데 며칠 있다가 또 연락이 와서 한번 보자는 거예요."

이희호는 외숙모 이매리와 의논했다. 외숙모는 "이화여대에서 학생들을 가르치고 있는 판에 부총장이 만나자고 하는데 계속 거절할 수는 없지 않느냐"고 했다. 이희호는 박마리아를 찾아갔다. 박마리아는 당시 대한YWCA연합회 회장도 맡고 있었다. "미국 유학 생활이며 이런저런 이력을 이야기했지요. 그랬더니 '지금 YWCA에서 총무를 찾고 있는데 이희호 씨가 적합한 것 같으니 생각이 있으면 이력서를 가지고 박에스더 선생을 만나보라'고 했어요."

박에스더는 대한YWCA연합회 고문이었다. 미국 국적 한국인인 박에스더는 1950년 한국전쟁이 난 뒤에 미국 YWCA에서 파견돼 전후에 한국 YWCA가 성장하는 데 많은 기여를 한 사람이었다. "그때까지는 YWCA에 총무가 없었어요. 박에스더 선생님이 고문으로 사실상 총무 일을 맡고 있었지요. 그분을 만나 뵈었더니 '며칠 있으면 이사회가 열리는데 거기서 총무 선임 안건이 통과되면 알려주겠다'고 하셨어요. 그해 말에 나를 총무로 쓰기로 했다는 연락이 왔어요."

YWCA 이사회의 결정을 받아들고 이희호는 한동안 고민을 했다. '학문의 길을 갈 것인가? 사회운동으로 나설 것인가?' 강단에서 학생들을 가르치는 데 재미를 느꼈기 때문에 교수의 길을 포기하는 게 쉽지 않았다. "결국 YWCA로 가겠다고 결심했죠. 사회활동을 하고 싶은 마음이 강했고 YWCA에서는 여성운동을 할 수 있으니까 학교에 남는 것보다는 YWCA 총무 일을 하는 것이 낫겠다는 결론을 내렸어요." 학문의 울타리 안에서 연구하고 가르치는 것보다 사회와 직접 만나 행동하고 실천하는 것이 이희호의 마음 밑바닥에 있는 근본 지향이었다. 이희호는 "나는 학구파가 아니다"라고 여러 번 말했는데, 그것은 곧 자신이 행동하는 사람이라는 뜻이었다. 이희호에게 공부는 목표라기보다는 활동의 동력이고 바탕이었다.

1959년 1월 3일부터 이희호는 대한YWCA연합회 총무로 출근했다. YWCA연합회는 서울YWCA를 비롯해 전국에 있는 YWCA의 연합조직이었다. "총무에게는 전용 승용차가 나왔는데, 이 차를 타고 기동성 있게 전국을 다녔어요."

이희호는 총무로 취임하자마자 YWCA의 분위기를 확 바꾸었다. 사회운동가 출신답게 캠페인을 시작했다. 이희호가 제안한 첫 캠페인은 '혼인신고를 합시다'였다. "당시엔 결혼을 하고도 혼인신고를 하지 않고 사는 경우가 많았어요. 뒤에 첩으로 들어온 사람이 혼인신고를 하는 바람에 조강지처가 쫓겨나는 일이 비일비재했어요. 자식 낳고 살다가 하루아침에 빈손으로 집밖에 나앉는 거지요." 이희호는 포스터를 만들어 전국의 지역 YWCA로 보내고, 띠를 어깨에 두르고 거리 캠페인에 나섰다.

이희호가 만든 이런 활동의 기조는 그 뒤로도 계속됐다. 4·19혁명 후 첫 국회의원 선거 때는 YWCA가 중심이 돼 여성단체들과 함께 '축첩자를 국회에 보내지 말자'는 운동도 벌였다. '첩 둔 남편 나라

대한YWCA연합회 초대 총무를 맡아
활약하던 시절 사무실의 이희호.

망친다', '아내를 밟는 자 나라 밟는다' 같은 문구를 붓으로 써 피켓과 플래카드를 만들고 거리행진을 했다. 사실상의 일부다처제로 여성이 고통받고 있던 때에 일부일처제는 여성 권리 보호의 중요한 장치였다. 이런 활동은 그때까지 YWCA가 보여온 분위기와는 확연히 다른 것이었다. YWCA의 어른들은 마뜩잖게 여겼고, 여자청년단 출신이어서 그런다고 수군대기도 했다.

그렇게 사회운동을 활발하게 하는 중에도 이희호 총무의 YWCA는 정치와는 거리를 두었다. 박마리아가 회장으로 있던 여성단체들이 이승만-이기붕 지지 운동에 뛰어들었지만 YWCA는 움직이지 않았다. "YWCA는 회칙에 불편부당이라고 돼 있었어요. 그걸 방패로 삼았지요. 박마리아 회장이 아주 섭섭해했어요."

YWCA연합회 총무로 출근하고 얼마 지나지 않아 이희호는 거리에서 김대중과 마주쳤다. 부산 피란 시절 면우회에서 만난 뒤로 6년 만이었다. 두 사람은 근처 다방에 들어가 잠깐 동안 안부를 주고받았다. "내가 YWCA에 있다는 이야기를 하고 헤어졌어요. 정치에 입문했다는 말은 들어서 알고 있었는데, 좀 힘들어 보였어요." 두 개의 선이 먼 곳을 돌아다니다 우연히 교차점을 지나는 것과 같은 조우였다. 이 짧은 만남은 이후 그들의 긴 만남을 예고했다. 다방을 나온 두 사람은 다시 각자의 길을 갔다.

1959년 9월 이희호는 멕시코에서 열린 세계YWCA대회에 참가했다. 서울YWCA 회장인 최이권, 뒷날 대한YWCA연합회 회장이 되는 손인실과 동행했다. 대회가 끝난 뒤에는 미국으로 가 뉴욕 YWCA 본부에 한 달을 머물고 또 코네티컷 주 하트퍼드, 델라웨어 주 웰밍턴의 YWCA에 두 달을 더 머무르며 프로그램 운영의 새 기법을 익혔다. 이어 유럽으로 건너가 독일·영국·이탈리아·그리스를 돌며 그 나라 여성계를 방문해 견문을 넓혔다. 그 뒤 이희호 일행은 타이·홍콩·일본의 YWCA를 돌아보고 1960년 2월에 귀국했다. 반년 동안 지구를 한 바퀴 돈 기나긴 학습여행이었다.

세계를 돌고 돌아오니 정국이 요동치고 있었다. 이승만 정권을 죽음의 구렁텅이로 밀어 넣게 될 3·15부정선거를 한 달 앞둔 시점이었다. 전해 7월 이승만은 진보당 당수 조봉암을 간첩으로 몰아 사형대로 보냈다. 정적에 대한 비열한 사법살인이었다. 자유당의 대통령 후보 이승만, 부통령 후보 이기붕에 맞서 야당인 민주당은 대통령 후보로 조병옥, 부통령 후보로 장면을 뽑았다. 조병옥은 1월 말 미국으로 위장 수술을 받으러 떠났으나 끝내 돌아오지 못하고 2월 15일 세상을 떠났다. 4년 전 민주당 대통령 후보 신익희의 갑작스런 죽음에 이은 두 번째 변고였다. 대통령이 결정된 것이나 마찬가지니 이제 선거판 관심은 85살의 대통령을 뒷받침할 부통령이 누가 되느냐에 쏠렸다.

이승만 정권은 온갖 부정선거 계획을 짜 이승만-이기붕 당선 공작을 폈다. 내무부 장관 최인규는 전국의 시장·군수·경찰간부를 매일 20명씩 불러 부정선거 방법을 교육시키며 무슨 짓을 해서든 이승만-이기붕을 당선시켜야 한다고 독려했다. 사전투표와 공개투표가 난무했다. 일부 지역에서는 이승만-이기붕이 얻은 표가 유권자수보다 많이 나와 두 사람의 득표율을 다시 낮춰야 할 지경이었다. 3월 15일 민주당은 이번 선거가 불법·무효임을 선언했다. 그날 저녁 마산 시민들이 들고일어났다. 이날 최루탄에 맞아 죽은 마산상고 1학년 학생 김주열은 4월 11일 마산 앞바다에서 참혹한 주검으로 떠올랐다.

당시 민주당 선전부 차장을 맡고 있던 정치인 김대중도 3·15부정

선거 규탄시위에 참여했다. 김대중은 4월 6일 민주당 중심의 서울시내 거리시위를 선도했다. 내무부 장관이 발포도 불사한다는 포고령을 낸 터라 시위대 앞에 서는 것은 총구의 표적이 될 수도 있는 위험한 일이었다. 두려운 마음으로 집을 나온 김대중은 휴대용 확성기를 메고 서울시청 앞에서 시작해 파고다공원(탑골공원)을 지나 광화문네거리로 시위대를 이끌었다. 수천 명의 시민들과 함께 "부정선거 다시 하라", "이승만 정권 물러가라"고 외쳤다.

4월 19일 서울시내 대학생과 시민 2000여 명이 경무대로 향하다 경찰 발포로 수십 명이 목숨을 잃었다. 시위는 이제 통제할 수 없는 노도가 되어 권력자를 벼랑 끝으로 몰았다. 이승만은 4월 26일 대통령직에서 물러나겠다고 발표했다. 186명의 목숨을 제물로 바치고 얻은 승리였다. 성난 군중은 서대문 이기붕의 집을 습격해 온갖 사치품들을 끌어내 불태웠다. 시위군중을 피해 도망간 이기붕과 박마리아는 28일 새벽 경무대 별관에서 두 아들과 함께 참혹한 주검으로 발견됐다. 큰아들 이강석이 아버지·어머니·동생을 권총으로 쏴 죽인 뒤 자살한 것으로 결론이 났다. 박마리아는 이승만의 부인 프란체스카 도너(Francesca Donner Rhee)의 환심을 산 뒤 권력의 핵심에 들어가 남편을 정권의 2인자로 만들고 큰아들을 이승만의 양자로 들여보냈다. 권력을 업고 호가호위하던 박마리아의 삶은 그렇게 끝이 났다.

이희호는 YWCA 식구들과 함께 경복궁 동문 앞 수도육군병원으로 갔다. 박마리아와 이기붕 일가의 주검이 안치된 곳이었다. 살아생전에 멀리한 사람이었지만 세상을 떠난 마당에 장례식마저 외면할 수는 없었다. 장례식장에서 이희호는 권좌에서 쫓겨난 이승만과 프란체스카의 모습도 보았다. "추모예배를 보고 앉아 있는데 이승만 박사와 프란체스카 여사가 들어오더라고요. 나란히 놓인 관 네 개를 바라보는 모습이 그렇게 비참해 보일 수가 없었어요." 이승만은 권력을 잡으려고 친일파를 끌어들이고 민족반역자들을 요직에 앉힘으로써 사회정의를 뿌리째 흔들고 나라의 기틀을 무너뜨렸다. 폭정으로 반대파를 짓밟고 민주주의를 파괴했다. 모든 것을 잃은 독재자의 뒷모습은 한없이 초라했다. 이승만은 하와이로 망명을 떠났다.

이희호는 뜻 맞는 동지들과 '5월회'를 만들어 젊은이들이 흘린 피를 기억하자고 결의했다. "이름에 특별한 뜻이 있었던 건 아니고 4·19가 끝난 뒤 5월에 모였다 해서 5월회라고 불렀어요." 김일남·김용준·조향록·이한빈·엄기형·서영훈을 비롯해 40여 명이 함께했다. 함석헌·박종홍 같은 어른들을 모셔 강연을 듣고 토론했다. 그러나 이 모임도 오래가지 못했다. 다음해 5월 군사쿠데타가 나자 뿔뿔이 흩어졌다.

## 2

# 이상하리만큼 말이 잘 통한 사람
### 만남

이희호와 김대중이 다시 만난 것은 1961년 늦가을이었다. 군부가 일으킨 5·16쿠데타가 헌정질서를 쑥대밭으로 만들고 반년쯤 지난 뒤였다. 김대중은 민주당 대변인을 지냈다는 이유로 연행돼 두 달 동안 창살 안에 갇혔다가 풀려났다. 김대중은 예전의 말벗을 찾아가 마음의 문을 두드렸다.

이희호와 김대중이 결혼에 이르는 과정을 보려면 먼저 김대중의 상처(喪妻)와 이후의 쓰라린 날들을 살피는 것이 필요하다. 첫 부인 차용애의 이른 죽음이 없었다면 이희호와 김대중이 동반자 관계를 맺을 일도 없었을 것이기 때문이다.

김대중이 차용애를 알게 된 것은 1944년 여름이었다. 차용애는 목포공립실과고등여학교(목포여중)를 졸업한 뒤 일본으로 유학을 갔다가 태평양전쟁 말기의 혼란을 피해 집에 돌아와 있었다. 목포의 해운회사에 근무하던 김대중은 사무실 밖에서 양산을 쓰고 하얀 원피스를 입고 지나가는 젊은 여자를 보고 한눈에 반했다. 알고 보니 목포

상고 동창의 여동생이었다. 김대중은 친구의 집을 자주 찾아갔다. 만남이 자연스럽게 이어졌다. 두 사람은 서로 사랑을 고백하고 장래를 약속했다. 문제는 장인 될 사람이었다. 인쇄업으로 재산을 일군 차용애의 아버지는 언제 징병으로 끌려갈지 모르는 남자를 사위로 맞아들일 생각이 없었다. 담판이 벌어졌다. 차용애는 아버지 앞에서 당돌하게 말했다. "저는 대중 씨한테 시집 못 가면 죽어버리겠습니다." 그걸로 끝이었다. 두 사람은 1945년 4월 결혼했다.

김대중과 차용애의 결혼생활은 해방정국의 어지러움 속에서도 행복했다. 결혼 이듬해 태어난 딸을 잃는 아픔도 함께 겪었다. 딸을 잃을 무렵 태어난 아들 홍일이 두 사람의 슬픔을 달래주었다. 한국전쟁이 터져 목숨이 왔다 갔다 하던 때에 둘째아들 홍업이 태어났다. 김대중은 1951년 자신이 운영하던 해운회사의 거점을 부산으로 옮기고 가족과 함께 이사했다. 훗날 김대중의 아내가 될 이희호는 그때 부산에서 김대중을 알게 됐고 가족과도 인사했다. 모임이 열린 광복동 다방에 김대중이 아내와 아이들을 데리고 나왔다. 김대중은 이희호에게 아내를 소개했다. 이희호의 기억 속에 남은 차용애는 "첫눈에 빈해 결혼했다는 소문이 빈말이 아니었구나" 하고 느낄 만큼 매력 있는 여성이었다.

한국전쟁이 끝나자 김대중과 차용애는 다시 목포로 돌아갔다. 부산 시절 이승만 정권의 부패와 만행을 몸서리치게 보았던 김대중은 정치로 세상을 바꿔보겠다며 1954년 제3대 민의원 선거에 뛰어들었다. 그때부터 두 사람의 인생에 불행의 먹구름이 끼기 시작했다. 이승만 정권의 방해로 첫 도전에 실패한 김대중은 정치에 모든 것을 걸겠다는 결심을 새로이 하고 1955년 가족과 함께 서울로 올라왔다.

사업을 접은 김대중은 한국노동문제연구소 주간으로 일하며 웅변 학원 강사를 하고 차용애는 미장원을 열어 생활비를 벌었다. 1956년 장면의 권유로 민주당에 입당한 김대중은 1958년 제4대 민의원 선거에서 강원도 인제 지역에 출마했다. 생면부지의 땅이었지만 유권자의 80퍼센트에 이르는 군인 표에 기대를 걸었다. 선거운동이 시작되기도 전에 장애물이 막아섰다. 이승만 정권의 주구나 다름없던 선거관리위원회가 등록을 받아주지 않았다. 두 번째 도전도 무위로 끝났다.

김대중은 선거관리위원회를 후보등록 방해죄로 제소했다. 다음해 3월 승소 판결이 났다. 6월에 인제 보궐선거가 열렸다. 김대중은 다시 인제로 갔다. 이승만 정권은 이번에도 어처구니없는 부정선거로 대응했다. 군인들에게 공개투표를 강요했다. 일선 중대장들이 투표함을 타고 앉아 여당 후보를 찍은 표만 집어넣고 다른 표는 찢어버렸다. 김대중은 세 번째 도전에도 실패했다. 그 시절 선거는 곧 돈이었다. 한 번만 나서도 기둥뿌리가 뽑힐 정도로 집안이 휘청거렸다. 세 번 연거푸 미끄러지자 빈손만 남았다. 서울에 올라와 일곱 번이나 옮긴 전세방엔 당장 먹을 식량조차 없었다. 아내의 미장원도 빚 때문에 넘어갔다.

차용애는 집에서 머리할 손님을 받았다. 독한 파마약 냄새가 코를 찔렀다. 평소에도 가슴앓이로 고생하던 차용애의 몸은 남편의 연이은 낙선과 집안 살림의 파산을 견뎌내지 못했다. 어느 날 가슴앓이가 심해 약을 먹었는데 어디가 잘못됐는지 정신을 잃고 혼수상태에 빠졌다. 놀란 김대중은 의사를 부르러 뛰쳐나갔다. 의사를 데리고 돌아와 보니 아내는 벌써 숨을 거둔 뒤였다. 1959년 7월 2일, 산천이 짙푸른 여름날이었다. 초등학생 두 아들을 남기고 차용애는 홀연히 세상을 떠났다.

운명은 더 잃을 것이 없는 남자에게서 아내마저 앗아갔다. 절망의 밑바닥이 또 꺼져 내렸다. 한없이 따뜻하고 사랑스러웠던 아내, 돈이 없어 병원에도 가보지 못한 아내, 모든 것을 다 바쳐서 가족을 돌보았던 아내를 생각하며 김대중은 통곡했다. 아내의 관 앞에 주저앉아 엄마 잃은 아이처럼 서럽게 울었다. 큰아들 홍일은 그때의 아버지 모습을 이렇게 기록했다. "아버님은 35살이셨는데 그 젊음과 그때까지 가지고 계시던 에너지를 몸속에서 모두 빼내듯이 그렇게 울고 또 우셨다. 나는 그때 열두 살이었지만 아버님의 슬픔이 뼛속까지 스며드는 것을 느꼈다."

장례기간 내내 김대중은 잠도 자지 않았고 아무것도 먹지 않았다. 이러다가 이 사람마저 병나게 생겼다며 주위에서 걱정을 했다. "아버지, 아버지가 안 잡수시면 저도 먹지 않겠습니다." 어린 홍일이 울면서 아버지에게 말했다. 그제야 김대중은 아들의 존재를 깨달았다. "아버님은 초등학생인 내가 굴건 상복을 한 모습이 안쓰러웠던지 나를 힘껏 껴안으시면서 흐느끼셨다." 김홍일이 기억하는 어머니의 모습은 차용애가 어떤 사람이었는지 짐작하는 데 도움을 준다. 어느 날 차용애는 어린 홍일의 얼굴을 감싸고는 눈을 가만히 들여다보며 말했다. "우리 홍일이 눈이 왜 이렇게 이쁜고. 남자는 눈이 좀 우락부락해야 하는데. 남자 눈이 요렇게 쌍꺼풀지고 커서는 곤란한데…. 남한테 속기 쉽고 착하기만 한 눈…."

김대중은 아내를 가슴에 묻었다. 차용애는 김대중의 마음속에 서른세 살의 얼굴로 남았다. 서러움이 휑한 가슴을 뚫고 지나가면 김대중은 두 아들을 데리고 남산으로 올라갔다. 팔각정에 올라 "어머니는 저세상에서 너희들을 지켜보고 계신다" 그렇게 말하고 돌아서서 또 울었다.

절망의 나날이었지만, 계속 울고만 있을 수는 없었다. 이승만 독재의 마지막 발악이 시작됐다. 자유당 정권은 제4대 대통령 선거를 1960년 3월 15일로 앞당겼다. 이승만-이기붕 정·부통령을 당선시키려는 공작은 선거판을 난장판으로 만들었다. 분노한 민중이 자유당 정권에 최후의 일격을 가했다. 4·19혁명이었다. 이승만은 항복하고 경무대를 떠났다. 허정 과도정부가 꾸려진 뒤 새 헌법안이 통과되고 7월에 민의원과 참의원 선거가 열렸다.

김대중은 민주당의 민의원 후보로 인제에 또다시 도전장을 냈다. 세상이 바뀌었으니 해볼 만한 싸움이었다. 불운은 어김없이 찾아왔다. 이번에는 바뀐 선거법이 문제였다. 군인들은 고향으로 부재자 투표를 했다. 김대중은 인제에 연고가 있는 후보에게 간발의 차로 밀렸다. 또 낙선이었다. 민주당은 대승을 거두었고, 의원내각제하에서 구파의 윤보선이 대통령으로, 신파의 장면이 국무총리로 선출되었다. 김대중은 의원 배지도 없이 민주당 대변인으로 발탁됐다.

이듬해 3월 김대중에게 또 한 번의 기회가 찾아왔다. 앞 선거에서 당선된 사람이 3·15부정선거에 관련된 사실이 드러나 의원 자격을 잃었다. 김대중은 인제 보궐선거에 민주당 후보로 다시 나섰다. 5월 13일 김대중은 마침내 뜻을 이루었다. 다섯 번의 도전 끝에 얻은 감격스러운 승리였다. 이튿날 당선증을 받아들고 김대중은 죽은 아내를 생각하며 울었다. 선거구민들에게 당선 인사를 하고 5월 16일 서울로 향했다. 그날 새벽 군사쿠데타가 일어났다. 새 정부가 들어선 지 아홉 달밖에 안 된 때였다. 김대중은 쿠데타군의 국회 해산으로 의석에 앉아보지도 못했다. 모든 것이 원점으로 돌아갔다.

쿠데타군은 "부패하고 무능한 정권에 국가와 민족의 운명을 맡겨 둘 수 없다"고 밝혔지만, 그것은 거사를 정당화하려고 끌어다 댄 명분일 뿐이었다. 5·16 주체세력이 군사쿠데타를 모의한 것은 장면 정권이 출범하고 겨우 18일이 지났을 때였다. 국무총리 장면은 선량한 민주주의자였지만, 난국을 헤쳐나가는 데 필요한 강단과 지도력이 부족했다. 미국은 쿠데타를 인정하지 않았다. 초기 상황은 장면 정권 편이었다. 반란 병력이라고 해봐야 3500명뿐인 데다 작전도 허술했기 때문에 정부가 초기에 나섰더라면 진압할 수 있었다. 장면은 수녀원에 숨어들어가 55시간이나 나오지 않았고 대통령 윤보선은 반란세력이 자신을 옹립해줄 것으로 기대하고 쿠데타를 방관했다.

군부는 거사에 성공하자 모든 것을 일사천리로 밀어붙였다. 구악을 일소한다며 부패 혐의를 걸어 민주당 당직자들을 잡아들이기 시작했다. 김대중은 중부경찰서 유치장에 갇혔다. 쿠데타 세력은 피의자를 닦달해 부패의 티끌이라도 끄집어내려고 했다. 아무것도 나오는 것이 없었다. 검사는 김대중을 무혐의로 풀어주었다. 장면 정권은 순신하고 소심했으나 부패한 집단은 아니었다. 장면은 집무실에 점심 도시락을 싸오는 사람이었다. 김대중은 장면의 너그러운 인품을 존경했지만 총리의 심약함과 우유부단함에는 탄식하지 않을 수 없었다.

김대중에게 남은 것은 휴지가 된 의원 당선증뿐이었다. 쿠데타 세력은 정당 활동을 금지했다. 정치하던 사람들은 하루아침에 무직자로, 낭인으로 떨어졌다. 김대중은 답답하고 우울한 마음을 가눌 길 없었다. '속을 터놓고 이야기할 말벗이라도 있으면 얼마나 좋을까.' 그때 머릿속에 또렷이 떠오른 얼굴이 이희호였다. 그랬다. 이희호와 김대중은 처음 만났을 때부터 말이 통하고 뜻이 맞았다.

이희호와 김대중은 1951년 임시수도 부산에서 첫 대면을 했다. 두 사람이 인연을 맺는 데 다리 구실을 한 사람이 대한여자청년단 간부 김정례였다. 이희호와 함께 활동하던 김정례는 1·4후퇴 때 서울의 피란민들을 배로 후송하려고 인천으로 데리고 갔다. 거기서 피란민을 싣고 갈 배의 주인을 만났는데, 그 사람이 바로 김대중이었다. 김정례는 젊은 사업가에게 사람들을 부탁하고 부산에 오게 되면 한번 만나자고 했다. 뒤에 부산으로 거점을 옮긴 김대중은 김정례를 찾았다.

김정례는 김대중과 만나는 자리에 여자청년단 간부들과 함께 나왔다. 바로 거기에 이희호가 있었다. "우리 일행 여럿이 김대중 씨와 점심을 같이 먹었어요. 그 만남이 계기가 됐는지는 정확히 기억나지 않는데, 그 뒤 면우회에서 다시 만났지요." 김대중은 면학동지회가 문을 넓힌 덕에 면우회에 들어올 수 있었다. 한 달에 한 번씩 열린 그 모임에서 이희호와 김대중은 가슴을 터놓고 대화했다. 김대중은 이희호에게서 받은 인상이 강렬했던지 그 시절 이희호의 모습을 훗날에도 명확히 기억했다. "그는 여자청년단을 한다면서 곧잘 군복을 염색한 옷을 입고 다녔다. 나에게는 그 차림이 오히려 여성스럽게 보였다. 하얀 이를 드러내며 웃을 때 그 웃음이 예뻤다."

이희호는 김대중의 기억 속에 "이지적인 눈매를 지닌 활달한 여성", "젊음이 용솟음치는 생기발랄한 여성"으로 인화됐다. 뒷날 회고하는 글에서 김대중은 자기보다 나이가 두 살이나 위이고 공부를 많이 한 '인텔리 여성' 이희호 앞에 서면 주눅이 들었고 수줍음과 자신 없음으로 움츠러들었다고 털어놓았다. 그런 태도는 김대중이 마음으로만 느꼈던 것인 듯하다. 이희호는 그 시절 김대중에게서 수줍어하거나 움츠러드는 모습을 전혀 발견하지 못했다. 이희호가 본 김대중은 "눈이 크고 핸섬한" 멋쟁이였다. 또 "책을 많이 읽고 아는 것이 참 많은" 남자였다.

그때 두 사람이 서로 확인한 것이 '이상하리만큼 말이 잘 통한다'는 사실이었다. 그래서 그랬겠지만 이희호와 김대중은 그 삭막한 피란지에서 몇 시간씩 걸으며 대화하기도 했다. 대화의 풍경이 사뭇 낭만적이기까지 했다. 부산역에서 멀지 않은 감천으로 산책을 간 적도 있다. 감천의 오솔길을 걸으며 두 사람은 시국과 인생에 대해 이야기했다. 대통령 이승만이 영구집권을 획책하고 있을 때여서 정치 현실을 걱정하며 함께 분개했다. 이희호는 생각이 깊었고 자신의 의견을 분명하게 말했다. 각자 품은 꿈도 이야기했다. 이희호는 김대중에게 사정이 좋아지면 미국으로 유학을 가겠다고 말했다. 이희호는 당차면서도 따뜻한, 더없이 좋은 말벗으로 김대중의 기억 속에 남았다.

3

# '이 사람을 도와야겠다'

## 결혼

5·16은 박정희에게 최고 권력의 길을 열어주었지만, 훗날 맞수가 될 김대중에게는 무일푼의 정치낭인이라는 치욕만 안겨주었다. 정치군인들이 활개 치는 세상에서 김대중이 있을 곳은 없었다. 엄마 없는 두 아들과 노모를 두고 김대중은 집을 나와 하릴없이 걸었다. 갈 곳이 없으니 종로 화신백화점 5층에 있는 극장에서 영화를 보며 시간을 보냈다. 허름한 동시상영관에서 영화 두 편을 보고 나면 날이 저물었다. 김대중은 생활비가 없어 후배의 대학 등록금을 빌려 쓰기도 했다. 어느 날은 주머니 속에 버스비도 없었다.

외롭고 괴로운 나날을 보내던 김대중은 어느 날 용기를 내 명동의 대한YWCA연합회 쪽으로 발걸음을 옮겼다. 거기에 이희호가 연합회 총무로 있었다. 1959년 종로에서 마주친 뒤로 각자 자기 길을 갔지만, 부산 피란 시절 뜻이 잘 맞던 말벗의 기억은 김대중의 가슴 안쪽에 간직돼 있었다. 이희호도 김대중을 잊지 않았다. 1960년 4·19가난 뒤 어느 날엔가는 김대중이 새로 실시되는 민의원 선거에 출마한다는 소식과 함께 그사이 부인과 사별했다는 사실을 전하는 신문 기사를 읽기도 했다. 김대중이 민주당 대변인으로 활약하던 동안에는 그 이름이 신문에 자주 오르내렸다.

가을이 깊어 낙엽이 길 위에 나뒹굴던 때 이희호와 김대중은 명동에서 만났다. 시간이 많이 흘렀지만 역시나 말이 통했다. 몇 년의 유학과 사회 경험으로 이희호는 지성과 인격이 더 성숙해져 있었다. 서로 생각이 통하니 자주 만나도 부담이 없었다. 이희호가 일을 마칠 무렵이면 김대중이 찾아왔다. 두 사람은 사무실 근처 다방에서 차를 마시고 가끔은 식당에서 밥을 같이 먹었다. 김대중은 얻어먹는 처지였다. 밥값이나 찻값을 이희호가 냈다. 이희호는 총무 일을 하느라 출장 가는 일이 많았고 김대중은 실업자여서 시간이 남았다. 이희호가 시간을 내 김대중의 말을 들어주는 편이었다. 이희호는 당시 YWCA연합회 건물 안의 숙소에 살고 있었다. 그러다 보니 두 사람의 만남은 대체로 명동 일대를 벗어나지 못했다.

마흔이 다 된 사람들의 만남이었으므로 둘 사이에 흐르는 것은 연애감정보다는 동지의식이었다. 더구나 이희호는 애교가 많은 사람도 아니었고 상대를 떠보려고 밀고 당기기를 하는 사람도 아니었다. 마음을 열고 격의 없이 말을 들어주고 자기 생각을 솔직하게 이야기하는 것이 이희호의 방식이었다. 김대중에게 이희호는 '은은한 매력의 소유자'로 다가왔다. 두 사람의 감정은 마른 장작의 불처럼 빠르게 타오른 것이 아니라 수묵화의 먹처럼 마음의 한지에 천천히 번졌다. 김대중이 기억하는 이희호는 이지적이지만 교만하지 않았다. 대학생 시절 남학생들이 누님이라고 부르며 찾던 이희호는 세월이 지났어도 변하지 않았다. 생각이 좀더 깊어지고 넓어졌을 뿐이었다.

두 사람이 만나서 하는 얘기는 주로 정치였다. 쿠데타 직후였고 이 나라가 어디로 갈지 알 수 없는 때였다. '혁명 공약'대로 한다면 쿠데타 세력은 질서를 바로 세우고 정권을 민간에 넘겨준 뒤 본래의 임무로 되돌아가야 했다. 과연 그렇게 할 것인가. 당시 지식인들이 많이 보던 〈사상계〉 안에서도 쿠데타를 어떻게 볼 것인가를 놓고 의견이 갈렸다. 〈사상계〉 발행인 장준하는 쿠데타 주체세력의 '혁명 공약'과 강력한 지도력에 기대를 걸었다. 반대로 함석헌은 〈사상계〉에 쓴 글에서 "혁명은 민중만이 할 수 있다"며 쿠데타를 비판했다. 시간이 지나면서 장준하나 함석헌이나 모두 쿠데타 세력을 독하게 비판하는 자리에 서고 군사정권의 탄압을 받는 처지에 놓이게 되지만 그때는 아직 쿠데타 주역들의 정체를 가늠하기 쉽지 않았다. 민주당의 지리멸렬에 지친 국민들 중 상당수는 군인들의 완력을 박력으로, 나라를 제대로 만들어보겠다는 투지로 받아들였다. 그 완력에 정통으로 맞은 김대중은 당연히 그런 생각에 동의할 수 없었다. '구악(舊惡)보다 더한 신악(新惡)'이라는 쿠데타 주역들의 본모습이 드러날 날이 오고 있었다. 김대중이 보기에 이희호는 시국을 보는 눈이 정확했다. 이희호와 김대중 사이에 의견일치를 이루는 지점이 많았다.

두 사람의 대화는 지식인들의 정치토론에 가까웠다. 그러는 중에 서서히 교감이 커졌고 상대를 이해하는 마음도 깊어졌다. 마주앉으면 맑은 물속처럼 상대의 심중이 들여다보였다. 함께 있는 것이 편했고, 편한 상태로 더 오래 있고 싶다는 생각이 자랐다. 사랑의 감정이 의식의 수면 위로 올라왔다. 두 사람의 감정은 그렇게 무르익었다. 이희호는 그해가 다 가기 전에 김대중의 동반자가 되겠다고 마음먹었다. "그런데 아직 저쪽에서 청혼을 하지 않아 기다리고 있었지요."

이희호가 김대중을 인생의 동반자로 받아들이기로 결심한 이유는 무엇일까. 세 가지로 추려볼 수 있다. 첫째는 남자로서의 매력이었다. 이희호가 본 김대중은 한마디로 말해 멋있는 남자였다. 이희호는 훗날에도 지인들이 왜 김대중과 결혼했느냐는 질문에 지나가듯 "잘생겼잖아요"라고 대답하기도 했다. 그런 외적 매력이 결정적인 이유가 될 수는 없었겠지만 좋아하는 마음을 데우는 데 밑불 노릇을 한 것은 분명했다.

둘째는 인간 자체의 매력이었다. 이희호를 놀라게 한 것은 김대중의 해박한 지식이었다. 김대중은 시간을 아껴가며 책을 읽고 공부했고, 그렇게 얻은 지식을 소화해 현실에 적용했다. 그래서 김대중의 말은 공리공담에 흐르지 않았다. 또 김대중은 투철한 민주주의 신념을 지니고 있었고, 그 신념을 일상에서도 적용했다. 김대중은 관용이 넘치는 사람이었다. 자기를 핍박한 사람도 미워하지 않았다.

이런 이유도 이유였지만 이희호가 김대중과 결혼하겠다고 결심한 가장 중요한 이유는 다른 데 있었다. 요약하자면 김대중은 '도와야겠다는 마음을 불러일으키는 사람'이었다. 민주주의와 조국통일에 대한 큰 꿈을 품었으나 모든 것을 잃고 나락에 떨어진 사람이 그때의 김대중이었다. 이희호는 이 남자의 꿈이 꿈으로 끝나서는 안 된다고 생각했다. '이 사람을 도와야겠다.' 그것이 이희호를 움직인 생각이었다. "이 사람을 도우면 틀림없이 큰 꿈을 이루어낼 수 있을 것이라는 믿음이 들었지요."

이희호는 그런 마음을 품고 남자의 고백을 기다렸다. 김대중은 선뜻 마음을 낼 처지가 아니었다. 상대는 미래가 보장된 여성계 지도자였지만, 자신은 하루하루 생계도 꾸려가기 힘든 빈손의 가난뱅이였다. 김대중은 이희호의 눈에 사랑이 담겨 있다는 것을 느끼면서도 차마 말을 꺼내지 못했다. 그 머뭇거림에서 김대중을 벗어나게 해준 것이 병이었다. 내일을 알 수 없는 현실의 무게에 눌려 김대중은 앓아누웠다. 겨울 내내 김대중은 집 밖으로 나오지 못했다. 병든 몸 위로 그리움이 쌓였고, 보고 싶은 마음이 참을 수 없을 정도로 부풀었다. 몸을 추스를 수 있게 되자 김대중은 이희호에게 달려갔다. 이희호도 김대중을 기다리고 있었다. "한동안 보이지 않아서 혹시 또 무슨 일이 생긴 건 아닐까 걱정하고 있었는데, 3월쯤 나를 찾아왔어요."

김대중은 살이 쭉 빠진 모습으로 나타나 그동안 많이 아팠다고, 그리고 몹시 보고 싶었다고 말했다. 이희호의 눈가에 물기가 찼다. "저도 찾아가보고 싶었어요. 하지만 사람들 이목 때문에…." 이희호의 목소리에 울먹임이 섞여들었다. 그 순간 김대중은 이희호의 손을 잡았다. "사랑합니다." 두 사람은 그날 찬 기운이 도는 파고다공원(탑골공원)에서 저녁 늦도록 이야기했다. 김대중은 이희호에게 정식으로 청혼했다. 청산유수의 달변가도 이때만큼은 목소리가 떨리고 말을 더듬었다. "나는 가진 것이라고는 아무것도 없습니다. 그러나 나에게는 원대한 목표가 있습니다. 나는 당신이 필요합니다. 당신이 나와 아이들을 돌보아주기를 바랍니다. 나도 내 모든 것을 다 바쳐 당신을 사랑하겠습니다."

이희호는 김대중과 결혼하겠다고 벌써 결심했기 때문에 그 청혼을 머뭇거리지 않고 받아들였다. 이희호가 김대중과 결혼한다고 하자 사람들이 웅성거렸다. 당사자는 마음을 굳혔는데 주위에서 '이 결혼 안 된다'며 자기 일인 양 막아섰다. 가족이 반대한 것은 말할 것도 없고 YWCA 선후배들도 말리고 나섰다. 객관적인 상황을 보면 결혼에 반대하는 것이 이상할 것이 없었다. 김대중은 두 아이가 딸린 홀아비에 빈털터리였다. 전셋집에는 몸이 성치 않은 홀어머니가 있었고, 또 심장판막증으로 앓아누운 여동생이 있었다. 미국 유학까지 갔다 와 여성계 지도자로 뻗어나가고 있는 사람이 이런 궁색한 처지의 남자와 결혼한다니, 누구나 균형이 맞지 않는 일이라고 생각했다. 심지어는 눈물을 흘려가며 안 된다고 하는 사람도 있었다. 이화여전 스승이고 YWCA연합회 회장을 지낸 김갑순의 회고다.

"그가 YWCA 총무로 있은 지 3년이 되던 1962년, 결혼한다는 소문이 돌기 시작했다. 확실히 좋은 소식이어야 하는데, YWCA 선배격인 우리 몇 사람은 적극 반대하지 않을 수 없었다. 상대방이 김대중 씨라는 데 문제가 있었다. 그(이희호)가 나오기 힘든 함정에 빠지는 것 같은 노파심의 작용 때문이었다고 할까? 좋은 일꾼 한 사람을 빼앗기는 것 같은 아쉬움이라고 할까? 여성 지도자로서 기대를 했기 때문이라고 할까? 어쨌든 우리 나이 먹은 사람들은 기회 닿는 대로 그 결혼이 깨지게 하는 공작을 했다."

YWCA 선배들의 공작은 이희호의 마음을 돌려놓지 못했다. 김갑순의 이어지는 회고다. "그의 결심은 확고부동한 것이었다. 특히 '내가 도와야 할 사람이다'라는 말에 어느 누구도 그 결혼을 하지 말라고 반대할 수 없었다." 이희호의 결심이 단단한 건 사실이었지만, 그렇다고 해서 이희호 심중에 아무 두려움도 없었던 건 아니었다. 김대중과의 결혼은 앞날이 어떻게 될지 가늠하기 어려운 도전이었다. "지금 생각해도 어떻게 그렇게 모험을 했나 하는 생각이 들어요." 스스로 생각해봐도 쉽지 않은 결심이었으니, 주위 사람들이 그렇게 반대한 것도 이해 못 할 일은 아니었다.

그렇게 반대가 심한 중에 이희호의 마음을 알아주는 사람도 있었다. 광주YWCA에 있던 선배 조아라는 서울에 올라온 길에 이희호를 만나 이렇게 말했다. "내가 보기에는 큰 인물이다. 결혼생활에 더러 어려움들이 따르겠지만, 사람 하나 보아라." 이희호가 김대중과 함께 강원용을 만난 것도 이 무렵이었다. 강원용은 "험난하고 시련 많은 가시밭길이겠지만 정치가의 내조자로서 사는 데 보람을 느낄 수 있다면 결혼하는 것도 좋으리라 생각한다"고 말했다. 강원용의 예견대로 이희호와 김대중의 삶은 험난한 가시밭길이었다. 그러나 이희호가 처음부터 '정치가의 내조자'로서 살기만 한 것은 아니었다. 1960년대 내내 이희호는 여성운동가의 길을 계속 걸었다. 이희호가 여성운동가로서 활동을 접은 것은 남편의 요구 때문이 아니라 정치적 외압 때문이었다.

결혼을 일주일 앞두고 이희호는 김대중을 아버지에게 데리고 갔다. 집안에서 이희호의 결혼을 아무 말 없이 받아준 사람은 아버지뿐이었다. "잘 살아라." 딸이 반대 많은 결혼을 감행하는 것을 보는 것이 편치 않았겠지만, 아버지는 아무런 내색도 하지 않았다. "집에서는 시집 못 간 노처녀를 치우게 됐다고 후련해하기도 했지요." 이희호는 그때를 회상하며 이렇게 말했지만, 지나간 일이라 속 편하게 하는 말이다.

이희호와 김대중은 1962년 5월 10일 종로구 체부동에 있는 외삼촌 이원순의 집에서 결혼식을 올렸다. 이희호 나이 마흔, 김대중 나이 서른여덟이었다. "한옥의 대청마루가 넓어서 손님이 다 들어갈 수 있었어요." 아무것도 없는 남자에게 부담을 주지 않으려고 돈이 들지

1962년 5월 10일 종로구 체부동 외삼촌의 집에서 열린
결혼식 기념사진.

않는 방법을 궁리하다 찾은 것이 외삼촌 집이었다. 청첩장도 보내지 않았다. "나중에 먼 데 사는 친구들이나 지인들에게는 카드를 보내 결혼했다는 사실을 알렸지요." 결혼반지도 이희호가 마련했다. "백금반지 두 개를 사서 하나씩 나눠 끼었어요."

이희호 쪽에서는 친지와 YWCA 선후배 100여 명이 참석했다. 김대중 쪽에서는 대의·대현 두 동생이 대표로 참석했다. 이 현격한 하객의 차이는 당시 두 사람의 처지의 차이를 보여주는 것이기도 했다. 말 그대로 이희호는 빈손뿐인 김대중의 그 손을 잡아준 셈이었다. 두 사람은 결혼식을 마치고 온양온천으로 신혼여행을 떠났다. 그 시절 온양온천은 보통 사람들이 가는 신혼여행지였다. 이희호는 김대중이 살던 서대문구 대신동 전셋집으로 들어갔다. 시어머니와 두 아들과 아픈 시누이가 있는 그 집이었다. 집에 들어간 이희호는 하늘에 있는 차용애에게 기도했다. "당신이 사랑한 사람들을 내가 사랑할 수 있도록 도와주세요."

4

# 함께 걷는 시련의 길

## 동교동 문패

결혼은 또 다른 시련의 전주곡이었다. 결혼식을 올리고 열흘이 지난 1962년 5월 20일 이희호는 남편이 '반혁명'이라는 죄목으로 중앙정보부에 끌려가는 것을 지켜보아야 했다. 6월 1일 중앙정보부장 김종필은 '민주당 반혁명 음모 사건'을 적발해 41명을 구속했다고 발표했다. 옛 장면 정권의 민주당 간부들이 모여 쿠데타를 모의했다는 것이었다. 군사정권에 짓밟혀 숨도 쉬지 못하는 사람들이 쿠데타를 꾸몄다니 애초에 말이 되지 않는 일이었다. 이 사건은 정치적 반대파를 '용공'이나 '반국가'로 몰아 탄압하는, 이후 끝없이 이어질 조작극의 서막이었다. "남편은 잡혀간 지 한 달 만에 집으로 돌아왔어요." 아무리 뒤져도 나오는 것이 없으니 풀어준 것이었다.

김대중이 연행당한 곳은 서대문구 대신동의 30만 원짜리 전셋집이었다. 이희호가 들어간 집에는 홍일·홍업 두 아이 말고도 '호랑이 할머니'로 불리던 시어머니와 아픈 시누이가 있었다. 시누이는 남편이 풀려나 집에 돌아온 뒤 얼마 지나지 않아 세상을 떠났다. 시누이는 이화여대 국문과에 다니던 중 심장판막증에 걸려 병석에 누웠다. 외모가 수려하고 문학 창작에 재능이 있어 주위에서 기대가 컸다. 시누이는 꽃도 피우지 못하고 육체와 재능이 시들어버렸다. 서울적십자병원에서 동생의 마지막 모습을 보며 김대중은 정치에 나선 것을 뼈저리게 후회했다. 아내를 먼저 보내고 동생마저 잃었으니 모진 운명이 원망스러웠다.

이희호가 자식으로 거둔 홍일과 홍업은 그때 중학교에 다니고 있었다. 홍일은 배재중학교 2학년, 홍업은 이화여대 부속중학교 1학년이었다. 홍일과 홍업은 새어머니와 가까워지는 데 시간이 걸렸다. 돌아가신 어머니는 품에 안기고 싶은 다감한 사람이었는데, 새어머니는 세련된 지식인의 느낌이 강해서 응석을 부리기 어려웠다. 홍일의 회고다. "오늘의 어머니께서는 돌아가신 어머니와는 여러 면에서 분위기가 달랐다. 새어머니는 주로 영어로 된 책을 읽으시고 신문도 영어로 된 것을 외부에서 구해 숙독하셨다. 그리고 당시 이화여대에서 강의도 하시고 YWCA에서 일하고 계셨기 때문에 집에 계시기보다는 나가시는 때가 많았다. 어린 나에겐 이런 것도 괜히 낯설고 불만스러웠다."

두 형제는 이제 막 사춘기에 들어선 때여서 새어머니에게 쉬 다가가지 못했다. "새어머니는 우리 형제를 데리고 시내에 나가고 싶어하셨다. 그러나 나는 함께 외출하는 일을 의식적으로 피했다. 가능한 한 어머니와 눈길을 마주치려 하지 않았다." 대학에 들어간 뒤에야 홍일의 입에서 '어머니'라는 말이 나왔다.

이희호는 잔정을 쏟는 사람이 아니라 원칙에 따라 아이들을 대하는 사람이었다. 홍일은 새어머니가 "우리의 환심을 얻으려는 행동은 전혀 하지 않으셨다"고 기억했다. 김대중은 아이들 교육에 관한 한 모든 것을 아내에게 맡기고 간섭하지 않았다. 아이들이 새어머니와 가까워지려면 아버지가 끼어들어서는 안 된다고 생각했다. 그런 김대중이 딱 한 번 매를 든 적이 있었다. "어머니께서 국제회의에 참석하러 일본에 가셨는데, 어머니가 안 계신 그 집이 왜 그렇게 넓고 편안했는지…." 어머니가 멀리 갔다는 사실이 홍일에게 해방감을 안겨주었던 모양이다. 두 형제는 방바닥에 널브러져 세상 편한 자세로 텔레비전을 보았다. 일찍 집에 들어온 아버지가 그 모습을 보고 화가 난 표정으로 회초리를 들었다. "네가 고작 그 정도냐? 나는 너를 믿었는데, 공부도 안 하고 동생하고 텔레비전 앞에 누워? 이런 꼴을 돌아가신 어머니가 보면 어떻겠느냐?"

결혼 이듬해 4월 이희호·김대중 부부는 마포구 동교동으로 이사했다. 그 시절 동교동은 서울의 변두리 지역이었다. 일대는 호박밭이었고 도로는 포장이 안 돼 비만 오면 땅이 질척거렸다. 장화 없이는 걷기도 어려울 지경이었다. 이사 온 집은 단층에 방을 세 개 들인 국민주택이었다. 손님이 많은 정치인 집치고는 공간이 넉넉하지 못했다. 처음에는 전세로 살다가 김대중이 국회의원에 당선된 뒤 이듬해 은행 융자를 얻어 그 집을 사들였다. 이후 이희호와 김대중은 몇 년의 망명시절과 1990년 중반 일산에 살던 시절, 그리고 청와대 시절을 빼고는 그 집을 떠나지 않았다. 동교동은 정치인 김대중을 부르는 또 다른 이름이 됐다.

집을 사서 수리를 마친 어느 날 외출했다가 돌아온 이희호는 대문에 문패가 두 개 걸린 것을 보았다. 김대중과 이희호의 이름이 각각 새겨진 문패였다. 김대중이 자기 이름의 문패를 주문하다가 문득 아내가 생각나 아내 이름의 문패도 함께 주문했던 것이다. 남편이 집안의 주인이라고 생각하던 시절에 부부 문패가 걸린 대문은 낯선 풍경이었다. 김대중의 회고다. "(부부 문패를 단 건) 아내에 대한 감사와 존경의 발로였다. 그런데 막상 그렇게 하고 나니 문패를 대할 때마다 아내에 대한 동지의식이 자라났다. 미처 생각하지 못한 감정이다." 부부 이름이 새겨진 동교동 문패는 이희호와 김대중의 동반자 관계를 보여주는 상징물이 되었다.

이 문패에서 드러나듯 김대중은 그 시대의 기준으로 보면 확실히 진보적인 여성관을 지닌 사람이었다. 김대중의 그런 여성관은 여성운동가 이희호의 영향을 받아 형성된 것이라고 볼 수 있지 않을까. 이희호는 이런 추측을 단호하게 부정했다. "내가 어떻게 하자고 권할 필요가 없을 정도로 본래 여성 차별을 하지 않았어요. 나 자신이 남에게 무엇을 하라고 강요하는 성격도 아니고요." 김대중의 여성관이나 여성정책은 스스로 터득한 것이라는 얘기지만, 김대중이 남긴 고백은 좀 다르다.

"내가 나름대로 페미니스트적인 관점과 행동을 실천할 수 있었던 건 아내의 조언 덕이었다. 아내와 결혼하기 전에도 여성을 비하하는 여러 행동들이 옳지 않다는 인식을 하고 있었지만, 나 역시 가부장적인 전통 관념에 찌들어 있었던 것은 부인할 수 없는 사실이다. 여성에 대한 전통적인 비하와 멸시의 관념으로부터 해방되고 남성과 동등한 인격체로서 여성을 대하게 된 것은 전적으로 아내의 도움 때문이다. 아내 덕분에 나는 인류의 나머지 반쪽을 찾을 수 있었다."

이희호가 김대중과 결혼한 뒤 고수한 것 가운데 하나가 모태신앙이

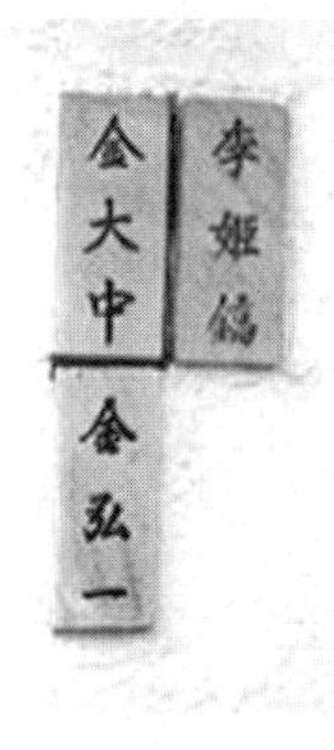


부부 이름이 새겨진 동교동 문패는 이희호와 김대중의 동반자 관계를 보여주는 상징물이 되었다.

었다. 이희호는 남편이 천주교 성당에 다니는 중에도 부모로부터 받은 감리교 신앙을 굳게 지켰다. 김대중은 1956년 명동성당의 노기남 대주교 방에서 중림동성당 신부 김철규로부터 세례를 받았다. 독실한 가톨릭 신자였던 당시 부통령 장면을 대부로 모셨다. 신부가 준 세례명은 토머스 모어(Thomas More)였다. 《유토피아》를 쓴 인문주의자이자 정치가인 토머스 모어는 영국의 헨리 8세가 가톨릭을 버리고 국교회를 세울 때 왕을 따르지 않아 결국 단두대에 목이 잘렸다.

세례를 준 신부는 이렇게 말했다. "당신도 교회를 위해서 이렇게 순교할 각오를 하고 이 이름을 받으시오." 김대중은 순간 섬뜩한 느낌이 들었다. '토머스라면 위대한 신학자 토마스 아퀴나스(Thomas Aquinas)도 있는데 왜 하필 목 잘린 사람 이름을 세례명으로 주는가.' 세례명 때문이라고 단정할 수는 없겠지만 그 후 김대중의 정치 역정은 험로의 연속이었다. 김대중의 가톨릭 입교는 먼저 세상을 떠난 아내가 남기고 간 선물이기도 했다. 처가가 믿음 깊은 가톨릭 집안이어서 김대중이 그 영향을 받았던 것이다.

동교동으로 이사한 뒤 이희호는 창천교회에 나가고 김대중은 두 아이와 함께 서교동성당을 다녔다. 이희호는 이화여전에 입학한

1942년 학교에서 가까운 창천교회와 처음 인연을 맺었다. 동교동으로 이사한 뒤 다시 창천교회에 나가기 시작해 뒷날 이 교회 장로를 지냈고 성가대 대장으로도 활동했다. 이희호와 김대중의 그런 신앙생활을 에큐메니컬운동(세계교회통합운동)의 실천 사례로 볼 수도 있다. 한 가정을 이루되 문화적 차이를 존중하는 '화이부동'(和而不同)의 정신이라고 해도 좋을 것이다.

결혼한 이듬해 11월 12일 아들 홍걸이 태어났다. 마흔한 살의 노산이어서 미리 날짜를 정하고 제왕절개수술을 했다. "세브란스에 예약하고 혼자 가서 아이를 낳았어요." 그때 김대중은 제6대 국회의원 선거일을 코앞에 둔 터라 목포를 떠나지 못했다. 이희호는 아들을 낳고 백일이 됐을 때 친정아버지에게 인사하러 갔다. "그놈 참 잘생겼다. 뒤통수 나온 것이 머리도 좋겠다." 말수가 적은 아버지로서는 손자에게 성의껏 축복을 내려준 셈이었다. 아버지는 외손자가 돌이 될 무렵 세상을 떠났다. 일찍 여읜 어머니를 그리워했던 이희호는 시간이 지날수록 아버지에 대한 그리움에 사무쳤다. "큰오빠 집에 누워 계실 때도 자주 찾아뵙지 못하고 임종도 못했지요."

이희호는 결혼하고 한동안 YWCA연합회 총무 일을 계속하다가 그 해 12월에 후배 박영숙에게 자리를 물려주고 사임했다. 총무 일이 워낙 많아 결혼생활과 병행하기 어려웠다. 총무 자리에서 물러났지만, 그걸로 여성운동을 모두 접은 것은 아니었다. 남편이 정치활동을 재개한 뒤에도 이희호는 1960년대 내내 여성운동가로서 독자적인 활동을 계속했다. 1963년부터 1965년까지 2년 동안은 이화여대에서 강의를 했다. 사회사업학과에서 사회학 원서 강독을 하고 사회학과에서는 '도시와 농촌 비교사회학'을 가르쳤다.

이희호는 YWCA에 애착이 컸기 때문에 연합회 총무를 그만둔 뒤에도 1964년부터 상임위원으로 참여했다. 1982년 남편과 함께 미국으로 망명을 갈 때에야 상임위원직에서 물러났다. 1961년부터 1970년까지 여성단체협의회의 이사로도 활동했다. 이희호가 활동하는 곳마다 정보부가 미행하거나 기관원이 간섭해 사람들을 괴롭혔다. 1968년부터 1972년까지는 범태평양·동남아시아 여성연합회 한국지회 부회장을 지냈다. "임원 중에 공화당 정권 고위층 부인들이 있었는데, 이 사람들이 '김대중 씨 부인이 부회장으로 있으면 우리가 그만두겠다'고 해서 어쩔 수 없이 사퇴서를 냈어요."

결혼 뒤 이희호가 가장 열심히 활동한 곳은 창립을 주도했던 여성문제연구회였다. 1964년부터 1971년 1월까지 회장을 맡았다. 초대 황신덕 회장에 이은 두 번째 회장이었다. 회장이 된 첫해에 여성노동자들의 열악한 근로 환경을 조사해 개선 방향을 제시하는 보고서를 냈다. 대통령 선거와 국회의원 선거가 있던 1967년에는 여성 정치의식을 조사했다. 여성들은 여필종부 관습에서 벗어나지 못해 주권 행사에 어려움을 겪고 있었다. 그 무렵 다른 여성단체들과 함께 요정정치 반대운동을 벌이기도 했다. 이희호는 여성문제를 민주주의 문제와 하나로 보았다. 여성과 남성의 관계가 한 사회의 민주주의 수준을 판단하는 척도이며, 여성과 남성이 동등하게 참여할 때만이 민주주의의 정통성이 확보된다고 생각했다.

여성문제연구회 회장이 됐을 때 이희호는 한 돌이 안 된 아들을 키우는 중이었다. 그때 처음 만나 여성문제연구회 연구원이 된 백경남은 이희호를 이렇게 기억했다. "1964년 초가을에 만난 이희호 선생은 그때까지 만난 여성계 지도자들의 인상과는 무척 달랐다. 판에 박은 듯한 인자함이나 주체할 수 없는 권위와는 거리가 먼, 쉽게 이야기를 걸고 나눌 수 있는 분이었다. 등에 칭얼거리는 아기를 서툴게 업고 있어서 남다른 인상을 심어주기도 했을 것이다."

사회운동을 하던 시기에 이희호가 풀어야 했던 문제 가운데 하나는 아이를 키우는 일이었다. 국제회의나 다른 일로 집을 오래 비워야 할 때면 이희호는 막내 홍걸을 필동의 큰올케 집이나 또래가 있는 친구 집에 맡기기도 했다. "집에 시어머니가 계셨는데 편애를 하셨어요. 시동생이 이혼하는 바람에 어린 조카를 시어머니가 키우셨는데 조카가 불쌍하다고 그러신 거예요."

시어머니와 며느리는 아주 살가운 관계는 아니었다. 여성운동을 하는 지식인 며느리와 성격이 강한 시어머니가 한집에서 정겹게 지내기는 어려웠을 것이다. 고부는 서로 조심하면서 살았다. 결혼 10돌이 되는 날이던 1972년 5월 10일에 시어머니가 별세했다. 시어머니는 아들에게는 더없이 소중한 어머니였다. 어린 대중이 방물장수의 물건을 훔쳤을 때 회초리를 들어 혼낸 사람도 어머니였고 아들을 가르쳐야 한다며 목포로 이사하자고 남편을 설득한 사람도 어머니였다. "남편은 시어머니를 극진하게 모셨어요." 어머니가 세상을 뜨고 얼마 안 되어 아들에게 생사를 넘나드는 고난이 닥쳤다. "남편은 어머니가 그때 돌아가셔서 험한 꼴을 더 안 보신 게 다행이라고 생각했지요."

5

# 걱정의 눈길이 축하의 시선으로

## 국회의원 아내

1962년 12월 17일 대통령 4년 중임제를 뼈대로 한 제3공화국 헌법이 국민투표를 통과했다. 이어 군정을 민정으로 이양하는 문제가 정치의 최대 이슈로 떠올랐다. 5·16 주체세력은 쿠데타 직후 "우리의 과업이 성취되면 참신하고도 양심적인 정치인들에게 언제든지 정권을 이양하고 우리들 본연의 임무에 복귀하겠다"고 약속했다. 그러나 국가재건최고회의 의장 박정희는 권력을 민간에 넘겨줄 뜻이 없었다. 1963년 내내 박정희는 민정 이양을 놓고 끊임없이 의사를 번복하는 '번의 정치'를 계속하다가 8월 30일 대장 계급장을 달고 예편했다. 전역식에서 박정희는 "다시는 이 나라에 본인과 같은 불행한 군인이 없도록 합시다"라는 알 듯 모를 듯한 말을 했다. 박정희는 전역한 그날 즉시 공화당에 입당하고 이튿날 공화당 총재와 대통령 후보가 됐다.

앞서 군사정권은 1962년 3월 16일 정치활동정화법을 발표해 4369명의 정치활동을 금지했다. 윤보선의 신민당 동지들을 포함해 정치인 대다수의 발이 묶였다. 박정희에게 당했다는 사실을 안 윤보선은 3월 22일 대통령직을 내놓았다. 이듬해 1월을 기해 정치활동정화법에 묶였던 정치인들의 족쇄가 풀렸다. "남편은 해금 대상에서 제외됐는데, 얼마 뒤 중앙정보부에서 만나자는 연락을 해왔어요." 중앙정보부 국장은 민주공화당 창당에 참여하라고 김대중을 회유했다. "우리 제안을 거절한다면 앞으로 8년 동안은 정치할 생각을 하지 말라"는 협박도 했다. 김대중은 "민주당 대변인을 지낸 사람이 그 당을 쓰러뜨린 사람들이 제일이다 하고 다니면 변절자 소리만 들을 것 아니냐"며 제의를 거절했다. 국장은 돌아가는 김대중의 등에 대고 온갖 욕설을 퍼부었다. 중앙정보부의 회유공작에 많은 사람들이 공화당으로 넘어갔다. 공화당은 1963년 2월 26일 창당했다. 김대중은 2차 해금 대상에서도 제외됐다가 2월 27일에야 마지막으로 복권됐다.

정치활동 금지에서 풀려난 김대중은 옛 동지들과 함께 민주당을 재건하느라 바쁘게 뛰었다. 1963년 7월 18일 창당대회를 열어 여성 정치인 박순천을 당수로 선출했다. 김대중은 다시 민주당 대변인이 됐다. 박순천은 김대중과 이희호가 결혼한 것을 뒤늦게 축하했다. "김대중 대변인이 이희호와 결혼하다니…, 이제 두 날개를 달았습니다." 박순천과 이희호는 여성운동 선후배 사이였다. 이희호가 1952년 부산에서 여성문제연구원을 세울 때 박순천을 지도자로 모셨고, 1954년 제3대 민의원 선거 때는 박순천의 선거운동을 돕기도 했다. 이희호의 능력을 잘 알고 있던 박순천은 김대중이 이희호와 함께한다면 정치인으로 대성할 거라고 예견한 것이었다. "나는 박순천 선생을 여성 지도자로서 존경했고 인간 자체로도 좋아했어요. 어려울 때 친정어머니처럼 따뜻하게 위로해준 분이었지요."

민주당이 재건되기에 앞서 옛 신민당도 자유당과 무소속 정치인들을 모아 민정당을 창당했다. 1963년 10월 15일로 잡힌 대통령 선거를 앞두고 민정당은 윤보선을 야권 후보로 세웠다. 후보를 내지 않은 민주당은 윤보선을 지지했다. 윤보선의 지명도를 고려한 전략적 선택이었다.

민주공화당은 중앙정보부가 막후에서 만든 정당이었다. 쿠데타 직후 '혁명과업'을 완수한다는 명분 아래 박정희와 김종필이 창설한 중앙정보부는 수만 명의 요원을 촉수처럼 거느리고 음지의 비밀정부로 군림했다. 중앙정보부는 1962년 1월부터 보이지 않는 손을 움직여 새 정당을 만드는 작업에 착수했다. 정당을 조직하려면 막대한 돈이 필요했다. 그 시기에 터진 '4대 의혹 사건'은 중앙정보부가 정치자금을 마련하려고 꾸민 불법 작전의 꼬리가 잡힌 사건이었다.

중앙정보부는 먼저 대규모로 주가를 조작해 수십억 원의 부당이익을 챙겼다. 지금 시세로 치면 수천억 원에 이르는 엄청난 돈이었다. 수많은 개미투자자들이 패가망신했고 자살자가 속출했다. 중앙정보부는 주한미군의 위락시설용으로 워커힐 호텔을 짓는 과정에 개입해 거액의 공사자금도 빼돌렸다. 또 자동차산업을 발전시킨다는 명목으로 일본산 소형 자동차 2000여 대를 수입해 '새나라'라는 이름을 붙여 시중 업자에게 팔아넘겼다. 이런 수법으로 수억 원의 정치자금을 마련했다. 파친코(회전당구대) 사건도 군사정권이 아니면 저지를 수 없는 일이었다. 중앙정보부는 도박기구 파친코 880대를 일본에서 들여와 영업허가를 내주고 돈을 챙겼다. 이렇게 해서 모은 천문학적인 금액이 공화당 창당에 들어갔다. 공화당은 부패 위에 세워진 당이었다.

4대 의혹 사건이 터지자 김종필은 중앙정보부장 자리를 내놓고 '자의 반 타의 반' 외유를 떠났다. 4대 의혹 사건은 군사정권이 저지른 부정부패의 일부에 지나지 않았다. 군정 말기에는 '3분(粉) 폭리 사건'이 터졌다. 시멘트·밀가루·설탕 '세 가지 가루'를 독점한 기업들이 가격을 조작해 폭리를 취하는 것을 묵인해주고 그 대가로 거액의 정치자금을 받은 사건이었다. 주눅 든 언론은 쿠데타 세력의 간 큰 도둑질을 제대로 보도하지 못했다.

제5대 대통령 선거는 박정희와 윤보선의 대결 마당이었지만, 박정희와 김대중의 충돌이 시작된 선거이기도 했다. 박정희가 공화당에 입당한 직후 김대중은 박정희의 입당이 위헌임을 알아내 폭로했다. 대통령 권한대행과 최고회의 의장직을 사퇴하지 않은 채 입당한 것은 대통령의 정당 가입을 금지한 헌법을 위반한 것이었다. 공화당은 헌법보다 우위에 있던 국가재건비상조치법을 급히 개정하고 박정희의 입당 날짜를 9월 4일로 바꿔 곤경에서 빠져나가려고 했다. 바로 이 일이 동기가 돼 박정희가 김대중을 미워하기 시작했을 것이라고 보는 사람들이 적지 않다.

정치자금과 권력기구를 총동원한 박정희는 제5대 대통령 선거에서 윤보선 후보를 가까스로 따돌렸다. 박정희가 동원한 것은 정치자금과 권력기구만이 아니었다. 이 선거에서 박정희 후보 진영은 지역감정 자극이라는 전에 없던 수법을 썼다. 박정희 후보의 찬조연사 이효상은 대구에서 "박정희 후보는 신라 임금의 자랑스러운 후손이니 박 후보를 대통령으로 뽑아 이 고장 사람으로 천년만년의 임금님을 모시자"고 지역정서에 불을 질렀다. 윤보선은 박정희의 좌익 경력을 집요하게 문제 삼았다. 박정희가 남로당 군사총책이었으며 1948년 여순사건 뒤 붙잡혀 군대 안 남로당 조직망을 모두 넘겨주고 살아났다는 사실이 폭로됐다. 박정희는 윤보선의 폭로에 맞서 "선량한 시민을 빨갱이로 몰아치던 옛 한민당 수법을 되풀이하는 매카시즘"이라고 반격했다. 윤보선의 '색깔 공세'는 일부 지역에서 역효과를 냈다.

선거 결과는 15만 6000여 표 차 박정희의 승리였다. 박정희는 서울을 비롯해 경기·충청·강원 지역에서 모두 패했으나 영남과 호남에서 이겼다. 호남은 윤보선보다 박정희에게 35만 표를 더 주었다. 두 후보의 최종 표차보다 두 배나 더 많은 수치였다. 제5대 대통령 선거는 역사의 아이러니를 보여주는 선거였다. 이후 박정희의 핍박을 받게 되는 호남이 박정희를 더 지지했으며, 박정희가 틈만 나면 써먹게 될 매카시즘이 박정희 자신을 괴롭혔던 것이다.

대통령 선거가 끝나고 한 달 남짓 지난 11월 26일 제6대 국회의원 선거가 열렸다. 쿠데타 후 처음 치러지는 총선에서 김대중은 민주당 후보로 목포에서 출마했다. 1961년 인제 보궐선거에서 김대중을 도왔던 목포상고 후배 권노갑, '선거의 달인' 엄창록이 이번에도 김대중의 참모로 뛰었다. 호흡이 잘 맞았다. 공화당 후보는 목포 거부의 아들 차문석이었다. 이희호는 그때 만삭의 임부여서 남편의 선거운동을 도울 수 없었다. 11월 12일 이희호는 아들을 낳았다. "남편은 선거가 끝난 뒤에야 홍걸이 얼굴을 보았어요." 이희호는 4년 뒤 제7대 총선 때부터는 처음부터 끝까지 남편과 함께 뛰며 선거를 자기 일처럼 치르게 된다.

선거운동이 막바지로 향하던 11월 22일 미국 대통령 존 에프 케네디(John F. Kennedy)가 텍사스 주 댈러스에서 총격을 받고 숨을 거두었다. 김대중은 케네디 암살 소식을 듣고 큰 충격을 받았다. 미국인들 마음에 변화의 바람을 일으켰던 40대 지도자 케네디는 젊은 김대중의 정치적 모델이자 모범이었다. 선거운동 내내 김대중은 케네디의 용기 있는 삶과 안타까운 죽음을 생각했다.

공화당은 이 선거에서도 전국의 경찰과 공무원을 동원해 부정선거를 획책했다. 관권의 영향은 목포에도 미쳤다. 그때 상황을 반전시키는 일이 일어났다. 목포경찰서 정보반장 나승원이 '국회의원 선거대책'이라는 부정선거 비밀지령문을 폭로한 것이다. 야당이 들고일어나 정권의 부정선거를 규탄했고, 박정희는 내무부 장관·치안국장·목포경찰서장 파면으로 꼬리를 잘랐다. 목포에서 공화당의 검은손이 묶이자 김대중은 비로소 대등하게 선거를 치렀고 압도적인 표차로 당선됐다. 이로써 김대중은 정치적 도약의 발판을 얻었다. 그러나 전국의 선거 결과는 공화당의 압승이었다. 공화당은 전체 175석 중 110석을 휩쓸었고, 야당인 민정당이 41석, 그리고 김대중이 속한 민주당이 13석을 얻는 데 그쳤다.

남편이 국회의원에 당선되자 비로소 이희호의 얼굴에도 구름이 걷히고 햇살이 비쳐들었다. "결혼하고 열흘 만에 남편이 반혁명 혐의로 잡혀 들어갔을 때 YWCA 사람들이 '그것 봐라, 결혼하지 말라고 그렇게 말렸는데…' 그랬거든요." 이희호를 향하던 주위 사람들의 불안과 걱정의 눈길이 그제야 안심과 축하의 시선으로 바뀌었다.

국회에 들어간 김대중은 정치로 세상을 바꿔보겠다고 결심하고 10년 동안 준비한 것들을 쏟아내기 시작했다. 이희호는 제6대 국회가 남편의 무대가 되어가는 것을 곁에서 지켜보았다. 김대중은 개원 후 6개월 동안에만 13번이나 본회의에서 발언했다. 6대 국회 최다 발언 기록도 세웠다. 민주당 대변인으로서 김대중의 최대 강점은 말이었다. 말의 무게를 결정하는 것은 목소리의 크기가 아니라 말에 담긴 내용이었다. 설득력은 구체적인 수치와 딱 떨어지는 사례와 빈틈없는 논리에서 나왔다. 김대중은 국회도서관에 살다시피 했다. 김대중을 만나려면 의원 사무실이 아니라 국회도서관으로 가라는 말이 돌았다. "국회도서관에서 공부하다가 새벽에야 집에 들어오는 경우가 많았어요. 집에 있을 때도 항상 책상에서 읽고 쓰고 하였지요. 10분 질의할 일이 있으면 10시간 준비를 했어요."

이희호는 이희호대로 남편의 의정활동을 도왔다. 이희호가 한 일은 신문을 샅샅이 읽고 정책 제안에 도움이 될 만한 기사를 스크랩하는 일이었다. 영자신문도 빠뜨리지 않았다. 신문과 잡지에 나타난 국제정세도 두루 살폈다. "영자신문으로는 〈코리아타임스*The Korea Times*〉를 구독했고, 미국 주간지 〈뉴스위크*Newsweek*〉랑 미국 국제관계 전문지 〈포린어페어스*Foreign Affairs*〉도 받아보았어요. 신문·잡지를 꼼꼼히 읽는 게 나에게도 공부였지요. 뒷날 남편이 목숨을 잃을 위기에 처했을 때 외국 신문·잡지를 읽고 세계정세를 보는 안목을 키운 것이 국제사회에 구명 요청을 하는 데 도움이 되었어요."

김대중의 의정활동이 어느 정도였는지는 김대중의 첫 저서인 국회 발언집 《분노의 메아리》에 실린 박순천의 추천사에서도 엿볼 수 있다. "그가 한번 단상에 올라서서 현하의 웅변으로 조리정연하게 문제의 핵심을 하나하나 파헤쳐가면, 만당이 숙연하게 그의 발언을 경청하는 것이 6대 국회의 한 모습이었다."

김대중이 창안한 용어도 유행어가 됐다. '서생적 문제의식과 상인적 현실감각'은 이후 김대중의 원칙과 실용의 정신을 보여주는 상징어로 자리 잡았다. '경제통' 김대중은 박정희 정권의 재벌 중심 특권경제를 비판하고 대안으로 '대중경제'를 제시했다. 또 그때까지 한 번도 시도되지 않았던 일문일답을 국회 대정부 질의에 도입했다. 실력과 자신이 없으면 할 수 없는 것이 일문일답이었다. 장관들은 김대중과 하는 일문일답을 두려워했다. 대통령 박정희도 국회와 연결한 인터폰으로 김대중의 일문일답식 추궁을 유심히 들었다. 답변을 제대로 못 한 장관들은 박정희에게 불려가 혼이 났다.

김대중이 6대 국회에서 활약하던 때 이희호가 겪은 일이 있다. 어느 날 민주당 국회의원 부인과 함께 종로5가의 한약방에 들렀다. 처음 가보는 곳이었는데, 이희호가 누구인지도 모르는 한의사가 막 들어선 이희호를 보자마자 대뜸 말했다. "바깥양반이 사모님 덕으로 우두머리가 되겠습니다." 한의사는 엄지손가락까지 치켜세웠다. "그때는 그 말이 남편이 민주당 총재가 된다는 뜻인가 보다, 그렇게만 생각했지요." 이희호는 남편의 정치적 도약이 어디에까지 이를지 아직다 가늠하지 못하고 있었다.

6

# 남편의 소신을 지지하다

## 한·일협정

대통령에 취임한 박정희는 1964년 첫 국정과제로 한·일 국교 정상화를 들고나왔다. 한·일회담은 박정희 정권을 위기로 몰아넣었다. 이희호의 남편 김대중에게도 한·일회담은 정치인으로서 첫 번째 시험대가 되었다. 김대중은 한·일 국교 정상화를 둘러싼 추진세력과 반대세력 사이에서 제3의 의견을 내놓았다. 한·일 국교 정상화를 추진하되 민족의 이익을 최대화하자는 현실주의 노선이었다. 그러나 한·일회담 반대투쟁의 성난 파도는 중간에 있던 김대중까지 덮쳤고, 이희호도 그 여파를 피해가지 못했다.

박정희 정권은 1961년 5·16 쿠데타 직후부터 사실상 한·일 국교 정상화 회담을 시작했다. 국교 정상화는 미국의 뜻이자 쿠데타 세력이 원하는 일이었다. 미국은 동아시아 반공 진지를 튼튼히 하려면 한·일 국교 정상화가 반드시 필요하다고 보았다. 박정희에게는 미국의 인정과 지지가 절실했다. 박정희는 1961년 11월 미국을 방문하러 가는 길에 일본에 들러 총리 이케다 하야토(池田勇人)와 만났다. 이 만남에서 한·일 국교 정상화 회담 일정이 합의됐다. 박정희는 이 합의를 한·미 정상회담의 선물로 들고 갔다.

1964년 초 미국은 한·일 국교 정상화를 서두르라고 박정희 정권을 압박했다. 박정희 정권은 경제발전 공약을 이행하는 데 자금이 필요했다. 돈이 궁한데다 미국의 압박이 거세지자 박정희는 1964년 3월에 회담을 재개하면서 '3월 타결, 4월 조인, 5월 비준' 의사를 밝혔다. 박정희가 한·일회담 타결에 속도를 내자 학생과 야당이 거세게 반발했다. 3월 6일 '대일굴욕외교반대 범국민투쟁위원회'가 발족했다. 반대투쟁이 마른 들판의 불길처럼 번졌다. 상황이 급박해지자 박정희는 비밀외교의 주역으로 일본에 머물고 있던 공화당 의장 김종필을 불러들였다. 또 김종필과 일본 외무장관 오히라 마사요시(大平正芳) 사이에 1962년 11월 12일 작성된 비밀문서 '김종필-오히라 메모'를 공개했다.

이 메모의 내용은 성난 군중의 분노에 기름을 끼얹었다. 일본이 한·일회담 타결 조건으로 무상공여 3억 달러, 정부차관 2억 달러, 상업차관 1억 달러를 제공하며, 그 대신 한국은 일본의 식민지배에 대한 청구권을 포기하고, 어업 문제에서도 이승만 평화선을 철폐한다는 것이었다. 평화선은 일본 어선의 조업을 막으려고 한반도 주변 50~100해리 지점에 이승만이 그은 방위선이었다. 이 합의 내용이 언론을 통해 알려지자 학생들은 반발의 강도를 한층 더 높였다.

1964년 6월 3일 전국에서 10만여 명의 학생과 시민이 시위를 벌였다. 시위대는 청와대 앞 저지선까지 나아갔다. 궁지에 몰린 박정희는 한때 대통령에서 물러날 생각을 하기도 했다. 이때 박정희를 구해낸 것이 미국이었다. 미국 대사 새뮤얼 버거(Samuel D. Berger)와 주한미군 사령관 해밀턴 하우즈(Hamilton H. Howze)가 이날 오후 헬리콥터를 타고 청와대에 들어가 박정희와 2시간 동안 밀담했다. 그 직후 박정희는 서울 일원에 비상계엄을 선포했다. 55일 동안 계속된 비상계엄 아래서 수백 명의 학생과 시민이 구속됐다.

한·일회담 반대투쟁의 파문은 야당에도 미쳤다. 김대중이 대변인으로 있던 민주당은 온건파를 대표했다. "그때 남편은 야당도 무조건 반대만 하지 말고 대안을 내자고 주장했어요. 내가 보기에도 그게 합당한 제안이었지요." 그러나 제1야당인 민정당 당수 윤보선은 한·일회담 반대투쟁에 모든 것을 걸었다. 야당 연합 회의에서 김대중이 "대안을 내야 한다"고 하자, 윤보선은 "한·일 국교 정상화는 매국이며 매국에는 정면으로 반대하는 것이 대안이다"라고 반박했다.

김대중이 야당 강경파와 다른 목소리를 내자 여기저기서 '사쿠라'라는 비난이 날아들었다. 사쿠라, 곧 여당과 야합하는 야당 정치인이라는 낙인이 찍히면 정치생명이 끝날 수도 있었다. "한·일 국교 정상화에는 여러 조건이 있잖아요. 그 조건들을 세밀하게 살펴서 우리에게 유리한 것은 받아들이고 그렇지 않은 것은 물리치가면서 국교 정상화를 이루면 좋은 일이지요. 남편의 뜻은 그렇게 하자는 것이었는데, 사람들이 오해를 했어요. 진심을 알아주지 않으니 참 속상했어요."

김대중의 아버지까지 오해의 대열에 끼어들었다. 어느 날 하의도에서 동교동으로 편지가 왔다. "전도가 바닷길처럼 양양해야 할 사람이 어쩌자고 일본에 나라 팔아먹는 여당의 앞잡이가 돼서 세상 사람들한테 손가락질을 받는가?" 아버지는 아들을 나무랐다. "시아버지께서 편지를 보내온 적이 거의 없었는데, 그때 얼마나 걱정이 됐던지 그런 편지를 보내오셨어요." 이희호도 남편과 함께 비난의 손가락질을 받았다. "그때 이화여대에 출강하고 있었는데, 거기서도 비난의 소리가 들렸어요. 김대중이 매국한다고요. 그런 말들이 견디기 힘들었지요."

이희호는 남편의 소신을 지지했다. "그 무렵 남편은 케네디 대통령이 상원의원 시절에 쓴 《용기 있는 사람들*Profiles in Courage*》이라는 책을 읽었는데, 그 책이 힘이 됐어요." 책의 메시지는 민중의 예지를 진정으로 믿는 정치인은 유권자의 일시적인 충동과 기분에 속박당하지 않고 자신의 신념을 지키며, 그런 용기를 위대한 정치인들이 보여주었다는 것이었다. "남편은 지역구 목포에 내려가 의정보고대회를 열기도 했어요." 1만여 명이 참석한 의정보고대회에서 김대중은 한·일 국교 정상화에 원칙적으로 찬성하는 이유를 설명하고 박정희 정권이 한·일회담에서 저지른 잘못을 고발했다.

한·일회담 반대투쟁의 열기가 한창 고조되던 중 국회에 '김준연 구속동의안'이 상정됐다. 야당인 자유민주당 의원 김준연이 한·일협정 비밀회담 때 박정희 정권이 "일본 정부로부터 1억3000만 달러를 미리 정치자금으로 받았다"고 폭로한 것이 문제가 됐다. 박정희의 지시를 받은 공화당은 1964년 4월 21일 김준연 구속동의안을 올렸다. 김대중은 의사진행발언을 신청했다. 구속동의안이 폐기될 때까지 발언을 할 작정이었다. "국회 발언을 앞두고 남편은 밤늦도록 자료를 준비했어요."

김대중은 김준연 구속동의안의 부당함을 하나하나 지적했다. 여당과 의장은 의사진행의 취지에서 벗어나면 발언을 막고 표결에 들어가려고 노렸지만 틈을 찾지 못했다. 김대중은 국회의 조사가 진행되고 있는데 구속동의안을 낸 것은 앞뒤가 바뀐 것이며, 도주하거나 증거를 인멸할 우려가 없는데도 구속하려 드는 것은 받아들일 수 없는 일이라고 비판했다. 김대중은 국회의 권위를 여당 의원들이 나서서 무너뜨려서는 안 된다고 말했다. "우리가 구속 동의 요청을 받아들인다면 그것은 우리 스스로 우리 무덤을 파는 것이고 우리 스스로 우리 자신을 형무소에 가두는 것과 같다."

결국 저녁 8시가 다 되어 국회의장 이효상은 구속동의안 표결을 포기하고 폐회를 선언했다. 김대중의 필리버스터(합법적 의사진행방해)로 김준연은 국회에서 체포되는 것을 면했다. 검찰은 김준연을 국회 회기가 끝난 뒤 구속했다. 김대중의 발언은 동아방송에서 생중계한 덕에 많은 사람들이 그 발언을 들을 수 있었다. 마이크를 신문지에 싸서 발언대 근처에 숨겨놓고 그대로 현장에서 내보냈다. 원고 없이 5시간 19분 동안 계속한 이날 발언은 훗날 기네스북에 국회 최장 발언으로 기록됐다. 김대중의 기록은 52년 동안 깨지지 않았다. "이 일로 남편은 주목받는 국회의원으로 떠올랐어요. 그만큼 견제도 심해졌지요."

야당과 시민의 반대투쟁으로 일시 후퇴했던 한·일회담은 1964년 가을 다시 열려 이듬해 6월 22일 매듭을 지었다. 한·일협정 국회비준동의안은 여야의 몸싸움 끝에 1965년 8월 14일 국회 본회의를 통과했다. 한·일협정의 최종 내용은 김종필-오히라 메모에서 벗어나지 않았다. '굴욕외교'라는 말을 들어도 싼 협정이었다. 무상공여 3억 달러와 차관 3억 달러로 36년의 지배 · 수탈에 대한 모든 청구권이 사라지고 말았다. 이승만 정권이 제시한 20억 달러, 장면 정권이 요구한 28억5000만 달러에 비하면 턱없이 적은 액수였다. 박정희 정권은 어업협정에서도 이승만 평화선을 포기하고 12해리 전관수역으로 후퇴했다. 일본이 불법 강탈한 문화재도 일본 소유물로 인정했고, 한국인 원폭피해자, 강제 징용, 종군위안부, 사할린 동포 귀환 같은 문제도 묻혀버렸다. 한·일협정은 두고두고 한국 정부의 발목을 잡았다.

한·일협정의 정식 조인을 앞두고 야당은 반대투쟁전선을 단일화했다. 민정당과 민주당이 통합해 민중당을 결성하고 박순천 민주당 당수를 대표최고위원으로 선출했다. 제1야당 민정당이 제2야당 민주당에 흡수된 꼴이었다. 김대중은 국회비준특별위원회에서 한·일협정의 내용을 낱낱이 비판했다. 김대중의 비판이 집중된 곳은 '3억 달러 무상공여'였다. 3억 달러라고 해도 매년 3000만 달러씩 10년에 걸쳐 제공하며 또 매번 청산계정으로 450만 달러를 빼고 2550만 달러씩 주는 것이었다.

김대중은 이런 푼돈을 받을 바에는 아예 한 푼도 받지 말자고 제안했다. "우리가 36년 동안 받은 그 피해를 어떻게 3억 달러로 보상할 수 있겠는가? 차라리 우리 민족의 자주성을 위해서 거절해버리는 것이 낫다." 김대중은 대신 막대한 무역역조를 바로잡아야 한다고 주장했다. "현재 일본에 대한 무역역조는 매년 7000만 달러에서 1억 달러에 달한다. 7000만 달러로만 친다고 해도, 한·일협정으로 1년에 2550만 달러를 무상공여로 받아봐야 실제로는 4450만 달러씩 밑지는 것이다. 이런 돈을 받을 것이 아니라, '무역을 1 대 1로 공평하게 하자, 우리가 사준 만큼 너희도 사달라' 하면 우리도 떳떳하고 실리도 훨씬 더 크지 않겠는가."

이희호도 한·일회담 결과를 수긍할 수 없었다. "우리 정부가 터무니없이 적은 보상으로 너무나 많은 양보를 하고 말았어요. 만약 독단적으로 일을 추진하지 않고 야당과 공조해서 협상을 진행했더라면 그런 굴욕적인 협정을 맺지는 않았을 거예요." 애초에 쿠데타로 정권을 잡은 박정희가 미국의 환심을 사려고 서둘러 회담을 진행한 탓에 국익이 크게 훼손되고 말았다는 것이 이희호의 판단이었다.

한·일회담으로 정국이 들끓던 때 또 하나의 문제가 이슈로 떠올랐다. 베트남 파병 문제였다. 1964년 8월의 '통킹만 사건'을 구실로 삼아 미국이 북베트남을 폭격함으로써 남베트남 정부와 반군 사이 내전이 북베트남과 미국의 전면전으로 확대됐다. 박정희 정권은 1964년 9월 의무요원을 비롯한 비전투요원 100여 명을 베트남으로 파견했다. 또 미국 대통령 린든 존슨(Lyndon B. Johnson)의 추가파병 요청을 받고 이듬해 2월 2000여 명의 비전투부대를 보냈다.

박정희가 베트남 파병을 미국에 처음 제안한 것은 1961년 11월 미국 방문 때였다. 한·일 국교 정상화 안건과 마찬가지로 쿠데타 정권에 대한 지지를 얻으려고 한 제안이었다. 처음에 미국은 박정희의 제안을 거절했으나, 3년 뒤 전쟁이 전면전으로 번지자 태도를 확 바꾸었다. 박정희는 1965년 10월 전투부대를 베트남으로 파견했다. 이후 1973년까지 한국은 30만 명이 넘는 전투 병력을 베트남 선장에 보냈다. 베트남 파병으로 5000명이 넘는 사망자와 1만1000여 명의 부상자가 났지만, 언론은 이 사실을 제대로 보도하지 않았다.

김대중은 전투부대 파견에 반대했다. 1965년 1월 25일 정부의 추가파병 동의안에 대한 국회 질의에서 김대중은 미국의 요구를 통째로 거부하기 힘들다면 퇴역 군인으로 의용군을 모아 대신 보내라고 제안했다. 박정희 정권은 전투병 파견을 강행했다. 김대중은 민중당 대표 박순천과 함께 1966년 9월 베트남 현지를 방문했다. "파병이 이루어진 이상 야당 국회의원이라 하더라도 현지의 장병들을 찾아

위로하는 것이 필요하다는 것이 남편의 생각이었어요."

한국은 베트남 파병으로 10억 달러가 넘는 외화를 벌어 제2차 경제개발계획(1967~1971)을 가동할 연료로 썼다. 한국이 베트남 특수를 본 것은 사실이지만, 베트남 전쟁의 최대 수혜자는 일본이었다. 일본은 한국이 베트남 전쟁 전 기간에 벌어들인 달러보다 훨씬 더 많은 달러를 해마다 벌어들였다. 일본은 피 한 방울 흘리지 않았다. 20여 명을 파견한 대만도 한국과 비슷한 액수의 달러를 벌었다. 한국의 베트남 특수는 수많은 젊은이들의 피를 바치고 베트남 민간인 학살이라는 과오를 저지르며 얻은 것이었다.

뒷날 대통령이 된 김대중은 취임 첫해에 이희호와 함께 베트남을 방문했다. 현직 대통령으로는 첫 방문이었다. 김대중은 자서전에서 베트남이 미국을 패배시킬 것이라고는 생각도 하지 못했다고 털어놓았다. 베트남은 중국 왕조에 동화되지 않은 민족이고 프랑스를 혼자 힘으로 몰아낸 민족이며 미국과 싸워 승리한 유일한 민족이었다. 김대중은 베트남 국가주석과 한 회담에서 "두 나라 사이에 한때 불행한 시기가 있었다"고 베트남 파병에 대해 사과했다. 이희호와 김대중은 베트남 국민이 국부로 추앙하는 호찌민(胡志明)의 묘소를 참배하고 묘소 앞에 꽃을 바쳤다.

7

# 박정희 대 김대중

## 목포의 전쟁

1966년 9월 22일 이희호는 국회에 있었다. 남편 김대중이 대정부 질문을 하는 날이었다. 이날 국회 본회의장에서 현대사의 악취 나는 사건이 일어났다. '사카린 밀수 사건'을 추궁하던 중 벌어진 일이었다.

사카린 밀수 사건은 정권과 재벌이 공모해 저지른 불법행위였다. 전말은 다음과 같았다. 삼성 창업주 이병철이 울산에 한국비료 공장을 지으면서 일본으로부터 4200만 달러의 상업차관을 얻었다. 정부가 지불보증을 섰다. 일본 미쓰이물산은 차관을 공장 건설용 자재와 기계로 대신 제공하면서 리베이트로 100만 달러를 삼성에 주었다. 현금 100만 달러를 뒤탈 없이 가져올 방법이 없었다. 삼성은 이 돈으로 사카린 2259포대를 사서 백색 시멘트로 위장해 몰래 들여왔다. 또 삼성은 에어컨·냉장고·전화기·양변기·욕조 같은 사치품도 함께 밀수했다. 시중에 내다 팔면 몇 배가 남는 것들이었다. 부산세관이 1966년 5월 사카린 밀수 사실을 적발했다. 묻힐 뻔했던 이 사건은

9월 15일 신문에 보도됨으로써 세상에 알려졌다. 여론이 끓어올랐다.

9월 22일 국회 본회의가 열렸다. 여야를 가릴 것 없이 재벌의 밀수를 규탄했다. 공화당 의원 이만섭이 대정부 질문 첫 발언자로 나와 "이병철 씨를 왜 구속하지 않느냐"고 따졌다. 두 번째로 단상에 오른 민중당 의원 김대중은 정부의 재벌 비호를 비판했다. "요즘 양담배 하나만 태워도 잡아가는 실정입니다. 5·16 직후에 밀수범들을 사형에 처하기도 했습니다. 그런데 이번에 재벌이 거액의 밀수를 한 것은 어찌된 일인지 정부가 오히려 두둔하고 있습니다." 김대중은 이병철 처벌과 내각 총사퇴를 요구했다.

마지막으로 단상에 오른 사람은 야당 의원 김두한이었다. 김두한은 "배운 게 없어서 말은 잘할 줄 모르지만, 행동은 잘한다"고 하더니 가지고 온 통을 들고 국무위원석으로 다가갔다. 김두한은 "재벌 도둑질을 합리화시켜주는 내각을 규탄하는 국민의 사카린이올시다" 하며 통에 든 것을 뿌렸다. "똥이나 처먹어." 국무총리 정일권을 비롯해 각부 장관들이 인분을 뒤집어썼다. 이회호도 현장을 목격했다. "국회 방청을 한 것은 그때가 처음이었어요. 공교롭게도 그날 김두한 의원이 국무위원들한테 인분을 뿌려대는 일이 일어났어요. 국회가 난장판이 되고…, 뭐라 말로 할 수가 없는 끔찍한 상황이었어요."

삼성의 밀수에는 청와대도 깊숙이 관여돼 있었다. 사카린 밀수를 현장에서 지휘한 사람이 이병철의 장남 이맹희였는데, 이맹희는 뒷날 회고록에서 '밀수를 하자고 처음 제안한 사람이 박정희였다'는 이병철의 말을 전했다. 청와대와 삼성은 밀수로 번 돈의 일부를 정치자금으로 돌리자고 합의했다. 사건이 커지자 박정희는 "재벌 밀수는 반국가 행위"라고 비난했다. 이맹희는 '정치자금 마련이 밀수의 목적이었는데, 대통령이 모르는 척하기 시작했다'고 이병철이 느낀 배신감을 대신 밝혔다. 사카린 밀수는 박정희 정권의 정치자금 조달 방식이 얼핏 드러난 사건이었다. 이듬해 치러질 대통령 선거와 국회의원 선거가 정권의 돈잔치가 될 것임을 예고하는 사건이기도 했다.

야당은 제6대 대통령 선거를 앞두고 전열을 재정비했다. 윤보선은 민중당을 탈당한 뒤 1966년 신한당을 만들었다가 1967년 2월 민중당과 다시 합쳐 통합야당 신민당을 창당했다. 앞서 민중당은 고려대 총장을 지낸 유진오를 영입해 대통령 후보로 지명했으나, 신한당과 통합한 뒤 후보를 윤보선에게 양보했다. 유진오는 신민당 당수를 맡았다. 야당 세력 내부의 후보단일화였다.

1967년 5월 3일 치러진 제6대 대통령 선거에서 박정희와 윤보선은 다시 맞붙었다. 박정희는 관권을 총동원했다. 선거 결과는 예상대로 박정희의 승리였다. 박정희는 51.5퍼센트(568만 표)를 얻었고, 윤보선은 40.9퍼센트(452만 표)에 머물렀다. 박정희의 승부처는 영남이었다. 박정희는 서울·경기·충남·호남에서 졌지만 영남에서 226만 표를 얻어 89만 표에 그친 윤보선을 압도했다. 박정희는 대통령 선거를 앞두고 경부고속도로 건설을 발표했다. 차관을 제공한 국제개발협회가 '국토 균형발전을 이루려면 경부고속도로와 같은 남북 종단 도로보다는 횡단 도로가 더 시급하다'고 했지만 박정희는 자기 뜻을 밀어붙였다. 박정희는 호남선 복선화도 선거공약으로 발표했다. 호남선 복선화가 완료된 것은 첫 삽을 뜨고 36년이 지난 뒤인 2003년 12월이었다.

대통령 선거에서 승리한 박정희는 여세를 몰아 제7대 국회의원 선거를 6월 8일 치른다고 발표했다. 여당은 총력전을 준비했다. 야당도 더 밀릴 수 없는 상황이었다. 박정희는 6대 대통령으로 취임도 하기 전에 벌써 개헌을 생각하고 있었다. 대통령을 두 번만 하고 그만둘 생각이 박정희에게는 없었다. 헌법을 고치자면 여당이 3분의 2 이상의 의석을 장악해야 했다. 자유당 시절의 부정선거 수법들이 고스란히 되살아났다.

김대중은 어디에 출마할지를 놓고 장고를 거듭했다. "남편은 목포에 출마하느냐 다른 선택을 하느냐 하는 문제로 한동안 심각하게 고민했어요. 부정선거를 하기 쉬운 지방 지역구는 위험하니 서울로 지역구를 옮기거나 아니면 다른 후보의 지원유세를 할 수 있는 비례대표를 하라는 당내 의견이 많았어요. 결국 목포에 출마하기로 했지요." 김대중은 뒤에 선거연설에서 목포 출마를 결심한 이유를 설명했다. "목포에 가면 배겨나지 못할 것이니 선거구를 서울로 옮기거나 비례대표로 나가라고 했습니다. 그러나 천번만번 생각해도 민주주의를 위해서 싸운다는 사람이 정부의 탄압이 무서워서 도망칠 수는 없었습니다."

이희호는 제6대 국회의원 선거 때 임신과 출산으로 남편을 돕지 못했기 때문에 이번에는 마음을 단단히 먹고 목포로 갔다. "1967년 목포 선거는 내가 겪은 모든 선거 중에서 가장 힘들고 험한 선거였어요. 전쟁이라고 해야 할 만큼 치열했지요." 이희호와 김대중은 목포역 앞 작은 일본식 가옥 2층에 선거사무소를 차렸다.

김대중의 상대는 육군 소장 출신 김병삼이었다. 5·16에 참여해 국가재건최고회의 초대 내각 사무처장을 거친 뒤 체신부 장관을 지낸 거물급이었다. 김병삼은 고향 진도에서 출마하고 싶어 했으나 박정희의 지시로 어쩔 수 없이 목포를 선거구로 택했다. 김대중을 겨냥한 표적 공천이었다. 박정희는 중앙정보부와 내무부 간부들을 청와대로 불러 무슨 일이 있어도 김대중을 떨어뜨리라고 영을 내렸다. "박정희 대통령이 '김대중을 막을 수 있다면 여당 후보 열 명이든 스무 명이든 떨어져도 상관없다'고 했다는 말이 돌았어요. 어떻게 해서든지 남편을 낙선시키려고 했지요." 김대중은 6대 국회에서 박정희 정권을 번번이 궁지로 몰았다. 김대중을 그대로 두고는 앞일이 뜻대로 되지 않을 것이 뻔했다.

박정희는 지시만 한 것이 아니라 몸으로 직접 뛰었다. 지방순시라는 명목으로 전국을 돌던 박정희는 목포를 연거푸 두 번이나 방문했다. 직전 대통령 선거 때는 아예 들르지도 않은 곳이었다. 박정희는 목포역 앞에서 여당 후보 지원유세를 했다. 박정희가 후보 지원유세를 한 곳은 목포가 유일했다. 박정희는 2만 명의 청중을 모아놓고 "김병삼 후보가 당선되면 목포 경제를 살리고 대학도 지어주겠다"고 약속했다.

박정희의 목포에 대한 관심은 집요했다. 총리와 장관을 데리고 목포로 내려가 유달산 기슭의 호텔에서 목포 발전 방안을 안건으로 내걸고 국무회의를 열었다. 청와대를 목포로 옮겨놓은 듯했다. 경제기획원 장관 장기영은 목포에 공장을 수십 곳 들이겠다고 발표했다. 공무원의 선거중립 규정을 대놓고 위반한 것이었으나 선거관리위원회는 대통령이 공화당 총재를 겸하므로 선거운동을 해도 된다고 발표했다. 국무회의 내용은 공화당 후보 김병삼이 경영하는 〈호남매일신문〉에 대서특필됐다. 〈호남매일신문〉은 해방 직후 김대중이 경영했던 〈목포일보〉가 이름을 바꾼 신문이었다. 젊은 날 김대중이 아꼈던 그 신문이 김대중을 치고 있었다.

목포 총선은 김병삼을 대리인으로 내세운 박정희와 김대중의 싸움이었다. 신민당 당수 유진오는 김대중 지원유세를 하러 내려와 "목포는 선거가 아니라 전쟁을 치르고 있다"고 했다. 합동정견발표회에서 김대중은 관권의 야당 탄압을 '토벌작전'이라고 규정했다. "나는 목포의 선거는 전쟁이 아니라 토벌작전이라고 말하고 싶습니다. 전쟁에는 규칙이 있습니다. '포로를 학대해서는 안 된다. 독가스를 써서는 안 된다.' 그러나 목포의 선거에는 아무런 규칙도 없습니다. 어떻게 해서든지 김대중을 때려잡기만 하면 되는 토벌작전이 있을 뿐입니다."

박정희가 목포를 두 번씩이나 방문해가며 사실상 선거를 지휘하자 국민의 눈과 귀가 온통 목포로 쏠렸다. 나라 안팎 신문·방송 기자들이 몰려들었고, 언론은 매일 목포 선거를 중계하듯 보도했다. '목포의 전쟁'에는 미국도 관심을 보였다. 미국 대사관은 서기관을 파견해 목포에 상주시켰다. 중앙정보부장 김형욱은 목포에서 멀지 않은 광주 옆 송정에 진을 치고 작전을 짰다.

"선거운동이 한창 벌어지고 있을 때 박순천 선생님도 내려오셔서 남편을 지원하는 찬조연설을 하셨어요." 민중당 대표를 지낸 박순천은 청중들에게 이렇게 말했다. "박정희 씨가 우리 김대중 후보를 이렇게 잡으려고 혈안이 되어 있는 걸 보니 다음 대통령 후보감이 분명합니다. 목포 시민들이 김대중 의원을 대통령 후보로 키워주십시오." 박순천의 말은 3년 뒤에 벌어질 일을 예언한 셈이 됐다. "청중들이 박순천 선생님 연설을 듣고 박수를 많이 쳤어요."

목포 선거는 사생결단의 혈전이었다. 왜 박정희는 그토록 목포 선거에 집착하는 것일까? 그런 의문이 드는 것이 당연했다. "남편은 박정희 대통령이 삼선개헌에 걸림돌이 될 사람을 미리 제거하려는 것이라고 생각했어요." 박정희가 목포에 내려오는 때에 맞춰 김대중은 단도직입으로 물었다. "당신네 여당이 이처럼 부정한 방법을 사용해서까지 선거에 힘을 쏟고 있는 것은 결국 헌법을 개정해 또다시 대통령을 하려는 의도가 아닌가?" 박정희는 다음날 유세에서 김대중의 말을 정면으로 부정했다. "나는 헌법을 고쳐서 세 번이나 대통령이 될 생각은 절대로 없다. 내가 삼선개헌을 하려고 한다는 것은 정치적 모략이다." 박정희의 답변이 거짓으로 드러나는 데는 긴 시간이 걸리지 않았다.

선거 기간 내내 이희호는 이희호대로 뛰었다. 남편이 대규모 청중을 상대로 해 연설하는 동안 이희호는 골목을 누볐다. "지역 사정을 잘 아는 사람과 함께 다니면서 유권자들의 집을 가가호호 방문했어요. 대문이 큰 집은 그냥 지나쳤지요." 그 시절 목포에서도 잘사는 사람들은 여당 후보를 지지했다. '삼학소주' 집안도 여당 편이었다. "1970년대에 삼학소주가 망했을 때 김대중을 지지해서 보복당했다는 소문이 돌았어요. 그건 사실이 아니에요." 삼학소주는 박정희의 목포 본거지였다. 박정희는 목포에 내려오면 그 집에서 묵었다.

이희호를 반갑게 맞아준 이들은 가진 것 없는 서민들이었다. "집을 찾아가보면 좁은 마당에 개, 닭을 키우고 한쪽에는 돼지우리가 있었어요. 사람과 가축이 한 울타리 안에 같이 살고 있었지요. 나는 그저 거기 사는 분들 손을 잡아주기만 했어요." 가난한 집 사람들은 후보 안사람이 직접 찾아왔다고 고마워했다. "공부를 많이 했다던데…." 이희호가 인사를 하면 동네 사람들이 건네던 말이었다.

"유권자와 일대일로 만난 것은 그때가 처음이었어요. 시장에 가면 아주머니들이 나란히 앉아서 나물을 파는데, 그이들한테 손을 내밀고 인사하면 참 반갑게 대해줬어요." 이희호는 사람들이 많이 모이는 곳에서는 확성기를 써서 남편의 지지를 호소하기도 했다. "박정희 독재를 무너뜨려야 한다고 이야기했지요." 이희호는 남편을 자랑하지 않았다. 흥분해서 목소리를 높이지도 않았다. 사람들은 후보 아내의 됨됨이를 보고 마음을 열었다.

김대중의 인기는 뒤로 갈수록 치솟았다. 유세장마다 김대중을 보려는 사람들로 바다를 이루었다. "시민들이 어마어마하게 몰려들었어요. 발 디딜 틈도 없었어요. 사람들이 너무나 많이 밀려드니까 여당에서 더 긴장을 하고 더 집요하게 떨어뜨리려고 했지요." 유세가 끝난 뒤에도 사람들은 떠나지 않고 김대중의 사인을 받으려고 한두 시간씩 줄을 섰다. 여학생들은 블라우스에 이름을 받아 그걸 입고 등교하고, 어린아이들은 공책에 사인을 받아 책상 위에 붙였다. 시장에서 생선을 파는 사람들이 무리를 지어 김대중을 따라다녔다. 연설하는 곳마다 나타나 이름을 부르고 환호했다. 이희호는 걱정이 되어서 더 안 오셔도 된다고 말했다. "오늘 안 벌어도 먹고살어라우." 시장 사람들은 자기 일보다 후보를 더 생각했다.

●

목포 선거에 공화당은 돈다발을 쏟아부었다. '막걸리가 강을 이루고 국수로 다리를 놓는' 잔치판이 벌어졌다. 법정 선거비용이 730만 원으로 한정돼 있었지만 집권세력은 신경도 쓰지 않았다. 공화당이 인구 17만 명의 소도시에 2억 원을 퍼부었다는 말이 돌았다. 서울의 양옥집 한 채가 300만 원이던 시절이었다. 이희호는 돈이 없어 쩔쩔

맸다. "우리는 법정 선거비용도 다 쓰지 못했어요. 가난한 사람들이 한푼 두푼 도와줬지요." 김대중은 연설장에서 말했다. "내가 지나가면 손에 100원, 200원을 쥐여주는 고마운 시민들이 계시다는 것을 잘 알고 있습니다. 여러분들의 은혜를 결코 잊지 않겠습니다."

김대중의 힘은 사람들의 마음을 잡아 흔드는 연설에 있었다. 공화당의 쉴 새 없는 금권·관권 공격을 연설 하나로 막아내는 형국이었다. "저를 위해 애쓰다가 테러를 맞고, 직장에서 목이 달아나고, 나 같은 사람을 위해서 자기 돈을 써가면서 수고를 하시고, 나 같은 사람을 위해서 교회에서 절간에서 집에서 기도해주시는 수많은 애국시민에게 무엇이라고 감사의 말씀을 드려야 할지 모르겠습니다. 이 악독하고 더러운, 역사에 유례가 없는 부정선거를 극복하고 기어코 당선해서 7대 국회에 나가는 것만이 여러분에게 보답하는 길이라는 것을 말씀드립니다."

연설은 유세장의 인파를 감전시켰다. 김대중은 혼신을 다해 외쳤다. "유달산이여! 네게 넋이 있다면, 삼학도여! 너에게 정신이 있다면, 영산강이여! 네게 뜻이 있다면, 목포에서 자리고 목포에서 커서 이 나라를 위해서 무엇인가를 해보겠다는 이 김대중이를 한 나라 정부가 죽이고 잡으려고 하니, 유달산과 영산강과 삼학도가 넋이 있고 정신이 있고 뜻이 있다면 나를 보호해달라는 것을 목포 시민 여러분과 같이 호소하고 싶습니다." 말의 고압전류였다. 김대중 자신도 놀랄 지경이었다. 수만 명의 청중은 후보와 함께 울고 웃었다.

연설은 청중의 심장을 지나 머리를 때렸다. 김대중은 자신의 비전을 이야기했다. 김대중이 가장 힘주어 말한 것은 분단된 나라의 통일이었다. "나에게는 비원이 있습니다. 내 소원은 돈이 아닙니다. 2억도 싫고 20억도 싫고 200억도 싫습니다. 내 소원은 이런 것입니다. 나는 신라 삼국통일 이래 처음으로 국토가 갈라져 있다는 사실을 그대로 둘 수가 없습니다. 해방 후 국토가 20년이나 분단됐다는 이 사실…, 나는 통일이 없으면 우리에게 절대로 영원한 자유가 없고 영원한 평화가 없고 영원한 건설이 없다고 확신하고 있습니다." 김대중의 평화통일 염원은 20대 때 이래 평생을 일관했다.

김대중은 경제정책도 이야기했다. "나에게는 또 하나의 소원이 있습니다. 재벌을 대재벌로 만들고 국민은 더욱 가난하게 만드는 이 특권경제를 타파하고, 내가 주장하고 우리 당 정책으로 채택된 중산층과 근로대중을 중심으로 한 대중경제체제를 실현하는 것입니다." 김대중의 연설은 대통령 선거 유세를 떠올리게 했다. "내게 이 정권을 맡겨주면, 내가 정권을 가지면, 나는 오늘의 독재와 부패와 특권경제를 타파하고 이 나라 국민 전체가 잘사는 경제체제를 만들 수 있다는 소신과 포부와 확고한 계획을 가지고 있습니다."

김대중은 연설을 할 때마다 "민주주의를 위해서 목숨을 바치겠다"는 말을 빼놓지 않았다. 마치 순교자가 될 각오를 한 사람 같았다. 김대중은 언제 테러를 당할지 모른다는 위기감을 느꼈다. 유세장에서 김대중은 암살 음모를 폭로하기도 했다. "어떤 공화당 유력 간부의 부인이 암살 계획을 듣고 자기가 하느님을 믿는 사람으로서 사람을 죽인다는 이 사실에 치가 떨려서 저한테 연락을 해주면서, 어디 가서 물 한 모금 마실 때도 조심하라고 했습니다. 나는 지금 이렇게 생명의 안전조차 보장받지 못한 선거를 치르고 있습니다." 김대중은 목숨을 내놓은 사람처럼 말했다. "여러분! 나는 결코 굴복하지 않습니다. 여러분의 자유를 위해 희생할 것이라고 명백히 선언합니다. 저는 목숨을 버린 사람입니다. 목숨을 버린 사람은 겁이 없습니다."

김대중이 목숨을 바칠 각오로 싸우자 박정희와 김대중의 '목포 대결'은 전체 선거판을 배경으로 밀어낼 정도로 초미의 관심사가 됐다. 과연 누가 승리할 것인가. 힘과 힘의 충돌이었다. 박정희는 무슨 일이 있어도 권력을 놓지 않겠다는 의지로 뭉쳐 있었고, 김대중은 박정희의 장기집권 의지를 무너뜨리겠다는 의지로 차 있었다. 한쪽이 민주주의를 비웃는 권위주의자이고 다른 한쪽이 권위주의와 싸우는 민주주의자라는 점에서 달랐지만, 목숨을 걸었다는 점에서는 두 사람이 다르지 않았다. 김대중이 목숨을 걸고 선거에 뛰어들었듯이, 박정희도 목숨을 걸고 한강을 건너 권력을 잡은 사람이었다. '목숨을 걸고'는 박정희의 심장에서 펄럭이는 깃발의 표어였다. 김대중과 박정희의 대결은 두 목숨 가운데 하나가 사라지지 않는 한 끝나지 않을 싸움이었다. 이희호는 그 싸움의 첫 회전을 가장 가까이에서 지켜보았다. 이희호 자신이 그 싸움의 일원이기도 했다. 김대중이 폭풍 같은 말로써 사람들의 마음을 끌어냈다면 이희호는 자기를 낮춤으로써 사람들의 마음속으로 들어갔다.

공화당의 부정선거 작전은 조직적이고 대담했다. 여당은 유령 유권자를 만들어내 투표를 대규모로 조작하려고 했다. 유세장에 모인 사람들에게 김대중은 3·15부정선거 때 시민들이 들고일어나 이승만 정권을 무너뜨렸던 역사를 상기시켰다. "나는 여러분에게 말합니다. 부정선거를 묵과할 바에는 내 목숨을 바치겠습니다. 만일 공화당이 지금 획책하고 있는 부정선거를 포기하지 않을 때에는 여기서 제2의 마산사태가 안 난다고 누가 보장할 것이냐? 나는 이렇게 여러분 앞에 외칩니다. 여러분! 나는 민주주의를 지키기 위해 내 목숨을 걸겠습니다. 내가 싸우다가 죽으면 여러분은 내 시체에 꽃을 던지기 전에 먼저 제2의 최인규를 타도해주시기 바랍니다. 이 나라에서 부정선거의 뿌리를 뽑는 억센 투쟁을 전개해주시기 바랍니다. 그러지 않고는 나는 결코 눈을 감고 죽을 수 없습니다."

김대중의 발언은 박정희 정권에 대한 강력한 경고였다. 공화당의 부정선거 음모를 막으려면 다른 수가 없었다. 선거를 총지휘하던 중앙정보부장 김형욱은 현장의 분위기를 보고 상황이 심상치 않다고 판단했다. "각하! 이러다가 잘못하면 제2의 마산사태가 일어날지도 모릅니다." 김형욱의 보고를 받은 박정희는 결국 유령유권자 명부를 폐기하는 데 동의할 수밖에 없었다.

판세가 김대중 쪽으로 확연히 기울었다. 이희호도 변화를 실감했다. "처음엔 여당에서 목포 발전 공약을 내세우니까 민심이 그쪽으로 움직였는데, 선거 막바지에 이르러서는 우리 쪽으로 돌아섰지요." 이제 남은 것은 투개표 부정을 방지하는 것이었다. "우리 선거캠프에 엄창록 비서가 있었어요. 이북에서 피란 온 사람이었는데 재주가 뛰어났어요. 그 사람이 부정을 막을 대책을 많이 내놓았지요."

가장 중요한 것이 투표 전날 밤 여당의 돈봉투 살포를 막는 일이었다. "공화당 운동원들이 밤중에 통반장을 앞세우고 집집마다 대문에 백묵으로 표시를 했어요. 돈봉투를 넣을 집은 ○표, 유동표는 △표, 봉투를 주지 않을 집은 ×표…, 이렇게 일일이 표시를 해놓았는데, 우리 쪽 선거운동원들이 그 뒤를 따라가며 표시를 반대로 바꿔놓았어요. 엉뚱한 곳에 돈이 가니 혼란이 일어났어요. 그렇게 해서 투표 직전의 금품살포 작전이 효과를 거두지 못했지요."

그다음은 투표장의 부정을 막는 일이었다. 김대중의 선거 참모들은 여당에서 야당 참관인들을 매수하려 한다는 첩보를 입수했다. 참관인 매수를 막을 대책을 짰다. “우리는 야당 참관인들을 투표일 전날 한자리에 모았어요. 선거감시에 참관인이 얼마나 중요한지 역설했지요.” 이 장면을 엿본 공화당 끄나풀이 경찰에 보고하자, 여당 쪽 사람들이 이 참관인들에게 달라붙어 한 사람씩 회유했다. “우리는 이 사태를 예견하고 따로 진짜 참관인단을 따로 꾸려 놓고, 투표 당일 야당 참관인들을 모두 교체했어요. 진짜 참관인단이 투표소가 열리자마자 자리를 차지하고 앉으니 공화당의 참관인 매수 작업이 헛일이 되고 말았지요.” 새 참관인들이 여당의 공개투표와 대리투표를 막았다.

마지막 남은 것이 개표 부정을 저지하는 일이었다. 밤늦게 유달초등학교에서 개표가 시작되었다. 시민들이 몰려들었다. 표를 지켜야 한다는 이심전심의 마음으로 모인 사람들이었다. 1만 명이 넘는 시민들이 보슬비가 내리는데도 아랑곳하지 않고 개표장 주위를 둘러쌌다. 개표 과정에서 무슨 일이 나면 그대로 일어설 태세였다. 국내외에 관심이 집중된 선거구여서 방송사와 신문사의 카메라들이 몰려들어 개표장을 주시했다.

“그 시절 가장 흔한 개표 부정은 전기를 끊어 개표장을 암흑으로 만들고 표를 바꿔치기하는 것이었어요. 아니나 다를까. 개표가 시작되고 얼마 지나지 않아 갑자기 전기가 통째로 나갔어요. 이런 사태가 벌어질 것을 염두에 두고 우리는 미리 가상훈련을 해두었지요.” 개표 참관인들이 엎드려 몸으로 표를 막았다. “불을 켜라.” 여기저기서 외침 소리가 어둠을 갈랐다. 그때 방송 카메라의 조명등이 일제히 켜졌다. 카메라 조명등은 개표장의 전깃불을 대신했다. 개표장 밖에 모인 시민들이 함성을 질렀다. 다시 전기가 들어왔다. 잠시 뒤 또 전기가

김대중은 제7대 총선 최대 격전지에서
승리를 거두었다. 사진은 당선사례 모습.

나갔다. 사람들은 손전등을 켜들었다. 시민들의 함성이 터져 나오자 다시 전기가 들어왔다. 그날 밤 세 번이나 정전이 일어났지만, 부정을 저지르려는 손은 시민의 함성과 카메라의 불빛을 이겨내지 못했다.

개표가 완료됐다. 유효표 5만2017표 중 김대중 2만9279표, 김병삼 2만2738표였다. 6500여 표 차의 승리였다. 대통령이 직접 내려와 선거유세를 하고, 국무회의를 목포 현장에서 열고, 중앙정보부가 맨 앞에서 지휘하고, 모든 공무원 조직이 총동원되고, 막대한 돈이 뿌려진 유례없는 관권선거를 이겨내고 얻은 승리였다. 기적이라고 해도 이상할 게 없었다. 시민들은 개표장이 떠나갈 것처럼 환호성을 질렀다.

"남편과 나는 트럭을 타고 다니며 감격스러운 당선 인사를 했지요." 자신감을 얻은 김대중은 당선 인사를 하며 외쳤다. "여러분의 영웅적인 투쟁이 승리했습니다. 여러분의 은혜에 보답하기 위해 앞으로 대통령에도 도전하겠습니다. 한국의 김대중, 세계의 김대중이 되겠습니다." 김대중의 눈이 더 넓은 곳을 향해 열리기 시작했다.

일정에 쫓긴 김대중은 서둘러 상경했다. 이희호는 목포에 남아 뒷정리를 했다. 전쟁 같은 선거를 치르느라 보낸 시간이 아득한 세월처럼 느껴졌다. 들뜬 마음이 가라앉자 불현듯 가슴속으로 을씨년스러운 냉기가 스며들었다. 이희호는 불길한 예감이 들어 오래 잠을 이루지 못했다. "공화당이 온갖 수단을 다 동원했는데도 패배했잖아요. 자존심이 상한 박정희 대통령이 우리를 해코지하지 않을까 걱정이 되었어요." 상대에게 패배감을 안겨주었으니 보복을 당할지 모른다는 불안감이었다.

김대중은 제7대 총선의 최대 격전지에서 살아 돌아왔지만, 야당은 관권선거의 해일을 넘어서지 못했다. 선거 결과는 공화당의 압승이었다. 공화당은 전체 의석의 3분의 2를 13석이나 웃도는 130석을 차지했다. 신민당은 44석을 얻는 데 그쳤다. 선거 과정의 부정은 말할 것도 없고 투개표 과정에서도 부정이 난무했다. 신민당 당수 유진오는 6·8총선을 '선거로 저지른 쿠데타'라고 규정했다. 학생들이 일어나 부정선거 규탄시위를 벌였다. 정부는 대학교 31곳과 고등학교 163곳에 휴교령을 내렸다. 야당은 6·8총선을 무효로 규정하고 전면 재선거를 요구하며 국회 등원을 거부했다.

민심이 거세게 요동치자 공화당은 부정선거를 비공식으로 인정하고 야당과 타협하겠다는 태도를 보였다. 15~20석을 내놓겠다고 했다. 그렇게 되면 여당 의석수가 3분의 2 밑으로 떨어지게 될 터였다. "남편은 유진오 당수에게 재선거는 현실적으로 불가능하고 삼선개헌을 저지하는 것이 중요하니 여당의 타협안을 받아들이자고 제안했어요. 또 지방자치제를 해야 부정선거를 막을 수 있으니 이참에 지방자치제 실시를 조건으로 내걸자고 했지요." 유진오는 전면 재선거를 요구하는 당내 강경파 목소리에 밀려 김대중의 제안을 받아들이지 않았다. 김대중은 이렇게 되면 아무것도 얻지 못하고 시간만 허비할 것이라고 항의했지만 소용이 없었다.

야당은 5개월 만인 11월 19일 등원을 결정했다. 야당은 박정희가 8월 11일 "이번 선거가 문제를 남기고 끝난 것을 유감으로 생각한다"고 한 발언을 사죄로 간주하였다. 삼선개헌을 하지 않겠다는 보장도 얻지 못하고 지방자치제를 실시한다는 약속도 얻지 못했다. "우리가 걱정한 대로 되고 말았어요. 박정희 대통령의 장기집권을 막기 어렵게 된 거지요." 야만적 독재가 눈앞에 있는데 야당은 소리만 지르다가 기회를 놓치고 만 꼴이었다.

# 8

# 삼선개헌과 맞서다
## 40대 기수

김대중이 경고했던 대로 박정희는 자기가 만든 헌법을 스스로 고쳐 세 번째 대통령 출마를 허용하는 '삼선개헌'의 시동을 걸었다. 박정희의 영구집권 결심은 오래된 것이었다. 중앙정보부장을 지낸 김형욱은 뒷날 회고록에서 1967년 청와대를 찾아갔을 때 박정희가 한 말을 기억했다. 술을 연거푸 들이켜던 박정희는 김형욱에게 이렇게 말했다. "나, 정권 못 내놔. 절대로!" 박정희는 개헌 공작을 지시했다. 중앙정보부는 박정희의 하수인 노릇을 충실히 했다.

남북 대치는 박정희가 삼선개헌을 밀어붙이는 데 더없이 좋은 구실이 되었다. 1968년 1월 21일 '무장공비 청와대 습격사건'이 일어났다. 북한에서 보낸 게릴라 31명이 청와대에서 500미터 떨어진 곳까지 침투했다. 생포된 김신조는 "박정희의 모가지를 따러 왔다"고 큰소리쳤다. 이틀 뒤인 1월 23일엔 미국 첩보함 푸에블로호가 영해 침범으로 북한에 나포되는 사건이 벌어졌다. 한반도 긴장의 파고가 솟구쳤다. 박정희는 향토예비군을 창설하고 주민등록법을 시행했다. 250만 명이 향토예비군에 편입됐고, 18살 이상 모든 국민에게 주민등록증이 발급됐다. 남북 대결이 격해질수록 남과 북 양쪽의 독재체제는 더욱 단단해졌다.

간첩단 사건도 어김없이 등장했다. 1967년 여름에는 '동백림사건'이 나더니 1년 뒤에는 '통혁당(통일혁명당) 사건'이 터졌다. 동백림사건은 중앙정보부의 '창작품'이었다. 제7대 국회의원 선거 뒤 야당이 등원거부 투쟁을 벌이자 중앙정보부는 7월 8일 동베를린(동백림)을 거점으로 한 대규모 간첩단을 적발했다고 발표했다. 재불 화가 이응로, 재독 작곡가 윤이상을 비롯해 학자·예술가 200여 명이 중앙정보부로 잡혀갔다. 윤이상은 고문을 견디지 못하고 유리 재떨이로 뒤통수를 쳐 자살을 기도했다. 윤이상은 흘러나온 피로 자기는 간첩이 아니라고 절규하는 유서를 썼다.

40년 뒤 국정원과거사조사위(국가정보원 과거사건 진실규명을 통한 발전위원회)의 조사로 이 사건은 중앙정보부가 조작한 것임이 밝혀졌지만, 그때는 온 나라가 공포에 떨었다. 김대중이 박정희의 표적이 되어 있을 때였으므로 이희호는 이 사건의 파장이 남편에게 미치지 않기만을 바랐다. "나중에 안 일이지만 정말 있어서는 안 되는, 국가가 저지른 끔찍한 범죄였어요." 1968년 8월 터진 통혁당 사건에서도 육군 중위 신영복을 포함해 여러 젊은이들이 엮여 들어갔다. 중앙정보부는 사건을 부풀리려고 조금이라도 관계가 있는 사람은 모두 잡아들였다. 간첩단 사건은 그 뒤로도 '정권 안보'가 위협받거나 정권의 국면 전환이 필요할 때면 어김없이 나타났다.

이런 분위기를 타고 1969년 1월 공화당 의장서리 윤치영이 삼선개헌의 불을 지피는 발언을 했다. 나라 안팎 정세가 강력한 지도자를 요구하고 있는데 급류 한가운데서 말을 갈아탈 수 없다는 이유를 댔다. 박정희는 1월 연두기자회견에서 "헌법을 개정할 필요가 있다 해도 금년 말이나 내년 초쯤 가서 논의해도 늦지 않을 것"이라고 말했다. 한 해 전 청와대에서 신민당 의원 김상현을 만났을 때 박정희는 "만약 내가 삼선개헌을 하려고 한다면 김 의원 당신이 단도를 들고 나에게 덤비시오"라고 큰소리를 쳤다. 그랬던 박정희는 해가 바뀌자 태도를 슬쩍 바꾸었다.

"남편은 때를 놓치면 안 된다고 생각하고 서두르기 시작했어요. 박정희 대통령이 개헌을 할 것이라고 보고 혼자서 전국을 돌면서 개헌에 반대하는 강연을 했지요." 김대중은 서울·대구·대전·전주·광주·청주 등지를 오가며 당원과 국민을 상대로 해 십여 차례 삼선개헌 반대 연설을 했다. 청중의 반응이 뜨거웠다. "남편이 일찍 반대투쟁에 나선 것은 개헌이 일단 발의되면 되돌리기가 어렵다는 판단 때문이었어요. 개헌안을 내기 전에 국민이 궐기해야 한다고 생각했지요." 야당은 1969년 6월 5일에야 '삼선개헌 반대 범국민투쟁위원회'를 결성했다. 한국신학대학 학장을 지낸 기독교장로회 목사 김재준이 위원장을 맡았다.

7월 19일 서울 효창운동장에서 '삼선개헌반대 시국 대연설회'가 열렸다. "남편은 15분짜리 연설문을 작성하느라 집에도 들어오지 않고 새벽까지 작업을 했어요. 그만큼 시국이 엄중했어요. 그날 연설회에 나도 갔는데, 효창운동장이 사람들로 가득했어요. 말로 할 수 없이 많은 인파가 몰렸어요." 김대중은 운동장이 터져나갈 것처럼 모인 수십만 시민들 앞에서 '삼선개헌은 국체의 변혁이다'라는 제하의 연설

1969년 7월 19일 서울 효창운동장에서 열린 시국 연설회에서
김대중이 연설하고 있다. 이 연설은 청중의 격렬한 반응을 불러일으켰다.

을 했다. 오래 준비한 그 짧은 연설은 청중의 격렬한 반응을 불러일으켰다.

연설 마지막에 김대중은 박정희에게 직접 말했다. "박정희 씨여! 당신에게 이 나라 민주주의에 대한 일편의 양심이 있으면, 당신에게 국민과 역사를 두려워할 지각이 있으면, 어떠한 일이 있더라도 삼선개헌만은 하지 마시오. 만일 당신이 삼선개헌을 했다가는 이 조국과 국민들에게 말할 수 없는 죄악을 가져올 뿐 아니라, 내가 몇 월 며칠 그렇게 된다고 날짜와 시간은 말 못 하지만, 박정희 씨 당신이 제2의 이승만이 되고 공화당이 제2의 자유당이 된다는 것만은 해가 내일 아침 동쪽에서 뜨는 것보다 더 명백하다는 것을 경고합니다."

김대중의 말을 들을 박정희가 아니었다. 7월 25일 미국 대통령 리처드 닉슨(Richard M. Nixon)이 '아시아의 안보는 아시아가 해결해야 한다'는 닉슨 독트린을 발표했다. 한국에서 미군 철수를 예고한 선언이었다. 안보불안이 커졌다. 박정희는 이 국면을 놓치지 않고 이날 "삼선개헌 국민투표를 실시하겠다"고 발표했다. 박정희는 개헌을 지지하지 않으면 불신임으로 간주하고 대통령을 그만두겠다는 말도 했다. 삼선개헌을 대통령 신임과 연계하는 협박 전술이었다. 9월 13일 개헌안이 국회 본회의에 회부됐다.

개헌안 상정을 앞두고 야당은 총력전을 펼쳤다. 9월 10일 국회 본회의에서 김대중은 삼선개헌의 부당함을 지적하는 연설을 했다. 김대중은 이 연설에서 강력한 지도자가 필요하니 박정희가 계속 집권해야 한다는 여당의 주장이 왜 틀렸는지, 박정희가 왜 강력한 지도자가 아닌지 역설했다. "국민의 민주주의적 역량을 집결하는 사람이 강력한 지도자입니다. 박정희 대통령이 과연 강력한 지도자입니까? 국민과 야당의 비판이 두려워서 언론의 자유로운 비판을 봉쇄하고 있는 박정희 대통령이 어떻게 강력한 지도자가 될 수 있습니까? 국민의 자유로운 투표를 두려워해서 부정선거를 하는 사람이 박정희 대통령 아닙니까? 강력한 지도자는 자기가 옳은 일을 하고 있다는 소신이 있으면 '언론은 자유롭게 비판해라, 자유롭게 비판해도 나는 옳은 일을 하고 있으니까 국민의 지지를 받는다'는 자신이 있어야 합니다. 박정희 대통령은 강력한 지도자가 아닙니다."

개헌안이 본회의에 상정되자 신민당 의원들은 단상을 점거한 채 무기한 농성을 벌였다. 공화당 의원들은 9월 14일 새벽 2시 국회 본회의장을 두고 길 건너편 국회 제3별관에 몰래 모여 개헌안을 날치기로 통과시켰다. 의사봉을 준비하지 못한 국회의장 이효상은 주전자 뚜껑으로 책상을 세 번 쳤다. 10월 17일 삼선개헌 국민투표가 실시됐다. 박정희는 이번에도 관권을 모조리 동원했다. 돈과 밀가루가 온 나라를 덮었다. 박정희가 유권자를 매수하는 데 쓴 돈은 1500만 달러(물가지수를 감안한 현재가치로 약 1000억 원)에 이르렀다. 그렇게 돈을 쏟아붓고 관권이 설쳤는데도 투표율 77.1퍼센트, 찬성률 65.1퍼센트에 그쳤다. 박정희는 세 번째 출마를 막는 장애물을 억지를 부려 치웠다.

그 무렵 야당 대통령 후보로 거론되던 신민당 총재 유진오가 중풍으로 쓰러졌다. 유진오는 1969년 11월 일본으로 치료를 받으러 건너갔다. 이듬해 1월 임시전당대회에서 유진산이 신민당 총재로 선출됐다. "유진오 당수가 대통령 후보 1순위였는데 갑자기 병이 나 물러나니까 누가 야당 대통령 후보가 될 것인지를 놓고 경쟁이 벌어졌지요." 가장 먼저 깃발을 든 사람이 신민당 원내총무 김영삼이었다. 김영삼은 1969년 11월 8일 '40대 기수론'을 내걸고 대통령 선거에 나갈 뜻을 밝혔다. 세대교체 바람이 불었다. 이어 김대중이 1970년 1월 24일 대통령 후보 지명전에 나서겠다고 선언했다. 이철승도 세대교체 바람에 합류했다. 김영삼 43살, 김대중 46살, 이철승 48살이었다. 총재 유진산은 40대 기수들을 '정치적 미성년자'라고 부르며 그 바람을 우습게 보았다. 유진산은 자신이 대통령 후보가 될 것으로 생각했으나, 바람은 갈수록 거세졌다.

"40대 대통령은 좀 이르지 않을까요?" 김대중이 대통령 후보 경선에 나가겠다는 결심을 아내에게 밝히자 이희호가 내보인 첫 반응이었다. "40대에 대통령을 하고 나면 그다음에 뭘 할 수 있겠어요? 그렇게 일찍 대통령을 할 필요는 없지 않느냐는 뜻이었지요." 이희호는 그렇게 생각했지만 일단 남편이 뜻을 굳히자 도울 일을 찾아 나섰다.

김대중은 신민당 대통령 후보 경선 출마를 선언하는 자리에서 "우리가 만일 71년에 또다시 박정희 씨에게 당선을 허용한다면 이 나라는 영원히 선거 없는 총통 시대가 올 것"이라고 예고했다. 이어 김대중은 "우리는 하루속히 젊고 패기에 찬, 그리고 국정개혁의 청사진이 마련된 대통령 후보를 지명해 절망에 빠져 있는 대중의 가슴에 새로운 용기와 희망의 불을 지르도록 해야 한다"고 역설했다.

김대중은 기자회견 끝에 한 번 더 자신의 결심을 밝혔다. "나는 사명감과 신념을 가지고 절망을 모르는 시시포스의 신과 같이 최후의 승리의 날까지 싸워나갈 것입니다." 이 마지막 말은 김대중이 자신의 미래에 던지는 예언이 되었다. 이희호는 남편의 그 도전이 이후 생사를 넘나드는 험난한 여정의 시작이 되리라는 것을 알지 못했다. 김대중은 정상 바로 밑에서 굴러떨어지는 돌을 끝없이 다시 굴려 올리는 시시포스의 운명 속으로 들어갔다.

신민당 안 비주류인 김대중이 후보가 되려면 당내 열세라는 장애를 넘어야 했다. 1968년에도 총재 유진오가 지명한 '원내총무 김대중' 인준 안건이 다수파인 유진산·김영삼의 반대로 의원총회에서 부결된 적도 있었다. "남편은 당원과 국민을 직접 접촉하는 방법을 써서 열세를 만회하겠다고 결심했지요." 김대중은 전당대회가 열리기 직전까지 8개월 동안 전국을 돌았다. 이희호도 발품을 팔아가며 대의원들을 만났다. 서울의 산동네를 샅샅이 뒤졌다.

"주소하고 지도만 들고 대의원 집을 찾아다녔어요. 당시 야당 대의원들은 산동네에 많이 살았어요. 대다수가 농촌을 떠나 도시로 온 빈민층이었어요. 살림 형편이 안 좋다는 것을 한눈에 봐도 알 수 있었지요. 나를 도와주는 사람이 한 분 있어서 둘이서 같이 다녔는데, 어느 날은 집을 찾지 못해 하루 종일 헤매기도 했어요. 어떤 집은 케이크, 어떤 집은 과일을 들고 가 인사드렸지요. 대의원들은 대개 집에 없고, 부인들이나 노인들이 있었어요. 그분들한테 인사하면 반갑게 맞아줬어요."

이희호가 만난 서민들은 정이 많았다. "그분들이 친근하게 대해주니 기분이 좋았어요. 하루 종일 비탈길을 오르내려도 피곤한 줄 몰랐지요." 국회에서도 이희호와 김대중은 서민들에게 먼저 마음을 주었다. "남편이 국회의원이 된 뒤 명절이면 국회에서 일하는 청소부 아주머니나 수위 아저씨들의 선물을 챙겨서 드렸지요." 그 시절 김대중이 특권경제를 반대하고 대중경제를 주창한 것은 경제학 책에서 끌어낸 순수 이론의 결론이 아니라 가난한 사람들과 함께한 정서적 교감의 결과였다.

박정희에게 가장 쉬운 상대는 유진산이었다. 유진산은 그렇잖아도 야당 지도자로서 선명성이 부족해 '사쿠라'라는 말을 듣고 있었다. 박정희는 새로 중앙정보부장이 된 김계원에게 유진산을 신민당 대통령 후보로 만들어내라고 지시했다. 중앙정보부는 유진산을 박정희의 대선 파트너로 세우는 공작을 폈다. 거액의 정치자금이 들어갔다. 중앙정보부의 바로 그 공작이 오히려 유진산을 궁지로 몰았다. 유진산이 사쿠라 노릇을 계속하자 당내 인기가 뚝 떨어졌다. 유진산은 후보 경쟁에 나서는 것을 포기했다. 유진산이 떨어져나가자 박정희는 "내가 어떻게 김영삼 같은 애송이와 싸우라는 말이냐"고 김계원에게 호통을 쳤다. 박정희는 신민당 주류인 김영삼이 야당 대통령 후보가 될 것이라고 보고 자기 위신에 더 신경을 썼다.

대권을 포기한 유진산은 후보를 뽑는 전당대회를 일주일 남짓 앞두고 자신에게 후보 지명권을 달라고 요구했다. 김영삼과 이철승은 그 제안을 받아들였으나 김대중은 거절했다. 대의원의 뜻을 묻는 것이 민주주의 원칙에 맞는다는 것이 김대중의 항변이었다. 유진산은 전당대회가 열리기 전날 김영삼의 손을 들어주었다. 유진산에게서 모종의 언질을 받았던 이철승은 유진산이 김영삼을 지지하자 배신당했다고 느꼈다. 유진산의 지원까지 얻었으니 후보는 김영삼으로 정해진 것이나 마찬가지였다.

9

# 대선 후보 김대중의 탄생

## 신민당 전당대회

1970년 9월 29일 오전 서울 시민회관에서 신민당 대통령 후보 지명 전당대회가 열렸다. 김대중 후보 진영은 한국 정당의 전당대회 역사상 처음으로 대회장 벽면을 후보 얼굴이 찍힌 포스터로 채웠다. 하늘에는 대형 풍선을 띄웠다. 시민회관 주위를 메운 지지자들은 피켓을 들고 '김대중'을 연호했다. 전례 없는 축제 분위기였다.

"1968년에 남편과 함께 미국 민주당 전당대회를 참관한 적이 있었어요. 전당대회 전 과정을 지켜봤는데, 그쪽은 축제를 하듯이 대회를 치르더라고요. 그걸 본떠서 우리도 해보자는 아이디어를 냈어요. 피켓을 들고 플래카드를 걸고 포스터를 붙였지요. 상대 후보 쪽에서는 아무런 준비도 하지 않고 그냥 대회장으로 들어갔어요. 그쪽에서는 다 이겼다고 생각하고 있었지요."

지지자들의 열렬한 환호는 전당대회장을 압도했다. 김대중이 대세를 장악한 것 같았다. 신민당 원로이자 6선 의원인 정일형의 응원은 이희호를 감동시켰다. "정일형 박사가 '김대중 동지를 대통령으로' 라고 쓴 피켓을 들고 응원하는데, 얼마나 고마운지 가슴이 뭉클했지요." 정일형은 지지자들과 함께 "대통령 김대중!"을 외쳤다. 총재 유진산의 지원을 업은 김영삼 후보 진영은 사태를 낙관했다. 김영삼은 시민회관 2층 '그릴'에서 후보 지명 자축파티를 벌이기로 하고 맥주 200상자를 주문해놓은 상태였다.

전당대회 의장 김홍일이 개회를 선언했다. 유진산의 지명을 받지 못한 이철승은 후보 사퇴 선언을 하고 퇴장했다. 개표 결과를 발표하기도 전인 오전 11시 석간신문 한 곳은 '김영삼 압승'이라고 보도했다. 개표 결과가 발표됐다. "재석 885명 중 김영삼 421표, 김대중 382표, 무효 82표." 이철승 지지자들이 단체로 백지 투표를 던졌다. 아무도 과반수를 얻지 못한 가운데 김대중의 표가 김영삼의 턱밑까지 쫓아왔다. 전당대회장은 뜻밖의 결과에 술렁거렸다.

김대중은 1차 투표 결과가 발표되자 손을 흔들며 앞으로 나가 자신만만하게 말했다. "이번에는 내가 승리할 겁니다." 1위와 2위를 놓고 2차 투표가 속개됐다. 개표 결과는 '재석 884명 중 김대중 458표, 김영삼 410표, 무효 16표'였다. 김대중의 장담이 현실로 나타났다. 김대중은 과반수를 확보했고, 김영삼은 표가 오히려 줄었다. 그날 아침까지 대다수가 예측하지 못한 이변이었다. "마지막 순간까지 최선을 다했기 때문에 나는 남편이 후보로 지명될 것이라고 확신하고 있었어요." 이희호는 대의원이 아니어서 대회장에 들어가지 못하고 밖에서 남편의 승리 소식을 들었다.

이희호와 김대중의 확신에는 나름의 근거가 있었다. 김영삼 쪽이 느긋이 전당대회를 기다렸던 것과 달리 김대중과 이희호는 전당대회

전날 밤 통행금지 직전까지 청진동 여관을 돌았다. "지방에서 올라온 대의원들이 여관에 묵고 있었거든요. 여관마다 찾아다니며 인사를 드렸지요." 당시 대의원들은 계파별로 무리를 지어 투숙했다. 어느 여관엔 유진산계 대의원들이, 또 어느 여관엔 비주류 대의원들이 진을 쳤다. 계보가 다른 사람들의 접근을 막으려고 여관마다 문 앞에 파수꾼을 세워두기까지 했다.

김대중 일행은 이날 밤 유진산계 대의원들과 이철승 쪽 대의원들이 묵고 있는 숙소를 공략했다. 장수가 단기필마로 적진 속으로 뛰어든 꼴이었다. 김대중과 이희호는 큰절을 올리고 대의원들과 마주앉았다. 김대중은 자신의 신념과 달변으로 대의원들의 표심을 흔들었다. 김대중이 그해 내내 전국을 돌며 박정희의 영구집권 음모를 공격하고 야당이 나아갈 길을 설파한 것도 대의원들의 마음을 얻는 데 힘이 되었다. 이희호가 대의원들을 찾아 산동네를 뛰었던 것도 빼놓을 수 없는 일이었다.

김대중은 이철승 쪽 대의원들에게 "이철승 후보가 불출마하면 그때는 나를 지지해달라"고 설득했다. 그날 밤 사이 김대중 지지자는 김영삼 쪽과 선두를 다툴 만큼 불었다. 김대중은 이철승 지지자들의 표까지 확보함으로써 역전승의 발판도 마련했다. 김대중의 승리는 더 멀리 보면 1967년 목포 총선 때 박정희와 벌인 불퇴전의 대결과 그 뒤 쉬지 않고 계속한 삼선개헌 반대투쟁의 결과이기도 했다. 김대중의 투쟁은 대의원들의 심중에 '김대중을 후보로 세운다면 대통령 선거에 이길 수 있겠다'는 희망을 심어주었다.

방송과 신문은 앞다투어 신민당 전당대회의 이변을 전했다. "남편은 마지막까지 득표에 모든 힘을 쏟아붓느라 후보 수락 연설을 준비하지 못했어요." 대회장이 터져나갈 것 같은 함성 속에 김대중은 즉석연설을 했다. "바로 이 순간부터 새로운 시대가 열립니다. 대중이 주인이 되어 대중에 의한, 대중을 위한, 대중이 잘사는 시대를 만들 때입니다. 나는 새로운 시대의 선두에 서서 국민의 자유와 행복을 위해 싸울 것입니다. 박정희 정권의 장기집권을 저지하고 건국 이래 국민의 숙원인 민주적인 정권교체를 실현하겠습니다."

김대중이 승리했다는 소식을 들은 박정희는 재떨이가 수북해질 정도로 줄담배를 피웠다. 김대중이 후보로 지명될 가능성이 없다고 보고한 중앙정보부장 김계원에게 불벼락이 떨어졌다. 박정희는 주일대사로 나간 이후락을 불렀다. 그해 12월 제6대 중앙정보부장으로 이후락이 들어섰다. 박정희는 이후락에게 1971년 대통령 선거 총지휘를 맡겼다. 이후락은 영남의 지역감정에 불을 지르는 지역분할 술책을 필승의 전략으로 내놓았다.

1967년 목포 선거가 전국 차원에서 재연될 상황이었다. 박정희가 떨어뜨리려고 그토록 애를 썼던 김대중은 목포 혈투에서 살아남아 박정희와 맞서는 자리에 섰다. 민심의 바다에 배를 띄운 김대중과 중앙정보부의 공작정치를 무기로 삼은 박정희의 대회전이 벌어질 참이었다. 김대중의 신념은 이런 것이었다. "민주주의 사회에서 무기는 필요하지 않다. 무기가 있다면 국민에게 호소하는 변설(辯舌)이라는 무기다." 김대중은 이 신념대로 변설로 무장하고서 중앙정보부의 암수에 맞섰다.

1970년 10월 16일 김대중은 신민당 대통령 후보로서 첫 공식 기자회견을 했다. 1950년대를 '암흑 전제시대'로, 1960년대를 '개발을 빙자한 독재시대'로 규정하고 1970년대를 '희망에 찬 대중시대'로 만들겠다고 선언했다. "남편은 선거를 인신공격이 아닌 정책 대결로 끌고 가겠다고 약속했어요. 정책으로 선거전을 주도할 수 있다는 자신감이 있었지요." 공약 중 '민족외교' 항목은 커다란 논란을 불러일으켰다. 김대중은 남북의 화해와 교류를 통한 평화통일을 주장하고, 서신 교환, 기자 교류, 체육 왕래 같은 비정치적 접촉부터 하자고 제안했다. 이어 미국·소련·일본·중국이 한반도의 안전을 공동으로 보장하는 '4대국 안전보장' 방안을 내놓았다. 박정희와 공화당은 김대중을 '용공'이라고 비난했다. "김일성이 피리를 불면 김대중이 춤을 추고, 김대중이 북을 치면 김일성이 맞장구친다"는 말도 했다.

김대중의 공약 가운데 유권자의 마음을 가장 크게 흔든 것은 향토예비군 폐지였다. 1968년 1·21 청와대 습격 사건 뒤 박정희가 만든 향토예비군은 생업에 바쁜 사람들의 원성을 사고 있었다. 김대중의 공약에 민심이 출렁거렸다. 다급해진 정부는 "향토예비군 폐지 주장은 북한의 남침을 유도하고 촉진하는 이적행위"라고 윽박질렀다. 이희호는 남편의 공약이 박정희 정권의 총공격을 불러오자 무슨 일이 나지 않을까 걱정스러웠다. "저쪽에서 '용공이다' 하며 덮어씌우니까 걱정이 됐지요. 속으론 불안했지만 그걸 내색하지는 않았어요. 누군가는 해야 할 말이라고 생각했지요."

김대중의 공약 가운데 가장 많은 공이 들어간 것이 '대중경제'였다. 경영과 생산과 분배에 대중이 주체로 참여한다는 획기적인 경제정책이었다. 독일(서독)처럼 기업 경영에 노동조합 대표가 참여하고, 종업원이 기업의 주식을 나눠 가짐으로써 이익을 공유하고 책임을 분담하며, 노사공동위원회를 만들어 능률 향상과 공평 분배를 이루어낸다는 것이었다. 요컨대, 시장경제를 기반으로 하되 사회주의 정책을 절충하는 경제 대안이었다. 김대중의 대중경제론은 선거를 앞두고 급조된 것이 아니라 오랫동안 숙고를 거듭해 내놓은 독자적인 경제체제론이었다.

대중경제론의 뼈대는 김대중이 1955년 〈사상계〉 10월호에 쓴 논문 '한국 노동운동의 진로'에서 제시됐다. 여기서 김대중은 "사유재산과 개인의 창의를 존중하되, 자본만의 우위·지배를 배격하고 노동·자본·기술의 3자가 평등하게 협동함으로써 생산의 급속한 향상을 기하고 기업 운영과 이윤 분배의 사회화를 이루어야 한다"고 주장했다. 1970년에는 대중경제를 핵심으로 하는 대중민주체제론을 〈사상계〉 1월호에 발표했다. 김대중은 이 글에서 대중경제를 "자본주의 경제체제와 사회주의 경제체제가 지닌 모순을 대중민주주의와 산업민주주의로 극복하고 자유경제의 장점을 살려나가는 한국적 형태의 혼합경제체제"라고 규정했다. 김대중의 대중경제론은 1971년 《김대중씨의 대중경제 100문 100답》이라는 책자로 출간됐다. "남편은 국회에 들어간 뒤 한국내외문제연구소라는 개인 연구소를 세웠는데, 여기서 김병태·정윤형·박현채·최호진 같은 경제학자들과 일대일 토론을 거쳐 대중경제론을 다듬었지요."

대통령 선거운동이 막 본격화할 무렵인 1970년 11월 13일 서울 청계천의 평화시장 피복노동자 전태일이 온몸에 석유를 끼얹고 분신했다. 스물두 살 청년의 죽음은 온 나라에 충격을 주었다. 당시 평화시장엔 영세한 봉제공장이 1000여 개나 들어차 2만7000여 명의 노동자들이 일하고 있었다. 10대의 여공들이 창도 없는 먼지투성이 작업장에서 하루에 15시간씩 중노동을 했다. 그렇게 일해 하루 일당으로 차 한 잔 값인 50원을 받았다. 전태일은 어린 여공들을 직업병과 과로사로 내모는 현실을 바꿔보려고 발버둥 치다가 스스로 자기 몸을 불살랐다. 전태일의 죽음은 이희호와 김대중에게도 충격을 주었다.

“나는 전태일이 분신했다는 소식을 종로 기독교회관에 있다가 들었어요. 뒤에 전태일 어머니 이소선 여사가 사는 집에 찾아갔지요. 집이 너무나 초라했어요. 움막 같은 집이었어요. 그런데 뒤에 이소선 여사를 강연장에서 만났는데 공부도 하지 않은 사람이 얼마나 똑똑한지 놀랐어요. ‘그런 어머니에게서 그런 아들이 나왔구나’ 하고 생각했지요. 그 뒤로 이소선 여사가 돌아가실 때까지 가까운 관계로 지냈어요.”

이희호와 김대중은 수유리 근처에 살고 있던 이소선을 찾아가 위로했다. 움막집을 그대로 두고 볼 수 없어 동대문 근처에 새로 집을 마련해주었다. 김대중은 1971년 1월 새해 기자회견에서 ‘전태일 정신의 구현’을 선거공약으로 내걸고 노동3권을 재정비하여 자유로운 노동조합운동을 보장하고 근로기준법의 잘못된 조항을 바로잡겠다고 밝혔다.

1971년 1월 이희호와 김대중은 미국을 방문했다. 하버드대학 교수 제롬 코언(Jerome A. Cohen)의 소개로 상원의원 에드워드 케네디(Edward M. Kennedy), 윌리엄 풀브라이트(J. William Fulbright)와 만났다. 김대중은 워싱턴의 내셔널프레스클럽에서 자신의 정책을 설명하고 한국에서 민주주의가 실현될 것이라는 신념을 밝혔다. 박정희 정권은 김대중 일행이 미국의 주요 인사와 만나는 것을 어떻게든 막으려고 했다. 이희호와 김대중은 대통령 리처드 닉슨을 만나려 했으나 주미 한국대사의 개입으로 뜻을 이루지 못했다.

닉슨 면담은 성사되지 못했지만, 이희호는 대통령 부인 패트리샤

1971년 대통령 후보 김대중은 미국을 방문했다.
동행한 이희호는 닉슨 대통령의 부인 패트리샤 닉슨과 백악관에서 만났다.

닉슨(Patricia R. Nixon)과는 백악관에서 만났다. 이 만남은 당시 문화방송(MBC) 워싱턴 특파원으로 있던 문명자가 다리를 놓았다. 박정희의 3선을 막아야 한다고 생각한 문명자는 한국 정부의 방해를 뚫고 2월 3일 이희호와 패트리샤의 만남을 성사시켰다. "문명자 씨의 도움으로 패트리샤를 백악관 집무실에서 만났는데, 긴 이야기를 한 건 아니었어요. 서로 손잡고 인사를 주고받는 정도였지요." 동행한 문명자는 패트리샤가 이희호의 손을 꽉 잡고 밝게 인사하는 모습을 사진으로 찍었다.

김대중 후보 진영은 이희호와 패트리샤가 만나는 현장을 담은 사진을 보도용 자료로 만들어 공개할 예정이었다. "그 사진을 복사하려고 무교동의 한 사진관에 맡겼는데, 어떻게 알았는지 경찰이 탈세 혐의로 사진관을 조사한다며 가택수색을 했어요. 그러고 나더니 사진이 사라져버렸어요. 우리가 항의를 하니까 공화당에서 '김대중 씨 부인은 닉슨 대통령 부인과 만난 적이 없는데도 거짓말을 한다'고 우리를 공격했어요." 졸지에 이희호가 거짓말쟁이가 될 판이었다. "그런데 실은 우리 집에 문명자 씨가 찍은 사진이 한 장 더 있었거든요. 그래서 사진전문가를 집으로 불러 복사해서 공개했지요. 그랬더니 이번에는 단순 분실인데 정부에 덮어씌운다고 비난하는 거예요. 참 어처구니가 없었지요."

10

# 보이지 않는 손들의 광란

## 1971년 대선

이희호와 김대중이 미국을 방문하고 있던 중인 1971년 1월 27일 동교동 집 마당에서 사제 폭발물이 터지는 사건이 일어났다. 경찰이 120명이나 동원돼 집안을 샅샅이 수색하더니 김대중 쪽 사람들을 닥치는 대로 연행했다. 경찰은 중학교 2학년생인 15살 김홍준을 범인으로 지목하고 사건을 자작극으로 몰아갔다. 김대중의 조카 김홍준은 그때 동교동 집에 기거하고 있었다. 경찰은 소년을 잡아다가 자백을 강요하며 머리를 구정물통 속에 집어넣고 고문까지 했다. 이희호는 미국에서 그 소식을 듣고 치를 떨었다. "조카아이는 고문을 받고 장티푸스에 걸려 한때 사경을 헤매기도 했어요." 경찰은 김홍준이 딱총 화약으로 폭발물을 만들어 터뜨렸다고 발표했다.

해괴한 일은 이것만이 아니었다. 동교동 폭발물 사건이 나고 8일 뒤인 2월 5일 새벽에 신민당 선거대책본부장 정일형의 서울 봉원동 집에 불이 나 아래채가 전소됐다. 이 사건으로 선거 관련 서류가 모두 불에 타 사라졌다. 경찰은 고양이가 추워서 아궁이 옆에 있던 솔가지를 잘못 옮겨놓는 바람에 불이 붙었다고 발표했다. '고양이 방화사건'은 외신을 타고 세계로 퍼져 국제적인 웃음거리가 됐다. "고양이가 불을 냈다니 그걸 누가 믿을 수 있겠어요."

김대중은 투표일을 한 달 앞둔 3월 27일 경북 의성에서 공식 선거운동을 개시했다. 의성을 첫 유세지로 택한 것은 박정희의 지역분할 전략에 정면승부로 맞서겠다는 후보의 의지가 실린 것이었다. "여당이 지역감정을 조장했지만 제 기억에는 제대로 먹히지 않았어요. 부산이나 대구에서도 사람들이 정말 많이 모였거든요." 김대중이 가는 곳마다 사람들이 구름처럼 몰려들었다. 대통령 후보가 도착하기 서너 시간 전에 유세장은 사람들로 가득 찼다. 부산에서는 50만 명이 모였고, 대구에서도 19만 명의 청중이 몰렸다. 농촌지역에서도 1만~2만 명이 모이는 것은 보통이었다.

김대중은 몰려드는 사람들의 열기에 눈물이 나오는 것을 참으며 이 사람들을 위해서라면 목숨을 바쳐도 후회할 것이 없다는 심정으로 온 나라를 돌았다. "남편은 그때 초인적이라고 할 정도로 쉬지 않고 뛰었어요." 김대중은 이른 아침부터 밤 10시까지 하루 열 차례가 넘는 연설을 했다. 그것도 매번 한 시간 가까운 연설이었다. 하루에 움직이는 거리가 400~800킬로미터에 이르렀다. 김대중은 비포장도로를 달리며 차 안에서 끼니를 때우고 눈을 붙였다. 지칠 줄 모르는 40대 후보에게 '철인'이라는 별명이 붙었다.

이희호도 남편에 뒤지지 않는 강행군을 계속했다. "남편이 1진이라면, 나는 2진이었어요. 남편이 가지 못한 곳을 주로 다녔지요." 이희호는 영동·장호원·논산·서산을 비롯해 전국의 소도시 수십 곳을 돌았다. 장터와 거리를 다니며 거칠고 투박한 손들을 잡았다. 이희호는 연단에 오르기도 했다. 남편을 대통령으로 만들어달라고 호소하며 이렇게 말했다. "여러분, 제 남편이 대통령이 되어서 만약 독재를 하면 제가 앞장서서 타도하겠습니다." 그 시절엔 후보 부인이 연단에 올라 연설을 하는 일이 드물었다. 사람들은 뜨거운 박수로 답했다. 빡빡한 유세 일정 때문에 이희호가 탄 차는 위험스럽게 질주했다. "통행금지 시간에 쫓기다 사고가 나지 않을까 걱정했던 적이 한두 번이 아니었어요. 타이어 바람이 빠져서 길가에 멈춰 서기도 했고요."

정일형의 부인 이태영도 찬조연사로 뛰었다. 투표를 2주 남기고 이태영은 이화여대 법정대학 학장직을 내던지고 신민당에 입당했다. "이태영 선생님은 부산 피란 시절부터 여성운동을 함께했잖아요. 그래서 그분한테 도와달라고 간곡히 부탁했지요." 이태영은 정의감 넘치는 열변으로 청중을 사로잡았다.

공화당 대통령 후보 박정희도 4월 10일 대전에서 첫 유세를 시작했다. 유세와 유세의 대결만 보면 박정희는 김대중의 맞수가 되지 못했다. 박정희의 힘의 원천은 유세장의 청중이 아니라 수족처럼 움직이는 국가조직이었다. 중앙정보부는 공작기술을 총동원했다. 김대중의 선거운동원들도 음지의 손에 희생당했다. 중앙정보부의 표적 가운데 하나는 엄창록이었다. 엄창록은 강원도 인제 보궐선거 때부터 김대중을 도왔던 조직참모였다. 그 핵심 참모가 어느 날 사라졌다. 이희호는 엄창록의 집을 찾아갔다. "엄창록 씨의 집은 우리 집에서 가까웠어요. 아무리 기다려도 나타나지를 않아 집으로 찾아갔더니, 부인이 혼자 울고 있더라고요. 남편이 어디로 갔는지 모른대요. 누가 데리고 갔는데 며칠이 지나도 안 돌아온다는 거예요. 나중에 알았는데,

우리를 돕지 못하게 하려고 정보부가 잡아간 거였어요."

공화당은 선거자금을 폭포수처럼 퍼부었다. 뒤에 박정희의 측근들이 밝힌 바로는 1971년 대통령 선거에 쓴 돈이 600억~700억 원에 이르렀다. 국가 예산의 10퍼센트가 넘는 거액이었다. "우리는 법정 선거비용 9억2000만 원의 절반도 쓰지 못했어요." 중앙정보부는 여당의 선거자금은 무제한으로 풀어대면서 야당의 선거자금원은 물샐 틈없이 틀어막았다. 야당에 돈을 댈 만한 기업인들을 잡아들여 '선거자금을 절대로 주지 않겠다'는 서약서를 받고 풀어주었다.

"정일형 박사 셋째 딸의 시아버지가 심상준 제동산업 사장이었어요. 이분이 선거가 끝난 뒤 우리 집에 찾아와서 '지난 선거 때 도움을 못 주어서 미안하다'면서 '선거 빚을 다소나마 갚아드리겠다'고 했어요. 우리는 감사하는 마음으로 기다렸지요. 그런데 그 뒤로 아무 소식이 없어서 섭섭했어요. 뒤에 들으니 정보부에 끌려가서 곤욕을 치렀다는 거예요. 그 말을 듣고 얼마나 미안했는지 몰라요." 선거가 끝났으니 별일 없겠지 하고 동교동을 찾았다가 집 주위 감시망에 걸려든 것이었다.

서민들의 손때 묻은 돈이 가뭄의 단비 구실을 해주었다. 정일형은 그때의 일을 회고록에 기록했다. "본부장실에 지게꾼 차림의 남루한 행색을 한 어떤 분이 찾아왔다. 나의 손을 붙잡고 얼마나 수고가 많으냐면서 구겨진 돈을 내 손에 쥐여주고 달아나듯 바삐 돌아섰다. 나는 그 사람이 쥐여준 돈을 들여다보았다. 2500원이었다. 한동안 넋을 잃은 사람처럼 그 자리에 서 있었다."

이희호도 비슷한 일을 선거기간 중에 겪었다. 한번은 전남 광주에서 찬조유세를 마치고 차 안에서 대기하고 있는데 웬 남자가 차창을 두드렸다. "테러 위험이 있을 때였기 때문에 창문을 잘 열지 않는데 눈빛이 하도 간절해서 차창을 조심스럽게 내렸더니, 그분이 봉투를 꺼내어 차 안으로 밀어 넣었어요. 행색이 남루했는데 집 팔아 받은 돈에서 전세금을 뺀 거라면서 꼭 독재를 막아달라고 해요. 나중에 보니 100만 원이 들어 있었어요. 고맙다는 인사도 제대로 못 드렸는데 그 후로 다시 보지 못했어요."

간첩 사건도 어김없이 다시 등장했다. 보안사령관 김재규가 지휘하는 육군보안사령부는 투표일이 열흘도 남지 않은 4월 20일 '재일동포 학원 간첩단 사건'을 발표했다. 보안사는 '선거를 틈타 민중봉기를 일으켜 정부를 전복하려고 암약해왔다'며 재일동포 대학생 서승·서준식 형제를 비롯해 10명을 입건했다. 보안사는 서승이 김대중 후보 비서실장 김상현의 집에 열 달 동안 하숙을 했다는 사실을 알아내고 두 형제를 혹독하게 고문했다. 김대중과의 관계를 자백하라는 것이었다. 서승은 더 고문을 당하면 무슨 말을 할지 모른다는 공포감에 휩싸여 난로의 기름을 끼얹고 분신자살을 기도했다. 서승의 얼굴은 끔찍하게 일그러졌다.

선거 막판에 지역감정 조작이 기승을 부렸다. 경상도 전역의 후보 벽보 '2번 김대중' 밑에 '호남인이여, 뭉쳐라', '호남 후보에게 몰표를 주자' 같은 선동 문구가 붙었다. 영남 유권자를 자극하려는 흑색선전이었다. 국회의장 이효상은 "경상도 정권을 세우지 않으면 영남인은 개밥에 도토리 신세가 된다"고 선동했다. 대구 시민은 대통령 선거 직후 치른 총선에서 이효상을 떨어뜨리고 야당 후보를 당선시켰다. 이희호의 말대로 그 시절엔 지역감정 위력이 세지 않았고 대구 시민도 정권의 조작에 휘둘리기만 하지는 않았다.

제7대 대통령 선거의 가장 놀라운 사건은 4월 18일 서울 장충단공원에서 열린 김대중의 유세였다. 얼마나 많은 사람이 몰렸던지 이희호와 김대중이 연단까지 진입하는 데만 한 시간이 넘게 걸렸다. 이희호는 남편과 함께 연단으로 가는 도중에 인파에 싸여 머리가 흐트러지기도 했다. "말로 할 수 없을 정도로 많은 사람이 몰려들었어요. 사람들에게 떠밀려서 걸을 수가 없었지요." 그날 모인 사람들은 줄잡아 100만 명에 이르렀다. 정부의 집요한 방해공작을 뚫고 모여든 사람들이었다. 그날 정부는 공무원과 공공단체 직원들에게 가족 동반으로 모두 야유회에 참가하도록 했다. 향토예비군 비상소집령도 내렸다. 기업들은 일요 특근으로 노동자를 일터에 묶어놓았다.

이날 모인 인파가 얼마나 압도적인 장관이었는지는 중앙정보부장을 지낸 김형욱이 회고록에서 한 말로 짐작할 수 있다. 김형욱은 이날 집회에 직접 참가해 현장의 열기를 느꼈다. 건국 이래 최대의 인파였다. "나는 김대중 유세에 운집한 인파가 내뿜는 분위기에 숨이 막힐 만큼 질려버렸다. 민중은 분명히 김대중 편이었다. 김대중은 신익희나 조병옥 같은 과거의 야당 지도자들이 보여주었던 국민적 지도자상을 훨씬 넘어서고 있었다."

일주일 뒤인 4월 25일 박정희가 같은 장소에서 유세를 했다. 누구의 청중이 많은지를 놓고 말들이 많았다. 김형욱의 회고다. "신문·방송들은 박정희가 김대중보다 훨씬 더 많은 청중을 동원했다고 거짓말을 늘어놓고 있었다. 심지어 〈동아일보〉조차 박정희 후보가 33만 명, 김대중 후보는 30만여 명을 동원했다는 식으로 속이 빤히 들여다보이게 보도했다. 두 유세 현장을 직접 목격한 나는 청중의 양과 질에서 김대중이 단연 박정희를 앞섰다고 판단했다." 김대중의 청중은 자발적으로 모인 사람들이었던 데 반해 박정희는 공무원조직과 통·반 행정조직을 부려 동원한 사람들이었다.

〈뉴욕타임스*The New York Times*〉는 김대중의 유세에 모인 청중을 90만 명이라고 보도했다. 김대중은 유례없는 대군중을 앞에 두고 사자후를 토했다. "여러분! 이번에 정권교체를 하지 못하면 앞으로 선거도 없는 영구집권 총통시대가 옵니다." 김대중은 몸속의 힘을 모두 끄집어내 외쳤다. "오는 4월 27일 이 나라 5000년 역사상 처음으로 국민의 손에 의해 평화적으로 정권을 교체하는 위대한 민주주의 혁명을 이루자는 것을 여러분에게 호소합니다." 100만 군중은 장충단공원 일대가 떠나갈 듯 박수와 함성을 보냈다. 박정희는 일주일 뒤 김대중의 연설을 반박했다. "야당 후보가 말하는 총통제는 근거가 없습니다. 이번이 마지막 입후보이며 더는 국민들에게 표를 달라고 부탁하지 않겠습니다." 박정희는 눈물까지 흘렸다. 그 눈물이 진짜인지 가짜인지 국민이 아는 데는 1년 6개월이 채 걸리지 않았다.

4월 27일 제7대 대통령 선거는 보이지 않는 손들의 광란이었다. 투개표 과정에서 헤아릴 수 없는 부정이 저질러졌다. 선거인 등록 때부터 야당 성향 주민을 무더기로 명부에서 빠뜨리고 여당을 지지하는 주민은 이중 삼중으로 등록시켰다. 중앙정보부가 트럭 3대분이나 되는 부정선거 용지를 인쇄해서 사용했다는 얘기도 나왔다. 이희호·김대중 부부가 투표한 동교동의 투표구에서는 2700표가 모두 무효로 처리되었다. 신민당 총재 유진산이 살고 있는 상도동에서도 똑같은 일이 벌어졌다. 박정희 634만 표, 김대중 539만 표, 95만 표 차이로 박정희가 승리했다는 것이 정부의 공식 발표였다.

영남 유권자들의 시민정신도 박정희가 그 지역에서 표를 멋대로 주무르는 것을 막아내지는 못했다. 박정희는 경상도에서만 150만 표를 앞선 것으로 발표됐다. 대놓고 저지른 투개표 부정의 결과였다. 대구의 공무원들은 박정희 이름 아래 기표가 된 투표용지를 받았다. 선거 상황을 아는 사람들은 여당이 도둑질한 표가 적게 잡아도 200만 표가 넘을 것이라고 추정했다.

김대중이 패배한 것으로 보도되자 수많은 사람들이 분노의 눈물을 흘렸다. 이희호는 분을 삭이기 어려웠다. 김대중이 개표에서 이긴 것으로 나왔다면 어떻게 됐을까. 이희호는 박정희가 가만히 있지 않았을 것이라고 말했다. "박정희 대통령이 남편을 몇 번이나 죽이려고 했는데 순순히 물러났겠어요? 절대로 그대로 두지 않았을 거예요." 김대중 쪽 사람들에 대한 정권의 탄압은 개표가 완료되기도 전에 시작됐다. 4월 28일 새벽 비서실장 김상현과 공보담당 김경재를 비롯해 선거를 도왔던 사람들이 육군보안사령부 특별취조본부로 줄줄이 끌려갔다.

11

# 느닷없는 교통사고

## 1971년 8대 총선

1971년 4월 27일 대통령 선거가 끝나고 이틀 뒤 김대중은 성명을 냈다. "국민의 평화적 정권교체에 대한 애절하고도 열화와 같은 열망을 짓밟은 불법 부정을 묵인할 수 없다." 김대중은 〈동아일보〉와 한 인터뷰에서도 낙선의 괴로움보다 민주주의의 앞날에 대한 걱정이 크다고 말했다. 이희호는 승리를 도둑맞은 남편을 위로했다. "당신은 아직 젊어요." 달리 무슨 말을 해줄 수 있는 상황도 아니었다.

박정희 정권은 5월 25일 제8대 국회의원 선거를 실시한다고 발표했다. 대통령 선거가 끝난 지 한 달도 안 돼 총선을 치르겠다니, 국회까지 통째로 손아귀에 넣겠다는 것이었다. 공화당이 군사작전을 벌이듯 국회의원 선거를 밀어붙이는 중에 신민당에 대한 국민의 신뢰가 곤두박질하는 사태가 일어났다. 총재 유진산의 이상한 행보가 일으킨 '진산 파동'이었다.

유진산은 충남 금산의 지역구를 난데없이 서울 영등포 갑구로 옮졌다. 공화당 의원 길재호와 묵계가 이루어졌다는 말들이 돌았다. 더 황당한 일은 그다음에 벌어졌다. 유진산이 5월 6일 국회의원 선거 후보 등록 마지막 날 영등포 갑구마저 포기하고 비례대표 1번으로 옮겨 등록했다. 당과는 한마디 상의도 하지 않았다. 유진산은 영등포 갑구를 이름도 없는 29살 청년에게 주었다. 영등포 갑구는 야당 지지세가 강한 곳이라 유진산에겐 땅 짚고 헤엄치기만큼 쉬운 곳이었다. 공화당은 박정희의 처조카사위를 후보로 세웠다. 유진산이 여당과 뒷거래를 했다는 의혹이 삽시간에 퍼졌다.

영등포 갑구 당원 수백 명이 유진산 집으로 몰려가 배신행위를 규탄했다. 이튿날 청년 당원들은 당사에 뛰어들어가 유진산 총재 사진을 불태웠다. 신문들도 유진산의 행보를 일제히 비난했다. 야당에 대한 국민의 기대가 하루아침에 꺼졌고, 선거 전망은 절망으로 물들었다. 당이 극심한 혼란으로 빠져들었다. 신민당 중진·원로들은 5월 7일 동교동에 모여 김대중에게 총재대행을 맡아달라고 요청했다. 선거에 이기려면 국민의 신망을 받는 인물이 앞에 나서는 수밖에 없다는 것이었다. 문제는 다른 '40대 기수'들이었다. 김영삼·이철승을 비롯해 계파가 다른 의원들이 격렬하게 반대하고 나섰다. 결국 신민당은 전당대회 의장 김홍일을 총재대행으로 선출한 뒤 선거에 들어갔다.

김대중은 당의 요청을 받아 비례대표 2번으로 등록하고 전국 지원 유세에 나섰다. "남편은 대통령 선거 때도 초인적인 강행군을 했는데, 쉴 틈도 없이 다시 국회의원 선거 운동에 나섰어요. 당직도 없이 백의종군했지요. 몸이 상하지 않을까, 테러를 당하진 않을까 불안한 마음이 들었어요." 박정희는 공화당 국회의원 후보를 자기 뜻대로 결정했다. 군부 출신을 대거 발탁하고 청와대 경호실 출신, 대구사범학교 출신, 중앙정보부 출신을 후보로 내세웠다. 지역구 후보자의 다수가 친위세력으로 채워졌다. 국회를 장악해 또다시 헌법을 바꾸겠다는 뜻이 분명했다. 신민당은 내분으로 찢겨 이대로 가면 개헌 저지선인 3분의 1도 확보하기 어려운 상황이었다.

"남편은 대통령 선거 때보다 더 결사적으로 뛰었어요. 당에서 아무런 지원을 해주지 않아 선거운동에 드는 비용도 우리가 마련했지요." 김대중은 전국을 돌며 유권자들에게 박정희의 개헌 음모를 막으려면 야당을 살려야 한다고 역설했다. 또 만약 이번에도 정부와 여당이 대통령 선거 때와 똑같은 부정을 되풀이한다면 4·19혁명과 같은 결의로 궐기할 각오를 해야 한다고 사력을 다해 외쳤다. 김대중의 호소는 국민의 뜨거운 반응을 끌어냈다. 공화당은 김대중의 궐기 경고에 밀려 대선 때처럼 대놓고 부정을 저지르지 못했다.

김대중은 5월 11일부터 선거 전날인 5월 24일까지 무려 5300여 킬로미터를 달렸다. 100곳이 넘는 지역을 찾아가 신민당 후보 지원 연설을 했다. "신민당 열세 지역에서도 남편이 지나가면 판세가 뒤바뀔 정도로 바람이 불었어요. 그러다 보니 후보들이 너나없이 남편의 지원을 얻으려고 했지요. 어떤 후보는 남편이 탄 자동차 앞에 누워 지원유세를 해주지 않으면 깔려 죽겠다고 하기도 했어요." 국회의원 선거를 하는 것이 아니라 대통령 선거를 다시 하는 것 같은 분위기였다. 경상도 지역의 김대중 지지는 대선 때보다 더 격렬했다. 사람들은 지난 선거 때 이 지역에서 표가 제대로 나오지 않은 데 대해 안타까워하는 마음으로 유세장에 몰려들었다. "여기저기서 막무가내로 남편을 끌어가니 유세 일정이 계속 뒤로 미뤄졌지요."

선거기간 중 경남 진주 유세에서 벌어진 일은 민심의 김대중 지지

강도가 어느 정도였는지 단적으로 보여주었다. 그날 남강 옆 공원에 마련된 유세장에는 진주 시민뿐만 아니라 인근 농촌 사람들까지 몰려들어 4만5000명을 헤아렸다. 유세는 예정보다 4시간 가까이 늦어진 밤 10시 30분이 지나서야 시작됐다. 아무리 기다려도 연설자가 도착하지 않자 1만5000명이 집으로 돌아갔던 터였다. 김대중이 도착하자 3만 청중은 "대통령 선거 다시 하라"고 유세장이 떠나갈 듯 소리쳤다. 마침 공화당 의장을 비롯해 당 간부들이 진주에 내려와 있었다. 공화당 사람들은 청중이 뿜어내는 열기에 놀라 폭동이 나는 것 아닌가 하고 가슴을 졸였다. 사정은 부산에서도 다르지 않았다. 김대중은 여기서도 예정에 없던 선거구로 끌려다니다시피 했다. 부산의 선거구는 모두 여덟 곳이었는데, 유세장마다 2만~5만 명의 청중이 김대중을 열렬하게 환영했다.

이희호는 8대 총선 때도 대통령 선거 때처럼 따로 찬조연설자로 뛰었다. "나에게 지원해달라고 요청하는 지역구를 돌았는데, 꽤나 인기 있는 연사였어요." 이희호는 청중들과 문답하듯이 연설했다.

"여러분, 독재를 원하십니까?"

"아니오."

"그럼 민주주의를 원하십니까?"

"네."

단순명쾌한 문장이 연사의 강단 있는 목소리에 실려 뜨거운 반응을 이끌어냈다. 대전에서 국회의원에 당선된 박병배도 이희호의 덕을 보았다. "박병배 후보 지원 연설이 저녁에 대전역에서 있었어요. 사람들이 많이 모였어요. 거기서 박병배 후보를 뽑아달라고 연설했지요. 그분이 선거가 끝난 뒤 우리 집에 인사하러 와서 '김대중 의원

덕을 본 게 아니라 사모님 덕을 봤다'고 하더라고요."

선거운동이 막바지에 이른 5월 24일 이희호는 둘째 오빠 이경호로부터 전화를 받았다. "놀라지 마라. 교통사고가 났는데 김 서방은 괜찮은 것 같다." 이희호는 그때 신민당 국회의원 후보 지원유세를 하느라 서울에 있었다. 둘째 오빠는 애써 목소리를 눌러 말했지만 김대중은 그때 아슬아슬하게 죽음의 위기에서 벗어나 목숨을 구했다. 이경호는 직전 대통령 선거 때부터 김대중의 주치의로 함께 움직이고 있었다. 김대중 일행은 전날 전남 해남·진도 지원유세를 마치고 이튿날 아침 목포비행장으로 갔다. 서울 지원유세가 기다리고 있었다. 목포비행장 관계자가 비 때문에 비행기 운항을 할 수 없다고 했다. 전날부터 비가 내렸지만 비행기 운항을 못 할 만큼 악천후는 아니었다. 비행장 관계자의 말이 광주비행장에는 레이더장치가 있어서 비행기가 뜰 수 있다는 것이었다. 하는 수 없이 김대중 일행은 차를 광주로 돌렸다.

당시 김대중을 수행하던 권노갑은 김대중과 같은 차에 타고 있었던 터라 상황을 생생하게 기억했다. "뒷좌석 오른쪽에 김대중 후보, 가운데에 이명우 경호실장, 왼쪽에 내가 탔고, 운전석 옆에는 주치의 이경호 박사가 타고 있었다. 김대중 후보와 내가 탄 차 뒤에는 목포에서 대절한 택시 2대에 경호원과 비서진이 나눠 타고 있었다." 도로를 달리던 중에 김대중이 탄 차와 경호원 차 사이로 신혼부부 일행 다섯 명을 태운 택시 한 대가 끼어들었다. 김대중을 가까이서 보려고 하는 것 같았다. 차 넉 대가 나란히 질주하는 꼴이었다. 차가 무안 국도에 접어들고 얼마 지나지 않았을 때 맞은편에서 14톤 트럭이 달려오다가 느닷없이 급커브를 틀더니 중앙선을 넘어 돌진했다. "오른쪽으로 틀어!" 권노갑은 달려드는 트럭을 보자마자 손으로 앞좌석 운전사의 어깨를 탁 하고 내리쳤다. 운전사는 깜짝 놀라 사정없이 핸들을 돌렸다. 그 순간 대형 트럭은 김대중이 탄 차의 뒤쪽 트렁크를 들이받았다. 귀청을 찢는 듯한 격렬한 굉음과 함께 김대중이 탄 차는 공중으로 튕겨 올랐다가 떨어졌다.

차는 도로와 논두렁 사이의 개천에 처박혔다. 김대중을 태운 차는 가까스로 트럭을 피했지만, 뒤따라오던 택시가 트럭과 정면으로 충돌했다. 세 사람이 즉사했다. 김대중은 이 사고로 골반 관절을 다치고 오른손에 깊은 상처를 입었다. 경호실장 이명우도 팔을 다쳤고, 권노갑은 늑골에 금이 갔다. 김대중과 일행은 인근 병원에서 응급수술을 받았다.

사고 처리 과정은 이해할 수 없는 일의 연속이었다. 사고 지점에서 10분 거리에 무안경찰서가 있는데도 경찰은 두 시간이 지나서야 나타났다. 대통령 후보까지 지낸 유력 정치인이 하마터면 죽을 뻔한 대형 사고를 당했는데도 언론 보도는 〈경향신문〉 1단 기사가 전부였다. 중앙정보부가 보도를 틀어막은 것이었다. 검사가 문제의 운전사를 살인 혐의로 조사하자 즉시 다른 검사로 교체됐다. 교체된 검사는 사건을 단순 교통사고로 처리하고 끝냈다. 세 사람이나 죽었는데 운전사는 구속조차 되지 않았다.

사고를 낸 트럭의 차적을 조회해보니 경기도 화물유통회사 소속이었고 소유자는 공화당 국회의원의 아들이었다. 교통사고로 위장해 박정희의 제1정적을 죽이려고 한 것이라고 의심하지 않을 수 없는 상황이었다. 김대중은 1950년 한국전쟁 중 목포형무소에서 인민군에게 총살당하기 직전에 살아난 뒤 21년 만에 다시 사선을 넘었다.

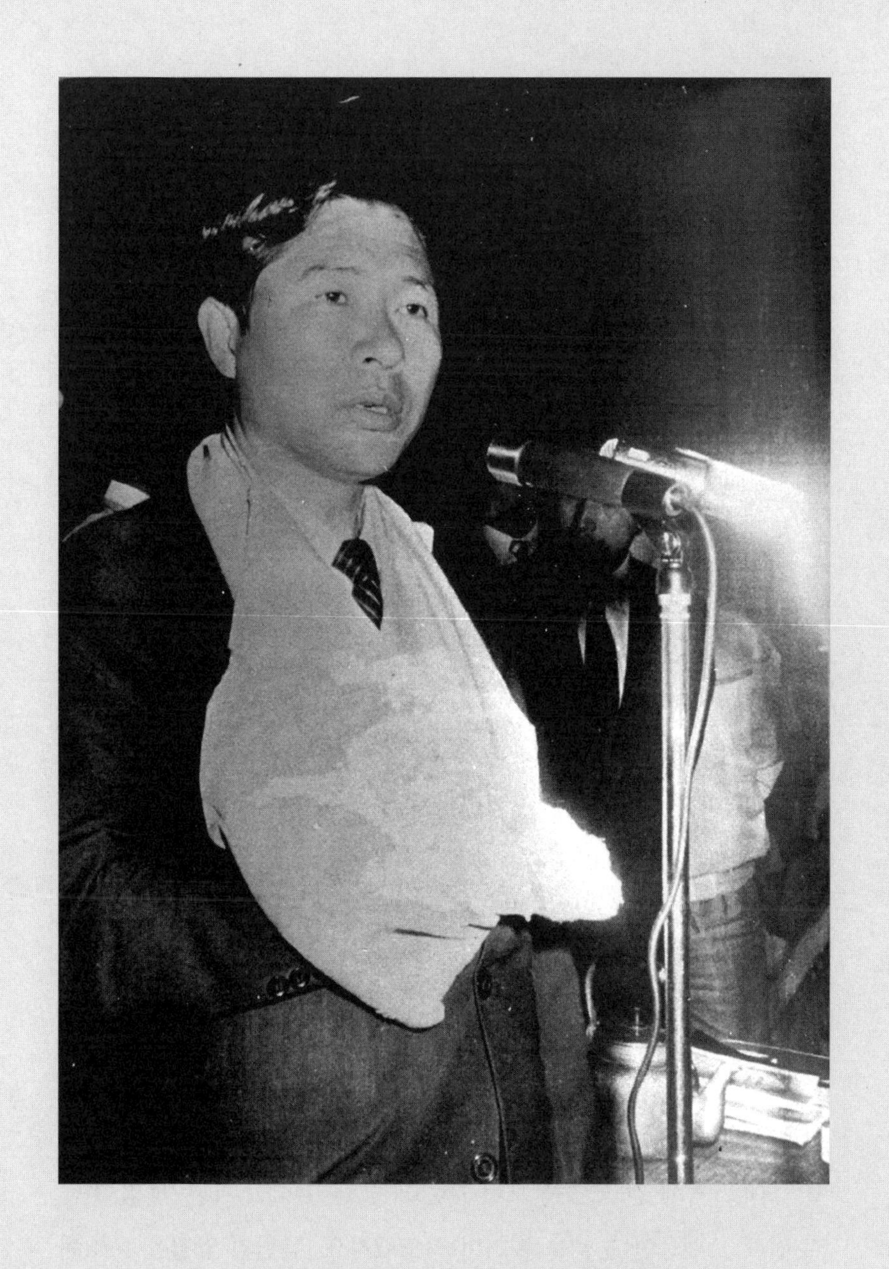

총선 지원을 위해 이동 중이던 김대중의 차량에
의문의 트럭이 갑자기 달려들어 세 명이 즉사하는 큰 사고가 난다.
사고 후 팔목에 깁스를 한 채 유세를 하는 김대중.

교통사고의 후유증은 컸다. 박정희의 탄압 속에 김대중은 치료를 제대로 받지 못해 그 뒤로 오른쪽 다리를 절게 됐다. 독재의 발톱은 강철같이 튼튼했던 김대중의 몸에 영구장애를 새겨 넣었다.

응급수술을 마친 김대중 일행은 서둘러 열차를 탔다. 열차는 밤 9시가 넘어서야 영등포역에 도착했다. 비서 김옥두가 역으로 마중을 나갔다. "나는 김 의원을 보자 눈물이 솟구쳤다. 오른쪽 팔목에 붕대를 감은 채 이마에는 피멍이 솟은 채로 개찰구를 빠져나오고 있었다." 김대중은 영등포역 앞 유세장으로 향했다. 그 지역 후보들이 목이 빠지도록 기다리고 있었다. 오후 3시로 예정된 지원유세가 무려 여섯 시간이나 미뤄져 있었다. 마침내 김대중이 나타나자 1만여 명의 청중들이 천둥 같은 함성을 질렀다. 마치 전쟁터에서 구사일생으로 살아 돌아온 장수를 환영하는 것 같은 분위기였다. 김대중은 사고 경위를 설명한 뒤 열변을 토했다. "나는 열 번 쓰러지면 열한 번 일어나고, 백 번 쓰러지면 천 번 일어나서 이 땅에 민주주의를 세우고 대중이 잘사는 사회를 만들겠습니다." 군중은 '김대중'을 연호했다.

이희호는 남편이 교통사고를 당했다는 소식을 듣고도 다른 후보들 지원유세를 계속하느라 뒤늦게 영등포로 향했다. "몹시 걱정이 됐지만 마음을 다잡고 후보 지원유세를 했어요. 용산에서 출마한 김원만 후보 찬조연설을 마치고 서둘러 영등포역으로 갔지요. 유세장에 도착해보니 남편이 윤길중 후보의 지원연설을 하고 있었어요. 오른팔을 붕대로 목에 건 모습을 보니 눈물이 핑 돌았어요. 그날 밤 잠이 들기 전에 오랫동안 눈물을 흘리며 기도했지요. 남편의 앞길을 보호해 달라고요."

김대중이 팔을 다친 채 연설하는 장면은 투표일 아침신문에 일제히 실렸다. 김대중의 부상 투혼은 표심에 적잖이 영향을 주었다. 선거 결과는 신민당의 대약진이었다. 신민당은 7대 국회보다 의석수를 두 배나 늘렸다. 전체 204석 가운데 89석을 얻었다. 개헌 저지선인 65석을 24석이나 웃도는 전례 없는 성적이었다. 공화당은 113석을 차지했다. 공화당은 현역 의원 26명이 무더기로 낙선했다. 반면에 신민당은 서울에서 전체 19곳 중 18곳에서 승리했다. 진산 파동이 있던 영등포 갑구만 박정희의 인척에게 내주고 나머지는 모두 야당이 석권했다.

부산에서도 전체 여덟 곳 중 여섯 곳에서 신민당 후보가 뽑혔고, 대구에서는 다섯 선거구 가운데 네 곳에서 신민당이 공화당을 제쳤다. 대통령 선거에서 저열하게 지역감정을 선동했던 국회의장 이효상도 대구 시민의 심판을 받아 떨어졌다. 관권과 부정이 활개 치던 당시 사정을 감안하면 사실상 야당의 대승이었다. 대선과 뒤이은 총선에서 야당은 김대중을 앞세워 박정희와 공화당에 사실상의 패배를 안겼다. 박정희는 김대중을 그대로 두고 정상적인 선거방식으로 겨루어서는 정권을 유지할 수 없다는 걸 뼈저리게 느꼈다.

제3부

# 유신의 암흑

1

# 우려가 현실이 되다

## 유신 쿠데타

1971년 대선과 총선을 이끈 김대중은 7월 20일 신민당 임시전당대회를 앞두고 당권 도전에 나섰다. 자동차 사고로 몸이 불편한 상태였다. "남편은 박정희 정권에 맞설 강력한 야당이 필요하다고 생각했어요. 선거에서 큰 공을 세웠고 국민의 지지도 높아서 당수가 되는 것이 순리라고 보았지요." 문제는 빈심과 낭심의 불일치였다. 신민당 주류 지도자 유진산은 '진산 파동'으로 당권 경쟁에 나설 수 없는 처지였다. 유진산은 총재대행 김홍일을 대리인으로 세웠다. '40대 기수'들이 여기에 가담했다. 전당대회는 김대중·김홍일·양일동 세 사람이 겨루는 자리가 됐다.

중앙정보부는 야당의 당권 경쟁에 자기 일처럼 개입했다. 김대중이 당권을 잡지 못하게 하는 것이 중앙정보부에 떨어진 임무였다. 김대중의 지지자들을 상대로 한 협박과 매수가 판을 쳤고 선거운동 방해 행위가 잇따랐다. 전당대회는 서울 시민회관에서 이틀에 걸쳐 치러졌다. 시민회관 밖에서는 비가 내리는 중에도 수천 명의 당원과 시민이 김대중을 당선시키라고 소리쳤다. 김대중은 3차 투표에서 김홍일에게 패배했다. 선거가 주류의 승리로 끝나자 절망과 흥분이 뒤엉켜 폭력사태가 벌어졌다. 민심의 척도인 택시운전사들은 신민당 선거 결과에 욕을 퍼부었다.

선거 패배는 김대중의 몸과 마음을 타격했다. "남편은 상심이 컸어요. 대선 때부터 계속된 선거운동으로 피로가 쌓인데다 자동차 사고의 후유증이 겹쳐 두 달 동안이나 병상에 누워 지냈지요." 병상에서 일어났지만 김대중의 활동은 자유롭지 못했다. 중앙정보부의 김대중 매장공작은 당권경쟁이 끝난 뒤에도 줄어들지 않았다. 김대중이 가는 곳이면 어디든 요원들이 미행했다. 동교동 집은 24시간 감시당하고 전화를 도청당했다.

중앙정보부의 목표는 김대중을 국민의 뇌리에서 지우는 것이었다. 신문·텔레비전·라디오에서 김대중이라는 이름이 사라졌다. 김대중과 관련된 보도는 작은 것까지 금지됐다. 중앙정보부는 김대중에 관한 기사는 좋든 싫든 쓰지 말고 김대중이라는 이름도 쓰지 말라고 언론사에 보도지침을 내렸다. 이름만 봐도 국민들이 생각한다는 것이었다. 김옥두는 중앙정보부의 통제가 어느 정도였는지 회고록에서 밝혔다. "어느 날 김 의원이 아시아영화제에 초대받아 참석했다가 주최 쪽의 배려로 한국 배우 옆에 앉은 적이 있었다. 그때 텔레비전 카메라가 배우들 얼굴을 잡느라고 김 의원이 화면에 두 번인가 잠깐 비쳤는데, 중앙정보부는 그걸 트집 잡아 방송국을 발칵 뒤집어놓았다."

김대중이 강연 장소를 잡는 것도 어려워졌다. 예약한 장소는 중앙정보부의 개입으로 취소되기 일쑤였다. 중앙정보부는 흑색선전도 계속했다. "남편이 지방의 지지자들에게 인쇄물을 부치면 우체국에 나가 있는 전담 요원이 남편 인쇄물을 골라내 없애버렸어요. 내용물을 빼내고 유령단체 이름으로 남편을 비방하는 인쇄물을 넣어서 보내기도 했고요. 우리의 뜻을 알릴 통로가 막힌데다 비방 · 중상까지 당했지요."

그러는 중에 박정희 독재에 대한 국민의 반발이 들끓었다. 1971년 7월 '사법파동'이 일어났다. 법관들이 정권의 수족 노릇을 거부하자 중앙정보부는 사법부를 부패집단으로 모는 공작을 폈다. 7월 28일 서울형사지방법원 판사 42명 가운데 37명이 사표로 항의했고 서울민사지방법원 판사들도 재판권 침해 사례를 폭로하고 집단사퇴를 결의했다. 지방의 판사들도 가세했다. 전체 판사 415명 중 153명이 사표를 냈다. 사태는 8월 말에 가까스로 수습됐으나 이듬해 정권은 법관 재임용에서 주동자 48명을 무더기로 탈락시켰다. 사법부는 정권의 충견이 되었다.

사법파동 직후인 8월에는 '광주 대단지 사건'이 일어났다. 정부는 1969년부터 서울 청계천 일대의 판자촌 빈민들을 강제로 경기도 광주로 이주시켰다. 그 수가 14만5000명에 이르렀다. 들판에 쓰레기처럼 버려진 사람들은 굶주림을 견디지 못하고 1971년 8월 10일 대규모 시위를 벌였다. 성난 군중은 파출소와 경찰차에 불을 지르고 관공서 건물을 파괴했다. 이어 8월 23일에는 서울 노량진 큰길에서 특수부대원 24명이 군경과 총격전을 벌였다. '실미도 사건'이었다. 특수부대원들은 인천 앞바다 실미도에서 북파 특수훈련을 받던 공군 특수부대 소속이었다. 이 사건으로 특수부대원 16명이 죽고 경찰과 민간인 5명이 숨졌다. 생포된 사람들은 모두 총살당했다.

10월에는 공화당 내부에서 일어난 반발을 폭력으로 잠재우는

'10·2항명파동' 사태가 났다. 당시 공화당 주류 핵심은 당의장 백남억, 정책위 의장 길재호, 중앙위 의장 김성곤, 재정위원장 김진만이었다. 이 4인 체제는 애초 박정희가 당을 장악하려고 세운 것이었다. 4인방은 대선 승리 이후 독자 노선을 걸으려는 움직임을 보였다. 박정희는 오치성을 내무부 장관으로 앉혀 4인방을 압박했다. 오치성에 대한 4인방의 불만이 하늘을 찔렀다. 야당이 오치성에 대한 해임 건의안을 제출하자 공화당 4인방은 10월 2일 야당에 동조했다. 해임안은 찬성 107표, 반대 90표로 가결됐다.

박정희는 격노했다. 중앙정보부 요원들이 네 사람을 남산으로 끌고 가 갈비뼈를 부러뜨리며 죽기 직전까지 고문했다. 길재호·김성곤은 탈당해 의원직을 잃었다. "이 사건이 났을 때 남편은 의원들이 남산 중앙정보부로 찾아가 만행을 규탄해야 한다고 주장했어요." 무력한 야당은 내용 없는 성명 하나 발표하고 말았다. 김대중은 10월 23일 국회 본회의에서 이 문제를 정면으로 거론했다. "공산당 잡으라는 중앙정보부가 이 나라 정치를 완전히 지배하고 있습니다. 입법부가 중앙정보부에 유린당하고 있어요. 비록 내 목숨이 끊어지는 한이 있더라도 규탄을 안 할 수가 없습니다." '항명파동' 이후 공화당은 박정희가 죽으라면 죽는 시늉까지 하는 신세로 떨어졌다. 의회정치가 사실상 종말을 고했다.

대학가에서는 학원을 병영화하는 교련교육에 대한 반대투쟁이 거세게 일어났다. 10월 14일에는 학생 1만여 명이 거리로 쏟아져 나왔다. 10월 15일 박정희는 서울 지역에 위수령을 발동했다. 서울의 대학 8곳에 무기휴업령을 내리고 대학 안에 군대와 전차를 들이밀었다. 학생 1889명이 연행됐다. 10월 16일 무장 군인 대학 난입에 항의하는 지식인 64인 선언이 나왔다. 선언에 참여한 리영희·천관우가 신문사에서 쫓겨났다.

11월에 들어서는 이희호의 동교동 집에까지 탄압의 마수가 뻗쳐 들어왔다. "큰아들 홍일이가 영문도 모른 채 중앙정보부에 끌려갔어요. 며칠 동안 집에 돌아오지 못했는데, 하소연할 곳도 없어서 미칠 것 같았지요." 김홍일은 그때 경희대 대학원 학생이었다. 김홍일의 증언이다. "중앙정보부 요원들은 내가 지하실에 들어서자마자 무릎을 꿇리더니 그대로 군홧발로 옆구리와 가슴을 사정없이 내질렀다. 당장 숨을 쉴 수 없어 곧바로 정신을 잃고 말았다. 얼마쯤 시간이 흘렀을까. 눈을 떠보니 여전히 그 방이었다. 처음엔 나에게 서울대 학생들을 어떻게 뒤에서 조종했느냐고 캐묻기 시작했다. 그러더니 본색을 드러내고 '1971년 대선 때 어떤 역할을 했느냐'고 물으며 고문을 하고 두들겨 팼다."

아무런 혐의도 찾아내지 못한 중앙정보부는 일주일 만에 김홍일을 집으로 돌려보냈다. "홍일이는 만신창이가 되어서 돌아왔어요. 그 모습을 보고 너무나 마음이 아팠지요. 죄 없는 사람을 그렇게 괴롭히다니…." 박정희 정권은 11월 12일 전 서울대생 조영래·이신범·장기표·심재권을 내란예비음모 혐의로 구속했다. 정권은 네 사람을 불법 연행한 뒤 고문으로 자백을 받아내 미리 짠 시나리오대로 사건을 만들어냈다. 이 사람들이 주동이 돼 내란을 일으키려고 했으며 김대중을 혁명위원장에 추대하려고 했다는 것이었다. 공소장 내용은 모두 거짓이었다. 이때부터 중앙정보부는 국면 전환이 필요할 때마다 사건을 날조해 김대중을 배후 조종자로 엮어 넣기 시작했다.

자동차 사고 후유증이 가라앉지 않았다. 김대중은 11월 19일 일본으로 건너갔다. "남편은 처음엔 손만 다친 줄 알았는데 갈수록 증상이 커졌어요. 고관절 손상 때문에 허리와 무릎이 아파 걷기가 힘들어지고 잠을 제대로 잘 수 없었어요. 그런데도 국내에서는 마음 놓고 치료를 받을 수 없었어요. 정권이 무슨 짓을 할지 알 수 없었거든요. 어쩔 수 없이 도쿄 게이오대학 부속병원에 입원해 치료를 받았지요."

김대중이 일본에서 치료를 받고 있던 중인 12월 6일 박정희는 국가비상사태를 선포했다. 북한의 남침 위협을 이유로 들었다. "남편은 치료를 마치지 못하고 12월 16일 서둘러 귀국했어요." 김대중은 신변의 위험을 무릅쓰고 "북한의 남침 위협은 허구의 선전"이라고 정면으로 맞받았다. 독재에 목이 눌린 언론은 김대중의 발언을 보도하지 않았다. 박정희는 12월 27일에 대통령에게 비상대권을 부여하는 국가보위에 관한 특별조치법을 내놓았다. 이 법으로 박정희는 언제든 비상사태를 선포하고 국민의 기본권을 제한할 수 있게 되었다. 스스로 자신을 독재자라고 선포한 것이나 다름없었다.

1972년 여름 박정희 정권은 다시 한번 국민을 놀라게 했다. 7월 4일 오전 10시 중앙정보부장 이후락이 텔레비전과 라디오로 생중계된 기자회견에서 7·4남북공동성명을 발표했다. 이후락은 5월 2일부터 5일 동안 평양을 방문해 김일성과 두 차례 회담을 했다고 밝혔다. 또 북한의 부수상 박성철이 5월 29일부터 6월 1일까지 서울에 머무르며 박정희와 한 차례 회담을 했다고 말했다. 그런 과정을 거쳐 합의한 남북공동성명은 통일 3대 원칙으로 자주·평화·민족대단결을 내걸었다. 온 나라가 순식간에 통일 열기에 휩싸였다. 금방이라도 남북통일이 될 것 같은 분위기였다.

이희호는 박정희의 조변석개하는 태도에 당혹스러움을 느꼈다.

"그 발표를 듣고 깜짝 놀랐지요. 이걸 어떻게 이해해야 할지 혼란스럽기도 했고요. 남편도 고심했어요." 박정희는 집권 이래 평화통일을 주장하는 사람들을 혹독하게 탄압했고 열흘 전 6·25 22돌 기념식에서도 "공산주의자들의 평화공세에 말려들어서는 안 된다"고 강경 연설을 했다. 바로 그런 말을 하는 중에 북한과 남북공동성명을 쓰고 있었던 것이다.

김대중은 7월 13일 남북공동성명을 지지하는 성명을 발표했다. 대통령 선거 때 주장한 남북화해와 평화통일 정책이 반영된 것이었으므로 환영하는 것이 마땅하다고 생각했다. 동시에 김대중은 "서독의 빌리 브란트(Willy Brandt) 총리처럼 자신의 기본정책을 국민 앞에 당당하게 밝히는 것이 아니라 자기 멋대로 남몰래 처리해놓고 국민에게 사후 승낙을 받는 기만적인 방식을 쓰고 있다"고 박정희를 비판했다. 또 "박정희 대통령이 지금 이 민족의 성스럽고 중대한 과업을 자기의 영구집권에 악용하고 있지 않는가 하는 의혹을 짙게 하고 있다"고 지적했다. 김대중의 걱정은 3개월 뒤 사실이 돼 나타났다.

1972년은 이희호에게 결혼 10돌이 되는 해였다. 10년을 한집에서 모셨던 시어머니가 그해 5월에 세상을 떠났다. 이희호는 다시 공부를 시작하기로 결심했다. "내 나이가 그때 만 50살이었어요. 어딘가 텅 빈 것 같은 허전한 마음이 들었어요. 박사과정에 들어가자고 마음을 먹었지요. 미국 유학 갔을 때도 장학금 연장이 안 돼서 포기하고 돌아왔거든요. 가을학기에 연세대 야간 행정대학원에 등록했지요." 이희호의 학업은 대학원에 들어가고 얼마 지나지 않아 중단됐다. 10월 17일 박정희가 '10월 유신'이라고 부른 제2의 쿠데타가 터진 것이다.

"그날 학교에 제출할 리포트를 거의 다 써가고 있었어요. 다섯 시쯤에 권노갑 비서관이 집에 들어오더니 그러는 거예요. '저녁 7시에 중대 발표가 있답니다.' 그 말을 듣고 '시국도 심상치 않은데 혹시 계엄령을 선포하는 건 아닐까요?' 했더니, '에이, 사모님도. 무슨 계엄령 날 일 있겠어요?' 그래요. 그래도 나는 걱정이 되더라고요. 한 달 전쯤 차를 타고 광화문 앞을 지난 적이 있었는데 라디오에서 필리핀에 계엄령이 내렸다는 뉴스가 나왔어요. 순간 여기도 계엄령이 선포되면 어떡하나 하는 생각이 들었어요. 그런 기억이 있어서 예감이 아주 안 좋았어요."

이희호는 예정대로 저녁 7시 수업을 들으려고 연세대로 갔다. "강의실에 앉아 이극찬 교수의 강의를 기다리고 있는데, 우리 집 운전기사가 문틈으로 손짓을 하더라고요. 무슨 일인가 하고 가보니 계엄령이 선포됐다는 거예요. 가슴이 덜컥 내려앉았지요. 그러고 나서 수업이 시작됐는데 급사가 들어와 쪽지를 교수한테 전해주는 거예요. 계엄령이 내려 휴교에 들어가게 됐다며 즉시 하교하라는 거예요." 이희호는 곧바로 학교를 나와 동교동으로 향했다. 돌아와보니 헌병들이 벌써 집을 둘러싸고 외부인 출입을 통제하고 있었다.

2

## 첩보영화 같은 편지 교환

망명

1972년 10월 17일 저녁 광화문 앞에 전차와 장갑차가 위협하듯 진주했다. 공수부대가 완전무장을 하고 청와대 주위를 에워쌌다. 저녁 7시 대통령 박정희는 텔레비전과 라디오 생중계로 특별선언을 발표했다. 국회를 해산하고 정치활동과 정당활동을 금지하며, 헌법의 효력을 정지하고 비상국무회의가 헌법 조항의 기능을 수행하며, 헌법 개정안을 공고하고 국민투표에 부쳐 확정한다는 것이었다. 이날 박정희는 전국에 비상계엄을 선포했다. 헌정질서를 또다시 파괴하는 제2의 5·16쿠데타였다.

박정희는 "우리 조국의 평화와 통일, 그리고 번영을 희구하는 국민 모두의 절실한 염원을 받들어 우리 민족사의 진운을 영예롭게 개척해나가기 위해 중대한 결심을 했다"고 밝혔다. 민족과 조국, 통일과 평화, 개혁과 번영이라는 말들의 허울 속에서 박정희가 노린 것은 대통령 종신제였다. 계엄령은 박정희의 종신집권을 방해하는 어떤 세력도 용납하지 않겠다는 협박이었다.

이날 밤 9시께 일본으로부터 동교동으로 전화가 걸려왔다. 도쿄에 머물고 있던 김대중의 목소리였다. 이희호는 수화기 너머의 남편에게 말했다. "심상치 않아요. 서울에 오시지 않는 것이 좋겠어요." 박정희는 김대중이 국내에 없을 때에만 중대 조처를 내렸다. 1년 전 비상사태를 선포할 때도 그랬다. 이번에도 김대중은 10월 11일 일본으로 건너가 고관절 치료를 받고 19일 돌아올 예정이었다. 귀국을 이틀 앞두고 '쿠데타'가 일어난 것이었다. "박정희 대통령이 남편이 없는 틈을 노린 것 같다는 느낌을 받았어요."

계엄포고령 제1호가 공포됐다. 전국 대학에 휴교령이 떨어지고 언론은 사전검열을 받았다. 신문사·방송국·대학·국회의사당에 계엄군 완장을 두른 군인들이 무장경비를 섰다. 국회는 국정감사를 벌이던 중 해산당했다. "국회 해산으로 남편은 의원직을 잃었어요. 나는 비서들이 오면 몸조심하라고 당부하고 생활비를 조금씩 나누었지요."

박정희는 평소 손봐주어야겠다고 벼르던 '악질' 야당 의원들을 잡아들였다. 김대중과 가까운 김상현·조윤형·이종남·김녹영·조연하·김경인·박종률·강근호·이세규·김한수·나석호가 군부대로 끌려갔다. 김영삼의 측근 최형우도 잡혀가 혹독한 고문을 당했다. 동교동 비서들은 예외 없이 직격탄을 맞았다. 권노갑·한화갑·엄영달·김옥두·방대엽·이수동·이윤수, 심지어는 운전기사까지 잡혀갔다. 권노갑은 중앙정보부 지하실에서 얼마나 맞았던지 고막이 터졌다. 물고문으로 몇 번을 까무러쳤다.

김옥두는 자신이 당한 고문 실상을 회고록에 자세히 밝혀놓았다. 김옥두가 잡혀간 곳은 광화문 경기여고 옆 중앙정보부 대공분실이었다. 김옥두는 몇 시간 동안 몽둥이로 맞고 난 다음 발목과 손목이 묶

1971년 세 아들과 함께 찍은 가족사진.
시대의 거대한 소용돌이 속에서
한동안 가족이 함께할 시간조차 허용되지 않았다.

이어 '통닭구이' 고문을 당했다. 매달린 채로 물고문을 받다 여러 차례 정신을 잃었다. 정보부 요원들이 원한 것은 "김대중은 빨갱이다"라는 진술이었다. "각하(박정희)를 비방하는 놈은 모두 빨갱이다. 그러니까 김대중이도 빨갱이다." 이것이 고문기술자들이 들이댄 논리였다. 김옥두가 시인하지 않고 버티자 수사관들은 머리를 시멘트벽에다 몇 번이나 패대기쳤다. 김옥두는 걸레처럼 짓이겨졌다.

고문은 며칠 동안 계속됐다. 정보부원들은 펜치로 김옥두의 손톱을 뽑고 혀를 잡아당겼다. 목이 퉁퉁 부어올랐다. 버티는 김옥두에게 정보부원이 말했다. "이 새끼는 안 되겠다. 이놈은 너무나 악질이다." 도대체 누가 악질인지, 누가 범죄자인지 묻지 않을 수 없는 상황이었다. 김옥두는 다시는 동교동에 발을 들여놓지 않겠다는 각서를 쓰고 만신창이가 된 몸으로 8일 만에 대공분실을 나왔다. 그날 새벽 김옥두는 감시를 피해 동교동 뒷담을 넘었다. 이희호는 처참한 몰골을 보고 놀랐다. "비서들이 끌려가 그렇게 당한 것을 보고 정말 미칠 것만 같았어요. 차라리 남편이나 내가 끌려갔더라면 덜 힘들었을 거예요. 말로 표현할 길 없는 참혹한 마음이었지요."

중앙정보부가 김대중의 측근들에게 집요하게 캐물은 것은 지난 선거 때 정치자금을 댄 기업인의 이름이었다. 정보부에 끌려간 기업인 중에 아세아자동차 회장 이문환도 있었다. 정보부원들은 70살이 넘은 노인을 발가벗겨 몽둥이로 때리고 코로 물을 부었다. "그분이 그렇게 치가 떨리는 고문을 당했다는 걸 몇 달 뒤에야 알았어요. 나를 따뜻하게 대해주신 분이었는데, 그 사실을 알고 견딜 수가 없었어요."

이희호도 연행을 각오했다. "기댈 곳은 하느님뿐이었어요. 새벽부터 늦은 밤까지 기도하면서 '당당하게 잡혀갈 수 있도록 용기를 달라'고 기도했지요. 그때 많이 불렀던 찬송가가 〈어느 민족 누구에게나〉였어요." '어느 민족 누구에게나 결단할 때가 있나니 참과 거짓이 싸울 때에 어느 편에 설 건가. 주가 주신 새 목표가 우리 앞에 보이니 빛과 어둠 사이에서 선택하며 살리라.' 이희호에게 박정희 유신 세력은 거짓이었고 어둠이었다. 이희호는 군인들이 에워싼 적막한 집에서 그 어둠의 세력과 맞서 싸워서 이기게 해달라고 종일 기도했다.

'유신 쿠데타'가 난 날 김대중은 잠을 못 이루고 밤새 뒤척였다. 그때의 마음을 훗날 이렇게 기록했다. "서울에 두고 온 아내와 자식들, 측근과 동지들이 자꾸 마음에 걸렸다. 내가 없으면 그들은 인질이나 다름없었다.” 먼동이 터 오를 무렵 김대중은 망명하기로 마음을 굳혔다. 10월 18일 김대중은 도쿄에서 ‘유신 쿠데타’에 반대하는 첫 성명을 냈다. “박 대통령의 이번 조처는 독재적인 영구집권을 목표로 하는 놀랄 만한 반민주적 조처다.” 김대중은 일본의 신문·잡지·텔레비전을 통해서, 또 집회에 참가해 박정희의 야욕을 알렸다.

김대중은 11월 미국으로 건너갔다. 독재정권의 실상을 세상에 알리는 데는 일본보다 미국이 낫다는 판단이었다. 김대중은 하버드대학 교수 에드윈 라이샤워(Edwin O. Reischauer)와 제롬 코언을 만나고, 워싱턴에서 상원의원 에드워드 케네디와 공화·민주 양당 원내총무를 만나 한국 정치상황을 설명했다. 컬럼비아대학, 미주리주립대학, 웨스트민스터대학, 워싱턴대학, 시카고대학을 돌며 강연하고, 샌프란시스코에서도 한국 민주주의의 죽음을 알렸다. “남편이 온갖 곳을 다니며 강연을 하고 성명을 내고 했는데, 국내 언론에는 한 줄도 나지 않았어요.” 김대중은 미국과 도쿄를 오가며 유신 반대 투쟁을 계속했다.

박정희 정권은 10월 27일 헌법 개정안을 발표했다. 대통령 임기 6년에 연임제한 규정이 없는 사실상 종신제였다. 헌법 개정안은 11월 21일 91.9퍼센트의 투표율과 91.5퍼센트의 찬성률로 국민투표를 통과했다. 공포 분위기 속에서 치른 요식행위였으니 수치는 아무 의미가 없었다. 유신헌법은 통일주체국민회의에서 대통령을 선출한다고 명시했다. 박정희는 마침내 대통령 직선제의 굴레에서 벗어났다. 12월 13일 비상계엄이 해제되고 12월 15일 통일주체국민회의 대의원 선거가 열렸다. 2359명이 뽑혔다. 박정희의 세포나 다를 바 없는 사람들이었다. 12월 23일 통일주체국민회의는 장충체육관에서 박정희를 대통령으로 옹립했다. 2359명 가운데 2357명이 지지했다. 민주국가에서 있을 수 없는 99.9퍼센트의 찬성률이었다. 박정희는 12월 27일 제8대 대통령에 취임했다.

박정희가 다시 대통령이 된 그해 겨울은 유난히 추웠다. 이희호는 난방비를 아끼려고 안방에 전기담요 한 장을 놓았다. 독재의 공포가 한파처럼 스며드는 가운데 온 식구가 안방에 모여 겨울을 났다. 이희호가 이때 남편에게 쓴 편지는 이런 사정을 알려준다. "정보부에서 김옥두 비서보고 '보일러도 못 때고 지낸다는데 사실이냐, 그렇게 돈이 없느냐' 묻더래요. 정신적 무장이 중요하지 물질적이고 일시적인 것은 아무래도 좋아요. 국민이 다 같이 고생하는 이때에 참아보는 것도 뜻이 있다 생각해요."

이희호는 그 무렵 한동안 남편과 연락이 닿지 않아 마음을 졸였다. "계엄령이 해제된 뒤 어느 날 외신 기자 두 사람이 나를 찾아왔어요. 일본 방송 TBS의 미요시 특파원, 미국 방송 CBS의 한영도 특파원이었어요. 평소 우리와 알고 지낸 사람들이었는데, 그분들이 남편 소식을 가져왔어요."

두 사람은 이희호의 편지를 국외의 김대중에게 전해주는 비밀 메신저 노릇을 하겠다고 자청했다. 이희호와 메신저 사이 접촉은 극도의 보안이 필요했다. 언제 감시의 손아귀에 잡힐지 알 수 없었다. "공중전화를 이용해 스미요시라는 가명으로 그분들한테 전화를 걸어서 다과점이나 조용한 식당에서 만나 편지를 넘겨주었어요. 그것도 위험하니까 그 뒤에는 남산 야외음악당에서 밤에 만나 그분들 차로 바꿔 타고 강남으로 갔어요. 그 시절 강남은 허허벌판이었어요. 아무도 없는 들판에서 차를 세워놓고 남편의 근황을 듣고 편지를 주고 국내외 정보를 들었지요."

이희호가 보낸 첫 편지는 1972년 12월 19일에 쓴 것이었다. "당신이 집을 떠나신 지 벌써 두 달이 넘었습니다. 얼마나 보고 싶고 그리운지 모릅니다. 이곳 소식을 전하고 싶은 마음 간절하지만 도청하는 전화로 안부 외의 말은 할 수가 없고 편지 또한 샅샅이 검열하니 우편으로 사실을 알릴 수도 없었습니다." 이 편지에서 이희호는 비서와 측근들이 받은 고통을 전했다. "무서운 고문을 당하고 모두 몸에 멍이 들었어요. 마음속까지 시퍼렇게 멍들었어요." 중앙정보부가 동교동 집을 얼마나 철저하게 감시했는지도 알렸다. "우리 집에서 끌려갔던 이들은 (중앙정보부가) 안방에서 나와 비서 단둘이만 이야기하고 심부름시킨 것까지도 일일이 다 알고 있으며 어머님 돌아가셨을 때 부의금 명단의 카피까지 그대로 그곳에 있는 것을 보았다 합니다. 안방에 도청장치가 있었던 게 사실이었나 봅니다."

이희호는 남편에게 더 강력한 투쟁을 하라고 독려했다. "현재로서는 당신만이 한국을 대표해서 말할 수 있는 것이 아니겠어요? 정부에서는 당신이 외국에서 성명 내는 것과 국제적 여론을 제일 두려워한다고 합니다. (…) 특히 미워하는 대상이 당신이므로 더 강한 투쟁을 하시고, (…) 미국이나 일본이나 혼자 다니지 마시고 음식도 조심하세요. 언제 어디서고 당신을 노리고 미행한다는 것 잊지 마셔야 해요."

유신헌법에 따라 대통령이 된 박정희는 1973년 2월 27일 제9대 국회의원 선거를 실시했다. 유신헌법은 국회의원 선출 방법도 바꾸었다. 임기를 6년으로 하고 전국의 지역구를 73곳으로 나누어 한 지역구에서 2명을 동시에 뽑는 중선거구제를 채택했다. 여당이 모든 지역구에서 당선되는 것은 떼어놓은 당상이었다. 또 비례대표제를 폐지하고, 대통령이 일괄 추천한 후보를 통일주체국민회의에서 찬반투표로 선출하는 전국구 제도를 도입했다. 대통령이 국회의원을 임명하는 것이나 다를 바 없었다. 국회의원의 3분의 1에 해당하는 73명이 이렇게 뽑혔다. 이 국회의원 집단은 유신정우회(유정회)라고 불렸다. 국회에 파견된 박정희의 친위대였다. 이로써 박정희는 지역구와 전국구를 합쳐 국회 의석의 3분의 2를 장악할 수 있게 됐다.

제9대 국회의원 선거를 앞두고 신민당은 유진산을 새 당수로 뽑았다. 전해 당내 계파가 분열해 둘로 쪼개졌다가 유신 쿠데타가 나자 내분을 봉합하고 유진산을 다시 얼굴로 내세웠던 것이다. 유진산의 신민당은 국민의 신망을 얻지 못했다. 국민의 관심은 김대중의 근황에 쏠려 있었다. 이희호는 남편에게 보내는 비밀편지에서 선거 분위기를 전했다. "청중들은 김대중 씨가 지금 어디에 있는지 궁금하다 하면서 지난 대통령 선거 때의 말이 다 맞아들었다고 합니다. 당신이 옥중에 있는 줄로 아는 이도 있어요."

이희호는 1973년 3월 11일 편지에서도 선거에 나타난 민심을 적어 보냈다. "이번 선거를 통해서 당신은 더 깊이 국민의 가슴속에 심어졌다고 봅니다. 많은 사람이 당신의 이름을 팔면서 연설했으니까요. 심지어 인쇄물에까지 당신의 이름을 기입했어요. (…) 경상도에서도 당신 애기 안 한 후보가 없대요. (이태영 박사도) 모두들 당신 문제가 궁금해서 물어오니 자연히 당신을 팔기 시작했대요. 이산가족이 남과 북에만 있는 것이 아니고 김대중 씨네가 이산가족이니까 이 문제를 해결하기 위해 정일형 박사가 국회에 가야 한다고 애기했대요."

총선에서 박정희의 공화당은 전 지역구에서 후보를 당선시켜 73석을 얻었으나, 득표율에서는 유효투표의 38.7퍼센트밖에 얻지 못했다. 관권이 총동원돼 국민을 협박했는데도 유권자의 절대다수가 유신 공화당을 외면한 것이다. 억압과 공포가 아니고는 정권을 유지할 수 없는 것이 유신체제였다.

3

# '지옥'에서 보낸 6일

## 도쿄 납치

김대중이 망명생활을 하던 중인 1973년 4월 이희호와 동교동 식구들은 또 한 번 수난의 회오리바람에 휘말렸다. 이유는 단순하고도 사소했다. 4월 25일 이희호는 시동생 김대의, 동교동 비서 몇 사람과 집에서 시국에 관해 이야기하다가 '윤필용 사건'을 화제로 올렸다. 이희호는 몰래 입수한 외신을 보고 윤필용 사건의 내막을 알고 있었다. 당시 수도경비사령관이었던 윤필용은 박정희가 키운 육사 8기의 우두머리였고 군대 안 사조직인 하나회의 핵심이었다. 대통령의 신임이 두터워 육군 대장이 소장 윤필용에게 세배하러 간다는 말이 돌 정도로 위세가 대단했다.

윤필용은 측근들에게 "박정희 대통령이 노쇠해 노망기가 들었으므로 이젠 물러나야 하고 후임자를 물색해야 한다"는 말을 한 것으로 알려졌다. 윤필용을 제거할 기회를 엿보던 박정희는 1973년 3월 보안사령관 강창성에게 윤필용을 잡아들이라는 지시를 내렸다. 윤필용은 즉시 보안사로 연행돼 3월 26일 구속됐고 군사재판 끝에 15년형을 선고받았다. 이 모든 과정이 비밀리에 진행됐으며 재판이 끝난 4월 28일에야 사건이 언론에 보도됐다. 이희호는 국내에 알려지지 않은 사실을 일본 신문을 읽고 알게 된 것이었다.

동교동 사람들이 윤필용 이야기를 한 그 다음날 김대의와 비서들이 중앙정보부에 끌려갔다. 집 주위 사방에 감시의 눈이 번득였지만 그렇게 작은 소리로 이야기한 것까지 새나갔다니 믿을 수 없었다. 비서들과 시동생은 중앙정보부에서 나흘 동안 죽기 직전까지 고문을 당했다. "그 불온문서 누가 가져왔어?" 중앙정보부 요원들은 일본 신문을 두고 '불온문서'라고 했다. '모른다'고 버티자 전기고문을 했다. 고문은 실신상태에 이를 때까지 계속됐다. 이희호도 집에서 사흘 동안 조사를 받고 진술서를 두 번이나 썼다. 이희호는 5월 7일 남편에게 쓴 비밀편지에서 사정을 알렸다. "나는 어느 한 사람에게도 책임을 돌리지 않고 아무도 다치지 않게 비서들 대신 나를 데려가라고 말했고, 차라리 내가 잡혀가는 것이 내 마음이 편하다는 것과 그들 가족들에게도 미안하여 견딜 수 없다는 것을 이야기했습니다."

나중에 이희호는 동교동 비서 가운데 한 사람이 사실을 알렸다는 것을 알았다. "내가 가장 믿었던 사람이었어요. 그 사람은 그 뒤로 양심의 가책을 받아 스스로 동교동에 발길을 끊었지요." 이희호는 그 비서를 나무라지 않았다. "동교동 사람들은 늘 협박과 탄압에 시달렸어요. 그 비서도 그걸 못 견디고 저쪽에 넘어간 거였지요." 이희호는 그 뒤로 더욱 말수가 줄어들었다. "집안에서도 말을 거의 하지 않았지요. 조지 오웰(George Orwell)이 그린 공포의 '동물농장'이 유신시대 한국이었어요." 그 시절 이희호는 누구라도 집으로 전화를 걸어오면 수화기를 들자마자 "이름 대지 마세요"라는 말부터 했다. 통화를 도청하는 중앙정보부가 전화 건 사람을 잡아다가 무슨 짓을 벌일지 알 수 없었다.

김대중은 1973년 1월 5일 미국을 떠나 다시 일본으로 돌아왔다. 김대중의 국외 활동에 신경이 곤두선 박정희 정권은 김대중의 손발을 묶을 방안을 찾아내려고 머리를 짰다. 그 방안 중에는 김대중을 회유한다는 것도 있었다. 김대중은 박정희 정권과 가까운 일본 정계의 중진 의원을 통해 '통일문제를 전담하는 남북조절위원회 위원장을 맡기거나 부통령제를 신설해 그 자리를 주겠다'는 박정희의 제안을 전달받기도 했다. 김대중은 제의를 일거에 뿌리쳤다. 이희호는 1월 11일 비밀편지에서 다음과 같이 말했다. "세간에는 당신이 정부의 교섭을 받고 돌아와서 감투를 쓰게 된다는 낭설도 돌고 있습니다. 어떻게든지 당신을 못쓰게 만들려고 갖은 짓을 다 하고 있습니다. 이 어려운 고비를 어떻게든 이겨내야 하겠습니다."

김대중은 이 시기에 일본에서 《독재와 나의 투쟁》을 집필해 박정희 유신독재의 실상을 알렸다. 이 책은 뒷날 한국에서 《행동하는 양심으로》라는 제목으로 번역돼 출판됐다. 김대중은 3월 25일 다시 미국으로 건너가 미국 각지를 돌면서 유신 반대 투쟁을 이어갔다. 이때에도 중앙정보부는 끊임없이 방해공작을 폈다. 5월 18일 샌프란시스코 인터내셔널홀에서 연설을 할 때는 한인 폭력배들이 강연장 앞자리를 차지하고 앉아 있다 김대중이 등단하자 소리를 지르고 물건을 던지는 소동을 벌였다.

6월 23일 한국에서 박정희는 '평화통일 외교정책' 특별성명을 발표했다. '6·23선언'에서 박정희는 남한과 북한의 UN 동시가입을 반대하지 않는다고 천명했다. 북한을 독립 정부로 인정하는 중대한 정책

전환이었다. 김대중이 1년 전 내놓았던 '남북한 UN 동시가입' 제안을 박정희가 그대로 이어받은 것이었다. 이렇게 통일·외교·안보 정책에서 박정희는 김대중의 주장을 뒷문으로 받아들이면서도 앞에서는 친북·용공 딱지를 붙여 정적을 탄압했다.

김대중의 정력적인 활동으로 미국 안에서 김대중의 생각을 지지하고 주장에 공감하는 사람들이 늘어났다. 김대중은 재미동포들의 뜨거운 호응을 모아 반독재 투쟁을 이끌 구심체를 조직했다. 1973년 7월 6일 워싱턴 메이플라워 호텔에서 한국민주회복통일촉진국민회의(한민통) 발기인대회가 열렸다. 김상돈·이근팔·문명자·임창영을 비롯한 미국 내 민주인사들이 참여했다. 김대중은 박정희 정권이 자신에게 용공·친북 올가미를 씌울 빌미를 찾고 있음을 알고 '대한민국을 절대 지지하고' '민주화를 먼저 이룬 뒤에 통일을 촉진한다'는 원칙을 밝혔다. 이 시기에 김대중은 〈뉴욕타임스〉에 기고해 '주한미군이 계속 주둔하는 것을 원칙적으로 찬성한다'는 뜻과 함께 '독재를 하지 못하도록 미국이 영향력을 행사해달라'는 주문을 내놓았다.

한민통 미국본부를 세운 김대중은 7월 10일 다시 태평양을 건넜다. 한민통 일본본부를 결성하는 것이 목적이었다. 일본에 도착해 김대중은 지식인들이 읽는 진보 월간지 〈세카이世界〉의 편집장 야스에 료스케(安江良介)와 대담했다. 대담 말미에 야스에는 김대중의 신념이 무엇인지 물었다. "나는 악마가 지배하는 지옥에 떨어져도 신이 있다는 것을 믿습니다. 그리고 나의 신앙은 역사입니다. 나는 역사에서 정의는 절대로 패배하지 않는다는 것을 믿습니다." 김대중은 재일한인 동지들을 만나 한민통 일본본부를 조직하기로 뜻을 모으고 창립대회를 8월 15일 히비야 공회당에서 열기로 했다. 김대중은 한민통을 세계를 포괄하는 기구로 만들 생각을 했다. 미국과 일본에 이어 캐나다에 지부를 만든 뒤 점차 넓혀나가 국제적 조직망으로 유신체제를 압박한다는 전략이었다. 그러나 이 구상은 뜻하지 않은 사태의 돌발로 중도에 어그러졌다.

1973년 5월 초순 이희호는 중앙정보부 고위간부를 만났다. "대한여자청년단 시절부터 친하게 지내던 김정례 씨가 어느 날 나에게 연락을 해왔어요. 자기랑 가까운 이용택 씨가 중앙정보부 6국장이 됐는데 나를 만나고 싶어 한다는 거예요. 그래서 김정례 씨 집에서 이 국장을 만났지요." 중앙정보부 6국은 국내정치를 담당하는 곳이었다. 이용택은 이희호에게 남편이 국외에서 반정부 활동을 하는 것은 위험하니 귀국을 종용하는 편지를 보내달라고 했다. 이희호는 남편에게 귀국하는 게 좋겠다는 편지를 써서 이용택에게 보여준 뒤 미국에서 온 막내 올케 편에 보냈다.

이와 함께 5월 16일 비밀편지를 따로 써서 메신저를 거쳐 보냈다. "이 국장 말이 (…) 귀국하면 신변이 위험하다는 둥 하지만 일본이나 미국에 있어도 만일 자기들이 생명을 노린다면 감쪽같이 없앨 수 있다고 합니다. 그러나 그런 것은 생각지 않고 있기 때문에 대화를 통해 해결하자는 것이라고 해요. 정보부가 무슨 짓을 할지 모르겠어요. 각별히 주의하세요." 이희호는 중앙정보부의 회유를 믿지 않았다. 이희호는 6월 20일 편지에서도 중앙정보부를 믿으면 안 된다고 강조했다. "이용택 국장이 당신을 귀국하게 하는 사명을 가지고 그 자리에 오게 된 듯하니 어떠한 일이 있어도 몸을 조심하셔서 끝까지 싸워 이기셔야 해요."

이 편지는 이희호가 이 시기에 기도로 일과를 보내고 있었음을 알려준다. "내가 당신 위해 할 수 있는 것은 오로지 기도예요. 그래서 나는 밤 12시 전에는 자리에 눕는 일이 없어요. 아침 5시에 다시 기도 시간을 가져요. 나의 욕심이나 내 부귀와 영화를 바라서 드리는 기도가 아니고 진실로 내 나라와 민족의 영광을 위한 것이기에 '당신을 지켜주시고 하느님 뜻대로 행하고 순종하는 일꾼으로 써주십시오' 하고 드리는 기도를 꼭 이루어주실 거라고 믿어요." 이희호는 7월 8일에도 편지를 써 "어떤 경우에도 귀국해서는 안 된다"고 다시 경고했다. 김대중이 귀국할 가망이 없게 되자 중앙정보부는 마지막 수단으로 손을 뻗쳤다.

남편의 망명으로 밤잠을 못 이루던 어느 날 민주통일당 의원 김경인이 이희호를 찾아왔다. 김경인은 김대중과 가깝다는 이유로 유신 직후 계엄령 아래서 잡혀가 혹독한 고문을 당했다. "우리 집에 온 김경인 의원이 '일본에 가려고 하는데 여권이 나오지 않는다'는 말을 했어요. 그래서 김 의원에게 '만일 일본에 가게 되더라도 남편을 만나지 않는 게 좋겠다'고 했지요." 이희호는 중앙정보부가 김경인 뒤를 밟아 남편에게 해를 입히지 않을까 걱정했다. 7월 어느 날 이희호는 신문에서 김경인이 민주통일당 총재 양일동과 함께 일본으로 출국한다는 기사를 읽었다. 민주통일당은 유진산 체제에 반대하는 의원들이 9대 총선을 앞두고 신민당을 탈당해 만든 당이었다. "그때 나는 바로 남편에게 편지를 썼어요. 두 분이 일본에 갔는데 혹시 연락이 오더라도 가능한 한 만나지 않는 것이 좋겠다고 얘기했지요."

일본에 머무는 동안 김대중은 하루가 멀다 하고 숙소를 바꿨다. 중앙정보부가 미행하고 감시한다는 것이 몸으로 느껴졌다. 김대중을 따르는 청년들이 경호를 맡겠다고 나섰다. 언제 어디서 암살당할지 모른다는 두려움 속에서도 김대중은 한민통 결성 작업에 속도를 냈다. 7월 29일 김대중은 일본에 온 양일동을 만났다. 아내가 만나지 말라고 했지만 체재비 도움도 받고 국내 소식도 듣고 싶어 위험을 무릅썼다. 도쿄에 머무는 동안 양일동은 병원에 다니며 당뇨병을 치료했다. 병원을 방문한 김대중은 양일동이 귀국하기 전에 다시 한번 만나기로 했다. 중앙정보부가 납치하려 한다는 제보가 8월 초 김대중 쪽에 입수됐다. 김대중은 한민통 결성 작업을 끝내야 한다는 마음으로 매일 숙소를 옮기며 검은 그림자들을 피했다.

8월 8일 이희호는 유언비어 유포죄로 복역하던 남편의 친구를 면회하러 안양교도소에 갔다. 외국에서 발간되는 잡지 기사를 복사해 나눠본 것이 죄였다. 그날도 어김없이 중앙정보부 차량이 이희호의 차 뒤에 바짝 따라붙었다. 오랜만에 바깥공기를 쐬는 일이라 미행 차량을 달고 교도소에 면회하러 가는 것조차 나들이 같았다. "그동안 옥고에 시달리는 분들을 찾아가보지 못해 미안했거든요. 이용택 국장을 만난 김에 남편 친구 면회를 하게 해달라고 했더니 허락해주었어요. 고생하는 분을 면회하고 나니 마음이 좀 가벼웠어요. 돌아오는 길에 안양포도원에 들러 포도 세 관을 사서 한 관은 미행하는 차에 주었어요. 위에서 시켜서 하는 일인데 그 사람들이 무슨 죄가 있어요. 그래서 고생한다고 주었지요. 그리고 한 관은 우리 운전기사에게 주고 나머지 한 관은 집 식구들과 먹으려고 차에 싣고 왔지요."

집에 돌아와서 얼마 지나지 않았을 때 일본 텔레비전방송 기자 네댓 명이 들이닥쳤다. 유신이 선포된 뒤로 열 달 동안 한 번도 찾아오지 않던 사람들이었다. 카메라를 든 기자들은 신발도 벗지 않은 채로 응접실에 들어서더니 집안 이곳저곳을 막 찍어댔다. "나는 영문을 몰라 그 사람들에게 무슨 일이냐고 물어보았어요. 그런데 필름을 마지막 비행기 편에 보내야 하니 갔다 와서 알려주겠다고 하고는 그 길로 뛰어나가는 거예요. 나는 나쁜 일이 일어나리라고는 전혀 생각하지 못했어요. 오히려 뭔가 좋은 일이 생기려나 보다 하는 마음으로 그 사람들을 보냈지요."

얼마쯤 지났을까. 전화벨이 울렸다. 점잖은 목소리가 수화기 너머로 들려왔다. "김대중 씨가 도쿄 호텔에서 행방불명된 것을 아십니까?" 신원을 알 수 없는 그 목소리를 듣는 순간 이희호는 심장이 '쿵' 하고 떨어졌다. 혼이 빠져나간 듯 정신이 혼미해졌다. "그때 전화를 걸어 이야기해준 사람이 누구였는지 지금도 몰라요."

●

1973년 8월 8일 오후 모르는 목소리의 전화를 받은 이희호는 극도의 불안 속에서 어찌할 바를 몰랐다. 조금 뒤 남편의 친구인 재일동포 김종충으로부터 전화가 걸려왔다. 김종충은 김대중이 도쿄에서 납치를 당했으며 지금 어디 있는지 알 수 없다고 했다. "2년 전 남편을 덮친 교통사고가 생각났어요. 극심한 불안으로 간장이 녹아내리는 것 같았지요." 그때 동교동 집에는 공군 소위로 출퇴근하던 큰아들 홍일, 초등학교 3학년 막내아들 홍걸이 있었다. 둘째 홍업은 학군단(ROTC) 과정을 마치고 육군 소위로 경남 언양에서 근무하느라 집을 떠나 있었다. 퇴근한 홍일은 아버지가 납치당했다는 사실을 알고 "아버지!" 하고 꿇어앉아 통곡했다.

날이 어두워질 무렵 이희호는 운전기사와 함께 무작정 일본대사관저를 찾아갔다. 밖에서 경비를 서는 한국 경찰이 신분을 묻더니 대사가 쉬고 있다며 연락하는 것조차 막았다. 이희호는 필동 큰오빠 이강호 집으로 갔다. 미국 방송에서 무슨 소식이든 나오면 알려달라 부탁하고 집으로 돌아왔다. 밤을 꼬박 새운 이희호는 다음날 일본에 가게 해달라는 진정서를 써 외무부를 방문했다. "윤석헌 차관이 나를 만나줬어요. 집에 가 있으면 연락을 해주겠다고 했지요. 다음날 윤 차관한테서 전화가 왔는데 남편의 소재가 확인된 다음에 일본에 가라고 하는 거예요. 뻔한 말이었지만, 정부 고위관리가 답을 해준 경우는 처음이어서 그 말도 고마웠지요."

외무부를 나온 이희호는 다시 진정서를 작성해 국무총리실로 찾아갔다. "사람들에게 공포 분위기를 심어주고 있으니 기관원들을 우리 집 주위에서 철수시키고, 일본을 방문할 수 있도록 여권을 발급해달라고 요구하는 내용이었어요. 김종필 총리가 지방출장 중이라고 해서 서류만 두고 왔는데 결국 아무 답이 없었어요."

일본 언론은 김대중 납치사건을 신속하게 보도했다. 납치 후 3시간이 채 안 된 오후 3시 50분에 NHK에서 뉴스 속보 자막으로 '김대중 납치·실종'을 알렸다. 일본과 미국의 주요 언론이 이 사실을 보도했고 삽시간에 전 세계로 퍼졌다. 이튿날 일본 신문들은 김대중이 도쿄 시내 그랜드팰리스호텔에서 통일당 총재 양일동을 만나고 나오다 한국말을 하는 괴한들에게 납치당했고 일본 전역으로 수사망을 폈으나 생사를 알 수 없다는 사실을 상세히 보도했다. "걱정이 된 손님들이 집으로 찾아들었어요. 또 미국 CBS, 일본 〈아사히신문朝日新聞〉 〈마이니치신문每日新聞〉을 비롯해 외신 기자들이 몰려와 집 안이 북새통이었어요. 그런데 한국 기자들은 한 사람도 오지 않았어요." 한국 언론은 유신독재에 짓눌려 이 사건을 제대로 보도하지 못했다.

암흑 속에서 이희호는 남편이 살아 있기만을 눈물로 빌고 또 빌었다. "몇 달 전 우리 집 바로 옆으로 이사 온 창천교회 임명례 권사가 많은 분들과 함께 철야기도를 해주었어요. 부흥회 강사로 이름이 높던 이천석 목사가 기도를 하던 중 환상을 봤는데 남편이 살아 돌아오는 것은 물론이고 김대중이라는 이름으로 큰 인물이 될 것이라고 했다는 말을 전해주기도 했지요. 참으로 고마운 분들이었어요."

11일 오전 이희호는 일본대사관을 방문해 대사 우시로쿠 도라오(後宮虎郎)를 만났다. "일본 수사력이 세계에서도 우수하다는 말을 들는데, 왜 며칠이 지나도록 아무런 정보도 얻을 수 없느냐며 속히 진상을 파악해서 알려달라고 간곡하게 부탁했지요." 그렇게 말은 하고 나왔지만 이희호는 벽에 대고 소리치는 듯한 느낌만 받았다. "나는 직감으로 중앙정보부가 한 짓이라고 생각했어요. 그러니 어느 누구도 우리를 도와줄 수 없을 것이라고 느꼈지요. 남편이 납치돼 아무 소식도 들을 수 없었던 그 6일이 6년보다 더 긴 세월 같았지요."

이희호는 아무리 애를 써도 남편의 생사를 알 수 없어 13일에는 국제적십자사에 여권을 발급해달라고 요청하는 서류를 작성했다. "밤 10시가 조금 넘었을 때였어요. 안방에서 지인들과 함께 여권 요청 서류를 정서하고 있는데, 응접실 쪽에서 뭔가 쳐들어오는 것같이 쿵쿵쿵 하는 소리가 났어요." 사람들의 외침 소리가 들렸다. "오셨어요?" "선생님이 오셨어요?" 사람들이 마당으로 몰려나갔다. 그때 김대중이 대문을 열고 들어섰다. 실종된 지 5일 9시간 만이었다.

김대중이 납치당한 그랜드팰리스호텔에는 통일당 총재 양일동과 통일당 의원 김경인이 묵고 있었다. 양일동의 방은 2211호실, 김경인의 방은 2028호실이었다. 김대중은 양일동과 만나기로 약속한 대로 8월 8일 오전 11시가 조금 지난 뒤 호텔에 도착했다. 경호원 김강수가 1층 로비에서 대기했다. 12시가 넘어 김경인이 양일동의 방으로 왔다. 김경인은 책을 사러 시내에 나갔다가 예정보다 일찍 돌아온 터였다. 세 사람은 방에서 점심식사를 함께했다.

1시 15분께 김대중은 2시에 일본 자민당 의원 기무라 도시오(木村俊夫)와 만날 약속이 예정돼 있어 자리에서 일어났다. 김대중을 배웅하러 김경인이 문을 열고 뒤따라 나왔다. 그때 옆방 2210호실과 맞은편 방 2215호실에서 체구가 건장한 남자 여섯 명이 나오더니 두 사람을 덮쳤다. 서너 사람이 김대중의 멱살을 잡고 2210호실로 밀어 넣었고, 김경인은 나머지 괴한들에게 잡혀 양일동의 방으로 끌려 들어갔다. 양일동이 놀라 "뭐하는 짓이냐? 어디서 왔느냐?" 하고 소리쳤다. 남자가 반듯한 서울말로 답했다. "우리는 서울에서 왔습니다. 국내 문제니까 조용히 처리합시다. 조금만 기다려주십시오." 양일동과 김경인은 괴한들에게 붙들려 있느라 옆방에서 무슨 일이 벌어지는지 알 수 없었다.

남자들은 김대중을 2210호로 끌고 들어가 침대에 팽개친 채 마취제를 적신 손수건을 코에 대고 눌렀다. 또 목을 짓누르며 두 손을 꺾어 밧줄로 묶었다. 김대중은 한순간 정신을 잃었으나 다시 깨어났다. 마취제가 듣지 않았다. 한 사람이 한국말로 협박했다. "조용히 해라. 말을 안 들으면 죽여버리겠다." 조금 있다 괴한들은 다시 양쪽에서 김대중의 팔을 끼고 2210호실에서 나와 엘리베이터를 탔다. 엘리베이터가 내려가던 중 젊은 남자 두 명이 탔다. 김대중은 일본말로 "살인자다! 구해달라!"고 고함을 질렀지만, 남자들은 두려웠는지 7층쯤에서 다시 내리고 말았다. 지하주차장으로 나온 괴한들은 미리 대기한 승용차 뒷좌석에 김대중을 태운 뒤 바닥에 앉히고 다리로 머리를 눌렀다. 승용차는 지하주차장을 빠져나갔다. 1시 20분께였다.

1층 로비에 있던 경호원 김강수는 2시가 되어도 김대중이 내려오지 않자 22층으로 올라갔다가 김대중이 납치됐다는 사실을 알았다. 연락을 받고 현장에 도착한 수석비서 조활준을 비롯해 김대중의 비서진은 2시 40분에 경찰서에 납치신고를 했다. 사건을 접수한 일본 경시청은 3시 15분께 전국 경찰에 긴급 상황을 알렸다. 경찰과 기자들이 거의 동시에 범행 현장에 도착했다. 범행 장소인 2210호실에서 대형 배낭 2개와 밧줄이 발견되었고 북한제 담배도 나왔다.

나중에 경찰의 정밀수사로 범행 현장 욕조에서 주일 한국대사관의 1등서기관 김동운의 지문이 채취되었다. 큰 배낭이 두 개나 발견된 것으로 보아 김대중을 2210호실 욕조에서 살해한 뒤 토막 내 배낭에 실어 운반할 계획이었음을 알 수 있었다. 또 북한제 담배는 북한 공작원들의 소행으로 꾸미려고 일부러 가져다 놓은 것으로 보였다. 김경인이 일찍 돌아와 배웅을 하러 나오는 바람에 김대중을 현장에서 살해한다는 계획이 틀어졌음이 분명했다.

김대중을 태운 승용차는 고속도로를 서너 시간 동안 달린 뒤 오사카 방향으로 틀어 한 시간쯤 더 달렸다. 저녁때가 되어 승용차는 오사카 시내로 들어가 빌딩 주차장에 멈췄다. 김대중은 다다미가 있는 방으로 끌려 들어갔다. 납치범들이 "안(安)의 집"이라고 부른 그 집은 오사카 총영사관 숙소로 사용되는 곳이었음이 뒤에 밝혀졌다. 납치범들은 김대중을 허름한 옷으로 갈아입히고 신발도 운동화로 바꿔 신긴 뒤 다시 끈으로 몸을 묶고 화물포장용 테이프로 얼굴만 남기고 몸 전체를 감았다.

두 시간쯤 지나 밤이 깊어지자 김대중은 다시 차에 실려 항구로 옮겨졌다. 납치범들은 김대중을 모터보트에 태우고 얼굴에 보자기를 씌웠다. 김대중은 죽음이 가까이 왔다고 느끼고 묶인 손으로 성호를 그었다. 그러자 납치범 중 한 명이 김대중의 배를 걷어차며 욕설을 퍼부었다. 납치범들은 모터보트로 한 시간쯤 달린 뒤 김대중을 큰 배로 옮겼다. 그때 "12시 50분"이라는 말이 들렸다. 나중에 그 배는 중앙정보부가 공작선으로 사용하던 용금호로 밝혀졌다.

납치범들은 배 위에서 다시 김대중을 마구 때렸다. "그만하시오. 때릴 필요 없소. 나는 이미 죽음을 각오한 사람이오. 죽을 각오를 한 사람을 때릴 필요는 없지 않소." 구타가 그쳤다. 납치범들은 김대중을 선실로 끌고 가 몸을 더 꼼꼼하게 결박했다. 두 손을 가슴에 모아 묶고 두 발도 묶었다. 칠성판 같은 판자 위에 눕히고 몸을 세 군데로 나눠 송장처럼 묶었다. 입에 나뭇조각을 물린 뒤 붕대를 두르고 두 손목과 발목에 각각 30~40킬로그램짜리 쇳덩이를 달았다. 다시 몸 전체를 밧줄로 촘촘히 묶었다. "던질 때 풀어지지 않도록 단단히 묶어." "이불로 싸서 던지면 떠오르지 않는다던데." 이런 말들이 오갔다. 김대중은 마지막 순간이 다가왔다고 느꼈다. '이렇게 죽는구나' 하고 생각하다가, 상어에 하반신이 뜯겨 상반신만 남더라도 살고 싶다는 마음이 솟구쳤다.

바로 그때 김대중의 눈앞에 예수의 모습이 나타났다. 김대중은 그때의 체험을 여러 차례 생생하게 증언했다. "나는 기도드릴 엄두도 못 내고 죽음 앞에 떨고 있는데 예수님이 바로 앞에 서 계셨다. 성당에서 봤던 모습 그대로였고, 표정도 그대로였다. 옷도 똑같았다. 나는 예수님의 긴 옷소매를 붙들었다. '살려주십시오. 아직 제게는 할 일이 남아 있습니다. 우리 국민을 위해 해야 할 일들이 있습니다. 저를 구해주십시오.' 나는 세례를 받은 후 처음으로 예수님께 살려달라, 구해달라고 매달렸다." 그 순간 붕대에 가려진 김대중의 눈에 붉은빛이 번쩍 스치고 지나갔다. 갑자기 엔진 소리가 폭발음처럼 커지더니 배가 전속력으로 내달리기 시작했다. 선실에 있던 사람들이 "비행기다" 하고 외치며 갑판으로 뛰어 올라갔다. 배는 30~40분쯤 달리다 속도를 줄였다.

"김대중 선생님 아니십니까?" 남자의 목소리가 다가와 물었다. 경상도 사투리였다. "나는 지난번 대통령 선거 때 부산에서 선생님을 찍었습니다." 그러더니 남자는 김대중의 귀에 대고 속삭였다. "선생님은 이제 살았습니다." 김대중은 여기가 어디냐고 물었다. "도쿠시마 근해입니다." 오사카에서 멀지 않은 곳이었다. 배는 9일과 10일 이틀 동안 바다에 떠 있다가 11일 새벽에 부산항에 도착했다. 김대중의 몸을 묶은 밧줄은 풀렸으나 눈은 여전히 붕대에 가려져 있었다. 배에서 내린 범인들은 김대중을 차에 싣고 몇 시간 동안 달린 뒤 농가로 보이는 한적한 집으로 데리고 갔다. 12일 김대중은 서울 근교의 중앙정보부 안가로 끌려갔고 거기서 다시 하루를 보냈다.

13일 저녁이 되자 누군가 다가와 김대중에게 말을 걸었다. "김대중 선생, 얘기 좀 합시다. 왜 선생은 해외에서 국가에 반대하는 투쟁을 벌이는 겁니까?" 김대중이 대답했다. "나는 한 번도 대한민국에 반대한 적이 없소. 내가 반대하는 것은 독재정권이지 국가가 아니오." "국가가 정권이지 국가와 정권이 다를 게 뭐요?" 퉁명스러운 말에 김대중은 더 대꾸하지 않았다. 남자는 김대중을 집 근처에 풀어줄 것

도쿄 납치 후 생환한 김대중을 반기며
차를 나누고 있는 이희호.

이니 눈을 가린 붕대를 풀지 말고 소리도 내지 말라고 했다. 김대중을 태운 차는 두 시간 동안 달린 뒤 멈추었다. 김대중은 차에서 내렸다. 한참 뒤 눈을 가렸던 붕대를 풀었다. 동교동 집에서 멀지 않은 골목이었다. 1972년 10월 11일 출국해 죽음이 코앞에서 어른거리는 지옥의 어둠을 지나 집에 이르렀다. 열 달 만이었다. 대문 앞에 선 김대중은 초인종을 눌렀다. "나다, 나야." 집 안에 있던 사람들이 놀라서 우르르 몰려나왔다.

안방에서 뛰어나온 이희호는 막 들어서는 남편을 보았다. "방문을 열고 나와 현관 쪽으로 가는데 그때 남편이 현관문을 열고 들어왔어요. 도무지 현실이 아닌 것 같고 환상 속에 서 있는 것 같아서 아무 말도 할 수 없었어요. 입이 열리지가 않았어요." 김대중은 안방으로 들어서자마자 아내의 손을 잡고 "하느님께서 살아 계심을 체험했다"고 말했다. "남편의 모습이 너무나 초췌했어요. 입가가 터져 핏자국이 어려 있고, 손목에 피멍이 들어 있었어요. 양복 윗도리도 없어지고요." 이희호와 김대중은 방바닥에 엎드려 감사기도를 드렸다. "내 입에서는 그저 '감사합니다, 감사합니다' 하는 말밖에 나오지 않았어요."

4

# 정보부에 점령당한 집
## 가택연금

"남편이 들어오고 10분이나 지났을까 내외신 기자들이 집으로 들이닥쳤어요." 동교동 집 주위의 동네 사람들도 몰려들었다. 〈동아방송〉 긴급 뉴스를 듣고 온 사람들이었다. 김대중이 풀려난 직후 언론사마다 전화벨이 울렸다. 애국청년구국대원이라고 주장하는 남자의 목소리가 위협하듯 말했다. "김대중은 집으로 돌아왔다. 우리가 데리고 왔다. 김대중같이 외국에 가서 경거망동하는 놈은 앞으로도 가만두지 않겠다." 이희호의 집은 순식간에 50명도 넘는 기자들로 가득 찼다.

"남편은 밤 11시쯤부터 새벽까지 기자회견을 했어요." 김대중은 납치와 생환 과정을 이야기했다. 납치범들의 마취가 듣지 않아 김대중은 정신이 몽롱한 중에도 납치 행로를 상세하게 기억했다. 나중에 현장검증을 해보니 김대중의 기억은 거의 오차가 없는 것으로 확인됐다. "예수님에게 살려달라고 기도하던 대목을 이야기하던 중에 남편은 말을 잇지 못하고 한참 동안 눈물을 쏟았어요."

큰아들 홍일은 늦게 집에 돌아와 아버지를 보고 큰절을 했다. "내 손을 잡자마자 아버님께서는 흐느끼며 우셨다. 곁에 계시던 어머니도 함께 우셨다." 장교로 복무하던 둘째아들 홍업은 아버지가 살아 돌아왔다는 소식을 듣고 근무지를 뛰쳐나왔다. 특별휴가를 신청해도 받아주지 않아 괴로워하고 있었는데, 라디오 뉴스에서 아버지 육성이 나오자 무작정 부대를 이탈한 것이었다.

김대중이 생환한 다음날인 8월 14일 중앙정보부장 이후락은 '이번 사건과 중앙정보부는 아무런 관련이 없다'고 발표했다. 그러더니 사태가 이상한 방향으로 흘러가기 시작했다. 15일 마포경찰서장이 와서 가족과 가사도우미와 운전기사만 남기고 모두 집에서 나가라고 명령했다. 동교동 집으로 통하는 골목마다 바리케이드를 세워 외부의 출입을 막았다. "형제들도 비서들도 들어올 수 없었어요. 초등학교 3학년인 홍걸이가 등하교할 때마다 경찰이 따라붙었어요."

그뿐만이 아니었다. 이날 오후부터 경찰과 중앙정보부 요원이 방 하나를 차지하고서 세 사람이 교대하며 집을 지켰다. "안방의 전화선도 끊어버리고 하나 남은 전화통을 경찰이 독점하고는 전화가 오면 '잔다', '없다' 하며 바꿔주지 않았어요." 수사 방향도 이해할 수 없었다. "담당 검사, 경찰서장, 정보부원이 남편을 조사하는데 납치 경위를 밝히는 것이 아니라 남편의 국외 활동을 캐물었어요. 마치 죄인 다루듯이 심문했어요." 8월 24일 일본 〈요미우리신문讀賣新聞〉이 서울발로 '김대중 납치사건, 정보부 기관원 관련'을 1면 머리기사로 보도했다. 국가기관이 사건에 관여돼 있다는 것을 처음으로 밝힌 보도였다. 정부는 〈요미우리신문〉 서울지국을 폐쇄하고 기자 3명을 추방했다. 진실이 알려지는 것을 어떻게든 막아보려는 몸부림이었다.

김대중이 사선을 넘어 살아 돌아오는 데 결정적인 구실을 한 것은 미국이었다. 주한 미국대사 필립 하비브(Philip C. Habib)는 신속하고도 적극적으로 사건에 개입했다. 김대중 납치·실종 사실이 주한 미국대사관에 보고된 것은 납치 후 두 시간이 채 안 된 8월 8일 오후 3시였다. 미국의 중앙정보국(CIA)이 가장 먼저 납치 사실을 알아내 대사관으로 연락했다. 도쿄의 납치공작 현장본부와 서울의 중앙정보부 본부 사이의 연락이 미국 정보망에 걸려들었음이 분명했다. 납치됐다는 정보를 접수한 하비브는 즉각 한국에 있는 모든 정보팀을 소집했다. 부임한 지 얼마 안 된 CIA 한국 책임자 도널드 그레그(Donald P. Gregg)도 달려왔다.

그레그는 뒷날 펴낸 회고록에서 이 순간을 묘사했다. "하비브는 격분했다. 그는 김대중이 도쿄의 호텔에서 납치됐으며, 지금 그가 어디에 있는지, 어떻게 됐는지 생사 여부를 아는 사람이 아무도 없다고 말했다. 하비브는 한국의 중앙정보부가 김대중을 납치한 것으로 의심하고 있다고 분명하게 말했다." 사태를 파악한 하비브는 박정희에게 긴급 메시지를 보내 '김대중 납치 사실을 알고 있으며 김대중이 죽는다면 미국과 한국의 관계가 끝장날 수도 있다'고 경고했다. "하비브 대사가 그렇게 빨리 손을 쓰지 않았다면 남편은 돌아오지 못했을 거예요. 물론 나는 그때는 미국이 그렇게 적극적으로 움직이고 있다고는 생각도 하지 못했지요."

미국 정부에 김대중 납치 사실을 알린 사람 중에는 한민통 미국본부 핵심 인물인 임창영도 있었다. 임창영은 장면 정부의 고위 관리를 지내다 5·16쿠데타 뒤 망명한 사람이었다. 임창영은 한민통 미국본부 대표로 일본에 와 있다가 김대중 납치 사실을 안 직후 워싱턴의 한국문제 전문가 그레고리 핸더슨(Gregory Henderson)에게 연락했다. 핸더슨은 하버드대학 교수 제롬 코언에게 전화로 사실을 알렸고, 코언은 다시 대통령 특별보좌관 헨리 키신저(Henry A. Kissinger)에게 전화했다. 키신저는 모든 조직을 가동해 진상을 파악하도록 지시했다.

미국 국무부 한국과장 도널드 레너드(Donald L. Ranard)는 납치 뒤 11시간 만에 미국이 김대중의 안전에 중대한 관심이 있다는 강경한 내용의 성명을 발표해 서울과 도쿄로 전달했다. "우리는 남편이 용금호에서 수장당하기 직전에 나타난 비행기가 미국이 보낸 것일 거라고 생각했어요. 뒷날 그레그 씨가 미국 비행기는 아니었던 것으로 안다고 정정해주었지요. 미국이 압력을 가하자 한국 정부가 일본 쪽에 공작선의 위치를 알려주고, 일본 비행기가 출동했던 것 같아요."

김대중과 함께 활동하던 재일한국인 민주화운동가들도 긴박하게 움직였다. 배동호·김재화·정재준·김종충·곽동의·조활준은 납치 발생 직후 기자회견을 열어 한국의 중앙정보부가 저지른 짓이 분명하다고 발표했다. 이 기자회견은 분초를 다투던 때에 김대중 구명 여론을 일으켰고 박정희 정권을 궁지로 몰아넣었다.

일본 경찰은 초기 수사에서 누가 납치를 실행했는지에 관한 결정적인 단서를 찾아냈다. 먼저 납치 현장인 그랜드팰리스호텔 2210호실 욕조에서 채취한 지문 중 하나가 주일한국대사관 일등서기관 김동운의 것임을 밝혀냈다. 이 지문은 한국 중앙정보부가 범행에 개입했음을 보여주는 결정적인 증거였다. 사건이 나기 이틀 전 오후 그랜드팰리스호텔 인근 등산용품 상점에서 김동운이 큰 배낭을 사갔다는 사실도 확인됐다.

1998년 2월에 공개된 '케이티(KT) 공작요원 실태조사보고'라는 중앙정보부의 극비문서는 이 사건이 중앙정보부장 이후락의 지휘 아래 모두 46명이 9개 조로 나뉘어 조직적으로 저지른 것이었음을 알려주었다. 중앙정보부장을 지낸 김형욱은 1977년 6월 22일 미국 하원 프레이저 위원회 청문회에서 중앙정보부가 김대중을 납치했음을 자신이 수집한 정보로 확인하였다고 증언했다. 김형욱은 납치에 관여한 사람 목록을 프레이저 위원회에 제출했는데, 프레이저 위원회는 그 목록이 "미국 국무부의 정보와 일치하므로 믿을 수 있다"고 발표했다. 김형욱은 부장 이후락, 차장 김치열, 차장보 이철희를 명시하고 제1책임자로 주일한국대사관 공사 김기완(김재권)을 지목한 뒤 납치를 실행한 일곱 사람의 이름을 밝혔다.

사람들의 관심은 납치 살해를 지시한 최고책임자가 누구인지에 쏠렸다. '김대중 납치사건 진상규명을 위한 시민모임'은 1995년 펴낸 《김대중 납치사건의 진상》에서 정권의 도덕성에 치명적 타격을 줄 수 있는 이런 엄청난 일을 대통령 박정희가 모르는 사이에 중앙정보부가 단독으로 계획하고 실행했다고 보기 어렵다고 결론을 내렸다. 이희호도 박정희가 직접 개입했을 것으로 확신했다. "이후락 부장이 뒤에 최영근 의원한테 박정희 대통령이 납치 살해를 직접 지시했다고 얘기한 적이 있거든요. 대통령의 지시 없이 어떻게 그런 엄청난 일이 벌어질 수 있겠어요."

이후락은 1980년 '서울의 봄' 시기에 동향 친구인 최영근에게 다음과 같이 털어놓았다. "1973년 봄 박정희 대통령이 나를 불러 김대중을 죽이라고 지시하였다. 나는 곤혹스러운 나머지 실행을 미루고 있었는데 박 대통령이 다시 명령을 내렸다. 김대중 씨를 납치한 사람도 나지만 살려준 사람도 나다." 그 후 이후락은 〈신동아〉 1987년 10

월호 인터뷰에서 최영근에게 그렇게 말한 바 없다고 말을 바꾸었다. "이후락 부장이 최영근 의원한테 한 말이 맞을 것이라고 생각해요. 남편도 그렇게 생각했고요. 그러니까 사건의 정확한 명칭은 김대중 납치사건이 아니라 김대중 살해미수사건이지요."

김형욱도 프레이저 위원회에 나와 "이만큼 중차대한 계획이 박정희 대통령의 재가 없이 이루어질 수 있다고 생각하지 않는다"고 말했다. 김형욱은 이 청문회에서 박정희가 김대중을 살해하려 한 이유도 밝혔다. "박 대통령이 가장 두려워하는 존재는 1971년 그와 대결하였던 야당 대통령 후보 김대중 씨와 미국의 대한정책을 좌우하는 미국 국회입니다. (…) 김대중 씨에 대한 박정희 씨의 감정은 단순한 정적 관계가 아니라 깊은 열등의식을 바탕으로 한 증오에 가까운 것입니다. 그렇기 때문에 승자는 패자에게 관용을 베풀어야 한다는 민주정치상 최소한의 예절마저도 무시하고 (…) 백주에 남의 나라 수도에서 그를 납치하여 투옥시키는 비양심적, 반민주적 행위를 서슴지 않았던 것입니다."

납치사건에 중앙정보부가 직접 관여한 것이 분명한데도 여당에서는 납치사건을 '김대중의 자작극'으로 몰아갔다. "말도 안 되는 소리였지만 신문들은 그런 주장을 크게 보도했어요. 심지어는 유진산 총재가 이끄는 신민당 안에서조차 '자작극'이라는 여당의 주장에 동조하는 사람들이 있었어요." 이런 상황에서 사건의 진상 규명을 촉구하고 나선 사람이 신민당 의원 정일형이었다. "납치사건을 이야기하는 것만으로도 탄압을 각오해야 하는 때였는데 정일형 박사가 이 문제를 국회에서 이야기했어요."

정일형은 9월 26일 국회 본회의에서 국무총리 김종필에게 질의했

도쿄납치사건 이후 김대중·이희호의 평생 후원자였던 정일형(맨 왼쪽)이
동교동으로 달려와 생환의 기쁨을 나누었다.

다. 정일형의 질의가 김대중 납치사건에 관해 핵심을 찌르는 대목에 이르자 여당 의원들이 책상을 치고 소리를 질러댔다. "무엇 때문에 한 정권이 개인을 상대로 하여 이토록 심한 피해망상증에 걸려 있는지 알 수가 없소! 여보, 김 총리! 일본의 수도 동경에서 백주에 김대중 씨를 납치해 서울 한복판에 데려다 놓은 범인들이 바로 한국 사람이야! 외국에서는 물론이고 많은 국민들이 이번 사건을 중앙정보부 소행이라고 단정하고 있어!" 정일형의 발언은 열네 번이나 중단되었고 끝내 원고를 다 읽지 못했다. "정일형 박사가 여당 의원들한테 떠밀려서 넘어지고 구둣발에 차였어요. 그때 장출혈이 생겼는데, 그 자리가 나중에 암으로 악화해서 결국 1982년 세상을 떠나셨어요."

9월 5일 일본은 납치사건 수사 결과를 발표했다. 범행 현장에서 김동운의 지문이 발견되었다고 밝히고 당사자의 출두를 요구했다. 한국대사관이 일본의 요구를 거부하자 한·일 관계가 얼어붙었다. 일본은 자기 나라에서 납치 범죄를 저지른 것은 주권침해이므로 공식 사과하고 사건의 진상을 규명하라고 요구했다. 그러나 그 뒤 한국과 일본이 합의한 해결방식은 진상규명과는 거리가 멀었다.

한국 정부는 김동운을 비롯해 사건 관련자들을 모두 귀국시켰다. 11월 2일 국무총리 김종필이 박정희의 사과가 담긴 친서를 들고 일본으로 가 총리 다나카 가쿠에이(田中角榮)를 만났다. 이것으로 진상규명 작업은 흐지부지되었다. 그 뒤 미국 국무부 한국과장 레너드는 한국 정부가 다나카에게 3억 엔을 제공한 것으로 보인다고 미국 의회에서 증언하기도 했다. 김대중 생환 직후 설치한 특별수사본부는 1년 뒤인 1974년 8월 14일 내사 중지 결정을 하고 그 이듬해 내사 종결을 한 뒤 사건을 묻어버렸다.

"그러는 동안 남편은 계속 연금 상태에 놓여 있었어요. 10월 중순에는 이용택 중앙정보부 6국장이 찾아와서 가족과 함께 미국으로 떠나라고 했어요. 남편도 집에 갇혀 있느니 미국에서 활동하는 것이 낫겠다고 보고 미국으로 가겠다고 했지요. 그래서 짐을 싸놓고 기다리는데 소식이 없었어요." 11월에 하버드대학 교수 에드윈 라이샤워가 김대중을 하버드대학으로 초청하는 서류를 들고 서울에 왔다. 이희호와 김대중은 그날 하루 연금이 풀려 김포공항에 나가 라이샤워를 마중했다.

"라이샤워 교수와 외무부 차관이 만나 우리의 미국행을 협의하기로 했는데 약속한 시간에 차관이 나타나지 않았어요." 이후에도 연금은 풀리지 않았다. 이듬해 6월 1일 서울지방법원에서 출두명령을 냈다. 1967년 윤보선 대통령 후보 지원유세를 하던 중 선거법을 위반했다는 이유였다. "미국행을 막으려고 7년도 더 된 문제를 갑자기 꺼내든 것이었어요. 납치 문제가 커질까 봐 일본 정부가 남편의 미국행을 원치 않았기 때문이었다고 해요. 우리 정부도 그렇게 판단했던 거고요." 박정희 정권은 결국 김대중을 집 안에 가두어두는 쪽으로 방향을 틀었다.

5

# 총성 속에 밝힌 화촉

## 긴급조치

김대중 납치사건의 파장은 오래갔다. 1973년 9월 7일 〈조선일보〉 서울판에 '당국에 바라는 우리의 충정, 결단은 빠를수록 좋다'는 제하의 사설이 실렸다. "요즘 우리의 심정은 알고 싶은 것이 있는데 알 수가 없고 말하고 싶은데 말할 수 없는 상태여서 무척 우울하고 답답하다. 김대중 사건이다. (…) 이 국민의 가슴에 짓어드는 불안은 무슨 까닭이며 왜 죄 없는 착한 국민은 이다지도 가슴을 죄어야 하는가." 납치사건이 나고 한 달이 지나서야 나온 첫 사설이었다. "사설을 쓰겠다고 자청한 선우휘 주필이 '가을 행락 시즌을 맞이하여'라는 사설을 지역판에 먼저 싣고 중앙정보부 요원들이 철수한 새벽에 미리 준비한 사설로 갈아 끼웠다고 해요." 사설은 핵심을 정면으로 다루지 못한, 모호한 표현들의 나열이었지만, 이런 웅얼거림을 내보이는 데도 용기가 필요한 시절이었다.

10월 2일에는 서울대 문리대 학생 500여 명이 교내 4·19탑 아래 모여 '유신 철폐'를 요구하는 시위를 벌였다. 유신체제 성립 이후 1년 만에 처음으로 벌인 시위다운 시위였다. 학생들은 "김대중 사건 진상 규명"을 요구했다. 박정희 정권은 학생 180명을 연행해 20명을 구속했다. 정권의 보도 불가 판정에 굴복한 〈동아일보〉는 시위 기사를 도려내고 발행했다. 기자들이 편집국에서 철야농성을 벌이며 항의하자 〈동아일보〉는 5일 만에야 사건을 1단으로 보도했다.

박정희는 12월 3일 이후락의 사표를 수리하고 법무부 장관 신직수를 중앙정보부장에 앉혔다. 그러나 머리를 바꾸었다고 해서 중앙정보부의 마수가 사라진 것은 아니었다. 박정희의 폭압정치는 오히려 강도를 더했다. 김대중의 가택연금도 풀리지 않았다. 한국 사회 전체가 유신이라는 커다란 감옥에 갇혀 있었고 이희호와 김대중은 그 감옥 안의 또 다른 작은 감옥에서 연금이라는 이름의 옥고를 치렀다.

그해 12월 24일 윤보선·김수환·함석헌·천관우·장준하·계훈제·백기완·법정·김재준·이호철·안병무를 포함한 민주인사 30명이 서울 기독교청년회관에 모여 '개헌청원운동본부'를 결성하고 '100만인 서명운동'을 시작했다. 12월 29일 박정희는 특별담화를 발표해 "일부 불순분자들이 과대망상증에 사로잡혀 있다"면서 "헌법 개정 100만인 청원 운동을 즉각 중지하라"라고 경고했다. 박정희의 협박은 먹히지 않았다. 헌법 개정 운동은 각계로 번져나갔고 시위와 선언이 잇따랐다. 1974년 1월 1일에는 서명자가 5만 명을 넘어서고 1월 8일엔 10만 명에 이르렀다. 제1야당인 신민당도 개헌운동에 뛰어들었다.

박정희는 1월 8일 긴급조치 1호와 2호를 발동했다. 긴급조치 1호는 유신헌법에 반대하거나 헌법 개정을 주장하기만 해도 군사재판에 넘겨 15년의 징역형에 처한다고 규정했다. 2호는 비상군사재판부를 설치한다는 내용이었다. 박정희의 말이 곧 법인 무법천지의 세상이었다. 이날 이후 박정희는 마지막 순간까지 긴급조치에 의지해 정권을 유지했다. 서명운동의 불길은 긴급조치라는 물벼락을 맞고 사그라졌다. 장준하와 백기완이 긴급조치 1호 위반으로 첫 번째 구속자가 되었다.

2월에는 김대중의 아버지 김운식이 세상을 떠났다. "시아버지는 고향 하의도에서 돌아가셨는데, 박정희 정권은 우리가 장례식에 참석하는 것조차 막았어요. 위독하다는 소식을 듣고도 문병을 가지 못해서 남편은 애통해했는데, 마지막 가시는 길마저 지켜드리지 못했지요. 남편에게는 그게 한이 되었어요." 모진 세월이었다.

유신 철폐 운동의 불씨는 꺼지지 않고 새 학기가 시작되자 다시 살아나기 시작했다. 4월 3일 서강대·서울대·연세대를 비롯해 여러 대학에서 시위가 벌어졌다. 학생들은 '전국민주청년학생총연맹'(민청학련)이라는 이름으로 선언문을 발표해 애국지사 석방과 유신체제 철폐를 요구했다. 당시 정권은 대학가에 프락치를 심어 유신 반대 운동에 가담시킨 뒤 일망타진하는 방식으로 공작을 폈는데, 민청학련도 바로 그런 공작의 제물이 됐다. 4월 3일의 일제 궐기는 사전에 탄로 났고, 주동자와 참가자는 전원 연행됐다. 민청학련은 실체가 있는 조직이 아니라 시위 당일 발표한 선언문에 붙인 명칭에 지나지 않았지만, 중앙정보부는 이 사건을 최대한 이용했다. 박정희 정권은 이날 밤 10시 긴급조치 4호를 발표했다. 긴급조치 4호는 민청학련 관련자가 소속된 학교를 폐교할 수 있게 했고 '정당한 사유 없는 결석이나 시험 거부 행위'에 대해서도 최고 사형까지 선고할 수 있게 했다.

중앙정보부는 1024명을 조사해 이철·유인태·여정남·나병식·윤한봉·김병곤·김학민을 포함해 253명을 구속했다. 공산주의자의 배후

조종을 받아 정부 전복을 노렸다는 혐의를 씌웠다. 비상군법회의는 180명을 기소해 14명에게 사형, 13명에게 무기징역을 구형했다. 중앙정보부는 민청학련의 배후 조직으로 '인민혁명당 재건위원회'(인혁당 재건위)를 적발했다는 발표도 했다. 인혁당 재건위는 아무런 실체가 없었고 민청학련과도 아무 관련이 없었지만 박정희 정권은 사건을 부풀리려고 상상할 수 있는 모든 고문 방법을 동원했다. 인혁당 재건위 관련자 21명은 비상군법회의에 넘겨졌다. 재판은 이듬해까지 이어졌다.

대학생들과 민주인사들이 대거 구속되자 1974년 7월 18일 김상근·이해동을 비롯해 감리교·예수교장로회·기독교장로회 젊은 목회자들이 중심이 돼 서울기독교회관에서 '구속된 자들과 함께 드리는 목요정기 기도회'를 열었다. 목요기도회가 시작되자 구속자 가족들이 모여들기 시작해 곧 수백 명이 참석하는 큰 모임으로 발전했다. 목요기도회는 이희호의 숨통을 틔워주는 작은 해방구였다. "목요기도회가 열리고 있다는 소식을 듣고 가봐야겠다고 생각했지요. 남편은 연금당해서 움직일 수 없었지만 나는 집 밖으로 나가는 것이 가능했어요. 거기서 구속자 가족들을 만나 알게 됐지요. 매주 빠지지 않고 나갔어요. 정보요원이 늘 감시했지만 거기 모인 사람들은 남편이나 자식들이 겪은 고통을 절절하게 증언했어요. 원통한 사연들이어서 모두들 눈물을 흘리며 들었지요."

목요기도회에서 만난 구속자 가족들은 그해 9월 구속자가족협의회를 결성했다. 자식 걱정, 남편 걱정에 모여들었던 사람들이 정권의 탄압을 겪으며 사회현실에 눈을 뜨기 시작했다. 윤보선의 부인 공덕귀, 민청학련 사건으로 구속된 서강대 학생 김윤의 어머니 김한림,

연세대 학생 김학민의 아버지 김윤식이 중심에 섰다. "나는 목요기도회에서 그분들과 함께 기도하고 그분들의 이야기를 들었어요. 찬송가 〈어느 민족 누구에게나〉를 자주 불렀지요. 그 노래를 부르며 힘을 얻고 위로를 받았어요."

1974년 8월 15일은 유신의 광풍 속에서 이희호의 집안에 화촉의 작은 불꽃이 핀 날이었다. 이날 이희호의 큰아들 홍일이 결혼식을 올렸다. 신부는 경희대학교 동문 후배 윤혜라였다. 김홍일은 회고록에서 아내를 만나게 된 경위를 이렇게 술회했다. "우리 만남에는 각본을 쓴 작가가 있고 연출가가 있었다. 동생 홍업이 각본을 썼고 연출은 처남인 윤흥렬 씨가 맡았다. 두 사람은 학군단 동기(10기)였다. 1974년 봄쯤 두 사람이 나에게 말했다. '술 한잔합시다.' (…) 술이 서너 잔 돌고 있는데 흥렬이가 갑자기 입구에 들어선 여자를 아는 체하더니 자기 여동생이라고 소개를 한 것이다." 그렇게 시작된 만남이 결혼으로 이어졌다. 홍일의 장인은 독립운동가 윤경빈이었다. 평안남도에서 태어난 윤경빈은 일본 메이지대학 법학부 유학 중 학병으로 끌려갔다가 장준하와 함께 탈출한 사람이었다. 윤경빈은 일곱 달 동안 대륙을 횡단해 충칭의 대한민국 임시정부를 찾아갔다. 거기서 임시정부 주석 김구의 경위대장(경호실장)이 돼 해방 뒤 백범과 함께 환국했다.

"남편과 나는 자식들이 나이를 먹어갈수록 마음이 편치 않았어요. 누가 우리 집에 딸을 보내줄지, 무사히 취직이나 할 수 있을지 걱정이 컸지요. 그런데 우리가 그렇게 탄압받던 시절에 사돈 집안에서 선뜻 결혼을 승낙해주어서 말할 수 없이 고마웠지요. 외동딸을 며느리로 보낸다는 게 큰 각오가 없이는 할 수 없는 결단이었을 거예요." 윤경빈은 뒷날 어느 잡지와 한 인터뷰에서 사위 될 남자가 인사하러 왔을 때의 심경을 털어놓았다. "공군 중위 때 첫인사를 왔는데 건강하고 남자답게 생겨서 집사람도 나도 만족했어요. 그러나 김대중 씨가 도쿄에서 납치되어 돌아온 지 얼마 되지 않았을 때라 솔직히 말해 김대중 씨 장남이라고 해서 처음엔 쇼크를 받았습니다. 하지만 민족적 과오가 있는 분도 아니고 야당 대통령 후보를 지낸 민주지도자인데, 그런 상황이라고 해서 사돈을 못 맺는다는 것은 말이 안 된다고 생각했지요."

윤경빈은 김대중-이희호 집안과 사돈을 맺기로 결심한 뒤 다니던 회사를 그만두었다. "그때 바깥사돈은 타이어와 의류 제품을 수출하던 회사의 부사장이셨는데, 혼인하기로 결정한 날 사표를 냈어요. 그 회사 사장이 대구 출신으로 박정희 대통령을 따르던 분이어서 폐를 끼치고 싶지 않았다고 해요."

김홍일-윤혜라의 결혼식은 필동에 있던 이희호의 큰오빠 집에서 치렀다. "남편이 연금당하고 있어 바깥출입이 자유롭지 못했어요. 홍일이도 아버지가 이런 상태인데 혼례를 떠들썩하게 치를 수 없다고 고집했고요. 그래서 필동에서 양가 직계가족만 참석해 식을 올렸지요. 주례는 정일형 박사에게 부탁했고요. 필동 집 주변에는 정보부 요원들과 사복경찰들이 깔려 있었지요. 감시하는 사람들이 하객보다 많았어요."

이희호가 결혼식을 준비하던 이날 오전 난데없는 총소리가 울려 퍼졌다. "필동에 있다가 촛대를 가지러 동교동 집에 왔던 참이었어요. 텔레비전이 켜져 있었는데 그때 총소리가 들렸어요." 광복절 기념식이 열리던 장충동 국립극장에서 난 소리였다. 재일동포 청년 문세광이 박정희를 저격했다가 실패한 뒤, 경호실장 박종규와 문세광의 총탄이 어지럽게 날아가던 중 대통령 부인 육영수가 총탄에 맞고 쓰러졌다. "저격 사건이 난 국립극장과 필동 큰오빠 집은 지척이었어요. 걱정스러운 마음이 컸지만 결혼식을 예정대로 치렀지요."

총을 맞은 육영수는 서울대병원으로 옮겨졌으나 이날 저녁 7시에 숨을 거두었다. 정부는 범인 문세광이 북한과 가까운 재일본조선인총연합회(총련)의 지령을 받고 도시락에 숨겨 온 권총으로 박정희 저격을 시도했다가 실패하고 육영수를 쏘았다고 발표했다. 그러나 정부의 공식 발표는 의문점이 한두 가지가 아니었다.

육영수 저격 사건의 배경에는 김대중 납치사건이 있었다. 박정희 정권이 김대중을 납치해 살해하려 했다는 사실이 알려진 뒤 재일동포 2세들 사이에서는 박정희에 대한 반감이 극에 이르러 있었다. 당시 문세광은 '김대중 구출 재일한국인대책위원회' 오사카위원회 사무차장 직책을 맡고 있었고 군중대회에서 연설을 하며 맹렬하게 활동하던 사람이었다. 문세광은 총련과 아무런 관련이 없었다. 8월 15일 저격 사건이 나기 전날 한국 정부는 김대중 납치사건의 수사를 중시했고, 그 사실을 일본에 알렸다. 그런 정황 때문에 육영수의 죽음을 불러온 사건이 김대중 납치사건의 불똥이 튀어 일어난 일이라고 보는 사람이 적지 않았다. 육영수의 친오빠 육인수는 박정희가 육영수의 장례를 치른 직후 "납치사건이 없었더라면 이런 끔찍한 일은 일어나지 않았을 텐데…" 하며 비통해했다는 증언을 남겼다.

"육영수 여사가 쓰러졌을 때 남편은 매우 놀랐어요. 무사히 다시 일어나기만을 바랐지요. 남편은 육영수 여사에 대해서는 좋은 인상을 지니고 있었어요. 1968년 새해에 청와대 하례식에 남편이 간 적 있었는데, 육영수 여사가 다정하게 맞아주었대요. 내 안부도 물었다고 해요."

이희호도 육영수를 몇 차례 직접 만난 적이 있었다. "두세 번 만났던 것 같아요. 가장 먼저 만난 건 1961년 9월이었어요. 5·16쿠데타가 일어나고 몇 달 뒤였는데, 여성단체협의회에서 주최한 전국여성대회를 마치고 윤보선 대통령을 만나러 청와대를 방문했을 때였어요. 여성계 지도자들을 모시고 갔는데 육영수 여사도 그 자리에 같이 있었어요. 그때 모두 함께 찍은 사진이 남아 있지요. 그 뒤에 육영수 여사가 청와대 안주인이 되고 나서 국회의원 부인들을 청와대로 초청해서 점심을 함께 먹은 적이 있었어요. 육영수 여사는 나보다 세 살 밑이었어요. 내가 이화여전 다닐 때 같이 어울리던 친구 중에 육 여사와 배화여고를 함께 다닌 친구가 있었어요. 그 친구를 통해서 육 여사 이야기를 전해 듣기도 했지요. 청와대 안의 야당이라고 하는 말도 들었는데, 그렇게 비명에 가서 안타까웠어요."

6

## 기자들의 싸움에 함께하다

### 자유언론투쟁

육영수의 죽음을 부른 8·15 사건 일주일 뒤인 1974년 8월 22일 신민당 전당대회가 열렸다. 8월의 전당대회는 넉 달 전 암 투병 끝에 세상을 떠난 총재 유진산의 빈자리를 메우는 행사이자 유신체제와 타협으로 얽힌 낡은 정치의 종말을 기약하는 마당이었다. 신민당 총재 자리를 놓고 다섯 명의 후보가 나와 각축을 벌였다. "그때 남편은 연금당하고 있던 터라 후보로 나서지 못했어요. 남편은 가까운 분들에게 김영삼 의원을 지지해달라고 당부했지요." 당시 김영삼은 당내에서 가장 선명하게 박정희 정권과 맞서고 있었다. 2차까지 가는 혼전 끝에 김영삼이 새 총재로 뽑혔다. 46살 최연소 야당 총재가 탄생했다. 박정희는 김영삼의 당선을 막으려고 심복 차지철을 시켜 공작을 폈지만 먹히지 않았다. 승리한 김영삼은 공약대로 개헌 추진 원외투쟁을 벌이겠다고 선언했다.

신민당 새 총재가 뽑히고 한 달이 지난 뒤 가톨릭 사제 300여 명이 참여한 '천주교정의구현전국사제단'이 결성됐다. 주교 지학순 구속이 직접적 계기였다. 원주교구에서 민주화 투쟁을 이끌던 지학순은 1974년 7월 '유신헌법은 진리에 반하므로 무효다'라는 양심선언문을 발표했다. 이 일로 구속된 지학순은 15년형을 선고받았다. 바른말이 철창에 갇히자 전국에서 기도회가 열렸다. 9월 26일 원주 원동성당에서 젊은 사제들이 모여 정의구현전국사제단의 첫발을 내디뎠다. 정의구현사제단의 탄생은 반유신 민주화 투쟁의 새로운 구심이 생겼음을 알리는 사건이었다. 이어 11월 18일에는 유신체제에 반대하는 문인들이 '자유실천문인협의회'를 결성했다. 문인들은 시인 고은을 대표간사로, 신경림·염무웅·박태순·황석영·조해일을 간사로 뽑고 광화문 앞 세종로에서 '문학인 101인 선언'을 발표했다. 문인 일곱 명이 그 자리에서 잡혀갔다.

11월 27일에는 종교계·학계·정계·언론계·법조계를 망라한 각계 인사 71명이 종로5가 기독교회관 강당에 모여 민주회복국민회의를 결성했다. 함석헌·이병린·천관우·김홍일·강원용·이희승·이태영으로 7인위원회를 구성했다. "남편도 이 모임에 고문으로 참여했지요. 이때 가택연금이 잠시 풀려 결성대회에 참석할 수 있었어요. 남편은 그때까지 주로 정치권 인사들과 만났는데, 여기서 처음으로 재야인사들과 관계를 맺었지요." 민주회복국민회의는 "정부가 곧 국가라는 전제적 사고방식은 민주주의에 역행하는 것이며 반정부는 반국가가 아니다"라고 선언하고 "반정부 활동으로 복역·구속·연금을 당하고 있는 모든 인사를 사면·석방하고 그들의 정치적 권리를 회복시키며 언론의 자유를 보장할 것"을 요구했다. 민주회복국민회의는 한 달 뒤 12월 25일 창립총회를 열고 정식으로 발족했다.

박정희 정권은 탄압으로 대응했다. 민주회복국민회의의 성명에 서

1974년 11월 27일 서울 종로5가 기독교회관에서
종교계·학계·정계·언론계·법조계를 망라한 각계 인사 71명이 모인
가운데 민주회복국민회의 발족식이 열렸다.
맨 앞 줄 오른쪽에 이희호와 김대중.

명한 경기공업전문대 교수 김병걸이 권고사직을 당했고 서울대 교수 백낙청이 교육공무원 신분에 어긋나는 정치활동을 했다는 이유로 파면당했다. 변호사 이병린도 구속됐다. 1975년 1월 14일 박정희는 새해기자회견에서 민주회복국민회의의 반정부 활동을 정면으로 비난했다. 민주회복국민회의는 즉각 성명을 내 "유신체제는 독재체제이며 부정체제이며 부패체제이며 특권체제이며 국민의 기본권을 빼앗는 탈권체제"라고 규정하고 "우리는 개헌에 앞서 비인간적인 권력집단의 퇴진을 먼저 요구한다"고 밝혔다. 유신체제 한가운데서 터뜨린 말의 폭탄이었다.

민주회복국민회의가 힘을 얻어나가자 중앙정보부는 박정희에게 유신헌법 찬반 국민투표를 시국수습방안으로 건의했다. 1월 22일 박정희는 국민투표를 실시하겠다고 발표했다. 투표 결과에 대통령 신임을 걸겠다는 협박도 빼놓지 않았다. 김대중은 신민당 총재 김영삼과 만나 '국민투표 거부 행동강령'을 발표했다. 국민투표일인 2월 12일 이희호는 김대중과 함께 명동성당에서 금식기도를 드렸다. 김대중은 그 자리에서 "우리 국민은 결단코 발표된 결과를 인정하지 않을 것"이라는 내용의 성명을 냈다. 정부는 투표율이 79.89퍼센트, 찬성률이 73.1퍼센트에 이르렀다고 발표했다. 공포통치 아래서 반강제로 벌인 투표의 결과였으니 믿을 것도 없고 놀랄 것도 없는 수치의 나열이었다.

앞서 1974년 10월에 언론자유를 되찾으려는 기자들의 일대 항거가 시작됐다. 중심은 동아일보였다. 〈동아일보〉는 10월 23일 '서울대 농대 학생 300명 시위' 기사를 내보냈다. 유신체제 반대운동에 침묵하던 지면이 조그맣게 소리를 낸 것이었다. 중앙정보부는 이 보도를 문제 삼아 편집국장 송건호를 비롯해 간부들을 연행했다. 유신체제에 재갈이 물려 굴욕감을 느끼던 기자들은 더 참지 못했다.

10월 24일 오전 동아일보 편집국·출판국·방송국 기자 180명이 3층 편집국에 모여 '자유언론실천선언'을 발표했다. "우리는 오늘날 우리 사회가 처한 미증유의 난국을 극복할 수 있는 길이 언론의 자유로운 활동에 있음을 선언한다. 민주사회를 유지하고 자유국가를 발전시키기 위한 기본적인 사회기능인 자유언론은 어떠한 구실로도 억압될 수 없으며 어느 누구도 간섭할 수 없는 것임을 선언한다." 기자들은 외부 간섭, 기관원 출입, 언론인 불법연행을 단호히 거부한다고 결의했다. 동아일보 기자들의 선언은 즉각 다른 언론사로 번져 24일 밤 조선일보와 한국일보가 동참하고 이어 이틀 사이에 전국의 신문·

방송·통신 31곳의 기자들이 자유언론실천선언을 발표했다.

언론인들의 선언과 행동은 사회의 비상한 관심을 모았다. 이희호와 김대중도 자유언론 투쟁을 예사롭지 않은 일로 보고 주시했다. 기자들이 재갈을 벗고 투쟁에 나서자 꽉 막혔던 신문 지면에도 숨구멍이 트였다. 그해 연말에 〈동아일보〉가 '어떻게 지내십니까'라는 제하의 연속 인터뷰를 기획하여 가장 먼저 김대중을 만나러 동교동을 방문했다. "정말 내 이름이 나가는 거요? 그러다가 잡혀가든지 사장이 혼이 나든지 하는 거 아니오?" 김대중은 취재하러 온 기자가 걱정돼 그렇게 물었다. "1973년 10월 마지막 기자회견 이후 신문들이 남편에 관해서는 한 줄도 보도를 하지 못했거든요. 남편 소식이 없으니 사람들 사이에서는 남편이 식물인간이 되었다느니 정신이상이 되었다느니 하는 헛소문이 돌기도 했어요."

김대중 인터뷰는 〈동아일보〉 12월 9일치 1면에 실렸다. 이 인터뷰에서 김대중은 "국민에 대한 한없는 신뢰심과 존경심이 있기 때문에 큰 역경 속에 있지만 실망도 불행도 느끼지 않는다"고 밝히고 "6·25 전시 중에도 (내동령) 직접선거를 한 국민인데 지금 그런 자유를 향유할 수 없다면 누가 납득할 수 있겠느냐"고 유신정권을 비판했다. 김대중은 장기연금이 주는 고통을 호소하기도 했다. "이렇게 1년 넘게 갇혀 지내니 때로 좌절감도 들고 욱하는 감정도 치받고 합니다. 자기 억제가 안 되고 예민해집니다. 저 사람들이 집 주위에서 왔다 갔다 하고 새벽에 오토바이 소리가 나는가 하면 협박전화가 오기도 하고…."

그 인터뷰는 김대중의 소식에 목이 말랐던 시민들을 깜짝 놀라게 했다. "그날 〈동아일보〉 가판이 10만 부가 나갔는데, 평소의 6~7배나 됐다고 해요. 1960년 4월 이승만 대통령 하야 보도 이후 가장 많았다고 합니다." 〈동아일보〉의 기획 인터뷰는 윤보선·유진오·정구영·백낙준·함석헌·윤제술·장준하·천관우로 이어졌다.

기자들의 투쟁이 열어젖힌 자유언론의 공간이 반독재 인사들을 매일같이 등장시키자 유신정권이 받는 압박감도 커졌다. 박정희는 중앙정보부에 "동아일보를 혼내주라"고 지시했다. 동아일보의 투쟁 의지를 꺾어버릴 방책을 찾던 중앙정보부는 광고주들을 불러들여 협박했다. 광고 탄압이었다. 반독재 인사 인터뷰가 연재되고 있던 12월 16일부터 광고 해약이 시작됐다. 광고가 들어오지 않자 동아일보사는 12월 26일부터 광고란 일부를 백지로 비워두고 신문을 발행했다. 한 달 뒤에는 상품광고 대부분이 지면에서 자취를 감추었다.

광고란이 백지가 되어가자 시민들이 나서서 격려광고를 내기 시작했다. 언론인 홍종인은 12월 28일부터 세 차례에 걸쳐 신문 하단 광고란에 개인 이름으로 '언론의 자유'를 옹호하는 글을 실었다. 김대중도 새해 첫날 지면에 익명으로 광고를 냈다. "남편은 1975년 신년호 8면에 '언론의 자유를 지키려는 한 시민'이라는 이름으로 격려문을 냈어요. 여유가 없었지만 100만 원가량을 마련해 친필로 문안을 써서 김옥두 비서에게 대신 다녀오게 했지요."

김대중은 '언론의 자유를 지키자'라는 제하의 격려문에서 자신의 생각을 이렇게 밝혔다. "언론의 자유는 우리의 생명이다. 그것 없이는 인권도 사회정의도 학원과 종교의 자유도 그리고 국민의 자발적 참여에 의한 국가 안보도 존재하지 않는다. 언론 자유는 민주 국민의 혼이요 모든 소망의 근원이다. 이것을 지키는 것은 우리의 절대적 의무요 양도할 수 없는 권리다. 〈동아일보〉 백지광고란은 권력의 음모와 오만의 단적인 증거이며 국민의 알권리에 대한 정면 도전이다."

김대중은 이 격려문에서 "모든 민주시민은 언론자유를 위해 분투하고 있는 동아 매스컴에 적극적인 성원을 보내자"는 제안도 했다.

이 광고는 천주교정의구현전국사제단의 '언론탄압에 즈음한 호소문', 한국교회여성연합회의 항의문, 경동교회 교인 일동의 격려문과 함께 실렸다. 그 뒤로 시민들의 격려광고가 쏟아지기 시작했다. 김대중은 3월 8일치에도 '동아일보를 지킵시다'라는 격려광고를 1면 하단을 털어 실명으로 내고 '동아의 수난은 우리의 수난'이며 '행동하지 않는 양심은 결국 악의 편'이라고 역설했다.

당시 동교동 비서였던 김형국은 그때의 상황을 기억해 이렇게 증언했다. "김대중 선생님과 사모님이 김옥두·한화갑 비서와 나에게 동아일보를 도와야 하니 용돈을 아껴서든 친척에게 부탁을 해서든 단 한 줄이라도 광고를 내야 한다고 이야기했어요. 세 사람이 친구들, 선후배들을 찾아다니며 격려광고를 내도록 했지요. 정신없이 다녔는데, 그렇게 모은 광고가 100건이 넘었어요. 광고는 실명으로 낼 수 없어 대개 동창회, 4·19회, 월요회 같은 이름으로 실었습니다." 〈동아일보〉 광고란은 유신 치하의 민심이 그대로 드러나는 지면의 아고라였다. 시민들의 격려광고는 3월 25일까지 9223건에 이르렀다.

이희호는 동아일보 기자들이 농성을 벌이는 광화문 본사까지 찾아가기도 했다. "그때 동아일보 기자들을 격려하려고 두 번인가 세 번 현장으로 갔어요. 목요기도회에서 만난 분들과 함께 갔던 것 같아요. 새벽에 찾아간 적도 있었어요. 그런데 갈 때마다 경찰들이 정문 앞에서 막고 있어서 결국 한 번도 사옥 안으로 들어가지는 못했어요." 이희호와 함께 간 김형국은 농성장에 진입해 이희호의 뜻을 대신 전하기도 했다. "경찰들이 사모님 얼굴을 아니까 막고 못 들어가게 했어요. 사모님이 나한테 눈짓을 하더라고요. 그래서 경찰을 피해 잽싸게 정문으로 들어가 기자들이 농성하는 곳으로 갔지요. 사모님이 경찰 제지로 들어오지 못했다는 사실을 알리고 우리는 우리대로 할 수 있는 투쟁을 다 하겠다는 뜻을 대신 전했지요."

박정희 정권은 시민들의 분노가 격려광고로 폭발하자 동아일보 사주에 대한 압박의 강도를 더욱 높였다. 1975년 3월 8일 광고탄압에 굴복한 사장 김상만이 경영 악화를 이유로 들어 사원 18명을 해고했다. 해고가 부당하다고 항의하는 기자 장윤환과 박지동에게도 해고로 대응했다. 앞서 3월 6일 조선일보 기자들도 한국기자협회 분회(분회장 정태기)의 주도로 "진실에 투철해야 하는 기자로서의 열과 성을 다해, 언론자유에 도전하는 외부권력과의 투쟁은 물론이고 언론 내부의 패배주의와도 싸우려 한다"는 내용의 선언문을 채택했다. 기자들은 제작거부에 들어가 먼저 해고된 두 기자 백기범·신홍범을 복직시키라며 농성을 시작했다. 농성 6일째인 3월 11일 조선일보 사장 방우영과 경영진은 편집국에서 농성하던 기자들을 끌어내 32명을 해고했다. 해고된 기자들은 조선자유언론수호투쟁위원회(조선투위)를 결성했다.

동아일보 기자들도 3월 12일 제작거부에 들어갔다. 23명은 공무국을 점거해 단식투쟁을 벌였다. 농성 엿새째인 17일 새벽 3시 회사 쪽의 사주를 받은 폭력배 200여 명이 들이닥쳐 기자·피디·아나운서·엔지니어 160여 명을 닥치는 대로 폭행하며 농성장에서 끌어냈다. 사회부 기자 정연주를 비롯해 여러 사람이 다쳤다. 동아일보사는 모두 113명을 해고했다. 편집국장 송건호는 "동아는 역사의 심판을 받을 것"이라는 말을 남기고 스스로 신문사를 떠났다. 다음날 오전 축출된 기자들은 동아자유언론수호투쟁위원회를 결성했다. 해직기자들은 끝을 알 수 없는 투쟁의 가시밭길로 들어섰다. 〈동아일보〉의 격려광고는 썰물처럼 빠져나갔고 7월 16일부터 다시 기업광고가 광고란을 채우기 시작했다.

7

# 사법살인의 그날

## 아, 인혁당

동아일보·조선일보 기자들이 쫓겨나고 한 달이 채 안 된 1975년 4월 8일 민청학련 배후로 지목된 '인혁당 재건위' 관련자 여덟 명의 상고가 기각됐다. 대법원은 김용원·도예종·서도원·송상진·여정남·우홍선·이수병·하재완의 사형을 확정했다. 다음날 새벽 6시 사형수 여덟 명이 형장의 이슬로 사라졌다. 대법원 상고가 기각되고 18시간 만에 이루어진 전격적인 사형집행이었다. 문명국가에서 있을 수 없는 야만의 사법살인이었다. 스위스 제네바의 국제법학자협회는 사형집행일을 "사법사상 암흑의 날"로 선포했다.

인혁당 사형수들은 신문을 받는 과정에서 상상할 수 있는 가장 끔찍한 고문을 당했다. 인혁당 관련자들이 지독한 고문을 당했다는 사실은 1974년 10월 인권활동을 하던 목사 조지 오글(George E. Ogle)의 폭로로 세상에 처음 알려졌다. 박정희 정권은 그해 12월 오글을 미국으로 추방했다. 인혁당 관련 구속자들이 재판을 받고 있던 중 민청학련 관련자들은 1975년 2월 형집행정지로 출감했다. 죽이거나 풀어주거나 정권 마음대로였다. 인혁당 사건의 수사와 재판을 배후에서 지휘한 사람은 박정희였다. 당시 중앙정보부 6국장이었던 이용택은 뒷날 "한창 수사가 진행되고 있을 때에는 신직수 부장과 내가 일주일에 두 번꼴로 청와대에 들어가 직접 보고를 드렸다"고 언론에 밝혔다.

민청학련 사건으로 잡혀 들어갔다 풀려난 김지하는 1975년 2월 17일 〈동아일보〉에 '고행-1974'라는 제목의 글을 기고했다. 동아일보 기자들이 자유언론투쟁을 하고 있던 때여서 김지하의 글은 지면에 실릴 수 있었다. 이 글에서 김지하는 인혁당 사건이 조작됐다고 폭로하고 관련자들이 당한 고문을 당사자들의 목소리를 통해 낱낱이 알렸다. 김지하가 전한 고문 내용은 끔찍했다. 사형수 가운데 한 사람인 하재완은 "혹독한 고문으로 창자가 다 빠져버리고 폐농양증이 생겨 생명의 위협을 느낀 가운데 취조를 받았다"고 밝혔다.

이희호는 중앙정보부가 인혁당 관련자들에게 가한 고문 내용을 듣고 몸서리를 쳤다. "그때 명동성당에서 신부님들과 천주교인들이 저녁 여섯 시부터 고난받는 사람들을 위한 미사를 자주 드렸어요. 나도 거기에 매번 참석했지요. 미사가 끝나고 나면 성모 마리아상 앞에 서서 제2부 모임으로 현실 고발을 했는데, 인혁당 사람들이 당한 고문 이야기를 듣고는 분노가 일어나 참을 수 없었어요. 촛불을 든 손이 부들부들 떨렸고 눈물이 멈추지 않았지요."

박정희 정권은 잔혹한 고문 사실이 알려질까 두려워 인혁당 사형수들이 가족을 만나는 것조차 막았다. 사형수들은 마지막 날까지 가족 면회를 하지 못했다. 사형수의 부인들은 대법원 사형 확정이 난

다음날 남편을 면회할 수 있다는 말을 듣고 새벽부터 서대문형무소 앞에서 기다렸다. 그러나 부인들이 접한 것은 남편의 얼굴이 아니라 사형이 벌써 집행됐다는 날벼락 같은 소식이었다. 유신정권은 사형수들의 시신을 돌려주지 않고 화장터로 빼돌리기까지 했다. 몸에 남은 고문 자국을 지우려고 저지른 또 다른 만행이었다. 이희호는 그날 운구차를 지키려는 사람들 속에 있었다. "그날 목요기도회가 있어서 아침에 기도회장으로 갔는데, 인혁당 사형수들이 새벽 잠결에 모두 처형됐다는 소식을 들었어요. 함세웅 신부가 시무하는 응암동성당에서 영결미사가 열린다는 말을 듣고 다시 응암동으로 달려갔지요. 송상진 씨의 관을 실은 트럭이 녹번동 로터리에서 발이 묶인 채 경찰과 대치하고 있었어요. 나는 트럭에 올라가 소복을 입은 젊은 부인을 붙잡고 엉엉 울었어요."

경찰은 유족을 길바닥으로 내동댕이치고 운구차를 빼앗았다. 운구차의 시동을 걸지 못하도록 누군가 껌을 씹어 열쇠 구멍을 막아버렸다. 경찰은 운구차를 끌고 가려고 크레인을 동원했다. 미국인 신부 제임스 시노트(James P. Sinnott)가 차 앞에 드러눕자 경찰이 발로 차고 개 끌듯 끌어냈다. 이희호는 현장에서 그 장면을 보았다. "문정현 신부님도 차를 지키려고 차 밑에 들어가 몸으로 막았는데, 경찰이 차를 끌어내는 바람에 다리가 바퀴에 깔리고 말았어요. 그때 문 신부님이 다리를 다쳐 그 뒤로 내내 지팡이를 짚게 됐지요." 크레인으로 운구차를 탈취한 경찰은 벽제 화장터로 끌고 가 주검을 불태웠다. "얼마나 고문을 했던지 그 흔적을 없애버리려고 그랬던 거예요." 정권은 인혁당 고문 조작 사실을 알리던 시노트를 4월 30일 미국으로 추방했다.

인혁당 사형수 가족들의 수난은 그 후로도 오랫동안 계속됐다. '빨갱이의 가족'이라는 멍에를 쓰고 온갖 수모를 당했다. 유족들의 가슴엔 피멍이 들었다. 사형수 우홍선의 아내는 1987년에 작성한 호소문에서 이렇게 절규했다. "저는 남편이 사형당한 이후 신문에 나온 박정희 사진을 그가 죽을 때까지 이가 아프도록 씹어서 뱉곤 했습니다. 남편 산소에 매주 꽃을 들고 찾아가서 하늘을 향해 '살인마 박정희 천벌을 받아라' 하고 외쳤습니다. 한 번 외치면 효과가 없을 것 같아서 꼭 세 번씩 외쳤습니다."

후에 '국민의 정부'가 들어선 뒤 꾸려진 의문사진상규명위원회는 2002년 9월 인혁당 재건위 사건이 중앙정보부의 조작극이었다고 발표했다. 이어 2007년 법원은 인혁당 재건위 사건으로 사형당한 여덟 사람의 무죄를 선고했다. 이희호는 청와대에서 인혁당 사건 희생자 유족들을 다시 만났다. "의문사진상규명위원회가 설치된 뒤 유족들을 청와대로 모셔서 만났어요. 그때까지 나는 운구차를 붙들고 함께 울었던 소복 입은 사람이 누구인지 몰랐는데 그날 송상진 씨 부인 김진생 씨라는 걸 알았어요. 그분들이 겪은 고통을 생각하면…."

인혁당 사건 사형수들의 사형이 확정된 그날 박정희 정권은 긴급조치 7호를 발동했다. 유신헌법을 비방하는 자는 모두 영장 없이 체포·압수·수색할 수 있다는 초헌법적 조치였다. 인혁당 사형수들이 끔찍한 고문 끝에 사형당했다는 소식이 전해지자 4월 11일 서울대 농대 교정에서 유신헌법 철폐와 박정희 퇴진을 요구하는 성토대회가 열렸다. 그날 축산과 4학년 김상진이 등산용 칼로 자신의 배를 찔러 자살했다. 김상진이 할복 전 읽은 선언문은 비장했다. "우리는 유신헌법의 잔인한 폭력성을, 합법을 가장한 유신헌법의 모든 부조리와

악을 고발한다. 학우여! 아는가! 민주주의는 지식의 산물이 아니라 투쟁의 결과라는 것을."

이튿날 서울대 농대는 휴교령을 발표했다. 언론은 김상진의 죽음에 침묵했다. 민주회복국민회의가 성명을 발표해 김상진의 죽음을 알렸고 신부들은 명동성당에서 김상진 추도미사를 올렸다. 김상진의 할복자살은 민주화 시위에 불을 붙였지만, 4월 30일 그 불을 꺼버리는 사건이 일어났다. 사이공이 함락되고 남베트남 정권이 무너진 것이다. 박정희 정권은 '월남 패망'을 정권안보의 호기로 활용했다. 공산주의에 대한 두려움을 한껏 증폭시키는 반공캠페인이 온 나라를 휩쓸었다. 그런 분위기 속에서 박정희는 5월 13일 긴급조치 9호를 발동했다.

국가안전과 공공질서 수호를 명분으로 삼은 긴급조치 9호는 그 전에 발표된 긴급조치의 모든 악랄한 조항을 한데 쓸어 모은 긴급조치의 결정판이었다. 유신헌법에 대한 부정·반대·왜곡·비방을 금지하는 것은 말할 것도 없고 유신헌법의 개정·폐기를 청원·선동·보도하는 행위까지 모조리 금지하며 위반자는 영장 없이 체포해 사형시킬 수 있다는 최악의 반민주적 조처였다. 민주화 운동의 숨통을 끊고 뿌리를 뽑겠다는 뜻이 분명했다. 긴급조치 9호 발동은 유신 쿠데타에 이은 또 한 번의 쿠데타였다. 박정희는 유신정권의 숨이 넘어갈 때까지 4년 6개월 동안 긴급조치 9호에 의지해 정권을 유지했다. 그 기간 동안 800여 명이 이 악법에 걸려 구속됐다.

박정희 정권은 이것으로도 안심이 되지 않았는지 5월 20일에는 전국 고등학교와 대학교에 학도호국단을 결성하도록 했다. 군사교육으로 학생들을 묶어놓고 길들이자는 것이었다. 7월 8일에는 사회안전법·민방위기본법·방위세법·교육관계법을 포괄하는 이른바 '4대 전시입법'을 발표해 7월 16일 새벽에 날치기로 통과시켰다. 나라 전체가 병영으로 바뀌었다. 정권은 이런 극단적 조치로 유신 반대 투쟁의 불길이 완전히 진압되기를 바랐지만 투쟁의 불씨는 꺼지지 않고 거듭 살아났다. 긴급조치 9호가 발동되고 열흘이 안 된 5월 22일 서울대에서 1000명의 학생들이 모여 김상진 추도식을 열고 긴급조치 9호 철폐를 요구하는 대규모 시위를 벌였다.

긴급조치 9호가 발동되기 전 신민당 총재 김영삼은 박정희에게 면담을 제의했다. 박정희는 김영삼의 제의를 수락했다. 두 사람은 28일 후인 1975년 5월 21일 청와대에서 만났다. 김영삼은 면담이 끝난 뒤 "국정 전반에 관해 이야기를 주고받았으며 당과 나에게 유익한 회담이었다"라고 말했다. 그러나 면담의 구체적인 내용은 밝히지 않았다. 의혹이 꼬리를 물고 일어났다. 신민당 대변인이었던 이택돈은 훗날 이렇게 증언했다. "김 총재는 특유의 어법으로 '요점은 이거야. 여당은 지가 하고, 야당은 나보고 맡으라는 거야'라고 했어요. 그래서 '김대중 씨는 어떻게 하고요?'라고 반문했죠. '김대중이는 끝났어'라고 잘라 말하더군요." 이후 김영삼은 박정희 정권에 대한 선명투쟁을 접고 온건한 노선으로 방향을 바꾸었다. 이택돈은 유신정권을 비판하는 발언을 할 때마다 김영삼이 제지하자 신민당 대변인직을 그만두었다.

이해 8월 17일 민주투사 장준하가 의문의 죽음을 당하는 사건이 일어났다. 장준하의 죽음은 동교동에 큰 충격을 안겼다. 그도 그럴 것이 죽음을 당하기 전 7월 말 장준하가 직접 동교동으로 김대중을 찾아왔던 터였다. "장준하 선생님이 그때 우리 집에 처음 오셨어요. 아주 건강한 모습이었어요. 남편과 함께 식사를 하며 이야기를 오래 했지요." 장준하는 그해 3월부터 박정희 정권에 일격을 가하려면 민주세력의 단일화가 필요하다고 보고 야권 지도자들에게 공동 대응을 촉구했다. 장준하의 제안을 받아들여 3월 31일에는 윤보선·양일동·김대중·김영삼이 모여 4자회담을 하기도 했다. 그러나 민주세력 단일화 논의는 김영삼이 5월 21일 청와대를 다녀온 뒤 투쟁 전선에서 이탈하자 깨지고 말았다. 장준하가 김대중을 직접 방문한 것은 이런 상황에서 출구를 찾아보려는 움직임이었다.

"장준하 선생님과 남편 사이에는 거리가 좀 있었어요. 1971년 대통령 선거 때 다른 야당 후보 편에 서서 남편을 공격한 일이 있었거든요. 그런데 사실 남편은 장준하 선생님이 운영하던 〈사상계〉에 예전부터 글도 쓰고 재정적인 도움도 주었어요." 장준하는 김대중과 함께 점심을 먹으면서 남아 있던 앙금을 털어버렸다. 유신체제를 종식시키는 것이 중요한 만큼 앞으로 김대중을 돕겠다는 말도 했다. 이날 두 사람은 등산을 화제로 올렸다. 장준하가 등산 때문에 건강을 되찾았다며 그동안 오른 산 이름을 두루 이야기했다. 김대중이 걱정하는 말투로 이야기했다.

"그렇게 다녀도 괜찮겠습니까?"

"설마 놈들이 날 어떻게 하겠소."

"그래도 혼자서는 절대로 다니지 마십시오. 세상이 너무 험합니다."

그것이 장준하와 김대중이 나눈 마지막 대화였다.

김대중과 만나고 보름쯤 지난 뒤 1975년 8월 17일 장준하는 경기도 포천군에 있는 약사봉에 등산하러 갔다가 계곡에서 주검으로 발견됐다. 검찰은 장준하가 실족사했다고 발표했다. 절벽에서 추락했다는데 장준하의 몸은 골절도 없고 큰 상처도 없이 멀쩡했다. 검찰의 발표를 믿을 수 없었다. 타살 의혹이 끊이지 않았다. 사건이 나고 37년이 지난 2012년 8월 장준하의 묘를 이장하던 중 유골의 머리 뒤쪽에 지름 5~6센티미터 크기의 원형으로 함몰된 자국이 발견됐다. 단순 추락으로는 생길 수 없는 정교한 함몰이었다. 동교동 비서였던 김형국은 장준하의 죽음이 알려진 직후의 상황을 이렇게 전했다. "김대중 선생님이 저더러 장례를 다 치를 때까지 지키라 해서 사흘 동안 장준하 선생님 댁에 있었어요. 함석헌·계훈제·백기완 선생님이 함께 계셨지요. 장례를 치르고 나서 실족사했다는 약사봉 계곡에 가봤어요. 거기는 산토끼도 다닐 수 없는 험한 곳인데 뭐하러 거기를 가겠느냐는 생각이 들었습니다. 돌아와서 김대중 선생님한테 말씀드리니까 '중대한 결행을 같이하기로 했는데…' 그러시면서 꺽꺽 우시더라고요."

장준하는 본디 철저한 반공주의자였으나 박정희와 싸우면서 민족주의자로 거듭났다. 7·4남북공동성명을 지지했던 장준하는 함석헌이 발행하던 〈씨알의 소리〉 1972년 8·9월호에 쓴 '민족주의자의 길'에서 이렇게 말했다. "모든 통일은 좋은가? 그렇다. 통일 이상의 지상명령은 없다." 이희호는 장준하가 김대중과 손을 잡게 된 것이 박정희 정권에 압박감을 주었을 것이라고 짐작했다. "장준하 선생님이 남편과 만나 화해하고 일을 도모하자 박정희 정권이 두려움을 느꼈던 거라고 생각합니다." 장준하가 난데없는 죽음을 당했다는 소식을 듣고 함석헌은 이렇게 말했다. "장준하가 김대중과 화해한 것이 죽음을 불러왔어. 저놈들이 두 사람이 합치면 어찌된다는 것을 알기 때문이지. 둘 중 하나는 죽어야만 했을 것이야."

## 8

# 중앙정보부에 잡혀가다
## 3·1민주구국선언

김대중은 국외로 나갈 수도 없고 걸핏하면 가택연금을 당해 활동에 제약을 받자 집에서 책을 읽고 신앙과 역사에 관한 공부를 하는 데 힘을 쏟았다. 1976년 1월 2일부터 3일 동안 대전성당에서 열린 '꾸르실료 교육'에 참석하기도 했다. 가톨릭교회 안에서 평신도에게 행하는 신앙 쇄신 교육 과정이었다. 김대중은 이 수련을 받고 꾸르실료 회원이 됐다. "우리는 그때 성경 공부를 열심히 했어요. 안이숙 씨의 신앙 간증 책《죽으면 죽으리라》를 내가 먼저 읽고 남편에게도 권해 함께 읽었어요. 안이숙 씨는 일제강점기에 신사참배 반대 활동을 했던 분인데, 일본제국의회 중의원 회의장에 들어가 '회개하지 않으면 유황비가 쏟아질 것'이라고 경고하는 유인물을 뿌리다가 붙잡혀 옥살이를 한 분이었어요. 그분의 책을 읽고 많은 감동을 받았지요."

긴급조치 9호로 온 나라가 얼어붙어 있었다. 1976년 2월 김대중은 명동성당을 찾아가 추기경 김수환을 만나 고해성사를 했다. "어느 날 남편이 추기경님을 찾아뵈었어요. 이렇게 유신독재에 짓눌려 가만히 있어서는 안 될 것 같다고 얘기했어요. 누군가 일어서야 할 상황이라고, 자기는 감옥에 갈 각오가 돼 있다고 유언하는 심정으로 말씀을 드렸어요." 말없이 듣던 추기경은 김대중의 손을 잡았다. 2월 하순 김대중은 정일형·윤보선과 협의해 '3·1민주구국선언'을 발표하기로 했다. 그 무렵 이심전심으로 문익환·안병무를 비롯한 재야인사들도 선언문을 준비하고 있었다. 문익환은 당시 대한성서공회 신·구약 공동성서 번역위원회 구약번역실장을 맡고 있었으나, 어릴 적부터 친구였던 장준하가 의문의 죽음을 당한 데 충격을 받고 민주화 투쟁에 뛰어들었다.

삼일절을 앞두고 김대중은 '3·1민주구국선언' 초안을 작성했다. 동교동 집 주위 감시망을 피해 필동의 이희호 큰오빠 이강호 집에 초안을 전달하면, 이태영이 받아 남편 정일형과 검토한 뒤 윤보선의 안국동 집에 전달했다. 김대중이 작성한 초안은 민주 회복 염원을 담은 장중한 글이었지만 윤보선은 좀더 강경한 내용이 담기기를 바랐다. 윤보선과 연락이 닿은 문익환은 김대중의 원고를 바당으로 삼아 격한 문구가 들어간 초안을 다시 작성했다. "그땐 필동 큰오빠집이 연락 거점이었어요. 암호를 '한복'으로 했지요. 문익환 목사의 선언 초안을 이태영 박사가 받아서 필동에 전달하면 큰올케가 '한복 다 됐다'고 우리 집에 전화를 해주었어요. 그러면 원고를 받아다가 다시 우리 집에서 수정·가필을 해서 다시 그쪽으로 보냈지요."

그렇게 두세 번 오고 가는 과정을 거쳐 김대중의 초안과 문익환의 초안이 절충된 선언문이 완성됐다. 최종 서명자는 함석헌·윤보선·정일형·김대중·이우정·문동환·서남동·이문영·윤반웅·안병무 10명이었다. 선언문 초안을 쓴 문익환은 공동성서 번역 사업이 끝나지 않아 만일의 사태에 대비해 명단에서 빠졌고, 대신 모든 것을 동생 문동환이 한 것으로 하기로 했다. 완성된 선언문은 문익환의 큰아들 문호근이 타자를 치고 한빛교회 담임목사 이해동이 등사를 했다.

1976년 3월 1일 저녁 여섯 시 명동성당에서 신·구교 합동 삼일절 기념미사가 열렸다. 신·구교 신도 700여 명이 모인 대규모 미사였다. "우리는 감시를 받고 도청을 당하던 터라 거사가 그렇게 큰 규모로 이루어질 거라고는 미처 생각하지 못했어요. 그날 남편은 감기로 몸이 안 좋아 집에서 쉬고, 나와 김옥두 비서만 같이 명동성당으로 갔지요. 성당 안에 들어가보니 분위기가 심상치 않아요. 그래서 김옥두 비서에게 남편을 다시 모셔오라고 부탁했지요." 미사는 신부 장덕필의 사회로 시작돼 신부 김승훈이 삼일절의 뜻을 되새기는 강론을 하고 한신대 교수 문동환이 설교를 했다. 마지막으로 서울여대에서 해직된 이우정이 단상으로 올라왔다. 키가 작고 양처럼 온순한 이우정은 비장하고도 떨리는 목소리로 "이것이 우리의 기도입니다"라고 말한 뒤 선언문을 낭독하기 시작했다.

"이 나라는 1인 독재 아래 인권은 유린되고 자유는 박탈당하고 있다. 이리하여 이 민족은 목적의식과 방향감각, 민주주의에 대한 신념을 잃고 총파국을 향해 한걸음씩 다가서고 있다. 우리는 이를 보고만 있을 수 없어 이 나라의 먼 앞날을 내다보면서 민주구국선언을 선포한다." 장내에는 숨소리 하나 들리지 않을 정도로 엄숙한 긴장감이 감돌았다. 이우정의 목소리가 점점 또랑또랑해졌다. "이 나라는 민주주의의 기반 위에 서야 한다. 민주주의는 대한민국의 국시다. 따라서 대한민국의 정통성은 민주주의에 있다. 그러므로 어떤 이유로든 민주주의가 위축되어서는 안 된다."

선언은 민주주의가 단순한 제도가 아니라 실천이자 신념이라고 강조했다. "민주주의란 무엇인가? 그것은 남의 나라들에서 실천되고 있는 어떤 특정한 제도를 말하는 것이 아니라 한 사회를 형성한 성원들의 뜻을 따라 최선의 제도를 창안하고 부단히 개선해나가면서 성원 전체의 권익과 행복을 도모하는 자세와 신념을 말한다." 선언은 구체적인 요구사항도 제시했다. "우리는 국민의 자유를 억압하는 긴급조치를 철폐하고, 민주주의를 요구하다가 투옥된 민주인사들과 학생들을 석방하라고 요구한다. 국민의 의사가 자유로이 표명될 수 있도록 언론·집회·출판의 자유를 국민에게 돌리라고 요구한다. 다음으로 우리는 유신헌법으로 허울만 남은 의회정치가 회복되어야 한다고 주장한다. (…) 셋째로 우리는 사법권의 독립을 촉구한다." 이우정은 "민주주의 만세!"라는 마지막 말로 선언문 낭독을 끝냈다.

명동성당에 집결한 사람들은 3·1민주구국선언을 마친 뒤 성당 경내에서 유신철폐를 염원하는 촛불시위를 벌였다. "함석헌 선생님이 원효로에서 사셨는데, 차가 없으셨어요. 그래서 남편과 나는 촛불시위가 끝난 뒤 함석헌 선생님을 댁에 모셔다드리고 집으로 왔지요." 그날 밤 선언문을 낭독한 이우정이 맨 먼저 명동성당 관할서인 중부경찰서로 연행됐다. 그때 상황을 이우정은 이렇게 회고했다. "밤새도록 조사를 받았으나 별로 복잡할 것도 없고 숨길 것도 없고 해서 아침에 석방을 결정하고 절차를 밟고 있는데 갑자기 석방을 중지하라는 명령이 떨어졌다."

애초에 중앙정보부는 이날의 행사를 종교계나 학계에서 삼일절이 되면 으레 하는 연례행사로 보고 적당히 넘기려고 했다. 그러나 다음날 아침 국무회의에서 박정희가 민주구국선언에 서명한 사람 중에 김대중이 있다는 사실을 알고 크게 화를 내며 모두 잡아들이라고 하는 바람에 일이 일파만파로 커졌다. 이우정은 중앙정보부 수사국으로 넘겨져 10일 동안 조사를 받았다. 수사관들은 김대중·윤보선을 비롯한 정치인들이 정권을 전복하려는 음모를 꾸민 것이라고 도표를 만들어 보이며 그 사실을 인정하라고 윽박질렀다. 이우정은 "가만히 눈치를 보니 그 정치인들 중에서도 김대중 씨를 주모자로 만드는 것 같았다"고 기억했다.

3·1민주구국선언에 서명하거나 행사를 꾸린 사람들이 3월 2일 낮부터 잡혀 들어갔고 사건은 정부 전복 음모로 부풀려졌다. 3월 5일 문공부 장관 김성진은 이 사건을 '헌법 질서를 파괴하려는 비합법 활동'이라고 발표했고, 서울지검은 '정부 전복 선동 사건'이라고 못 박았다. 중앙정보부는 사건이 나고 일주일이 지난 뒤인 3월 8일에 김대중과 이희호를 연행했다. "우리는 3월 7일이 되어도 별일이 없어 이번엔 무사히 넘어가나 보다 생각했어요. 그런데 그 다음날 새벽에 김옥두 비서가 잡혀갔다는 연락을 받았어요. 그날 오후 두시쯤이었는데 기관원들이 우리 집으로 왔어요. 나도 함께 가야 한다고 해서 남편의 뒤를 따라 나갔지요."

도착해보니 남산 중앙정보부였다. "남편은 위층으로, 나는 아래층 왼쪽으로 끌려갔어요. 내가 들어간 방에는 수사관이 여럿 있었는데, 중앙에 책임자로 보이는 사람이 '여기까지 오시게 해서 미안합니다' 하더라고요." 이희호는 수사관들을 향해 걸어가면서 태연하고도 결연하게 말했다. "민주 회복을 위해 많은 사람, 특히 젊은이들이 이곳을 거쳐가는데 나도 동참할 수 있게 되어 대단히 영광으로 생각합니다.” 이희호가 중앙정보부에 잡혀가 신문을 받은 것은 그때가 처음이었다. “미리 준비한 말이 아니라 그 자리에서 나도 모르게 그런 말이 나왔어요.” 유신 초기에 비서들이 잡혀가 고문받을 때 가슴 졸이며 두려움에 떨기만 하던 이희호가 아니었다.

“수사관이 나에게 이력서를 한 장 쓰라고 했어요. 이력서를 쓰고 나자 조사가 시작됐는데 너무도 세밀한 부분까지 이것저것 다 물어왔어요. 대답을 회피하면 성화를 부리고요. 나중에 저녁식사가 들어왔는데 나는 먹지 않겠다고 했어요. 거기 있는 동안 내내 음식을 거절했지요. 밤늦도록 신문을 받고 책상에 머리를 댄 채 밤을 보냈어요. 불빛이 너무나 밝아서 잠을 이룰 수가 없었어요. 우리나라 전력은 중앙정보부에서 다 쓰는 것 같았어요.”

이희호는 “고문당하는 사람들이 많은데 그 사람들과 비교하면 내가 당하는 것은 아무것도 아니다” 하고 스스로 위로하며 괴로운 밤을 기도로 보냈다. 다음날 아침에 수사관이 또 식사를 권했지만 이희호는 다시 거절했다. “하느님께 금식기도를 약속했으니 더 귀찮게 하지 말고 보리차만 달라고 했지요.” 똑같은 내용으로 다시 신문이 이어졌다. “사흘째 아침에 수사관이 진술서를 써야 한다면서 전날 내가 쓴 글을 보이며 똑같이 쓰라고 해요. 나는 그대로 쓰지 않고 내 나름대로 의견을 적었어요.”

이희호는 3월 10일 석방돼 집으로 돌아왔다. “집에 와보니 남편이 아직 돌아오지 않았더라고요. 나는 이태영 박사가 석방됐다는 말을 듣고 댁으로 급히 갔어요. 이태영 선생님이 남편이 석방될 것 같다는 이야기를 했어요. 그래서 좀 안심이 되었지요. 그런데 오후 6시 뉴스에서 구속자 명단이 나오는데 남편 이름이 거기에 있었어요. 벌써 구속돼 서대문구치소에 수감됐다고 하는 거예요." 박정희 정권은 김대중·문익환·문동환·윤반웅·서남동·이해동·문정현·신현봉·함세웅·이문영·안병무를 3·1민주구국선언 사건의 주모자로 엮어 구속했다. 모두 11명이었다. 또 윤보선·함석헌·정일형·이태영·이우정·김승훈·장덕필을 불구속 기소했다. 나이가 많거나 여성이거나 가담 정도가 낮다는 것이 이유였다.

국내 언론은 3·1민주구국선언 사건의 진실을 한 줄도 알리지 못했고 3월 10일에야 정부 발표만 전했다. 반면에 국외 언론들은 민주진영 지도자들이 대규모로 구속되자 이 사실을 크게 알렸다. 당시 국내 신문들은 시국사건을 붕어빵 찍어내듯 똑같이 보도했다. 중앙정보부의 지시를 그대로 따르니 크기와 제목까지 똑같았다. 〈조선일보〉는 한술 더 떠 3월 14일치 '한국 국민의 생각—1976년 3·1절에 있은 정부전복 선동 사건에 부쳐'라는 제목의 사설에서 3·1민주구국선언 주도자들을 비난했다. "젖을 물려 아기에게 잠을 재우려 할 때 베토벤의 심포니도 오히려 그것을 방해하는 소음일 수 있는데, 하물며 안보와 발전에 질서와 안정이 필요한 마당에 느닷없는 그와 같은 정치적인 사건이 어떻게 받아들여질 것인지는 두말할 나위가 없는 것 아니겠는가." 〈조선일보〉는 이 사설에서 "이 땅에 정치적 사건이 일어날 때면 으레 민주주의의 기치를 내어 흔들어 야단법석으로 보도하기 마련인 행복스런 외국 기자들"을 들먹이며 훈계하기까지 했다. 자유언론실천선언을 한 기자들을 내쫓은 뒤 이 땅의 언론은 언론으로서 최소한의 양심마저 말라버린 상태였다.

김대중이 구속되자 이희호는 남편 옥바라지와 석방운동에 뛰어들었다. "처음 옥바라지를 하게 되니 무엇을 어떻게 해야 할지 알 수 없

1976년 3·1민주구국선언 사건을 계기로 양심수가족협의회를 결성한
구속자 부인들은 남편들의 수인번호를 가슴에 달고 시위에 나서곤 했다.
맨 오른쪽이 이희호.

었어요. 남편이 구속된 다음날이 목요일이었는데, 종로 기독교회관 2층 인권위원회 방에서 열린 목요기도회에 참석했더니 다들 격려를 해주고 위로를 해주었어요." 3·1사건으로 구속된 11명 중에서 신부 세 사람을 제외한 여덟 사람의 부인들과 불구속된 이우정, 또 윤보선의 부인 공덕귀까지 열 사람이 한 팀을 이루었다.

3·1사건 구속자 가족들은 '양심수가족협의회'라는 조직을 만들고 '옥중에 있는 남편들의 석방을 기원하는 기도회'를 열었다. 이희호와 구속자 부인들이 참여한 목요기도회는 얼마 뒤 미아리 한빛교회에서 계속됐고, 공판이 시작된 뒤로는 매주 금요일 저녁 기독교회관에서 따로 금요기도회를 열었다. 모여 있는 것만으로도 힘이 됐다. 목사 이해동의 부인 이종옥은 그때 일을 이렇게 회고했다. "박정희 유신독

재정권의 광적인 횡포가 우리 사이를 뗄 수 없는 가까운 사이로 맺어 주었다. 남편들을 감옥에 둔 아픔을 안고 우리들은 어느 친척 못지않게 깊은 정으로 결속되어 고락을 함께했다."

●

박정희 정권은 3·1민주구국선언 사건 구속자들의 면회를 막다가 1976년 3월 29일에야 변호사 접견을 허락했다. 그러나 가족 면회는 계속 금지했다. 남편을 감옥에 빼앗긴 부인들이 부활절 전야인 4월 17일 목사 김상근이 시무하던 수도교회에 모여 철야기도를 했다. 구속자 가족들은 새벽에 사직터널과 독립문을 지나 서대문 서울구치소 뒤편 언덕으로 올라갔다. 부인들은 구치소에 갇힌 사람들을 향해 '부활의 찬송'을 목청껏 불렀다. 두 뺨 위로 하염없이 눈물이 흘러내렸다.

"찬송을 부르고 있는데 구치소의 교도관들과 근처 파출소 경찰들이 우리를 잡으려고 왔어요. 구치소 뒤에서 노래를 부르면 안 된다는 거예요. 몇몇은 재빨리 샛길로 빠져나갔는데 김석중(이문영 부인) 씨, 박영숙(안병무 부인) 씨와 나는 경찰을 따돌리지 못하고 파출소로 연행되고 다시 서대문경찰서로 끌려갔어요. 거기서 다시는 금지구역에 들어가면 안 된다는 경고를 받고 풀려났지요." 그러나 이희호와 구속자 부인들은 그 뒤로도 몇 해 동안 부활절 새벽이면 서대문 구치소 뒷산에 올라 갇힌 사람들을 향해 노래를 불렀다.

3·1사건 구속자들의 첫 가족 면회는 4월 28일에 이루어졌다. 그마저 하루 세 명으로 제한됐다. 이희호는 5월 1일 남편의 얼굴을 보았다. 54일 만이었다. 살이 쭉 빠지고 걸음걸이가 몹시 불편해 보였다.

김대중은 이때의 사정을 자서전에 이렇게 기록했다. "고관절 변형으로 앉기가 무척 불편했다. 어떤 자세를 취해도 잠을 이룰 수가 없었다. 어떤 날은 너무 아파서 뜬눈으로 밤을 새우기도 했다. 무릎을 굽힐 수 없으니 식사할 때 너무도 고통스러웠다. 나는 최소한의 의자와 식탁을 요구했으나 그들은 들어주지 않았다." 김대중이 수감돼 있던 4월 20일 큰손녀가 태어났다. 이희호는 김대중에게 할아버지가 됐다는 소식을 알렸다. 김대중은 옥중에서 큰손녀의 이름을 '지영'이라고 지어주었다.

1976년 5월 4일 오전 첫 공판이 시작됐다. 재판은 정동 덕수궁 옆 서울형사지방법원 대법정에서 열렸다. 3·1사건 재판을 제외한 모든 재판이 휴정했다. 법원 청사는 일반인 출입을 엄금했고 대법정으로 통하는 통로를 차단했다. 아무나 자유롭게 공판 과정을 지켜볼 수 없었다. 법원이 방청권을 250장으로 한정해 발행했고, 구속자 가족들에게는 가족당 6장만 내줬다. 나머지는 중앙정보부와 경찰이 차지했다. 사실상 비공개 재판이었다. 구속자 가족들은 방청제한 철회 성명을 냈으나 받아들여지지 않자 방청을 거부하고 '길거리 투쟁'에 나섰다.

"나는 '검정 테이프로 십자가를 만들어 입에 붙이자'고 제안했어요. 민주주의와 언론자유가 십자가에 못 박혔음을 상징하자는 뜻이었지요. 첫 공판이 있던 날 새벽에 김옥두 비서가 검정 테이프로 십자가 모양을 만들어 재킷 안쪽에 여러 장 붙인 채 나왔어요. 우리는 아침 8시 박형규 목사가 시무하는 제일교회에서 기도회를 하고 나서 중앙일보사 아래층 찻집에 모여 기관원의 눈을 피해 테이프를 나눠 가졌어요." 부인들은 구속자들을 싣고 오는 버스를 보려고 대법정 뒤편으로 갔다. 이희호와 가족들은 "공개 재판 하라" "민주주의는 십자가에 달

3·1사건의 첫 공판 날 검정 테이프로 십자가를 만들어 입에 붙이고
침묵시위를 벌였다.

려 죽었다"고 외치고는 그 자리에 앉아서 입에 십자가형 검정 테이프를 붙였다. "그걸 붙이니 말을 할 수 없어요. 그래서 구호를 외칠 때는 테이프를 떼어서 이마나 볼에 옮겨 붙였지요." 국내 언론은 이 시위를 외면했지만 AP통신은 이 침묵시위를 사진과 함께 각국에 전송했다.

공판은 11일 뒤인 5월 15일에 속개됐다. 이때부터 재판은 토요일마다 열렸다. 사람의 발길이 가장 적은 날을 택한 것이었다. 2차 공판 때 가족들은 방청권을 모아 길거리에 쌓아놓고 불에 태워버렸다. 공개재판을 요구하는 일종의 행위극이었다. 부인들은 찬송가를 합창하며 대법정 뒷문을 향해 행진했다. 구속자 가족들에게는 찬송가가 투쟁가였다. 정보과 형사들과 정보부 요원들이 부인들을 잡아 끌어당기며 시위를 방해했다. "그래서 우리는 다음 공판 때 연보라색 나일

론으로 한복을 만들어 입었어요. 어디까지나 평화적으로 시위를 한다는 것을 표시하려는 것이었어요. 한복을 입으면 경찰이 우리 몸에 손을 대지 못할 거라는 생각도 했고요."

가족들은 공판이 열릴 때마다 새로운 시위 방식을 찾아냈다. "나하고 박영숙 씨가 아이디어를 많이 냈지요." 어느 날은 흰 부채에 "공개재판", "민주주의 만세"라고 써 들고 나오기도 했고, 흰 우산에 "민주인사 석방하라"고 써서 들고 있다가 일제히 펼쳐 보이기도 했다. "한복이 움직이기에 불편해서 보라색 원피스를 똑같이 만들어 입었어요. 아주 싼 감으로 만들었는데, 두 벌에 1만 원 정도 들었지요. 그런데 큰돈을 들여 비싼 옷감으로 해 입은 것이라고 저쪽에서 소문을 냈어요." 원피스 위쪽에는 각자 남편들의 수감번호를 새긴 헝겊을 붙였다. 구속자 가족들은 보라색 유니폼을 입고 덕수궁 정문 앞에 나란히 서서 시위를 벌이는가 하면 법원 일대 거리를 행진하기도 했다.

공판이 끝나면 구속자 가족들은 종로5가 기독교회관에 모였다. 불구속 피고인인 이우정이 참석해 재판정의 분위기며 공판 과정 일체를 마치 눈앞에서 보는 것처럼 생생하고도 정확하게 보고했다. 이우정은 '컴퓨터'라는 별명을 얻었다.

일곱 번째 공판일에는 경찰들이 또다시 폭력을 휘두르며 가족들의 시위를 막았다. 구속자 가족들은 내무부 장관이 경찰들에게 폭행을 하라고 명령했는지 물어보겠다며 정부종합청사로 찾아갔다. "그런데 종합청사에 도착하니 오전 근무시간인데도 청사 문을 닫아버렸어요. 열 명도 안 되는 여자들이 찾아왔다고 공무를 중단한 거예요." 가족들은 닫힌 문 앞에서 찬송가를 부르고 〈우리 승리하리라〉를 합창했다. 버스 한 대가 오더니 부인들을 강제로 태우고 태릉 푸른동산까지 데려가 쓰레기 버리듯 내버렸다. 그 뒤로도 경찰들은 여차하면 구속자 부인들을 버스에 태워 재판정에서 멀리 떨어진 여의도나 어린이대공원으로 실어다 내버렸다.

감옥에 남편을 둔 구속자 가족들은 감옥 밖에서 싸우면서 점차 민주투사로 거듭났다. 윤보선의 부인 공덕귀는 '퍼스트레이디'를 지낸 사람인데도 체면을 내던지고 투쟁 대열의 맨 앞에 서서 싸웠다. 이희호는 아무리 험악한 상황에서도 자세를 흐트러뜨리지 않았다. 공덕귀가 이희호더러 험한 소리 한번 하지 않는다고 나무랄 정도였다. 이희호는 자기 자리에서 해야 할 일을 했다.

구속자 가족들은 공판이 끝나면 기독교회관에 모여 V자형 보라색 '승리의 목도리'를 짰다. "보라색은 무궁화색이어서 애국심을 상징했지요. 우리는 '민, 주, 회, 복'이라고 박자를 맞춰가며 한 번에 네 코를 떴어요. V자형이어서 '빅토리 숄'이라고 불렀지요." 빅토리 숄은 기독교회관에서만 짠 것이 아니었다. 구속자 가족들은 버스 안에서도 짜고 구치소에서 면회를 기다릴 때도 짰다. 혼자 있을 때도, 모여 앉아 있을 때도 뜨개질을 했다. 팔이 아파도 참았다. 이희호는 손이 빨라 가장 많이 짰다. 다 짠 목도리는 한 장에 10달러씩 받고 미국·캐나다·서독·일본의 교회와 인권단체에 팔려나갔다. "수익금은 돌볼 가족이 없는 무의탁 재소자들을 돕거나 양심수 영치금, 출옥한 복학생 등록금을 보태는 데 썼지요."

빅토리 숄이 저항의 상징이 되자 박정희 정권은 뜨개질마저 방해했다. 서울의 털실 가게에서 보라색 실이 사라졌다. 기괴하고도 어처구니없는 일이었다. 이종옥은 이때의 일을 이렇게 기록했다. "처음에는 실을 구하는 일이 어렵지 않았다. 그런데 어찌된 일인지 마치 판금조처라도 내려진 것처럼 서울 장안의 모든 털실 가게에서 보라색 실만은 품절이어서 구입할 수가 없었다. 그래서 우리는 여러 나라에서 우리의 뜻을 이해하고 지원해주는 분들에게 연락하여 그곳으로부터 보라색 털실을 구입하여 보내오게 하였다."

그 시절 이희호는 구속자 가족을 대변해 외국 언론에 이런 말을 하기도 했다. "우리는 각오하며 살고 있습니다. 우리의 남편들이 한 일은 양심적이고 애국적인 일이었습니다. 국가와 민족을 위해 당당히 일하다가 고난을 받고 있는 우리의 남편들을 자랑스럽게 여기고 있습니다. 그러므로 우리는 결코 눈물을 흘리지 않을 것입니다."

3·1사건 가족들의 투쟁은 국외의 연대 투쟁을 불렀다. 목사 김재준·문재린을 비롯해 미국과 캐나다에 사는 반독재 민주인사들이 동포들이 밀집한 거리에서 모국의 민주화 투쟁을 지원하는 동조시위를 벌였다. 한국 민주화에 관심이 많았던 하버드대학 교수 제롬 코언은 직접 방한해 동교동을 찾아오기도 했다. 이희호는 코언이 쓴 메모를 받아 구치소 면회에 갔다. "면회실에는 핸드백도 들고 가지 못하게 했어요. 그래서 메모지를 조그맣게 말아 손에 쥐고 들어갔시요. 변접과장이 옆에 앉아 있어서 직접 줄 수가 없었어요. 전에 변호사가 남편 다리가 부었다는 소식을 전해준 것이 생각나 '다리가 부었다는데 좀 보자'고 했지요. 남편은 무슨 뜻인지 모르고 '볼 것 없다'고 해요. 그래도 '좀 봐요' 하면서 양말 속에 코언 교수의 메모를 넣어줬지요. 특별한 메시지가 있었던 게 아니고, 독방에서 홀로 지내는 남편에게 조금이라도 힘이 되라고 격려하고 싶은 마음에 그렇게 했던 거지요."

1976년 8월 3·1사건 구속자들에게 중형이 구형되자 강신석을 비롯한 전남 지역의 목사들이 광주 양림교회에서 3·1민주구국선언을 지지하는 '제2차 민주구국선언'을 발표했다. 이 일로 선언에 참여한 목사 9명이 광주교도소에 수감됐다. 3·1사건 구속자 가족들은 구속된 목사들을 격려하는 기도회에 참석하기로 하고 8월 14일 새벽 첫 고속버스를 탔다. 항상 붙어 다니며 감시하는 형사들을 수단과 방법을 가리지 않고 따돌렸다. 구속자 부인들은 광주에 가까워지자 버스 안에서 보라색 원피스로 갈아입었다. 그런데 어떻게 알았는지 버스가 장성 갈재를 지나갈 무렵 경찰차가 따라붙었다. 고속버스는 터미널이 아니라 공설운동장으로 들어갔다. 공설운동장 상공에 헬리콥터가 뜨고 주변에 공중전화가 가설되고 기동경찰대가 들이닥쳤다. 구속자 가족들은 목사들을 면회하지도 못하고 버스에 탄 채로 다시 서울로 돌아왔다. 고작 열 명 남짓한 부인들을 되돌려 보내려고 정권은 공권력을 있는 대로 동원해 법석을 떨었다.

밖에서 가족들이 시위와 투쟁을 계속하는 동안 구속자들은 법정 안에서 또 다른 형태의 민주화 투쟁을 벌였다. 내로라하는 학자·목사·신부들이 재판을 받는 법정은 '민주주의의 강의실'이었다. 피고인들이 재판을 받는 것이 아니라 유신정권이 심판받는 것 같았다. 고령이라는 이유로 구속을 면한 함석헌은 "민주주의가 죽었다"며 공판 때마다 삼베 상복을 입고 입정했다. 문익환은 "많은 민주화 동지들과 같이 감옥생활을 할 특권을 받은 것에 감사한다"고 말했다. 이문영은 "감옥에 있는 것이 예수의 고난에 동참하는 것이라고 생각하니 오히려 기쁘다"며 "나에게 죄가 없기에 판사가 석방시킬까 봐 오히려 걱정했다"고 말했다. 신학자 서남동과 안병무는 3·1사건으로 재판과 옥고를 거치며 민중신학이라는 한국적 신학을 탄생시켰다.

재판정은 논리와 학식으로 무장한 피고인들의 목소리로 뜨거웠다.

법복을 입은 독재의 하수인들은 지식인들의 열변에 밀려 말이 막히고 궁지에 몰리자 거드름을 피워 위축감을 감추려고 했다. 정일형은 회고록에서 그때의 법정 풍경을 이렇게 소개했다. "정아무개 공안부 검사의 이야기인데, 우리 사건의 담당 검사로서 그의 지나친 허세라 할까 위압적인 태도는 그 과시가 정도 이상이고 수준 이하여서 웃음거리에 가까웠다. 팔자걸음으로 법정에 들어오는 것부터가 피고인과 방청석 심지어 다수 동원된 정보원들에게까지 야유를 받을 정도의 진풍경이었다."

독방에 갇힌 구속자들은 매주 토요일 호송버스에서 만나 서로 안부를 물었다. 같이 있다는 것만으로도 힘이 되었다. 법정의 김대중은 자신의 신념과 생각을 밝히고, 죄를 묻는 자들이야말로 민주주의를 파괴한 자들이라고 역설했다. 3·1민주구국선언문에 담긴 정치·경제·외교의 대안을 조목조목 설명했다. 유신헌법과 긴급조치의 반민주적 성격을 잘 아는 당사자로 박정희를 지목해 증인으로 신청하기도 했다. 검사와 판사들은 당황해서 서로 얼굴을 쳐다보았다. 김대중은 자유를 빼앗긴 죄수로 법정에 나와 오히려 '표현의 자유'를 누렸다. 함석헌은 김대중의 식견과 언변에 무릎을 치며 "여기에 진짜 대통령이 있군" 하고 큰 소리로 외치기도 했다. "3·1사건으로 남편은 그동안 잘 알지 못했던 재야인사들과 인연을 맺었지요. 재야인사들도 처음엔 남편을 정치인으로만 알았다가 재판을 받으며 남편에게 마음을 열기 시작했어요. 그때 맺은 인연이 먼 훗날까지 이어졌지요."

9

# 서울에서 가장 멀리 떨어진 감옥
## 진주교도소

김대중이 감옥에 갇혀 재판을 받는 동안 신민당은 내분으로 몸살을 앓았다. 1976년 5월 25일 열린 신민당 전당대회는 주먹과 각목이 춤추는 폭력충돌로 일그러졌다. 신민당 총재 김영삼이 한 해 전 박정희와 청와대에서 회담한 뒤 '선명 야당' 노선을 포기한 것이 분란의 불씨를 키웠다. 그해 10월 신민당 여성 의원 김옥선이 국회에서 박정희 정권의 관제데모를 정면으로 비판했다. 김옥선은 공화당과 유정회의 거센 반발로 의원직에서 물러났다. 이때 김영삼이 아무런 행동도 하지 않은 것이 의혹의 불길에 기름을 끼얹었다. 이해할 수 없는 행보에 대한 반발이 커지자 김영삼은 자파 세력 중심의 단일지도체제 강화로 위기에 대응했다. 김영삼의 주류에 도전하는 이철승·김원만을 비롯한 비주류는 집단지도체제로 당헌을 바꾸는 것만이 당이 사는 길이라고 주장했다.

1976년 5월 전당대회는 폭력의 아수라장이었다. 조직폭력배 김태촌이 전당대회가 열리는 종로구 관훈동 신민당 당사로 쳐들어가 당사를 난장판으로 만들었다. '한국 야당사상 최악의 전당대회'였다. 김태촌의 배후조종자는 청와대 경호실장 차지철인 것으로 알려졌다. 야당의 자중지란에 박정희 정권의 공작이 가세해 혼란의 소용돌이가 더욱 커졌다. 전당대회가 폭력으로 중단되자 당의 두 파는 따로 전당대회를 열었다. 주류는 김영삼을, 비주류는 김원만을 각각 당 대표로 등록했다. 중앙선거관리위원회는 두 사람 모두 적법한 대표가 아니라는 유권해석을 내렸다. 김영삼의 총재 지위가 1976년 6월 9일로 소멸했다. 김영삼은 6월 11일 총재직에서 물러났다. 야당에 대한 국민의 신망이 바닥까지 추락했다.

신민당은 석 달 뒤 9월 15일 다시 전당대회를 열어 1979년 총선 때까지 당을 이끌 최고위원을 선출했다. 주류와 비주류에서 세 명씩 모두 여섯 명의 최고위원이 뽑혔다. 다음날 대표최고위원 경선이 실시됐다. 대의원 767명이 참가한 1차 투표에서 김영삼이 349표, 이철승이 263표, 정일형이 134표를 얻었다. 2차 투표에서 이철승은 389표를 얻어 364표를 얻은 김영삼을 제쳤다. 이철승의 당선에 결정적 역할을 한 것은 정일형의 공개 지지였다. 정일형은 김영삼의 잘못된 당 운영을 심판하고 이철승의 비주류에 기회를 주는 것이 당원들의 뜻이라고 보았다. 이철승의 애절한 지원 요청도 정일형의 마음을 움직였다. 이철승은 정일형을 찾아가 당을 선명하게 이끌겠다는 약속도 했다.

대표최고위원으로 당선된 이철승은 경선에 승리하자마자 '중도통합'이라는 자신의 노선으로 돌아갔다. 유신체제를 인정하고 그 안에서 야당 노릇을 하겠다는 것이었다. 1977년 2월 미국과 일본을 방문한 이철승은 '자유와 안보의 균형을 유지하는 것이 중요하며 한국의 자유는 유무의 문제가 아니라 레벨(수준)의 문제'라고 발언해 당 안팎의 거센 반발에 부닥쳤다. 이어 3월에 3·1사건으로 재판을 받아온 정일형이 대법원 확정판결로 의원직을 잃게 되자, 이철승에 대한 신민당 의원들의 실망과 반감은 더욱 커졌다. 박정희는 그해 5월 이철승을 청와대로 불러들여 회담했다. 이철승 체제에 힘을 실어주려는 것이었다. 야당은 유신독재의 종속적 동반자로 주저앉았다.

신민당이 내분으로 망가져가는 동안 김대중과 3·1사건 구속자들에 대한 재판은 박정희 정권의 뜻대로 진행됐다. 1976년 8월 3일 1심 법정에서 검사는 김대중에게 징역 10년, 자격정지 10년을 구형했다. 다른 피고인들도 징역 10년에서 7년까지 구형받았다. 1심 판결을 앞두고 김대중은 '6888'이라는 수번을 달고 법정에 나와 "모든 병의 원인인 1인 장기집권 유신체제를 철폐하라"고 최후진술을 했다. 8월 28일 1심 재판부는 검찰의 주장만을 받아들여 "헌법이 인정한 저항권이 대통령 긴급조치를 초월할 수 없다"고 판시하고 피고인들의 반성을 촉구했다. 3·1사건 구속자 가족들은 "역사 앞에 무죄임을 증언한다"고 성명을 발표했다.

1심 재판부는 김대중에게 징역 8년, 자격정지 8년을 선고했다. 이어 그해 12월 29일 항소심 판결에서 김대중은 징역 5년, 자격정지 5년을 선고받았다. 다른 구속자들에게도 비슷한 형량이 선고됐다. 항소심 최후진술에서 정일형은 이렇게 외쳤다. "나는 항일·반공·반독재 투쟁으로 일생을 일관해왔다. 자유민주주의가 국시인 대한민국에서 민주회복을 주장했다 하여 재판을 받는 것은 있을 수 없는 일이다. 내가 항일투쟁을 할 때 일본군 앞잡이는 누구였으며, 내가 반공대열에 섰을 때 여순반란 사건에 가담한 사람은 누구였고, 내가 민주화운동을 할 때 독재자로 전락한 사람은 누구인가."

김대중은 항소심 최후진술에서 가톨릭 신자로서 자신의 신념을 밝혔다. "나는 그 누구도 증오하지 않습니다. 면회하러 온 제 안사람이 (신약성서의) 〈로마인들에게 보낸 편지〉 제12장 14절을 보여주었습니다. 거기에 '여러분을 박해하는 사람들을 축복하십시오. 저주하지 말고 복을 빌어주십시오'라고 적혀 있었습니다. 저는 매일 민주회복을 위해, 억압당하는 사람들의 해방을 위해, 또 대통령 이하 집권자들이 민주주의와 양심과 정의에 입각해 이 체제를 시정하도록 기도하고 있습니다." 일본 〈아사히신문〉은 두 면을 펼쳐 김대중의 최후진술 전문을 실었다. 남편을 감옥에 둔 이희호는 찬송가 〈어서 돌아오오〉를 개사해 혼자 조용히 불렀다. "어서 돌아오오. 민주회복 어서 오오./주의 부르심 받아 민주회복 외치니/부당조치 강권발동 쇠사슬로 묶어도/용감하게 싸우고 싸워 필승하리, 민주용사."

김대중은 1977년 3월 1일 대법원에 제출한 상고이유서에서 3·1사건의 의미를 이렇게 설명했다. "역사를 움직이고 역사를 형성한 것은 영웅도 권력자도 아니고 바로 무수한 국민의 힘이었습니다. 국민을 경애할 줄 모르고 국민을 얕본 권력자가 하느님과 역사의 징벌을 받았다는 사실을 우리는 잘 압니다. 3·1선언 사건은 결코 유죄가 될 수 없습니다. 이 사건은 정부의 가장 비민주적인 정치탄압이요 가장 졸렬한 보복행위입니다. 이 재판에서 우리에게 무슨 중형이 내려지건 우리들 피고인의 양심은 무죄입니다. 국민의 가슴속의 정의도 이를 무죄라고 외칠 것입니다." 대법원은 피고인들의 상고를 "이유 없다"고 기각했다. 정의의 저울은 휘어져 독재의 장식품이 되었다. 1977년 3월 22일 김대중은 징역 5년이 확정돼 4월 14일 진주교도소로 이감됐다. 서울에서 가장 멀리 떨어진 교도소였다.

이희호는 4월 19일 아침 수유리 4·19기념탑을 찾았다. 김대중 이름으로 화환을 만들어 묘지 앞에 놓아두었는데, 누군가 그걸 보이지 않는 곳에 치워버렸다. "몹시 속이 상했지요. 나는 김형국 비서와 화환의 꽃을 모두 뽑아내 한 송이씩 185기의 묘비마다 놓았어요. 그렇게 헌화하고 나니 마음이 가라앉았어요." 그날 오후 이희호는 둘째아들 홍업과 함께 진주로 내려갔다. 다음날 진주교도소에 갇힌 남편을 면회했다. 김대중은 수의를 입고 삭발한 모습으로 나타났다.

김대중이 받은 처우는 최악이었다. 독방에 가두고 교도관들이 돌아가며 24시간 감시를 했다. 좌우에 붙은 방과 맞은편 앞방은 비워놓았다. 다른 수감자들과 대화도 통방도 할 수 없는 격리수용이었다. 면회는 변호사와 직계가족으로 한정됐다. 직계가족 면회는 한 달에 한 번, 그것도 20분밖에 할 수 없었다. 변호사와 면회할 때는 교도관들이 옆에서 일일이 기록하고 꼬치꼬치 캐물으며 말끝마다 간섭을 했다. 대화를 할 수 없었다. 김대중은 진주교도소에 수감되고 20여 일이 지난 5월 7일 단식투쟁을 시작했다. 이희호도 밖에서 교도소의 인권유린에 항의했다. 추기경 김수환이 나서서 인도적으로 처우해 달라고 촉구했다. 김대중은 6일 만에 단식을 끝냈다.

이희호는 법전을 들고 행형법('형의 집행 및 수용자의 처우에 관한 법률')을 공부했다. 남편이 법에 보장된 정당한 대우를 받을 수 있도록 하려면 법을 알아야 했다. '병상 조회 의뢰 신청서'나 '교도소 처우 개선 건의서' 따위를 법무부 장관과 대통령에게 보냈다. 아무런 응답이 없었다.

김대중이 진주교도소에 갇혀 있는 동안 이희호는 서울과 진주를 오가며 지냈다. 한 번 내려가면 일주일을 머물렀다. “면회를 하지 못하더라도 가족이 가까이 있으면 위로가 될 것 같다고 생각했지요.” 이희호는 가족이 옆에 있다는 것을 알리려고 영치금을 나눠서 매일 조금씩 넣었다. “남편이 고관절 통증 때문에 앉아서 빨래를 할 수 없었어요. 그래서 사흘에 한 번씩 세탁물을 받아 손으로 빨래를 해서 넣었어요.” 이희호가 진주에 없을 때는 비서 김옥두 · 김형국이 진주를 지켰다. “그때 진주에 가려면 기차로 부산까지 가서 차를 갈아타야 했는데, 부산에 도착하면 임기윤 목사랑 다른 분들이 역에 마중을 나왔어요. 임기윤 목사님은 1980년 ‘김대중 내란음모 사건’으로 보안사 부산분실로 잡혀가 고문을 받던 중에 사흘 만에 돌아가셨어요. 뒤에 이 사실을 알고 얼마나 애통해했는지 몰라요.”

이희호가 진주를 오갈 때마다 기관원의 미행과 감시가 끈질기게 따라붙었다. 부산에 도착하면 아무리 늦은 밤이라도 정보과 형사가 어김없이 나와 있었다. 숨이 막힐 것 같았지만 이희호는 감시하는 사람들과 다투지 않았다. 중앙정보부가 작성한 이희호에 대한 인물평이 훗날 알려졌다. 거기에 쓰인 평은 이랬다. “무해무득한 성품, 평소 화를 내지 않는 성품, 욕심 없고 나눠 먹는 후덕한 성품.” 이희호는 동행하던 변호사에게 배신을 당하는 일을 겪기도 했다. “내가 가장 믿고 의지한 변호사였는데, 후에 차지철 청와대 경호실장에게 일일보고를 했다는 것이 밝혀졌어요. 처음에는 믿지 않았는데 확인해 보니 사실이었어요. 많이 서운했지만 내색하지 않고 대했지요. 그런데 그이가 찾아오는 일이 줄어들더니 나중에는 아주 발길을 끊고 말았어요.”

이희호가 진주에 살다시피 하자 여러 곳에서 사람들이 몰려왔다.

모여든 사람들은 교도소 주변에서 찬송가를 부르고 기도를 했다. 면회를 할 수 없으니 밖에서 응원이라도 하자는 것이었다. 김대중은 "우리가 있으니 걱정하지 마십시오" 하고 교도소 담장 밖에서 외치는 소리를 들었다. 그해 10월 31일에는 추기경 김수환이 직접 내려와 김대중을 면회했다. 가톨릭 신자인 김대중에게는 더할 수 없는 위로이자 격려였다. "추기경님이 직접 오신 게 남편에게 큰 힘이 되었지요."

김대중은 감옥 안에서 독서와 공부에 모든 시간을 바쳤다. 감옥은 신앙을 다지는 신학교이자 사상을 키우는 대학교였다. "종교 서적을 비롯해 역사·철학·경제·문학 서적을 두루 넣어달라고 했어요. 대학입학시험을 앞둔 수험생처럼 시간표를 짜놓고 독서를 했다고 해요. 책마다 매일 20~30쪽씩 번갈아가며 읽었어요." 진주교도소에서 김대중이 특히 탐독한 것은 영국 역사학자 아널드 토인비(Arnold J. Toynbee)가 쓴 대작 《역사의 연구*A study of history*》였다. 이 책이 준 감동을 김대중은 자서전에서 이렇게 밝혔다. "《역사의 연구》는 나에게 특별한 영감과 함께 미래에 대한 확신을 심어주었다. 신이 시련을 주게 되면 인간은 그 시련에 대한 응답을 통해서 성장하고 발전하며 문명은 도전에 대한 응전의 산물이라는 토인비의 주장은 가히 탁견이었다. 시련에 처한 내 운명의 앞길을 밝혀주는 것처럼 보였다."

이희호와 김대중은 편지 왕래를 시작했다. 한 달에 한 번, 20분 면회로는 꼭 하고 싶은 말도 다 할 수 없었다. 검열의 눈길을 거쳐야 하니 내밀한 이야기를 할 수 없는 편지였지만, 두 사람은 편지를 통해서나마 마음을 주고받고 자신들이 믿는 종교의 가르침에 의지해 서로를 격려했다. 이희호는 괴로움을 축복으로 받아들이라고 말했다.

"늘 감사하는 마음으로 이 수난을 받아들이시고 기도생활로 소망을 가지시기 바랍니다. 모든 고난은 예수님의 부활을 약속해 주고 있습니다. 육체적으로는 괴롭고 아프고 눈물겨우나 정신적으로는 얼마나 숭고하고 고결합니까. 모든 교도관들을 하느님이 당신에게 보내신 천사로 생각하세요."(1977년 4월 23일치 편지)

이희호와 김대중은 수백 통의
편지를 주고 받으며
서로를 격려하고
민주화의 신념을 키웠다.

김대중은 답장에서 이희호와 자신의 동지적 관계를 강조했다. "우리는 사적으로는 가족관계이지만 정신적으로는 같은 세계를 살아가는 동행자간입니다."(1977년 4월 29일치 편지)

이희호는 믿음의 힘을 되풀이해서 강조했다. "좁은 문으로 들어오라 하신 하느님 말씀대로 좁은 문, 험한 길을 걸어가는 사람은 어느 때 어느 곳에서나 다수가 될 수 없습니다. 그러나 소수가 택하는 좁고 험한 의로움의 길은 반드시 승리가 있다는 것을 의심하지 않습니다."(1977년 6월 3일치 편지) "남을 미워하는 것보다 남을 사랑하는 것이 얼마나 복된 일입니까. 하루를 살더라도 바르게 산다는 것이 얼마나 값진 일이겠습니까. 그렇기에 우리들은 당신의 고통스러운 생활에 마음 아파하면서도 떳떳함을 느낄 수 있는 것이 아닌가 생각합니다."(1977년 7월 2일치 편지) "제3자에게는 당신이 몹시도 기구한 운명의 소유자로 보이기 쉬우나, 예수님의 십자가를 바라볼 때 깊고 깊은 고난의 뜻을 찾으실 줄 압니다. 예수님은 갖은 핍박을 외롭게 받으시고, 자기를 십자가 위에 처형하는 그들을 오히려 용서해달라고 기도하시면서, 부활로써 진리와 사랑을 우리에게 보여준 것이 아니겠어요."(1977년 8월 10일치 편지) 남편을 향해서 쓴 편지들은 그대로 이희호의 내면에서 우러나오는 신앙고백이었다. 신앙은 고난 속에서 더욱 단단해졌다.

## 10

# 양말 속에 숨겨 나온 쪽지
## 서울대병원

이희호는 진주교도소로 보내는 편지에서 '행동하는 양심'을 강조하기도 했다. "당신이 늘 말하는 바와 같이 '행함 없는 양심은 악의 편에 속한다' 하는 말이 떠오릅니다. 우리 크리스천은 사회를 새롭게 변혁시키는 행함으로 지상의 천국을 이루어나가야 할 줄 압니다."(1977년 9월 10일치 편지) 이희호는 원수를 사랑하라는 신앙의 가르침도 되새겼다. "나를 사랑하는 사람을 사랑하는 것은 누구라도 다 할 수 있는 일이고 크리스천이 아니어도 할 수 있는 것이니, 원수까지 사랑하는 아가페의 사랑을 실천해야 하겠습니다."(1977년 9월 25일치 편지)

김대중은 토인비의 '도전과 응전' 사상을 자신의 삶에 적용해 이야기했다. "우리 국민과 마찬가지로 우리 집안도 지금 가장 힘든 도전을 받고 있습니다. 내가 진심으로 바라는 것은 옥중에 있는 나나, 밖에 있는 당신이나 아이들, 형제들이 이 고난의 시련을 정면으로 대하며 거기에 가장 효과적인 응전을 함으로써 후일에 이 기간을 일생의 가장 값있는 시절로 기억될 수 있게끔 하루하루를 충실히 살아가는 것입니다."(1977년 5월 28일치 편지) 김대중은 감옥 안에서 얻은 깨달음을 편지에 담기도 했다. "인간은 본질적으로 패자의 운명 속에 태어났습니다. 왜냐하면 결국 죽어야 하기 때문입니다. 이 운명은 누구도 피할 수 없습니다. 다만 진리 속에 살다 죽은 사람만이 그 진리를 통해서 자기를 나타내고 자기를 완성합니다. 진리란 우리의 양심이 받아들이는 인간의 길일 것입니다. 양심의 길이란 이웃사랑의 길이며 우리를 창조하고 우리를 사랑하며 독생자까지 보내시고 희생시킨 하느님의 길일 것입니다."(1977년 8월 29일 편지)

김대중이 진주교도소에 수감되어 있던 중인 1977년 미국 정부와 한국 정부의 관계는 최악으로 치달았다. 이해에 미국 하원 국제관계위원회가 한·미 관계를 뒤흔든 사건을 놓고 청문회를 열었다. 이 청문회에 전 중앙정보부장 김형욱이 증인으로 출석해 사람들의 이목을 집중시켰다. 사건의 발단은 1976년 10월 24일치 〈워싱턴포스트 *The Washington Post*〉의 보도였다. 〈워싱턴포스트〉는 이날 '한국 정부, 미국 정치인들에게 수백만 달러 뇌물 제공'이라는 머리기사 제목 아래 열 면에 걸쳐 관련 사실을 상세히 보도했다. 요지는 '대통령 박정희의 지휘 아래 한국인 실업가 박동선과 한국 정보기관 요원들이 미국 상하 의원과 정부 고관들에게 수년 동안 해마다 50만 달러에서 100만 달러에 이르는 뇌물을 주었다'는 것이었다.

'코리아게이트'라고 이름이 붙은 이 사건은 한·미 양국 정부에 일대 충격을 주었다. 사건이 일파만파로 커져가는 중에 제39대 대통령 선거에서 민주당 후보 지미 카터(Jimmy Carter)가 당선됐다. 카터는 1977년 1월 20일 '인권 대통령'이 되겠다고 약속하며 대통령에 취임했다. 이어 2월부터 미국 하원의 국제관계위원회에서 한·미 관계 조사권을 위임받은 소위원회가 활동을 시작했다. 이 소위원회는 도널드 프레이저(Donald M. Fraser) 위원장의 이름을 따 프레이저 위원회로 불렸다. 프레이저 위원회는 20여 차례 청문회를 열어 증인 37명으로부터 증언을 들었다.

청문회의 초점은 김형욱의 증언이었다. 망명 중이던 김형욱은 6월 22일 청문회에 나와 1973년의 '김대중 납치사건'은 중앙정보부장 이후락이 총지휘자가 되어 실행한 것이며, "그토록 중대한 공작이 박정희의 재가 없이 이루어질 수 있다고 생각하지 않는다"고 밝혔다. 김형욱은 "김대중에 대한 박정희의 감정은 깊은 열등의식을 바탕으로 한 사적인 증오에 가까운 것"이라고 증언하기도 했다. 이희호는 김형욱의 증언에 동의했다. "나는 김형욱 씨의 발언 내용이 사실이라고 봅니다." 청문회 뒤 김형욱은 미국에 유학 중이던 김경재와 함께 회고록을 집필해 박정희의 치부와 비행을 들추어냈다. 박정희 정권은 회유와 협박을 써 김형욱을 한국으로 불러들이려고 했다. 김형욱은 1979년 10월 1일 프랑스 파리로 갔다가 10월 7일 의문의 실종을 당했다. 김형욱이 서울로 끌려온 뒤 청와대 지하실에서 박정희의 총에 사살됐다는 소문이 파다했다. 박정희의 죽음을 부른 10·26사건이 나기 20일 전이었다.

김대중이 투옥된 지 1년 9개월째인 1977년 12월 15일 이희호는 막내아들 홍걸과 함께 진주로 내려갔다. 겨울방학을 맞은 홍걸이 아버지가 보고 싶다고 해서 함께 간 것이었다. 이희호는 홍걸과 여관에 투숙했다. 그날 밤 9시쯤 진주교도소에서 이희호를 찾는 전화가 왔다. 교도소장이 급히 만나자고 했다. 늦은 밤 교도소에 도착한 이희호에게 소장은 '병상(病狀) 조회 의뢰 신청서'를 써서 내일 아침 일찍 제출하되 이 사실을 아무에게도 말하지 말라고 했다. "그동안 여러 번 신청서를 썼지만 한 번도 들어준 적이 없었어요. 뭔가 좋은 일이 생길 것 같아 여관에 돌아와 정성 들여 신청서를 썼지요." 다음날 아침 이희호는 교도소에 서류를 냈다. "병원 비용을 우리가 책임진다는 각서를 쓰라고 했어요. 나는 바로 써주었어요. 그때는 남편이 병원으로만 옮겨져도 다행이라고 생각했거든요."

12월 19일 김대중은 진주교도소를 떠나 비밀리에 서울대병원으로 이송됐다. 이희호는 이날 오후 5시 서울구치소 소장의 연락을 받았다. 소장은 6시에 서울대병원 201호실로 가서 김대중을 면회하라고 했다. 앞으로 매일 낮 12시부터 2시까지, 오후 5시부터 7시까지 면회할 수 있다는 말도 했다. "나는 소장의 말을 듣고 남편이 이 추운 겨울에 따뜻한 곳에 있게 됐다고 생각하고는 안도했어요. 그러면서도 한편으로는 3·1사건으로 수감된 다른 구속자 가족들에게 몹시 미안한 마음이 들었어요. 그게 속임수일 거라고는 생각도 하지 못했어요."

12월 25일 정부는 김대중만 빼고 3·1사건 관련 구속자들을 모두 석방했다. 인도적 조처를 하는 척 병원으로 이감시켜놓고 실제로는 석방 대상에서 제외한 것이었다. 이희호는 일주일 뒤에야 사태가 어떻게 된 것인지 깨달았다. 1978년 1월 1일 저녁 안병무·박영숙 부부가 석방된 사람들을 집으로 초대해 저녁식사를 함께했다. 이희호도 초대받았다. "박형규 목사가 교도소를 다니며 남편을 포함해 전원이 석방되니 각서를 쓰라고 권유했다는 이야기를 거기서 처음 들었어요. 수감된 분들은 박 목사님의 이야기를 믿고 각서를 썼대요. 그래서 다들 석방될 거라는 걸 미리 알고 있었는데, 나만 몰랐던 거예요."

김대중이 들어간 병실은 말이 병실이지 감옥보다 더 숨이 막히는 곳이었다. 창문을 모두 막고 쇠창살로 친데다 불투명 유리창에 푸른색 비닐을 붙여서 밖이 전혀 보이지 않았다. 햇빛 한 줌, 바람 한 점 들어올 수 없었다. 교도소에서는 하루에 한 번 운동시간을 이용해 땅을 밟고 햇볕을 쏘이고 하늘을 볼 수 있었다. 병원 감방은 외부도 없고 계절도 없는 공간이었다. 병실에 대한 통제는 더 철저했다. 병실 앞방을 교도관과 정보부원이 차지하고 앉아 24시간 감시했다. 병실 밖 복도에 이중 칸막이를 설치해 경찰 여러 명이 사람들의 출입을 통제했다. 칸막이 문에는 와이셔츠 단추만 한 시찰경과 가로 7.5센티미터, 세로 5센티미터의 시찰구를 뚫어 밖의 동정을 살폈다.

교도관들은 이희호가 가져간 음식물과 소지품을 일일이 검사했다. "병실로 들어가면 교도관 두 명이 따라 들어와서 우리의 행동을 감시하고 대화를 듣고 일일이 기록했어요. 말 한마디 제대로 할 수 없으니 정말 숨이 막힐 지경이었지요. 감옥에서보다 더 자유가 없었어요. 가족에게 편지도 쓰지 못하게 했고, 외부 우편물도 금지했지요." 병실은 밀폐된 고문실이나 다름없었다. 김대중은 왼쪽 귀에서 소리가 난다고 이명 현상을 호소했다. 의사는 스트레스 때문이라고 했다. "남편이 그렇게 밀실에 갇혀 있는데도 신민당은 항의 한마디 하지 않았어요." 김대중은 1978년 3월 28일 탈당계를 내고 신민당을 떠났다.

1978년 새해 벽두에는 동교동 비서들이 구속되는 일이 벌어졌다. 1월 1일 새해를 맞아 김대중이 없는 동교동 집에 많은 사람들이 세배를 하러 찾아왔다. "손님들과 비서들이 남편을 너무 오랫동안 못 봤다고 세배를 하고 싶다면서 병원으로 갔어요. 나도 남편 점심을 준비해 뒤따라갔지요." 100여 명이 서울대병원 201호실이 있는 복도 앞에 모였다. 서울구치소 부소장이 나와 사람들의 접근을 막았다. 비서 김옥두가 201호실 가까운 데서 세배라도 하게 해달라고 부소장에게 부탁했다. 부소장은 "법무부 교정국장한테 연락해서 곧 알려주겠다"고 하더니 한 시간이 지나도 나타나지 않았다.

시간이 조금 지나자 동대문경찰서 서장과 정보과 형사들이 들이닥쳤다. 서장과 형사들은 별일 없다는 교도관의 설명을 듣고서야 돌아갔다. 뒤늦게 부소장이 나타났다. 김옥두는 부소장에게 "왜 기다리라고 해놓고는 경찰을 들여보냈느냐"고 항의했다. 며칠 뒤 경찰이 김옥두를 부르더니 공무집행방해죄로 구속했다. 현장에 있지도 않았던 한화갑도 함께 구속했다. 세배하러 간 것이 죄가 돼 김옥두는 1년의 실형을 살고 한화갑도 8개월이나 투옥됐다. "우리 집에는 김형국 비서만 남게 됐는데, 결국 김형국 비서도 그해 6월에 긴급조치 9호 위반으로 구속돼 성동구치소에 수감됐어요. 나는 비서들이 갇힌 영등포구치소와 성동구치소를 찾아다니며 면회하고 영치금을 넣었어요. 그 무렵에 '상도동(김영삼) 비서들은 국회로 가고 동교동(김대중) 비서들은 형무소로 간다'는 말이 생겨났지요."

이희호는 그때 몸이 열이라도 부족할 정도로 바쁘게 뛰었다. 오전에 점심을 준비해 낮 12시에 병원에 들러 두 시간쯤 있다 집으로 갔다. 오후에 석간신문을 보고 메모해 두었다가 다시 저녁을 준비해서 다섯 시쯤 병원으로 가져갔다. 일곱 시에 병원에서 나오면 바로 구속자 가족 모임에 들렀다. "모임에 안 나가면 구속자 가족들이 소홀히 대한다고 할까 봐 빠지지 않고 나갔지요. 목요기도회, 금요기도회, 성당기도회에 부지런히 다녔어요. 예배를 보고 대책을 논의하다 보면 밤이 늦어 식사를 하지 못하는 날이 많았어요."

결국 이희호의 몸에 이상이 생겼다. "남편이 진주교도소에 있을 때는 겨울에도 안방에 불을 넣지 않았어요. 남편은 여름에도 좀 쌀쌀하면 내복을 입어야 할 정도로 추위를 타는 체질이거든요. 영하로 내려가는 감방에서 떨고 있을 거라고 생각하면 집에서 따뜻하게 지낼 수가 없었어요." 1977년 12월 초 이희호는 냉방에 꿇어 엎드려 기도를 하다 정신을 잃었다. 식구들이 쓰러져 경련을 일으키는 이희호를 발견하고 급히 간호사를 불렀다. 그 뒤로 몸이 나빠지기 시작했다. 김대중이 서울대병원에 갇힌 뒤엔 쉴 틈이 더 없었다. 1978년 1월 중순부터 무릎과 발이 붓고 손가락이 구부러지고 손목에 통증이 일었다. 병원에 가서 진찰을 하니 관절염이었다. 영양실조와 과로가 원인이라고 했다. "그런데 쉴 수가 있어야지요. 아픈 채로 병원을 다니고 구속자 모임에 나갔지요. 약을 지어 먹고 몇 달이 지나서야 부기가 빠졌어요." 그 후로도 이희호는 꿇고 앉는 데 불편을 느꼈다. 관절염은 지병이 됐고, 고비마다 병이 도졌다.

이희호는 하루 두 차례 김대중을 면회했지만 매번 교도관이 옆에 붙어 말을 기록하는 통에 바깥의 소식을 전할 수 없었다. 그래서 찾아낸 것이 비밀 쪽지 대화였다. 이희호가 집에서 메모해간 종이를 병실 안 화장실의 두루마리 휴지 구멍 속에 끼워두면 나중에 김대중이 메모를 확인했다. 바깥소식이나 신문 보도 요약이었다. 어느 날 이희호는 못을 구해 면회 중에 남편에게 몰래 전했다. 김대중은 못으로 껌 종이나 포장지에 글씨를 꾹꾹 눌러쓴 뒤 화장실 두루마리 휴지 안에 넣었다. 자국만 있는 글씨라 바로 읽을 수 없었다. "나는 화장실에 들어가 쪽지를 주머니 속이나 양말 속에 숨겨서 가지고 나왔어요. 집으로 와서 흰 글씨 쪽지를 옮겨 적었는데 잘 보이지 않아 시간이 무척 걸렸어요. 그래서 홍업이가 그 일을 맡아서 했지요. 남편이 그때 못으로 쓴 쪽지 39장이 지금도 남아 있어요."

나중에 이희호는 볼펜심을 남편에게 전달하는 데도 성공했다. 김대중은 쪽지 메모를 통해 바깥의 민주인사들에게 자신의 뜻을 전했다. 김대중이 못으로 쓴 쪽지 메모 중 하나에는 이런 내용이 담겨 있었다. "민주회복은 국민의 힘에 의해 이루어져야 하며 비폭력 적극 투쟁의 방식을 취해야 한다. (…) 간디나 킹 목사가 한 바와 같이 비폭력으로, 그러나 끈질기게 계속 투쟁해야 한다. 전 국민의 0.1퍼센트인 3만5000명만 자진 투옥되면 우리는 승리할 수 있다. 구속은 그것을 두려워할 때 권력자의 무기이지 두려워하지 않는 민중에게는 아무 효과가 없다."(1978년 9월 23일 쪽지) 김대중은 "역리와 부패로 민심을 잃은 정권"이 오래가지 못하리라고 생각했다.

1978년 6월 20일 이희호는 필리핀 상원의원 베니그노 아키노(Benigno Aquino)의 부인 코라손 아키노(Corazon Aquino)가 보낸 편지를 받았다. 프랑스 신부를 통해 보내온, 위로와 격려를 담은 편지였다. 당시 필리핀은 한국과 마찬가지로 페르디난드 마르코스(Ferdinand Marcos) 독재정권 아래 있었고, 베니그노 아키노는 마르코스 독재에 맞서 싸우다 감옥에 갇혀 있었다. "코라손 아키노 여사와는 알지 못하는 사이였는데, 그런 편지를 보내왔어요. 아마 그쪽에서 언론보도를 보고 우리 사정을 알고 있었던가 봐요." 이희호는 감사의 마음을 담은 답장을 써 프랑스 신부 편에 보냈다. 이희호와 김대중은 뒷날 미국 망명 시절에 역시 망명 중이던 아키노 부부와 상봉했다.

11

# 독재자가 베푼 '선심'

## 동교동 감옥

김대중의 병실 감금이 계속되자 이희호는 1978년 9월 1일 법무부 장관과 서울구치소 소장에게 이감신청서를 보냈다. "동일 사건의 다른 분들은 다 석방시키면서 법의 형평 원칙을 깨고 수형자를 8개월 이상이나 밀폐 상태인 병실에 수감하여 운동도, 집필도, 서신의 수발도 금함으로써 육체적·정신적 고통을 이중삼중으로 가함은 너무 심한 형벌이 아닐까요." 병실 감금을 견딜 수 없으니 다시 감옥으로 보내달라는, 호소문 아닌 호소문이었다. 신병 치료가 정부가 내놓은 이감의 이유였는데 김대중은 병실에서 치료다운 치료도 받지 못했다. 검진하러 오는 의사는 체온만 재고 건성으로 몸을 둘러보고는 돌아갔다.

이희호의 호소에 정권은 더 심한 감금으로 응답했다. 9월 5일 서울대병원이 신축 공사에 들어가자 정권은 낡은 방을 감옥처럼 개조한 병실로 김대중을 옮겼다. 병실로 가는 입구에 이중으로 경찰 감시구역을 설치하고 병실 부근 100미터 떨어진 곳까지 사람이 접근할 수 없도록 했다. 김대중은 교도소로 보내달라는 이감신청서를 다시 보내고 단식투쟁을 시작했다. “그때 3·1사건으로 출감한 분들이 가족들과 함께 우리 집으로 와서 예배를 보고 같이 단식투쟁을 했어요. 그리고 병원 앞에서 플래카드를 들고 시위를 벌였지요.” 3·1사건 피고인들은 김대중을 석방하라고 요구하는 성명도 발표했다. 이 일로 3·1사건 구속자 윤반웅과 문익환이 또 잡혀 들어갔다. 단식 7일째에 김대중은 장출혈로 상태가 급속히 나빠지자 단식을 중단했다.

1978년 7월 6일 박정희는 통일주체국민회의에서 임기 6년의 대통령으로 다시 뽑혔다. 대의원 2578명이 참석해 단독으로 입후보한 박정희에게 2577명이 찬성표를 던졌다. 지지율 99.9퍼센트였다. 그해 12월 27일 박정희는 제9대 대통령으로 취임했다. 정부는 그날을 임시공휴일로 정하고 통행금지까지 하루 풀었으며 고궁을 무료로 개방하고 1300여 명의 수감자를 가석방했다. 취임식은 국내용이었다. 외국 축하사절은 A급 전범이었던 전 일본 총리 기시 노부스케(岸信介)가 이끄는 일본인 12명뿐이었다. 일본 육군사관학교 출신다운 취임식이었다.

박정희의 취임식이 열리던 날 새벽 1시 30분 김대중은 서울대병원에서 형집행정지로 가석방됐다. 독재자가 쓴 ‘선심’이었다. 김대중은 “도둑이 아닌 다음에야 밤중에 나갈 수 없다”고 버텼으나 교도관들이 막무가내로 밀어냈다. 김대중은 1976년 3월 8일 연행된 지 2년 10개월 만에 동교동 집으로 돌아와 출감 성명을 발표했다. “내가 지금 가장 가슴 아프게 생각하는 것은 김지하 시인, 리영희 교수, 윤반웅·문익환·박형규·고영근·조화순·강희남 목사들과 성직자·교수·언론인·학생·근로자·민주인사 등 모든 정치범들과 같이 나오지 못한 사실입니다. 나는 정부의 이와 같은 협량하고 반민주적인 태도에 분노

1978년 12월 27일 감옥에서 동교동 집으로 돌아온
김대중이 기자회견을 하고 있다.

를 금할 수 없습니다."

김대중은 집에 모여든 뉴욕타임스, 아사히신문을 비롯한 내외신 기자들과 기자회견을 했다. 당시 〈동아일보〉는 기자회견 상황을 이렇게 전했다. "김대중 씨는 일본의 NHK방송·아사히신문·마이니치신문 특파원들의 질문에는 일본어로, 미국의 ABC방송·뉴욕타임스 기자들의 질문에는 영어로 유창하게 답변했다." 이희호도 남편의 기자회견을 옆에서 지켜보았다. "남편을 보니 영어로 문답하는데 발음이 좋지는 않았지만 의사소통에는 지장이 없었어요. 영어 문법책·회화책을 감옥에 넣어주었는데, 거기서 공부한 게 효과가 있었던가 봐요." 동교동의 수난은 계속됐다. 김대중은 출감 즉시 가택연금을 당

했고 경찰이 집 주위를 에워싸고 24시간 감시했다. 감옥에서 또 다른 감옥으로 옮겨간 꼴이었다.

김대중의 출감 이틀 뒤인 12월 29일 종로 기독교회관에서 매주 열리는 금요기도회가 '김대중 석방 환영 기도회'로 바뀌었다. "나는 남편의 출감 성명서 50여 부를 복사해서 가지고 갔어요. 한화갑 비서한테 그 성명서를 앞자리에서부터 조용히 배부하라고 했지요. 그런데 다음날 한화갑 비서가 동대문경찰서에 연행됐어요. 그 성명서는 신문에 다 보도된 것이었는데, 그걸 핑계로 삼아 또다시 구속했어요. 권노갑 비서도 연행됐다 풀려났고요." 동대문경찰서에서는 이희호에게도 출두하라는 요청을 했다. "내가 동대문경찰서로 갈 이유가 없으니 조사할 게 있으면 내가 있는 곳으로 와서 조사하라고 했지요. 그랬더니 그 사람들이 기독교회관에 있는 기독교학생연합회 사무실로 와서 피의자 조사를 했어요."

김대중은 작은 일만 있어도 가택연금으로 발이 묶였고 검찰청 출두 명령도 그치지 않았다. 1979년 한 해 동안 220일이 넘는 기간을 연금당해 집 안에 있어야 했다. 언론에서는 중앙정보부의 통제지침으로 김대중이라는 이름을 쓰지 못했다. '형집행정지로 출옥한 원외인사', '당외 인사', '동교동'이 김대중을 가리키는 말이었다. 1979년 2월 8일 천주교정의구현사제단이 동대문성당에서 '버림받은 형제들을 위한 기도회'를 열었다. 일시 연금에서 풀린 김대중은 이날 기도회에 참석해 "민중과 더불어 민권의 시대를 개척하겠다"는 소신을 밝혔다.

2월 10일 검찰이 김대중을 소환해 "긴급조치 9호를 계속 위반하면 교도소에 다시 집어넣겠다"고 협박했다. "긴급조치 조항이 있는 유신헌법 제53조는 이 법이 국민의 기본권을 제한하는 잠정적 조치라고 했는데, 한두 달이면 모르지만 어떻게 4년을 잠정이라고 할 수 있소? 긴급조치 9호는 그 시효 때문에라도 무효가 된 거요. 지금 당신들이 이 죽은 법을 가지고 산 사람을 잡고 있는데, 법을 지키려면 같이 지켜야지 당신들은 나를 42일 동안 불법으로 연금하고 있잖소?"

김대중은 그 뒤로도 두 차례나 더 검찰에 불려가 조사를 받았다. 사복경찰 50~100명이 동교동 집 주위를 둘러싸고 감시했다.

집 안에 갇힌 채로 김대중은 유신정권의 방해공작을 뚫고 활동을 계속했다. 1979년 3월 1일 '민주주의와 민족통일을 위한 국민연합'이 결성됐다. 3년 전 3·1민주구국선언에 참여한 사람들이 중심이었다. 윤보선·함석헌·김대중이 공동의장을 맡고, 문익환이 중앙위원회 의장을 맡았다. 김대중과 함석헌이 가택연금으로 참여하지 못하자 윤보선이 혼자서 안국동 자택에서 '3·1운동 60돌에 즈음한 민주구국선언'을 발표했다. 국민연합은 '이 땅에 민주주의를 평화적으로 재건하고 민족통일의 역사적 대업을 민주적으로 이루기 위한 자발적이고 초당적인 전체 국민의 조직'을 표방했다. 국민연합 산하에 한국인권운동협의회·천주교정의구현전국사제단·해직교수협의회·자유실천문인협의회·한국기독교교회협의회(KNCC) 인권위원회·민주청년협의회를 비롯해 13개 단체가 들어왔다. 재야 민주화운동 세력이 하나로 뭉친 조직이었다. 김대중은 또다시 검찰에 불려갔다.

유신정권은 어디든 틈만 나면 마수를 들이밀었다. 4월 16일 중앙정보부는 '크리스찬아카데미 사건'을 발표했다. '사회주의 국가를 건설하려고 크리스찬아카데미 안에 불법 용공 비밀서클을 결성했다'는 것이 중앙정보부에서 발표한 내용이었다. 크리스찬아카데미는 '화해신학'을 앞세운 온건한 성격의 운동단체였는데도 정권은 몽둥이를 난타했다. 중앙정보부는 이우재·한명숙·장상환을 비롯한 관련자들을 잡아다 놓고 25일 동안 극악한 고문을 했다. 한명숙은 온몸에 피멍이 들도록 맞아 걸을 수조차 없었다. 크리스찬아카데미 원장 강원용도 중앙정보부에 잡혀가 6일 동안 혹독한 신문을 받았다. 고문은 정권의 일상이 되었다.

유신정권의 말기적 악행이 계속되던 1979년 5월 30일 신민당 총재를 새로 뽑는 전당대회가 열렸다. 앞서 1978년 12월 12일 열린 제10대 국회의원 선거에서 신민당은 대약진을 했다. 지역구 77곳에서 2명씩 뽑는 중선거구제 아래서 공화당이 68명, 신민당이 61명을 당선시켰다. 민주통일당은 3석, 무소속이 22석을 차지했다. 득표율에서는 야당이 오히려 앞섰다, 공화당은 31.7퍼센트를 얻고 신민당은 32.8퍼센트를 얻었다. 통반장을 총동원하고 관권과 금권이 휩쓴 선거였는데도 공화당은 신민당에 밀렸다. 국민은 신민당의 지리멸렬과 자중지란을 미워하는 마음을 누르고 유신독재의 철권통치에 대한 거부의 뜻을 표로 보였다. 박정희는 선거 책임을 지워 비서실장 김정렴을 내보내고 김계원을 후임으로 불러들였다. 중앙정보부와 청와대 경호실 대신 김정렴이 책임을 진 것이었다.

민심이 박정희 유신체제를 거부한다는 것이 명백히 드러난 선거 결과를 보고도 이철승의 신민당 체제는 중도통합 노선을 고수하며 유신정권과 보조를 맞췄다. 이철승 지도부를 갈아치우지 않으면 안 될 상황이었다. 5·30전당대회를 앞두고 김대중은 바쁘게 움직였다. "남편은 이철승 대표를 꺾고 유신독재와 싸울 수 있는 사람은 김영삼 의원밖에 없다고 보았지요. 그때 우리 집이 너무 낡아 수리를 하고 있었어요. 집 안이 어수선하고 소란스러웠는데, 남편은 신민당 총재 선거에 나선 후보들을 집으로 불러들였어요. 이철승 대표만 빼고 다 들 왔지요."

김대중은 박영록 · 조윤형 · 김재광에게 후보를 사퇴하고 김영삼 총재 당선에 나서라고 설득했다. 조윤형은 김영삼을 당선시키면 큰 화근이 될 것이라며 절대로 지지해서는 안 된다고 버텼다. 김대중은 김영삼과 자신의 관계는 사적인 것이고 유신 종결은 국가와 민주주의의 존망에 관련된 문제이니 이해해달라고 끈질기게 이야기했다. 조윤형이 계속 뜻을 굽히지 않자 마지막에 김대중은 "자네, 내 말을 안 들을 거면 형·동생 사이 의를 끊세"라는 말까지 했다. 조윤형은 눈물을 머금고 후보를 사퇴했다. 김영삼의 측근 김덕룡·박권흠도 동교동 집에 살다시피 했다. 김대중의 지지를 얻지 않고는 총재 경선에 승리할 수 없다는 절박감이 감돌았다.

"남편은 전당대회가 열리기 전날 저녁에 을지로 4가에 있는 중국 음식점 아서원으로 갔어요. 거기서 전당대회를 앞두고 신민당 대의원 단합대회가 열렸어요. 어쩐 일인지 그날 연금을 당하지 않아 참석할 수 있었지요." 아서원에 모인 수백 명의 대의원들은 예상치 못한 김대중의 출현에 놀랐다. "10년이면 강산도 변한다는데 지난 1971년 선거 이후 10년이 다 되어갑니다. 그동안 우리는 유신체제 밑에서 대한민국 건국 이래 일찍이 경험하지 못한 암흑 독재의 고초와 경제적·사회적 피해와 수난을 겪었습니다. 그러나 변하지 않은 것은 우리 국민들의 민주회복에 대한 열망이요, 고문받고 설움받고 천대받은 신민당 동지 여러분들의 집권을 향한 꿈이요, 나와 여러분의 신뢰입니다."

김대중은 김영삼이 총재가 되어야 하는 이유를 이야기했다. "왜 박정희 정권은 김영삼 동지가 총재가 되는 것을 한사코 방해하며 싫어합니까? 그것은 김영삼 동지가 총재가 되면 민주회복이 촉진되고 유신체제가 흔들리기 때문입니다." 김대중은 김영삼의 총재 시절 행보에 대한 말들이 있지만 적어도 10대 국회 이후 김영삼의 활동은 나무랄 것이 없으니 유신에 맞선 투쟁에 함께하자고 호소했다. "반독재의 선두에서 박정희 정권뿐만 아니라 이철승의 당권파로부터 온갖 박해를 받고 있는 김영삼 동지가 이번 경선에서 당선되는 것이 신민당을 살리는 길이고 국민을 살리는 길이기 때문에 나는 김영삼 동지를 지지합니다." 한 시간 가까이 계속된 웅변으로 아서원의 단합대회장은 쇳물이 끓어넘치는 듯한 용광로로 바뀌었다.

김대중은 이철승의 중도통합론도 비판했다. "택시 합승을 하더라도 방향이 같아야 합니다. 신촌으로 가는 사람과 동대문으로 가는 사람은 합승이 불가능합니다. 독재는 북쪽이고 반독재 투쟁은 남쪽인데, 정반대 방향으로 가는 사람끼리 어떻게 중도통합을 할 수 있단 말입니까. 원칙이 다를 때, 방향이 다를 때 중도통합은 없습니다. 선과 악 사이에 중도통합은 없습니다. 사람을 놓고 하나는 살리자 하고 하나는 죽이자 하는데 어떻게 반만 죽이자는 중도통합이 있을 수 있습니까? 민주주의와 독재 사이에는 중도통합이 없습니다."

김대중은 내일 전당대회가 김영삼과 이철승의 개인 사이 싸움이 아니라 친유신파와 반유신파, 친민주파와 반민주파의 싸움이며 신민당이 야당으로서 소생할 수 있느냐 없느냐를 결정짓는 날이라고 호소했다. "남편은 이철승 대표를 비판하는 것에 미안한 마음이 있었어요. 1971년 대통령 후보 2차 투표 때 이철승계의 도움을 받아 승리했고, 남편이 진주교도소에 수감됐을 때는 우리 집에 도움도 주고 감옥에 전기스토브를 넣어주기도 했거든요. 그런 친분이 있었지만, 공과사는 구분해야 한다고 생각했지요."

이튿날 신민당 전당대회가 마포 새 당사에서 열렸다. 1차 투표 결과는 이철승 292표, 김영삼 267표, 이기택 92표, 신도환 87표였다. 누구도 과반을 차지하지 못했다. 표가 나뉘면 이철승이 유리했다. 김대중은 이기택에게 민주주의를 위해 용단하라고 호소하는 쪽지를 보냈다. 김대중의 쪽지를 읽은 이기택은 김영삼 지지 선언을 하고 후보를 사퇴했다. 속개된 2차 투표에서 김영삼은 378표를 얻어 367표를 얻은 이철승을 11표 차로 따돌리고 총재로 선출됐다. 김대중의 지지를 등에 업고 이룬 힘겨운 승리였다. "신민당 총재 경선 결과가 나오자 우리는 즉각 보복을 받았어요. 중앙정보부가 다음날부터 비서들의 동교동 출입을 금지했고, 나는 한동안 목요기도회 참석도 못했어요. 남편도 이날부터 연금당해 연말까지 6개월이 넘는 기간 동안 한 번도 집 밖에 나가지 못했지요."

12

# 암살로 끝난 18년 독재
## 유신 종말

1979년 5월 30일 김영삼이 신민당 총재로 당선되고 한 달 뒤 미국 대통령 지미 카터가 방한했다. 카터는 1977년 대통령에 취임한 뒤 '한반도 인권외교와 주한미군 철수'를 정책으로 천명한 터였다. 민주화 세력은 일제히 카터 방한에 반대했다. 독재자와 회담하는 것이 카터의 인권외교 원칙에 맞느냐는 비판이었다. 양심수가족협의회는 '카터 대통령에게 보내는 공개서한'을 내 정치범 1500여 명이 감옥에 갇혀 있고 고문과 감시와 압제로 인권이 짓밟히는 현실을 지적하며 방한하지 말라고 요구했다. 김대중이 공동의장으로 있던 '민주주의와 민족통일을 위한 국민연합'도 카터의 방한에 찬성할 수 없다는 견해를 밝혔다.

카터는 6월 29일 2박3일 일정으로 한국을 방문해 두 차례 박정희와 정상회담을 했다. 박정희는 카터 앞에서 혼자 40분 동안 이야기하며 주한미군 철수에 반대했다. 카터는 2차 정상회담에서 한국 인권 문제를 거론했다. 박정희는 내정간섭이라고 반발했다. 회담은 두 사람이 감정싸움을 벌이는 상황에까지 이르렀다. 우여곡절 끝에 한·미 양국은 주한미군 추가 철수를 1981년까지 연기하는 데 합의했다. 박정희는 반정부 인사를 석방하기로 약속했다. 7월 17일 제헌절을 맞아 박정희 정권은 박형규·양성우·송기숙을 포함한 긴급조치 위반자들을 풀어주었다. 미군철수 중지를 얻어낸 박정희는 미국에 맞서 자기 뜻을 관철했다고 생각하고는 어깨에 힘이 들어갔다.

1979년 8월 'YH무역 사건'이 일어났다. 경영난에 빠진 가발 수출업체 YH무역이 종업원들에게 일방적으로 폐업을 통고한 뒤 벌어진 일이었다. 미국시민권을 지닌 사주는 미국에 가발을 팔고 받은 대금을 현지로 빼돌렸다. 10~20대 여성들이 대다수인 노동자들은 몇 달 동안 임금을 받지 못했다. 여성 노동자들은 4월 회사 안에서 농성을 시작했으나 돌아온 것은 기숙사 식당 폐쇄였다. 더 호소할 곳을 찾지 못한 여성 노동자 170명은 8월 9일 마포 신민당사를 점거해 농성에 들어갔다.

농성 노동자 중에는 전남 광주에서 초등학교를 마치고 상경한 스물두 살 김경숙도 있었다. 김경숙이 남긴 글에는 이런 내용이 있었다. "이 세상에 태어났을 때에는 어느 누구나 티 없이 맑고 깨끗한 사람이었다. (…) 내가 배우지 못한 공부를 동생들에게 가르쳐서 동생만은 성공할 수 있도록 하는 것이 나의 간절한 소원이었다. (…) 하청공장에 취직을 하여 말로만 듣던 철야작업을 밤낮으로 하면서 약 2개월은 나의 코를 건들지도 못했다. 너무나 피곤하다 보니 끊임없이 코피가 나는 것이다. (…) 혼탁한 먼지 속에 윙윙대는 기계 소리를 들으며 어언 8년 동안 공장생활을 하고 남은 것은 병밖에 없다. 몸은 비록 병들었지만 마음은 상하지 않은 인간으로서 올바른 삶을 살리라 다짐한다."

김경숙의 다짐은 얼마 가지 못했다. 농성 사흘째인 8월 11일 새벽 2시 경찰은 진압작전을 시작했다. 박정희 정권의 눈에 노동자의 인권은 보이지 않았다. 진압경찰 1000여 명은 닥치는 대로 폭력을 휘둘렀다. 신민당 원내총무 황낙주가 짓밟혔고 대변인 박권흠의 얼굴이 피범벅이 됐다. 취재 중인 기자들까지 폭행당했다. 기동대에 쫓긴 김경숙은 4층 창문에서 떨어져 숨졌다. 23분 만에 끝난 진압은 당사를 폐허로 만들었다. 경찰은 노조 간부들을 구속하고, 인명진·문동환·서경석·이문영·고은을 비롯해 여덟 사람을 배후조종자로 엮어 함께 구속했다. 신민당 의원들은 정권의 폭력에 항의하여 당사 농성을 벌였다. 미국 국무부도 경찰 책임자를 처벌하라는 논평을 냈다.

박정희 정권은 신민당사 농성을 진압함과 동시에 김영삼을 제거하는 작업에 들어갔다. 8월 13일 신민당 원외 지구당 위원장들을 회유해 김영삼과 총재단에 대한 직무정지 가처분 신청을 내도록 했다. 9월 8일 서울 민사지법은 가처분신청을 받아들여 전당대회 의장 정운갑을 총재 직무대행으로 선임했다. 신민당 의원들은 법원 판결에 관계없이 김영삼을 계속 총재로 인정하기로 결의했다. 김영삼은 9월 10일 "범국민적 항쟁을 통해 박정희 정권 타도 운동을 벌이겠다"고 선언했다. "남편은 그때 가택연금 중이었어요. 움직일 수 없으니 홍일이를 동교동계 의원들에게 보내 김영삼 총재를 지원하라고 독려하는 메모를 전했지요."

김영삼은 9월 15일 〈뉴욕타임스〉와 회견해 "카터 행정부는 독재자 박정희 정권에 대한 지지를 철회해야 한다"고 요구했다. 공화당은 김영삼의 발언을 사대주의적인 반국가적 언동이라고 규정하고 의원직

박탈 징계안을 냈다. 10월 4일 공화당과 유정회 의원들은 국회 경호권을 발동한 상태에서 김영삼 제명 안건을 10분 만에 날치기로 처리했다. 정권의 폭거에 항의해 신민당 소속 의원 66명 전원이 10월 13일 국회의원직 사퇴서를 냈다. 통일당 의원 3명도 동참했다.

10월 16일 부산에서 대규모 시위가 일어났다. '부마항쟁'의 시작이었다. 이날 오후 부산대 학생 5000여 명과 동아대 학생 1000여 명이 유신헌법 철폐와 독재정권 퇴진을 요구하며 교문을 나와 가두시위를 벌였다. 17일에는 학생들의 시위가 더욱 격렬해졌고 해가 저물자 시민들이 합세해 시위대가 5만여 명에 이르렀다. 시민항쟁이었다. 시민들은 "유신정권 물러가라" "정치탄압 중단하라" "김영삼 제명 철회하라"고 외쳤다. 시위대는 방송국·세무서·경찰서·파출소를 공격했다. 유신체제를 지탱해온 국가기관과 언론기관을 향한 분노의 표출이었다. 정부는 18일 0시를 기해 부산 지역에 비상계엄령을 선포하고 공수부대를 투입하여 시위군중을 해산했다. 1000여 명이 잡혀갔다.

항쟁의 불이 꺼지는 듯하더니 마산에서 다시 타올랐다. 18일 오후 경남대 학생 1000여 명이 번화가로 나와 격렬한 시위를 벌였다. 곧바로 시민 수천 명이 합세했다. 시위대는 파출소·방송국·신문사에 돌을 던졌다. 일부 시위대는 공화당사에 쳐들어가 집기를 부수고 박정희 사진을 떼어내 부수었다. 19일에는 시위가 더욱 격해져 공공기관이 습격당했다. 정부는 10월 20일 정오에 마산·창원 일원에 위수령을 발동했다. 시위대 500여 명이 연행됐다. 위수령 발동과 공수부대 투입으로 마산 시위는 표면상 가라앉았다. 분노한 민심은 진압부대의 군홧발 밑에서 용암처럼 들끓었다.

부마항쟁은 박정희 정권의 국가관리 능력이 한계에 부딪쳤음을 보여준 사건이었다. 1970년대 내내 박정희는 군사작전을 펼치듯 경제의 외형적 성장을 밀어붙였다. 1977년에는 목표보다 3년 앞당겨 수출 100억 달러 달성을 자축하기도 했으나 1978년부터 중화학공업 중복투자의 후유증으로 경제가 휘청거리기 시작했다. 이란 혁명으로 제2차 석유파동이 일어나자 경제는 회복하기 어려운 타격을 받았다. 노동자들과 서민들이 직격탄을 맞았다. 부마항쟁은 개발독재 성장주의의 누적된 폐해가 야당 탄압이라는 도화선을 타고 폭발한 사건이었다.

중앙정보부장 김재규는 부산에 계엄이 선포되고 난 뒤 현장에 내려가 사태를 관찰했다. 단순한 학생시위가 아니라 시민항쟁이라는 것이 분명했다. 그런데도 청와대 경호실장 차지철은 박정희 앞에서 "탱크로 밀어 캄보디아에서처럼 200만~300만 명만 죽이면 조용해진다"고 말한 것으로 알려졌다. 사태가 심상치 않게 돌아가자 10월 23일 '민주주의와 민족통일을 위한 국민연합'은 성명을 내 비상계엄을 해제하고 국군을 정권안보에 동원하지 말라고 촉구했다. 부산과 마산에서 타오른 항쟁의 불길이 전국으로 옮겨붙을 조짐을 보였다. 광주와 서울에서도 대규모 시위가 예정돼 있었다.

10월 27일 새벽 4시 동교동 집의 전화벨이 울렸다. 이희호는 잠결에 깨어 일어나 전화를 받았다. "잘 아는 분이 로스앤젤레스에서 건 전화였어요. 박정희 대통령이 총에 맞아 암살당했다고 하는데 아느냐고 물어요. 우리는 깜짝 놀랐어요. 전화를 끊고 라디오를 켜니 박정희 대통령 유고라는 발표가 나왔어요." 7시가 넘어 정부는 박정희의 사망 사실을 알렸다. "우리는 김재규 중앙정보부장이 박정희 대통령을 저격했다는 사실을 그 직후에 알았지요."

박정희는 10월 26일 저녁 6시 서울 종로구 궁정동 중앙정보부 안가에서 만찬을 했다. 중앙정보부장 김재규, 청와대 경호실장 차지철, 대통령 비서실장 김계원, 그리고 여성 가수와 모델이 참석했다. 김재규와 차지철은 시국수습책을 놓고 말다툼을 벌였다. 박정희가 차지철 편을 들었다. 차지철은 "까불면 신민당이든 학생이든 싹 쓸어버리겠다"고 큰소리쳤다. 김재규는 7시 35분께 "각하! 이따위 버러지 같은 놈을 데리고 정치를 하니 올바로 되겠습니까?" 하면서 권총으로 차지철을 쏘고 이어 박정희를 저격했다. 김재규는 뒤에 법정에서 "개인의 정분을 끊고 야수의 심정으로 유신의 심장을 쏘았다"고 말했다. 김재규의 거사로 18년 장기독재는 한순간에 막을 내렸다.

이희호와 김대중은 박정희가 심복의 총탄에 죽었다는 사실에 안도하기보다는 불안을 느꼈다. "우리는 박정희 정권이 암살로 끝난다는 게 걱정스러웠어요. 국민의 힘으로 독재를 물리쳐야 하는데, 그렇게 되지 않고 독재자가 부하에게 살해당한 것이 우리 민주주의에 이롭지 않을 것이라고 보았지요." 김대중은 박정희 암살 뒤 미국 시사주간지 〈뉴스위크〉와 회견할 때도 그런 생각을 밝혔다. "민주주의는 쿠데타나 암살로 되는 것이 아니다. 민주주의는 국민의 힘으로 이뤄야 진정한 민주주의라고 할 수 있다." 당시 김재규를 의인으로 보는 사회 분위기와 사뭇 다른 의견이었지만, 이희호와 김대중은 그 뒤로도 생각을 바꾸지 않았다.

"나는 박정희 대통령을 만나고 싶은 마음이 없었는데, 남편은 생각이 달랐어요. 박정희 대통령과 단 한 번도 마주앉아 허심탄회하게 이야기한 적이 없다는 사실을 늘 안타깝게 생각했어요." 김대중은 박정희가 암살당하기 몇 달 전인 1979년 봄에 박종태·예춘호·양순직을 통해 만나고 싶다는 뜻을 박정희에게 전달한 적이 있었다. 김대중의 뜻은 이러했다. "우리가 20년 가까이 서로 대립만 하고 이야기도 하지 않는 것은 곤란한 일이 아니겠는가? 꼭 한 번 만나고 싶다. 나의 조건은 단 한 가지다. 대통령은 나에게 말하고 싶은 것을 뭐든지 말해달라. 좋은 얘기든 나쁜 얘기든 무엇이든 이야기해달라. 그 대신에 대통령도 내 말을 충분히 들어달라. 서로 상대가 무엇을 생각하고 있는지, 상대의 눈을 보면서, 목소리를 들으면서 이야기하고 싶다." 시간이 한참 지난 뒤 김대중이 받은 것은 거절의 답이었다.

"남편과 박정희 대통령은 생전에 딱 한 번 만난 적이 있어요. 1968년 청와대에서 열린 신년 하례식이었지요." 김대중은 전해 총선에서 '전쟁'이란 말이 나올 정도로 치열한 싸움 끝에 국회의원에 재선된 터였다. 김대중과 박정희는 선 채로 인사하고 그 자리에서 5분 정도 이야기를 했다. 김대중은 "그때 박 대통령은 나에게 무척 친절했고 내 질문에 성실하게 대답해주었다"고 자서전에서 밝혔다. 그 만남이 처음이자 마지막이었다.

이희호는 박정희의 공과에 대해 이렇게 말했다. "보릿고개를 이겨내고 경제발전을 이끌었다는 공적이 있어요. 하지만 장기독재로 민주주의를 파괴하고 인권을 유린한 것은 공보다 훨씬 큰 허물입니다." 김대중도 비슷한 평가를 내린 바 있다. "박정희 정권 아래서 우리나라가 어느 정도 경제발전을 이룬 것은 사실이다. '우리도 하면 된다'는 자신감을 심어준 것도 공적이다. 그러나 독재정권이어야만 경제를 잘 발전시킬 수 있다는 견해에는 동의할 수 없다." 박정희가 쿠데타 뒤 추진한 '경제개발 5개년 계획'은 장면 민주당 정권이 세운 계획을 베껴서 내놓은 것이었다. 박정희 정권은 대기업에 특혜를 주어 재벌경제체제를 만들었고, 정경유착이라는 악성종양을 키웠다. 중소기업을 대기업에 종속시켰고 노동자들을 저임금에 묶어놓았다. 농촌에 새마을운동을 일으켰지만 농촌 몰락의 속도는 줄지 않았다. 박정희 정권의 저곡가 정책은 농민을 대도시로 떠밀었고 도시빈민으로 만들었다.

"지역분열은 박정희 대통령이 남긴 가장 나쁜 유산이었어요. 경상도를 우대하고 전라도를 차별했는데, 이것은 이승만 정권이 친일파를 비호한 것만큼이나 큰 잘못이었지요. 박정희 정권은 전라도를 지역개발이나 인재등용에서도 차별했지만, 문화적으로도 차별했어요." 박정희 집권기에 방송 드라마나 영화에서 도둑·사기꾼은 대부분 전라도 사투리를 썼다. 반면에 경상도 남자는 씩씩하고 사내다운 모습으로 묘사됐다. 그런 차별은 박정희 정권이 끝난 뒤로도 오랫동안 계속됐다. "민주주의를 하고 인권을 존중하면서도 얼마든지 산업화를 이룰 수 있지요. 박정희 대통령은 경제를 발전시킨다면서 너무나 많은 잘못을 저질렀어요."

박정희를 저격한 김재규는 10월 27일 0시 20분께 체포됐다. 육군참모총장 정승화가 보안사령관 전두환에게 김재규 체포를 지시했다. 비상국무회의는 그날 새벽 4시 제주도를 제외한 전국에 비상계엄을 선포하고 계엄사령관으로 정승화를 임명했다. 전두환은 박정희 암살 사건을 수사하는 합동수사본부장을 맡았다. 11월 3일 박정희의 국장이 치러졌다. 11월 6일 전두환이 텔레비전에 등장해 10·26사건 수사결과를 발표했다. "그때 처음으로 전두환 장군 얼굴을 보았는데, 왠지 모르게 살기가 느껴져서 섬뜩한 느낌이 들었어요. 함께 텔레비전을 보던 남편도 표정이 굳어졌어요." 김재규는 이듬해 5월 사형당했다.

13

# 군부 안의 독버섯, 하나회

## 12·12군사반란

박정희의 장례식이 끝난 뒤에도 유신체제를 떠받치던 긴급조치 9호는 해제되지 않았다. 이희호의 동교동 집은 아무런 변화가 없었다. 김대중은 형집행정지 신분이라는 이유로 계속 가택연금을 당했고 정치활동도 할 수 없었다. 박정희 국장이 치러진 1979년 11월 3일 김대중은 대통령 권한대행이 된 최규하에게 시국 수습 방안을 마련해 보냈다. "국가안보가 우선이고, 국민적 화해 단결이 필요하며, 민주정부를 하루빨리 수립하기 위해 거국적 협의체를 만들어야 한다"는 제안이었다. 김대중은 최규하와 직접 만나 국정의 장래를 협의하게 되길 바란다는 말도 했다. 김대중의 제안은 받아들여지지 않았다.

최규하는 11월 10일 '시국에 관한 담화'를 발표했다. "유신헌법에 따라 통일주체국민회의에서 대통령을 선출하고, 그 대통령은 현행 헌법에 규정된 잔여 임기를 채우지 않고 새로 제정되는 헌법에 따라 선출되는 새 대통령에게 정부를 이양한다"는 것이 주요 내용이었다.

최대한 빨리 유신헌법을 바꾸고 대통령 직선제로 돌아가라는 민심의 요구와는 사뭇 다른 조처였다. 11월 19일 계엄사는 계엄포고 8호를 공고해 전국 대학에 내려졌던 휴교령을 거두어들였다. 다시 학교에 나온 대학생들은 유신헌법 철폐를 요구하는 시위를 벌였다. "그때 남편의 연금이 계속되고 있는데도 신민당은 아무런 대응도 하지 않았어요. 김영삼 총재를 당선시키려고 나섰다가 연금당한 것이었는데 항의 한마디 하지 않으니 무척 서운했지요."

최규하 대통령 권한대행 체제가 민주화 일정을 밝히지 않자 재야 민주화세력은 11월 24일 서울 명동 YWCA 1층 강당에서 대규모 집회를 열었다. 이 사건은 윤보선·함석헌·김대중이 공동의장으로 있던 '민주주의와 민족통일을 위한 국민연합' 산하의 민주청년협의회가 주도한 것이었다. 계엄사의 감시를 피해 민주청년협의회 회원인 홍성엽의 결혼식으로 위장해 500여 명의 민주인사들이 모였다. 참석자들은 '통일주체국민회의의 대통령 보궐선거를 저지하기 위한 국민선언문'을 발표하고 유신체제 청산과 거국민주내각 구성을 요구했다. 바로 그때 경찰들이 들이닥쳐 대회장이 아수라장이 됐고 150여 명이 계엄포고령 위반으로 중부경찰서에 연행됐다. 집회 참가자들의 움직임을 사전에 알고 있었음이 분명했다.

결혼식으로 위장한 집회가 열리기 전 재야세력은 군부의 눈을 피해 바쁘게 움직였다. 국민연합 공동의장인 윤보선의 안국동 집이 모임 장소였다. 김대중은 가택연금으로 움직일 수 없어 측근 김상현을 대신 보냈다. 박종태·양순직·예춘호·백기완·김관석이 윤보선 집의 주요 참석자였다. 윤보선은 최규하를 즉각 퇴진시키고 민주정부를 조속히 수립해야 한다고 주장했다. "대대적인 시위를 벌여야 빨리 민주정권으로 이양된다"는 말도 했다. "남편은 윤보선 대통령의 주장에 강하게 반대했어요. 그런 식으로 대통령 보궐선거를 저지하고 최규하 대통령 권한대행을 퇴진시키면 안 된다고 했지요." 김대중은 김상현을 통해 최규하 권한대행 체제를 강화해 그 체제로 직선제 개헌을 해야지 그러지 않으면 군부가 전면에 나올 수 있다는 걱정을 전했다. 안국동 모임에서 김대중의 주장에 동조하는 사람은 소수였다. 결국 김대중 쪽 사람들은 YWCA 집회에 참여하지 않았다. 집회는 함석헌이 대회장을 맡아 열렸다.

군부는 재야세력의 '위장 결혼식' 집회에 과격하게 대응했다. 보안사는 김대중 진영에서 재야와 학생을 동원해 정권 타도를 시도하는 것으로 오판했다. 군인들은 연행자들을 서빙고 보안사 분실로 끌고 가서 내란음모·국가반역 죄목을 들이밀며 악랄하게 고문했다. 가장 끔찍하게 당한 백기완은 뒤에 병보석으로 출감했을 때 몸무게가 반으로 줄었다. 김병걸도 고문후유증으로 제대로 걷지 못했다. 11월 27일 계엄사는 YWCA 집회에 대해 "전임 대통령과 구정치인이 배후에 숨어 순수한 일부 청년들을 선동하고 전위대로 삼아 자신들의 야망을 달성하려던 정치적 욕망이 깔린 사건"이라고 발표했다. 14명이 구속돼 군사재판에 회부됐다. 이 사건 이후 민주 진영은 군부의 움직임에 촉각을 곤두세우게 됐고 조기 개헌에 맞춰졌던 투쟁 방향도 계엄 해제로 옮겨졌다.

YWCA 집회 탄압은 김대중에 대한 신군부의 적대감이 얼마나 컸는지 생생하게 보여준 사건이었다. 계엄사령관 정승화도 그런 적대감에 감염돼 있었다. 정승화는 11월 26일 언론사 사장들을 초대한 점심 자리에서 김대중을 겨냥해 이렇게 말했다. "법과 질서를 파괴하고 헌법을 무시하며 정치적 야욕을 달성하려는 자는 용납하지 않겠다. 그 사람은 용공이다. 육군 소위도 못 될 사람이 어떻게 대통령이 될 수 있겠나. 그 사람이 대통령이 되면 쿠데타라도 일으켜 막겠다." 정승화는 27일 언론사 편집국장, 30일 국방부 출입기자들과 함께한 자리에서도 같은 말을 했다.

정승화의 발언이 보도돼 파문을 일으키자 김대중과 가까운 국회의원 이용희가 국회에서 국방부 장관에게 따졌다. "나는 수십 년 동안 김대중 씨와 정치 활동을 같이해왔다. 김대중 씨만큼 진정한 반공주의자도 없다. 김대중 씨가 용공이라면 나도 용공이다. 무슨 근거로 용공이라고 하는가?" 국방부 장관 노재현이 계엄사령관을 대신해 국회에서 사과했다. 주한 미국 대사 윌리엄 글라이스틴(William H. Gleysteen, Jr.)도 나서서 자신의 견해를 밝혔다. "우리는 김대중 씨를 신뢰할 수 있는 민주주의자이며 공산주의 반대론자라고 보고 있다. 만약 군 당국이 그런 왜곡된 견해를 공표한다면 미국의 입장을 밝히겠다."

정승화는 이 발언을 하고 2수일 뒤에 후배 군인들에게 체포돼 이등병으로 강등됐다. 정승화는 훗날 그 발언에 대해 김대중에게 사과하고 언론에 소회를 밝혔다. "중앙정보부의 '김대중 파일'을 보고 그렇게 생각했다. 그런데 내가 당하고 나서 '정승화 파일'이라는 것을 들어보니 날조된 것이 많았다. 지금은 그런 '문서'에 대한 내 생각이 달라졌다." 이희호는 김대중을 적으로 보는 '정치군인'들이 지배하는 세상에서 남편이 살아남았다는 것이 기적 같은 일이라고 회고했다. "남편에 대한 잘못된 생각을 정치군인들이 하고 있었어요. 공산주의자라고 했어요. 정승화 씨도 그랬고요. 그런 생각을 하는 군인들이 수십 년 동안 집권했는데, 남편이 죽지 않고 목숨을 지킨 건 기적에 가까운 일이었지요."

당시 군부가 김대중을 어떻게 보고 있었는지는 〈워싱턴포스트〉 기자를 지낸 돈 오버도퍼(Don Oberdorfer)가 쓴 《두 개의 한국 *The Two Koreas*》의 내용으로도 짐작할 수 있다. 오버도퍼는 이렇게 썼다. "1980년 필자와 한 대담에서 일부 고위 군 관련 인사들은 김대중이 과거에 북한의 사주를 받았거나 현재까지도 사주를 받고 있는 공산주의자라고 주장했다. 그러나 이들 중 대다수는 김대중을 만나본 적도 없는 사람이었다. 김대중과 여러 차례 인터뷰해온 필자로서는 그가 공산주의자라는 주장을 믿지 않았다. 1980년대 말 CIA 전문요원 출신인 제임스 릴리(James R. Lilley) 주한 미국 대사가 각종 기밀 보고서와 경찰 파일을 포함한 김대중의 과거 행적을 면밀하게 조사한 뒤 그가 공산당에 가담했다는 주장은 전혀 근거가 없다는 결론을 내렸다."

국민의 바람과 달리 최규하는 12월 6일 유신헌법에 따라 통일주체국민회의에서 대통령으로 선출됐다. 이틀 뒤인 12월 8일 0시를 기해 긴급조치 9호가 풀렸다. 발동된 지 4년 6개월 만이었다. "그날 남편도 장기연금에서 풀려났어요. 신민당 전당대회 직후부터 200일 가까이 집 안에 갇혀 있었지요." 김대중은 연금에서 풀려난 날 성명을 발표했다. "오늘로써 긴급조치가 해제되고 상당수의 민주인사들이 석방된 것을 만시지탄은 있지만 환영한다. 그러나 아직도 그들의 복권이 이루어지지 않았으며 기타 죄명으로 옥중에 있는 인사들의 석방조치가 병행되지 않은 데 대해 유감의 심정을 금할 수 없다."

김대중은 성명에서 자신이 평소에 품고 있던 정치적 신념도 밝혔

김대중과 이희호는 1979년 12월 8일 긴급조치 9호 해제로
비로소 자유를 실감하게 된다. 가택연금일이 빼곡히 표시된 달력이 보인다.

다. "나는 자유민주주의와 자유경제를 신봉하며, 복지사회 건설을 열망한다. '조속한 민주정부 수립'이라는 나의 신념과 목표는 확고부동하다. 그러나 이를 추진하는 방법은 평화적이어야 하며, 대화와 인내와 질서 속에서 행해져야 한다고 믿는다." 김대중은 "내가 지지하는 것은 간디의 길이지, 호메이니의 길이 아니다"라는 말도 했다. "나는 링컨이 남북전쟁을 마무리하면서 자기 당내의 반대를 무릅쓰고 '누구에게도 악의를 품지 않고 모든 사람에게 자비를 베풀어야 한다'고 주장한 위대한 화해와 관용의 정신을 우리가 본받아야 한다고 믿는다."

김대중은 성명 마지막에 대통령 최규하에게 '거국적 중립 내각 구성'을 다시 요청하고 '전국민적 합의를 집약할 수 있는 협의체를 구성하여 민의를 흡수하고 실천해야 한다'고 주장했다. 그날 김대중은 기자회견도 열어 "미명의 빛이 조금 보인다"고 말했다. 나라의 앞날에 희미하게나마 희망을 품을 수 있게 됐다는 말이었다. 그것이 성급한 진단일 수도 있음을 김대중도 이희호도 그 시점에서는 뚜렷이 알지 못했다. 최규하는 12월 10일 신현확을 국무총리로 임명하고 14일에는 과도정부의 새 내각을 출범시켰다. 김대중은 연금은 풀렸지만 복권이 이루어지지 않아 여전히 정치활동을 할 수 없었다.

최규하가 신현확을 국무총리로 임명하고 이틀이 지난 12월 12일 저녁 어둠의 장막을 가르고 서울 하늘에 총성이 울려 퍼졌다. "그날 저녁 동교동 우리 집으로 전화가 걸려왔어요. 용산 근처에 사는 친지한테서 온 전화였는데, 총소리가 요란하게 들린다는 거예요. 서울에서 총격 소리가 난다니 믿기지가 않았어요. 느낌이 좋지 않았지만, 그게 군사반란일 거라고는 생각하지 못했어요."

이날 보안사령관 전두환이 합동수사본부장의 직위를 이용해 육군참모총장이자 계엄사령관인 정승화를 체포했다. 대통령의 재가도 받지 않고 이루어진 하극상의 반란이었다. 전두환은 정승화에게 김재규와 박정희 암살을 공모했다는 혐의를 씌웠다. 정승화를 체포하는 중에 한남동 육군참모총장 공관에서 총격전이 벌어져 3명이 사망하고 20명이 중경상을 입었다. 이희호의 친지가 들은 총성이 바로 그 총격전에서 난 소리였다.

이날 반란에는 제1군단장 황영시, 9사단장 노태우, 20사단장 박준병, 제1공수특전여단장 박희도, 제3공수특전여단장 최세창, 제5공수특전여단장 장기오, 수도경비사령부 30경비단장 장세동이 주역으로 가담했다. 12·12 반란 부대는 이날 밤 중앙청과 국방부를 장악하고

3군사령관 이건영, 수도경비사령관 장태완, 특전사령관 정병주도 체포해 연행했다. 대통령 최규하는 이튿날 새벽에야 전두환의 압박을 못 이기고 정승화 체포를 재가했다. 사후 승인이었다.

12·12반란이 나기 전 정승화는 '하나회' 장교들을 분산시킬 방안을 연구하도록 지시하고 합동수사본부장 교체를 국방장관 노재현에게 건의했다. 보안사령관을 동해안경비사령관으로 보낼 거라는 소문이 돌았다. 정승화의 움직임을 입수한 전두환이 선수를 쳐 '하나회' 지휘관들과 모의해 계엄사령관을 잡아들인 것이 12·12반란이었다. 하나회는 박정희 집권 시절에 만들어져 독버섯처럼 자라난 군대 안 비밀 사조직이었다. 육사 11기가 중심이 되었고 우두머리는 박정희의 총애를 받은 전두환이었다. 박정희 정권 시절 보안사령관 강창성이 조사한 결과를 보면, 하나회 회원은 정규 육군사관학교 출신 중에서 기수별로 5퍼센트 수준인 10명 내외로 뽑고, 회원 다수를 영남 출신으로 하되 다른 지역 출신을 상징으로 끼워 넣으며, 가입할 때 조직에 신명을 바쳐 충성할 것을 맹세하게 한다는 내용이 들어 있었다. 하나회 회원이 받는 가장 큰 특혜는 진급과 보직이었다. 하나회는 공조직을 병들게 하고 무력화한 군부 안의 암세포였다. 이 사조직이 12·12군사반란의 주체였지만 국민은 이런 사실을 전혀 알지 못했다.

정승화는 보안사로 끌려가 무참하게 고문을 당했다. 보안사의 젊은 군인들이 정승화에게 욕을 퍼부었다. "바른대로 말해, 이 자식. 김재규와 공모했지. 다 알고 있는데, 이 자식, 거짓말해야 소용없어." 말 그대로 하극상이었다. 미국은 반란세력이 통고도 하지 않고 군대를 이동하고 육군참모총장을 체포한 데 대해 '망나니들의 반란'이라고 표현하며 반발했다. 다음날 아침 글라이스틴은 워싱턴에 보고서를 전했다. "남한은 사실상 군사 쿠데타가 벌어진 상황이다. 유약한 문민정부가 명목상으로 존재하지만 실질 권력은 없으며 모든 정황으로 보아 한국군의 핵심 조직들은 전두환 소장이 이끄는 '신군부' 집단의 치밀한 계획 아래 완전히 장악됐다." 그러나 글라이스틴도 주한미군 사령관 존 위컴(John A. Wickham, Jr.)도 12·12반란을 무효로 돌리려는 노력을 하지 않았다. 미국은 대세의 흐름을 추인하고 말았다.

12·12반란에 성공한 전두환은 12월 14일 곧바로 군 인사를 단행했다. 선배 장성들의 옷을 벗기고 육사 동기와 친구들을 핵심 요직으로 불러들였다. 또 이희성을 육군참모총장 겸 계엄사령관으로 앉혔다. 12·12반란으로 전두환은 군부의 실권을 장악했다. 이런 엄청난 사실은 신군부의 언론 통제로 그 내막이 알려지지 않았다. 사태가 어떻게 진행되는지 알 수 없는 답답한 시간이 계속됐다. 이후 이듬해 5월 17일까지 6개월은 반란세력이 또 한 번의 쿠데타를 꾸미는 아주 긴 준비기였지만, 신군부의 움직임은 언론 통제의 장막에 가려져 드러나지 않았다. 12월 21일 최규하 대통령 취임식이 열렸다. 12월 23일에는 긴급조치 관련자 561명이 사면됐고 1130명이 석방됐으며, 제적학생과 해직교수들이 학교로 돌아갔다. 총소리는 사람들의 기억에서 차츰 흐려졌다.

제4부

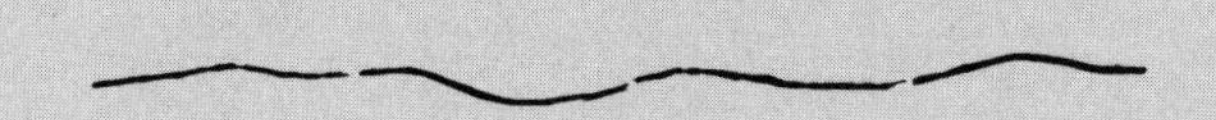

# 제5공화국

1

# 장막 뒤의 신군부

## 서울의 봄

1980년 새해가 왔다. 정국은 앞을 내다보기 어려운 오리무중의 연속이었다. 최규하는 1월 18일 새해 기자회견에서 자신이 직접 개헌안을 발의해 국민투표에 부치겠다고 했지만 그 뒤로도 말이 엇갈렸다. 대통령의 속내가 무엇인지 짐작하기 어려웠다. '안개 정국'이었다. "그때 남편은 복권이 안 된 처지여서 정치활동의 전면에 나서지 못하고 국민연합('민주주의와 민족통일을 위한 국민연합')의 재야인사들을 주로 만났지요."

1월 말쯤 보안사령관 전두환 쪽에서 김대중을 만나자는 연락이 왔다. "남편은 이용희 의원과 함께 보안사 안가로 쓰던 안국동 뒤쪽 내자호텔로 갔어요." 김대중을 기다린 사람은 전두환이 아니라 대령 계급장을 단 보안사 대공처장 이학봉과 보안사 정보처장 권정달이었다. 이학봉은 김대중에게 위압적인 태도로 종이 한 장을 내밀었다. '국외로 나가지 않고 정치적으로 자중하며 정부에 협조하겠다'는 내용의 각서를 쓰면 복권을 시켜주겠다는 것이었다. "내 공민권을 제한

하는 것 자체가 부당한 일인데 왜 각서를 써야 하는가? 그런 일이라면 복권되지 않아도 상관없다." 김대중은 그 자리에서 종이를 물리쳤다.

"남편이 돌아와서는 황당하다는 표정을 지었어요. 복권 조처는 대통령이 내려야 하는 것인데 군인들이 나대는 것이 걱정스럽다고 했어요. 군인들의 경거망동을 막으려면 계엄령을 해제해야 한다고 했지요." 김대중은 신민당에 국회를 열어 계엄령 해제를 촉구할 것을 주문했다. 신민당은 김대중의 말에 귀를 기울이지 않았다. 신민당 총재 김영삼은 자신에게 정치적 기회가 오리라고 확신하고 신민당 시도지부와 지구당 조직 재정비에 힘을 쏟았다. 1월 31일 서울시지부 결성대회에서 김영삼은 "신민당이 집권하는 것이 역사의 순리"라고 주장했다. 신민당 총재인 자신이 집권해야 한다는 뜻이었다.

김영삼이 제약 없이 활동하는 데 반해 김대중을 옥죄는 사슬은 풀릴 기미가 보이지 않았다. "신문은 남편 이름을 쓰지 못했어요. 남편이 불구자가 됐다느니 정신 이상이라느니 하는 소문까지 퍼졌어요. 방송에 얼굴 한번만 비쳐도 그런 말이 사라졌을 텐데 방송도 침묵했지요." 2월 25일 〈동아일보〉 회장 김상만이 서울 계동의 인촌기념관에서 만찬 자리를 마련했다. 이 자리에는 김대중, 신민당 총재 김영삼, 10·26 뒤 공화당 총재가 된 김종필이 초청받았다. 주한 미국 대사 윌리엄 글라이스틴을 포함한 외교사절들도 대거 참석했다. 계엄령 아래 정국이 다소 유화국면으로 접어드는 듯한 분위기 속에서 열린 만찬이었다.

만찬장 면면을 상세히 보도한 〈동아일보〉는 김영삼·김종필 이름은 자유롭게 쓰면서 김대중이라는 이름은 직접 말하지 못하고 '재야 유력인사' 따위로 표현했다. 2월 26일치 〈동아일보〉 기사 중에는 이런 내용도 있었다. "김종필 총재가 한 참석자에게 '몸이 상당히 불은 것 같은데 이제는 운동을 하셔야죠?'라고 하자 옆에 있던 이태영 박사가 '복권이 되어야 운동을 하죠'라고 거들어 한 차례 폭소가 터졌다." 여기서 '한 참석자'는 김대중을 가리키는 말이었다.

2월 29일 '서울의 봄'을 알리는 아지랑이가 피어올랐다. 정부는 이날 민주인사 687명의 사면·복권을 발표했다. 정치인 김대중·윤보선·정일형, 종교인 함석헌·지학순·문익환·문동환·함세웅, 대학교수 백낙청·리영희·김동길이 사면·복권 대상자에 포함됐다. 유신이 선포된 뒤로 7년 5개월 만에 김대중은 국민 앞에 설 자유를 얻었다. 김대중은 이날 성명을 발표해 명분 없는 비상계엄이 계속되는 현실을 비판하고, 대통령 최규하와 만나 국정 전반을 놓고 솔직한 의견교환을 하고 싶다는 뜻을 다시 밝혔다. 최규하는 묵묵부답이었다.

김대중이 정부의 사면·복권 조처로 망명·납치·투옥·연금의 길고 긴 터널을 빠져나오자 강연 요청이 밀려들고 인터뷰 요청도 빗발쳤다. "나도 덩달아 언론들과 인터뷰하고 조명을 받았지요. 우리 집을 에워쌌던 경찰이 철수하고 문이 열리니까 방문객들이 하루에 수백 명씩 찾아왔어요." 3월 26일 김대중은 서울 YWCA 강당에서 '민족혼'이라는 제목으로 강연을 했다. 일반인을 상대로 하는 강연은 8년 만에 처음이었다. 청중의 열기가 뜨거웠다. 서울에 봄이 온 것이 확실해 보였다. 민주화 훈풍이 이는 듯했다.

4월 3일 김대중은 복권 뒤 처음으로 김영삼을 만났다. 김대중을 비롯한 재야인사들의 신민당 입당 문제가 대화의 주요 의제였다. "그때 김영삼 총재는 신민당을 중심에 두고 있었고, 남편은 국민연합의 공동의장으로서 신민당과 재야의 대등한 관계를 마음에 두고 있었어요. 그런데 김영삼 총재 쪽에서 재야인사들을 영입하기 전에 심사하는 절차를 거쳐야 한다고 했어요. 남편은 거기에 반대했어요. 독재정치에 맞서 민주화 투쟁을 벌이다가 감옥에 간 사람들을 뒷짐 지고 있던 사람들이 심사하겠다는 것이냐고요."

김대중은 4월 7일 김영삼이 재야인사들을 받아들일 뜻이 없다는 것을 확인하고 신민당 입당을 포기하는 성명을 발표했다. 이문영·박형규·서남동·문익환·이우정·계훈제·고은·김윤식·김종완·김승훈·함세웅·예춘호가 곧바로 모여 김대중의 입당 포기 선언을 이해하고 지지한다는 견해를 밝혔다. "당시 재야인사들 대다수는 남편이 신민당을 이끌어야 한다고 생각하고 있었어요." 두 세력의 협상 결렬로 봄 하늘에 구름 한 자락이 깔렸다.

신군부는 '서울의 봄'의 장막 뒤에서 주도면밀하게 움직였다. 보안사는 3월 초부터 언론대책반을 만들어 가동하고 있었다. 언론을 장악해야 정권을 장악할 수 있다는 것이 신군부의 계산이었다. 신군부는 영향력 있는 언론인들을 포섭하고 강도 높은 검열로 언론의 논조를 자기들에게 유리한 방향으로 이끌었다. 정치권의 지도자인 김대중·김영삼·김종필을 싸잡아 낡은 정치인으로 몰고 신군부를 안정구축세력으로 포장하는 여론조작을 계속했다.

4월 중순 막후에 있던 전두환이 장막을 걷고 얼굴을 내밀었다. 3월 1일 중장으로 진급한 전두환은 3월 말 국무총리 신현확을 찾아가 중앙정보부장을 겸직해야겠다고 통고했다. 전두환은 4월 14일 중앙정보부장 서리에 취임했다. 현역 군인이 중앙정보부장을 겸직할 수 없다는 중앙정보부법을 피해가려고 서리라는 꼬리표를 달았다. 대통령 최규하는 무기력하게 전두환에게 중앙정보부장 자리를 허락했다. 전두환은 중앙정보부 예산 800억 원을 마음대로 주무를 수 있게 됐고, 중앙정보부장 서리 자격으로 국무회의에 참석했다. 대통령은 아무런 실권이 없는 허수아비가 됐다.

김영삼 진영은 전두환의 중앙정보부장 서리 겸임을 대수롭지 않은 일로 보아 넘겼다. 4월 15일 김영삼은 "민주화 일정은 예정대로 진행될 것"이라며 전두환의 정보부장 서리 취임이 혼란을 수습하는 데 도움이 되기를 기대한다고 밝혔다. 김대중은 사태를 심각하게 받아들였다. "남편은 전두환 장군이 중앙정보부장까지 차지한 것을 심상치 않은 일이라고 생각했어요. 강연할 때마다 민주주의 앞날이 걱정된다는 이야기를 했지요. 국민에게 직접 호소해 군부의 움직임에 경각심을 심어주자는 것이었어요."

김대중은 4월 16일 한국신학대학 강당에서 열린 시국강연에서 "전두환 중앙정보부장 서리 임명은 국민의 판단이나 기대와는 차이가 있는 것이며, 국민들 사이에 상당한 우려가 나오고 있다"고 말했다. "유신세력은 10·26사태로 독재의 장벽에 조그맣게 열린 돌파구를 다시 막으려고 온갖 계략을 꾸미고 있다. 유신세력들의 흉계를 국민의 힘으로 단호히 분쇄해야 한다." 김대중은 4월 18일 동국대 강당에서 열린 강연에서도 군부의 엄정중립을 요구했다. "군은 반드시 중립을 지켜야 한다. 정치에 개입해서는 안 된다. 계엄령을 더 연장할 이유가 없다." 그러면서 김대중은 군부에 빌미를 주는 일을 만들어서는 안 된다고 경고했다. "우리가 성급하게 혼란을 일으키는 일에 말려들어 가면, 그런 일을 노리고 그렇게 되기를 바라는 사람들에게 절호의 구실을 주게 된다." 김대중의 강연장은 밀려드는 사람들로 발 디딜 틈이 없었다. 청중은 오랜만에 등장한 김대중에게 뜨거운 함성과

1980년 4월 18일 동국대에서 열린 김대중의 강연장.
뜨거운 열기로 가득 찬 강당 객석에 있던
이희호에게 학생들이 사인을 받고 있다.

박수를 보냈다. "한국신학대학 강연과 동국대 강연에 나도 함께 갔지요. 사람들의 열기가 대단했고 남편의 주장에 다들 호응했어요."

시국이 살얼음판 같았다. 3월에 총학생회를 다시 꾸린 대학생들이 앞으로 나오기 시작했다. 5월 2일 서울대에서는 개교 이래 최대 인원인 1만여 명이 모여 비상학생총회를 열었다. 서울대 학생들은 격렬한 토론을 거쳐 '계엄 해제', '유신잔당 퇴진'을 내걸고 정치투쟁에 나서기로 했다. 학생들은 그날 전두환과 신현확의 허수아비를 만들어 화형식을 치르기도 했다. 5월 9일에는 고려대 총학생회장실에서 전국 23개 총학생회장들이 모여 회의를 열었다. 이날 학생들은 신군부에 쿠데타 빌미를 주지 말자며 당분간 교내시위만 계속하기로 합의했다.

그 뒤 며칠 사이 총학생회장단 분위기가 바뀌었다. 13일이 되자 학생들이 교문을 열고 거리로 뛰쳐나왔다. 온건 투쟁으로는 군부 쿠데타를 막을 수 없다는 것이 지도부의 바뀐 생각이었다. 이날 연세대를 비롯한 서울시내 대학 6곳의 학생 2500여 명이 광화문 일대에서 밤중까지 시위를 벌였고, 이어 대학 7곳에서 철야농성에 들어갔다. 다시 14일에는 정오부터 서울·대구·광주를 비롯한 전국 곳곳에서 학생들이 대학 교문을 열고 나와 '전두환 물러가라' 구호를 외치며 시위를 벌였다. 서울의 학생 수만 명이 광화문으로 쏟아져 나왔다.

학생들의 거리 진출은 신군부가 바라던 것이었다. 대학 교문을 지키던 전투경찰이 사라졌다. 군부가 도심 시위를 유도하는 것이 분명했다. 상황을 심각하게 여긴 미국 대사 글라이스틴은 12일 오전 김대중을 만났다. "그날 글라이스틴 대사가 우리 집을 찾아왔어요. 상황이 심상치 않으니 남편이 나서서 학생들을 자제시켜달라고 했어요. 군부에 빌미를 주어서는 안 된다고요." 신군부는 학생들의 시위가 북한의 사주를 받은 것이라는 말을 유포하고 '북한 남침 위협' 소문까지 퍼뜨렸다. 김대중은 즉각 기자회견을 열어 "만약 여기서 소동이 일어나면 민주주의를 저해하려는 세력에게 절호의 기회를 주게 된다"며 학생들의 침착한 대응을 호소했다. 13일 김대중은 다시 기자회견을 열어 최규하·김대중·김영삼·김종필·전두환을 포함한 5인 회담을 제의했다. 이 제의는 전혀 보도되지 않았다.

13일 〈동아일보〉 기자가 동교동을 찾아와 학생들을 설득하는 글을 써달라고 요청했다. 그때 상황을 김대중은 자서전에서 이렇게 밝혔다. "1면 머리기사로 싣겠다고 했다. 그렇게만 된다면 좋은 일이었다. 군의 검열을 받아야 하는데 내 글을 통과시켜줄 것 같지 않았다. 정말 실을 수 있겠느냐고 물었다. 그 기자는 호기롭게 말했다. '질서를 지키고 시위를 그만두라는 기사가 왜 안 실리겠습니까?' 나는 원고지 8장 분량의 원고를 써서 보냈다. 하지만 내 글은 실리지 않았다." 계엄사는 김대중의 글을 통째로 삭제했다.

당시 언론은 신군부에 완전히 장악돼 있었다. 신문 대장이 나오면 인쇄하기에 앞서 서울시청의 계엄사 언론검열단에 들고 가 사전 검열을 받아야 했다. 서울시청 3층 검열단 방에서 그날그날의 검열지침이 정해졌다. 검열단은 혼란을 방치하거나 조장하는 쪽으로 보도를 몰고 갔다. 당시 〈동아일보〉 기자 김재홍은 이렇게 기록했다. "1980년 5월 16일, 이날 검열지침은 이렇게 정해졌다. 학생들의 행위를 미화 또는 지지하는 식의 보도 불가, 시위 학생이 청소·교통정리를 했다는 보도 불가, 학생 구호 중 '김일성은 오판 말라', '반공정신 이상 없다' 등은 불가." 이런 상황이니 김대중의 학생 자제 호소문이 실릴 턱이 없었다.

15일 오후에는 김대중의 간담을 서늘하게 하는 일이 일어났다. "그날 오후 2시쯤 문익환 목사, 이문영 교수, 예춘호 의원, 이해동 목사가 우리 집을 찾아왔어요. 문익환 목사님이 시국 성명서를 작성해 우리 서명을 받으러 온 것이었어요. 그분들은 학생들의 도심 진출에 몹시 흥분해 있었어요. 윤보선 대통령은 벌써 서명을 했다고 하면서 남편에게 서명하라고 했어요. 그런데 남편은 그 내용을 보고 깜짝 놀라서, 이대로 나가면 절대로 안 된다고 했어요." 김대중이 보기에 재야인사들이 마련한 성명서 초안에는 신군부의 덫에 걸릴 수도 있는 위험한 주장이 많았다. "모든 군인들은 무기를 놓고 병영을 나와라. 모든 노동자는 공장을 떠나라. 모든 상인들은 문을 닫고 철시하라. 모든 국민들은 가슴에 검은 리본을 달고 장충단 공원으로 모여라."

놀란 김대중은 "사회가 혼란해지면 군부가 뛰쳐나오려고 노리고 있는데, 이것은 호랑이 아가리에 머리를 처박는 꼴"이라고 강경하게 반대했다. 결국 성명서는 '계엄령 즉시 해제', '전두환 · 신현확 퇴진'을 요구하는 내용으로 다시 작성됐다. "그분들은 남편이 너무 소심하고 염려가 많다고 생각했지요. 많은 사람들이 남편이 과격하다고 생각하는데, 내가 보기에는 남편은 지나칠 만큼 신중한 사람이에요. 그런 신중함이 없었다면 군사독재의 덫에서 빠져나올 수 없었을 거예요. 뒤에 남편이 중앙정보부에 끌려갔을 때 수사관한테 그런 말을 들었대요. 성명서가 원안대로 나갔다면 목숨이 몇 개여도 부족했을 거라고요. 정보를 쥐고 있던 그 사람들은 성명서가 그대로 나가기를 바랐다고 해요. 원안대로 나가지 않아 상부에서 매우 아쉬워했다는 거예요."

2

## 참혹한 운명의 날
### 5·17쿠데타

1980년 5월 15일 오후 3시 서울 시내 대학 30여 곳의 대학생 10만여 명이 서울역 앞에 모여 신군부와 유신잔당 성토대회를 열었다. 연사들은 임시 연단으로 마련한 버스 지붕 위에 올라가 비상계엄을 해제하고 민주화 일정을 제시하라고 요구했다. 이날 시위는 '서울의 봄'의 절정이었다. 부산·대구·광주·인천·목포·청주·춘천 등지에서도 시위가 최고조에 이르렀다. 서울역 앞의 총학생회장단은 저녁 8시 30분 시위를 끝내고 교내로 돌아가 철야농성을 하기로 결정했다. 군부에 쿠데타 빌미를 주지 말자는 결의였다. 시위대 해산에 반대한 고려대 학생 2000여 명은 9시 넘어 시청 앞까지 행진한 뒤 스스로 해산했다. '서울역 회군'이었다.

신군부의 움직임이 심상치 않다고 판단한 김대중은 5월 16일 아침 일찍 김영삼에게 연락했다. "김영삼 총재가 아침에 동교동 우리 집으로 왔어요. 남편과 한동안 이야기했지요. 4월 통합협상 이후 처음 만난 거였어요." 사태를 낙관하던 김영삼의 태도가 바뀌었다. 김대중과 김영삼은 계엄해제를 포함한 6개 항의 시국수습책을 발표했다. 16일 서울의 거리는 마치 폭풍 전야처럼 고요했다. 대학에서도 정상수업이 이루어졌다. 이날 오후 김대중은 북악파크호텔에서 신민당 정무위원 · 국회의원 30여 명과 만나 시국을 걱정하는 마음을 털어놓았다. "동지들! 작금의 정세가 심각한 국면에 돌입한 것 같습니다. 그동안 우리가 우려했던 일이 현실로 나타난 모양이니 사태를 예의주시하면서 현명하게 대처해야 하겠습니다." 오후 5시 대학생 대표 95명이 이화여대에서 모여 제1회 전국대학총학생회장단 회의를 열었다. 다음날까지 계속된 철야회의 끝에 학생들은 거리시위를 중단하기로 결정했다.

신군부는 5월 17일 밤 10시를 작전 개시 시점으로 정해놓고 미리 짜놓은 각본대로 움직였다. 5월 16일 밤 대통령 최규하가 중동 순방 중에 하루 일찍 급히 귀국했다. 신군부의 귀국 종용에 따른 것이었다. 전두환의 지시를 받은 보안사 대공처장 이학봉이 이날 전군 보안부대 수사과장 회의를 소집해 비상계엄 전국 확대에 맞춰 검거할 800여 명의 예비검속자 명단을 통고했다. 이 명단에는 학생소요 배후조종자와 권력형 부정축재자로 분류된 주요 인사 이름이 들어 있었다. 학생소요 배후조종자 명단에는 김대중과 동교동 비서들, 예춘호·문익환·고은·한승헌·이문영을 비롯한 김대중과 가까운 재야인사들, 김홍일·배기선·송기원·신계륜·이석표·설훈·심재권·이해찬을 비롯한 청년·학생운동 지도자들의 이름이 들어 있었다. 신군부는 권력형 부정축재자로 김종필·이후락을 비롯한 10여 명을 지목했다. 부정축재자를 끼워 넣음으로써 김대중과 재야세력 일망타진이라는 신군부의 진짜 목적을 위장하려는 것이었다.

5월 17일 밤 9시 42분 대통령 최규하가 참석한 비상국무회의가 공포 분위기 속에서 열렸다. 중앙청 국무회의장 복도와 현관에 총을 든 수도경비사령부 병력이 배치됐고 중앙청 외곽에 전차와 장갑차가 진주했다. 9시 50분 비상국무회의에서 18일 0시를 기해 비상계엄을 전국으로 확대한다는 안이 가결됐다. 찬반토론도 없이 8분 만에 이루어진 결정이었다. 계엄사는 즉시 포고령을 발표해 18일부터 정치활동과 집회·시위를 금지하고 대학에 휴교령을 내렸다. 18일 새벽 2시 무장 병력이 국회를 점령했다. 이날로 국회가 해산당했다. 이 모든 조처의 목표는 김대중과 재야세력을 핵심으로 하는 '정치판 싹쓸이'였다. 신군부가 김대중을 체포할 것이라는 소문이 퍼지자 주한 미국대사 윌리엄 글라이스틴이 대통령 비서실장 최광수에게 연락해 "정국 불안이 고조되고 있는 상황에서 김대중을 체포하는 것은 볏단에 불을 들고 뛰어드는 것과 같다"고 경고했다. 신군부는 글라이스틴의 경고를 무시했다.

5월 17일, 운명의 그날은 토요일이었다. 동교동은 하루 종일 긴장에 휩싸여 있었다. 저녁 8시 무렵 전화벨이 울렸다. 이름을 밝히지 않는 기자가 다급하게 상황을 전했다. 계엄사 군인들이 이화여대에서 대책회의를 하던 총학생회장들을 덮쳤고, 학생들이 개머리판에 맞아 피투성이가 된 채 끌려갔다는 것이었다. 조금 뒤에 다시 전화벨이 울렸다. 중앙정보부 요원이라고 신분을 밝힌 사람이 긴박하게 말했다. "지금 천지개벽이 됐습니다. 김대중 선생님이 위험합니다. 피할 수 있으면 빨리 피하십시오." 다시 10분쯤 뒤에 또 다른 전화가 걸려왔다. 국회의원 조세형의 목소리였다. "모두 끝장났습니다. 신변을 조심하십시오." 응접실에 앉아 있던 김대중은 담배를 피웠다. 체포가 임박한 상황이었지만 김대중은 피하지 않았다. 무거운 침묵이 흘렀다.

10시가 조금 지나 대문을 쾅쾅 치는 소리가 났다. 동교동 경호원 정승희가 문을 열자 검은 그림자들이 우르르 밀려들더니 착검한 M16 소총 개머리판으로 정승희의 머리를 내리쳤다. 머리에서 피가 뿜어져 나왔다. "누구요?" 경호원 이세웅이 소리 지르자 험한 목소리가 돌아왔다. "이 새끼들, 까불면 모두 죽여버리겠어." 무장 헌병 40여 명이 경호원을 내리치며 마당을 가로질러 응접실 쪽으로 몰려갔다. 그 뒤로 보안사 합동수사본부(합수부) 수사관 몇 명이 권총을 든 채 집 안으로 들어섰다. 현관문을 열고 응접실로 들이닥친 군인들은 자리에서 막 일어서던 김대중의 가슴에 착검한 총을 겨누었다. 불빛에 칼날이 번득였다. 장교 한 명이 권총을 들이대고 협박했다. "합수부에서 나왔습니다. 잠깐 가셔야겠습니다." 김대중이 되물었다. "어디요?" 장교가 신경질적으로 쏘아붙였다. "계엄사란 말입니다."

김대중은 윗도리를 가져오겠다며 안방으로 들어갔다. "놀라지 마요. 날 잡으러 왔소." 김대중은 이희호에게 말하고 옷을 입고 나갔다. 군인들이 김대중의 양팔을 잡아끌었다. 김대중은 팔을 뿌리치며 낮은 소리로 말했다. "내 발로 걸어갈 테니 걱정 말고 가만히들 있게." 착검한 총부리들이 일제히 김대중을 향하는 걸 보고 이희호가 소리를 질렀다. "가자는 말 한마디면 따라나설 분인데 왜 총을 겨누느냐?" 이희호는 현관 밖으로 나가는 남편의 등 뒤에 대고 외쳤다. "하느님이 당신과 함께해주실 것입니다!" 이희호는 총과 칼이 남편을 에워싸던 그 순간을 잊지 못했다. "그날 밤 남편을 체포하러 왔던 사람들 중 한 사람이 뒷날 증언을 했어요. 상부의 지휘자로부터 '반항하면 그대로 쏘라'는 명령을 받았다고 했어요."

동교동 집 마당에는 김대중의 동생 김대현, 비서 김옥두, 경호실장 박성철과 경호원 몇 사람이 있었다. 총을 든 보안사 요원들이 소리쳤다. "머리에 손을 얹고 저 벽 쪽으로 가라. 딴짓하면 죽인다." 김대중이 밖으로 끌려나가자 맨 마지막으로 응접실에서 나온 장교가 명령했다. "그대로 앉은 채 호명하는 사람만 일어선다." 군인들은 김대현·김옥두·박성철과 경호원을 끌고 나가 검은 승용차에 태웠다. 그날 밤 비서 한화갑, 이희호의 큰아들 김홍일도 다른 곳에서 붙잡혀 남산 중앙정보부로 끌려갔다. 연행자들을 기다린 건 필설로 다 할 수 없는 극악한 고문이었다.

군인들이 김대중과 비서들을 끌고 사라진 뒤 다시 6~7명의 사복 입은 사람들이 흙발로 응접실을 점령했다. 그중 키가 큰 사람이 이희호에게 말했다. "집을 수색해야겠습니다." 사복들은 온 집을 샅샅이 뒤졌다. 수색은 새벽 3시가 되어서야 끝이 났다. "그때 우리 집에는 남편의 강연을 녹음해 복사한 테이프가 많이 있었어요. 그것들까지 모두 쓸어서 가져갔어요. 밖에 트럭을 대기해놓고 실어갔어요." 사복들이 떠나고 난 집은 폭풍우에 휩쓸린 것 같았다. 적막감이 돌았다. "나머지 식구들이 어디에 있는지 보이지 않았어요. 비서들이 쓰던 방을 보니 거기에 다들 웅크리고 있었어요. 홍걸이도 거기 있었고요." 이희호는 안방에서 기도로 두려움을 달랬다. "새벽 4시쯤에 홍걸이가 잠이 오지 않는다며 안방으로 왔어요. 그때 홍걸이는 고등학교 2학년이었어요. 왜 하느님께서 우리에게 이렇게 엄청난 고난을 거듭 주시는지 이해하기 어려웠어요. '하느님, 너무하십니다'라는 말이 금방이라도 입 밖으로 나올 것만 같았어요. 막내와 손을 잡은 채 울면서 기도했어요. 그렇게 기도하면서 뜬눈으로 밤을 새웠지요."

아침이 되자 아는 사람들이 찾아오고 신문기자들도 동교동 집 문을 두드렸다. "기자 한 사람이 상도동 김영삼 총재 집을 들렀다 오는 길이라며 거기는 아무 일도 없고 평온하다고 했어요." 얼마 뒤에 김영삼이 동교동을 방문했다. "나는 김영삼 총재가 와주어서 고마운 마음으로 맞았지요." 신군부는 같은 야당 지도자인데도 김대중과 김영삼을 분리해 전혀 다른 방식으로 대했다. 한 사람은 죽음의 구렁텅이로 밀어 넣으면서 다른 한 사람은 그대로 두었다. 뒤에 신군부는 김영삼을 가택연금에 처했다.

아침 9시께 정보부 요원이 다시 동교동으로 찾아왔다. 둘째아들 김홍업을 찾았다. "홍업이는 전날 친구 집에 가 있어서 잡혀가지 않았어요. 정보부 사람이 돌아간 뒤에 홍업이가 집에 왔는데, 마침 〈아사히신문〉 특파원이 와 있어서 그 사람 차에 태워 피신을 시켰어요. 며칠만 숨어 있으면 될 거라고 생각했는데 석 달이나 숨어 다녔어요. 그 뒤에 붙잡혀 두 달 동안 정보부에 감금돼 있다가 풀려났지요."

5월 19일 월요일 아침 신문들은 '사회혼란 및 소요 관련 배후조종 혐의자'로 김대중을 비롯해 예춘호·문익환·김동길·인명진·고은·리영희를 체포했다는 보안사 합동수사본부의 18일 발표를 1면에 보도했다. 발표된 사람들 말고도 재야인사·정치인·대학생들 여럿이 신군부에 잡혀갔다. 20일 마포경찰서에서 동교동을 찾아와 운전기사와 가사도우미만 남고 모두 나가라고 명령했다. "집 주위를 경찰이 철통같이 에워쌌어요. 외출은 홍걸이가 학교에 오가는 것과 가사도우미가 장 보는 것만 허용했어요. 홍걸이 등하교 길에도 미행이 붙었어요. 나는 집 밖으로 한 발짝도 나갈 수 없었지요. 분가해 사는 며느리조차 들어오지 못하게 했어요." 정보부는 우편물을 검열하고 전화도 도청했다. 이희호는 남편이 사라진 집에 감금당한 꼴이었다. "남편이 어디로 연행되어 갔는지, 무슨 수모를 당하고 있는지, 다른 사람들은 어떻게 됐는지 아무것도 알 수 없었어요."

5월 21일 신문에 광주에서 벌어진 일에 관한 소식이 처음으로 보도됐다. 이날치 〈동아일보〉는 '광주 일원 데모 사태'라는 굵은 글씨의 1면 제목 아래 "계엄사령부는 지난 18일부터 광주 일원에서 발생한 소요 사태가 아직 수습되지 않고 있다고 밝히고 조속한 시일 내에 평온을 회복하도록 모든 대책을 강구하겠다고 말했다"고 단 한 문장으로 보도했다. 이 한 문장 뒤에 무수한 사실이 감추어져 있었다. 22일 계엄사는 김대중에 대한 중간수사결과를 발표했다. 김대중이 '대중선동과 민중봉기로 정부전복을 기도하고 학생소요를 배후조종했다'는 것이었다. '김대중 사건' 관련 혐의로 체포된 사람은 37명에 이르렀다.

5월 22일 밤 10시 30분 이희호는 미국 정부가 운영하는 미국의 소리(VOA, Voice Of America) 방송을 들었다. 놀라운 뉴스가 흘러나왔다. "한국 정부가 발표한 김대중에 대한 혐의가 그대로 군사법원에 회부된다면 최고 사형까지 받게 될 것"이라는 내용이었다. 이희호는 눈앞이 캄캄해졌다. 견딜 수 없는 원통함과 절망감으로 온몸이 딱딱하게 굳었다. 이희호는 '미국의 소리'를 통해 광주의 소식도 들었다. 끔찍한 일이 벌어지고 있었다. 불안과 공포의 나날이었다. "중간 수사 발표 직후에, 집을 수색했던 기관원 한 사람이 와서 남편의 내의와 책 몇 권을 달라고 했어요. 그러더니 나더러 함께 가자고 했어요. 나는 혹시 면회를 시켜주나 하고 순진하게 생각했지요." 이희호를 기다린 것은 군 검찰이었다. "거기서 하루 종일 조사를 받았어요. 그런

식으로 세 번을 군 검찰에 불려갔지요."

김대중은 5월 17일 집에서 잡혀 나간 뒤 곧바로 남산 중앙정보부 지하실로 끌려갔다. 김대중은 남산에서 겪은 일을 뒤에 이렇게 밝혔다. "저들은 잠을 못 자게 했다. 같은 질문을 반복해서 했다. 대답을 거부했지만 한계가 있었다. 마지못해 대답하면 또 같은 것을 물었다. 인간인지라 대답이 똑같을 수 없었다. 그러면 그 틈을 비집고 이유를 물으며 추궁했다. 질문자도 수시로 바뀌었다. 하루에 20번, 아니 30번을 신문했다. 고문보다 잔인했다." 중앙정보부 지하에는 취조실이 나란히 붙어 있었다. 누군가 고문을 당하는지 옆방에서 비명소리가 끝없이 들려왔다. "듣지 않으려 하면 할수록 내 귓가에 집요하게 들려오는 그 소리로 내 가슴은 찢어질 듯이 괴로웠다. 그때는 누가 무엇 때문에 취조당하는지 몰랐다. 나중에 알고 보니 나와 관련 있는 사람들이었다."

중앙정보부에 잡혀오고 20일쯤 지난 뒤에 수사관 한 사람이 김대중에게 물었다.

"광주에서 큰 사건이 난 것을 아시오?"

"모릅니다."

"전남대 복학생 정동년을 아시오?"

김대중은 다시 "모른다"고 대답했다. 수사관은 "500만 원을 주고 반정부 운동을 시키지 않았느냐?"며 자백하라고 윽박질렀다. 김대중은 정동년과 일면식도 없었다. "그런 일 없다"고 대답하자 수사관은 고문이라도 해야겠다고 소리를 질렀다. "차라리 고문을 하시오. 다른 사람들도 당했는데 나만 멀쩡하면 양심이 괴로우니 고문을 하시오." 김대중은 옷을 모두 벗고 군복으로 갈아입었다. "그 순간 문이 열리고 누군가가 들어왔다. 저희끼리 수군거리더니 다시 옷을 갈아입으라고 했다. 고문을 중단하라는 명령이 떨어진 모양이었다." 지하실의 신문은 두 달 동안 계속됐다.

3

# 기도로 보낸 날들

## 남산 지하실

5월 17일 밤부터 연행되기 시작한 '김대중 사건' 관련자들은 한계상황을 넘나드는 극악한 고문을 당했다. 아무것도 없는 백지상태에서 내란죄를 꾸며내야 하니 신군부가 할 수 있는 것은 고문을 통해 허위자백을 받아내는 방법밖에 없었다. 인간성을 난자하는 악랄한 고문이 지하 취조실에서 끝없이 되풀이됐다. 연행자들 가운데 동교동 사람들, 김대중과 가까운 정치인들, 진보적 지식인들이 특히 혹독한 고문을 당했다. 전라도 출신들은 아예 짐승 취급을 당했다. 영혼을 도륙하는 듯한 고문이 연행자들을 죽음 언저리까지 밀고 갔다.

남산에 끌려가 고문받던 이문영은 어느 날 신학자 서남동과 화장실에서 마주쳤다. 서남동은 이문영을 보고도 아무런 반응을 보이지 않았다. 이문영은 이렇게 기록했다. "서남동이 취조받는 방이 바로 화장실 옆방이었는데 서남동이 나를 보고도 못 본 체할 뿐만 아니라 눈알이 죽은 사람 눈같이 움직이지 않는 것을 보았다. 서남동을 공산주의자로 몰고 있는 것을 직감했다.” 후에 교도소에서 서남동을 면회한 부인 박순리는 너무나도 변해버린 남편의 모습에 놀라 접견실 바닥에 주저앉아버렸다. 서남동은 고문실에서 나오고 4년 뒤에 세상을 떠났다. 이문영은 이런 고백도 했다. “중앙정보부에 55일 갇혀 있는 동안 끔찍한 비명소리와 함께 조사관들이 누구를 어떻게 때렸다는 무용담을 많이 들었다.” 고문기술자들은 누가 더 잔인한지 경쟁을 하는 듯했다.

고문에 초주검이 된 소설가 송기원은 시인 고은한테서 공작금을 받았다고 거짓으로 털어놔야 했다. “고은태(고은)한테서 얼마 받았나?” 수사관의 물음에 송기원은 기억을 더듬어 5000원을 받았다고 말했다. “5000원? 이 자식이 지금 장난을 하자는 거야, 뭐야.” 5000원을 받은 건 사실이었다. 송기원은 자세한 사정을 뒷날 기록으로 남겼다. “고은 선생이 언젠가 한번 내 집에 들렀을 때, 무슨 마음이 들었던 것일까, 딸아이 가은이의 손에 5000원을 쥐여주는 것이었다.” 그 5000원이 문제였다. 살점이 뜯겨나가고 다리뼈가 부러지는 것 같은 고문이 몇날 며칠 계속되면서 5000원이 10만 원으로, 15만 원으로, 나중에는 50만 원으로 늘어났다. 사람의 살과 혼을 짓이겨대는 고문은 어린아이에게 준 과자값을 공작금으로 둔갑시켰다. 다른 방에 있던 고은도 50만 원을 주었다고 거짓자백을 토해낼 때까지 고문을 받았다. 고은은 더 견딜 수 없어 자살을 결심했다. 그날 새벽 꿈속에 어머니가 나타나 “죽지 마라”고 했다. 고은은 자살을 포기했다.

동교동에서 끌려간 사람들 중에서 가장 심한 고문을 당한 사람은 김옥두였다. 남산 중앙정보부 지하 3층의 방으로 끌려간 김옥두는 팬티까지 벗고 군복으로 갈아입었다. 군복은 고문복이었다. 옷을 갈아

입자마자 수사관 네 명이 한꺼번에 달려들었다. "이 빨갱이 새끼! 왜 잡혀온지 알지?" 수사관들은 '빨갱이'를 입에 달고 살았다. 김옥두는 등 뒤로 수갑이 채워진 채 네 사람에게 한 시간 동안 정신을 차릴 수 없도록 맞았다. 유신쿠데타 직후에도 고문을 당했지만 이번 고문은 그때보다 훨씬 더 잔인했다. 김옥두는 사흘 동안 무작정 맞기만 했다. 이유도 설명도 없었다. 사람을 먼저 개처럼 만들어놓자는 계산임이 분명했다. 직사각형 모양의 고문실엔 야전침대와 캐비닛 하나와 책상 하나가 전부였다. 시계가 없으니 낮인지 밤인지 분간할 수 없었다. 고문 사이사이 가져다주는 밥으로 시간의 흐름을 짐작할 수 있을 뿐이었다.

김옥두가 버티자 더 험악한 수사관들로 교체됐다. 수사관들은 김옥두의 몸을 짓이기며 김대중과 관련된 항목을 하나씩 들이밀었다. 수사관들이 실토하라고 제시한 항목은 열다섯 가지에 이르렀다. 1. 김대중은 빨갱이다. 2. 김대중의 지시로 이북에 몇 번 갔다 왔느냐. 3. 이북에 가서 김일성을 몇 번 만났느냐. 4. 김대중과 관련 있는 총련(재일본조선인총연합회) 명단을 대라. 5. 군부 내 김대중 인맥이 누구냐. 6. 김대중이 학생 선동 자금으로 누구에게 얼마를 주었느냐. 7. 경제인 중에서 김대중에게 돈 준 사람이 누구냐. 8. 김대중이 재야의 누구에게 운동자금을 얼마나 주었느냐….

항목 하나하나를 신문할 때마다 고문이 빠지지 않았다. '김대중은 빨갱이다'라는 자백을 받아내는 것이 가장 중요한 목표인 것 같았다. 김옥두는 윽박지르는 수사관에게 "왜 김대중 선생님이 빨갱이란 말이냐" 하고 대들었다. 그러자 수사관들은 빨갱이를 선생님이라고 부른다면서 더 혹독하게 매질을 했다. 김옥두는 "차라리 죽여라" 하고 소리 지르며 의자를 집어 들었다. 수사관들이 야전침대를 해체하더니 받침목을 빼내 패기 시작했다. 야전침대는 침대라는 이름의 고문 도구였다. 받침목에 맞아 김옥두의 머리통이 터져 핏물이 솟구쳐 올랐다. "그래도 그들은 눈 하나 깜짝하지 않고 더러운 걸레 조각으로 내 머리를 대충 닦고는 의자에 앉혔다." 수사관들은 김옥두의 두 팔을 뒤로 묶어 다시 수갑을 채웠다. "야, 빨갱이 새끼야. 너 오늘 죽여 버리겠어. 너 같은 놈 하나 죽여서 한강 지하 통로에 내버리면 쥐도 새도 모른다. 네 마누라도 지금 잡혀와 있다." 수사관의 입에서 '마누라'라는 말이 나오자 김옥두는 놀랐지만 물러서지 않았다. "여기서 너희들한테 맞아 죽어야겠다." 김옥두는 죽어도 좋다는 심정으로 다시 소리를 질렀다. "김대중 선생님은 불의와 타협하지 않고 오직 이 나라 민주화를 위해서 일해오신 분이다. 지금 전두환이가 정권 잡으려고 이러는 것 아니냐?" 수사관들은 군홧발로 김옥두의 정강이뼈를 내갈겼다. 그러고는 두 무릎을 꿇린 뒤 각목을 무릎 안에 끼워 넣고 허벅지를 군홧발로 짓밟았다. 뼈가 으스러지는 것 같은 고통을 못 이기고 김옥두는 비명을 질렀다.

원하는 답을 받아내지 못한 수사관들은 보안사 최고 고문기술자라고 하는 마산 출신의 '전 대위'를 불렀다. 전 대위라는 사람은 인간의 탈을 쓴 악마였다고 김옥두는 회고록에 썼다. 치욕과 고통을 줄 수 있는 온갖 폭력이 너덜너덜한 몸뚱이에 창날처럼 꽂혔다. 5월 말쯤 수사관들이 '동교동 방명록'을 가져오더니 김옥두 앞에 펼쳤다. 한 면에 '전남대 복학생 정동년'이라는 글씨가 크게 쓰여 있었다. 수사관이 말했다. "야! 네가 정동년이를 김대중에게 소개해서 김대중이가 안방에서 정동년이에게 500만 원 주는 것 봤지? 여기 와 있는 사람들한테 물어보니까 네가 총무 겸 의전 비서라서 너한테 물어보면 다 안다던데 사실대로 말해라! 이건 절대로 그냥 못 넘어간다!"

김옥두는 의전비서로서 기본 수칙을 이야기했다. '첫째, 김대중의 신변을 보호하기 위해 초면인 사람은 절대로 면담을 시키지 않는다. 둘째, 학생들은 일절 면담을 시키지 않는다. 셋째, 단독 면담을 시키지 않는다.' 김옥두는 "이건 김대중 선생님의 지시사항이라 내가 어길 수 없는 일이다"라고 말했다. 또다시 주먹과 각목이 날아왔다. 수사관들은 정동년의 조서를 가지고 와 김옥두에게 보여주었다. "여기 봐라. 김대중이한테 500만 원 받았다고 쓰여 있잖아! 이래도 거짓말 할 거야?" 김옥두가 완강하게 부인하자 수사관들은 정동년 문제 하나를 놓고 5일 동안 고문했다. 김옥두는 정신을 잃었다. 깨어나보니 팔뚝에 링거 주사기가 꽂혀 있었다. 이마가 찢어져 일곱 바늘이나 꿰매져 있었고 왼쪽 고막이 터져 진물이 흘렀다. 팬티와 셔츠는 핏물에 젖어 걸레 조각 같았다.

수사관들이 보여준 조서는 정동년이 고문에 못 이겨 쓴 거짓 진술이었다. 허위자백에 양심의 가책을 느낀 정동년은 교도소로 송치된 뒤 플라스틱 숟가락을 갈아 동맥을 끊는 방식으로 두 번이나 자살을 기도했다. 김대중이 정동년에게 돈을 주어 '광주사태'를 배후에서 조종했다는 각본을 짜 맞추려고 관련자들에게 그토록 끔찍한 고문을 한 것이었다. 정동년은 1980년 4월에 동교동을 방문해 방명록에 이름을 남겼다는 이유 하나로 터무니없는 죄를 뒤집어썼다. 김대중은 그날 밖에 있어서 정동년의 얼굴도 보지 못했다.

김옥두는 그 지옥의 한가운데서 60일을 버텼다. 볼펜 열다섯 자루가 닳았고 쌓아놓은 진술서의 높이는 15센티미터에 이르렀다. 수천

장의 진술서를 쓰는 동안 김옥두는 신군부가 김대중에게 씌운 혐의를 한 가지도 인정하지 않았다. 대신 몸이 만신창이가 됐다. 김옥두는 고문의 상처 때문에 세수를 할 수도 없었고 이를 닦을 수도 없었다. 관절이 상해 걸음을 옮기기도 어려웠다.

김대중의 큰아들 김홍일이 당한 고문도 끔찍하기 이를 데 없었다. 김홍일은 5월 17일 밤 신반포아파트의 집에서 아내와 딸들을 두고 연행됐다. 김홍일을 태운 차는 한강 다리를 지나 남산에서 멈추었다. 김홍일은 방음장치가 된 지하실로 끌려 들어갔다. 수사관들이 들어왔다. "그들은 계급장 없는 군복을 입고 있었고, 마치 수인사를 나누듯 나에게 다가와 두말없이 두들겨 패기 시작했다. 군용 야전침대에서 빼낸 몽둥이로 사정없이 후려쳤다. 나의 비명은 두툼한 스펀지에 물이 빨려들듯 방음벽으로 빨려들어 갔다." 스물네 시간 동안 김홍일은 맞기만 했다. 정신을 잃었다.

김홍일을 담당한 수사관은 여섯 명이었다. "네가 김대중이 아들이냐? 너는 절대로 여기서 살아나가지 못해. 어차피 송장으로 나갈 테니까 피차 힘들게 하지 말고 우리가 묻는 말에 대답해." 수사관들은 먼저 5월 15일 서울역 집회 배후조종자임을 인정하라고 김홍일을 닦달했다. "이 빨갱이 새끼야, 우리가 다 알아냈어!" 수사관들은 김홍일이 관여하던 연청(민주연합청년동지회) 사무실에서 찾아낸 메모지를 '난수표'라고 주장하며 시인하라고 각목을 휘둘렀다. 김홍일이 "모른다"고 하자 군홧발로 온몸을 짓밟았다. 김홍일은 혼절을 거듭하며 외마디 소리를 내뱉었다. "그냥 죽여주시오." 김홍일이 죽여달라고 소리치자 수사관들은 군홧발로 상처 난 부위를 정확하게 짓누르며 말했다. "죽여달라고? 이 새끼야, 여기서는 죽는 것이 가장 호강하는 것이야. 너 좋으라고 죽여줘?" 고문기술자들은 김홍일의 몸을 거꾸로 매달아놓고 팼다. 짜놓은 각본대로 말이 나올 때까지 때렸다. 대답이 돌아오지 않으면 다시 군홧발이 날아들었다.

김홍일을 가장 비참하게 만든 것은 김대중이 빨갱이임을 시인하라는 것이었다. 수사관들은 김대중이 밤마다 이북 방송을 듣는다고 자술서에 쓰라고 했다. 견딜 수 없는 고문이 계속됐다. 이대로 가다간 아버지를 공산주의자로 모는 신군부의 올가미에 걸려들고 말 것 같은 공포감이 밀려왔다. 김홍일은 취조실에 들어온 지 열흘쯤 지난 뒤 죽기로 마음을 먹었다. 죽어야 이 지옥에서 해방될 수 있을 것 같았다. 수사관들이 잠시 방을 비운 사이 김홍일은 책상 위로 올라가 고개를 아래로 박고 바닥으로 뛰어내렸다. 딱딱한 타일이 깔린 시멘트 바닥에 머리통이 부딪혔다. 죽어야 한다는 마음뿐이었다. 몸통의 중량으로 목이 꺾였다. 머리를 들 수 없었다. 돌아온 수사관들은 너부러진 김홍일을 보자마자 온몸을 짓밟았다. 김홍일은 그때 목과 허리를 상했다. 그 후로 목을 제대로 가누기 어렵게 됐고, 제때 치료를 받지 못해 파킨슨병으로 악화했다. 나중에는 걷는 것도 어려워졌다. 파킨슨병은 고문이 만들어낸 병이었다. 김홍일은 목을 다친 상태에서 그 후로 50일을 더 조사받았다. 조사받을 때마다 고문이 뒤따랐다.

남산의 지하실에 끌려간 사람들은 대다수가 살아 있는 주검이 됐다. 인간성이 말라버린 듯한 고문기술자들은 사람을 정육점의 고기처럼 매달았다. 잡혀간 사람들이 영혼과 육체를 난도질당하는 동안 연행자의 가족들은 고립과 공포 속에서 발만 굴렀다. 하소연할 곳도 소리칠 곳도 없었다. 목사 이해동의 부인 이종옥은 남편이 잡혀가던 때의 일을 이렇게 기록했다. "그날 밤의 살벌함이란 이루 말할 수 없

남편과 아들, 시동생과 비서들이 남산의 지옥에 있던 그 시절 내내
이희호는 동교동 집에 갇혀 꼼짝도 하지 못했다. 사진은 몇 달이 지나서야
구치소로 이감된 아들 홍일을 면회 가는 모습.
옆에 있는 남자는 감시하는 기관원이다.

었다. 밤 11시경 네 사람이 집에 들이닥쳐 권총을 빼들었다. 만약 불응하면 목이라도 빼가야 한다는 위협 속에서 나는 남편을 납치당할 수밖에 없었다. 그 후 거의 60일이 지나도록 우리들은 (잡혀간 사람이) 어디에 있는지, 살았는지 죽었는지조차 확인할 수 없었다. 세상은 온통 동토였고 암흑천지였다. 박용길 장로(문익환 목사 부인), 김석중 사모(이문영 박사 부인)와 함께 속옷을 싸들고 군부대들을 찾아 한여름 더위 속을 발이 부르트도록 헤매었다." 그러나 아무리 찾아도 헛수고였다. 가족들은 두 달이 지나서야 구속통지서가 집으로 배달돼 끌려간 사람들이 육군교도소와 서울구치소로 나뉘어 수감됐다는 사실을 알게 되었다. "우리는 첫날 면회를 하고 나서 모두가 하나같이 아연실색했다. 사람의 몰골이 어떻게 저런 꼴이 될 수 있단 말인가? 얼마나 고문을 당했으면 저토록 피골이 상접할 수 있단 말인가."

남편과 아들, 시동생과 비서들이 남산의 지옥에 있던 그 시절 내내 이희호는 동교동 집에 갇혀 꼼짝도 하지 못했다. "홍일이와 비서들이 무서운 일을 당했을 거라고 짐작만 했지 실제로 얼마나 당했는지 알 수 없었지요. 집에서 일을 도와주는 아주머니와 기도하는 것 말고 할 수 있는 일이 없었어요." 자고 일어나면 머리숱이 한 움큼씩 빠졌다. 그 공포의 두 달 동안 이희호는 최소한의 먹고 자는 시간을 빼놓고 모든 시간을 기도와 찬송에 바쳤다. 구약성서의 〈이사야서〉를 수백 번 읽었다. "내가 너와 함께 있으니, 두려워하지 말라. 내가 너의 하느님이니, 떨지 말라. 내가 너를 도와주고, 내 승리의 오른팔로 너를 붙들어주겠다." 어둠이 압착기처럼 짓누르는 고립무원의 집에서 할 수 있는 것은 기도밖에 없었다.

4

# 아아, 광주여! 우리 민족의 십자가여!

## 광주학살

1980년 5월 14일부터 16일까지 전남 광주의 도청 앞 광장에는 시민과 학생이 참가한 '민족 민주화 성회'가 열렸다. 집회 참가자는 마지막 날 5만여 명에 이르렀다. 5월 17일 밤 김대중과 동교동 사람들이 중앙정보부로 끌려간 시각에 광주에는 특전사 7공수여단과 11공수여단이 배치됐다. 전두환 신군부는 김대중을 체포할 경우 광주에서 저항이 일어날 것으로 예상하고 있었다. 17일 밤 12시 비상계엄이 전국으로 확대된 직후 공수부대는 전남대학교와 조선대학교를 급습해 학교에 남아 있던 학생들을 붙잡아 구타하고 학교 본부 건물에 감금했다.

18일 아침 10시 전남대 정문 앞에 학생 100여 명이 모여들었다. 학생들의 수는 곧 200~300명으로 불어났다. 학생들은 무장한 공수부대를 앞에 두고 "계엄군은 물러가라", "휴교령을 철회하라" 같은 구호를 외쳤다. 돌격 명령과 함께 공수대원들이 학생들에게 달려들어 곤봉을 내리치기 시작했다. 곤봉에 머리를 맞은 학생들은 피를 흘리며 쓰러졌다. 흩어진 학생들은 시내 중심가로 옮겨갔다. 정오 무렵 도청 앞 광장과 금남로 일대에서 학생시위가 벌어지기 시작했다. 기동경찰대가 시위대 진압에 나섰다. 시위대는 흩어지고 모이기를 계속하며 금남로 가톨릭센터, 광주역, 광주고속터미널, 공용터미널 인근에서 계속 시위를 벌였다. 시위대는 "김대중을 석방하라", "계엄군은 물러가라"고 외쳤다.

오후 4시를 전후해 제7공수여단 33대대와 35대대가 투입되자 사태는 전혀 다른 모습으로 바뀌었다. 공수대원들은 3~4명이 1개조가 되어 학생처럼 보이는 젊은이들을 쫓아가 진압봉으로 머리를 내리치고 군홧발로 가슴과 배를 걷어찼다. 공수부대가 광주에서 쓴 진압봉은 단단한 박달나무에 쇠심을 박은 길이 70센티미터의 살상용 곤봉이었다. 전투경찰이 쓰던 길이 50센티미터 진압봉과는 질이 달랐다. 곤봉에 맞은 사람들은 피를 흘리며 고꾸라졌다. 공수대원들은 골목까지 쫓아가 숨어 있던 젊은이들을 개처럼 패고 죽은 개를 잡듯 끌고 가 군용트럭에 던져 넣었다.

공수부대가 광주에서 서시른 만행은 필설로 표현할 수 없는 것이었다. 사람들은 눈앞에서 벌어지는 참상을 보며 제 눈을 의심했다. 훗날 수많은 사람들이 그날의 상황을 증언했다. 시위 현장에서 사태를 목격한 시민 김시도는 이렇게 말했다. "도망간 학생을 잡으려고 공수부대 2명이 양복점 안까지 쫓아갔다. 공수들은 그 학생의 멱살을 잡더니 다짜고짜 다리미를 빼앗아 들고 사정없이 내리쳤다. 그 학생의 머리와 얼굴을 구분하지 않고 뜨거운 다리미로 내리치는 것이었다. 이를 보고 있던 사람들은 입만 벌리며 분노하고 있었다. 젊은 사람들은 말도 못 하고 서 있고, 나이 많은 어르신들은 '죽일 놈들아!

이놈들아!' 하면서 안타까워할 뿐이었다."

살기가 오른 공수부대는 이제 남녀노소를 가리지 않았다. 붙잡힌 학생이 무릎을 꿇고 살려달라고 비는 모습을 본 할아버지가 뛰어가 몸으로 학생을 막았다. 할아버지가 '이러지 말라'고 사정하자 공수대원은 '이 새끼!' 하면서 할아버지 머리를 곤봉으로 내리쳤다. 할아버지는 그 자리에서 피를 흘리며 쓰러졌다. 공수부대는 M16 소총에 살상용 대검을 장착하고 있었다. 사람 잡는 칼이었다. 공수대원은 잡힌 학생의 머리를 곤봉으로 후려치고 대검으로 등을 찌른 뒤 다리를 붙잡아 질질 끌고 갔다. 시위를 진압하는 것이 아니라 사람을 사냥하는 것 같았다. 젊은 여성들은 더 끔찍하게 당했다. 백주에 대검으로 겁탈을 당하는 꼴이었다. 항쟁기간 중 시민군 상황실장이 된 박남선은 이날 본 것을 이렇게 증언했다. "공수놈들은 여고생을 붙잡고 대검으로 교복 상의를 찢으면서 희롱하고 있었다. 그 광경을 보고 60살 넘어 보이는 할머니 한 분이 '아이고! 내 새끼를 왜들 이러요?' 하면서 만류하자 공수놈들은 '이 ×××아, 너는 뭐야? 너도 죽고 싶어?' 하면서 군홧발로 할머니의 배와 다리를 걷어차 할머니가 쓰러지자 다리와 얼굴을 군홧발로 뭉개버렸다. 그리고 그들은 여학생의 교복 상의를 대검으로 찢고 여학생의 유방을 칼로 그어버렸다. 여학생의 가슴에서는 선혈이 가슴으로 주르르 흘러내렸다." 사람들은 대로에서 벌어지는 만행에 입을 다물 수 없었다. '이것이 사람이 사는 세상인가.' '우리 국군이 어떻게 저럴 수가 있단 말인가.' 도저히 국군의 짓이라고 믿을 수 없었던 시민들은 '북괴 무장공비'가 침투한 것이 아닌가 하는 의심마저 했다. 거리는 인간 도살장이었다. 만행에 짓이겨지며 내지르는 희생자들의 비명과 그 참혹한 광경을 보며 울부짖는 시민들의 통곡이 대로와 골목에 흘러넘쳤다.

당시 광주 상황을 취재하던 〈동아일보〉 기자 김충근은 그 상황을 이렇게 설명했다. "광주항쟁을 취재하면서 글이나 말로는 도저히 전달할 수 없는 상황이 있다는 사실을 그때 뼈저리게 체험했다. (…) 이런 행위를 적절히 표현할 단어를 찾을 수 없었다. 그래서 궁여지책으로 떠올린 단어가 '인간사냥'이었다. 또 젊은 여자, 그것도 옷맵시가 제대로 갖추어져 있고 예쁘장한 여자일수록 폭력은 더 심했고 옷을 찢어발긴다든지 가격하는 신체 부위가 여체의 특정 부위들에 집중되었을 때, 그것은 어떻게 표현해야 되는가? 백주겁탈, 폭력난행, 성도착적 무력진압 같은 표현들이 떠올랐으나 이것 역시 상황을 전하기엔 적절치 못하였다."

뒤에 시민들에게 잡힌 공수부대원들은 광주에 배치되기 전 사흘 동안 식량을 받지 못했고, 작전에 투입되기 직전 소주를 배급받았다고 실토했다. 공수부대는 눈이 벌겋게 충혈돼 있었다. 공수부대의 작전명령은 '화려한 휴가'였다. 몇 달 동안 계속된 진압훈련으로 살기등등해진 공수부대는 광주의 백주대로에서 사람을 때려잡아 마음껏 분풀이를 했다. 공수부대 장교와 병사들 사이에서는 "전라도 새끼들 다 죽인다", "씨를 말려버린다"고 억센 경상도 억양으로 고함치는 소리들이 유난히 크게 들려왔다. 시민들이 목격한 것은 단순한 폭력이 아니라 인간성을 파괴하는 난행이었다. 공수부대는 보란 듯이 때리고 찌르고 짓밟았고, 그것을 본 사람들은 그 끔찍함에 몸서리쳤다.

공수부대의 곤봉과 대검이 휩쓸고 간 뒤 5시쯤 거리엔 핏자국만 남았다. 사람들은 그 참혹한 광경을 잊을 수 없었다. 학생을 뜨거운 다리미로 내리치는 장면을 보았던 김시도는 이렇게 증언했다. "나는 너무나 분한 마음을 삼키며 전업사를 하고 있는 형님 집으로 돌아왔다. '일이고 뭣이고 다 던져버리고 우리도 나가서 싸웁시다.' 그리하여 함께 일하던 동료들과 금남로로 걸어 나왔다. 나는 같은 시민으로서, 인간으로서 도저히 가만히 보고만 있을 수가 없었다." 사람들은 만행을 보고도 두려움 때문에 도망쳤다는 사실에 견딜 수 없는 부끄러움을 느꼈다. 저녁 7시쯤 광주고등학교 부근에서 다시 시위가 벌어졌고, 공수부대가 나타나 시위하는 사람들을 짓밟았다. 공수부대는 산수동과 풍향동 일대 주택가를 뒤지며 젊은 사람들을 닥치는 대로 잡아들였다.

5월 19일 오전 공수부대의 만행은 극에 이르렀다. 진압하러 나온 경찰조차 울먹일 정도였다. 경찰은 시민들에게 "제발 집으로 돌아가라. 공수부대에게 걸리면 다 죽는다"고 호소했다. 금남로는 피에 굶주린 야수의 정글이 되었다. 누군가 건물 창문에서 공수부대를 바라보기만 해도 일대의 건물을 샅샅이 뒤져 사람을 잡아낸 뒤 금남로 바닥에 꿇어앉혔다. 조금이라도 꿈틀거리면 곤봉을 내리치고 대검으로 찌르고 트럭에 짐짝처럼 던졌다. '공수부대가 학생들을 다 잡아 죽인다', '내 새끼들을 공수부대가 다 죽인다'고 시민들은 절규했다.

공수부대의 폭력은 의도적인 것으로 보였다. 사람들이 보고 있으면 일부러 더 잔인하게 폭력을 휘둘렀다. 곤봉으로 칠 때도 얼굴과 머리를 가격했다. 여성이든 노인이든 가리지 않았다. 공수부대는 사람들을 패고 찌르며 묘한 웃음을 짓거나 서로 낄낄대기도 했다. 공수부대는 '우리는 사람이 아니다'라고 과시하는 듯이 날뛰었다. 그 광란에 시민들은 '피가 거꾸로 솟구치는 것 같은' 분노를 느꼈다. 광주항쟁에 마지막까지 참여한 김종배는 1988년 국회 청문회에서 그 분노를 이렇게 표현했다. “공수부대들이 무차별 학살을 했기 때문에 수류탄이 아니라 폭탄이 아니라 원자폭탄이라도 갖고 공수부대들한테 던져버리고 싶은 심정이었다.”

공수부대는 장갑차까지 동원해 시위대를 몰았다. 점심때쯤 금남로 일대의 거리는 다시 텅 비었다. 오후가 되자 시민들이 거리로 쏟아져 나오기 시작했다. 이날 오후부터 시위의 주력은 대학생이 아니라 일반 시민이었다. 고등학생들도 시위에 뛰어들었다. 공수부대를 몰아내지 않으면 광주 시민들이 모두 죽을지 모른다는 공포가 거리를 뒤덮었다. 시위대는 금남로 가톨릭센터 인근에 바리케이드를 치고 공사판 자재와 집에서 쓰던 연장으로 무장하고 공수부대와 맞섰다. 계엄군은 헬리콥터로 공중에서 ‘폭도’, ‘불순분자’ 같은 말을 내뱉으며 선무방송을 했다. 시민들은 자신들을 ‘폭도’로 모는 계엄군의 선무방송에 격노했다.

시민들은 일을 분담하기 시작했다. 젊은 남자들이 앞에서 싸우고 여자들은 뒤에서 보도블록을 깨뜨려 시위대에 전달하고 공사장의 인부들은 각목과 쇠막대를 실어다 날랐다. 목숨을 건 항쟁이었다. 시위군중이 격렬하게 저항하자 공수부대의 폭력은 더욱 극렬해졌다. 대검에 찔리고 곤봉에 맞아 수많은 시민들이 죽어나갔다. 19일 오후 5시쯤 광주고등학교 앞에서 장갑차가 시위대를 향해 최초로 발포했다.

19일 저녁 비가 내렸다. 시민들은 비를 피해 흩어졌다가 20일 아침 다시 모였다. 전남주조장 앞에서 참혹하게 찢긴 시신 한 구가 발견됐다. 이날 오후가 되자 시 외곽의 시민들이 남녀노소를 가리지 않고 중심가로 몰려들었다. 시위대는 금세 수만 명에 이르렀다. 시위대 규모가 커지자 다시 7공수여단과 11공수여단의 공수부대가 시내로 투입되었다. 2시 30분께 서방삼거리에서 공수부대가 화염방사기를 쏘아 그 자리에서 여러 명의 시민이 타 죽었다. 오후 3시 금남로 화니백화점 앞에서 시민 수천 명이 최루탄 연기 속에서 연좌농성을 벌이기 시작했다. 시민들은 〈애국가〉와 〈아리랑〉을 불렀다. 〈아리랑〉이 금남로 바닥을 타고 퍼지면서 일대가 울음바다로 변했다. 시위대는 "우리를 다 죽여라!", "우리 다 같이 죽읍시다!" 하고 죽음을 작정한 절규를 쏟아냈다. 공수부대의 만행을 알리는 대자보는 "아, 형제여! 싸우다 죽자!"고 절망적으로 부르짖었다.

광주는 공수부대에 맞서 싸우며 한 몸뚱이처럼 됐다. 스크럼을 짠 시민들은 공수부대의 곤봉에 피범벅이 되어가면서도 스크럼을 풀지 않았다. 황금동의 술집 아가씨들, 대인동의 사창가 여자들도 할 일을 찾아 뛰어나왔다. 피를 뽑아 헌혈하고 부상자를 치료했다. 당시 고등학생이던 김행주는 이렇게 증언했다. "황금동 쪽으로 갔더니 술집 여자들이 세숫대야에 물을 담아가지고 길거리에 늘어서 있었다. 시위에 참가한 사람들에게 물을 나눠주는 그 여자들을 보니 광주 시내 사람들이 한마음이 된 것 같았다."

날이 어두워오자 유동삼거리 쪽에서 대형 트럭과 버스를 앞세우고 200여 대의 택시가 전조등을 켠 채 금남로로 밀려왔다. 차량시위는 전날의 택시기사 학살이 직접적 원인이었다. 19일 택시 한 대가 머리가 깨지고 팔이 부러져 피범벅이 된 부상자를 급히 병원으로 이송하던 중 공수대원에게 걸렸다. 택시기사가 '사람이 죽어가는데 병원으로 실어가야 되지 않겠느냐'고 호소하자 공수대원은 택시 유리창을 부수고 운전기사를 끌어내 대검으로 배를 찔러 죽였다. 그날 적어도 세 명의 택시기사가 그렇게 살해당했다. 20일 밤 차량시위는 이 참혹한 만행에 대한 항의였다.

200대의 택시들이 한꺼번에 밀려들자 금남로의 시민들은 "만세"를 부르며 서로를 껴안고 눈물을 흘렸다. 여자들은 김밥·주먹밥·음료수·수건을 가지고 나와 시위대에게 나누어주었다. 이날 저녁 수천 개의 태극기를 손에 든 시민들이 〈아리랑〉을 부르며 도청을 향해 나아갔다. 그때 상황을 〈동아일보〉 기자 김충근은 이렇게 전했다. "나는 우리 민요 〈아리랑〉의 그토록 피 끓는 전율을 광주에서 처음 느꼈다. 단전 단수로 광주 전역이 암흑천지로 변하고 (…) 도청 앞 광장으로 태극기를 흔들며 모여드는 군중들이 부르는 〈아리랑〉 가락을 깜깜한 도청 옥상에서 혼자 들으며 바라보는 순간, 나는 내 핏속에서 무엇인가 격렬히 움직이는 것을 느끼며 얼마나 하염없이 눈물을 흘렸는지 모른다."

광주는 피의 바다였지만 신문과 방송은 침묵했다. 신군부가 언론을 철저히 통제하고 있었다. 광주는 고립무원의 도시였다. 계엄사는 20일 오후 '광주사태'와 관련해 처음으로 공식 언급을 했지만, 이 발표도 광주 지역 방송에만 보도되었다. 이 발표는 18·19일 소요로 경미한 피해가 있었으며 연행한 176명은 모두 귀가시켰다고 했다. 시민들은 보도에 분개해 MBC와 KBS로 몰려갔다. 텔레비전은 아무 일 없다는 듯 오락프로그램만 내보내고 있었다. MBC 앞에 시위대가 몰려들었을 때 공수부대의 장갑차가 시위대를 향해 달려들어 사람들을 깔아뭉갰다. 어린아이 두 명이 장갑차에 깔려 처참하게 죽었다. 이날 밤 MBC 방송국과 KBS 방송국이 불에 탔다. 11시 30분 광주역 부근에서 제3공수여단이 시민을 향해 사격을 했다. 총소리가 도시의 밤하늘을 갈랐다. 시위대는 밤을 지새우며 공수부대와 싸웠다.

●

광주의 참상에 대한 보도를 막던 신군부는 5월 21일 계엄사 발표를 내보냈다. 이 발표문에는 '광주 지역에 유포된 유언비어의 유형'도 들어 있었다. 대다수 신문이 발표 내용을 1면에 그대로 보도했다. 계엄사가 '유언비어'라고 내놓은 말들은 참혹했다.

"경상도 군인들이 전라도에 와서 여자고 남자고 닥치는 대로 밟아 죽이기 때문에 사상자가 많이 난다. 18일에는 40명이 죽었고 시내 금남로는 피바다가 되었으며 군인들이 여학생의 브래지어까지 찢어 버린다. 공수부대가 대검으로 아들딸들을 난자해버리고 브래지어와 팬티만 입게 한 후 장난질을 한다. 공수부대가 몽둥이로 데모 군중의 머리를 무차별 구타해 눈알이 빠지고 머리가 깨졌다. 학생들 50여 명이 맞아 피를 흘리고 끌려다니고 있다. 계엄군이 출동하여 장갑차로 사람을 깔아 죽였다. (…)"

대부분이 광주 시내에서 실제로 벌어진 일이었다. 신군부는 '유언비어 유형'을 미리 유포함으로써 공수부대의 만행을 고발하는 말들의 힘을 빼앗고 진실이 퍼져나가는 것을 막으려고 했다. 22일 계엄사는 김대중이 민중봉기로 국가전복을 기도했다는 '김대중 중간수사 결과'를 내놓았다. 언론은 이 내용을 일제히 보도했다. 광주 시민들은 항쟁 기간 내내 "김대중을 석방하라"고 외쳤다.

21일 오전 10시 30만 명에 이르는 시민들이 광주 중심가로 운집했다. 전날 밤 최전방 20사단 병력이 서울을 출발해 21일 광주 지역의 공수부대와 합류했다. 광주는 2만 명의 병력에 둘러싸였다. 사람들은 하나로 뭉쳐 싸우지 않으면 이 무서운 고립 속에서 살아남을 수 없다

1980년 5월 항쟁 때 금남로 도청 앞에 모인 광주 시민들.
'김대중 석방하라'는 피켓이 보인다.

고 느꼈다. 30만 시민은 공수부대 철수를 요구하며 금남로를 채우고 도청을 에워쌌다. 한 도시의 시민 전체가 일어나 완전 무장한 군대와 맨몸으로 맞선 것은 현대사에 유례가 없는 일이었다.

시위대는 아침부터 버스와 트럭을 이용해 시민들을 금남로로 실어 날랐다. 여자들은 동마다 통반 조직을 가동해 쌀을 거두고 김밥과 주먹밥을 만들었다. 전 시민이 시위대를 성원하고 시위대와 일체가 됐다. 당시 시위에 참여해 차를 타고 시내를 돌았던 이세영은 이렇게 증언했다. "가는 곳마다 아주머니들이 힘내서 싸우라며 김밥과 주먹밥을 차에 올려주었다. 이 가게, 저 가게에서 음료수와 빵을 던져주었다. 물수건으로 최루탄 가스에 뒤덮인 얼굴을 닦아주기도 했다. 시민들의 격려와 보살핌은 어느새 나의 두 눈에 눈물이 고이게 했다.

아무리 눈물을 흘리지 않으려고 해도 그러면 그럴수록 가슴은 뜨거워졌고 눈시울은 젖어 마침내 눈물은 볼을 타고 흘러내리기 시작했다. 나는 자연스럽게 죽음마저도 각오했다. (…) 이것이 바로 운명공동체인지도 모른다."

시민들이 수십만 명으로 불어나자 계엄사는 정오까지 공수부대를 시 외곽으로 철수하겠다고 약속했다. 그러는 중에도 광주 일원의 상공에선 헬리콥터가 땅을 향해 기총사격을 했다. 도청의 공수부대는 시민들 몰래 실탄을 분배받았다. 12시가 넘어도 계엄군은 철수할 기미를 보이지 않았다. 시민들은 술렁거리며 차량을 앞세워 도청으로 나아가기 시작했다. 오후 1시 공수부대의 총구가 불을 뿜었다. 집단발포였다. 앞쪽의 시민들이 총에 맞아 무더기로 쓰러졌다. 금남로는 순식간에 아비규환, 피의 바다로 변했다. 공수부대 집단발포로 적어도 54명이 죽고 500여 명이 총상을 입었다. 비무장 시민에 대한 학살이었다. 박남선은 이렇게 증언했다. "공수부대는 아직 죽지 않고 아스팔트 바닥 위에서 살려달라고 애원하는 시민들을 구하려고 뛰어나가는 시민들조차 사살해버렸다." 공수부대는 도청과 주변의 건물에 숨어 보이는 사람들마다 쏘아 죽였다. 죽어가는 사람들을 보며 시민들은 울부짖었다.

1시 30분께 한 청년이 장갑차 위에서 웃통을 벗고 태극기를 높이 휘날리며 도청을 향해 돌진했다. 청년은 "광주 만세!"를 외쳤다. 공수부대의 총격과 동시에 청년의 몸이 고꾸라졌다. 전율이 시민들의 가슴을 후벼 파고 지나갔다. 사태는 돌이킬 수 없는 지점에 이르렀다. 나라의 군대가 시민을 학살하니 목숨을 지키려면 무장하는 수밖에 없었다. 시위대는 무기고로 차를 몰아 가장 가까운 나주 지역 파출소에서 총과 실탄을 가져왔다. 다른 지역에서도 무기를 거두었다. 오후 3시께 시민들은 광주공원에서 총과 실탄을 분배했다. 시민군이 등장했다. 후에 계엄사는 시민군에게 들어간 총이 5400정이었다고 발표했다. 시민들이 반격하자 공수부대는 서둘러 철수했다. 21일 저녁 시민군은 도청에 진입했다. 함성과 통곡이 뒤엉켰다. 5월 25일 시민군은 '왜 우리는 총을 들 수밖에 없었는가'라는 제목의 유인물에서 이렇게 말했다. "대답은 너무나 간단합니다. 너무나 무자비한 만행을 더 보고 있을 수가 없어서 너도나도 총을 들고 나섰던 것입니다."

무장한 시민들은 계엄군을 광주에서 몰아냈지만, 광주의 해방은 외부와 단절된, 아무에게도 도움을 받을 수 없는 고립무원의 해방이었다. 시 외곽으로 통하는 길은 모두 봉쇄됐고 전화마저 두절돼 밖으로 소식을 알릴 수도 없었다. 당시 광주에 거주하던 인류학자 리나 루이스(Lina Lewis)는 그 상황을 이렇게 전했다. "여기 사람들에게 가장 무서운 것은 여기서 무슨 일이 일어났는지 다른 곳에서는 모른다는 것이다. 서울의 풀브라이트 담당관인 마크 피터슨(Mark Peterson)도 무슨 일이 일어났는지 전혀 모르고 있었다. (…) 정말 무서운 일이다. (다른 지역) 사람들은 이런 일이 일어나고 있다고는 상상조차 할 수 없을 것이다."

광주시 외곽으로 후퇴한 뒤에도 공수부대의 학살은 멈추지 않았다. 도청 앞뜰로 주인 없는 주검들이 끝없이 실려왔다. 관이 부족했다. 시민군들은 외부에서 관을 가져오려고 소형버스를 타고 화순 방면으로 나갔다. 그 소형버스에는 시민군 5명, 여고생 2명, 여공 2명을 비롯해 모두 11명이 타고 있었다. 버스가 지원동을 지날 무렵 공수부대가 버스에 총탄을 퍼부었다. 조선대에서 철수해 그곳 야산에 주둔해 있던 부대였다. 현장에서 8명이 즉사하고 남자 2명이 중상, 여고생 1명이 경상을 입었다. 공수부대 장교는 리어카에 실려온 중상자를 보고 "귀찮게 왜 데려왔느냐? 사살하라"고 명령했다. 두 명이 그 자리에서 살해당했다.

공수부대의 학살은 여기서 그치지 않았다. 24일 지원동 주남마을을 출발하여 야산을 타고 철수하던 공수부대는 진월동 저수지에서 멱을 감던 아이들에게 총탄을 퍼부었다. 놀란 아이들이 둑 너머로 달아나다가 그중 한 명이 머리에 총을 맞고 즉사했다. 공수부대는 또 진월동 동산에서 놀고 있던 아이들에게도 이유 없이 총질을 했다. 도망가던 중 고무신이 벗겨지자 그걸 집으려던 효덕초등학교 4학년 전재수가 공수부대 총에 맞아 그 자리에서 죽었다. 전재수의 몸에는 열 발도 넘는 총알이 박혔다. 공수부대는 송암동에서는 마을 주민들을 불러내 청년 세 명을 철로변으로 끌고 가 죽였다. 동네 하수구에 숨은 주부 박연옥을 발견하고는 빨리 나오지 않는다고 M16 소총을 갈겼다. 박연옥은 총알을 여섯 발이나 맞고 죽었다.

공수부대의 총칼에서 살아남았다 해도 그것으로 죽음의 위기가 끝난 것은 아니었다. 잡혀간 사람들이 당한 고문과 학대는 말로 다 할 수 없는 끔찍한 것이었다. 공수부대 장교들은 잡혀온 사람들에게 "전라도 새끼 40만은 전부 없애버려도 끄떡없다"는 말을 아무렇지도 않게 내뱉었다. 김대중의 지령을 받았다고 자백하라고 사람들을 고문하면서 "김대중이가 네 애비냐?", "김대중이가 밥 먹여주냐?", "김대중이가 빨갱이인 줄 몰랐냐?" 따위의 말들을 수도 없이 퍼부었다. 공수부대는 정권 탈취에 눈이 먼 신군부의 하수인이었다.

공수부대원 중에는 월남전에 참가했던 하사관들이 적지 않았다.

5월 20일 전남대 강의실로 끌려간 강길조는 거기서 목격한 것을 이렇게 이야기했다. "공수대원들은 상당수가 월남전 얘기를 입에 올리기를 잘했는데 그중 한 명은 대검을 빼어 들고 '이 대검은 월남에서 베트콩 여자 유방 40개 이상 자른 기념 칼이다'라고 자랑하며 그 대검으로 앞사람의 더벅머리를 탁 쳤다. 머리카락이 잘려나가면서 스포츠머리처럼 되었다." 공수부대가 보인 잔인함은 인간성을 의심케 하는 것들이었다. 공수대원들은 잡혀온 사람들을 장난감 대하듯 짓이겨 죽이는 일도 서슴지 않았다. 조금이라도 눈동자를 움직이면 담뱃불로 얼굴이나 눈알을 지지는 '재떨이 만들기', 발가락을 대검 날로 찍는 '닭발요리'가 공수대원들의 놀이였다. 잡혀온 시민들을 트럭에 꽉 채워 넣은 뒤 차 안에 최루탄 분말을 뿌려 넣고 사경을 헤매는 모습을 보며 시시덕거리기도 했다.

22일 도청에서 종교지도자들이 포함된 시민수습위원회가 꾸려졌다. 수습위원들은 계엄군과 협상을 벌였으나 아무런 결과도 얻지 못했다. 특전사 지휘관들은 '폭도'를 소탕해야 한다고 큰소리쳤다. 시민들은 22일 오후 모든 병원 영안실에 안치된 시신들을 도청 앞으로 옮겼다. 가족을 찾는 사람들이 으깨어진 시신을 뒤지고 또 뒤졌다. 자식이나 남편의 주검을 확인한 여자들은 그 자리에 엎어져 오열했다. 이날 신군부 우두머리 전두환은 특전사 11여단장 최웅에게 '금일봉' 100만 원을 하사했다. 공수부대의 기세를 북돋우려는 것이었다.

도청에서는 수습파에 맞서 항쟁파가 형성되었다. 수습파는 더 큰 희생을 막으려면 총기를 회수해야 한다고 주장했다. 계엄군은 정해진 시간까지 무기를 반납하지 않으면 탱크·장갑차·헬리콥터를 총동원해 진압하겠다고 위협하고 있었다. 윤상원·박남선·김종배를 포함한 항쟁파는 광주 시민들이 폭도라는 누명을 벗고 명예를 회복하려면 끝까지 싸워야 한다고 맞섰다. 시민을 학살한 살인마들에게 무조건 투항할 수는 없다는 것이었다. 23일부터 도청 앞에서 열린 '민주수호를 위한 시민궐기대회'에서도 이 두 기류는 맞부딪쳤다. '더 큰 희생을 막느냐, 끝까지 싸우느냐.' 어느 의견도 틀렸다고 할 수 없었다. 그러는 중에 22일부터 총기 회수가 시작돼 24일쯤에는 총 4000여 정과 수류탄 1000여 개를 거두었다. 무장한 시민군은 500여 명으로 줄어들었다.

25일 저녁 도청에서 윤상원과 대학생 100여 명이 중심이 된 민주시민투쟁위원회(항쟁지도부)가 결성됐다. 목숨을 걸고 학살자들과 싸우겠다는 결사대였다. 26일 시민수습위원회 일동은 대변인인 신부 김성용을 통해 '추기경께 드리는 호소문'을 전달했다. "저희는 계엄군에 의해서 짐승처럼 치욕과 학살을 당하고도 폭도요 난동분자요 불순분자로 지목되었습니다. 저희 80만 광주 시민의 피맺힌 한과 응어리진 아픔을 함께해주십시오." 26일 광주 대주교 윤공희는 대통령 최규하에게 편지를 보냈다. "군인들의 만행에 대한 명령 책임자를 엄중히 처단할 것을 약속하셔야 우선 급박한 현 사태의 수습이 가능할 것입니다." 대답은 없었다.

계엄당국은 27일 0시 이후 도청을 공격해 진압한다는 작전계획을 세워놓고 있었다. 26일 저녁 항쟁지도부는 "최후까지 남을 사람만 남고 나머지는 집으로 돌아가라"고 알렸다. 시민군 500여 명이 도청에 남았다. 윤상원은 이날 밤 이렇게 말했다. "그냥 도청을 비워주게 되면 우리의 투쟁은 헛수고가 되고 수없이 죽어간 영령들과 역사 앞에 죄인이 됩니다. 끝까지 싸우다 죽는 것이 우리가 영원히 사는 길입니다." 고등학생들이 남겠다고 했으나 윤상원은 "우리들이 싸울 테니 집으로 돌아가라. 너희들은 역사의 증인이 되어야 한다"고 설득해 내보냈다.

27일 새벽 4시 탱크를 앞세운 계엄군이 도청을 향해 일제사격을 했다. 도청의 시민군들이 금남로의 계엄군을 향해 응사하는 동안 3공수여단 특공대가 도청 뒷담을 넘어 건물로 뛰어들었다. 공수부대는 총을 난사하고 방마다 수류탄을 던졌다. 시민군들은 눈앞에 나타난 군인들을 보고 차마 방아쇠를 당기지 못했다. 수많은 사람들이 특공대의 총과 수류탄에 죽어갔다. 시민군 8명이 항복하겠다고 두 손을 올리고 도청 앞뜰로 나왔지만 특공대는 투항자들을 모두 쏘아 죽였다. 한 특공대 병사는 한쪽 발로 시민군 포로를 군홧발로 밟은 채 사살하면서 "어때, 영화 구경하는 것 같지" 하는 농담까지 던졌다. 살아남은 시민군은 굴비처럼 엮인 채 버스 넉 대에 실려 상무대 영창으로 끌려갔다. 이날 진압작전에서 수백 명의 시민군이 목숨을 잃었다. 시민군을 이끈 윤상원은 가슴에 총을 맞고 화염방사기로 까맣게 탄 주검으로 발견됐다. 도청을 점령한 계엄군은 학살의 흔적을 지우려는 듯 광주 시내를 소독했다. 짓밟힌 광주는 원한에 잠겼다.

언론학자 강준만은 5·18이 남긴 광주의 한을 두고 이렇게 말했다. "호남인들은 오직 말없이 김대중 지지를 통해 그 한을 풀고자 하였지만, 광주학살에 눈물 한 방울 흘린 적 없는 일부 한국인들은 그들의 그런 평화적인 선택에조차 경멸을 보내는 데 주저하지 않았다."(《한국 현대사 산책》) 정치학자 최정운은 "5·18은 우리 현대사의 최대 사건이자 세계사에 유례가 없는 사건이었다"며 "우리 시대의 민주주의는 광주의 피를 대가로 하여 이루어졌다"고 썼다.(《5월의 사회과학》)

계엄군이 철수한 5월 31일 밤과 6월 1일 새벽 사이에 금남로를 비롯한 시내 곳곳의 전신주에는 '살인마 전두환'이라고 쓴 붉은색 글씨가 나붙었다. 6월 2일 〈전남매일신문〉은 5·18 관련 시리즈 '무등산은 알고 있다'를 내보냈고, 같은 날 시인 김준태의 시 〈아아, 광주여! 우리 민족의 십자가여!〉를 실었다. 〈전남매일신문〉은 폐간당했다.

## 5

# 고문으로 조작한 허구
## 내란음모 재판

광주에서 동족살육의 광란을 벌인 전두환 신군부는 광주 진압이 "유례없는 성공적인 작전이었다"고 평가하고 특전사령관 정호용을 포함해 66명에게 훈장을 수여했다. 1980년 5월 31일 계엄사령부는 "광주사태로 민간인 144명, 군인 22명, 경찰 4명이 사망했다"고 발표했다. 광주 시민 가운데 이 발표 내용을 믿는 사람은 없었다. 계엄군은 죽은 사람들을 보이는 대로 트럭에 싣고 가 아무도 알 수 없는 곳에 파묻었다. 사망자 수를 정확히 확인할 길이 없었다. 당시 광주에 있었던 목사 아널드 피터슨(Arnold Peterson)은 여러 자료를 종합해 광주항쟁에서 사망한 시민의 수를 800여 명으로 추정했다.

언론은 광주학살을 저지른 신군부를 찬양하고 시민들의 항쟁을 비방하는 데 지면을 아끼지 않았다. 〈조선일보〉는 항쟁 중인 5월 25일치 사설에서 "57년 전 일본 관동대지진 때 조선인 학살의 역사가 반교사적으로 우리에게 쓰라린 교훈을 주고 있다"고 썼다. 광주 시민을 일본인 폭도에 비유한 것이었다. 〈조선일보〉는 도청 진압이 끝난 뒤 28일치 사설에서 이렇게 말했다. "지금 오직 명백한 것은 광주 시민 여러분은 이제 아무런 위협도, 공포도, 불안도 느끼지 않아도 될 조건과 환경의 보호를 받게 됐고 받고 있다는 사실이다. (…) 비상계엄군으로서 군이 자제에 자제를 거듭했던 사실을 우리는 알고 있다. (…) 때문에 신중을 거듭했던 군의 노고를 우리는 잊지 않는다." 거짓으로 얼룩진 사설이었다.

광주의 항쟁을 진압한 신군부는 6월에 육군본부 이름으로 '광주사태의 진상'이라는 공식 발표문을 냈다. 이 발표문에서 신군부는 "5·17 조치 이후 서울에서 반정부 활동이 불가능해지자 김대중 추종 세력을 포함한, 서울 학생 시위를 주도해온 서울대·고려대 등 재경 대학의 호남 출신 문제 학생들과 깡패들까지 합세해 광주로 진입하여 그 지역 깡패들과 어울려 현지 민심을 선동했다"고 주장했다. 김대중을 광주항쟁의 배후로 창작한 것이었다.

남산 중앙정보부 지하실에서 신문을 받던 김대중은 6월 28일에야 광주학살에 대해 알게 되었다. 그날 보안사 합동수사본부 수사단장 이학봉이 남산 지하실로 찾아와 김대중에게 말했다. "우리와 함께 간다면 대통령직만 빼고 어떤 자리라도 드리겠습니다. 협조하면 살고, 거부하면 죽는 것입니다." 이학봉이 나가고 난 뒤 수사관이 신문 한 뭉치를 김대중에게 던져주었다. '광주사태'를 보도한 신문들이었다. 시민들이 100명도 넘게 사망했다는 기사가 보였다. 김대중은 너무나 큰 충격을 받고 의식을 잃었다. 김대중은 그때의 심정을 자서전에서 이렇게 밝혔다. "나도 그만 죽고 싶었다. 죽자. 죽어버리자. 광주에서 희생당한 사람들, 내 어찌 살아서 그들을 볼 수 있단 말인가." 김대중은 사흘 뒤 찾아온 이학봉에게 "협력할 수 없다. 죽기로 마음을 먹었다"고 말했다. 이희호는 "그때 남편이 신군부의 회유에 굴복했더라면 남편을 용서할 수 없었을 것"이라고 했다.

이희호가 광주학살의 진상을 상세히 들은 것은 항쟁이 나고 1년이나 지난 뒤였다. "바깥세상과 완전히 격리되어 있었기 때문에 1년 뒤에야 광주의 진상을 알았어요. 광주항쟁으로 구속됐다가 풀려난 조아라 선생님이 광주YWCA 김경천 총무와 함께 우리 집을 찾아왔을 때였어요. 조아라 선생님이 해주시는 이야기를 들으며 얼마나 울었는지 몰라요." 광주YWCA 회장을 지낸 조아라는 광주항쟁 기간 중에 있었던 일을 이렇게 증언했다. "5·18 때 얼마나 많은 사람들이 죽었는지 관을 구할 수 없었어. 학생들이 두꺼운 베니어판을 구해다가 잘라서 그것으로 관을 만들고, 미처 수의를 못 만드니까 당목으로 둘둘 감아서 태극기 한 장씩 덮어서 묶고 한 것이 도청 마당으로 하나 가득이여. 나중에는 돈 나올 데가 없으니 관 살 돈도 없지, 당목 살 돈도 없지, 그래 교회에서 우선 30만 원을 얻어서 감당해야 했지."

이희호는 광주가 아니었다면 남편이 신군부에게 죽임을 당했을 것이라고 말했다. "광주가 남편의 목숨을 구했다고 생각합니다. 신군부는 광주에서 그렇게 많은 사람을 죽여놓고 남편까지 죽일 수는 없었을 거예요." 이희호는 1983년 김대중과 미국에 망명해 머물고 있을 때 광주항쟁을 기록한 영상물을 보았다. "처음에는 너무 떨려서 보지 못하다가, 용기를 내서 남편과 함께 항쟁 비디오를 봤어요. 너무나 기가 막혀서 말을 할 수가 없었어요. 어떻게 그런 끔찍한 짓을 저지를 수 있는지…." 이희호는 27년이 지난 2007년 8월 광주항쟁을 다룬 영화 〈화려한 휴가〉를 보았다. "그 영화도 남편과 함께 보았어요.

그때의 기억이 다시 떠올라 아무리 참으려고 해도 눈물이 또 흘러나왔어요. 그 영화를 보고 나서 마지막까지 도청을 지킨 시민군 생존자들을 만났지요. 광주항쟁 기간에 광주 시민들이 보여준 행동에 세계가 놀랐어요. 치안 공백 상태였는데도 약탈도 없었고 도둑도 없었고요. 광주는 위대한 항쟁의 도시로 역사에 남을 겁니다."

광주에서 학살이 벌어지던 중 5월 21일 국무총리 신현확을 비롯한 국무위원 전원이 사직서를 냈다. 대통령 최규하는 무역협회장 박충훈을 국무총리 서리로 임명하고 내각을 개편했다. 개각 다음날 전두환은 최규하에게 국가보위비상대책위원회(국보위)를 설치해야 한다고 압박해 재가를 얻어냈다. 국보위는 5월 31일 대통령자문기구라는 형식을 띠고 등장했다. 국보위 위원장은 최규하였지만 허수아비에 지나지 않았다. 전두환은 국보위 안에 상임위원회를 설치해 위원장은 자신이 맡고 12·12반란에 함께한 측근들을 위원으로 앉혔다. '보이지 않는 그림자 정부'의 탄생이었다.

1980년 7월 4일 계엄사령부는 '김대중 내란음모 사건'을 발표했다. 극악한 고문으로 조작한 허구의 사건이었다. 계엄사는 김대중을 비롯한 24명을 내란음모 혐의와 계엄포고령 위반 혐의로 기소했다. 7월 15일 김대중·문익환·예춘호·이문영·고은을 포함한 공동피고인들은 육군교도소와 서대문구치소에 나뉘어 수감됐다. 이희호는 남편이 구속됐다는 소식을 7월 중순에야 접했다. 군사재판에 회부됐으니 변호인을 선임하라는 내용의 구속통지서가 집으로 날아왔다. 다른 구속자 가족들에게도 통지서가 전달됐다.

구속자 가족들에게 가장 급한 일은 변호사 선임이었다. 이희호가 동교동 집에 갇혀 있는 동안 문익환의 부인 박용길, 이문영의 부인 김석중, 이해동의 부인 이종옥은 3인1조가 돼 변호사를 구하러 다녔다. 처음에 찾아간 곳은 1976년 3·1민주구국선언 사건 때 변호를 맡아준 박세경의 사무실이었다. 박세경은 선뜻 응낙하고 변호인단 구성에 나섰다. 신군부는 박세경과 변호인단을 엉뚱한 죄목을 걸어 잡아들였다. 박세경은 구속되고 나머지 변호사들도 1년 동안 영업정지를 당했다.

가족들은 찌는 듯한 삼복더위에 서소문 일대 변호사 사무실을 돌고 돌았다. 100군데가 넘는 사무실을 찾아다녔으나 변호를 맡지 못하겠다는 말만 들었다. 너무 무서워서 못 하겠다고 솔직하게 이유를 밝히는 사람도 있었다. 구속자 가족들은 변호사 없이 재판에 임하기로 했다. 국선변호사가 형식적으로 변호인 자리를 메웠다. 변호사를 찾아다니는 사이 구속자 가족들은 군부가 김대중을 죽일 것이라는 소문을 들었다. 소문은 점점 더 분명해지더니 이듬해 1월 6일 사형시킬 것이라고 날짜까지 박혀 나돌았다. 사람들은 울면서 거리를 헤매었다.

8월 8일 이희호는 육군교도소로부터 다음날 면회를 할 수 있다는 연락을 받았다. "남한산성 육군교도소로 찾아갔지요. 교도소 소장 옆방에서 테이블에 녹음기를 놓고 소장과 헌병이 지켜보는 가운데 남편을 만났어요." 김대중의 몸은 반쪽이 돼 있었다. 석 달 만에 아내를 보는데도 김대중의 얼굴엔 반가워하는 기색이 전혀 없었다. "남편의 그런 모습을 보니 말문이 막히고 정신이 아득했어요. 가까스로 정신을 차리고 시동생과 홍일이, 비서들이 어디에 갇혀 있는지 아직 모르고 홍업이는 수배 중이라고 이야기했지요. 면회는 10분이었는데, 그 10분이 어떻게 지나갔는지 모르겠어요. 돌아오는 차 안에서 '살아 있는 것만으로도 감사합니다' 하고 기도를 드렸지요."

1980년 8월 14일 오전 용산 육군본부 군법회의 대법정에서 '김대중 내란음모 사건'의 계엄보통군법회의가 열렸다. 비공개 재판이었다. 국내 기자는 한 사람도 들어오지 못하고 외신 기자 두 명에게만 방청이 허용됐다. 가족들에게도 피고인 한 사람당 한 장씩만 방청권이 배정됐다. 이 사건에 엮인 피고인 24명은 그날 비로소 한자리에서 얼굴을 볼 수 있었다. 김대중이 처음 보는 얼굴도 있었다. 27살의 고려대 학생 설훈이었다. 미국은 이 사건에 관심을 품고 국무부 고문변호사를 파견했다. 이희호는 재판정에 나가지 않았다. "구속자 가족들이 3·1민주구국선언 사건 때처럼 공판을 거부한다고 해서 그런 줄 알고 방청하지 않았어요. 후에 방청하기로 방침이 바뀌었는데 나한테는 연락이 닿지 않았어요. 나는 겁이 나서 밖으로 연락을 하지 못했고 다른 사람들도 우리 집에 연락을 하지 않았어요. 그 뒤에도 남편이 죄수복을 입고 수갑을 찬 모습을 차마 볼 수가 없어 공판정에 나가지 않았어요."

공소장은 13만 자에 이르렀다. 읽는 데만 6시간 20분이 걸렸다. 검찰관 여섯 명이 교대로 낭독했다. 검찰이 김대중에게 씌운 혐의의 핵심은 '광주사태'를 배후에서 조종해 내란음모를 획책했다는 것과 국가보안법상 반국가단체 수괴로 활동했다는 것이었다. 내란음모 관련 공소장은 혐의 내용을 이렇게 나열했다. "김대중은 전남대 복학생 정동년이 4월 12일 자신을 방문했을 때 광주 지역 대학생들의 시위상황에 대해 의논하고, (…) 그 후 5월 5일 정동년이 다시 김상현과 함께 김대중 자택을 방문했을 때 광주 지역 학생 시위자금으로 500만 원 지원을 요청하자 우선 300만 원을 주고, 5월 8일에 두 번째로 200만 원을

1980년 8월 14일 오전 '김대중 내란음모 사건' 공판은
비공개로 진행됐다. 국내 기자는 한 사람도 들어가지 못하고
외신 기자 두 명에게만 방청이 허용됐다.

주었다. (…) 정동년은 김대중 지시에 따라 광주로 내려와 5월 6일 전남대 총학생회장 박관현에게 270만 원을, 5월 10일 조선대 시위 책임자 윤한봉에게 170만 원을 시위자금으로 주었다. 5월 18일 광주사태의 발단이 된 전남대 가두시위를 배후 조종하고, 이어서 조선대 학생들도 전남대 가두시위에 합류시켜 광주사건의 도화선이 되게 했다."

검찰의 공소장은 극악무도한 고문으로 만들어낸 허구였다. 정동년은 5월 17일 밤 예비검속 대상으로 광주보안사 지하실로 끌려갔고, 그 뒤 동교동에서 압수한 방명록에서 이름이 발견되자 신군부의 각본에 엮이게 된 것이었다. 정동년은 서울의 합동수사본부가 광주로 파견한 수사관들에게 무자비한 고문을 당한 끝에 수사관들이 짜준 각본대로 진술서를 작성했다. 훗날 출옥한 뒤 정동년은 "처음에는 김대중에게 1000만 원을 받은 것으로 했다가, 학생 신분에 1000만 원이 너무 큰돈이라고 생각한 수사관들이 500만 원으로 낮추었다"고 폭로했다. 김대중은 미국 망명에서 돌아온 뒤인 1985년에야 동교동을 방문한 정동년을 처음으로 만났다.

검찰의 공소장은 김대중이 '광주사태' 당시 무기반납을 방해하도록 지시하고 제2의 광주사태를 준비했다는 혐의도 열거했다. 공소장 내용이 사실이라면 김대중이 신군부에 연행돼 남산 중앙정보부 지하실에서 취조를 받던 중에 광주항쟁의 전개를 훤히 꿰뚫어보고 뒤에서 조종했다는 것인데, 검찰은 태연하게 그런 황당한 주장을 계속했다. 신군부는 처음에는 김대중을 내란죄로 몰려고 했으나 너무 억지스럽다고 판단했는지 내란선동죄로 죄목을 바꾸었다. 내란선동죄는 최고 형량이 무기징역이었다. 김대중을 죽이는 것이 목적이었던 신군부는 마지막 단계에서 '국가보안법상 반국가단체 수괴' 혐의를 추가했다. 김대중이 1973년 8월 도쿄에서 결성된 한국민주회복통일촉진국민회의(한민통) 일본본부 의장에 취임했다고 조작해 그것으로 반국가단체 수괴 혐의를 씌운 것이었다.

김대중은 한민통 일본본부 결성을 앞두고 1973년 8월 도쿄에서 납치당해 6일 뒤 서울로 끌려왔다. 한민통은 김대중이 서울에 끌려온 뒤인 8월 15일에야 출범했다. "그때 도쿄의 한인들이 남편을 한민통 일본본부 의장으로 추대했어요. 남편의 뜻과는 상관없이 그렇게 한 거예요. 그 뒤 남편은 일본을 방문하는 야당 의원이나 이태영 박사를 통해 한민통 의장직을 수락한 바 없으니 지워달라고 여러 차례 부탁했어요. 남편은 한민통 결성을 앞두고 일본의 민주인사들과 만날 때 '대한민국 절대 지지', '친북인사 배제'라는 원칙을 강조했어요. 그래서 1976년 3·1사건으로 구속됐을 때도 한민통과 관련한 어떤 혐의도 받지 않았던 거예요."

신군부에게 중요한 것은 김대중을 사형시킬 명분을 찾는 것이었다. "남편은 1심이 끝나기 전에 나에게 '집에 일본 잡지 〈세카이〉가 있는데 거기에 한민통에 관해 내 의견을 말한 대담 내용이 실려 있으니 증거물로 제출해달라'고 했어요. 그 책을 찾아냈는데 전할 길이 없어서, 미국 국무부에서 파견한 변호사에게 보냈지요." 김대중은 1심이 끝난 뒤 면회하러 온 이희호에게 "미국에서 한민통을 발족시킬 때 내가 한 말을 녹음한 테이프가 있으니 찾아서 변호사에게 보내 달라"는 말도 했다. "그 다음날 합동수사본부에서 여러 사람이 나와서 다시 가택수색을 시작했어요. 테이프란 테이프는 모두 쓸어 모아 하나도 남기지 않고 가져갔어요. 과거에 외국에서 온 편지들을 찾아내 샅샅이 뒤지고 남편의 양복 호주머니까지 뒤졌어요. 남편에게 유리한 증거가 될 만한 것은 무엇이든지 없애려는 것 같았어요."

●

1980년 8월에 시작된 '김대중 내란음모' 재판은 결론을 정해놓고 각본대로 움직이는 꼭두각시놀음이나 다를 바 없었다. 대다수 국선 변호인들은 신군부 하수인 노릇만 했다. 그러는 중에도 변호사 소종팔은 다른 변호인들과 달리 양심껏 피고인들을 변호했다. 소종팔은 검사의 주장이 터무니없다고 일축했다. "내란 사건이라고 하는데, 피고인들은 각목이나 화염병은커녕 부지깽이나 박카스병 하나 가지고 다녔다는 증거는 물론이고 사실 기록조차 기소장에 없다. 도대체 뭘 들고 내란을 하려고 했다는 말이냐?" 소종팔은 재판 중간에 쫓겨나 연락조차 되지 않았다.

소종팔 대신 들어선 변호인은 변호사인지 검사인지 헷갈릴 정도로 검사 편을 들었다. 송기원이 보다 못하고 소리를 질렀다. "야, 네가 변호사냐, 검사냐? 아무리 조작이라고 해도 그렇지, 도저히 못 들어주겠으니 그만해." 고성이 오가는 중에 문익환이 벌떡 일어섰다. "재판부 기피 신청을 하겠소. 우린 이런 재판을 받고 싶지 않소." 김대중이 자리에서 일어났고 다른 사람들도 뒤따라 재판정을 나갔다.

구속자 가족들은 재판정에 들어갈 때 필기도구를 빼앗겼다. 재판정에서 나오는 말들을 기록할 수 없으니 머릿속에 기억해야 했다. 이종옥은 그때의 상황을 이렇게 기록했다. "우리는 한 사람씩 배정했다. 재판관이 하는 말만 외우는 사람, 검사가 하는 말만 외우는 사람, 변호사가 하는 말만 외우는 사람으로 나누었던 것이다. 휴식시간이나 점심시간이 되면 얼른 밖으로 나와서 잊어버리기 전에 자기가 외운 것을 읊어내고 그걸 받아 적었다. 이렇게라도 해야만 바깥세상 사람들에게 알릴 수 있었다." 김대중의 최후진술은 문익환의 아들 문성근이 방청석에서 외워 기록한 뒤 외국의 언론과 인권단체에 알렸다.

김대중이 남산 지하실과 육군교도소에 갇혀 있는 동안 밖에서는 전두환과 신군부의 권력 장악 절차가 마무리돼가고 있었다. 신군부는 의식 있는 언론인들을 권력 장악의 걸림돌로 보고 일거에 쓸어버리는 작업을 했다. 6월 9일 계엄사는 "악성 유언비어를 유포시켜 국론통일과 국민적 단합을 저해하고 있다"는 혐의를 씌워 경향신문 기자 서동구·이경일·홍수원·박우정·표완수, MBC 기자 노성대·오효진, 동아일보 기자 심송무를 구속했다. 이어 신군부는 7월 30일 언론사 사주들을 협박해 '언론계 자율정화 결의'를 끌어냈다. 이 결의를 신호탄으로 하여 보안사·치안본부·중앙정보부가 합작해 작성한 336명의 언론인 명단이 언론사에 내려왔고 그중 298명이 해직됐다. 언론사 사주들은 이 명단에 이런저런 핑계를 붙여 600여 명을 더 끼워 넣었다. 쫓겨난 사람은 933명에 이르렀다. 군부와 사주가 합작한 '언론학살'로 민주 언론인들은 거리의 낭인이 됐다. 신군부는 〈창작과 비평〉, 〈뿌리 깊은 나무〉, 〈씨알의 소리〉, 〈기자협회보〉를 비롯한 정기간행물 172종도 폐간했다. 정론의 씨가 말랐다.

8월 7일 신군부 우두머리 전두환은 스스로 육군 대장으로 진급했다. 다음날 미국 언론은 주한미군사령관 존 위컴의 회견을 실었다. 위컴은 전두환이 곧 한국의 대통령이 될지 모른다면서 "각계각층 사람들이 마치 들쥐떼처럼 그의 뒤에 줄을 서고 그를 추종하고 있다"고 말했다. 8월 11일 MBC는 전두환 인터뷰를 특집으로 꾸며 방송했다. 대담자는 문화방송·경향신문 사장 이진희였다. 이진희는 서울신문 주필로 있던 중 신군부의 눈에 들어 문화방송·경향신문 사장으로 발탁된 사람이었다. 이진희는 전두환을 앞에 두고 이렇게 말했다. "국보위가 발족된 이후 괄목할 만한 사회개혁 작업의 전개로 새로운 시대의 개막이 순조롭게 진행 중입니다. 그동안 국보위를 만들고 맡으셔서 노고가 크신데 전 위원장께서는 새 시대를 영도해야 할 역사적 책무를 좋든 싫든 맡으셔야 할 위치에 있는 것 같습니다." 낯이 뜨거워질 곡학아세였다.

8월 16일 대통령 최규하는 특별성명을 통해 "대통령을 사임하고 권한대행자에게 정부를 이양한다"고 밝히고 하야했다. 9개월 동안 아무것도 한 것 없이 신군부에 끌려다닌 무력한 대통령의 마지막 모습이었다. 국무총리 서리 박충훈이 대통령 권한대행이 됐다. 8월 27일 통일주체국민회의는 단일후보 전두환을 총 투표자 2525명 중 2524명의 찬성으로 제11대 대통령에 선출했다. 〈조선일보〉는 이튿날 사설 '새 시대의 개막—전두환 장군의 대통령 당선에 대하여'를 써 "우리는 우선 전두환 대통령의 당선을 온 국민과 더불어 축하하며 그 전도에 영광이 있기를 희원해 마지않는다"고 찬양했다. 다른 신문들의 태도도 〈조선일보〉와 별로 다르지 않았다.

의식 있는 언론인들이 모조리 축출된 언론계에는 학살자에게 빌붙는 세력만 남았다. 전두환이 대통령에 취임하기도 전부터 마치 '영광의 카펫'을 깔듯 신문과 방송이 앞다투어 전두환 우상화 보도를 쏟아냈다. KBS는 8월 22일 밤 60분 동안 〈전두환 장군의 이모저모〉를 내보내 전두환을 '한민족의 영도자'로 띄워 올렸다. 이진희가 이끄는 〈경향신문〉은 8월 19일부터 4회에 걸쳐 '새 역사 창조의 선도자 전두환 장군'이라는 시리즈를 내보내 "서릿발 같은 결단력 뒤에는 훈훈한 인정을 느낄 서민풍"이 있으며 "부정부패를 멀리하고 청렴결백을 몸소 솔선수범해온 표본"이라고 찬사를 바쳤다.

〈조선일보〉는 8월 23일치 3면 머리기사로 '인간 전두환—육사의 혼이 키워낸 신념과 의지의 행동'을 실었다. "불의를 보고 참지 못하는 천성적인 결단은 그를 군의 지도자가 아니라 온 국민의 지도자상으로 클로즈업시키기에 부족함이 없다. 12·12 사건만 해도 그렇다. 정승화 육군참모총장 쪽에 서면 개인의 영달은 물론이고 위험부담이 없다는 걸 그도 잘 알았으리라. (…) 그러나 그가 배워오고 익혀온 양식으로는 참모총장이 아니라 그보다 더 높은 상관일지라도 국가원수의 시해에 직간접적인 혐의가 있는 사람이면 누구든지 그 혐의가 규명되어야 바른 일이었다." 12·12 군사반란을 '불의를 보고 참지 못하는 천성적인 결단'으로 추어올리는 지록위마의 극치였다.

'전두환 대통령 만들기'에 뛰어든 언론은 신군부의 사냥감이 된 김대중에게는 냉혹한 말의 비수를 들이댔다. KBS는 8월 2일 〈김대중과 한민통〉이라는 특집프로그램을 꾸려 김대중을 간첩이나 다를 바 없는 인물로 묘사하고, 수단과 방법을 가리지 않고 권력을 추구하는 이중인격자로 만들어냈다. 저열한 허위보도였다. 〈경향신문〉은 9월 11일치에 '선동·권모술수로 얼룩진 위선의 화신 김대중을 벗긴다'라는 제하의 특집기사를 실었다. "김대중, 그는 어떤 인물인가. 달변과 간교한 지략을 내세워 한국의 케네디라는 허상 속에 철저히 가려졌던 그의 참모습은 어떤 것인가. 목적을 위해서는 수단과 방법을 가리지 않는 '마키아벨리즘의 화신' 바로 그것이었다. 말과 행동이 다르고, 이중인격과 위선에 가득 찬 그의 인생경로는 급기야 자신을 환상적 사이비 지도자로 착각토록 하는 망상증에 사로잡히게 했던 것이다." 학살자들의 올가미에 걸려 사형당할 상황에 처한 사람을 글로 먼저 죽이는 추악한 인격살해 보도였다. 전두환 신군부와 양심 없는 언론이 합작해 만들어낸 이 극악한 이미지는 국민들의 뇌리에 각인돼 그 후로도 오랫동안 지워지지 않았다. 남편을 죽을 곳에 둔 이희호에게는 억장이 무너질 일이었다.

1980년 9월 초 이희호는 둘째아들 홍업이 붙잡혀 중앙정보부로 끌려갔다는 소식을 전해 들었다. 홍업은 두 달이 지난 11월 5일에야 중앙정보부 지하실에서 풀려나 집으로 왔다. 5월 18일 이후 다섯 달 만에 만난 모자는 새벽 먼동이 터 올 때까지 이야기했다. “그 반년 동안 있었던 일을 이야기하는데 밤을 새워도 모자랐어요. 홍업이를 숨겨준 분들 중에 세 분이나 구속돼 서대문구치소에 수감됐어요. 김태랑 씨도 그때 잡혀가서 짐승처럼 두들겨 맞아 허리를 다쳤어요. 우리 집안을 도와준 분들이 그렇게 괴로움을 당하니 미안한 마음을 말로 표현할 수 없었지요.”

9월 8일 이희호는 큰아들 홍일을 서울구치소에서 처음으로 면회했다. “그날 큰며느리를 넉 달 만에 처음으로 만났어요. 출입을 금지하니 우리 집에 오고 싶어도 오지 못했던 거예요.” 홍일은 죄수복을 입고 초췌한 모습으로 나타났다. 뒤에는 헌병이 지키고 있었다. 이희호는 가슴에 통증을 느꼈다. ‘왜 이 아이가 이런 모습으로 여기에 있어야 한단 말인가’ 하는 생각이 저절로 들었다. 눈시울이 뜨거워졌다. “몸조심해라. 아버지는 면회했다. 건강에는 큰 지장이 없어 보이셨다.” 그 말을 들은 홍일의 입에서 “아, 천주님! 감사합니다. 제 기도를 들어주셨어요” 하는 말이 나왔다. “홍일이는 모진 고문을 당해 몸이 성하지 못한데도 아버지 걱정만 했어요. 며느리는 옆에서 소리 없이 눈물만 흘렸지요.”

9월 11일 1심 재판에서 군검찰은 김대중에게 사형을 구형했다. 문익환·이문영을 포함해 다른 피고인들에게는 무기징역을 포함해 중형이 구형됐다. 이희호가 면회를 가면 김대중은 죽음을 앞둔 사람처럼 말했다. “이 정권이 타협하면 살려주고 원대로 해주겠다고 하는데 나는 죽음을 택하겠소. 내가 떠나더라도 아이들이 바른길로 가도록 당신이 지켜주시오. 좋은 남편, 좋은 아버지 노릇을 못해 미안하오.” 이희호는 말할 수 없는 슬픔을 느꼈다. “면회를 하고 돌아오는 길에 느낀 괴로운 마음을 어떻게 말로 표현할 수 있을지…." 이희호는 눈물 속에 기도하면서 남편과 아들의 한복 수의(囚衣)를 만들었다.

1심 구형에 이어 피고인들이 최후진술을 했다. 이해동은 그때의 일을 이렇게 기록했다. "마침내 나의 최후진술 차례가 되었다. 나는 중앙정보부 지하실에서 당한 혹독한 고문을 폭로했다. 법정은 온통 울음바다가 되었다. 방청석의 가족들은 말할 것도 없고 피고인들까지 모두 흑흑 흐느꼈다. (…) 그 지하실에서 당한 처절했던 고문 현장이 되살아났기 때문이었다." 이해동의 최후진술이 끝나고 설훈이 일어섰다. 피고인들 가운데 가장 젊은 설훈은 광주항쟁 소식을 생생하게 듣고 붙잡혀온 터였다. "나는 저 광주에서 독재에 항거하던 민주시민들이 무도한 군부독재에 무참하게 죽어간 사실을 잊을 수가 없습니다. 나는 그들과 함께 죽지 못하고 아직 살아 있다는 것이 부끄럽고 한스러울 뿐입니다. 그런데 우리가 고문당한 일 따위를 가지고 찔찔 짜기나 하고 있을 때입니까?" 설훈도 참혹한 고문을 당한 사람이었다. 설훈은 숨어 있던 반포아파트에서 체포되자마자 수갑에 채워진 채 아파트 화장실 욕조에 처박혀 물고문을 당하고, 다시 경찰서로 끌려가 팬티가 걸레처럼 너덜너덜해질 때까지 맞았다. 유치장에 옮겨질 때는 걸을 수 없어 경찰관에게 업혀 들어가야 했다.

9월 13일 김대중은 1심 최후진술을 했다. 마지막에 김대중은 이렇게 말했다. "나는 아마도 사형 판결을 받고 또 틀림없이 처형당하겠지만 내가 처형당한다는 것은 처음부터 각오하고 있는 일입니다. 나는 여기 이 기회를 빌려 공동피고인 여러분께 유언을 남기고 싶습니다. 내 판단으로 머지않아 1980년대에는 민주주의가 회복될 것입니다. 나는 그걸 확실히 믿고 있습니다. 그때가 되거든 먼저 죽어간 나를 위해서든, 또 다른 누구를 위해서든 정치적인 보복이 이 땅에서 다시는 행해지지 않도록 부탁하고 싶습니다. 이것이야말로 내 마지막 남은 소망이기도 하고 또 하느님의 이름으로 하는 내 마지막 유언입니다." 김대중의 진술이 끝나자 피고인들과 방청객들이 일제히 일어나 〈애국가〉와 〈우리 승리하리라〉를 부르고 '김대중 만세'를 외치며 끌려나갔다. "남편이 정치보복에 반대하고 용서를 이야기한 것은 정치적 신념이기 이전에 종교적 신념이었어요. 죄는 미워해도 죄를 저지른 사람은 용서해야 한다고 남편은 믿었어요. 나는 지금도 남편의 신념이 옳다고 생각합니다."

김대중이 최후진술을 하는 법정에 피고인의 한 사람으로 있었던 한완상은 그때 느낀 것을 훗날 이렇게 회고했다. "우리 공동피고인 24명이 가장 잊을 수 없는 순간은 아마도 DJ(김대중) 최후진술 때가 아닐까 한다. 끓어오르는 의분심을 가눌 길 없어 평생 처음으로 창자로 〈애국가〉를 불렀다. DJ는 1시간 40분 가까운 긴 시간 동안 당당히 자기의 의견을 개진했다. 그의 침착함에 나는 놀랐다. 이른바 세인트의 경지에 들지 않고서는 사형 구형을 받았던 피고인이 그토록 태연하고 침착하게 자기 심경을 말할 수는 없을 것이다. 우리 모두 자신도 모르는 사이에 뜨거운 눈물이 하염없이 흘렀다. 우리는 비록 힘없이 묶여 있는 처지였으나 도덕적으로나 정신적으로는 이미 승리하고 있었다."

그날 이희호는 법정에 없었다. "남편은 최후진술을 하고 난 뒤 우리 가족을 찾으려고 아무리 둘러봐도 찾을 수 없어서 얼마나 외롭고 서운했는지 모른다고 뒤에 이야기했어요. 그 말을 듣고 남편에게 무척 미안했지요. 나는 남편이 수갑을 차고 법정에 들어서는 모습을 볼 엄두가 나지 않았어요. 최후진술을 하던 그날 나는 집에서 철야기도를 했지요." 9월 17일 선고공판에서 재판부는 김대중에게 사형을 선고했다. 김대중에게 사형이 선고된 그날 외신 기자들이 이희호를 인터뷰하러 동교동을 찾아왔다. 이희호는 인터뷰를 거절했다. "지금은 아무런 말도 하고 싶지 않습니다. 오로지 하느님께 기도할 뿐입니다." 찢어질 것 같은 마음에 무슨 말을 할 수 있는 상황이 아니었다.

## 6

# 지미 카터부터 미테랑까지

## 구명운동

1980년 9월 1심 군사재판부가 김대중에게 사형을 선고하자 미국을 비롯한 세계 각국에서 항의성명이 쏟아졌다. 미국 국무부는 김대중의 혐의는 "터무니없는 것"이라고 발표했다. 이희호는 있는 힘을 다해 남편의 구명운동에 나섰다. "그즈음에 지미 카터 미국 대통령에게 편지를 보냈어요. 남편의 목숨을 구해달라는 편지였지요. 미국에서 선교사로 온 박대인 목사가 도움을 많이 주셨어요." 본명이 에드워드 포이트라스(Edward W. Poitras)인 박대인은 감리교신학대학 교수로 있었다. "내가 쓴 편지를 그분이 영어로 번역해주고 편지도 부쳐주셨지요."

경찰이 철통같이 집을 에워싸고 있어 구명편지를 밖으로 내보내는 일도 쉬운 일이 아니었다. "내가 쓴 편지는 우리 집 도우미가 퇴근할 때 몸속에 숨기고 나갔어요." 집을 빠져나간 편지는 창천교회 전도사 윤문자에게 전달됐고 다시 박대인의 손에 들어갔다. 박대인이 영문으로 번역해 부친 편지는 미국 국가안보회의 아시아담당 도널드 그레그, 대통령 안보담당 보좌관 즈비그뉴 브레진스키(Zbigniew Kazimierz Brzezinski)를 거쳐 카터에게 전달됐다.

육군고등군법회의의 항소심 첫 공판은 10월 24일에 열렸다. 항소심은 더 엉터리였다. 증인을 몇 사람이나 요청했지만, 다들 무서워 피하고 이태영만 홀로 증인석에 섰다. "이태영 선생님이 용감하게 증언을 해주셨어요. 법정에서 김대중은 한민통 의장이 아니라고 증언하고 재판부에 호통을 치시면서 변론을 해주셨지요." 이태영은 법정에서 바로 구속될 수도 있다는 각오를 하고 추위에 대비해 옷을 몇 겹이나 껴입고 재판정에 나갔다.

김대중이 2심 재판을 받고 있던 10월 31일은 이희호의 친정아버지 추도일이었다. "그 얼마 전 큰오빠가 병원에서 수술을 받았는데, 경찰이 막아서 가보지 못했어요. 정부에 청을 넣어서 결국 친정 방문을 허락받았지요. 홍일이 면회를 하면서 며느리에게 3·1사건 구속자 가족 중 김석중·박영숙·이종옥 세 분에게 연락해 큰오빠 집에 오시도록 했지요. 친정아버지 추도일에 그이들을 만났어요. 나를 보더니 세상이 너무 살벌해서 사람들을 만날 수도 없다고 하더라고요."

고등법원 재판이 엉망으로 진행되자 피고인들은 재판을 거부했다. 피고인들 모두 최후진술을 하지 않기로 했다. 2심에서도 사형을 구형받은 김대중은 언제 죽을지 알 수 없어 유언을 남겨야 했으나, 다른 피고인들의 뜻에 따라 최후진술을 거부했다. 그 상황을 당시 김대중과 함께 재판을 받은 이해동은 이렇게 증언했다. "우리는 재판을 거부하기에 이르렀다. 그래서 2심에서는 아무도 최후진술을 하지 않았다. (…) 김대중 선생은 1심에서 사형을 선고받았고 2심에서도 여전히 사형을 구형받고 있는 터였다. 사형과 무기징역 사이의 거리는 잴

수 있는 거리가 아니다. 따라서 김대중 선생에게 최후진술이 지닌 의미는 우리들과 전혀 다르다고 해야 옳았다. 우리들이야 말할 기회가 언제라도, 아니 언젠가는 다시 있겠지만, 1심도 아닌 2심에서의 경우 사형수에게 최후진술의 기회란 그가 공개적으로 그의 뜻과 진실을 말할 수 있는 마지막 기회인 것이다. 사형수에게 2심에서의 최후진술은 가히 유언과 진배없었다. 그런데 김대중 선생의 자세는 참으로 결연하고 의연하였다. 그는 우리들의 고민을 알아차리고 '동지들, 나 때문에 구애받지 말고 동지들 소신껏 하십시오. 나는 동지들 결정대로 따르겠소'라고 하셨다. 마침내 우리들은 최후진술을 거부했고 재판은 일방적으로 진행돼 형이 선고됐다."

11월 3일 육군대법정의 항소심 재판부는 김대중에게 다시 사형을 선고했다. 하루 뒤인 11월 4일 미국 대통령 선거에서 지미 카터가 재선에 실패하고 공화당 후보 로널드 레이건(Ronald Wilson Reagan)이 당선됐다. 이희호와 김대중을 절망의 구렁텅이로 한 번 더 빠뜨리는 소식이었다. 카터는 인권을 앞세운 정치인이었지만 레이건은 다른 나라의 인권 문제에 큰 관심이 없었다. 김대중은 이때 느낀 절망감을 자서전에서 이렇게 말했다. "나는 너무 슬펐다. 발을 뻗고 소리 내어 울었다. '정녕 사형이란 말인가. 하느님이 나를 버리셨단 말인가.'"

신군부는 "이제 김대중을 죽일 수 있게 됐다"며 환호성을 질렀다. 당시 주한 미국 대사였던 윌리엄 글라이스틴은 훗날 회고록에서 이렇게 말했다. "영향력 있는 위치에 있던 (신군부) 인사들 중 놀랄 만큼 많은 사람들이 김대중 처형을 강력하게 요구하고 있었다. 일부에서는 그가 처형되지 않으면 정치무대에 다시 등장해 자신들의 '구국' 노력은 허사가 될 것이라며 공공연히 그의 처형을 주장했다." 전두환은 김대중 문제로 한국을 방문한 미국 국방장관 해럴드 브라운(Harold Brown)에게 이렇게 말했다. "법원의 결정은 존중돼야 한다. 대법원이 사형선고를 확정하면 그대로 집행돼야 한다."

김대중이 사형선고를 받고 육군교도소에 갇혀 있는 동안 전두환과 신군부는 권력을 굳히는 작업에 마지막 박차를 가했다. 9월 29일 전두환은 대통령 간선제와 7년 단임제를 핵심으로 하는 헌법개정안을 만들어 공고했고 10월 22일 국민투표를 통해 확정했다. 5일 뒤 공포된 개정헌법에 따라 국회가 해산됐고 국가보위입법회의가 설치돼 그 기능을 대신했다. 국가보위입법회의 의원 81명 전원을 전두환이 임명했다. 입법회의는 신군부의 충직한 하수인이었다.

그 무렵 신군부는 불량배를 소탕한다며 4만여 명을 잡아들여 삼청교육대로 보냈다. 경찰서마다 일률적으로 검거 인원을 할당한 탓에 무고한 시민들이 영문도 모르고 잡혀 들어갔다. 삼청교육대로 끌려간 사람들은 극악한 군사훈련을 받았다. 훈련 중 받은 고문과 구타의 후유증으로 수백 명이 사망했다. 신군부는 10월 27일에는 무장 계엄군을 전국 사찰에 투입해 승려 수백 명을 연행하고 폭행했다. 사회를 정화한다는 명분을 내걸고 사찰을 짓밟은 '법난'이었다. 신군부는 11월에는 언론사 발행인과 경영자들을 협박해 포기각서를 받아낸 뒤 언론통폐합을 강행했다. 신문·방송·통신사들이 폐합돼 사라졌다. 기독교방송(CBS)은 보도기능을 박탈당했다.

신군부는 항소심에서도 김대중에게 사형을 내린 뒤 11월 하순에야 편지 왕래를 허용했다. 사형수에게 베푼 선심이었다. 11월 21일 이희호는 원통한 마음을 억누르며 김대중에게 첫 편지를 보냈다. "나는 당신의 선한 성품과 진실하게 살려고 피나는 노력을 하는 것을 존경했는데 '하느님은 왜?' 하고 물어봅니다. 차라리 당신이 정말 폭력을 좋아하는 성격이라도 지니고 있고 또 그다지도 안타깝게 민주주의를 갈구하지 않는다면, 이처럼 뼈와 살이 깎여나가는 아픔을 느끼지 않아도 좋았을 것을 하고 생각해봅니다." 그 무렵 김대중은 사형선고를 받고 신에 대한 의심이 엄습하는 정신적 위기를 겪고 있었다. 김대중은 육군교도소 안에서 플라톤·아리스토텔레스·아우구스티누스·안셀무스·데카르트·칸트 같은 철인들의 책을 읽으며 신앙의 위기를 이겨내려고 안간힘을 썼다. 그런 위기를 겪으며 얻은 답을 11월 21일치 편지에 써 보냈다. 이희호가 첫 편지를 쓴 날과 같은 날이었다.

"지난 5월 17일 이래 우리 집안이 겪어온 엄청난 시련은 우리가 일생을 두고 겪은 모든 것을 합친다 해도 이에 미치지 못할 것입니다. (…) 나는 지금까지 나 자신이 어느 정도의 신앙을 가지고 있다고 믿었습니다. 그러나 죽음을 내다보는 한계상황 속에서의 자기 실존이라는 것이 얼마나 허약한 믿음 속의 그것인가 하는 것을 매일같이 체험하고 있습니다. (…) 나는 수많은 갈등과 방황 속에서 '믿음이란 느낌이나 지식에 기반을 두는 것이 아니라 인간의 자유로운 의지의 결단으로 이루어지게 되는 것이며, 이러한 의지의 결단은 의식적이고 자발적인 것이어야 한다'는 판단 아래 오직 눈을 우리 주님께 고정시키고 흔들리지 않도록 성신께서 도와주시도록 기구하고 있습니다." 김대중은 '예수의 부활'이라는 종교적 믿음에 기대어 정신을 가까스로 추슬렀다.

이희호는 12월 6일 보낸 편지에서 이렇게 썼다. "당신의 생이 평탄하지 않기 때문에 나는 더욱 당신을 사랑하고 존경합니다. (…) 당신은 언제나 피눈물 나는 노력을 했습니다. 양심의 소리에 귀를 기울이고 바르게 살기 위해 발버둥 쳤습니다. 나라와 민족을 사랑하는 마음이 유난히 강했습니다. 그래서 받은 것이 고난의 상입니다." 이희호는 죽음의 불길 앞에서 겪는 시련을 축복으로 받아들이려고 마음속으로 분투했다.

이희호에게는 일생에 가장 견디기 힘든 날들이 계속됐다. 카터와 레이건의 정권 인수인계 기간에 김대중을 사형시킨다는 말이 끊임없이 돌았다. 이희호는 남편이 잡혀간 뒤로 머리카락이 한 움큼씩 빠져 가발을 써야만 바깥으로 나갈 수 있었다. 불안과 초조로 혀가 타들어 가는 날들이었다. 신군부는 공무원을 동원해 미국 대통령으로 당선된 레이건에게 김대중을 비방하는 편지를 쓰게 했다. 훗날 〈한겨레21〉 독자투고란(1994년 12월 8일치)에 실린 독자의 글이 그런 정황을 보여주었다. "신군부가 권력을 쥐었을 때 (…) 공무원들에게 당시 미국 대통령 당선자 레이건에게 김대중 씨를 모략하는 애걸 편지를 보내게 하였다. 나 역시 윗전의 강압에 따라 김대중 씨를 음해하는 편지를 보낸 사실을 이 자리를 빌려 그에게 사과한다." 김대중은 12월 7일 막내아들에게 편지를 써 유언하듯 '용서'를 이야기했다. "홍걸아! 아버지는 누구도 원망하지 않고 누구도 미워하지 않는다. (…) 우리는 죄인이기 때문에 원수조차 용서해야 한다. 용서는 하느님 앞에 가장 강한 사람만이 할 수 있으며, 용서는 평화와 화해의 길이기 때문에 기쁜 마음으로 해야 한다."

국내에서 김대중 사형 공작이 벌어지는 동안 미국 쪽에선 구명 움직임이 커졌다. 미국 대사 글라이스틴은 김대중이 2심에서도 사형을 선고받자 11월 말 워싱턴으로 날아가 레이건 당선자 정권 인수팀의 국가안보보좌관 리처드 앨런(Richard V. Allen)을 면담하고 "김대중

씨를 살려야 한다"고 건의했다. 카터도 레이건에게 김대중 구명을 요구했다. 일본과 유럽에서도 구명 운동이 일었다. 서독의 전 총리 빌리 브란트, 오스트리아 총리 브루노 크라이스키(Bruno Kreisky), 스웨덴 전 총리 올로프 팔메(Sven Olof Joachim Palme), 프랑스 사회당 당수 프랑수아 미테랑(Francois Mitterrand)이 김대중의 목숨을 구하려고 뛰었다. 크라이스키는 1981년 12월 옥중의 김대중에게 자신의 이름을 딴 인권상을 주었다.

국내외 많은 사람들이 김대중 구명에 마음을 모았다. 와병 중인 정일형도 김대중의 생사를 자기 일처럼 생각했다. 강원용은 회고록에서 그때의 일을 이렇게 기록했다. "중병에 걸려 몸도 잘 못 움직이고 누워 있는 정일형 박사를 문병하러 그의 집에 들렀다. 그런데 그는 나를 보더니 내 손목을 꽉 잡고 내 손등에 눈물을 뚝뚝 떨어뜨리면서 간절한 부탁을 하는 것이었다. '대중이를 살려줘. 대중이를 살려줘.' 그의 말을 들으면서 나도 울지 않을 수 없었다. 그러나 그를 구할 방법이 아무리 생각해봐도 보이지 않으니 가슴만 아플 뿐이었다."

그 무렵 강원용은 전두환 정권으로부터 국정자문위원을 맡아달라는 회유를 받고 있었다. 강원용은 "국정자문위원이 되면 국제사회에서 나에 대한 평가가 여지없이 실추될 것이 불을 보듯 뻔한 노릇"이었지만 "내 명예가 땅바닥에 떨어진다 해도 김대중을 살릴 수 있는 가능성이 있다면 그것만으로도 의미가 있는 일이 아닌가" 하는 생각으로 고심 끝에 11월 25일 국정자문위원 위촉장을 받았다. 위촉장을 받은 날 강원용은 전두환과 독대해 이렇게 말했다. "이미 우리나라는 광주사태로 전 세계에서 비난을 받고 있는데, 이제 김대중까지 죽인다면 그 들끓는 여론을 어떻게 감당하시려고 그럽니까? 새 정부의 첫출발을 사형으로 시작하면 되겠습니까?" 전두환은 강원용에게 너무 걱정하지 말라는 투로 대답했다. 강원용은 정일형에게 가 전두환을 만나서 들은 이야기를 전했다. 정일형은 김대중이 살아날 수 있게 됐다며 흥분해서 엉엉 울기까지 했다.

강원용이 국정자문위원 위촉장을 받은 날 석간신문 1면에 사진과 함께 그 사실이 실렸다. 비난의 목소리가 들끓었다. "내가 국정자문위원으로 있는 동안 한때 세간에는 '이 시대의 변절자 윤·천·지·강'이라는 말이 돌았는데 '윤·천·지·강'이란 윤보선·천관우·지학순·강원용을 지칭하는 말이었다." 강원용은 오물을 뒤집어쓰는 수모를 감수하고 김대중 구명운동에 나섰던 것이다. 반면에 유신독재에 맞섰던 윤보선은 전두환 신군부를 지지하는 쪽으로 행보를 바꿨다. '김대중 내란음모 관련자' 부인들은 남편들이 중앙정보부 지하실에서 고문을 받던 때에 한 가닥 소식이라도 얻을까 하여 안국동 윤보선의 집에 들렀다가 놀라운 일을 겪었다. 텔레비전 저녁 뉴스에 전두환의 얼굴이 나오자 윤보선이 이렇게 말했다. "저 사람, 악하게는 안 생겼죠?" 부인들은 그때의 심정을 이렇게 기록했다. "말할 수 없는 당혹감과 절망감, 그리고 그 처참한 기분을 이루 다 설명할 수가 없다. 그날 우리는 모두 저녁상에는 손도 대지 않고 나와버렸다." 윤보선은 박정희에 대한 원한 때문에 강경투쟁을 벌이다 박정희가 죽자 반독재 싸움에서 이탈해버렸다.

국제사회가 김대중 구명에 공동으로 나서자 동교동 집으로 이희호를 격려하는 전화가 수시로 걸려왔다. 11월 20일 밤에는 미국교회여성연합회 총무 도로시 와그너(Dorothy Wagner)가 국제전화를 했다. "당신은 외롭지 않다. 미국 교회의 많은 여성들이 당신을 위해 기도

하고 있다. 하느님이 당신들을 반드시 지켜주실 것이다." 와그너의 전화를 받고 이희호는 감사기도를 드렸다. 12월 어느 날에는 미국에 있던 문동환의 전화를 받았다. 새로 당선된 레이건도 인권 문제를 소홀히 다루지 않을 것이고, 김대중을 사형에 처하지 못하도록 압력을 가할 것이라는 이야기였다. 이런 전화들이 위안을 주었지만 이희호를 감싼 불안의 짙은 그림자는 가시지 않았다.

7

# 감옥 속의 감옥
## 청주교도소

1981년 1월 15일 김대중이 대법원 판결을 앞두고 있던 때에 고등법원에서 4년 6개월의 형을 선고받은 큰아들 홍일이 대전교도소로 이감됐다. 이희호의 시동생 김대현과 동교동 비서 김옥두·한화갑도 대전교도소로 옮겨졌다. 다음날 이희호는 큰며느리, 둘째아들 홍업, 막내아들 홍걸과 함께 남한산성 육군교도소에서 김대중을 면회했다. 대법원 판결을 일주일 앞둔 날이었다. 이희호는 차가운 시멘트 바닥에 꿇어 엎드렸다. 두 아들과 며느리도 함께 꿇어앉았다. 이희호는 눈물로 기도했다.

"하느님의 뜻대로 하시옵소서. 그리고 우리를 괴롭히는 사람들도 사랑해주시고 축복해주시옵소서. 어느 누구도 정치적인 이유로 억울하게 생명을 잃는 일은 없게 하시며 고난받는 우리 형제들의 그 희생이 헛되지 않게 하시옵소서. 그리고 이 땅에 하느님의 정의가 실현되는 민주주의가 이루어지도록 허락해주시옵소서." 그날의 일을 김대중은 후에 이렇게 되새겼다. "나는 그때만큼 아내를 존경하는 눈으로 본 적이 없다. 가족의 믿음과 사랑이 없었더라면 나는 20년 넘게 지속된 고난을 결코 이겨내지 못했을 것이다. 그 중심에는 존경하고 사랑하는 아내가 있었다."

이희호는 1월 18일부터 다시 둘째아들 홍업과 함께 사흘 동안 금식기도를 드렸다. "구약성서의 에스더와 같이 내 기도로 나라가 바로잡히길 열망하는 마음으로 기도를 드렸어요. 에스더가 자기 백성 유대인들을 위해 3일 동안 금식한 뒤에 '죽으면 죽으리라' 하는 결심으로 페르시아 아하수에로 왕 앞에 나아갔을 때, 아하수에로 왕이 금홀을 내밀어 에스더를 받아들인 것처럼, 하느님께서도 나에게 금홀을 내밀어 내 청을 거절하지 말아 주시라고 빌었지요." 1월 23일 이희호는 새벽에 일어나 다시 오랫동안 기도했다. 그날 오전 대법원에서 김대중 사형 확정판결이 났다. 대법원은 신군부의 수족이었다. 이날 오후 정부는 임시국무회의를 열어 사형을 무기로 감형한다는 결정을 했다. 이희호에게는 지옥과 천당을 오가는 하루였다.

다음날 정부 대변인인 문공부 장관 이광표는 김대중의 형량을 무기로 낮춘 이유로 "김대중이 1월 18일 전두환 대통령 앞으로 그간 국내외에 물의를 일으켜 국가안보에 누를 끼친 데 대하여 책임을 통감하며 국민 앞에 미안하게 생각해 마지않는다면서 특별한 아량과 너그러운 선처를 호소해왔다"고 밝혔다. 김대중의 감형은 미국을 비롯한 국내외의 끊이지 않는 구명운동의 결과였는데도 전두환 정권은 마치 김대중이 선처를 호소해 감형해준 것처럼 말을 만들었다.

김대중은 면회하러 온 이희호에게 사태의 정확한 진상을 밝혔다. "1월 18일 유학성 안기부장이 나를 안기부로 데려가 느닷없이 대통령에게 감형을 탄원하는 글을 써달라고 했다. 사흘이나 붙들고서 집요하게 나를 설득했다. 사형을 시켜야 한다는 강경파를 달래려면 구실이 있어야 하고, 또 내 일이 잘돼야 나로 인한 구속자들에게도 도움이 된다고 했다. 유학성 안기부장은 자신도 가톨릭 신자라면서 탄원서를 쓰더라도 공개하지 않을 것을 하느님께 맹세한다고 했다. 결국 그쪽에서 요구하는 대로 써주었다. 쓰고 나서 다시 생각해보니 나를 교수대에 올려놓고 협박하는 것처럼 보였다. 나는 다시 탄원서를 취소해달라고 했다. 네 번이나 취소했다는 다짐을 받았다. 육군교도소로 돌아올 때 탄원서를 돌려달라고 했더니 '깜빡 잊고 책상 위에 놓고 나왔다'고, '염려하지 말라'고 했다. 하지만 그들은 약속을 깨고 내가 써준 글을 공개했다." 김대중이 목숨을 구걸하는 것으로 비치게 하려고 교묘히 기획한 일이었다. 이희호는 신군부가 그런 치졸한 짓을 벌인 데 분노를 느꼈다. "어떻게든 남편의 인격을 훼손하고 매장하려고 했던 거예요. 그렇게 거짓말로 남편을 모독하는 걸 그 뒤로도 여러 번 겪었지요."

김대중의 구명에 결정적인 구실을 한 것은 미국이었다. 1980년 12월 초 대통령 카터는 국방장관 해럴드 브라운을 서울로 보내 전두환에게 김대중을 사형시키면 안 된다고 경고했다. 전두환은 군부의 장성들이 김대중의 처형을 원한다고 대답했다. 카터 행정부의 관리들은 다시 레이건의 국가안보보좌관으로 지명된 리처드 앨런과 접촉해 김대중 구명에 나서달라고 요청했다. 앨런은 워싱턴의 한국 중앙정보부 책임자 손장래를 통해 전두환에게 '레이건이 김대중 처형을 강력하게 반대한다'는 메시지를 보냈다. 앨런은 12월 9일과 18일, 1월 2일, 세 차례에 걸쳐 신군부와 협상을 벌였다.

전두환의 특사 자격으로 미국을 방문한 정호용은 앨런을 만난 자리에서 "김대중은 남한의 국가안보를 위해하는 가장 위험한 인물이므로 법에 따라 반드시 처형해야 한다"고 강경하게 말했다. 앨런은 "김대중을 처형한다면 한·미 정부 사이의 거북한 관계를 청산할 수 있는 절호의 기회를 놓치게 될 것"이라고 답했다. 만약 김대중을 죽인다면 "벼락이 당신들을 치는 듯한" 미국의 반발이 있을 것이라는 말도 했다. 세 번째 회담에서 정호용은 레이건의 대통령 취임식 행사에 전두환을 공식적으로 초청해줄 것을 요청했고, 앨런은 김대중을 살려준다는 조건 아래 레이건의 대통령 취임 뒤 전두환이 백악관을 방문한다는 타협안을 제시했다.

레이건의 취임식이 거행된 바로 다음날인 1981년 1월 21일 백악관은 전두환이 미국을 방문할 것이라고 발표했다. 전두환은 1월 28일부터 2월 7일까지 미국을 방문해 2월 2일 외국 국가원수로는 처음으로 레이건의 백악관을 찾았다. 미국 국무부는 레이건에게 절제된 인사만 하라고 조언했지만, 레이건은 외교사절 출입구까지 나가 백악관에 들어서는 전두환을 따뜻한 포옹으로 맞이했다. 이어 레이건은 백악관 점심식사 자리에서 이렇게 말했다. "내가 오늘 이 자리에서 한국인에게 전하고 싶은 메시지가 있다면 그것은 자유와 우의에 기초한 한·미 양국의 특별한 유대관계는 30년 전이나 지금이나 변함없이 돈독하다는 사실이다."

당시 주한 미국 대사였던 글라이스틴은 회고록에서 그때의 장면에 대해 이렇게 말했다. "쿠데타로 정권을 잡고 광주 시민들에 대한 무자비한 탄압을 주도했으며 한국의 대통령직을 탈취한 인물을 처음 만나는 자리에서 (레이건이) 그토록 무비판적인 태도를 취한 것은 정말로 잘못된 일이었다." 레이건의 환대는 미국이 광주학살 원흉 전두환을 두둔한다는 느낌을 한국 국민에게 심어주는 데 일조했다. 전두환은 미국 방문 기간 중 재미한인들의 반대시위에 부딪혔다. 행사장마다 시위대가 나타나자 전두환은 행사를 취소하거나 사진만 찍고 서둘러 떠났다. '전두환 받들기'에 안달이 난 국내 신문과 방송은 이런 사실을 전하지 않았다.

신군부는 김대중 감형 조처를 취한 다음날인 1월 24일 비상계엄령을 해제했다. 10·26 박정희 암살 사태로 비상계엄이 선포된 지 456일 만에 나라가 '비상상황'에서 벗어났다. 이 기간은 전두환 신군부의 기나긴 권력 장악 과정이었다. 1월 26일 이희호는 육군교도소로 김대중을 면회하러 갔다. 죽음의 구렁텅이에서 막 빠져나온 김대중은 아내에게 이렇게 말했다. "모든 일이 전부 나쁠 수는 없다. 나쁜 일의 뒷면에는 좋은 일도 있다. 이제 감옥에 있게 되면 평소 내가 하고 싶었던 역사·철학·신학을 공부할 수 있는 시간이 생기게 된다. 경제·국방도 더 공부하고 싶다."

전두환이 미국을 방문하러 떠나고 사흘이 지난 뒤인 1월 31일 김대중은 청주교도소로 이감됐다. 정부는 김대중 내란음모 관련자들을 부산·공주·대구·원주·목포·진주·안동·마산·강릉·순천 등지로 뿔뿔이 나누어 이감시켰다. "정부에서 이감 사실을 우리에게 알려주지 않았어요. 그래서 그날도 육군교도소로 면회를 하러 갔지요. 밤사이에 눈이 내려 미끄러웠어요. 면회 신청을 했더니 남편이 아침 일찍 청주로 옮겨갔다고 했어요." 청주교도소에 도착한 김대중은 기결수가 돼 머리를 깎였다. 몇 달 사이 몸무게는 10킬로그램이나 빠져 있었다. 김대중은 그때의 상황을 자서전에서 이렇게 밝혔다. "다리가 불편해서 마루에 앉지 못했다. 교도소에서 의자와 책상, 나무 침대를 짜서 주었는데 매우 조악했다. 식사는 더 형편없었다. 거의 짜거나 매웠고 상한 음식이 나올 때도 많았다."

2월 2일 이희호는 면회가 되지 않는 줄 알면서도 무작정 청주로 찾아갔다. "내가 움직일 때마다 경찰과 정보원이 내가 탄 차에 동승했어요. 식당에서 밥을 먹을 때도 날카로운 눈길로 감시하는 통에 피로감을 느꼈지요." 예상했던 대로 면회는 허락되지 않았다. "책이랑 담요랑 영치금을 넣고 그 길로 대전교도소에 이감된 큰아들을 보러 갔지요. 동교동 식구들은 모두 계엄포고령 위반죄로 대전교도소에 수감돼 있었어요." 홍일은 아버지가 무기로 감형된 사실을 알고 표정이 한결 밝아져 있었다. 이희호는 시동생 김대현도 면회했다. "다른 비서들도 면회를 하고 싶었는데 가족만 면회할 수 있다고 해서 구매물과 영치금만 넣고 돌아왔지요."

이희호가 청주교도소에서 김대중을 처음으로 면회한 것은 2월 10일이었다. 김대중은 감옥 속의 감옥에 있었다. 수속 절차가 유난히 까다로웠다. 이희호는 몇 시간을 기다린 끝에 교도관을 따라갔다. 복도 끝에 있는 문을 열고 들어가 또 문을 거쳐서야 남편을 만날 수 있었다. 면회 장소는 특별하게 개조한 방이었다. 넓고 두꺼운 유리를 사이에 두고 세 사람이 감시하는 가운데 인터폰으로 이야기해야 했다. "할 말도 제대로 못 했는데 10분이 되자 인터폰이 툭 끊겼어요. 면회라고 할 수도 없었지요." 이희호는 청주교도소 소장을 만나 항의하고 법무부 장관에게 처우개선 건의서를 보냈다. 건의서 내용은 이랬다. "1개의 동을 전부 비우고 옆에 있는 타 동과의 사이는 벽을 쌓아 완전히 격리시켜놓았다 하니, 마치 청주교도소 내에 또 하나의 단독 특별교도소가 마련되어 있는 것과 다름이 없습니다. 이와 같은 사례는

1980년 1월 청주교도소로 이감된 김대중은 기결수가 돼 머리를 깎였고
가족 면회도 제대로 하지 못했다. 사진은 1981년 5월 아들 홍일·홍업과
이희호가 청주교도소에서 김대중을 면회하고 있는 모습.

민주국가에서는 찾아볼 수 없을 것입니다." 항의해봐야 소용없는 일이었다. 다섯 명의 간수가 번갈아가며 밤낮으로 김대중을 지켰다. 운동시간에도 다른 사람을 만날 수 없었다. 철저한 격리 수용이었다.

김대중을 청주교도소에 감금한 신군부는 제5공화국을 출범시켰다. 먼저 1월 15일 전두환은 민주정의당을 창당해 자신이 총재를 맡았다. 이어 유치송을 총재로 한 민주한국당과 김종철을 총재로 한 한국국민당이 창당됐다. 1980년 12월 31일로 이름을 안전기획부(안기부)로 바꾼 중앙정보부가 개입해 만든 관제야당들이었다. 2월 25일 대통령선거인단이 간접선거로 대통령을 뽑는 '체육관 선거'가 실시됐다. 민정당 후보 전두환이 총 투표자 5271명 중 4755명의 표를 얻어 90.2퍼센트의 득표율로 대통령에 당선됐다. 유치송과 김종철이 야당 대통령 후보로 들러리를 섰다. 전두환은 3월 3일 7년 임기의 대통령에 취임했다. 이어 3월 25일 제11대 국회의원 선거가 치러졌다. 지역구 92곳에서 184명을 뽑는 선거에서 민주정의당은 90명을 당선시켰고, 전국구 의석의 3분의 2인 61석을 확보해 최종 의석 151석을 차지했다. 이어 민한당과 국민당이 81석, 25석을 얻었다. 광주를 피로 물들이고 권력을 쥔 전두환 신군부는 다당제라는 민주주의 허울을 쓰고 의회까지 장악했다.

대전교도소로 이감된 큰아들 홍일과 동교동 식구들에게는 교소도 안에서 가장 나쁜 방이 배정되었다. 말썽을 일으킨 재소자들을 가두는 '벌방'으로 사용되는 곳이었다. 한겨울 감방은 찬 기운을 막지 못해 영하 15도까지 떨어졌다. 대변이 얼어붙어 고봉밥처럼 됐고 소변을 보면 그대로 얼음이 됐다.

2월 25일 전두환이 대통령에 당선된 뒤 이희호를 압박하던 손이 조금 느슨해졌다. 둘째아들 홍업에게 바깥출입이 허락되었고, 이희호는 일요일에 교회에 갈 수 있었다. 4월 14일 대법원 확정판결을 받는 날 새벽 홍일은 마룻바닥에 꿇어앉아 청주교도소의 아버지에게 편지를 썼다. 여러 차례 교도소장에게 간청한 끝에 겨우 허락이 떨어져 편지를 쓸 수 있었다. 대전교도소의 편지는 며칠 뒤 청주교도소로 전해졌다. 김대중은 큰아들의 편지를 받고 감정이 북받쳐 올라 바로 읽지 못했다. 전해 5월 17일 이후 헤어진 뒤 거의 1년 동안 만나지 못하다가 편지를 받으니 가슴이 미어지는 것 같았다. 김대중은 밤이 되어서야 편지를 읽었다.

"사랑하는 아버지께. 꿈속에서도 간절히 만나 뵙고 싶었던 아버지께 편지를 쓴다고 생각하니 눈시울이 뜨거워지는군요. 먼저 저희 가족들과 많은 분들의 기도를 들어주어서 아버지의 생명을 지켜주는 주님의 큰 은혜에 감사를 드리고 있습니다. (…) 너무도 아버지를 그리워한 탓인지 저희 형제가 어머니께서 돌아가신 뒤 아버지 손을 양쪽으로 나란히 잡고 남산 팔각정에 올라가 사진을 찍으며 아버지께 사랑을 받던 생각이 나곤 합니다."

홍일은 편지에 '추신'을 덧붙여 '편지를 취급하시는 분들'에게 호소했다. "이 편지를 아버지께서 받아보실 수 있도록 선처하여주시기를 간절히 부탁드립니다." 검열에 걸리지나 않을까 하는 걱정이었다. 김대중은 아들의 편지를 한 자 한 자 뚫어지게 읽고 또 읽었다. 편지를 가슴에 품고 누웠지만 잠을 이루지 못했다. 다음날 김대중은 아내에게 쓰는 엽서에 홍일에게 보내는 답장을 함께 적었다. "어제는 가장 기쁜 날이었습니다. 오후에 당신과 홍업이 편지와 더불어 뜻밖에도 홍일이의 편지가 전달되었던 것입니다. 너무도 벅찬 감격으로 가슴이 메고 눈물이 앞을 가려 몇 시간을 못 읽다가 잘 때 이불 속에서야 읽었습니다."

8

# 신앙과 사상의 교환

## 옥중서신

1981년 4월 30일 마포경찰서 정보과장이 이희호를 찾아와 연금이 해제됐다고 알렸다. 그날로 동교동 집 대문을 지키던 경찰이 철수했다. 이희호는 5월 1일부터 형사가 동승하지 않은 채 차를 탈 수 있게 됐다. 1년 만에 느끼는 자유의 공기였다. 이희호는 하루걸러 한 번씩 청주교도소와 대전교도소를 찾았다. 5월 10일 전두환 정권은 김홍일·김대현·박성철을 대전교도소에서 출감시켰다. 특별사면이었다. 함께 수감된 김옥두·한화갑은 풀려나지 못했다. "홍일이가 출감한 날 저녁 한빛교회에서 환영예배가 열렸지요. 많은 사람들이 참석했어요. '내란음모' 관련 사건으로 잡혀 들어갔다 출소한 사람들의 이야기를 들었지요. 모두들 혹독한 고문을 당했는데, 남편에게서 돈을 받아 학생 데모에 사용했다는 허위자백을 받아내려고 그렇게 괴롭혔다고 해요. 아무것도 모르는 사람들에게 액수까지 불러주며 적으라 하고, 거부하면 적어낼 때까지 고문을 했다는 이야기를 다들 울면서 들었지요."

5월 12일 이희호는 큰아들 홍일, 시동생 김대현과 함께 청주교도소로 내려가 김대중을 면회했다. "남편은 홍일이와 시동생을 보고는 깜짝 놀라며 반가워했어요. 그런데 그렇게 오랜만에 얼굴을 보는데도 자식과 동생 손 한번 잡아보지 못하고, 말도 몇 마디 나눠보지 못하고 다시 헤어져야 했어요." 이희호와 김대중이 감옥 안팎에서 끈질기게 싸운 끝에 1981년 10월부터는 한 달에 두 번 면회를 할 수 있게 됐다. 면회 시간도 20분으로 늘었다. 면회실에 있던 인터폰도 사라졌다. 그 대신에 유리창에 구멍을 뚫어 말소리를 주고받을 수 있게 했다. 이희호는 그해 내내 청주교도소와 대전교도소를 113차례나 오갔다. 면회를 할 수 없었지만 남편을 가까이에서 응원하려는 마음으로 발걸음을 쉬지 않았다.

청주교도소의 김대중은 다른 재소자들과 만날 수도 없고 대화할 수도 없었다. 완전한 격리 수감이었다. 운동시간에도 혼자였다. "한번은 남편이 운동시간 중에 뜰에 나갔다가 교도소 위층에서 '김대중 선생님!' 하고 부르는 소리를 들었다고 해요. 올려다보니 학생처럼 생긴 젊은이였는데 곧비로 교도관에게 끌려갔대요." 격리 생활은 정신의 위기를 불러왔다. 1981년 2월 21일에 쓴 편지에서 김대중은 그런 사정을 밝혔다. "여기 온 지 불과 20일이고 가족 면회 한 지 10일인데 이 모든 것이 반년이나 된 것 같습니다. 그토록 세월이 지루하고 고독이 무섭다는 것을 지금까지 없었던 새로운 체험으로 느끼게 됩니다."

1981년 11월 가족 면회 중에 이런 말을 하기도 했다. "이제 비로소 하는 얘기지만 그동안 발광 직전까지 가는 고통이 있었다. 내 평생 이렇게 치욕스럽고 괴로워해본 적이 없었다. '왜 하느님이 날 살리셨나' 원망하는 생각까지도 했다. 잠을 자다가고 숨이 턱 막히면 발광할 지경이 되어서 일어나 기도함으로써 극복했다. 이제 그 고비를 넘겼기 때문에 비로소 말한다." 김대중은 면회·편지·독서·화단 가꾸기를 낙으로 삼아 힘든 수감 생활을 견뎠다. 가족 면회가 유일한 대화 시간이었다. 면회가 끝나자마자 다음 면회 날짜를 하루에도 수십 번씩 꼽아보았다.

한 달에 한두 번 허락된 면회는 그리움의 갈증을 푸는 데 턱없이 모자랐다. 이희호와 김대중은 편지로 대화를 대신했다. 1981년 2월 9일 편지에서 이희호는 이렇게 말했다. "오늘이 도스토옙스키가 세상을 떠난 날이랍니다. 그의 작품처럼 그의 생애는 고난과 고통에 싸여 있었다고 해요. 사형선고까지 받았다가 무기로 감형돼 저 시베리아로 유형된 적도 있었다고 합니다. 이것을 읽으며 당신을 생각했습니다." 김대중이 2월 21일 편지에서 "면회 때 당신의 눈물을 보고 얼마나 가슴 아팠는지 모릅니다"라고 쓰자 이희호는 2월 26일의 답장에서 이렇게 말했다. "당신은 내가 눈물 없는 사람으로 알고 있지만 실은 나는 너무 눈물이 많은 사람이랍니다. 나는 남 보는 데서 눈물을 흘리지 않으려고 무진 애를 써서 눈물을 삼켜버리고 보이지를 않습니다. (…) 나는 요즘 교회에 나가 찬송을 부르면 눈물이 나와 견딜 수 없을 때가 많습니다."

1981년 8월 9일은 이희호가 육군교도소의 남편을 처음 면회하고 1년이 된 날이었다. 이희호는 편지에서 한 해 전의 그 상황을 떠올렸다. "당신의 생사도 행방도 모르고 불안과 공포로 가득한 악몽에 시달리다가 군교도소로부터 연락을 받고 이 세상에 살아 있다는 것만으로도 우선 조인 마음을 달래고 만난 당신의 모습은 꼭 반 조각으로 졸아들어 보였습니다. 하고 싶은 말도, 할 말도 다 잊어버렸고 돌아오는 마음은 더 아팠습니다. 운명이 기구하다는 말을 가져다 붙일 수조차 없었습니다."

이희호는 김대중이 청주교도소로 옮긴 뒤로 하루도 빠짐없이 일기를 쓰듯 편지를 보냈다. 1982년 12월 형집행정지로 출감할 때까지 2년 동안 보낸 편지가 649통에 이르렀다. 편지는 철저하게 검열을 받았기 때문에 정치나 시국에 관해서는 한마디도 쓰지 못했다. 이희호는 동교동 식구들 소식을 전하고 집안에서 일어나는 일을 적어 보냈다. 동교동 집 뜰에 핀 라일락꽃을 꺾어 편지에 붙여 보내기도 했다. 김대중에게는 한 달에 단 한 번 봉함엽서 한 장이 허용됐다. 아무런 법적 근거가 없는 횡포였다. 할 말이 태산처럼 많았던 김대중은 이 부당한 제약에 글씨를 깨알처럼 줄이는 초인적인 노력으로 적응했다.

종교와 신앙은 두 사람 편지의 주요 주제였다. 이희호는 절대자에 대한 믿음에 기대어 남편에게 용기를 주고 성서의 내용을 빌려 하고 싶은 말을 넌지시 전했다. 김대중도 믿음과 구원에 관한 자신의 생각을 자주 밝혔다. 기독교의 역사와 성서의 가르침을 끌어와 정치적 견해를 에둘러 내보이기도 했다.

1981년 10월 28일 편지에서 김대중은 이렇게 말했다. "기독교인은 개인구원과 사회구원 두 가지 사명을 띠고 있습니다. 그러나 우리의 역사는 사도들의 전교 이래 전자에 치중해온 감이 크며 이 경향은 지금도 많은 교회 사이에 그대로 성행하고 있습니다." 김대중은 이 편지에서 "어떤 저명한 역사학자"(아널드 토인비)의 견해를 빌려 인류가 문명시대에 들어와 전쟁·노예화·착취·인종차별이라는 네 가지 죄를 지었으나, 그 가운데 전쟁을 제외하고는 소멸해가고 있다고 전하고,

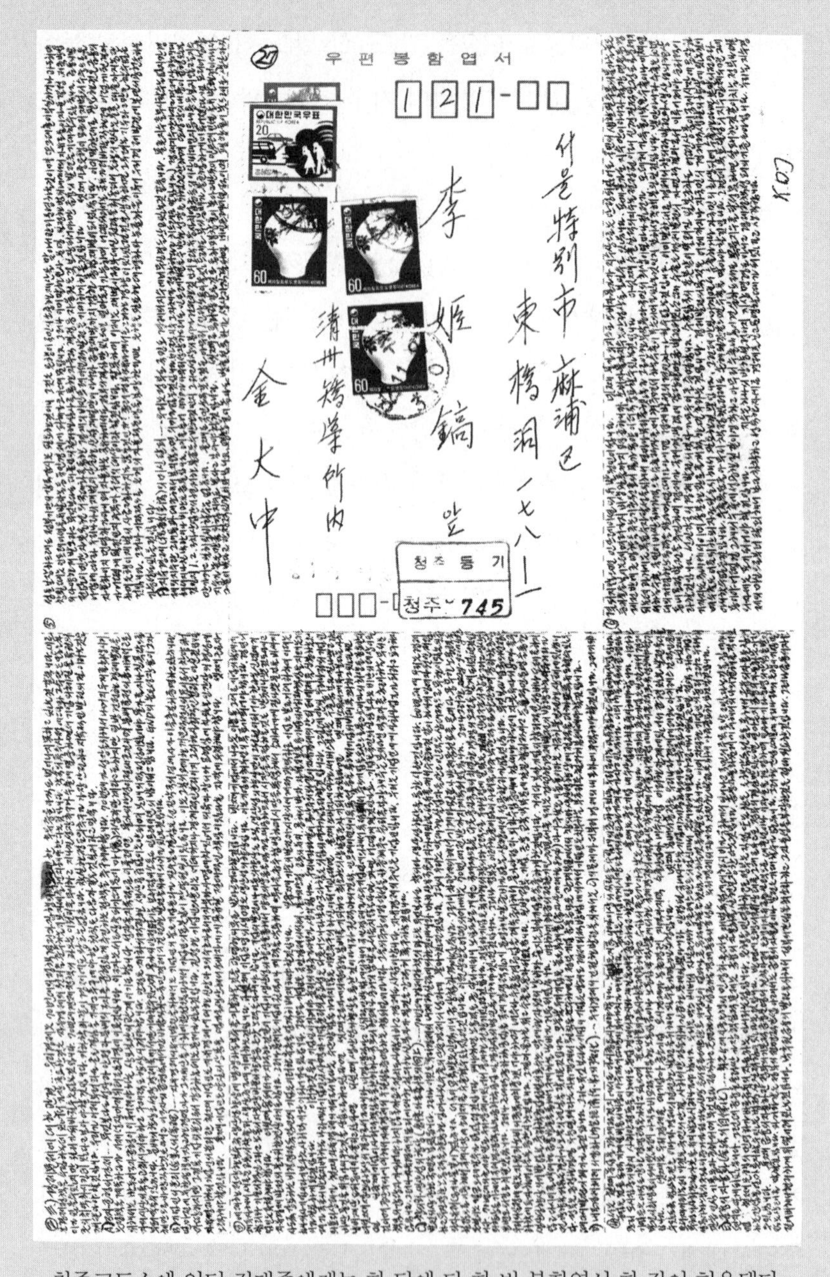
우 편 봉 함 엽 서

121-

서울特別市 麻浦區 東橋洞 一七八-一

李姬鎬 앞

清州矯導所內

金大中

청주 등기

청주 745

청주교도소에 있던 김대중에게는 한 달에 단 한 번 봉함엽서 한 장이 허용됐다.
김대중은 이 부당한 제약에 글씨를 깨알처럼 줄이는 초인적인 노력으로 적응했다.

이렇게 썼다. "그런데 그다음 말이 우리 기독교인으로서는 큰 수치와 고통 없이는 들을 수 없는 말입니다. 즉 '이러한 개선은 근대 인도주의적 정치사회운동의 산물인데 그 도덕적 근원은 그리스도의 정신에서 나왔다. 그러나 이를 주로 추진한 세력은 그리스도 교회가 아니고 그리스도 교회의 현실에 실망한 계몽적 지식인과 그 지지자들이었다'는 것입니다."

김대중의 지적에 대해 이희호는 11월 3일 편지에서 이렇게 응답했다. "오늘의 교회나 교역자, 교인 모두 예수 그리스도의 가르침의 뜻과는 너무도 거리가 먼 자리에서 행함이 없는 죽은 신앙의 모습을 보이고 있습니다. 개인의 구원과 사회의 구원이 크리스천의 사명인 줄 알면서도 일방적으로 (한쪽에) 치중하는 경향이 날로 더해가는 것이 현실입니다." 이희호는 "반드시 개인과 사회가 같이 구원을 얻어야 한다"고 썼다.

김대중은 1981년 11월 27일 편지에서는 한국 역사 속의 선각자들에 대한 자신의 생각을 써서 보냈다. "나는 우리나라의 역사 인물 중에서 세종대왕, 이순신 장군, 전봉준 장군 세 분을 특별히 존경해왔습니다. 전봉준 장군은 우리에게는 하나의 경이입니다. 일개 시골 서당 훈장이 순식간에 그와 같은 거대한 수십만 민중을 조직하고 궐기시켰을 뿐만 아니라 그가 요구하고 실천한 정책이 당시 우리나라가 나아가야 할 역사적 진로와 일치한 반봉건·반외세 그리고 민중을 위한 정부였다는 사실은 그의 천재적인 지도자적 자질을 입증합니다." 김대중은 이 편지에서 동학의 창시자 수운 최제우에 대한 생각도 적었다. "최수운의 탄생은 참으로 이 땅의 정신사의 이적이며 한국인의 사상적 창조성의 한 표본이기도 할 것입니다. 최수운은 몰락한 양반의 후예로서 생활의 궁핍을 못 이겨 포목 행상으로 전국을 돌아다니는 가운데 민중의 곤고를 직접 체험하고, 그들의 구원을 위해 일어선, 민중이 낳은 신앙가요 철인이요 실천가였습니다. 최수운의 동학은 눌린 자의 종교였으며 반체제적이고 민족적이고 주체적이고 저항적인 종교였습니다. 그는 포교 3년 만에 갔지만 그의 정신과 업적은 역사에 영원히 기록될 것입니다."

12월 2일 이희호는 이렇게 답장했다. "오늘 기다리던 당신의 편지를 받았습니다. 당신의 놀라운 정신력에 건강에 대한 걱정이 덜어집니다. 한결같이 꾸준한 그 정신력에 누구든지 놀라지 않는 사람이 없습니다. 지난번 면회 때 당신이 편지를 쓰기 위해 얼마나 깊이 생각하고 시간을 들이는지 또 몸의 불편, 환경의 부자유함을 모두 극복하는 것까지 더욱더 자세히 알 수 있었으므로, 당신의 편지를 나와 아이들에게 귀한 선물로 간직하고자 합니다." 김대중의 편지는 편지 형식을 빌린 신앙고백이자 문명비판이고 역사탐구였다. 김대중은 봉함엽서 한 장을 쓰는 데 열두 시간을 넘게 들였다. 200자 원고지로 셈해서 100장을 넘어가는 분량이었다. 이희호의 편지는 옥중의 남편에게 주는 위로이자 격려이고 기도였다.

겨울이 되자 이희호는 추위를 못 견디는 남편을 생각하며 털장갑·털양말·털모자를 직접 짜 감옥에 넣었다. "털장갑은 오른쪽 검지 끝 부분에 작은 구멍을 만들었어요. 남편이 책을 읽을 때 검지손가락을 살짝 빼내 넘길 수 있도록 해주었지요. 추운 날씨에 책읽기 좋다며 남편이 아주 고마워했어요." 1982년 1월 6일 김대중의 생일을 맞아 아들들이 아버지를 면회하는 자리에서 큰절을 올렸다. 김대중은 그 모습을 유리창 너머로 보고 감방으로 돌아와 〈옥중단시〉라는 제목의 시조를 지었다. "면회실 마루 위에 세 자식이 큰절하며/새해와 생일 하례 보는 이 애 끓는다/아내여 서러워 마라 이 자식들이 있잖소. (…)"

새해 막내아들이 대학에 합격했다. 옥중의 김대중에게는 뜻밖의 선물이었다. 이희호는 그때의 일을 이렇게 회고했다. "홍걸이가 고려대 불문학과에 지원했는데 감사하게도 합격을 했어요. 막내는 아버지 때문에 어려서 마음고생을 많이 했어요. 초등학생 때는 도쿄납치사건을 겪었고 중학교 때는 3·1사건으로 아버지가 진주교도소에 갇혀 있었고요. 또 고등학교 2학년 때 신군부에 잡혀가 사형선고를 받았잖아요. 그래서 말도 없고 외톨이로만 살았는데 바르게 커서 대학에 들어가니 그렇게 기쁠 수가 없었지요." 정보기관은 홍걸의 대학 입학 과정에도 개입해 훼방을 놓았다. "홍걸이의 합격을 취소하라는 압력이 있었다고 해요. 안기부에서 그런 압력을 가했는데, 김상협 고려대 총장이 거부했다는 이야기를 들었어요."

김대중은 자식들에 대한 걱정을 털어놓았다. "홍걸이 입학 건이 잘 해결되니까 지금은 홍업이 일이 걱정이 됩니다. (…) 사실 두 자식이 대학 나온 지 10여 년이 되도록 사회활동을 못 하고 거기다 하나는 결혼도 아직 못 한 채 30을 넘기고 있으니 말입니다. 어젯밤에는 홀로 두 자식 일을 생각하다 '누가 이런 판에 내 자식들에게 직장을 줄 것이며 누가 자기의 소중한 딸을 우리 집에 시집보내려 하겠는가' 생각하니 자식들에 대한 나의 죄가 너무도 크고 무거운 것이라는 생각에 비통한 심정을 억제치 못했습니다. 자식들뿐 아니라 나로 인한 형제들, 친척들, 벗들에게 끼친 누를 생각하면 죄스럽고 고통스러운 심정을 어찌 금할 수 있겠습니까?"(1982년 3월 25일 편지)

1982년 2월 초 이희호는 청와대 정무수석 허화평의 전화를 받았다. "당시 실세 중의 한 사람이라 깜짝 놀랐어요. 이틀 뒤에 프라자호텔 21층에서 만나자고 했어요. 만나보니 체구가 자그마한 사람인데 웃음기가 전혀 없었어요." 허화평은 이희호에게 대뜸 물었다. "왜 해외에서 구명운동을 하십니까?" 이희호가 대답했다. "그분들이 스스로 돕는 것이지요." 허화평은 이희호에게 예상치 못한 제안을 했다.

"각하를 만나지 않겠습니까?"

"만나주신다면 뵙지요."

"그럼 나중에 날짜와 시간을 알려드리지요."

허화평은 전화번호를 적어서 이희호에게 주었다. "나는 주위의 의논할 만한 분들과 그 문제를 놓고 이야기했지요. 다들 만나라고 했어요." 얼마 뒤 다시 전화가 걸려왔다. "오늘이 '그날'입니다." 전화의 목소리는 이희호에게 공중전화로 다시 전화를 걸어달라고 했다. "공중전화를 쓰라고 하는 것으로 보아 그 사람들도 도청당하는 건 싫어하는 것 같았어요." 전화의 목소리는 "6시에 박물관 서쪽 문으로 택시를 타고 오라"고 했다.

이희호는 6시 정각에 약속 장소에 도착했다. 검은 승용차가 다가오더니 이희호를 태웠다. 차는 빙빙 돌아서 청와대로 들어갔다가 다시 문을 통과했다. "거기서 내려 작은 다리를 건너니 자그마한 단독 건물이 나왔어요. 청와대 근처 안가인 것 같았어요." 방으로 안내된 이희호는 "반지를 빼라"는 말을 들었다. "반지를 빼라니 무척 의아했어요. 경호 원칙상 모든 금속을 사전에 제거한다는 거예요. 그때 내가 묵주를 끼고 있었어요. 언젠가 명동성당 상점에서 산 것이었는데, 하트 모양에 십자가가 새겨진 것이었어요. 그 일이 있기 전에 김수환

추기경을 만났는데, 추기경님한테도 반지를 빼라고 했다는 말을 들었어요. 대통령이 악수할 때 아프다고요." 조금 기다리자 사람이 들어왔다. 전두환이었다.

●

1982년 2월 이희호를 만난 전두환은 오래 알고 지낸 사람처럼 스스럼없이 이야기했다. "이 얘기 저 얘기 끝이 없었어요. 자기가 사형시키려고 했던 사람의 안사람을 만났는데, 동네 복덕방 아저씨가 아주머니 대하듯이 거리낌이 없었어요. 이야기하다 말고 바지 자락을 올리고 다리를 긁적거리기도 하고요." 이희호는 전두환을 만난 김에 하고 싶은 말을 했다.

"남편을 석방해주시면 감사하겠습니다."

"그건 나 혼자서 결정을 못 합니다. 다른 사람들도 있고 해서 석방은 어렵습니다. 그러나 앞으로 나아질 것입니다."

이 세 마디가 본론의 전부였다.

"전두환 대통령이 '우리나라는 아주 정의롭고 자유롭다'고 말하기에 그렇지 않다는 뜻으로 큰오빠 얘기를 했어요. 큰오빠가 미국에 있는 아들의 초청을 받고 여권 발급을 신청했는데 몇 달이 지나도록 나오지 않아 마음고생이 많았어요. 그래서 그 이야기를 꺼냈더니 그 뒤에 여권을 내주었어요. 큰오빠는 외삼촌과 한국증권을 설립해 경영하고 1968년부터 증권협회 회장도 지냈는데, 1971년 대통령 선거 때 우리 때문에 그만둔 뒤로 어려움을 겪었지요."

전두환을 만나고 나오니 저녁 8시가 넘은 시각이었다. 두 시간 남짓한 만남이었다. "구체적인 얘기가 없었지만 삼일절에 특사로 석방될 수 있지 않을까 기대를 했어요. 그래서 남편을 면회할 때 머리부터 살펴봤지요. 석방할 즈음엔 머리를 길게 한다는데 빡빡 깎아놓아 석방의 기미가 보이지 않았어요." 김대중은 1982년 3월 1일 무기에서 20년으로 감형되었다. "남편의 나이로 보면 20년을 감옥에서 보낸다면 무기나 다름없어 몹시 실망했지요. 공연히 대통령을 만났다는 후회가 들기도 했어요." 김대중은 나오지 못했지만 내란음모 사건에 연루돼 구속된 예춘호·김종완이 형집행정지로 석방됐다.

이희호가 김대중 옥바라지를 하는 동안 바깥세상은 제5공화국의 살기등등한 억압이 계속됐다. 1981년 9월 부산에서 '부림사건'이 일어났다. 부림사건은 부산 지역 '사회과학 독서모임' 청년 학생 19명이 국가보안법 위반 혐의로 구속된 사건이었다. 공포 분위기로 정권의 통치기반을 다지려고 꾸며낸 조작사건이었다. 영문도 모른 채 잡혀간 사람들은 공산주의자로 몰려 무서운 고문을 당했다. 구속자 가족들은 끌려간 사람들이 당한 고문을 이렇게 증언했다. "고문 중에서도 제일 끔찍했던 고문이 '통닭구이'라는 것이었는데, (…) 이 '통닭구이'로 발톱이 다 빠져 달아났고 온몸은 가지처럼 보랏빛으로 변해 있었으며 제대로 걷지도 못해 무릎으로 엉금엉금 기어야 했다." 부산의 조세 전문 변호사였던 노무현은 이 고문 피해자들의 변호를 맡은 것이 계기가 돼 인권변호사로 거듭났다.

그런 공포의 암흑 속에서도 반독재 민주화 운동은 조금씩 움터 올랐다. 1982년 3월 18일에는 부산의 미국문화원이 불에 타는 사건이 벌어졌다. 1980년 12월 9일 밤 광주의 미국문화원에 불이 난 뒤로 15개월 만에 다시 일어난, 미국을 겨냥한 방화사건이었다. '부산 미국

문화원 방화'의 사회적 파장은 컸다. 불을 지른 부산 고려신학대 학생들은 '미국은 한국을 속국으로 만들지 말고 이 땅에서 물러가라'는 제목의 성명 전단지 수백 장을 뿌렸다. 이 성명은 미국이 군부정권을 지원하여 민족분단을 고착화시켰다고 비판하고 "이 땅에 판치는 미국 세력의 완전한 배제를 위한 반미투쟁을 끊임없이 전개하자"고 호소했다. 학생운동에 처음으로 반미 구호가 등장한 사건이었다.

4월 1일 주동자 문부식이 자수하고 이어 여러 사람이 전단지 살포 혐의로 붙잡혀 구속됐다. 부산 미국문화원 방화는 미국이 광주학살을 저지하지 않고 군사독재를 용인했다는 사실을 들어 미국의 책임을 추궁한 사건이었다. 미국을 영원한 우방이라고만 생각했던 국민에게 미국문화원 방화 사건은 일대 충격을 주었다. 이 사건으로 광주학살은 지역적인 문제를 넘어 전국적인 차원의 문제로 떠오르기 시작했다. 또 이 사건 이후 민족자주성이 학생운동의 핵심의제로 등장했다.

부산 미국문화원 방화 사건이 난 직후인 3월 27일 프로야구가 개막했다. 프로야구는 국민의 관심을 비정치적인 곳으로 돌리려는 전두환 정권의 정치적 결단이 만든 작품이었다. 지역연고제를 채택한 프로야구는 광주학살의 피 냄새를 잊지 못하는 호남 사람들에게는 한을 불태우는 마당이 됐다. 야구장에 모인 호남 사람들은 〈목포의 눈물〉을 목이 터지도록 불렀다.

4월 26일에는 경남 의령에서 경찰관 총기난동 사건이 벌어졌다. 의령경찰서 순경 우범곤이 동거녀와 다투다 실탄과 카빈총을 탈취해 인근 마을 네 곳을 돌며 주민 56명을 사살했다. 민심이 흉흉해졌다. 이어 5월에는 '단군 이래 최대 금융사기 사건'이라는 장영자·이철희

사건이 터졌다. 장영자의 형부 이규광은 전두환의 부인 이순자의 삼촌이었고 장영자의 남편 이철희는 중앙정보부 차장 출신이었다. 장영자는 권력의 그림자를 등에 업고 7000억 원이 넘는 약속어음 사기사건을 저질렀다. 이 일로 장영자·이철희·이규광을 포함해 30여 명이 구속됐고, 일신제강과 공영토건은 부도를 맞았다. 전두환의 제5공화국이 내건 '정의사회 구현' 슬로건이 웃음거리가 됐다.

그해 4월 25일 정일형이 세상을 떠났다. 김대중이 정치에 입문한 뒤로 아버지처럼 이끌어주었고, 사형선고를 받았을 때는 와병 중에도 김대중을 살리려고 애를 쓴 사람이었다. 이희호는 4월 27일 편지에서 정일형의 장례를 알렸다. "오늘 정 박사 사회장은 국립극장에서 거행됐고 정부가 국민훈장 무궁화장을 추서했습니다. 고인의 유해는 국립묘지 애국지사묘역에 안장했습니다." 김대중은 감방에서 눈물을 흘렸다.

이희호는 남편을 감옥에 두고 5월 10일 결혼 20돌을 맞았다. 이 무렵 이희호가 젊은 시절 유학했던 미국의 스캐릿대학에서 탑상(Tower Award) 수상자로 이희호를 선정했다. 사회적 공헌을 한 사람에게 주는 상이었다. 수상자로 결정됐지만 상을 받으러 갈 수 없는 상황이었다. 이희호는 6월 2일 남편에게 보낸 편지에 이렇게 썼다. "내 모교 스캐릿대학교에서 오늘 편지가 왔는데, 내가 앞으로 그곳에 가거나 아니면 학장 또는 그 학교의 대표가 서울에 올 때 (탑상을) 내게 주겠다는 것과 나와 당신과 우리 가족과 우리나라를 위해 기도를 드린다는 것을 알기 바란다고 적혀 있습니다." 이희호는 남편과 함께 미국에서 망명생활을 하던 중에 뒤늦게 상을 받았다.

김대중이 감옥에 갇혀 있는 동안 이희호는 틈나는 대로 집에서 서예 연습을 했다. 서예는 마음을 다스리는 방편으로 시작했으나 뒤에는 사회운동단체의 모금활동을 돕는 데 요긴하게 쓰였다. 이희호는 1982년 9월 14일 편지에서 그런 사실을 전했다. "오늘 한국기독교장로회 여신도회 전국연합회 인권위원회 주최로 '고난받고 있는 이웃을 위한 바자회'가 열렸습니다. (…) 내 글씨를 달라 해서 급히 몇 장을 써서 오늘 다른 분들의 것과 같이 바자회에 내놓았더니 의외로 내 것이 먼저 나가 여러 점이 매진됐습니다. 내 부족한 글이 고난받는 이웃을 돕는 데 도움을 줄 수 있다는 것을 기쁘게 생각했습니다." 이희호의 붓글씨는 활력이 있어서 사람들이 좋아했다.

김대중은 심혈을 기울여 한 달에 한 번 봉함엽서에 편지를 썼다. "쓰고 싶은 것이 많아 아무리 글자를 줄여도 언제나 다 못 쓰는 안타까움이 남습니다."(1982년 2월 23일 편지) 손바닥보다 조금 큰 엽서에 200자 원고지 100장에 이르는 글이 담겼다. 이희호는 감옥에서 온 편지를 읽고 남편의 건강을 확인했다. "당신의 건강을 염려하다가도 깨알같이 적은 편지를 보면 일단 안심을 해봅니다. 우리는 그렇게 쓰지도 못하지만 읽기도 힘이 드는데 그렇게 쓰시기에 얼마나 힘이 들었을까 상상조차 하기 힘듭니다."(1982년 2월 27일 편지)

편지 한 장은 논문 한 편이나 다를 바 없었다. 김대중은 1982년 2월 23일치에서 조선왕조의 폐쇄성과 편협성을 비판했다. "조선왕조 지배자의 정신구조는 놀라울 정도의 폐쇄성으로 일관했습니다. 그들은 건국하자마자 정신적으로 완전한 배타주의의 길을 질주하더니 망국의 그날까지 계속했습니다." 김대중은 불교 탄압, 사색당쟁, 세도정치의 폐해를 서술하고 이렇게 썼다. "그들은 서로 일체의 사교적 접촉이나 통혼을 끊었으며 관혼상제의 애경 방문조차 하지 않을 정도였습니다. (…) 대화도 없고 관용도 없고 공존도 없는 삭막하고 황량한 정신풍토를 그들은 형성하고, 그 안에 마치 조개같이 파묻혀 증오와 불신과 음모의 세월을 보냈던 것입니다. (…) 오늘날 우리가 가지고 있는 가장 큰 불행의 현상이 있다면 이러한 조선왕조로부터 물려받은 정신적 악의 유산에서 헤어나지 못하는 점일 것입니다."

김대중은 영국이 근대사를 겪으며 성취한 관용의 정신에 주목했다. "(찰스 1세 처형과 크롬웰의 독재라는) 쓰라린 체험으로 큰 반성을 한 영국민은 1688년 명예혁명에서 다시 찰스 1세의 왕권지상주의 노선을 답습한 그의 둘째아들 제임스 2세를 국왕의 자리에서 축출할 때는 그가 변장을 하고 프랑스로 도망갈 수 있도록 은근히 도와주었다고 합니다. (…) 관용·대화·이해·공존 등 영국 민주주의가 창조한 미덕은 찰스 1세 처형이라는 뼈저린 체험을 통해서 얻어진 것이라 합니다."(1982년 3월 25일 편지)

김대중은 편지에서 자신의 민중관도 이야기했다. "선진 국가에서 민중들은 종래의 그 예속적이고 피착취적인 지위를 자신의 힘으로 탈피해 정치·경제·문화 각 분야의 한 주체로서 자본가와 대등한 자리를 착실히 다져오고 있습니다. 노동당이나 사회민주당이 집권정당으로서 권력을 장악하고 있는 것이 보편적 현상이 되고 있습니다. 그런 의미에서 20세기는 민중의 역사상, 아니 인류의 역사상 획기적인 세기라 할 것입니다. 학자에 따라서는 이런 산업국가의 민중을 구별해서 대중이라고 부르고 있는데 나도 그렇게 부르고 있습니다. (…) 운명의 주체세력인 민중이 주인으로 대접받고 자기 운명을 스스로 지배하는 자리에 서게 되어야 할 것입니다."(1982년 8월 25일 편지)

교도소 담장을 사이에 두고 떨어진 부부는 편지로 토론을 주고받기도 했다. 김대중은 1982년 11월 26일 편지 말미에 이런 단상을 써 보냈다. "'사위는 쳐다보고 며느리는 내려다보라'는 말이 있는데 이는 우리 조상들의 깊은 지혜를 담은 말이다. 상류층과 하류층 간의 혼인으로 계층 이동을 통해서 우리는 생활 경험의 교환, 건강한 피의 교류 위에 국민적 단결의 사회를 이룰 수 있다. 가정적으로 낮은 계층에서 얻은 며느리나 아내야말로 집안을 견실하게 가꾸며 남편의 성실한 반려가 될 것이다." 이 편지를 받고 이희호는 남편의 주장에 담긴 약점을 지적하는 답장을 썼다. "'사위는 치보고 며느리는 내려보라'는 말을 우리 조상의 지혜가 담긴 말이라고 보았는데 상류층과 하류층 간의 혼인으로 교류를 한다는 점은 좋은 일로 생각되나 결국 시집가는 딸, 시집오는 며느리는 내리 보입니다. 여자를 하류층에서 데려와야 남편 쪽에 더 쩔쩔매고 맹종한다는 조상들의 생각은 여자를 천하게 다루는 데서 연유한 것이 틀림없을 것입니다."(1982년 12월 2일 편지) 편지토론은 두 사람의 마음에 조금이나마 숨 쉴 틈이 생겼기에 가능한 일이었다.

김대중은 1982년 7월 27일 편지에서 자신의 삶을 돌이켜보는 글을 썼다. "나의 일생은 한의 일생이었습니다. 얼마나 수많은 한이 굽이굽이 맺힌 인생이었던가요? 한 속에서 슬퍼하고, 되씹고, 딛고 일어서고 하는 생의 연속이었습니다. 고난 속에서 배우고, 가능성을 발견하고, 잡초같이 자라는 것이 인생이며 하느님의 섭리라는 것을 되새겨봅니다. 그뿐 아니라 나는 그간 거쳐온 대결의 생활 속에서도 누구 한 사람 길에서 만난다 하더라도 외면해야 할 사람이 없으며 누구 하나 용서하지 못할 정도로 증오하는 사람이 없음을 감사해합니다." 이 글은 감옥 안에서 이룬 김대중의 내적인 승리를 보여주었다. 이희호는 이 편지를 받고 쓴 답장(1982년 8월 3일)에서 "어느 누구보다 더 큰 한과 더 큰 고난, 치욕의 쓰림과 저림을 몸소 체험"했으므로 "하느님의 사랑의 손길이 당신을 크게 축복해주실 것"이라고 위로했다.

"남편은 감옥 안에서 모두 29통의 편지를 썼어요. 편지지를 주지 않으니 봉함엽서 앞뒤로 빽빽하게 글씨를 썼는데, 너무 작아서 돋보기를 대야만 읽을 수 있었어요. 엽서 한 장에 원고지 102장 분량이 들어간 것도 있었어요. 그 편지를 받으면 복사해서 구속자 가족들이나 동교동 식구들과 돌려 읽었지요." 김대중이 보낸 편지는 1983년 미국에서 《민족의 한을 안고》라는 제목으로 출간됐고 이어 일어판과 영문판으로 출간됐다. 일어판은 도쿄대 교수 와다 하루키(和田春樹)를 비롯해 여러 사람이 함께 번역했고, 영문판은 하버드대 교수 데이비드 매캔(David R. McCann)과 재미 정치학자 최성일이 옮겼다.

영문판 서문에서 매캔은 이렇게 말했다. "이 '옥중서신'들은 자신을 파괴하려는 온갖 수단에 꿋꿋하게 맞서는 한 인간의 뛰어난 의지력을 보여주고 있다. 극한의 비인간적인 상황 속에서도 끈질기게 인간의 희망을 포기하지 않는 정신의 놀라운 증거가 아닐 수 없다." 김대중의 편지들은 1984년 《김대중 옥중서신》이란 이름으로 국내에 출간됐다. 이 책이 날개 돋친 듯 팔려나가자 경찰은 서점에 깔린 책을 압수하고 베스트셀러 집계에서 책을 제외하도록 압력을 넣었고, 출판사 사장을 유치장에 잡아넣기도 했다.

9

# 교도소에 넣은 600권의 책
## 감옥대학

감옥의 김대중에게 면회와 편지 다음으로 위안을 준 것은 독서였다. 진주교도소 시절과 마찬가지로 김대중은 청주교도소의 격리 독방을 공부와 탐구의 공간으로 바꾸었다. 철학·신학·정치·경제·역사·문학 여러 방면의 책을 읽었다. 러셀(Bertrand Russell)의 《서양철학사》, 플라톤(Platon)의 《국가》, 아우구스티누스(Aurelius Augustinus)의 《신국론》을 찬찬히 읽고 라인홀드 니부어(Reinhold Niebuhr)와 하비 콕스(Harvey Cox)의 신학 서적을 꼼꼼히 읽었다. 김대중은 특히 러시아 작가들의 문학 작품을 좋아해서 푸시킨(Aleksandr Sergeyevich Pushkin)·레르몬토프(Mikhail Yurievich Lermontov)·투르게네프(Ivan Sergeyevich Turgenev)·도스토옙스키(Fyodor Mikhailovich Dostoevsky)·톨스토이(Lev Nikolaevich Tolstoy)의 소설을 읽었다. 동아시아 고전 《논어》, 《맹자》, 《사기》를 정독하고 원효와 율곡, 조선 후기 실학 관련 서적들을 파고들었다. "나는 남편처럼 그렇게 쉬지 않고 꾸준하게 노력하는 사람을 본 적이 없어요.

남편에게는 감옥이 대학이었어요. 유신시절을 포함해 감옥 생활 5년 반 동안 밖에서 활동할 때는 할 수 없었던 공부를 했지요."

김대중은 넓게 읽기와 깊이 읽기를 독서의 원칙으로 삼았다. 1981년 6월 23일 이희호에게 보낸 편지에서 김대중은 이렇게 썼다. "당신은 내가 주위의 친구들에게 1) 신문을 정치면부터 문화·스포츠면까지 고루 읽고 2) 월간 종합잡지 한 권을 정독하며 3) 외국에 대한 기사를 섭취하여 세계적인 인식을 가지며 4) 고전문학을 널리 읽어서 인류의 위대한 정신적·영적 유산을 흡수하고 5) 그 기초 위에 자기의 전문분야에 더욱 관심을 가지라고 자주 충언하던 일을 기억할 것입니다. 결국 위대한 인물은 위대한 상식인이며, 위대한 생각은 완전한 상식 위에서만 형성될 수 있습니다."

이희호는 감옥의 김대중이 공부하는 데 조력자이자 안내자 구실을 했다. 1981년 3월 18일 쓴 편지에서 이희호는 이렇게 말했다. "그런데 무슨 책을 넣어드려야 할지요. 월 1회 면회에 월 1회 서신으로 당신의 의견을 알 수 없으니 답답합니다." 1981년 4월 27일 편지에서는 이런 말도 했다. "지난 3월 편지에 적어 보내신 책들 중 《일본의 현대사상》(마루야마 마사오)은 판금이 되어서 구하지 못했고, 분도출판사 것 두 권은 요전 편지에서 알린 바와 같이 품절이고, 그 외의 것은 다 준비되었는데 이것저것을 섞어서 차입하고 있어요. 너무 딱딱한 것만 같이 넣으면 읽는 데 부담이 될 것 같아서 가볍게 읽을 수 있는 것과 학구적인 것을 같이 차입하고 있습니다."

육군교도소와 청주교도소 시절 2년 6개월 동안 이희호가 김대중에게 보낸 책은 600권에 이르렀다. 김대중은 감옥에서 하루 10시간 넘게 책을 읽었다. 김대중의 1981년 4월 22일 편지는 감옥 안에서 독서

하는 방식을 알려준다. "책을 읽을 때마다 30쪽 정도씩 목표량을 정해서 읽어나가면 효과적이라는 것을 지난번(진주교도소 시절) 토인비의 《역사의 연구》를 읽을 때 생각하고 지금도 그렇게 하고 있습니다." 한 번에 서너 종의 책을 돌아가며 읽는 식이었다. 교도소에서는 처음엔 감방 안에 두는 책을 10권으로 제한했는데 몇 차례 요구한 끝에 30권까지 둘 수 있게 됐다. 김대중은 책을 읽으면서 외국어 공부도 병행했다. 1982년 3월 22일 이희호의 편지에 이렇게 썼다. "오늘 차입한 책은 당신의 부탁대로 《신종합세계지도》, 《불란서어 4주간》, 《신불어소사전》입니다. 불어는 나도 전에 두 학기 배운 일이 있으나 발음이 특이하고 모든 것이 남성·여성의 성별이 있어 그것을 구별해 알기에 무척 복잡합니다. 오늘 차입한 책들은 독학하기에 좋다 합니다."

이희호는 남편에게 보낼 책을 구하려고 신문을 읽고 서점에 다니고 아는 사람들을 찾았다. "내가 주로 다닌 서점은 종로서적과 신촌의 홍익서점이었어요. 번역본이 없으면 일본어 책이나 영어 책을 구했어요. 신문의 출판면을 자세히 살피기도 했고요." 이희호는 서점에서 모르는 사람이 건네는 뜻밖의 호의를 받기도 했다. "한번은 종로서적에서 책을 한 보따리 사고 계산하려는데 50대쯤으로 보이는 손님 한 분이 책값을 지불해주었어요. 처음에는 사양했는데 거듭 자기가 계산하겠다고 해서 고맙게 받아들였지요."

김대중은 청주교도소에서 《역사의 연구》 전질(14권)을 포함해 토인비의 저서들을 다시 읽었다. 1981년 7월 29일의 편지는 그 책에서 받은 감동을 이렇게 전했다. "토인비의 도전과 응전의 관계에서 파악한 역사철학이 나에게 많은 깨우침과 신념을 주었습니다. 나는 그의 저서를 거의 다 읽었는데 그의 역사 파악의 기본 시점은 도전과 응전으로 문명의 발생·성장·쇠퇴·붕괴가 결정되어가는 거대한 드라마라는 입장에 서 있습니다. (…) 슬기로운 응전은 반드시 능동적인 것만은 아닙니다. 사태에 따라서는 인내가 최대의 효과적인 응전이 됩니다. 역사상 최대로 성공한 정치인은 중국의 한고조(유방)와 로마의 아우구스투스라 하는데 그 두 사람에게 공통된 특징은 초인적인 인내심과 끈기라고 합니다."

감옥 안에서 김대중은 프랑스 신부 테야르 드 샤르댕(Pierre Teilhard de Chardin)의 신학도 만났다. 샤르댕은 베이징원인을 발굴한 고생물학자이자 예수회 소속 신학자였는데, 우주와 생명의 진화론에 기반을 둔 신학을 제시했다. 우주의 탄생에서부터 생명의 출현과 인간의 정신적 완성까지 장대한 역사를 신학적 관점에서 설명했다. 샤르댕의 신학은 김대중이 신앙의 문제로 번민과 회의를 거듭할 때 중심을 잡게 해주었다. 김대중은 샤르댕의 신학을 공부하고 깨달은 바를 자서전에서 이렇게 요약했다. "하느님이 세상을 만드신 것은 사실이다. 그러나 하느님은 완전한 것을 만드신 것이 아니라 미완성의 세상을 만드셨다. 그리하여 이 세상은 지금 완성을 향한 역사의 과정에 있다. 이 때문에 이 세상에는 완성 과정에서 일어나는 마찰 현상이 있는 것이다. 그것이 질병이요, 인간의 범죄요, 사회적 불의다. 우리 인간은 이 세상에 태어날 때 하느님의 초대를 받고 그 역사에 동참한다는 목적을 가지고 태어났다." 불의한 세상을 의롭고 완전한 세상으로 만드는 신의 사업에 인간이 파트너로 참여하고 있다는 샤르댕의 신학은 김대중의 신앙에 새로운 불빛을 던져주었다.

이희호는 남편이 원하던 샤르댕의 책들을 찾을 길이 없어 서점과 성당을 순례하다시피 했다. "샤르댕 신부의 저서를 구하는 것이 가장 힘들었어요. 서점마다 다 뒤져도 찾을 수가 없었는데, 결국 서교성당 수녀님의 도움을 받았어요. 그 수녀님을 우연히 만났는데 샤르댕 신부의 책을 찾고 있다고 하니까 그분이 여기저기 알아보더니 구해다 주었지요."

이희호가 먼저 읽고 도움이 될 것 같아 감옥의 남편에게 보낸 책들도 적지 않았다. 그런 책들 중 앨빈 토플러(Alvin Toffler)의 《제3의 물결*The Third Wave*》은 김대중의 생각에 깊은 영향을 주었다. 토플러의 책은 농경사회와 산업사회에 이어 지식정보사회의 물결이 다가온다고 예고했다. "그 책을 읽고 남편은 교육에 대한 열정이 크고 자질이 우수한 우리 민족에게 맞는 시대가 올 것이라는 것을 계시처럼 받았다고 해요. 남편이 대통령이 됐을 때 토플러의 책이 우리나라를 정보기술 강국으로 만드는 데 안내서가 되었지요." 후에 김대중과 이희호는 토플러를 여러 차례 만났다. "청와대에 있을 때도 만났고, 퇴임 뒤 동교동 집에서도 만났어요. 토플러는 언제나 부인 하이디 토플러(Heidi Toffler)와 함께 왔는데, 그 부인이 아는 것이 많았어요. 책도 부인과 함께 썼다고 해요."

꽃 가꾸기는 김대중이 독방의 외로움을 이겨나가는 데 도움을 주었다. 폭 2미터, 길이 30미터 정도 되는 화단에 피튜니아·어제일리어·민들레·데이지·샐비어 같은 꽃들을 심고 운동 시간 때마다 나가 돌봐주었다. 정성을 들여 가꾸어주면 꽃은 오래갔다. 김대중은 편지에서 꽃에 대해 자주 썼다. "운동하러 뜰에 나가면 국화가 한창인데 전부 노란색입니다. 내가 돌봐준 화단의 꽃들은 열심히 길러준 보람이 있어서 피기도 훨씬 싱그러웠지만 견디는 것도 다른 데 비해서 거의 한 달을 더 견뎌주어서 대견하고 고마운 마음입니다."(1981년 10월 28

일 편지) 김대중은 늦가을 꽃의 죽음을 안타까워하기도 했다. "화단에 나가보니 국화를 빼놓고는 모조리 결딴이 나버려서 몹시 가슴이 아팠습니다. 피튜니아·천일홍·접시꽃·황색 코스모스·바스라기·맨드라미·샐비어 등 정성을 다해서 가꾸어 다른 화단의 꽃보다 1개월 이상이나 더 유지시켰는데 하루아침에 모진 서리로 끝나고 말았습니다."(1982년 11월 2일) 김대중은 화단의 어제일리어 한 포기를 파서 감방으로 들여와 화분에 심었다. 오후에 볕이 들면 볕을 따라 옮겨가며 햇볕을 쬐어주었다. 어제일리어는 초겨울 감방 안에서 햇볕을 쬐더니 꽃망울이 생겨나 커졌다. 12월 어느 날 김대중이 옮겨 심은 어제일리어는 꽃망울을 터뜨렸다. 김대중은 기뻐서 교도관에게 보여주었다.

12월 중순 안기부 간부 한 사람이 이희호에게 연락을 해왔다. 이희호는 안기부 간부를 서울 플라자호텔 21층에서 만났다. "그 층 전체가 정권이 세낸 '안가'라는 사실을 그땐 몰랐어요. 찾아갔더니 노신영 안기부장이 만나자고 한다며 나를 체부동 관사로 안내했어요." 이희호를 만난 노신영이 한 말을 간추리면 이러했다. "내가 재임하는 중에 '김대중 문제'를 해결하고 싶다. 2~3년 미국에서 병 치료를 하도록 권해보라. 응답을 알려주면 대통령 각하에게 건의해 가족과 함께 떠날 수 있도록 하겠다. 단 내 개인 생각이니 비밀로 해달라. 실현될지는 아직 모른다."

감옥 안에서 김대중은 1971년 교통사고로 다친 고관절 때문에 괴로움을 겪었다. 통증이 심해져 다리가 붓고 쥐가 자주 났다. 스트레스로 인한 이명 증세도 계속됐다. "노신영 부장 말을 듣고 혼자 결정하기 어려워 여러 재야인사들과 의논했어요. 그 다음날 조남기 목사가 시무하는 청담교회에서 홍성우 변호사의 장로 장립식이 열렸어요. 거기에 참석해 먼저 출소한 안병무 박사와 예춘호 선생을 만났어요. 독일문화원에서 지학순 주교와 김지하 시인도 만나 자문을 구했지요. 건강을 찾는 게 우선이니 각서를 써달라고 하면 써주고 미국으로 떠나는 게 좋겠다고들 했지요." 재야인사들은 '국외에서 투쟁할 사람으로는 김대중이 적격자'라는 말도 했다.

이희호는 재야인사들의 조언을 듣고 청주로 향했다. 안기부 간부가 먼저 청주에 내려가 특별면회를 주선해놓았다. 이희호는 면회실에서 입회인 없이 김대중과 책상을 마주하고 앉았다. 자초지종을 들은 김대중은 정권의 제안을 완강하게 거절했다. "미국에 가고 싶지도 않고 갈 필요도 없다. 억울하게 같이 구속된 동지들이 아직 감옥에 있는데 어떻게 나만 미국으로 떠날 수 있는가. 또 가족과 함께 2~3년간 생활하면서 다리 수술까지 하려면 그 비용을 무슨 수로 감당할 수 있겠는가." 이희호는 다른 재야인사들도 미국행에 찬성했다는 이야기를 하며 한동안 설득을 계속했으나 김대중이 받아들이지 않자 하는 수 없이 마음을 접었다. "내가 면회실을 나오자 안기부 간부가 어디론가 연락을 하더니 자기와 함께 한 번 더 남편을 만나보자고 했어요."

이희호는 오후 2시에 다시 김대중을 면회했다. 두 시간이 넘도록 김대중은 대답하지 않았다. 이희호는 "미국에서 서예전이라도 열면 우리를 도와줄 분들이 있을 것이니 생활비나 수술비는 걱정하지 않아도 될 것"이라고 남편을 설득했다. 안기부 간부도 김대중이 미국으로 떠나야 다른 사람들이 석방될 수 있다고 거들었다. 마지못해 김대중은 이희호의 뜻을 받아들였다. "남편이 미국행에 동의하자 안기부 간부가 종이를 한 장 내놓으면서 '병 치료에만 전념하고 정치활동은 하지 않겠다'는 내용으로 각서를 써달라고 했어요. 대통령에게 건의하려면 각서가 필요하다고 하면서요." 김대중은 각서를 쓸 수 없다고 했다. "정치활동은 정치활동금지법에 묶여 할 수도 없고, 미국에 가더라도 우리나라 인권 문제는 이야기하지 않을 수가 없다"는 것이었다.

이희호는 남편 대신 자신이 각서를 쓰겠다는 제안을 했다. 안기부 간부는 김대중의 자필 각서를 고집했다. "내가 한 번 더 간곡하게 설득하자 남편이 마지못해 각서를 썼어요. 사형에서 무기로 감형될 때도 저쪽에서 탄원서를 써달라고 해서 써줬다가 기만당한 적이 있었기 때문에, 남편은 각서를 쓰고 싶어 하지 않았어요." 이희호는 각서를 들고 서울로 올라왔다. "집에 가져와서 홍일이에게 보여주었더니 '다른 구속자 석방 요구가 빠졌다'고 지적했어요. 출국하기 전에 다른 구속자들을 모두 풀어달라는 요구를, 각서를 쓰기 직전까지도 했는데 정작 쓸 때는 깜빡 잊어버린 거예요. 홍일이는 속이 상한 나머지 저녁도 먹지 않았어요."

다음날 이희호는 노신영을 만나 각서를 다시 써야겠다며 남편 면회를 부탁했다. 노신영은 "이 서류는 대통령께 건의하는 데 필요한 것이지 어디에 발표할 것이 아니니 그런 문제라면 조금도 염려하지 마시라"고 자신의 인격을 걸고 말했다. 이희호는 노신영의 말을 믿고 각서를 건네주었다. 김대중은 12월 16일 청주교도소에서 나와 서울대병원으로 이감됐다. 그날 문공부 장관 이진희가 기자회견을 열어 각서를 공개하고 김대중이 신병 치료를 구걸한 것처럼 발표했다. "그 사람들이 또다시 약속을 어긴 거였어요. 어떻게 해서든지 남편을 흠집 내려고 온갖 술책을 썼어요." 서울대병원에서 신문을 본 김대중은 전두환 정권의 계속된 이중플레이에 화가 나 여권수속을 중단하라고 했다. 이희호는 "어차피 떠나기로 했으니 뒷일은 하느님에게 맡기자"고 남편을 달랬다. 정부는 김대중이 출국하면 다음날로 '김대중 사건' 관련 구속자들을 모두 석방하겠다고 발표했다.

10

# 독재자의 마수를 뒤로하고

미국 망명

전두환 정권이 정한 김대중과 이희호의 출국일은 1982년 12월 23일이었다. 이희호는 서둘러 집을 정리하고 수속을 밟았다. 안기부는 큰아들 홍일의 가족도 함께 떠나라고 종용했지만 홍일은 동교동을 지키겠다고 했다. 미국으로 떠나기 전날 3·1사건 동지들의 아내인 박영숙·이종옥이 이희호를 찾아와 소문 하나를 이야기했다. "이상한 소리가 들려요. 박형규·김관석·이해동 목사가 노신영 안기부장을 만났는데 '김대중 씨에게 15만 달러를 주었다'고 말하더래요."

이희호는 그 말을 듣고 기가 막혔다. "남편이 미국에서 고관절 수술을 받으려면 돈이 필요하잖아요. 그래서 은행에 다니는 제부의 여동생에게 특별히 부탁해 돈을 빌렸어요. 그 돈을 환전할 길이 없어 노신영 부장에게 부탁했는데 그렇게 말을 만들어낸 거예요." 김대중을 겨냥한 치졸한 중상이었다. "구속자 가족 중에는 타의로 쫓겨 가는 것이니까 비행기 삯을 내지 말라는 사람도 있었지만, 그 비용도 우리가 마련했어요. 나는 환전한 6만8843달러와 대한항공 비행기표 영수증을 박영숙·이종옥 씨에게 보여주었어요. 그제야 안심을 하더라고요." 안기부의 모략에 함께 민주화 운동을 하던 사람들마저 속아 넘어갈 뻔한 일이었다.

정권의 김대중 비방은 거기에 그치지 않았다. "우리가 출국하고 나서 이런저런 소문이 무성했어요. '대통령이 제공한 특별 전세기를 타고 미국에 가서 호화스러운 망명생활을 하고 있다'느니 '이희호가 이순자 여사로부터 20만 달러를 받았다'느니 하는 소문들이 나돌았어요." 그런 소문은 정체를 알 수 없는 일본 잡지에 실리고 국내 언론이 받아서 보도하는 방식으로 '국제적 기사세탁 과정'을 거쳐 유포됐다. "그런 거짓말을 사실로 포장해 퍼뜨리는 공작세력이 없으면 불가능한 일이었어요. 민주화 운동을 같이하는 사람들을 그렇게 이간하는 말을 들을 때마다 견딜 수 없을 정도로 힘들었지요."

이희호와 김대중, 그리고 두 아들 홍업·홍걸이 미국으로 떠나는 날 아침 창천교회 교인들이 동교동 집을 방문해 기도회를 열었다. "나는 아브라함이 하느님의 명령을 받고 정든 고향을 떠나 하란으로 가는 심정이 되어서 울면서 기도드렸지요." 이희호는 그날 오후 4시 30분에 김대중이 수감된 서울대병원으로 갔다. 홍일과 시동생 김대현도 김대중을 만나러 갔지만 안기부 요원들은 홍일만 잠깐 병실로 들여보냈다. 나머지 사람들은 김포공항에서 만나라는 것이었다. 날이 어두워지자 안기부 직원들은 김대중과 이희호 일행을 병원 뒷마당으로 데리고 가더니 앰뷸런스에 태우고 달렸다.

앰뷸런스가 멈춘 곳은 노스웨스트 비행기 트랩 바로 앞이었다. "우리를 비행기에 태우더니 청주교도소 부소장이라고 하는 사람이 주머니에서 종이를 꺼내 '형집행정지로 석방한다'고 서둘러 읽고는 바로 내려갔어요." 이희호 일행은 공항에 배웅 나온 사람들 얼굴도 보지 못했다. 안기부 직원이 여권과 비행기 표를 주었다. "우리는 대한항공 티켓을 사고 짐도 그 카운터에 가져다 놓으라고 해서 그렇게 했는데, 정작 우리가 탄 비행기는 노스웨스트 항공이었어요. 대한항공 기내에서 동행 취재를 하려던 외신 기자들을 떼어놓으려고 표를 바꿔치기한 것이었어요." 조국의 땅을 두고 이륙하는 비행기 안에서 이희호는 눈물을 훔쳤다.

이희호와 김대중을 태운 비행기는 12월 23일 밤 미국 워싱턴에 도착했다. "공항 입국장을 나서니 밤이 늦었는데도 300여 명이 몰려나와 '행동하는 양심'이라고 쓴 플래카드를 들고 '김대중'을 연호하면서 뜨겁게 환영해주었어요. 최성일 박사, 문동환 목사, 한완상 박사, 이근팔 비서, 패리스 하비(Pharis Harvey) 목사가 나와 있었고, 에드워드 케네디 상원의원 수석보좌관도 마중을 나왔어요. 그런 환영 인파를 보니 순간 지난날의 고난이 영광으로 느껴지기도 했어요. 감사와 감격의 눈물로 얼굴이 범벅이 됐지요."

문동환이 환영사를 했다. "다니엘을 사자굴에서 건지신 하느님은 김대중 선생을 악랄한 독재자 전두환의 손에서 건지셨습니다. 그것은 앞으로 김 선생께서 한국의 민주화와 통일에 큰 역할을 하셔야 하기 때문입니다." 문동환의 눈에도 눈물이 그렁거렸다. 에드워드 케네디도 수석보좌관을 통해 환영 메시지를 전했다. 김대중은 즉석연설을 했다. "치료가 끝나는 대로 조국으로 돌아가 다시 싸우겠습니다." 이희호 일행이 미국에 도착한 다음날 '내란음모' 사건으로 수감돼 있던 사람들이 모두 석방됐다는 소식이 날아왔다.

1982년 12월 23일 이희호와 김대중 일행은 자신들이 준비한 대한항공이 아닌
노스웨스트 항공편으로 망명길에 올라야 했다.
언론의 동행 취재를 막으려는 안기부의 기획이었다.

이희호가 미국에 도착하고 일주일이 지난 뒤 새해가 밝았다. 1983년 1월 3일 미국 하원의원 스티븐 솔라즈(Stephen J. Solarz)가 김대중과 이희호를 환영하는 행사를 열었다. "솔라즈 의원이 자기 집으로 초대했어요. 정원이 큰 저택이었어요. 미국 문화에서는 집으로 초대해 저녁식사를 대접하는 것이 큰 호의라고 해요. 그걸 보고 우리도 미국에 있을 때 집으로 외부인들을 자주 초대했어요. 집에서 식사하는 것이 돈도 적게 들고, 마음을 터놓고 이야기하기도 좋고요."

1월 8일 이희호와 김대중은 미국에서 살 집을 마련했다. 수도 워싱턴에서 가까운 버지니아주 알렉산드리아에 있는 워터게이트 랜드마크 아파트 16층이었다. "우리가 들어간 아파트는 닉슨 대통령의 도청 사건으로 유명한 그 아파트였어요. 방이 세 개에 응접실이 있었는데, 응접실을 사무실로 썼어요. 전기료·수도료·관리비를 포함해 월세로 900달러를 내는 중산층 아파트였어요. 이 아파트 지하에 홀이 있었는데 의자 하나당 50센트만 내면 쓸 수 있었어요. 그래서 한 달에 한 번씩 교민들을 모시고 강연도 하고 식사도 같이했지요. 그런데 나중에 들으니 전두환 정권이 우리가 호화 아파트에 산다는 소문을 퍼뜨렸다고 해요."

이희호는 1월 9일 뉴욕으로 가 미국 교회여성연합회에서 주는 '용감한 여성 상'을 받았다. "미국 교회여성연합회는 남편을 구명하려고 미국 전역에서 뜨겁게 기도를 해준 단체였어요. 남편이 감옥에 있을 때 교회여성연합회 회장이 한국에 온 적도 있었는데, 그때 만나서 감사 인사를 드렸지요. 그런 인연으로 그쪽에서 나를 수상자로 결정했던가 봐요."

2월 15일 김대중과 이희호는 상원의원 에드워드 케네디가 연 환영 행사에 초대받았다. 행사는 상원 의사당 안 맨스필드룸에서 열렸다. "그 자리에 미국 정계 인사 수백 명이 왔는데, 거기서 카터 정부 시절 국무장관 에드먼드 머스키(Edmund Sixtus Muskie), 레이건 정부 국가안보보좌관 리처드 앨런도 만났지요. 그분들은 남편의 목숨을 살리려고 애를 많이 쓴 분들이었어요." 김대중은 그 자리에서 연설하며 미국 정부에 요청했다. "우리는 미국이 우리의 국내 정치에 개입하기를 바라지 않습니다. 다만 미국 정부에 두 가지만을 요망합니다. 첫째는 우리의 민주주의에 대한 열망을 정신적으로 지원해달라는 것입니다. 둘째로 미국 정부가 안정과 안보라는 구실로 독재를 합리화하거나 고무하지 말아달라는 것입니다."

이희호와 김대중이 미국에 도착하고 얼마 지나지 않은 때였다. 워싱턴에서 기자회견을 하던 중 일본인 기자가 김대중에게 물었다. "조지타운대학에서 1년 전쯤 무료로 수술을 해주겠다고 제안했는데 그 사실을 아십니까?" 이희호와 김대중에게는 금시초문의 일이었다. "남편이 감옥에서 고관절 통증으로 고생한다는 이야기를 듣고 그쪽에서 그런 제안을 했던가 봐요. 그렇잖아도 수술을 하려면 돈이 많이 들 수밖에 없어 걱정이었거든요. 그래서 조지타운대학 부속병원에 가서 의사의 진단을 받았는데, 수술을 하더라도 크게 나아질 것 같지 않다면서 경과를 봐가면서 치료를 하자고 했어요. 뒤에 에머리대학 부속병원에서도 진찰을 받았는데 거기서도 그렇게 이야기했어요. 남편이 감옥에 있을 때는 다리 통증이 심했는데, 미국에 온 뒤로 집에서 계속 물리치료를 하니까 한결 나아지기도 해서 수술을 하지 않기로 했지요."

이희호와 김대중은 미국에 있는 동안 늘 함께 움직였다. 김대중은 교회와 대학, 인권단체와 미국 정계에서 쉬지 않고 강연을 했다. 2년 동안 150차례가 넘는 연설을 했다. 초청받은 대학만 20곳이 넘었다. 한국의 민주주의와 인권 상황이 강연 주제였다. "강연회에는 늘 사람이 많았어요. 적게는 수백 명에서 많게는 1만여 명까지 모였지요. 사람들이 남편을 인권운동의 영웅으로 대했어요."

3월에 김대중은 조지아 주 애틀랜타의 에머리대학에서 '한국의 기독교와 인권'이라는 주제로 강연했다. 에머리대학은 후에 주한 미국 대사를 지낸 제임스 레이니(James T. Laney)가 총장으로 있었다. "레이니 총장은 과거에 한국에 선교사로 와 있었는데, 내가 YWCA에 있을 때 그분과 알게 됐지요."

김대중과 이희호는 에머리대학에서 지미 카터도 만났다. 카터는 대통령직에서 퇴임한 뒤 고향으로 돌아가 에머리대학에 카터센터를 세웠다. 김대중과 이희호는 카터에게 구명에 힘을 써준 데 대해 감사 인사를 했다. "사실은 선거에서 당신이 레이건에게 졌을 때 '이젠 죽었구나' 하는 생각에 발을 뻗고 울었습니다." 김대중의 인사에 카터가 소탈한 표정으로 말했다. "독재자들이 그렇게 협박하고 회유해도 굴하지 않은 당신의 용기와 인내심을 높이 평가합니다. 우리는 동지입니다." 이희호와 김대중은 카터센터에서 가까운 곳에 있는 흑인 인권운동가 마틴 루터 킹(Martin Luther King, Jr.)의 묘소를 찾아가 묵념했다. "우리는 애틀랜타에 내려가는 길에 제임스 크로 목사 댁에도 들렀어요. 크로 목사는 내가 미국 유학을 할 때 장학금을 주선해주신 분이었어요. 그분 집에서 하룻밤을 묵은 뒤 에머리대학으로 갔지요."

5월에 김대중은 에머리대학에서 주는 명예 법학박사 학위를 받았다. 이희호는 조지아 주에 붙은 테네시 주 내슈빌에 가 모교 스캐릿대학 졸업식에서 '탑상'을 받았다. "1년 전에 수상자로 결정됐는데 뒤늦게 받았지요." 이희호는 탑상을 받은 뒤로 여러 곳에서 상을 받았다. 1984년에는 '북미연합'으로부터 한국의 인권에 공헌한 공로로 '1984년 인권상'을 받았고 1987년에는 미국 캘리포니아주에서 주는 '올해의 탁월한 여성 상'을 받았다. 또 1987년 9월 미국 노스이스턴대학과 1988년 5월 미국 워시번대학에서 명예 인문학박사 학위를 받았다.

1983년 5월 12일 김대중은 캘리포니아주 샌프란시스코에 있는 미국기독교교회협의회 운영위원회에서 초청강연을 하던 중 동석한 이희호를 두고 이렇게 말했다. "나는 1956년 가톨릭 신자로서 세례를 받았고 1962년 아내와 결혼했습니다. 그 당시 내 아내는 대한YWCA

연합회 총무였는데 나하고는 1951년부터 가까운 친구였습니다. 아내는 그때나 지금이나 한국 개신교 감리교 신자입니다. 따라서 우리의 결혼은 한국에서 에큐메니컬운동이 벌어지기 얼마 전에 이루어진 에큐메니컬한 결혼이라고 말할 수 있습니다. 결혼한 이후 아내의 내조는 정말 값진 것이었습니다. 아내가 없었더라면 내가 오늘날 무엇이 되었을지 상상할 수도 없습니다. 아내의 내조는 독실한 기독교 신앙에서 나온 것이었습니다. 오늘 내가 여러분과 자리를 함께할 수 있는 것은 내 아내 덕분이고, 나는 이희호의 남편으로서 이 자리에 서 있습니다. 나는 그것이 너무나 자랑스럽습니다." 이 강연에서 김대중은 이희호를 두고 '동역자'라고 표현했다. 세상을 구하는 신의 사업에 함께 참여하는 사람이라는 뜻이었다.

6월 초 김대중은 일본의 진보 월간지 〈세카이〉 편집장 야스에 료스케와 인터뷰했다. 야스에는 김대중을 만나러 워싱턴까지 날아온 터였다. 1973년 일본에서 납치당하기 얼마 전에 인터뷰한 뒤로 10년 만이었다. 야스에는 5·18광주항쟁을 어떻게 보느냐고 물었다. 김대중은 길게 이야기했다. "광주에서 일어난 사건은 우리 민족의 100년래의 원망인 민중·민족·민주, 이 세 민족적 열망을 집약하고 있다고 생각합니다." 김대중은 1894년 동학혁명, 1919년 3·1독립운동, 1960년 4·19혁명을 열망의 사례로 들었다. "동학농민혁명의 민중, 3·1독립운동의 민족, 4월혁명의 민주, 이 민중·민족·민주의 세 가지가 박정희 씨의 암살 후에 국민의 집중적인 관심사로 떠오른 것입니다. 이것을 온 국민의 절실한 기대로서 빌던 그 시기에 전두환 씨가 국민의 모든 의사와 원망에 등을 돌리고 역사적 요구에 역행하는 쿠데타를 일으켰습니다. 이 쿠데타에 맞서 일어난 것이 바로 5·18광주항쟁입니다." 〈세카이〉 인터뷰는 일본에서 큰 반향을 일으켰다. 〈아사히신문〉은 1983년 '올해의 5대 기사' 가운데 하나로, 〈요미우리신문〉은 '3대 기사'의 하나로 선정했다.

1983년 6월 김대중은 '재미한국인권문제연구소'를 설립했다. 김대중이 소장을 맡고 이영작·이근팔·김경재·이재현·최성일을 포함해 10여 명이 이사로 참여했다. "미국인으로는 패리스 하비 목사가 이사로 들어왔어요. 하비 목사의 부인이 내가 스캐릿대학에 다닐 때 학부생이어서 그때부터 아는 사이였지요. 나중에는 한국에 선교사로 와서 활동도 했고요. 그분들이 우리에게 도움을 많이 주었지요." 재미한국인권문제연구소는 소식지 〈행동하는 양심〉을 발행했다. 심기섭·정동채가 소식지 편집을 맡았다. 연구소는 미국 전역에 한국 민주화 열기를 퍼뜨리는 데 거점 구실을 했다. "연구소를 운영하는 데 돈이 들었어요. 그래서 남편과 함께 뉴욕·워싱턴·로스앤젤레스 등지에서 서예전을 열었어요. 남편과 함께 '경천애인'(敬天愛人), '사인여천'(事人如天), '인내천'(人乃天) 같은 글귀를 써서 내놨는데 어디서든 많이들 사주었어요. 수입금을 '민주화 성금'이라고 생각하고 고맙게 받았지요."

11

# 미국에서 벌인 민주화 투쟁

## 망명활동

김대중과 이희호가 미국 전역을 돌며 민주화 투쟁을 하고 있을 때 1983년 5·18광주항쟁 3돌을 맞아 서울에서 전 신민당 총재 김영삼이 무기한 단식투쟁을 시작했다. 김영삼은 모든 정치활동을 금지당한 채 가택연금에 처해 있었다. 김영삼은 단식투쟁 시작과 함께 성명을 내 '구속된 학생·종교인·지식인·근로자를 모두 석방할 것, 정치활동규제법에 묶인 정치인과 민주시민의 정치활동을 보장할 것, 쫓겨난 교수·근로자·학생을 복직·복학시킬 것, 언론통폐합 조처를 철회하고 해직 언론인을 복직시킬 것, 반민주 악법을 폐지하고 대통령 직선제를 회복시킬 것'을 요구했다.

김영삼은 단식 8일째인 5월 25일 강제로 서울대병원에 입원했다. 김영삼의 단식투쟁은 전두환 정권이 들어선 이래 국내 야당 정치인의 첫 저항 행동이었다. 미국의 김대중은 김영삼의 단식투쟁이 민주세력을 하나로 모으는 계기가 될 수 있다고 보았다. 김대중은 김영삼의 단식투쟁을 지지하는 성명을 발표하고 '김영삼 총재 단식투쟁 전

미비상대책위원회'를 발족시켰다. 워싱턴의 문동환, 뉴욕의 임정규, 로스앤젤레스의 김상돈, 샌프란시스코의 김재준이 지역대책위원장을 맡았다. 서울에서는 5월 31일 함석헌·홍남순·이문영을 비롯한 재야인사들이 기독교회관에서 단식기도에 들어갔고, 6월 1일에는 전직 국회의원 33명을 포함해 60명이 모여 범국민연합전선을 결성하기로 결의했다. 동교동계 인사들도 동참했다.

김대중은 김영삼의 단식투쟁을 지원하는 글을 〈뉴욕타임스〉에 기고했다. 하버드대학 교수 제롬 코언이 김대중의 글을 받아 손질했다. 김대중의 기고문 '김영삼의 단식투쟁'은 6월 9일치 〈뉴욕타임스〉에 실렸다. "미국인들 중에는 한국의 독재정권을 못마땅하게 생각하면서도 '국가 안보와 사회 안정을 위해 묵인해야 하지 않는가' 하고 말하는 사람이 있다. 그러나 그런 의견에는 결코 동의할 수 없다. 민주주의가 없으면 지속적인 안정도 기대할 수 없다. (…) 민주정부와 민주제도를 회복하지 않으면 한국은 안정될 수 없다. 김영삼 씨의 단식은 미국 정부가 정책을 재고해야 한다는 심각한 도전장을 던지고 있는 것이다." 김대중과 재미한인들의 적극적인 활동으로 미국의 여론이 꿈틀거리기 시작했다.

6월 4일 김대중과 이희호는 김영삼 단식투쟁을 지지하는 거리시위를 벌였다. "우리는 70여 명의 교포들과 함께 워싱턴의 듀폰 서클에서 '김영삼을 구출하라'라고 쓴 팻말을 들고 시위행진을 했어요. 남편도 '한국 민주주의 회복'이라고 쓴 팻말을 목에 걸고 지팡이를 짚고 걸었지요." 김영삼은 6월 9일 23일 만에 단식투쟁을 끝냈다.

김대중과 김영삼은 민주화라는 과제를 놓고 긴밀하게 협의했다. 그해 광복절에 워싱턴과 서울에서 두 사람은 공동명의로 '민주화 투

1983년 5월 서울에서 단식투쟁에 돌입한 김영삼을 지지하기 위해
워싱턴 거리에 선 김대중과 재미 민주인사들.

쟁은 민족의 독립과 해방을 위한 투쟁이다'라는 제하의 성명을 발표했다. "온 국민의 민주화에 대한 열망 앞에서 우리 두 사람은 백의종군하는 자세로 하나가 되어 손잡고 우리 민족사의 지상과제를 향하여 함께 나아가려 합니다. 우리 두 사람은 오로지 국민의 한 사람으로서, 국민과 함께 그 뜻을 받들어 민족과 민주 제단에 우리의 모든 것을 바칠 것을 엄숙히 맹세하는 바입니다."

김대중과 김영삼의 공동투쟁이 본격화하자 1983년 9월 서울에서 김근태를 비롯한 학생운동 출신 청년 운동가들이 민주화운동청년연합(민청련)을 결성했다. 민청련은 창립선언문에서 이렇게 밝혔다.

"오늘의 이 모임은 지난 20년간에 걸쳐 반독재 민주화 투쟁을 통해 성장·발전해온 운동 역량의 값진 결실이며, 특히 저 80년 5월 피맺힌 민중의 항쟁에서 솟아오르는 운동 역량의 결단이다."

그해 8월 21일 미국 망명을 끝내고 고국으로 돌아간 필리핀 전 상원의원 베니그노 아키노가 마닐라 공항에 도착하자마자 총에 맞아 암살당했다. 김대중과 이희호는 큰 충격을 받았다. "아키노 상원의원은 우리가 미국에 도착하고 얼마 지나지 않아 최성일 박사 소개로 만났어요. 필리핀으로 돌아가기 전에 아키노 상원의원이 살던 집에서 아침식사를 함께하기도 했지요. 아키노 의원은 호방하고 낙천적이어서 남편과 대화가 잘 통했어요. 반면에 코라손 아키노 여사는 나처럼 조용하고 차분한 사람이었지요. 그렇게 말이 없던 사람이 후에 대통령이 됐을 때 무척 놀랐어요. 우리는 고국을 떠나 민주화 운동을 하는 처지라 동병상련을 느꼈고 서로를 민주화 동지로 여겼지요."

김대중은 아키노 암살 소식을 듣고 즉시 성명을 발표했다. 민주주의 동지의 죽음에 애도를 표하고 필리핀 정부를 규탄했다. 또 미국이 독재정권을 지지한 결과로 이런 사건이 났으므로 미국 대통령 로널드 레이건의 필리핀 방문을 취소하라고 촉구했다. 코라손 아키노는 남편의 유업을 이어받아 1986년 2월 페르디난드 마르코스의 20년 독재를 무너뜨리고 필리핀 최초의 여성 대통령이 됐다. "아키노 상원의원이 필리핀으로 돌아갈 때 자기가 쓰던 아주 낡은 언더우드 타이프라이터를 우리에게 주었어요. 그게 우리에게 가슴 아픈 기념품이 됐지요."

1983년 9월부터 김대중은 하버드대학 국제문제연구소 초빙연구원으로 보스턴에서 연구 활동을 시작했다. "남편은 1973년에 에드윈

라이샤워 하버드대학 교수의 초청장을 받은 적이 있었어요. 그런데 계속 출국금지를 당하고 감옥에 갇히고 하는 바람에 갈 수가 없었는데, 이때 공부할 기회가 생긴 거예요." 국제문제연구소는 닉슨·포드 행정부 시절 대통령보좌관과 국무장관을 지낸 헨리 키신저가 하버드대학 교수 시절에 세운 연구소였다. 키신저는 김대중과 여러 방면에서 말이 통하는 대화 상대였다. 두 사람은 만나면 국제문제, 특히 중국과 아시아의 미래를 화제로 삼았다.

김대중은 스웨덴 총리 올로프 팔메가 하버드대학 케네디스쿨에 강연하러 왔을 때 함께 점심을 먹기도 했다. 그 자리에서 김대중은 사형선고를 받았을 때 팔메가 구명운동을 해준 데 대해 뒤늦게 감사를 표했다. "하버드에서 공부하는 1년 동안 남편은 무척 바쁘게 지냈어요. 일주일에 2~3일은 보스턴에서 지내고 다른 날은 뉴욕이나 워싱턴에서 강연활동을 했지요."

김대중은 하버드대학 연구원 생활을 마친 뒤 이듬해 6월 한국경제문제를 분석하고 대안을 밝히는 논문을 제출했다. 〈대중참여경제론 *Mass-Participatory Economy*〉이었다. "남편은 초빙연구원이라 논문을 제출할 의무는 없었는데, 1년 동안 공부한 것을 글로 남기고 싶어 했어요." 〈대중참여경제론〉은 1950년대부터 구상하고 1971년 대통령선거 때 제시한 '대중경제론'을 좀더 포괄적이고 정교하게 재구성한 것이었다. 당시 뉴저지 주지사 수석경제자문관으로 있던 럿거스대학 교수 유종근이 논문을 영어로 완성하는 데 도움을 주었다.

김대중은 이 논문에서 자유시장경제를 기본으로 삼되 정부의 적절한 개입으로 노동자들의 권익을 옹호하고 지역간·부문간·도농간 불균형을 바로잡아야 한다고 주장했다. 또 저소득층에게 불리한 간접세를 직접세로 바꾸고 누진세를 도입해야 한다고 밝혔다. 김대중이 구상한 경제체제는 요약하자면 "전통적 자본주의 경제, 사회주의 경제, 그리고 서구 사회민주주의 경제의 경험을 총괄적으로 비판·수용해서 풍요와 정의를 아울러 실현할 수 있는 자유경제체제"였다.

"하버드대학 교수 세 사람이 남편의 논문을 심사했는데, 그중 두 사람이 한국경제를 연구하는 사람들이었어요. 그분들이 남편의 논문을 우수 논문으로 뽑았어요. 국제문제연구소는 남편의 논문을 책으로 출간하겠다는 뜻도 밝혔지요." 〈대중참여경제론〉은 이듬해 하버드대학에서 출간됐고 하버드대학 부교재로 채택됐다. 1986년에는 한국어로 번역돼 《대중경제론》이라는 이름으로 나왔다. "《대중경제론》은 금서로 묶였는데도 많은 사람들이 사서 읽었어요. 미국의 대다수 대학 도서관에도 비치됐고 한국 경제에 관한 수업 교재로 사용됐다는 말을 들었어요."

1983년 가을 레이건이 한국을 방문한다는 발표가 나왔다. 미국 안에서 레이건의 방한에 반대하는 목소리가 커졌다. 미국 대통령의 방문이 인권을 탄압하는 전두환 독재정권에 힘을 실어줄 수 있다는 걱정 때문이었다. 미국 상하원 의원들이 백악관에 방한 반대 의견을 전달했다. "우리도 백악관 앞에서 레이건 대통령 방한 반대 시위를 벌였어요."

레이건의 방한 문제가 정치 이슈로 떠오르자 10월에 ABC방송의 간판 프로그램인 테드 카플(Ted Koppel)의 〈나이트라인*Nightline*〉에서 한국 인권 상황을 주제로 한 토론을 마련했다. 〈나이트라인〉은 미국인 수천만 명이 시청하는 프로그램이었다. ABC방송은 김대중에게 토론 출연을 요청했다. "출연 제의를 받고 처음에 남편은 망설였어요. 영어 발음과 듣기에 자신이 없었거든요. 그래서 주위 사람들과 의논했는데, 영어를 유창하게 하는 것보다는 말하는 내용이 더 중요하다고 하면서 나가라고 권했어요. 남편은 결국 토론회에 참석하기로 결심했지요."

토론자는 전두환 정권을 지지하는 쪽과 민주화 세력을 지지하는 쪽으로 똑같이 나뉘어 미국인 2명, 한국인 2명으로 구성됐다. "그런데 방송을 앞두고 우리 쪽 미국인이 갑자기 나올 수 없다고 통보를 했어요. 그러니 남편 혼자서 두 사람과 토론해야 하는 상황이 벌어진 거지요." 김대중의 상대로 나온 사람은 당시 국회 외무위원장을 맡고 있던 봉두완이었다. "봉두완 의원은 영어에 능통한 분이었어요. 남편은 패리스 하비 목사의 도움을 받아 토론을 준비하고 함께 ABC의 워싱턴 방송국으로 갔지요." 진행자 카플이 김대중의 영어 실력이 걱정이 됐는지 방송 전에 만나자고 했다. 카플은 김대중과 이야기를 해본 뒤 "그 정도면 걱정하지 않아도 되겠다"고 안심시켰다. "외국인이 꼭 영어를 잘해야 하는 것은 아닙니다. 마음 편하게 하십시오."

카플은 김대중의 민주화 투쟁 경력을 잘 알고 있었다. 1981년 성탄절에는 프로그램을 마치며 이런 말을 하기도 했다. "지금 이 순간에도 고통받고 있는 우리들의 영웅이 있습니다. 그들은 옥중에서, 혹은 감시 속에서 인권과 민주주의를 위해서 싸우고 있습니다. 한국의 김대중, 소련의 사하로프(Andrey Dimitriyevich Sakharov), 폴란드의 바웬사(Lech Walesa)와 같은 수많은 사람들이 세계 곳곳에서 고통 속에 싸우고 있습니다. 우리는 이런 우리들의 영웅을 잊어서는 안 될 것입니다." 토론회가 열린 그날도 카플은 김대중에게 "당신이 한국 민주주의를 위해서 얼마나 고생하며 싸우고 있는지 잘 알고 있다"고 말했다.

이날 토론회에서 김대중은 한국의 인권유린 실태를 조목조목 설명했다. 진행자는 상대편 쪽에 김대중의 지적이 사실이냐고 물었다. 상대방은 직답을 피하고 남북의 대치 상황, 안보 위기 상황을 열거했다. 한국에서 안보 문제가 심각한 정치적 이슈인 것은 사실이었다. 그해 9월 1일 미국에서 오던 대한항공기가 소련 영내를 침범했다가 격추돼 승객과 승무원 267명이 실종되는 사건이 일어났다. 10월 9일에는 전두환이 버마(미얀마)를 방문하던 중 아웅산 묘소에서 폭발사건이 일어나 부총리 서석준을 포함해 수행원 17명이 사망하기도 했다.

상대편이 안보 상황만 이야기하고 인권 문제를 회피하자 카플은 김대중에게 다시 발언권을 넘겼다. 김대중은 인권 문제와 레이건 방한을 연결했다. "이렇듯 취약한 인권상황에서 레이건 대통령이 방한한다면 그것은 한국의 독재정권을 격려해주고 인권 탄압을 용인하는 것이 됩니다. 레이건 대통령의 방한은 대다수 한국 국민들을 실망시키고 미국에 대한 반감을 갖게 만들 것입니다. 그건 한국에도 미국에도 바람직하지 않습니다. 레이건 대통령이 방한을 신중히 재고해야 할 것입니다."

토론이 끝나갈 무렵 상대편에서 한국 인권 상황과 관련해 허위사실을 진실인 양 이야기했다. "지금까지 김대중 씨가 말한 인권유린은 박정희 정권 때의 일입니다. 지금 정권에서는 그런 일이 일어나지 않았습니다. 전두환 정권은 모든 인권을 보장하고 있습니다. 어떤 형태의 인권유린도 없습니다." 그 말이 토론회 전체의 분위기를 뒤바꾸는 효과를 냈다. 진행자는 그대로 토론을 마치려 했다. 그 순간 김대중이 외쳤다. "미스터 카플! 웨이트! 웨이트!" 진행자는 짧게 하라며 마지막 발언 기회를 주었다. "지금까지 한국의 인권 유린 상황에 대한 내 발언은 나 개인의 주장이 아닙니다. 국제사면위원회의 1982년도 보고서에 있는 것을 인용한 것입니다. 그리고 미국 국무부의 1982년도 〈인권보고서〉에도 그대로 적힌 내용입니다. 그러므로 내 말이 거짓이 아니라는 것은 당신네 정부가 보증한 것입니다." 그 말로 토론이 끝났다.

"남편의 마지막 말이 상대편을 제압했어요. 방송이 끝난 뒤 미국 전역에서 격려 전화가 걸려왔지요. 우리 교포들이 많이 본 건 미국 곳곳에 있는 한국 영사관들이 교민들에게 〈나이트라인〉을 보라고 독려했기 때문이었다고 해요. 남편이 영어를 못해 쩔쩔맬 줄로 알고 자신 있게 보라고 했던 건데, 결과는 정반대였어요. 남편은 감옥에 있을 때 영어 문법책을 여러 권 반복해서 읽었어요. 그래서 발음은 좋지 않아도 문장이 정확했어요. 유창하지 않아도 진실을 담은 말이 힘이 있다는 것을 증명한 거지요." 김대중은 텔레비전 토론에서 승리했지만, 레이건의 방한을 막지는 못했다. 레이건은 1983년 11월 12일 한국을 방문해 전두환 정권에 대한 지지를 재확인했다. 레이건은 미국 대통령으로는 처음으로 직접 휴전선을 시찰하기도 했다.

12

# 몸이 다시 무너져 내리다

## 귀국 준비

이희호와 김대중이 미국 망명 생활을 하던 중에 둘째아들 홍업의 결혼식이 치러졌다. 신부는 한국의 캐나다대사관에서 근무하던 대학 후배 신선련이었다. 두 사람은 1980년 2월 홍업의 친구 신혼 집들이에서 서로 인사했다. 호감을 느끼던 두 사람을 묶어준 것은 공교롭게도 5·17쿠데타였다. 수배를 받아 도망 다니던 홍업이 캐나다대사관으로 전화를 걸어 신선련에게 도움을 청했다. 신선련은 캐나다대사관의 상무관 집을 은신처로 마련해주었다. 상무관 집은 안전했지만 발각될 경우 외교 문제가 될 수 있었다. 홍업은 집을 나와 다른 도피처를 찾았다.

뒤에 홍업이 붙잡혔다가 두 달 만에 집에 돌아와 이희호에게 사귀는 사람이 있다고 고백했다.

"대구 사람입니다."

"그게 무슨 상관이냐? 네 형수도 부산 사람 아니냐?"

"아버지가 청와대 사정비서관이래요."

남편을 죽이려 하는 정권에 복무하는 사람이라니 이희호는 더 할 말이 없었다. "홍업이는 집에 온 뒤 바로 연금을 당해서 밖에 나가지 못했어요. 그래서 아버지를 면회하러 갈 때 공중전화로 연락했대요." 두 사람은 연금이 해제된 뒤 다시 만났다가 1982년 12월 홍업이 아버지 망명길에 동행하는 바람에 다시 헤어졌다. "미국에서 보니 자주 전화도 하고 한국에서 편지도 오더라고요."

이희호와 식구들은 비밀작전을 펴듯 신부 될 사람을 미국으로 데려오는 작업을 했다. 주위의 도움을 받아 호바트앤드윌리엄스미스대학 입학 허가를 얻고 비자와 여권도 받았다. 1983년 12월 예비신부가 미국으로 왔다. 두 사람은 이듬해 3월 메릴랜드 성당에서 결혼식을 올렸다. "신부 쪽은 하객도 없고 부모님도 참석하지 못했어요. 그래서 문동환 박사가 신부 아버지를 대신했지요." 홍업의 나이 만 34살이었다. "그 뒤 일주일쯤 지났을까. 사돈 내외가 미국으로 오셨어요. 바깥사돈은 그 무렵에 청와대에서 감사원으로 돌아가 감사위원을 하고 계셨어요. 홍업이 결혼 소식이 알려지자 후임 사정비서관이 사표를 내라고 했대요. 각오하던 일이라 사표를 냈는데 전두환 대통령이 연유를 물어보더래요. 그래서 사실대로 알렸더니 '자식 일은 마음대로 안 된다'며 사표를 반려하고, 늦었지만 가서 축하해주라고 휴가를 주었다고 해요."

이희호는 얼마 뒤 다시 미국으로 찾아온 바깥사돈을 만났다. "남편의 귀국을 만류하라는 임무를 받고 왔대요. 바깥사돈이나 우리나 참 난감한 일이었지요." 이희호와 김대중이 귀국한 뒤 홍업 부부는 캘리포니아로 옮겼다. "홍업이는 아버지가 만든 재미한국인권문제연구소에서 일하고 며느리는 서던캘리포니아대학에서 불문학 석사과정을 마친 뒤 1988년에 귀국했지요."

1984년 새해 초에 미국 국무부가 〈인권보고서〉를 발표했다. 각국 인권 상황을 알리는 연례 보고서였다. 1984년의 〈인권보고서〉는 한국 군사정부의 인권유린 실태는 빼놓고 1983년 한 해 동안 개선된 사실만 나열했다. 김대중은 국무부 인권 담당 차관보에게 면담을 요청했다. 2월 13일 인권 담당 차관보 엘리엇 에이브럼스(Elliot Abrams)가 국무부 사무실에서 김대중을 만났다. 김대중은 한국에 대한 미국의 정책을 크게 바꿔야 한다고 요구했다. 그날의 심경을 김대중은 자서전에서 이렇게 밝혔다. "면담을 마치고 나오는데 건너편 방이 바로 동아시아 담당 차관보실이었다. 그곳은 한국의 정부를 지지하고 한국과 정책협력을 도모하는 곳이었다. 한 공간 안에 이토록 상반된 업무를 하는 곳이 공존했다. 미국의 이상과 현실이 마주보고 있었다. 미국의 두 얼굴은 나를 상념에 잠기게 했다."

김대중은 미국 정치인들을 만날 때마다 한국의 독재 실상을 알렸다. 아무리 보수주의자라고 해도 독재만큼은 대놓고 지지하지 않는다는 사실을 활용했다. "미국 국민은 모두 민주주의 신봉자들입니다. 그런데도 미국이 독재정권을 지지하는 것은 한국에서 적을 만드는 일입니다." 김대중의 주장에 공화당 의원들도 고개를 끄덕였다.

이희호와 김대중의 미국 망명 2년째인 1984년 5월 서울에서 '민주화추진협의회'(민추협)가 출범했다. 앞서 1983년 가을부터 김영삼은 동교동계 인사들을 만나 민주화운동 연합전선을 펼 것을 제의했다. 동교동계 인사들 사이에서는 연합전선에 함께하느냐를 두고 의견이 엇갈렸다. '김영삼을 믿을 수 없다'는 것이 연합에 반대하는 사람들의 주장이었다. 미국에 있던 김대중은 서울의 동교동계 인사들에게 연합전선에 참여하라는 메시지를 보냈다.

민추협은 광주항쟁 4돌이 되는 1984년 5월 18일 서울 외교구락부에서 발기인 모임을 열고 정식으로 출범했다. 이날 민추협은 민주화투쟁선언문도 발표했다. "전두환 정권은 소수의 부패한 특권층만을 위해 절대다수 국민들을 핍박하고 수탈하고 있다. 우리는 우리 국민의 긍지와 자존심을 회복시키고 국가의 존엄을 해치는 군부독재를 청산해서 국민이 자신의 정부를 선택할 수 있고 시민의 참여가 보장되는 민주정부의 수립을 위하여 민추협을 발족한다."

민추협은 상도동계의 김영삼·김동영·최형우·김명윤과 동교동계의 김상현·김녹영·조연하·예춘호로 8인위원회를 구성했다. 또 망명 중인 김대중을 고문으로, 김영삼을 공동의장으로 하고, 김대중이 귀국할 때까지 김상현이 공동의장 대행을 맡기로 했다. 동교동계와 상도동계가 동등하게 참여하는 체제였다. 민추협은 민주화 세력의 새로운 구심이 됐다.

1984년 내내 김대중은 귀국 문제로 고심했다. "연초부터 남편은 한국으로 돌아갈 것인지를 두고 문동환 목사를 비롯해 주위의 여러 분들하고 상의했어요." 김대중은 미국 각계 인사 278명에게 귀국 관련 질의서를 보냈다. 대다수가 '미리 시기를 정하지 말고 상황을 봐가며 결정하라'는 답을 보내왔다. "남편은 그해 가을에 귀국하겠다는 결심을 했어요. 한국에 돌아가서 싸우겠다고요." 김대중은 9월 초에 미국 국무장관 조지 슐츠(George Pratt Shultz)에게 편지를 써 한국으로 돌아가겠다고 밝혔다. 며칠 뒤에는 대통령 전두환에게도 등기우편을 보내 귀국하겠다고 통보했다.

김대중은 성명을 발표해 귀국 이유도 밝혔다. '미국 체류의 목적인 신병 치료를 충분히 했고, 한국에서 민주화를 위해 고생하는 인사들에 대한 도덕적 의무감을 느꼈으며, 한국의 정치상황이 매우 심각하고, 남북통일을 위해 조국에서 할 일들이 있다.' 김대중은 워싱턴의 한국대사관에도 귀국하겠다는 뜻을 알렸다.

그 무렵 이희호의 몸이 다시 무너져 내렸다. "미국에 와서도 쉴 틈이 없었어요. 몸이 불편한 중에도 집에 오는 손님들을 접대하느라 하루에 커피를 100잔도 더 탔지요. 가을쯤에 탈진이 돼 주저앉았어요. 입안에 침이 마르고 혀가 갈라져 먹지를 못했어요. 관절염이 재발해 발목·손목·무릎이 몹시 아팠지요." 이희호는 김대중에게 조금 더 있다 귀국하면 좋겠다고 말했다. "그런데 남편은 벌써 일정이 다 짜여서 더 미룰 상황이 아니었어요. 나는 몸이 아파 누워 있는 날이 많았고, 귀국할 때 짐을 싸는 것조차 하지 못했어요. 손목에 힘을 줄 수가 없었지요."

전두환 정권은 김대중의 귀국을 막으려고 쓸 수 있는 모든 수단을 동원했다. 안기부 간부가 미국으로 김대중을 찾아와 "귀국을 강행하면 신변안전을 보장할 수 없다"고 겁을 주기도 했다. 김대중은 안기부 간부의 협박을 무시했다. 안기부 간부가 돌아간 뒤에 미국 국무부 동아시아 담당 차관보와 인권 담당 차관보가 김대중을 만나자고 했다. "미국 정부의 이름으로 부탁합니다. 귀국을 미루면 좋겠습니다." 김대중은 다시 주위 사람들과 상의한 뒤, 귀국하겠다는 결심을 편지로 써 국무부에 전달했다.

얼마 뒤 〈뉴욕타임스〉 기자가 전화를 걸어와 김대중에게 물었다. "오늘 한국에서 청와대 정무담당 비서관이 당신이 귀국하면 투옥하겠다고 발표했는데, 그래도 귀국하겠습니까?" 김대중은 무슨 일이

미국 망명 중 필리핀 야당 지도자 베니그노 아키노 부부와 함께한 사진.
베니그노 아키노는 필리핀으로 돌아가는 길에 공항에서 암살당했다.

있어도 귀국하겠다는 것이 자신의 확고한 뜻이라고 다시 밝혔다. 김대중의 말이 신문에 보도되자 미국 전역에서 큰 반향이 일었다. 방송과 신문의 인터뷰 요청이 밀려들었다. "김대중을 제2의 아키노가 되게 해서는 안 된다"는 여론이 삽시간에 일었다. 미국 국무부도 태도를 바꾸어 한국 정부에 김대중의 안전한 귀국을 보장하라고 촉구했다. 주미 한국대사관은 "청와대 정무담당 비서관의 말은 한국 정부의 공식 입장이 아니다"라고 발표했다.

사태가 이렇게 되자 미국 국무부는 김대중에게 국무부 청사에서 강연을 해달라는 요청을 했다. 김대중은 국무부 직원 200여 명을 앞에 두고 '미국과 제3세계의 민주주의'라는 주제로 이야기했다. 제3세계의 우익 독재정권이 자유민주주의의 기본 가치를 훼손하고 있는데, 미국은 반공만 앞세워 이런 현실을 외면한다고 지적했다. 김대중은 또 잘못된 대외정책의 결과로 반미운동이 전 세계로 확산되고 있다는 사실을 미국 정부가 직시하고 대외정책을 바꾸어야 한다고 말했다. 김대중의 연설이 끝나자 국무부 직원들이 손뼉을 치고 환호했다. 미국 국무부가 김대중의 강연을 마련한 것은 전두환 정권을 향해 김대중의 안전 귀국을 보장하라고 촉구하는 무언의 압력이었다.

서울에서는 이듬해 2월 12일로 잡힌 국회의원 총선거를 앞두고 정국이 급박하게 돌아갔다. 11월 14일 대학생 264명이 종로구 안국동 민정당 중앙당사를 점거하는 사건이 일어났다. 학생들은 '왜 우리는 민정당사를 찾아왔는가'라는 제목의 유인물을 뿌리고 건물 9층에 올라가 철제문을 안으로 걸어 잠그고 농성을 시작했다. 학생들은 민정당 해체를 주장하고 노동악법 철폐, 전면 해금 실시, 집시법·언론기본법 폐지를 요구했다. 다음날 새벽 중무장한 경찰 수백 명이 벽을 부수고 최루탄을 난사하며 당사에 진입해 농성 중이던 학생들을 모두 연행했다.

11월 30일 전두환 정권은 3차 해금 조처를 단행했다. 신군부는 정권을 탈취한 뒤 '정치풍토 쇄신을 위한 특별조치법'을 만들어 567명의 정치활동을 금지했으나, 두 차례에 걸쳐 대다수를 풀어주고 99명을 금지 대상으로 묶어놓고 있었다. 3차 해금으로 이철승·신도환·김재광·정해영·이민우·이기택·김녹영·김동영을 비롯해 84명이 정치활동 금지 족쇄에서 풀려났다. 김대중·김영삼·김상현을 포함한 15명은 여전히 금지 대상에 묶여 있었다. 3차 해금 이후 민추협 주요 간부들과 민추협에 들어가지 않은 해금 인사들 사이에 신당 창당을 모색하는 만남이 빈번해졌다. 김영삼은 12월 8일 민추협 외부를 대표하는 이철승과 만나 "국민이 원하는 참신한 야당을 창당해 민주거점의 구축을 뒷받침해야 한다는 데 인식을 같이했다"는 공동발표문을 냈다.

12월 11일 민추협은 고문 김대중, 공동의장 김영삼, 공동의장대행 김상현의 이름으로 기자회견을 열어 '선거투쟁'을 선언했다. "우리는 민주화운동의 기구로서 민추협의 조직을 계속 유지·확대·강화하면서 범국민적 민주화 추진의 일환으로 선거투쟁을 전개하기로 했다. 우리의 선거투쟁은 민정당에 대한 반대투쟁을 그 핵심으로 한다. 민추협은 민주화 추진을 위하여 국민이 납득할 수 있는 민주적인 자생정당이 창당된다면 전폭적인 지지와 성원을 보낼 것이다."

새 야당 창당 움직임이 본격화하자 관제야당 민한당의 전·현직 의원들이 무더기로 탈당했다. 새 당의 이름은 신한민주당(신민당)으로 정해졌다. 신민당은 12월 20일 창당발기인대회를 열었다. 이어 2·12 총선을 20여 일 앞두고 1985년 1월 18일 서울 앰배서더호텔에서 대의원 532명이 참석해 창당대회를 열고 이민우를 총재로, 김녹영·조연하·이기택·김수한·노승환을 부총재로 선출했다. 총재 이민우는 정치활동을 할 수 없는 김대중과 김영삼을 대리하는 관리자였다. 언론에서는 신민당이 총선에서 잘해야 20석 미만을 얻는 데 그칠 것으로 예측했다. 선거를 코앞에 두고 급조한 당이 잘될 리 없다는 판단이었다. 전두환 정권은 일반 유권자의 투표 기권을 유도하려고 선거일을 일부러 혹한기로 당겼다.

김대중은 귀국 날짜를 2월 8일로 잡았다. 총선을 4일 앞둔 날이었다. 귀국 준비를 하는 중에 김대중과 이희호는 교민들과 함께 송별 모임을 여러 차례 열었다. 1월 19일 밤 로스앤젤레스의 그랜드 올림픽 오디토리엄에서 열린 김대중의 고별강연에는 청중 5000여 명이 참석했다. 미국의 ABC, NBC, CBS를 비롯해 방송과 신문 기자 80여 명이 김대중의 강연을 취재하러 왔다. 지미 카터와 미국·일본·유럽 정계 지도자들이 귀국을 축하하는 전문을 보냈다.

청중들의 함성 속에서 김대중은 태평양 건너 고국을 향해 소리치듯 열정을 다해 연설했다. "한국 정부가 나를 다시 투옥한다면 전 세계 여론과 인류의 양심, 그리고 우리 국민이 결코 용납하지 않을 것입니다. 나를 제2의 아키노로 만든다면 그들도 같은 운명에 처해질 것입니다." 건강이 좋지 않았던 이희호도 이날 남편과 함께 청중들 앞에 서서 고별인사를 했다. "우리처럼 고난을 겪는 수많은 사람들을 기억해주십시오."

2월 3일 뉴욕 매디슨 스퀘어 가든에서 열린 환송연설회에도 수천 명의 청중이 모였다. "그날 아키노 상원의원 동생도 우리를 환송하는 자리에 왔어요. '우리 형은 암살당했지만 김대중 씨는 꼭 살아서 귀국해야 한다'고 외쳤지요." 김대중은 다시 교민들에게 말했다. "한국의 민주주의는 반드시 실현될 것입니다. 4·19혁명과 광주항쟁을 일으킨 이 민족이 무엇을 못 하겠습니까? 저는 여러분의 성원을 그대로 조국에 가지고 가서 그 힘으로, 그 용기로 싸울 것입니다."

13

# 공항 일대를 메운 환영 인파

폭풍의 귀국

이희호와 김대중은 2·12총선을 며칠 앞둔 1985년 2월 6일 오전 워싱턴 내셔널 공항에서 노스웨스트 비행기에 몸을 실었다. 미국 망명 2년 1개월 만이었다. 김대중이 귀국한다는 소식이 알려지자 미국 상·하원 의원 80여 명과 각계 지도자 150여 명이 김대중의 안전 귀국을 요구하는 문서에 서명해 한국 정부에 보냈다. 또 김대중이 제2의 아키노가 되는 것을 막아야 한다며 미국의 저명인사 27명이 김대중과 이희호의 귀국 비행기에 동승했다.

미국 하원의원 토머스 포글리에타(Thomas M. Foglietta)와 에드워드 페이건(Edward Feighan), 카터 행정부 인권담당 차관보 퍼트리샤 데리언(Patricia M. Derian), 목사 패리스 하비, 워싱턴대학 교수 브루스 커밍스(Bruce Cumings)가 탔고, 전 엘살바도르 주재 미국대사 로버트 화이트(Robert Edward White), 국제법률가위원회 미국협회 회장 윌리엄 버틀러(William E. Butler), 그 밖에 퇴역 해군 대장, 아메리칸익스

프레스 사장, 여성 가수도 동행했다. 미국에서 김대중과 함께 활동하던 이근팔·김응태·최창학·송선근도 동승했다. 기자 수십 명도 귀국길에 함께했다. "우리를 지켜주겠다고 많은 분들이 우리 비행기에 함께 탔지요. 잘 아는 분들도 있었지만, 모르는 사람도 있었어요. 자발적으로 나선 분들이었지요."

이희호와 김대중을 태운 비행기는 2월 7일 일본 나리타공항에 도착했다. "밤에 도착하면 무슨 일이 날지 몰라 일본에서 하룻밤을 묵고 다음날 아침에 서울로 떠나기로 했어요." 공항 근처 숙소에는 취재진이 구름처럼 몰려들어 김대중과 이희호를 기다리고 있었다. "그렇게 많은 카메라를 본 적이 없었어요. 기자들이 너무나 많이 몰려서 발 디딜 틈이 없었지요. 일본 경찰의 경비도 사상 최대 규모였다고 해요. 만일의 사태에 대비했던 거지요." 월간 〈세카이〉 편집장 야스에 료스케, 도쿄대 교수 와다 하루키가 회견장에 나와 김대중 부부를 환영했다. 김대중은 기자회견에서 단호하게 말했다. "민주주의만이 구국의 길입니다. 내일 내 운명이 어떻게 되든 귀국할 것입니다."

김대중과 이희호를 실은 비행기는 2월 8일 오전 11시 40분 김포공항에 내렸다. 김대중은 동행한 사람들에게 부탁했다. "아키노는 비행기에서 내릴 때 정부기관 요원의 안내를 받고 따라가다 살해당했습니다. 나는 절대로 특별 안내는 받지 않겠습니다. 일반인들과 함께 입국 심사 창구로 가겠습니다. 내가 다른 곳으로 끌려가지 않게 도와주십시오."

공항은 사복경찰 천지였다. "공항 청사에 들어서자 사복경찰들이 우르르 뛰어나오더니 남편과 나만 떼어내 끌어가려고 했어요. 같이 왔던 분들이 우리를 에워싸고 필사적으로 경찰을 막았지요." 공항 일

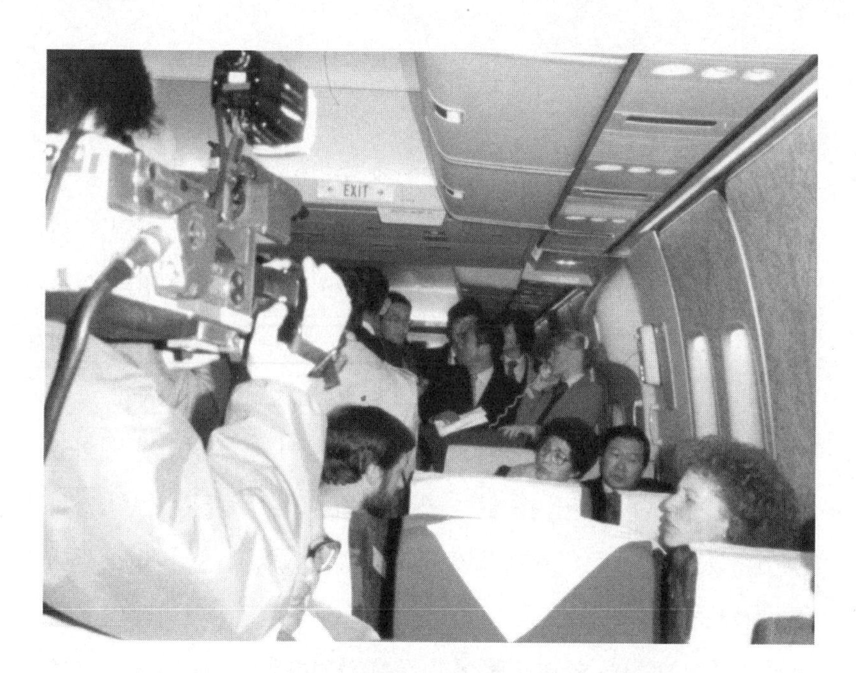


위험을 무릅쓰고 미국 망명을 마치고 귀국하는 이희호·김대중 부부.
비행기 안에서 기자들에게 둘러싸여 인터뷰를 하고 있다.

대가 아수라장이 됐다. 경찰들이 김대중과 이희호를 빼내려고 폭력을 휘둘렀다. 퍼트리샤 데리언이 경찰에 맞아 넘어지면서 비명을 질렀다. "카메라 기자들이 그 장면을 촬영해 세계에 알렸어요. 데리언은 차관보 시절에 자기 사무실 문에 '김대중을 구출하자'는 스티커를 붙여놓았던 분이에요. 데리언의 비명소리가 지금도 귀에 생생해요."

경찰은 김대중과 이희호를 납치하다시피 해 엘리베이터에 밀어 넣은 뒤, 공항 1층에 미리 대기시켜놓은 흰색 마이크로버스에 강제로 태웠다. "경찰이 우리에게 입국 심사를 해야 하니 여권을 내놓으라고 했어요. 우리가 직접 입국 심사를 받겠다고 거부하니까 그대로 공항을 빠져나갔어요. 입국 수속도 밟지 않은 거예요. 우리는 환영 나온 사람들을 보지도 못하고 동교동 집으로 직행했지요."

김대중이 도착한 날 오전 김포공항엔 수없이 많은 사람들이 김대중의 귀국을 보려고 밀려들었다. 그날의 상황을 김옥두는 이렇게 기록했다. "공항 길목인 인공폭포 쪽으로 들어서니 수십만 명의 인파 속에 '김대중 선생 환영'이라는 플래카드와 선생의 안전 귀국을 염원하는 피켓·전단이 어지럽게 물결치고 있었다. 김포가도는 무슨 축제와도 같고, 한편으론 전쟁통과도 같은 북새통이었다. 엄청난 인파였다. 수를 이루 다 헤아릴 수 없는 인파가 귀국 시각에 맞춰 공항 청사가 뒤흔들릴 정도로 연호와 함성을 토해놓고 있었다. '김대중! 김대중! 김대중!' 공항 안은 물론이고 공항 밖에서도 인산인해의 물결을 이루고 있어서 청사 안으로 들어갈 틈이 없었다."

1만 명에 이르는 전투경찰이 공항으로 통하는 모든 도로를 봉쇄하고 공항 길목마다 임시검문소를 설치했지만 밀어닥치는 환영 인파를 막을 수 없었다. 현장에 있던 김옥두와 김홍일은 도착 예정 시각을 한참 지난 뒤에도 김대중 일행이 모습을 보이지 않자 동교동으로 전화를 걸었다. 김대중과 이희호가 벌써 도착해 연금돼 있었다. 몰려든 사람들은 경찰이 김대중을 빼돌렸다는 사실을 알고 고함을 지르고 시위를 벌였다. 흥분한 사람들이 동교동 주변으로 몰려들자 경찰은 집 주위에 가림막을 세워 김대중과 이희호를 볼 수 없도록 막았다.

김대중과 동행했던 브루스 커밍스는 그때의 상황을 이렇게 기록했다. "서울로 진입하는 길의 왼쪽에는 수천 명의 폭동진압경찰이 있었다. 오른쪽에는 엄청난 수의 서울 시민들, 작업복을 입은 노동자들, 검은 교복 차림의 학생들, 긴치마를 입은 어머니들, 바람을 막으려

몸을 단단히 감싼 어린아이들, 한복을 입은 노인네들이 김대중의 귀국을 환영하는 플래카드를 들고 서 있었다. 전체 국민이 폭동진압경찰과 시위대로 나뉘어 있는 듯한 풍경이었다."

일주일 뒤 미국 시사주간지 〈뉴스위크〉는 '폭풍의 귀국'(A Stormy Homecoming)이라는 제목의 표지기사에서 김대중과 이희호의 귀국을 상세히 다루었다. "한국 정부 당국은 김대중 씨와 부인, 그리고 미국인 고관들을 비행장의 출입제한구역으로 몰고 갔다. 거기서 50여 명이 넘는 사복 요원들이 야당 지도자를 수행원들과 분리시켜 끌고 갔다. 그들은 미국인 몇 사람을 주먹으로 치고 발로 차고 땅바닥에 내동댕이쳤다. 그러고 나서 그들은 김대중 씨를 엘리베이터에 처박았다. 김대중 씨와 부인은 흰색 마이크로버스에 실려 공항 뒷길을 통해 자택으로 압송됐고 자택에 도착한 즉시 가택연금에 처해졌다."

도착과 동시에 시작된 가택연금은 한 달이 넘도록 계속됐다. 경찰은 김대중이 귀국하기 전에 동교동 집 주변에 감시초소를 여러 곳 설치하고, 주변의 집들을 사거나 빌려서 그곳에 안기부원과 형사 수십 명을 배치해 24시간 감시했다. 또 경찰기동대 버스 여러 대와 전투경찰 수백 명을 동교동 주위에 배치해 사람들의 접근을 막았다. 전화를 도청하고 우편물을 검열하는 일도 예전처럼 계속했다. 김대중은 1987년 6월까지 28개월 동안 모두 55차례 연금을 당했다. "우리는 응접실 벽에 '불법 감금 달력'을 만들어놓고 연금당하는 날짜에 X 표시를 했지요. 삼일절이나 4·19, 5·18 같은 중요한 날에는 어김없이 연금을 당했지요. 가장 길게는 78일 동안 집 밖에 나가지 못했어요."

김대중의 총선 직전 귀국은 거센 바람을 몰고 왔다. 정권은 김대중 귀국을 크게 보도하지 못하게 언론을 통제했으나 유세장까지 통제하지는 못했다. 야당 후보들은 거의 예외 없이 김대중의 귀국으로 이야기를 풀어 유세장 분위기를 달구었다. 그동안 정권이 금압했던 말들도 사슬에서 풀려났다. 광주학살의 진상이나 정권의 부패 추문이 후보들의 입에서 튀어나왔다. 대학생들도 '민주총선쟁취학생연합'을 만들어 야당의 선거운동을 도왔다. 신민당은 '대통령 직선제 개헌', '국정감사 부활', '지방자치제 전면 실시', '언론기본법 폐지', '노동관계법 개폐'를 선거공약으로 내걸었다.

2월 12일 총선 투표율은 84.6퍼센트에 이르러 '5·16쿠데타 이후 가장 높은 투표율'을 기록했다. 선거 결과는 사실상 야당의 승리였다. 신민당은 지역구에서 50석, 전국구에서 17석을 차지해 제1야당이 됐다. 20석도 얻지 못할 것이라는 언론의 예상이 여지없이 빗나갔다. 민한당은 지역구 26석, 전국구 9석을 얻어 11대 총선에서 얻은 81석의 절반에도 미치지 못했다. 국민당은 전국구 · 지역구 합쳐 20석을 얻었다. 민정당은 지역구 87석, 전국구 61석으로 제1당의 지위를 유지했지만, 득표율에서 야권에 완패했다. 신민당(29.26퍼센트), 민한당(19.68퍼센트), 국민당(9.16퍼센트)을 합쳐 야권 득표율이 58.1퍼센트에 이르러 민정당의 득표율 35.25퍼센트를 멀찍이 따돌렸다. 특히 신민당은 서울에서 43.2퍼센트의 득표율로 1위를 기록했다. 민한당이 침몰하자 4월 초 당선자 35명 가운데 32명이 무더기로 탈당했다. 신민당은 탈당파·무소속 36명을 받아들여 103석에 이르는 거대 야당으로 등장했다. 총선에서 패배한 민정당은 기세가 꺾였다. 전두환은 2월 18일 청와대 경호실장 장세동을 안기부장에 앉혔다.

1985년 3월 6일 전두환은 대통령 취임 4돌에 맞춰 마지막 해금조처를 내렸다. 김대중과 김영삼을 포함해 16명의 정치활동 금지가 풀렸다. "그런데 전두환 정권은 남편의 사면 복권을 해주지 않았어요. 그래서 해금이 됐지만 실제로는 정치활동에 제약을 받았지요." 3월 15일 김대중은 민추협 공동의장 권한대행 김상현의 집에서 민추협 공동의장 김영삼과 만났다. 이 자리에서 김영삼은 김대중에게 민추협 공동의장에 취임해줄 것을 요청했고 김대중은 김영삼의 요청을 받아들였다. 김대중은 4년 10개월 만에 정치 현장에 나왔지만, 복권이 되지 않아 정당 활동은 여전히 할 수 없었다.

3월 29일에는 재야 사회운동단체 23곳의 연합체인 민주통일민중운동연합(민통련)이 결성됐다. 민통련 고문으로 함석헌·김재준·지학순이 참여했고 상임의장으로 문익환이 선출됐다. 민통련은 신민당과 연합해 이듬해 대통령 직선제 개헌 투쟁에 뛰어들었다. 2·12총선 바람을 타고 대학마다 총학생회를 부활시키는 선거 열풍이 불었다. 4월 17일에는 고려대에서 전국학생총연합(전학련)이 발족했고, 전학련 산하에 3민(민족통일·민주쟁취·민중해방) 이념을 내세운 삼민투쟁위원회(삼민투)가 결성됐다.

이희호는 관절염으로 인한 통증으로 활동에 어려움을 겪었다. "귀국 직후 시작된 가택연금이 한 달 남짓 지나 풀렸어요. 동교동으로 돌아온 뒤로도 몸이 계속 아팠지요. 연금이 풀려 바깥출입을 할 수 있게 되자 남편이 나를 수안보온천에 데려갔어요. 2박3일 정도 쉬었는데, 그러고도 통증이 사라지지 않았어요. 가을쯤에야 한약을 달여 먹고 기운을 차렸지요."

이희호는 수안보온천 여행이 뒷날 김대중 음해의 자료로 이용될 줄은 꿈에도 생각지 못했다. "우리 집 경호원을 지낸 함윤식이라는 분이 있었어요. 5·17쿠데타 때 잡혀가 고생을 많이 했는데, 이 사람이 안기부의 회유와 협박에 넘어가 1987년에 《동교동 24시》라는 책을 냈어요. 함윤식 씨 이름으로 사실상 안기부가 만들어 펴낸 책이에요. 그 책에서 남편을 광주 망월동 묘지는 참배하지 않고 온천 관광이나 다니는 파렴치한 사람이라고 묘사했어요. 그런 말을 듣고 얼마나 가슴이 아팠는지 몰라요. 함윤식 씨는 뒤에 《속 동교동 24시》라는 책도 펴냈는데, 결국 명예훼손죄로 걸려 유죄판결을 받았지요."

이희호는 이해 봄에 동교동 집을 개축했다. "연탄보일러를 때는 집이어서 몸도 힘든데 번거로웠어요. 처음엔 조금 손만 보려고 했는데, 결국 새로 짓다시피 했어요. 그때 지하실을 만들어 남편의 서재를 들였어요. 남편이 처음으로 서재가 생겼다고 참 좋아했지요. 그때까지는 수많은 책을 놔둘 곳이 마땅치 않았거든요. 남편은 연금당하던 시절에 안방에서 정장을 입고 서재로 출근했어요. 그렇게라도 마음을 다잡아보려고 했지요."

1985년 5·18광주항쟁 5돌을 맞아 대학가와 재야단체의 투쟁 열기가 솟아올랐다. 민통련은 광주항쟁 관련 성명서를 내고 농성에 들어갔고, 5월 17일에는 전국의 대학 80곳에서 수만 명의 대학생들이 광주학살 책임자 처단을 요구하며 격렬한 시위를 벌였다. 이어 5월 23일 대학생 73명이 서울 미국문화원 2층 도서관을 점거했다. 고려대·서강대·서울대·연세대의 삼민투 소속 학생들이었다.

대학생들은 '우리는 왜 미국문화원에 들어가야만 했나'라는 제목의 성명서를 뿌렸다. "광주민중항쟁 5주년을 맞이하여 전국에서 학살의 책임자를 단죄하는 소리가 드높아지고, 학살의 원흉인 군사독재정권은 물러나라는 요구가 곳곳에서 터져 나오고 있는 지금, 우리는 미국의 광주학살 지원의 책임을 묻고자 한다. (…) 이제 한국 국민은 광주학살에 대한 미국의 지원에 깊은 의혹을 갖고 있으며, 광주학살에 대한 책임을 미국도 져야 한다는 것을 인식하기에 이르렀다."

학생들은 미국을 향해 '광주학살 지원에 책임지고 공개 사과할 것', '전두환 군사독재정권에 대한 지원을 즉각 중단할 것', '한·미 관계의 올바른 정립을 위해 진지하게 노력할 것'을 요구했다. "남편은 망명 중에도 기회가 날 때마다 미국 정부와 의회에 왜 제3세계에서 반미운동이 일어나고 있는지 직시하고 독재정권을 지원하지 말라고 요구했어요. 미국이 정책을 바꿔야 한다는 것이었지요. 학생들이 과격한 구호를 외치는 것에 반대했지만, 학생들의 주장에 경청할 부분이 있는 것도 사실이잖아요. 우리는 민추협을 통해 학생들이 기물을 훼손하지 않고 스스로 해산할 수 있도록 도왔지요."

대학생들은 점거 농성 72시간 만에 "미국이 우리에게 진정한 우방과 자유세계의 수호자로서 인식되기에는 상당한 거리가 있음을 확인했다"고 밝히고 농성을 풀었다. 점거를 주도한 서울대 삼민투위원장 함운경을 비롯해 20여 명이 구속됐고, 뒤이어 서울대 총학생회장 김민석이 잡혀 들어갔다. 미국문화원 점거농성 사건은 광주학살 사건을 널리 알리고 일반 국민들까지 미국 문제를 생각해보게 하는 계기가 됐다.

14

# 국민의 '대통령 직선제' 요구

## 개헌 투쟁

1985년 2·12총선 이후 신민당이 정국의 중심에 서고 대통령 직선제 개헌이 국민적 관심사로 떠오르자 민정당 안에서 의원내각제 개헌 논의가 일었다. 대통령 직선제 요구를 회피하려는 전략이었다. 의원내각제 논의는 김대중과 김영삼 사이에 틈을 만들었다. 김영삼은 김대중을 비밀리에 만나 '민정당이 신민당의 직선제 요구를 거부하니 의원내각제 개헌을 받는 게 어떻겠느냐'는 의견을 냈다. 김대중은 즉각 반대했다. 직선제 개헌이 신민당의 약속이고 국민이 대통령 직선제를 요구하고 있으니 거기에 따라야 한다는 것이 김대중의 주장이었다.

김영삼은 김대중의 뜻을 받아들이고 돌아섰으나 그 뒤로도 이따금 내각제 이야기가 흘러나왔다. 김대중은 7월 17일 제헌절을 맞아 성명을 냈다. "대통령중심제건 내각책임제건 일장일단이 있지만 국민이 어느 제도를 원하느냐가 중요하다"며 의원내각제 개헌에 반대한다고 천명했다. 김대중은 성명에서 "국민 전체가 총궐기해서 선거 붐을 조성하고 후보 한 사람 앞으로 표를 몰고 갈 수 있는 대통령 선거만이 뜻대로 정권을 교체할 가능성을 보장할 수 있다"는 논거도 제시했다.

신민당 전당대회가 8월 2일로 잡혔다. 김대중은 신민당이 의원내각제 논란을 극복하고 야당의 전열을 재정비해야 한다고 생각했다. 김대중의 구상은 정·부통령제였다. "전당대회를 앞두고 남편은 강력한 야당을 만들 방안으로 역할분담을 생각하고 있었어요. 차기 대통령 선거에서 김영삼 의장이 대통령 후보가 되고 남편이 부통령 후보가 되어 함께 전국을 순회하는 게 좋겠다는 것이었지요. 이 생각을 언제 발표할 것이냐를 두고 고심을 했어요." 7월 10일 김대중은 이민우와 김영삼을 만나 이번 전당대회에서 정·부통령의 러닝메이트를 발표하는 것이 좋겠다는 자신의 뜻을 밝혔다. 두 사람이 러닝메이트가 되면 국민과 재야민주세력도 안심할 것이고 대통령 직선제 개헌안을 확정하는 효과도 있을 것이라는 말도 했다. 이민우와 김영삼은 김대중의 말을 경청했다.

다음날 아침신문 한 곳에서 '김영삼이 당 총재를, 김대중이 대통령 후보를 맡는 역할분담론을 김대중이 제안했다'는 허위사실을 보도했다. 김대중은 즉각 3인 만남의 내용을 공개했지만, 김대중의 해명은 제대로 보도되지 않았다. "그 허위보도 때문에 남편은 큰 피해를 보았어요. 신문들마다 남편을 매도하기 시작했지요. 대통령병 환자라는 말도 나왔고요. 집에까지 비난 전화가 걸려왔어요. 남편의 뜻이 정반대로 왜곡된 것이었지요." 김대중이 입은 상처는 오래갔다. 1985년 8월 1~2일 신민당 전당대회가 열렸다. 김대중과 김영삼은 상임고문으로 추대됐다. 두 사람의 대리인 격인 이민우가 신민당 총

1985년 8월 신민당 전당대회를 통해 김대중과 김영삼은 상임고문으로 추대되고
이민우가 총재로 다시 뽑혔다. 사진은 1986년 9월 손명순·김영삼,
김동분·이민우, 이희호·김대중(왼쪽부터) 부부의 동반 모임.

재로 다시 뽑혔다.

국민의 저항이 거세지자 5공화국 정권은 탄압의 강도를 더 높였다. 1985년 여름에는 이른바 '민중교육지 사건'이 터졌다. 현장 교사들이 중심이 돼 만든 부정기 간행물 〈민중교육〉에 실린 글들을 '좌경용공'으로 낙인찍어 집필자와 발행인을 탄압한 사건이었다. 〈민중교육〉은 이해 5월에 문공부 납입필증까지 받아 정상적으로 발행됐는데, 정권은 한 달도 더 지나 책의 내용을 문제로 삼았다. 〈민중교육〉은 책머리에서 이렇게 밝혔다. "우리는 크나큰 부끄러움으로 이 책을 엮는다. 짧지 않은 세월을 교단에 서 있으면서 이 모순덩어리 교육현실에 용케도 눈감고 살아왔구나 하는 참담한 부끄러움이 머리를 들 수 없게 한다."
이 사건으로 〈민중교육〉을 발간한 실천문학사 주간 송기원과 논문을 실은 현직 교사 윤재철·김진경이 국가보안법 위반 혐의로 구속됐다. 또 이 잡지에 시나 소설을 실었다는 이유만으로 고광헌을 포함한 교사 17명이 교단에서 쫓겨났다.

6월 24일에는 '구로동맹파업'이 일어났다. 구로동맹파업의 중심은 의류제조업체 대우어패럴 노조였다. 대우어패럴 노동자들의 노동조건은 열악하기 그지없었다. 1984년 생산직 노동자의 한 달 평균 임금은 9만 원(일당 2850원)에 지나지 않았다. 당시 서울 시내 대학생들의 하숙비(한 달 12만~16만 원)에도 미치지 못하는 저임금이었다. 노동자들은 하루 10시간의 노동시간 외에 매일 2~8시간의 야간잔업을 했다. 대우어패럴 노동자들은 노조를 결성한 뒤 1985년 13차례 교섭 끝에 임금을 일당 824원 올렸다. 그런데 두 달 뒤 6월 22일 노조위원장을 비롯한 노조 간부 3명이 구속됐다. 민주노조운동이 번져가는 것을 막으려고 정부가 직접 개입한 정권 차원의 탄압이었다. 대우어패럴 노조는 파업에 들어갔다. 비슷한 처지에 있던 효성물산·가리봉전자·선일섬유를 비롯한 열 곳의 노조원들이 동맹파업을 벌였다. 재야단체와 대학생들도 항의농성과 지원시위를 벌였다. 동맹파업은 일주일 만에 공권력과 구사대의 폭력으로 무너졌고 노동자 34명과 대학생 9명이 구속됐다. 뒤이어 파업에 참여한 노동자 1200여 명이 집단해고를 당했다. 구로동맹파업은 반독재 민주화 투쟁에 노동자들이 처음으로 앞장선 사건으로 기록됐다.

전두환 정권은 반공을 내세워 민주화 세력을 탄압하면서 뒤로는 비밀리에 남북정상회담을 추진했다. 또 한국이 유치한 1986년의 아시안게임과 1988년의 서울올림픽에 북한이 참가하는 문제를 놓고 체육회담도 열었다. 앞서 1984년 9월 남한에 큰 수해가 나자 북한 적십자사가 쌀 5만 섬과 시멘트 10만 톤을 보내왔다. 이런 분위기를 타고 1985년 5월 남북적십자회담에서 이산가족 고향 방문과 예술공연단 교환 공연이 합의됐다. 이 합의에 따라 9월 20일부터 23일까지 남쪽에서 35명의 고향방문단이 평양을 방문해 북쪽의 이산가족을 만나고, 북쪽에서 30명이 서울을 방문해 남한 친척을 만났다. 분단 이후 첫 남북 이산가족 만남이었다. 전두환은 김일성과 회담할 생각으로 안기부장 장세동을 북으로 보냈으나 정상회담은 끝내 성사되지 못했다.

이런 중에도 5공화국 정권은 '간첩 사건'을 계속 터트렸다. 9월 9일 안기부는 양동화·김성만·황대권을 비롯해 20여 명이 국내 대학에 잠입해 간첩활동을 했다며 '구미 유학생 간첩단 사건'을 발표했다. 전남대 의대생 강용주도 고등학교 선배 양동화에게 포섭돼 무력봉기를 모의하고 시위를 주도했다는 혐의로 안기부에 잡혀갔다. 강용주를 고문하던 수사관은 "너 같은 놈은 씨를 말려야 한다"며 성기를 몽둥이로 내리치는 만행을 저지르기도 했다. 검찰과 법원은 정권의 꼭두각시가 된 지 오래였다. 안기부의 의견서가 검사의 공소장이 되고 법원의 판결문은 공소장을 복사한 듯 오자까지 그대로 베꼈다. 네 사람이 사형·무기징역을 선고받았다. 이 사건은 학생운동 뒤에 간첩이 있다는 도식을 만들어 반독재운동에 타격을 입히려는 더러운 공작의 표본이었다.

5공화국 정권의 민주화운동 탄압은 여기서 그치지 않았다. 1985년 10월 20일 정부는 '학내외 각종 시위와 노사분규 배후에 좌경용공세력의 지하단체인 서울대 민주화추진위원회(민추위)라는 조직이 있음을 밝혀냈다'고 발표했다. 민추위 위원장 문용식과 민청련 의장을 지낸 김근태가 국가보안법 위반 혐의로 구속됐다. 정권은 김근태를 문용식의 배후조종자로 만들어내려고 극악한 고문을 동원했다.

그해 12월 19일 김근태는 법정에서 자신이 당한 고문 실상을 낱낱이 폭로했다. "본인은 9월 4일부터 9월 20일까지 전기고문과 물고문을 각각 5시간 정도 당했습니다. 고문을 하는 동안 비명이 바깥으로 새어나가지 않게 하기 위해 라디오를 크게 틀었습니다. 그리고 비명 때문에 목이 부어서 말을 못 하게 되면 즉각 약을 투여해 목이 트이게 하였습니다." 김근태의 진술은 5공화국 정권의 야만성에 대한 생생한 증언이었다. "(…) 13일 금요일입니다. 9월 13일 고문자들은 본인에게 '최후의 만찬이다', '너 장례 날이다' 이런 협박을 하면서 두 차례 전기고문과 한 차례 물고문을 했습니다. 물론 잠을 못 잔 것은 말할 필요도 없고 (…) 고문 때문에 13일 이후에는 밥을 먹지 못했고 그 후유증으로 지금까지 밥을 먹지 못합니다."

김근태는 "가방에 고문도구를 들고 다니는 건장한 사내"가 가한 고문 내용도 폭로했다. 그 사내는 후에 고문기술자 이근안으로 밝혀졌다. 이근안은 김근태에게 태연하게 말했다. "장의사 사업이 이제야 제철을 만났다. 이재문(남민전 사건으로 옥사)이 어떻게 죽었는지 아느냐. 속으로 부서져서 병사를 했다. 너도 각오해라. 지금은 네가 당하고 민주화가 되면 내가 그 고문대 위에 서줄 테니까 그때 네가 복수를 해라." 그런 말을 하며 이근안은 김근태를 칠성판에 눕혔다. "고문할 때는 온몸을 발가벗기고 눈을 가렸습니다. 발목과 무르팍과 허벅지와 배와 가슴을 완전히 동여매고 그 밑에 담요를 깝니다. 머리와 가슴, 사타구니에는 전기고문이 잘되게 하기 위해 물을 뿌리고 발에는 전원을 연결했습니다. (…) 죽음의 그림자가 드리울 때마다 아우슈비츠 수용소를 연상했으며 이러한 비인간적인 상황에 대한 인간적인 절망에 몸서리쳤습니다."

김근태의 진술을 듣는 방청석에서는 통곡소리가 그치지 않았다. "결국 9월 20일이 되어서는 도저히 버텨내지 못하게 만신창이가 되었고, 9월 25일에는 마침내 항복을 하게 되었습니다. 그날 그들은 집단폭행을 가한 후 본인에게 알몸으로 바닥을 기며 살려달라고 애원하며 빌라고 했습니다. 저는 그들이 요구하는 대로 할 수밖에 없었고 그들이 쓰라는 조서 내용을 보고 쓸 수밖에 없었습니다." 김근태의 진술은 야만의 시대에 대한 체험 보고서였다.

이희호는 김근태의 부인 인재근과 자주 만났다. "인재근 씨가 1985년부터 민가협(민주화실천가족운동협의회) 총무를 맡고 있었는데, 우리 집에 여러 차례 찾아왔어요. 김근태 씨가 감옥에 있을 때였어요. 끔찍한 고문 이야기를 들으며 같이 울었지요. 먼저 민가협 총무를 한 유시춘 씨도 왔지요. 동생 유시민 씨가 민주화운동 하다가 감옥생활을 했잖아요. 인재근 씨와 유시춘 씨가 우리 집에 오면 남편도 반갑게 맞아주고 이야기도 많이 했어요. 1987년에 우리는 김근태 · 인재근 부부를 '로버트 케네디 국제인권상' 후보로 추천했어요. 그래서 두 분이 그해 공동수상자가 됐지요."

정권의 폭압이 계속되는 중에도 신민당을 중심으로 한 민주화 세력은 대통령 직선제 개헌 운동에 속도를 냈다. 1986년 1월 16일 전두환은 국정연설을 통해 개헌논의 중단을 요구했다. 들불처럼 번지는 개헌운동을 막아보려는 것이었다. 신민당은 2월 12일 12대 총선 1돌을 맞아 '대통령 직선제 개헌 1000만 서명운동'에 들어갔다. "1000만 서명운동으로 남편에 대한 탄압이 더욱 심해졌어요. 전투경찰 수백 명이 집을 둘러싸고 전경버스로 집 주위를 봉쇄했지요." 2월 25일 필리핀 독재자 페르디난드 마르코스가 민중의 저항에 항복해 하와이로 망명하고, 대통령 선거에 승리한 코라손 아키노가 대통령으로 취임했다.

전두환 정권은 개헌서명운동에 대한 처벌 방침을 밝혔다. '개헌 서명 옥내집회도 집시법을 적용하고, 가두서명을 받을 경우 도로교통법에 따라 1년 이하의 징역에 처하며, 호별 방문으로 서명을 권유하면 주거침입죄를 적용하고, 시민의 서명행위는 불법행위 방조죄로 처벌하며, 완장·리본·어깨띠를 달면 즉심에 회부한다'는 것이었다. 협박은 먹혀들지 않았다. 신민당은 3월 8일 헌법개정추진위원회 서울지부 현판식을 열어 장외투쟁을 시작했다. 3월 9일 추기경 김수환은 '정의와 평화를 갈구하는 9일 기도'를 마무리하는 정오 미사에서 직선제 개헌을 촉구했다. 3월 13일에는 한국기독교교회협의회(KNCC)가 1000만 개헌 서명운동에 동참하겠다고 천명했다. 민통련을 비롯한 다른 재야단체들도 서명운동에 뛰어들었다.

김대중은 3월 23일 개헌추진 부산시지부 결성식에 참석해 4만 명의 청중 앞에서 연설했다. "필리핀에 먼저 상륙한 봄이 이제 한국을 향해 힘차게 다가서고 있습니다. '마닐라의 봄' 이래 '서울의 봄'에 대한 우리의 열망과 기대는 날로 팽창해가고 있습니다." 김대중은 전두환 정권을 향해 외쳤다. "전두환 정권에 말합니다. 백성의 뜻에 복종하시오! 구속자를 석방하고 고문을 중지하고 힘없는 국민을 더 괴롭히지 마시오! 독재를 버리고 국민의 지상명령인 이 나라의 민주 회복에 협력하시오! 이것만이 그대들이 살고, 국민이 살고, 나라가 사는 길이라는 것을 역사의 이름으로, 국민의 이름으로, 그리고 여기 모인 부산 시민의 이름으로 엄숙히 충고합니다."

김대중은 경찰병력이 집을 봉쇄하는 바람에 3월 30일 광주에서 열린 '개헌추진위원회 전남도지부 결성식'에 참석하지 못했다. "남편은 서재에서 연설을 녹음해서 테이프를 광주로 대신 보냈지요." 결성식장에 김대중의 녹음연설이 울려 퍼졌다. "우리는 한의 민족입니다. 한은 민중의 좌절된 소망을 말합니다. 광주의 한은 광주만의 한이 아니라 온 국민, 전 세계 양심인의 한입니다. 광주의 한은 풀려야 합니다. (…) 광주의 한은 보복·복수로 푸는 것이 아닙니다. 민주회복과 조국통일이 되는 것이 광주의 한을 푸는 유일한 길입니다. 독재자는 용서할 수 있고 협력자도 용서할 수 있습니다. 그러나 독재정치는 결코 용서 못 합니다." 녹음연설을 들으며 10만 청중은 함성을 질렀다.

"그날 우리 집에 스티븐 솔라즈 미국 의원 부부가 방문했어요. 경찰이 전기를 끊어버리고 우리 집 주위를 전투경찰이 둘러싸고 있었지요. 솔라즈 의원은 귀국하면 한국의 실상을 미국 의회에 전하겠다고 하면서 우리를 위로했지요. 남편은 경찰의 방해로 4월 5일 대구지부 발족식에도 참석하지 못했어요."

15

# 야수 정권의 맨얼굴

## 부천서 성고문

대통령 직선제 개헌 추진 1000만 명 서명운동이 바람을 일으키자 대학교수들의 시국선언도 잇따랐다. 1986년 3월 28일 고려대 교수 28명이 시국선언을 하고 한신대·성균관대·방송대를 거쳐 5월 말까지 전국 대학교 29곳의 교수 785명이 대통령 직선제 개헌을 요구하는 시국선언을 발표했다. 대통령 전두환은 4월 30일 민정당 대표 노태우와 신민당 총재 이민우를 청와대로 불러 "여야가 국회에서 합의한다면 재임 중에도 헌법을 개정할 용의가 있다"고 밝혔다. 직선제 개헌 바람에 밀려 내놓은 양보였으나 거기에는 의원내각제로 헌법을 바꿔 민정당 정권을 연장하겠다는 계산이 깔려 있었다. 국민이 원하던 대통령 개헌과는 거리가 멀었다.

전두환의 양보는 야당과 재야의 갈등과 분리를 노린 것이기도 했다. 전두환과 이민우 회담에 이어 여야가 개헌 협상을 시작하자 재야와 학생운동 세력은 그런 움직임을 '보수대연합'으로 규정하고 신민당을 성토하고 나섰다. 5월 3일 열린 신민당 개헌추진 경기·인천지부 결성대회는 폭력으로 물들었다. 인천 시민회관 집회를 한 시간 앞두고 대학생·노동자 수만 명이 도로를 점거하고 시위를 벌이다 진압경찰과 대규모 충돌을 일으켰다. 신민당 총재 이민우, 신민당 상임고문 김영삼은 최루가스를 뒤집어쓰고 시민회관에 입장하지도 못한 채 몰려나왔다. 시위대는 반정부·반체제·반미 구호를 외치고 유인물을 뿌렸다. 이전의 부산·광주·대구 대회와는 양상이 전혀 달랐다. 인천 대회는 최루탄과 화염병이 어지럽게 오가는 중에 무산되고 말았다.

5·3인천사태는 신민당과 재야세력 양쪽에 모두 타격을 입혔다. 전두환 정권은 인천사태를 좌경용공세력의 폭력난동으로 규정하고 재야단체와 학생운동 탄압의 기회로 삼았다. 방송과 신문은 정권의 '보도지침'을 충실하게 따라 이날 시위의 폭력성을 최대한 부풀려 보도했다. 그 무렵 한국을 방문한 미국 국무장관 조지 슐츠는 텔레비전에 비친 폭력시위 장면을 보고 "대통령 직선제만이 민주주의라고 생각할 수 없다"고 말했다. 전두환 정권이 듣고 싶어 하던 말이었다. 공안당국은 5·3사태의 배후조종자로 민통련을 지목하고 민통련 간부와 학생운동·노동운동 지도자를 포함해 129명을 구속했다. 민통련 의장 문익환은 "민통련이 인천사태를 배후조종했다는 당국의 주장은 사실을 왜곡한 것"이라고 반발했다. 5공 정권은 5월 말 문익환도 구속했다.

5·3인천사태는 예상치 못한 또 다른 사건을 낳았다. 6월 4일 서울대 의류학과 4학년 학생 권인숙이 위장취업을 하려고 주민등록증을 위조했다는 혐의로 경기도 부천경찰서에 연행됐다. 권인숙은 5·3인천사태 관련 수배자들의 소재를 대라고 추궁당했다. 한 달 뒤인 7월 3일 권인숙은 자신을 조사한 형사 문귀동을 강제추행 혐의로 인천지검에 고소했다. 부천경찰서에 잡혀간 뒤 6월 6일과 7일 이틀 동안 성

고문을 당했다는 것이었다. 여성으로서 견딜 수 없는 치욕스러운 일이었지만 권인숙은 이 사실을 용기 있게 공개했다. 권인숙이 문귀동을 고소한 그날 검찰은 권인숙을 공문서변조·절도·문서파손 혐의로 구속했다. 이튿날에는 성고문 가해자인 문귀동이 피해자를 명예훼손 혐의로 인천지검에 고소했다.

7월 5일 권인숙의 변호인단 9명은 문귀동과 부천경찰서장을 포함해 관련 경찰관 6명을 독직·폭행·가혹행위 혐의로 고발했다. 문귀동은 다시 권인숙을 무고 혐의로 맞고소했다. 사건은 문귀동 개인의 문제를 넘어 정권의 반인륜성을 드러내는 사건으로 커졌다. 전두환 정권은 문귀동 비호에 총력을 기울였다. '부천서 성고문 사건'의 진상은 변호인단의 활동을 통해 세상에 널리 알려졌다. 담당 변호사 이상수는 그때의 상황을 이렇게 말했다. "그전부터 인천 5·3시위사태를 수사하면서 여자 구속자에게 성적 고문이 행해지고 있다는 말이 떠돌았고 구속자들로부터 실제로 당했다는 이야기를 듣기도 했으나 구속자들이 수치심 때문에 사건의 전모를 밝히기를 꺼리고 증거도 확보할 수 없어 유야무야되고 만 경우가 있었다. 그런데 권인숙 양은 처음부터 달랐다. (…) 권양을 직접 만나서 듣게 된 내용도 엄청났지만, 꼭 정확한 사실을 외부에 알려 다시는 자신과 같은 희생자가 생기지 않도록 해달라는 권양의 확고한 자세가 나를 놀라게 했다."

7월 16일 검찰은 '성 모욕 행위'는 없었다고 발표했다. 검찰은 한걸음 더 나아가 "운동권이 마침내 성까지 혁명 도구로 쓰고 있다"고 주장했다. 터무니없는 역공이었다. 이 사건은 5공화국 정권의 부도덕성에 더해 당시 언론의 부도덕성까지 드러내 보여주었다. 정권의 방패막이가 된 신문·방송은 인권·시민단체의 '성고문 사건'의 진상 폭로를 외면하고 정권의 보도지침에 따라 검찰의 주장만 크게 보도했다. 전두환 정권과 유착한 언론일수록 정도가 심했다.

〈조선일보〉의 지면은 목불인견의 수준이었다. 〈조선일보〉는 7월 17일치 사회면 머리기사를 검찰의 발표 그대로 "'성적 모욕' 없고 폭언·폭행만 했다"는 제목으로 보도했다. "'부천서 사건' 공안당국 분석'이라는 기사에서는 "급진세력의 투쟁전략·전술 일환…혁명 위해 성까지 도구화한 사건"이라는 검찰의 발표를 제목으로 뽑았다. 피해자 권인숙의 인권을 두 번 죽이는 지면의 테러였다. 당시 KNCC 인권위원회 보고서는 〈조선일보〉의 성고문 보도를 왜곡보도의 대표 사례로 뽑았다.

'부천서 성고문 사건'은 '야수 정권'을 향한 분노의 불길에 기름을 끼얹었다. 7월 19일 신민당·민추협·민통련과 여성단체·종교단체는 '성고문·용공조작 범국민폭로대회'를 열려고 했으나 경찰은 이 대회를 원천봉쇄했다. 이희호는 '부천서 성고문 사건' 소식을 듣고 분개했다. "권인숙 씨가 그렇게 당했다는 이야기를 듣고 같은 여성으로서 참을 수 없었어요. 어떻게 어린 여학생에게 그런 참혹한 짓을 저지를 수 있는지…. 그런 일을 당하고도 굽히지 않고 진실을 알린 권인숙 씨가 대단히 용기 있는 사람이라고 느껴졌지요." 권인숙은 1987년 옥중에서 여성단체연합이 주는 '올해의 여성상' 수상자로 뽑혔다. "권인숙 씨가 감옥에서 나온 뒤에 나를 찾아와서 만났어요. 그 뒤에 미국에 유학해서 여성학 박사학위를 받고 돌아왔는데, 여성학자로서 열심히 활동하는 것이 보기 좋았어요. 그래서 우리가 청와대에 있을 때도 만났고 동교동 집에서도 만났지요. 여성으로서 동지의식을 느꼈어요."

권인숙은 이듬해 4월 1년 6개월의 실형을 선고받았고 6월항쟁 뒤인 1987년 7월 8일 가석방됐다. 1988년 변호인단이 법원에 낸 재정신청이 받아들여져 문귀동은 사건 발생 3년 만인 1989년 징역 5년의 실형을 선고받았다.

'부천서 성고문 사건'에 이어 1986년 9월 '보도지침 사건'이 터졌다. 〈한국일보〉 기자 김주언이 1985년 10월부터 1986년 8월까지 문공부가 내려보낸 보도지침 584건을 모아, 해직기자들이 만든 민주언론운동협의회의 기관지 〈말〉에 전달한 것이 시작이었다. 〈말〉은 1986년 9월호 특집기사로 '보도지침' 실상을 낱낱이 폭로했다. 당시 전두환 정권은 청와대 정무비서실의 지휘 아래 문공부 홍보조정실을 통해 모든 언론사에 매일매일 '보도지침'을 내려보내고 있었다. 신문·방송은 전두환 정권의 일상적인 지시와 통제에 순응해 정권에 유리한 것은 키워서 보도하고 불리한 것은 죽였다. 공정보도는 사라지고 편파·왜곡 보도가 신문 지면과 방송 화면을 채웠다.

김주언이 전달한 '보도지침'에는 '부천서 성고문 사건'에 관한 지침도 들어 있었다. '성고문 보도지침'은 군사정권이 성고문 사건의 파급을 막으려고 얼마나 철저하게 언론을 통제했는지를 생생하게 보여주었다. 7월 10일치 보도지침은 "검찰에서 엄중 조사 중이므로 내주 초 사건 전모를 발표할 때까지 보도를 자제해줄 것"을 요구하고 "기사 제목에서 '성폭행 사건'이란 표현 대신 '부천서 사건'이라고 표현하기 바람"이라고 제목까지 정해주었다. 7월 11일치 보도지침은 "검찰 발표 때까지 관련된 모든 기사를 일체 보도하지 말 것"을 다시 요구하고 "부천 사건의 검찰 발표 시기에 관한 것이나 부천 사건 항의시위, 김대중의 부천 사건 언급 등 이와 관련된 일체를 보도하지 말 것"이라고 지시했다.

7월 15일치에서도 전두환 정권은 "오늘 기독교교회협의회 등 6개 단체에서 엄정 수사와 관련자 처벌을 촉구하는데 이 사실을 보도하지 말 것"이라고 지침을 내렸다. 검찰이 사건 조사 결과를 발표한 날에는 "1) 오늘 오후 4시 검찰이 발표한 조사 결과 내용만 보도할 것. 2) 사회면에 취급할 것. 3) 자료 중 '사건의 성격'에서 제목을 뽑아줄 것. (…) 5) 이 사건의 명칭을 '성추행'이라고 하지 말고 '성모욕 행위'로 할 것"을 지시했고 "발표 외에 독자적인 취재보도 내용은 불가"라고 못 박기도 했다. 이 지침을 그대로 따른 〈조선일보〉는 7월 18일 사설에서 "이 시점에서 수사권 밖의 사람이 진실이 어떠했는가를 가릴 능력도 없고 그럴 입장도 못 된다"고 방관하는 태도를 보였다. 전두환 정권에 밀착해 승승장구한 신문다웠다.

5공화국 선전부대 노릇은 방송이라고 덜하지 않았다. KBS와 MBC는 전두환 정권을 미화하고 민주화운동을 비방하는 보도를 끝없이 되풀이했다. 방송은 특히 저녁 9시 종이 울림과 동시에 대통령 전두환의 활동을 첫 꼭지에 보도하는 '땡전 뉴스'로 국민의 지탄을 받았다. 진실을 감추고 사실을 비트는 방송의 보도 태도는 '시청료 납부 거부 운동'을 불러일으켰다. 1986년 1월에는 '케이비에스-티브이 시청료 거부 기독교 범국민운동본부'가 발족했다.

1986년 9월 20일부터 10월 5일까지 아시안게임이 서울에서 열렸다. 한국 선수단은 중국보다 금메달 한 개가 적은 93개를 차지했다. 전두환은 아시안게임 결과에 흥분했고 신문과 방송은 전두환 정권 '치적' 홍보에 전파를 쏟아부었다. 아시안게임이 모든 정치 현안을 묻어버렸다. 9월 29일 신민당·민추협·재야운동단체가 공동으로 '시청료 거부 및 언론자유 공동대책위원회'를 결성했다. 시청료 거부 운동은 민주화운동의 하나로 국민들 사이에 번져나갔다.

1986년 10월 28일 건국대에서 전국 대학교 29곳의 학생 2000여 명이 모여 '전국 반외세 · 반독재 애국학생투쟁연합'(애학투련) 발족식을 열었다. 학생들이 미국 대통령 로널드 레이건의 화형식을 거행한 직후 학교 주변의 전투경찰 수천 명이 최루탄을 난사하며 밀려들었다. 학생들이 건물 안으로 피신하자 경찰은 학교를 봉쇄했다. 학생들은 '안전한 귀가를 보장하면 농성을 풀겠다'는 의견을 전달했지만 전두환 정권은 학생들의 요구를 묵살했다. 신문과 방송은 학생들을 '공산혁명 게릴라'로 묘사했다. 농성 나흘째 되던 10월 31일 경찰의 진압작전이 시작됐다. 경찰 8000명이 최루탄을 던지며 건물 안으로 밀려들었다. 소방차 30여 대가 최루액을 뿜어대고 공중에서는 헬리콥터가 최루탄을 쏘았다. 학생 1500여 명이 연행되고 1289명이 구속됐다. 단일 사건으로는 사상 유례가 없는 대규모 구속이었다. 11월 4일 검찰은 이 사건을 '공산혁명분자 건국대 점거 난동사건'으로 규정해 발표했다.

학생들의 건국대 점거농성이 벌어지던 중인 10월 30일 정부는 '북한 금강산댐 건설' 사건을 터뜨렸다. 금강산댐 건설은 일찍 예고된 일이었다. 북한은 그해 4월에 금강산에 수력발전소를 건설한다고 밝히고 10월 21일 착공식을 열었다. 전두환 정권은 건국대 진압 하루 전에야 이 사실을 발표했다. 금강산댐이 완공돼 북한이 물을 일시에 방류한다면 63빌딩이 절반 가까이 물에 잠길 것이라는 황당무계한 발표였다. 인간의 이성을 희롱하는 내용이었으나 정권의 홍보부대로 전락한 신문·방송은 이 발표를 아무런 검증도 없이 그대로 보도해 온 나라를 공포에 빠뜨렸다. 금강산댐 발표에 앞서 10월 14일 신민당 의원 유성환이 국회 대정부 질문에서 "우리나라의 국시는 반공보다는 통일이 되어야 한다"고 발언한 것을 문제로 삼는 일도 벌어졌다. 야당 탄압의 기회를 엿보던 전두환 정권은 유성환에게 '반국가단체 찬양 고무' 혐의를 씌웠고 민정당은 유성환 체포동의안을 날치기로 통과시켰다. 유성환은 17일 새벽 구속됐다.

그 무렵 동교동은 불안에 휩싸여 있었다. "10월 아시안게임이 끝난 뒤에 전두환 정권이 계엄령을 내리고 친위쿠데타를 일으킬지 모른다는 소문이 퍼졌어요. 남편을 체포해 다시 감옥에 보낼 것이라는 말들도 들렸지요." 당시 안기부장 특별보좌관이던 박철언은 훗날 회고록에서 당시 떠돌던 소문이 사실에 근거를 둔 것이었음을 알렸다. 박철언은 이렇게 기록했다. "11월 2일 장세동 부장이 또다시 전두환 대통령의 지침을 전달했다. 전 대통령의 구상은 11월 8일 토요일 저녁 11시에 비상국무회의를 소집하고, 자정을 기해 국회를 해산하고 계엄을 선포하면서 비상조치를 발표한다는 것이었다. 그리고 1987년 1월에 국민투표를 통해 새 헌법을 통과시킨 후, 1987년 2월경에 계엄은 해제하되 비상조치는 계속한다는 것이었다."

박철언은 전두환이 "비상조치를 내린 직후 김대중에게는 '군에서 죽이기로 했으니 정계에서 은퇴하지 않으면 수감하겠다'고 경고하도록 보안사령관에게 지시했다"는 말도 했다고 밝혔다. "그 소문들을 듣고 걱정이 많이 됐지요. 남편은 집에 있던 책을 골라 따로 쌓아놓고는 '감옥에 가게 되면 이 책들을 들여보내달라'고 했어요. 투옥될 각오를 하고 있었던 거지요.".

16

# 군부독재의 마지막 발호

## 4·13호헌

전두환 정권의 친위쿠데타 소문이 돌고 건국대 농성 학생들이 대거 구속되는 사태가 벌어지자 김대중은 1986년 11월 5일 중대 결심을 발표했다. '조건부 대통령 불출마 선언'이었다. 앞서 10월 20일 추기경 김수환은 로마에서 "1988년 전두환 대통령이 물러난 뒤 전 대통령과 그의 측근들이 어떤 형태로든 권력에 밀착하려는 욕심을 버려야 하며, 야당 인사 김대중·김영삼 씨도 대통령이 되겠다는 욕심을 포기해야 국가적 비극을 피할 수 있다"는 말을 했다. 정치권을 향해 결단을 요구하는 발언이었다.

김대중은 11월 5일 선언에서 "최근 휘몰아친 한파는 온 국민을 극도의 긴장과 불안 속에 떨게 하고 있다"며 이렇게 말했다. "특히 최근에 일어난 건국대학교 사태에서 오늘의 현실을 가져오는 데 아무 책임도 잘못도 없는 우리 젊은 자식들이 무더기로 희생되는 것을 볼 때, 또 앞으로 이러한 사태가 다시 일어날 수도 있는 현실을 감안할 때 나의 마음은 천 갈래 만 갈래로 찢어지는 심정이다. 이러한 미증유의 중대 국면에 처하여 나는 스스로를 희생하는 한이 있더라도 무언가 해결의 돌파구를 찾아보려고 애써 모색해왔다. 지난 10월 20일 로마에서 행한 김수환 추기경의 발언은 나에게 결단을 위한 귀중한 시사점을 제공해주었다."

김대중은 "현 난국을 수습하는 길은 국민의 절대다수가 원하는 대통령 중심의 직선제로의 개헌에 의한 조속한 민주화의 실현밖에 없다"고 강조하고 말을 이었다. "나는 전두환 정권이 민주세력에 대한 적대적 탄압과 파렴치한 재집권 음모를 즉각 중단할 것을 촉구한다. 아울러 전두환 정권은 전 국민의 엄숙한 명령인 민주화에 성의 있는 자세로 일대 전환을 단행해야 한다." 이어 김대중은 자신의 결심을 밝혔다. "나는 이제 여기서 대통령중심제 개헌을 전두환 정권이 수락한다면 비록 사면·복권되더라도 대통령 선거에 출마하지 않겠다는 나의 결심을 선언한다." 김대중은 마지막에 다시 한번 "대통령 중심 직선제 개헌을 위한 전두환 정권의 결단"을 요구했다.

김대중은 선언문을 집에서 작성했고 이희호는 선언문을 직접 자필로 정서했다. "남편은 그 문제로 한동안 고심을 했어요. 결국 조건부 불출마 선언을 하기로 결심했지요. 나는 남편의 결심을 담은 선언문을 8절지 종이에 또박또박 썼어요. 그 선언을 발표한 뒤 비상조치 예정일이었던 11월 8일 아무 일도 일어나지 않고 조용히 지나갔어요. 남편의 선언이 위기 국면에 전환점을 만들어냈던 거라고 봅니다."

김대중의 선언은 미처 예상치 못한 곳에서 화답을 불러왔다. 당시 서독을 방문하고 있던 김영삼이 내외신 기자회견에서 '김대중 씨의 복권이 이루어지면 차기 대선 후보를 양보하겠다'고 말한 것이다. 김영삼의 회견 내용은 국내 신문에 상세히 실렸다. 김영삼은 "김대중 씨의 선언을 어떻게 생각하는가?"라는 기자의 질문에 이렇게 답했다. "김대중 의장의 난국 수습을 위한 고심과 충정에서 나온 것으로 본다. 이 시점에서 현 정권은 대통령 직선제 개헌을 대담하게 결정하고 김 의장 사면·복권과 구속자 석방을 단행해야 한다. 김 의장이 망명에서 돌아온 뒤 나는 김 의장에게 '당신이 나이도 위이고 하니 사면·복권되면 대통령 후보로 지지하겠다'고 얘기했으며 지금도 그 생각엔 변함이 없다."

다시 기자가 "평소 두 사람 사이에 그런 이야기가 있었는가?" 하고 묻자 김영삼은 이렇게 대답했다. "이번과 같이 구체적인 얘기는 안 했지만 이런 일은 있었다. 지난해 나는 김대중 의장이 (미국에서) 돌아왔을 때 '나는 민주화될 때까지만이 아니라 그 이후까지도 당신과 협력하겠다. 투표로 경쟁하는 등 국민에게 걱정 끼칠 일은 하지 않겠다. 80년에는 그것을 구실로 해서 5·17이 일어났는데 이제 그런 구실도 주지 않겠다'고 얘기했다." 마지막으로 "김대중 씨가 끝내 나서지 않겠다면 김 의장이 나설 것인가?" 하는 질문에 김영삼은 다시 이렇게 말했다. "김 의장에게 '사면·복권되면 당신을 후보로 지지하겠나'고 말했다. 나는 김 의장과 똑같이 민주화만 된다면 모든 것을 희생해도 좋다고 생각한다." 김영삼은 앞서 1985년 3월 7일 신문 인터뷰에서 "1983년 단식투쟁을 통해 대통령을 하겠다는 생각을 완전히 버렸다"고 말했고 그 뒤로도 "마음을 비웠다"는 말을 여러 차례 했다.

1년 뒤 직선제 개헌이 이루어졌을 때 김대중과 김영삼은 대통령 선거에 동시에 출마했다. 김대중은 전두환 정권이 직선제 개헌 요구를 거부하고 호헌 조치를 했기 때문에 자신이 '조건부 불출마 선언' 약속을 어긴 것은 아니라고 해명했다. "남편과 김영삼 의장이 서로 화답하듯이 같은 이야기를 했는데, 뒤에 언론은 남편의 발언만 문제 삼았지요. '거짓말하는 정치인'이라고요. 남편을 비판할 수는 있지만 언론이 이중 잣대를 들이대서 한 사람은 감싸고 한 사람만 나무라는 것은 공정하지 못한 일이라고 생각합니다."

이듬해 1월 김대중은 노벨평화상 후보에 올랐다. '인권투쟁과 평화통일 노력'이 추천 이유였다. "뜻밖에 기쁜 소식이었어요. 서울 주재 독일 통신사 기자가 1월 30일 밤에 우리 집에 전화해서 알려주었어요. 빌리 브란트 전 서독 총리와 서독 사민당 의원 73명이 노벨평화상 후보로 남편을 추천했다고요. 다음날 조간신문에 조그맣게 기사가 났는데 축하전화를 많이 받았어요. 그 뒤로 남편은 해마다 노벨평화상 후보에 올랐지요."

1986년 12월 24일 신민당 총재 이민우가 돌연 기자회견을 열어 '선 민주화 후 의원내각제 협상'을 뼈대로 하는 '이민우 구상'을 발표했다. 지방자치제 실시, 언론자유 보장, 구속자 석방과 사면·복권을 비롯한 7개 항을 전두환 정권이 받아들인다면 의원내각제 개헌 협상을 검토할 수 있다는 것이었다. 민정당 대표 노태우는 송년간담회에서 이민우의 발언에 화답했다. 민주화 세력은 이민우의 발언을 독재정권과 타협하겠다는 뜻으로 받아들였다. 김대중은 12월 26일 "대통령 직선제 없이 7개 항만 있으면 민주주의가 된다는 것은 어림없는 소리"라고 '이민우 구상'을 비판했다. 해가 바뀐 뒤로도 정국은 '이민우 구상'으로 연일 시끄러웠다.

1987년 1월 7일 김대중과 김영삼은 함께 만나 '이민우 구상'에 반대한다고 밝혔다. 이민우는 당무를 거부하고 보좌관 한 명을 데리고 온양으로 내려갔다. 1월 10일에는 이철승을 비롯한 신민당 비주류 의원 9명이 민주연합을 결성하고 '이민우 구상'에 대한 지지 의사를 밝혔다. 이철승은 2월 19일 다시 의원내각제 개헌을 주장해 당내 파문을 일으켰다. 2월 21일 김대중은 김영삼과 만나 5월 전당대회에서 김영삼을 총재로 추대하기로 합의했다. 3월 6일 미국 국무장관 조지 슐츠가 서울에 와서 '이민우 구상'에 동조하는 듯한 발언을 했다. 또 이틀 전 3월 4일에는 미국 국무부 부차관보 윌리엄 클라크(William Clark)도 방한해 "어째서 내각제가 장기집권 음모인지 이해할 수 없다"는 말을 했다. 미국이 여야 타협을 원하고 있음을 내비친 것이었다. '이민우 구상'이 되살아났다.

클라크는 방한 중에 김대중을 방문하기도 했다. "클라크 부차관보가 동교동 우리 집을 찾아왔어요. 남편과 한동안 이야기했지요." 김대중은 클라크가 자신과 다른 생각을 하고 있다는 느낌을 받았다. 당내 분란이 계속되자 김대중과 김영삼은 4월 6일 민추협 사무실에서 만나 신민당 탈당과 신당 창당을 결정했다. 4월 8일 김대중과 김영삼은 신당 창당을 공식으로 선언했다. 신민당 의원 대다수가 탈당했다. 이민우는 정치 중심에서 한순간에 밀려났다.

앞서 1987년 새해에 들어와 전두환 정권의 잔악성을 알리는 또 다른 사건이 터졌다. '박종철 고문치사 사건'이었다. 1월 14일 서울대 언어학과 3학년 학생 박종철이 서울 남영동 치안본부 대공분실로 연행됐다. 수사관들은 수배 중이던 학교 선배 박종운의 소재를 대라고 추궁했다. 박종철이 모른다고 하자 수사관들은 박종철을 물이 가득 든 욕조에 처박았다. 10시간 동안 물고문과 전기고문이 되풀이됐다. 경찰은 고문받던 박종철이 숨을 쉬지 않자 인근 중앙대 용산병원 의사를 급히 불렀다. 의사가 응급처치를 시도했지만 박종철은 절명한 상태였다. 박종철의 죽음은 〈중앙일보〉가 1월 15일치 사회면에 '경찰에서 조사받던 대학생 쇼크사?'라는 제목의 2단 기사로 실음으로써 세상에 알려졌다.

박종철을 부검한 국립과학수사연구소 법의학 1과장 황적준은 사인을 심장마비로 해달라는 협박을 받았다. 경찰은 가족의 허락도 없이 벽제 화장터에서 피멍 든 주검을 화장했다. 박종철의 유골은 1월 16일 오전 임진강에 뿌려졌다. 아버지 박정기는 목 놓아 울었다. "종철아! 잘 가그래이. 아부지는 아무 할 말 없대이." 이희호는 신문에 실린 박종철의 사진을 보고 오열했다. "숨이 멎는 것 같았어요. 얼굴이 참 곱고 사슴처럼 눈망울이 선했는데, 고문해서 죽였다니 분노가 치솟아 참을 수 없었지요. 박종철 군 아버지 박정기 씨는 월수입 20만 원으로 아들을 가르쳤다는데, 그렇게 자식을 잃었으니 얼마나 한이 맺혔겠어요. 그분을 도와줄 길을 찾다가 구속자 가족들과 함께 기독교회관에서 만나 위로를 드렸지요. 그 후로도 그분을 여러 차례 만났어요."

사건이 일파만파로 커지자 1월 17일 치안본부 특수대가 수사에 들어갔다. 경찰은 박종철이 조사받다가 사망했다는 사실을 시인했으나 고문 사실은 숨기고 '책상을 탁 치니 억 하고 죽었다'고 해명했다. 경찰의 해명은 국민의 분노에 불을 질렀다. 경찰은 마지못해 1월 19일 물고문 사실을 시인하고 경찰관 두 사람을 고문치사 혐의로 구속한 뒤 사건을 서둘러 덮었다. 야당과 재야는 진상규명을 요구하며 농성을 벌이고 각계 인사 9000여 명으로 '박종철 군 국민추도회'를 꾸렸다. 3월 3일에는 49재에 맞춰 '고문추방 국민대행진'을 벌였다.

신민당을 탈당한 의원들이 새 야당을 만드는 작업을 일사천리로 진행하자 전두환 정권은 김대중을 따로 격리했다. 4월 10일 밤 마포

경찰서장이 찾아와 "오늘부터 외부인 출입을 금지한다"고 통보했다. 동교동 주변을 감시하던 경찰병력이 더 늘었다. 경찰 특수부대인 백골단 300명과 전투경찰 500명이 집 주위를 둘러쌌다. 집 앞 진입로 양편에 바리케이드를 치고 경찰버스 수십대로 모든 진입로를 봉쇄했다. 감시초소는 12곳으로 늘어났다. 안기부와 경찰은 이웃한 가옥 네 채에 들어앉아 24시간 집을 감시했다.

"남편은 창당발기인대회부터 창당대회까지 한 곳도 참석하지 못했어요. 통일민주당 창당을 막지 못할 거면 김대중이라도 고사시킨다는 전략을 쓰는 것 같았어요. 미국에서 돌아온 뒤로 54번째 연금이었는데, 그때 연금은 78일이나 계속됐어요. 우리는 집을 '동교동 교도소'라고 불렀지요. 남편은 매일 아침 정장을 입고 지하 서재로 출근했어요." 4월 11일 김영삼이 김대중을 만나러 동교동을 찾아왔다. 김대중과 김영삼은 담벼락을 사이에 두고 악수했다.

신민당을 탈당한 의원들은 4월 13일 통일민주당 발기인대회를 열고 김영삼을 총재로 추대했다. 이날 전두환은 특별담화에서 "1988년 서울올림픽이 끝날 때까지 국론을 분열시키는 개헌 논의를 중지할 것을 선언한다"고 발표했다. '4·13호헌조처'였다. 내각제 개헌을 하려다 틀어지자 '개헌 불가'라는 강경 태도로 되돌아간 것이었다. 전두환의 호헌 조처는 민주화 요구의 거센 물결을 막아보려는 몸부림이었다. 대학교수들이 시국성명을 발표하고 종교인들은 단식기도에 들어갔다. 문인들이 성명을 발표하고 농성을 벌였다.

4월 18일 미국 하원의원 스티븐 솔라즈가 동교동 집을 방문했다. 김대중은 솔라즈에게 "미국이 참으로 민주주의를 지지한다면 좀더 강력하고 공개적인 태도를 취해야 한다"며 "그렇게 하면 한국 국민들이 용기를 얻을 것이고 우리는 국민의 힘으로 민주주의를 성취할 것"이라고 말했다. "솔라즈 의원이 우리 집에 온 날 그 많던 경찰들이 모두 사라졌어요. 전투경찰도 안 보이고 진입로를 틀어막았던 경찰버스도 철수하고요. '독재정권은 미국 의회를 무서워한다'더니 사실인 것 같았어요. 솔라즈 의원이 돌아가자 다시 경찰이 집을 에워쌌지요." 미국으로 돌아간 솔라즈는 김대중 사면·복권 촉구 결의안을 내고 하원의원 101명의 서명을 받아 국무장관 조지 슐츠에게 김대중이 사면·복권되도록 노력하라고 압박했다.

통일민주당은 전두환 정권의 방해를 뚫고 창당 작업을 계속했다. 4월 중순에는 신민당 비주류세력 일부가 깡패들을 동원해 지구당 20여 곳에서 당원들을 폭행하고 난동을 부렸다. 이른바 '용팔이 사건'이었다. 사건의 배후에 안기부가 있었다. 5월 1일 통일민주당 창당대회가 열렸다. 예정대로 김영삼이 총재로 선출됐다. 김대중은 복권이 되지 않아 정당 활동을 할 수 없었다. 부총재로는 상도동계 박용만·김동영·최형우, 동교동계 이중재·노승환·이용희·양순직이 선출됐다.

통일민주당 창당은 대통령 직선제 개헌투쟁의 전열이 재정비됐음을 알리는 사건이었다. 이날 통일민주당은 전두환의 4·13호헌조처를 정면으로 거부하고 대통령 직선제 개헌을 요구했다. "창당대회가 열리던 날에 우리 집 주변에 전투경찰이 가장 많이 배치됐어요. 1500명이 신촌로터리에서부터 동교동로터리까지 포위했지요. 김영삼 총재가 창당대회를 마치고 당원들과 함께 우리 집으로 오려고 시도했는데 전투경찰에 막혀 결국 되돌아갔지요." 당원 800여 명은 신촌로터리 일대에서 "김대중 선생 불법감금 즉각 해제하라!", "독재타도!" 구호를 외치며 시위를 벌였다.

17

# “불법감금 해제하라”

## 6월항쟁

1987년 4월 이후 동교동의 김대중·이희호 집은 직계가족 외에 외부인은 아예 출입할 수 없었다. “우리는 우리 집을 ‘동교동 교도소’라고 불렀지요.” 동교동 비서들도 한번 집 밖으로 나가면 다시 들어오지 못했다. 김옥두와 남궁진 두 사람만 끝까지 동교동에 남았다. 5월 1일 통일민주당 창당대회가 열렸다. 동교동 집 밖 큰길에서 당원들의 시위가 벌어졌다. “사모님, 광목천 같은 것이 없을까요?” 김옥두가 이희호에게 물었다. “나는 낡은 이불 홑청을 뜯어서 주었어요. 그랬더니 김옥두 비서와 남궁진 비서가 집에 있던 사인펜을 모두 모아 커다랗게 글씨를 써서 플래카드를 만들었지요.”

김옥두와 남궁진은 ‘김대중 선생 불법감금 해제하라’고 쓴 플래카드를 들고 지붕 위로 올라갔다. 두 사람은 플래카드를 펼쳐 들고 태극기를 흔들며 “김대중 선생 불법감금 즉각 해제하라!”고 외쳤다. 밖에서 시위를 벌이는 동지들에게 응답하는 ‘지붕 위 시위’였다. 지붕

위 시위가 한 시간이 넘도록 계속되자 동교동 진입로 입구 초소에서 소형 스피커를 든 경찰이 경고방송을 했다. 빨리 내려오지 않으면 집시법 위반으로 체포하겠다는 것이었다. 이희호는 참지 못하고 대문 밖으로 나갔다. "무고한 사람을 집에 가둬 법을 어긴 사람이 누굽니까?" 이희호의 강력한 항의에 경찰은 경고방송을 중단했다.

김옥두와 남궁진의 지붕 위 시위는 일주일 남짓 이어졌다. "내외신 기자들이 인근 주택 옥상에 올라가 우리 집에서 벌이는 시위를 취재했어요. 그 사람들 중에 AP통신 사진기자가 있었는데, 우리 집에서 200미터쯤 떨어진 곳에서 망원렌즈로 시위 장면을 찍었어요. 그 사진이 전 세계로 퍼져 우리가 감금돼 있다는 사실을 알렸지요." 사람들이 매일 집 주위로 몰려들자 김대중과 이희호는 하루 서너 차례 장독대에 서서 담 너머 사람들에게 손을 흔들었다. "그때 담장을 사이에 두고 외신 기자들과 인터뷰를 하기도 했지요."

김대중과 이희호를 괴롭힌 것은 장기연금만이 아니었다. 도청과 감청도 계속됐다. "우리 집 주위 네 집에 진을 치고 있던 안기부 요원들이 고성능 기기로 우리가 하는 모든 대화를 엿듣는다는 사실을 알았어요. 그래서 집 안에서는 늘 라디오 볼륨을 높여놓고 살았어요. 그리고 중요한 이야기는 필담으로 했어요. 책받침만 한 판에다 글씨를 쓰고 지웠지요." 전화는 외부로 뚫린 거의 유일한 통로였다. "안기부가 도청하고 있었지만, 남편은 전화로 외부와 연락했어요. 외국 언론사 40여 곳과 인터뷰를 하고 우리의 민주화 투쟁을 알렸지요."

전화는 이희호와 김대중의 신경을 마모시키는 고문 도구이기도 했다. 장기연금 기간 중에 협박전화가 끊임없이 걸려왔다. 자정이 넘으면 전화벨이 더 자주 울렸다. "집을 폭파시키겠다느니 몰살하겠다느

1987년 5월 김옥두와 남궁진은 '김대중 선생 불법감금 해제하라'고 쓴
플래카드를 들고 지붕 위로 올라갔다.

니 하는 협박을 했지요. 〈전설의 고향〉에나 나올 것 같은 기분 나쁜 휘파람 소리를 틀어놓기도 했고요. 안기부에서 조직적으로 하는 일 같았어요. 또 새집에 에스컬레이터를 설치했다느니 지하에 현금 다발을 쌓아놓았다느니 하는 비방도 끝이 없었지요."

1987년 5월 18일 저녁 명동성당에서 5·18광주항쟁 7돌 추모미사가 열렸다. 추기경 김수환은 강론 중에 전두환 정권을 매섭게 질타했다. "민족의 가슴에 칼을 찔러 깊은 상처를 내고 피를 흘리게 한 그 어처구니없는 사람들은 스스로 민족 앞에 나서서 죄를 고백하고 속죄해야 합니다." 미사가 끝난 뒤 신부 김승훈이 단상에 올랐다. 김승훈은 천주교정의구현전국사제단의 이름으로 '박종철 군 고문치사 사건의 진상이 조작되었다'는 제목의 성명을 발표했다.

김승훈이 읽은 성명은 "박종철 군을 직접 고문하여 죽게 한 하수인은 따로 있다"고 폭로했다. "진짜 범인은 치안본부 대공수사 학원분과 1반 소속 경위 황정웅, 경장 반금곤, 경장 이정호이며 이 진범들은 현재도 경찰관 신분을 그대로 유지하고 있다." 성명은 고문치사 사건과 범인 조작 책임이 전두환 정권에 있다고 명시하고 사건 조작에 개입한 모든 사람을 처벌해야 한다고 주장했다. "차가운 날 한 뼘의 무덤조차 없이 언 강 눈바람 속으로 날려진 박종철 군의 영혼이 죽지 않고 살아남아 우리의 곁에 맴돌고 있는 가운데 고문 경찰의 핵심들은 복직되었고, 고문 살인자들은 이 땅에 버젓이 폭력경찰로 군림하고 있다. 거짓으로 점철된 이 땅, 박종철 군의 죽음마저 거짓으로 묻히게 할 수는 없기 때문에, 고문 범인들은 처벌되어야 하며 고문 진상은 밝혀져야 한다."

사제단의 폭로는 국민의 분노에 다시 불을 붙였다. 위기를 느낀 정부는 직접 고문을 한 경찰관 세 명을 구속하고, 범죄 축소 조작에 가담한 치안감 박처원을 비롯한 세 사람을 추가로 구속했다. 사태가 가라앉지 않자 전두환 정권은 5월 26일 국무총리 노신영, 안기부장 장세동, 내무부장관 정호용, 검찰총장 서동권을 경질했다. 사제단의 폭로는 범국민적인 민주화운동본부 결성으로 이어졌다. 5월 27일 서울 기독교회관에서 통일민주당·민추협·민통련과 종교계·여성계가 연합해 '민주헌법쟁취 국민운동본부' 발기인대회를 열었다. 2196명이 발기인으로 참여하고 김대중을 포함해 함석헌·문익환·김영삼·김지길·윤공희·강석주·홍남순이 고문으로 추대됐다.

이날 국민운동본부는 "민주화는 이 땅에서 그 어느 누구도 거역할 수 없는 도도한 역사의 대세가 되었다"라고 선언하고 "이제 우리는 호헌반대 민주화 운동을 하나의 큰 물결로 결집시키고 국민 속으로 확산시켜나가야 한다는 데 뜻을 모았다"고 밝혔다. 김대중은 이날도 연금 중이어서 현장에 참석하지 못했다. 국민운동본부는 민정당의 대통령 후보 선출일인 6월 10일 '박종철 군 고문살인조작 범국민규탄대회'를 열기로 했다. 국민운동본부 출범에 앞서 5월 8일 서울 지역 대학교 18곳의 대표자들이 연세대에 모여서 서대협(서울지역대학생대표자협의회)을 결성했다. 서대협은 산하에 '6·10총궐기위원회'를 두어 6·10대회를 준비했다.

6월 2일 전두환은 민정당 중앙집행위원회 간부들을 청와대 만찬에 초청해 민정당 대표 노태우를 민정당 대통령 후보로 지명하겠다고 발표했다. 노태우는 감격스럽게 말했다. "두려움으로 몸 둘 바를 모르겠습니다. 각하! 끝까지 지도해주십시오. 동지 여러분! 지도해주십시오." 6·10대회를 하루 앞두고 연세대에서 열린 궐기대회에서 연세대 2학년 학생 이한열이 직격 최루탄에 머리를 맞고 쓰러졌다. 이한열은 급히 세브란스병원으로 옮겨졌으나 뇌사상태에 빠졌다. 최루탄에 맞아 피를 흘리는 이한열을 동료 학생이 뒤에서 껴안고 일으키는 장면을 로이터통신 사진기자가 찍었다. 다음날 신문에 실린 사진은 사람들의 마음을 뒤흔들었다.

6월 10일 오전 10시 민정당은 서울 잠실체육관에서 전당대회를 열어 노태우를 대통령 후보로 선출했다. '체육관 대통령'을 뽑겠다는 것이었다. 이날 서울 성공회 대강당에서 '고문살인 은폐조작 규탄 및 민주헌법쟁취 범국민대회'가 열렸다. 참가자들은 옥외방송으로 "지금 이 시각 진행되고 있는 민정당의 대통령 후보 지명이 무효임을 선언한다"고 발표했다. 이날 전국 154곳에서 50여만 명이 거리로 쏟아져 나왔다. 대학생들은 출정식을 열고 "호헌철폐", "독재타도"를 외치며 도심으로 몰려들었다. 경찰은 이날 국민대회를 불법집회로 규정했지만 도심으로 밀려드는 분노의 불길을 막지 못했다. 평소 시위에 나서지 않던 직장인 '넥타이부대'까지 시위에 함께했다.

시위는 시민항쟁으로 번졌다. 경찰의 최루탄 난사로 도심의 도로는 최루가스에 휩싸였다. 경찰은 백골단이라고 불리는 사복체포조를 동원해 시위자 검거에 나섰다. 경찰에 쫓기던 학생 1000여 명은 명동성당으로 들어가 농성을 벌이기 시작했다. 정부가 명동성당에 경찰을 투입하려 하자 추기경 김수환이 경고했다. "그 사람들이 들어오면 제일 먼저 나를 보게 될 것이고, 나를 쓰러뜨려야 신부님들을 볼 것이고, 신부님들을 쓰러뜨려야 수녀님들을 볼 수 있을 것이다. 학생들은 그 다음에야 볼 수 있을 것이다." 학생들의 농성투쟁으로 명동성당은 6월항쟁의 상징으로 떠올랐다.

6월 13일 경찰은 국민운동본부 간부 13명을 체포해 구속했다. 한국의 시위 상황은 외국 언론의 관심을 불러일으켰다. 미국의 신문·방송도 6월항쟁을 연일 크게 보도했다. 미국 정부는 반정부 시위가 국민항쟁으로 번지자 전두환 정권의 폭력 대응에 제동을 걸기 시작했다. 주한 미국 대사 제임스 릴리는 6월 13일 외무부 장관 최광수를 방문해 경찰을 명동성당에 들여보낼 경우 전 세계의 비난이 쏟아질 것이라고 경고했다. 다음날 명동성당 앞을 가로막고 지키던 경찰이 철수했다. 농성 학생들은 무사히 성당을 빠져나왔다.

시위 규모는 걷잡을 수 없이 커졌다. 국민운동본부는 6월 18일을 '최루탄 추방의 날'로 선포했다. 그날 전국의 시위군중은 "한열이를 살려내라"고 외쳤다. 이한열은 4·19혁명의 도화선이 된 김주열과 같은 민주화운동의 상징으로 떠올랐다. 도심의 대형 빌딩에서는 직장인들이 두루마리 화장지를 꽃다발처럼 시위대를 향해 던졌다. 이날 전국에서 150만 명이 시위에 참여했다. 시민들의 마음에서 두려움이 사라졌다. 전두환 정권은 위기감 속으로 빨려들었다. 경찰력으로 시위를 막는 것이 한계에 부닥쳤음이 분명했다. 전두환은 군대를 동원해 일거에 상황을 제압할 계획을 세웠다.

"18일부터 불길한 이야기가 돌기 시작했지요. 계엄령이 선포된다는 소문이었어요. 동교동 우리 집으로 제보전화들이 계속 왔는데, 전두환 대통령이 친위 쿠데타를 일으켜 남편을 체포한다는 정보를 청와대에 파견 나가 있던 고위급 장교가 알려주기도 했지요. 우리는 수첩이랑 자료들을 비닐봉지에 쓸어 담았지요. 감시자들의 눈을 피해 꽃나무를 옮겨 심는 척하면서 그것들을 마당 화단에 묻었어요. 1980년 5월 17일 밤이 다시 오리라고 생각했지요. 그런데 어쩐 일인지 그날 군인들이 오지 않았어요."

전두환은 6월 19일 오전 10시 30분 청와대에서 안기부장·국방부장관·육군참모총장·보안사령관·수방사령관을 모아놓고 다음날 오전 4시까지 전투 병력을 투입하라는 지시를 내렸다. 그러고 나서 몇 시간 뒤 상황이 뒤집혔다. 그사이에 미국 대통령 로널드 레이건의 친서가 전두환에게 전달됐다. 그날의 상황을 제임스 릴리는 회고록에 자세히 기록했다. 레이건의 친서는 6월 17일 밤에 도착했으나 청와대는 접수를 피하다가 미국대사관의 강력한 항의를 받고서야 친서를 받겠다고 했다. 6월 19일 오후 2시에 릴리가 청와대를 방문해 전두환에게 레이건의 친서를 전달했다.

레이건의 친서에는 정치범을 석방하고 정치탄압을 중지하고 언론자유를 늘리기를 바란다는 내용이 외교적인 온건한 어투로 적혀 있었다. 레이건은 이 편지에서 평화적으로 정권이 이양되면 전두환의 미국 방문을 주선하겠다는 약속도 했다. 릴리는 편지를 전달하면서 편지의 말투보다 더 강경하고 직접적인 표현을 써서 전두환을 압박했다. 릴리는 회고록에 이렇게 썼다. "주한미군 사령관과 나는 무력을 사용하지 말라고 건의하기로 했다고 전 대통령에게 말했다. 만일 총리가 계엄령 선포가 임박했다고 발표한다면 한·미 동맹을 저해하는 행위가 될 수 있으며, 1980년 광주에서와 같은 불행한 사태의 재발을 자초하는 결과를 가져올지 모른다고까지 강하게 나갔다."

전두환은 의기소침한 표정으로 릴리의 이야기를 들었다. 릴리가 청와대를 떠나고 한 시간이 지난 오후 4시 30분 전두환은 병력 동원 지시를 철회했다. 레이건의 친서와 릴리의 압박이 효과를 낸 것이었다. 군대를 동원할 경우 또 다른 쿠데타가 벌어질지도 모른다는 측근들의 의견도 전두환의 결정에 영향을 준 것으로 알려졌다. 미국 국무부는 6월 22일에도 거듭 군 개입 반대 의견을 밝혔다. 6월 23일 한국을 방문한 미국 국무부 차관보 개스턴 시거(Gaston J. Sigur)도 전두환을 만나 군대를 동원하지 말라고 촉구했다. 시거는 23일 저녁 김대중이 연금돼 있는 동교동 집을 방문해 한 시간 동안 김대중과 이야기하며 의견을 들었다.

사태를 평화적으로 해결하려는 움직임이 빨라졌다. 6월 24일 전두환과 통일민주당 총재 김영삼이 청와대에서 회담했다. "회담을 앞두고 24일 아침 일찍 김영삼 총재가 우리 집을 방문해 남편과 만났어요. 그 2~3일 전부터 남편의 장기연금이 해제될 거라는 이야기가 나왔지요." 그날 집 밖에서는 민가협 회원들이 김대중의 연금에 항의해 전투경찰들과 몸싸움을 벌였다. 이날 밤 11시 추기경 김수환이 김대중에게 전화했다. “김 토마스, 아직도 안 풀렸습니까? 당신을 위해 기도를 많이 합니다.”

그러고 나서 11시 55분 마포서장이 찾아와 “오늘 밤 자정부터 연금을 해제한다”고 말하고 급히 돌아갔다. 이어 1000여 명의 경찰병력이 철수했다. 진입로에서 기다리던 내외신 기자, 민추협 회원, 통일민주당 당원, 일반 시민 수백 명이 대문으로 밀려들었다. 78일 동안의 연금에서 풀려난 김대중과 이희호는 몰려든 사람들 앞에 나와 인사했다. 김대중은 대통령 호헌조처 철회를 촉구하는 성명을 발표한 뒤 “국민의 힘으로 민주화를 이루는 것은 시간문제”라고 역설했다. “그런데 정부는 연금 해제 하루 만에 다시 남편을 연금시켰어요. 6월 26일 국민평화대행진에 참여하지 못하게 하려고 그런 거예요. 그래서 우리는 귀국 이후 2년 4개월 동안 결국 55차례나 집 안에 갇혀 있었지요.”

18

# 마침내 자유의 광장에 서다

## 이한열 장례식

1987년 6월 26일 민주헌법쟁취 국민운동본부가 주최한 '국민평화대행진'에는 전국에서 200만 명이 참가했다. 6월항쟁의 절정이었다. 6월 10일 이후 17일 동안 전국에서 시위가 2145건이나 벌어졌다. 경찰이 시민을 향해 쏜 최루탄은 35만 발에 이르렀다. 6월 29일 아침 민정당 대통령 후보 노태우는 기자회견을 열어 중대 발표를 했다. '6·29선언'이었다.

6·29선언은 온 나라를 흥분과 열광으로 몰아넣었다. 노태우는 이날 대통령 직선제 개헌, 김대중 사면·복권, 시국 관련 사범 석방을 포함한 8개 항목을 대통령에게 건의하는 형식으로 발표했다. 선언이 받아들여지지 않으면 대통령 후보는 물론이고 당 대표직을 포함한 모든 공직에서 물러나겠다는 말도 했다. 7월 1일 전두환은 특별담화를 발표해 노태우의 6·29선언을 수용하겠다고 밝혔다.

"노태우 대표의 선언을 듣고 정말 말로 할 수 없이 감격했어요. 이제 진짜 민주화가 이루어지겠구나 하고 생각했지요. 남편도 나에게 우리 국민의 위대함과 인간에 대한 경외심을 몇 번이나 말했어요. 우리는 오랫동안 갇혀 있었기 때문에 자유를 얻었다는 기쁨이 형언할 수 없을 정도로 컸지요. 6·29선언이 전두환 대통령과 노태우 후보가 미리 조율한 뒤에 발표한 것이라는 게 나중에 밝혀졌지만요." 국민은 6·29선언을 '항복선언'으로 받아들였다. 나라 곳곳의 맥줏집과 커피숍이 그날 하루 맥주와 커피를 무료로 제공함으로써 국민 승리를 자축했다.

6·29선언은 전두환이 각본을 쓰고 노태우가 주연으로 나선 잘 짜인 드라마였다. 국민의 저항에 밀린 전두환은 대통령 직선제 수용을 결심한 뒤 노태우에게 선언의 주역을 맡겼다. 6·29선언의 초안을 쓴 박철언은 후에 회고록에서 그때의 상황을 상세히 털어놓았다. "6월 23일 연희동에서 노 대표가 급히 보자고 했다. 단둘이 만났다. 어둡고 심각한 표정으로 노 대표가 말했다. '대통령이 '직선제' 하자고 하더라. 사태 수습을 위해 그 길밖에 없다고 하면서 난국 타개에 자신감을 잃은 듯하더라. 처음에는 반대 의견을 얘기했으나 결심이 강한 듯해서 오늘 일단 받아들이기로 했다. 하지만 그럴 경우에는 김대중을 사면 · 복권하고 구속자도 석방해야 한다고 내가 주장했다.'"

김대중과 이희호는 6·29선언으로 마침내 활동의 자유를 얻었다. 6월 30일 두 사람은 가장 먼저 신촌 세브란스병원을 찾았다. 최루탄에 맞아 뇌사상태에 빠진 이한열이 중환자실에 있었다. "남편과 나는 이한열 군 아버지를 만나 위로의 말씀을 드렸지요." 7월 4일에는 미국 독립기념일을 맞아 미국대사관에서 리셉션이 열렸다. 김대중·김영삼·김종필·노태우가 모두 참석했다. "그날 남편과 함께 갔어요. 제임스 릴리 대사가 우리를 반갑게 맞이하더니 '《김대중 옥중서신》

잘 읽었습니다' 하고 조용히 말하던 게 기억납니다."

7월 5일 이한열이 끝내 숨을 거두었다. 7월 9일 오전 연세대에서 '애국학생 이한열 열사 민주국민장'이 열렸다. 장례식은 민주주의의 나무에 피를 뿌린 스물한 살 젊은이를 떠나보내는 엄숙한 제의이자 6월항쟁 승리를 확인하는 거국적 예식이었다. 학생·시민·정치인·재야인사 10만여 명이 연세대 교정을 가득 메웠다. "그날 남편은 아침 일찍 연세대로 가고, 나도 집안일을 마치고 뒤따라 연세대로 향했지요."

수없이 많은 만장이 7월의 하늘에 드리웠다. 추도사 마지막 순서로 전날 진주교도소에서 출감한 문익환이 연단에 올랐다. 문익환은 민주주의의 제단에 목숨을 바친 젊은이 26명의 이름을 한 사람씩 목 놓아 불렀다. "전태일 열사여! 김상진 열사여! 김종태 열사여! 김세진 열사여! 이재호 열사여! 박종철 열사여! 이한열 열사여!" 시민들의 흐느낌 속에서 이한열의 어머니 배은심이 연단에 올랐다. 아들을 잃은 배은심은 절규했다. "이제 다 풀고 가거라. 엄마가 갚을란다. 한열아! 한열아! 가자, 우리 광주로!" 천지가 오열하는 듯 교정은 눈물의 바다가 됐다. 서울대 교수 이애주가 연세대 교문 앞에서 망자를 떠나보내는 살풀이춤을 추었다. 대숲 같은 만장을 거느린 장례행렬은 연세대 교정을 나와 서울시청 앞 광장으로 향했다.

신촌 로터리에서 노제를 지낼 때 30만 명으로 불어난 행렬은 서울시청 앞에 이르자 100만여 명에 이르렀다. "그날 우리는 1980년 5월 이후 처음으로 광장에 나섰지요. 남편은 김영삼 총재, 문익환 목사와 나란히 걷고, 나는 이태영 선생님과 함께 걸었지요. 민가협 회원들이 머리에 삼베 수건을 쓰고 우리와 함께했는데, 나도 삼베 수건을 머리에 썼어요. 남편은 지팡이를 짚고 걸었고, 나도 관절염이 다 낫지 않왔지만 한 시간 넘게 시청까지 걸어서 갔지요."

장례 행렬은 끝이 보이지 않았다. 행렬의 머리가 시청에 도달했을 때도 행렬의 끝은 연세대 교정을 다 빠져나오지 못했다. 행진 중간에 정부가 김대중·문익환·예춘호·김상현·백기완을 포함해 2335명의 사면·복권을 발표했다는 뉴스가 나왔다. 김대중의 발목을 죄고 있던 마지막 족쇄가 풀렸다. 1987년 6월항쟁은 박종철의 죽음에서 시작돼 이한열의 죽음으로 끝났다. 박종철은 6월항쟁의 불씨를 던졌고, 이한열은 항쟁의 불길을 키웠다. 박종철은 부산에서 태어나 자란 영남의 아들이었고, 이한열은 광주가 길러낸 호남의 아들이었다. 박종철은 모란공원 민주열사 묘역에 잠들었고, 이한열은 광주 망월동 5·18 묘역에 묻혔다.

이한열 장례식의 선두에 선 민가협 회원들은 이희호와 오래 동고동락한 동지들이었다. 민가협은 1974년 민청학련 사건으로 결성된 구속자가족협의회가 모태였다. 자식들을 감옥에 빼앗긴 어머니들이 중심이었다. 구속자가족협의회는 1976년 3·1민주구국선언 사건 구속자 가족들이 더해져 양심수가족협의회가 됐고, 1985년 대학생 구속자들이 크게 늘어나자 민가협으로 확대됐다. 전두환 정권 아래서 분신·투신하는 젊은이가 늘어나자 1986년 8월에 민가협 안에 유가협(전국민족민주유가족협의회)이 따로 만들어졌다. 유가협 중심에 전태일의 어머니 이소선, 박종철의 아버지 박정기, 이한열의 어머니 배은심이 있었다.

"민가협·유가협 회원들이 동교동 우리 집을 자주 찾아왔지요. 나도 남편이랑 자식을 감옥에 빼앗겨봤기 때문에 그분들의 마음을 잘 이해할 수 있었어요. 그래서 찾아오면 이야기도 같이하고 점심도 같이 먹고, 하소연도 들어주고 도울 일을 찾아서 돕기도 했지요. 이한열 군 어머니도 자주 찾아오셨고요." 이희호는 뒤에 유가협 회원들이 쉴 집을 마련하는 데 도움을 주기도 했다. "유가족이 자꾸 늘어나니까 전국에 계신 분들이 서울에 왔을 때 머물 곳이 필요했어요. 우리 집은 너무 좁아서 수십 명씩 오면 앉을 곳도 마땅치 않았고요. 그래서 유가협 회원들이 독지가들의 글씨와 그림을 받아서 서화전을 열겠다면서 우리를 찾아왔을 때, 내 글씨를 여러 점 내드렸어요. 그 서화전에서 모금한 돈으로 1989년에 종로구 창신동에 작은 한옥을 마련했지요. 그때부터 그분들이 거기서 쉴 수 있게 됐어요."

이희호는 1987년 7월부터 일지를 쓰기 시작했다. "그동안은 압수수색이 무서워 기록을 하지 않았어요. 6·29선언 이후로 자유를 얻게 돼 일지를 다시 쓰기 시작했지요."

6월항쟁의 승리는 사회 곳곳에 자유의 공기를 불어넣었다. 1987년 7월과 8월엔 '노동자 대투쟁'이 벌어졌다. 한국 경제는 1985년 가을부터 '3저'(달러·국제금리·원유가 하락)에 따른 호황을 누렸다. '단군 이래 최대 호황'이라는 말이 나올 정도의 고성장이었지만 정권의 노동자 탄압으로 성장의 과실은 대기업과 특권층에게 돌아갔다. 이해 여름 억눌렸던 힘이 일거에 분출했다. 7월부터 석 달 동안 3000건이 넘는 파업이 벌어졌고 노동조합이 우후죽순으로 생겨났다. 1987년 6월 2752곳이던 단위노조가 그해 12월에는 4086곳으로 늘었고 이듬해에는 6142곳이 됐다. 노동자 대투쟁의 열기를 타고 노동자들이 사회 변화의 주체 세력 가운데 하나로 등장했다.

6월항쟁은 전국 규모의 대학생조직도 탄생시켰다. 1987년 5월 서대협을 결성한 대학생들은 이해 8월 19일 충남대에서 제1기 전국대

학생대표자협의회(전대협)를 발족시켰다. 전국의 대학 95곳이 참여했다. 전대협은 출범 선언문에서 '외세배격과 독재종식을 통한 자주적 민간정부 수립, 조국의 자주적 평화통일 기여, 민중이 주인 되는 세상을 위한 연대, 학문·사상의 자유 쟁취'를 목표로 내걸었다. 대학교수들도 조직화에 나섰다. 6월 26일 대학민주화와 사회민주화에 앞장설 것을 다짐하며 '민주화를 위한 전국교수협의회'(민교협)가 출범했다. 전국 대학교 42곳에서 664명의 교수들이 창립회원으로 참여했다. 또 9월 17일에는 유신독재 시절에 문인들의 저항운동 속에서 탄생한 자유실천문인협의회가 조직을 재편해 민족문학작가회의로 다시 태어났다.

자유의 바람은 언론계에도 불어닥쳐 언론악법을 차례로 제거했다. 문공부 장관 이웅희는 7월 14일 언론활동의 자유를 옥죄던 '언론기본법'을 폐지하겠다고 발표했다. 10월에는 기독교방송(CBS)의 보도기능이 부활했다. 11월 11일 국회는 언론기본법을 폐지했다. 보도지침을 만들어온 문공부 홍보조정실도 사라졌다. 민주노조운동은 언론사에도 바람을 일으켜 신문·방송사마다 노동조합이 들어섰다. 그러나 5공화국과 유착해 몸집을 불려온 거대 신문·방송들의 편파·왜곡보도는 사라지지 않았고, 대통령 선거를 앞두고는 더욱 기승을 부렸다. 독재 아래서 만들어진 '기울어진 언론 운동장'은 6월항쟁 뒤에도 기울어진 모습 그대로였다.

김대중은 8월 8일 통일민주당에 입당해 고문으로 취임했다. 9월 8일 이희호와 김대중은 광주행 새마을호에 몸을 실었다. "남편과 나는 광주를 7월 말에 방문하려고 했는데 수해가 많이 나 9월로 미루었어요. 광주항쟁 때 목숨을 잃은 분들을 참배하는 것이 가장 급한 일이라고 생각했지요." 광주 방문은 1971년 이후 16년 만의 일이었다. "기차가 대전을 지날 무렵부터 역마다 사람들이 모여 태극기를 흔들면서 우리를 환호했어요. 광주에 도착하니 광주역 광장에 사람들이 가득 차 있었어요. 숨이 막힐 정도로 엄청난 인파가 대합실 지붕까지 점령했지요."

김대중과 이희호 일행은 망월동 5·18묘역으로 향했다. 시민 수만 명이 망월동을 메웠다. "남편은 망월동 묘역에서 5·18 유가족과 부상자들을 끌어안고 통곡했지요. '계엄군 물러가라', '김대중 석방하라'고 외치다가 그렇게 많은 사람들이 죽어갔잖아요. 그분들을 보니 눈물이 그치지 않았지요." 김대중은 이희호와 함께 분향하고 묵념한 뒤 추도사를 읽었다. "영령들이여! 김대중이가 여기 왔습니다. 꼭 죽게 되었던 내가 하느님과 여러분의 가호로 죽지 않고 살아서 7년 만에 망월동의 여러분 앞에 섰습니다. 광주! 무등산! 망월동! 감옥에서, 이국땅에서, 그리고 서울의 하늘 아래서 얼마나 나의 피눈물을 짜내고 떨리게 한 이름들이었던가! 그토록 그립고 그토록 외경스럽던 광주와 무등산과 망월동에 오니 어머니의 품에 안긴 안도감과 준엄한 심판자 앞에 선 것 같은 두려움을 아울러 느끼지 않을 수 없습니다."

김대중은 추도사를 읽는 중에도 몇 번이나 통곡했다. 망월동에 모인 사람들도 함께 울었다. "그날, 금남로에 타오르던 민족의 함성은 국민이 참다운 나라의 주인이 되어야 한다는 역사의 결연한 자기주장이었습니다. 20만 동학군의 죽창이 눈사태처럼 무너진 우금치 고갯마루를 지나, 3·1절의 함성과 6·10만세의 함성, 광주 애국학생의 불타는 외침이 산하에 메아리치던 모진 식민의 세월을 넘어서, 억압과 불의에 항거하여 민족의 정기를 바로 세웠던 4·19와 부마의거의

1987년 9월 김대중과 이희호는 16년 만에 광주를 찾았다.
망월동 5·18묘역에서 눈물을 흘리고 있는 김대중.

숭고한 정신으로 이어져 내려온, 민족·민주·민중의 천지를 뒤흔든 함성이었습니다. 광주의 영령들이시여! 여러분은 죽어서 다시 살게 된 것입니다. 여러분의 의거는 일월같이 빛나고, 여러분이 흘린 피는 역사와 더불어 영원할 것입니다."

김대중은 6월 민주항쟁이 광주항쟁의 정신을 이어받아 이룬 승리라고 말했다. 추도사는 죽은 자들을 거듭 불렀다. "광주는 민주주의의 본고장이 될 것이며 무등산은 민주와 통일을 밝히는 민족의 영봉이 될 것입니다. 광주 영령 여러분이 잠든 망월동의 이 초라한 공동묘역은 민족의 성지가 될 것입니다. 한라에서 백두까지 평화와 자유와 민주의 찬가가 울려 퍼지는 그날, 광주는 구원의 상징으로 영원한 별빛이 되어 민족의 앞길을 인도할 것입니다." 김대중은 오열 속에 추도사를 끝냈다. 망월동에 모인 수많은 사람들은 〈오월의 노래〉와 〈임을 위한 행진곡〉을 불렀다.

"망월동 참배를 마치고 우리 일행은 천주교 광주교구청을 방문한 뒤 금남로로 갔어요. 금남로 입구에서부터 도청 앞 광장까지 1.5톤 트럭을 개조한 무개차를 타고 갔는데 너무나 많은 사람들이 나와 함성을 질렀지요." 70만 명을 헤아리는 시민들이 김대중의 이름을 불렀다. 6차선 도로는 인해의 물결로 넘실거렸다. 이튿날 이희호와 김대중은 목포와 하의도를 방문했다. 목포에서도 환영 인파가 끝없이 밀려들었다. 김대중과 이희호는 하의도에 도착해 선친의 묘소를 찾아 절을 올렸다. "남편이 고향 하의도를 방문한 것은 28년 만이었어요. 1974년에 시아버지가 돌아가셨을 때도 유신정권이 남편을 집 안에 가두어서 갈 수 없었지요."

제5부

# 광장의 시련

1

# 두 번째 대통령 선거
## 13대 대선

1987년 가을 13대 대통령 선거를 앞두고 야당의 후보단일화 협상이 본격화했다. "남편은 처음에는 단일화가 어렵지 않게 이루어질 거라고 생각했어요. 전해 김영삼 총재가 남편을 대통령 후보로 밀겠다고 기자회견에서 밝혔기 때문에 그렇게 될 것으로 보았지요. 그런데 김영삼 총재가 6·29선언 뒤에 자신이 대통령 후보를 하겠다고 했어요." 김영삼은 선해 11월 5일의 '김대중 불출마 선언'을 거론하며 약속을 지키라고 했다. 김대중은 전두환의 4·13호헌조처로 조건부 불출마 선언이 무효가 됐다고 맞섰다.

두 사람 사이의 줄다리기가 계속됐다. 서로 양보할 뜻이 없으니 경선을 통한 후보 결정이 남은 방책이었다. "남편은 오랫동안 망명생활과 연금생활을 하고 사면·복권이 되지 않아 통일민주당 내부 기반이 취약했어요. 경선을 하려면 공정경쟁의 꼴을 갖춰야 한다고 생각했지요." 김대중은 그때까지 창설이 안 된 지구당 36곳의 조직책 임명권을 달라고 요구하고 전당대회에서 후보를 뽑자고 제안했다. 김영삼은 김대중의 제안을 거절했다. 김대중은 다시 텔레비전 토론이나 전국 공동유세를 해서 국민적 지지가 높은 사람을 후보로 세우자는 타협안을 냈다. 김영삼은 이 제안도 받아들이지 않았다. 마지막으로 〈동아일보〉 대표이사 김병관이 중재를 서서 대통령 후보와 당 총재를 놓고 김영삼이 먼저 선택하게 하자는 안을 김대중에게 제시했다. 김대중은 이 제안을 수락했으나 김영삼은 이 방안도 받아들이지 않았다.

9월 29일 김대중과 김영삼은 외교구락부에서 만나 후보단일화 협상을 벌였으나 아무런 결론도 내지 못했다. 그 뒤로도 동교동과 상도동의 단일화 협상이 이어졌지만 양쪽의 주장은 평행선만 달렸다. 상도동 쪽은 '군부가 김대중을 비토한다'는 이유를 들어 김대중의 양보를 요구했고, 동교동은 '김영삼의 무능'을 문제 삼았다. "김영삼 총재 쪽에서는 군부가 남편을 빨갱이라고 하며 거부하니 후보가 되면 안 된다고 했어요. 그런 말을 듣고 남편은 몹시 속상해했어요. 빨갱이라는 말은 독재정권이나 하던 말이잖아요." 상도동 쪽에서는 지역감정 논리도 내놓았다. '김대중이 양보하고 김영삼이 후보가 되면 전라도 사람들은 김영삼에게 투표하지만 김영삼이 양보해 김대중이 후보가 되면 경상도 사람들이 안 찍는다'는 것이었다.

양쪽이 접점을 찾지 못하자 재야의 중심인 민통련이 중재에 나섰다. 민통련은 김대중과 김영삼을 각각 초청해 10월 5일 정책세미나를 열었다. 대통령 후보의 자질을 검증하는 청문회였다. 7~8월 노동자 대투쟁을 어떻게 보는지, 노동자·농민에 대한 정책 대안이 무엇인지, 언론·출판·집회의 자유를 비롯한 기본권 문제를 어떻게 이해하는지, 자주적 평화통일의 방안이 있는지 같은 질문들이 제시됐다.

김대중은 자신의 견해를 구체적이고 상세하게 밝혔다. 김영삼의 답변은 원론에 머물렀고 몇몇 질문에는 민통련과 다른 견해를 보였다.

10월 13일 민통련은 내부의 격렬한 논의를 거쳐 29 대 2로 김대중을 야당 단일후보로 추천하기로 결의했다. 민통련은 결의문에서 이렇게 밝혔다. "민통련은 지난 9월 초 이래 가능한 모든 통로를 활용하여 두 지도자의 양보를 촉구했으나 그들이 자신의 출마의 타당성을 주장함에 따라, 의장단의 직접 접촉과 두 김씨 초청 세미나를 통해 정책과 이념의 차이를 확인한 끝에 12일 오후 22개 가맹단체의 대표를 포함한 중앙위원회에서 진지한 논의를 거쳐 김대중 고문을 범국민적 대통령 후보로 추천하기로 결의했다." 민통련은 김영삼의 양보도 요구했다. "두 지도자가 희생적 양보를 통해 후보단일화를 이루는 것이 이상적이라고 보지만, 이것이 불가능할 경우 김영삼 총재가 살신성인의 희생정신으로 김대중 고문의 손을 잡으면서 망국적인 지역감정을 해소하고 이번 선거에서 범국민적 후보가 압승하여 군사독재를 끝장내는 데 협력할 것을 촉구한다."

"민통련의 결의가 있고 열흘쯤 지난 뒤에 김영삼 총재가 비상당 시구당 조직책 임명권 요구를 수용하겠다고 발표했어요. 그런데 남편은 선거 일정상 너무 시기가 늦어졌다고 보았어요. 그래서 두 사람이 직접 전국을 돌며 국민의 뜻을 물어보는 방안을 제시했지요. 상도동 쪽에서 이 제의를 받아들이지 않았어요." 그 무렵 동교동은 김대중의 지지세가 확산되는 데 고무돼 있었다. "대학교 여러 곳에서 모의투표를 했는데 매번 남편의 지지율이 압도적으로 높게 나왔어요. 또 당시 선거법상 여론조사를 발표할 수 없었는데, 신문사마다 여론조사 한 걸 입수해서 보면 우리 쪽이 김영삼 총재보다 훨씬 더 높게 나왔어요. 그래서 우리 쪽으로 단일화가 이루어지는 것이 옳다고 생각했지요."

10월 28일 김영삼은 13대 대통령 선거 출마를 선언했다. 이틀 뒤인 10월 30일 김대중도 대통령 선거에 나서겠다고 밝혔다. "그 무렵 남편을 지지하는 재야인사들이 수유리 안병무 박사 댁에 모였어요. 거기서 남편과 함께 신당 창당을 결정했지요. 또 당명을 놓고 오래 논의한 끝에 평화민주당으로 하기로 했어요." 김대중과 지지자들은 통일민주당을 탈당해 평화민주당을 창당했다. 11월 12일 전당대회에서 김대중은 총재로 취임함과 동시에 대통령 후보로 추대됐다. 김대중은 후보 수락 연설에서 '완전한 군정종식, 민중 생존권 보장, 남북의 평화통일, 광주항쟁 진상규명'을 공약으로 내놓았다. 13대 대통령 선거는 평화민주당 김대중, 통일민주당 김영삼, 신민주공화당 김종필, 민주정의당 노태우가 각축하는 4파전이 됐으며, 재야 후보로 백기완이 나섰다.

김대중의 선거운동이 본격화하자 이희호도 선거 지원 유세에 뛰어들었다. "1971년 대통령 선거 때처럼 나도 따로 팀을 꾸려서 다녔어요. 여성모임이나 교회를 찾아가기도 했고, 남편이 가기 어려운 지역을 돌았어요. 제주·대전·광주·강원·경기·서울의 각 지역을 다녔지요. 그때 민가협 회원들이 우리를 헌신적으로 도와주셨어요. 투표 하루 전에는 통일민주당에서 '김대중 후보 사퇴'라는 전단을 뿌렸는데, 민가협 어머니들이 이 전단을 들고 항의하러 갔다가 청년 당원들에게 맞기도 했지요."

이희호는 김대중과 같은 날 같은 곳에서 연설하기도 했다. "11월 23일 유세단과 함께 서산에서 지원유세를 했어요. 내가 초등학교를 다닌 제2의 고향이었는데, 거기에 도착해보니 남편이 나보다 먼저

대통령 선거 지원 유세에 뛰어든 이희호는
여느 정치인 못지않은 호소력으로 청중을 사로잡았다.
사진은 1987년 11월 경기도 과천에서 한 연설 장면이다.

유세를 하고 홍성으로 막 떠난 뒤였어요." 이희호의 이날 연설은 〈한국일보〉에 이렇게 보도됐다. "이희호 여사는 10여 분간 남편의 지지를 호소하는 찬조연설을 했다. 청중을 사로잡는 호소력이 있었다. 웬만한 정치 연설꾼 실력을 웃돌아 부창부수라는 중평을 받았다."

김대중이 텔레비전 연설 녹화로 일정에 차질이 빚어지자 이희호가 김대중 대신 찾아가는 곳이 늘었다. 이희호는 12월 5일 토요일의 활동을 일지에 이렇게 적었다. "오전 7시 30분 힐튼호텔 조찬, 11시 영등포 지구당사 신길 삼거리 유세, 11시 30분 영등포시장 방문과 오찬, 오후 1시 30분 동대문운동장 유세, 3시 상왕십리 전철역 거리유세, 3시 30분 성동 무학초등학교 운동장 유세, 5시 선거대책회의."

유세를 하다 보면 일정이 뒤로 밀리기 일쑤였다. "하루 일정이 자정 넘어서야 끝나는 경우가 많았어요. 다음날에도 새벽 5시에 일어나서 나갔지요."

11월 29일 김대중은 여의도 광장에서 유세를 했다. 노태우도 12월 2일, 김영삼은 12월 5일 여의도 광장에서 유세 대결을 벌였다. 김대중의 여의도 광장 연설에는 130만 명이 몰렸다. 군중이 여의도 양끝을 채우고 한강 둔치까지 넘쳐났다. 바로 그날 예기치 못한 사건이 일어났다. 이라크 바그다드를 출발해 아부다비를 경유한 대한항공 858편 보잉 707 비행기가 11월 29일 오후 2시 5분 미얀마 근해 상공에서 폭발해 탑승자 전원이 실종됐다. 이 비행기에는 중동에서 귀국하던 한국인 근로자 93명과 승무원 20명을 포함해 115명이 타고 있었다.

정부는 이 사건이 '88서울올림픽' 참가신청을 방해하려는 북한의 소행이라고 발표했다. 폭파범으로 지목된 김현희는 대통령 선거 하루 전날 서울로 압송됐다. 대한항공기 폭파 사건은 대통령 선거에 막대한 영향을 끼쳤다. 전두환 정권은 이 사건을 국민의 안보불안을 부추기는 데 최대한 이용했다. 20년 뒤인 2006년 과거사진실위원회가 국가정보원(안기부) 조사에서 '무지개공작'이라는 문건을 밝혀냈다. 1987년 12월 2일 작성된 이 문건은 "국민의 대북 경각심과 안보의식을 고취함으로써 가능한 한 '대선 사업 환경'을 유리하게 조성한다"고 명시해, 정권 차원에서 이 사건을 대통령 선거에 활용했음이 드러났다.

1987년 13대 대통령 선거에서 5공화국 정권은 지역감정과 안보불안을 극도로 부추기고 이용했다. 노태우 진영은 '야당이 집권하면 나라가 떠내려간다'고 주장했다. 군부는 대놓고 김대중을 공격했다. '김대중이 당선되면 군이 어떻게 나올지 모른다'고 협박하기도 했다. 〈워싱턴포스트〉 기자 돈 오버도퍼는 그 무렵 김대중을 인터뷰한 상황을 이렇게 기록했다. "필자가 김대중의 자택을 찾아가기 며칠 전 박희도 육군참모총장은 김대중의 대통령 출마에 반대한다는 군부의 의견을 공개적으로 선언했다. 따라서 김대중이 선거에서 승리한다 해도 군 지도부가 그를 대통령으로 용납할 것인가에 대한 우려감이 팽배했으며 군부에서 김대중 암살을 기도할지 모른다고 생각하는 사람들도 적지 않았다. 김대중은 '그런 위협에 굴복하지 않을 것'이라고 말했다."

지역감정 조장도 기승을 부렸다. 11월 1일 김대중이 부산 수영만 유세를 마치고 숙소인 국제호텔에 머물고 있을 때 건장한 남자 300여 명이 몰려와 호텔 현관을 부수고 난동을 부렸다. 난동꾼들은 "김영삼을 청와대로!"라고 외치며 김대중 수행원들을 폭행했다. 15명이 다치고 차량 10여 대가 부서졌다. 11월 15일 대구 두류공원에서 열린 '군부독재 종식과 지역감정 해소를 위한 영호남 결의대회'에서도 폭력사태가 벌어졌다. 연사로 나온 문익환이 "지역감정은 한겨레의 수치"라고 외쳤지만 군중 사이에서 욕설과 고함이 터지고 돌멩이가 날아왔다. 이어 등단한 김대중에게도 돌멩이가 날아들었다. 김대중은 끝까지 연설을 했다. 11월 14일에는 광주에 간 김영삼이 군중 속에서 날아든 돌멩이를 피해 유세 도중 내려가기도 했다. 11월 29일 노태우의 광주 유세도 폭력사태로 10분 만에 중단됐다. 영호남 지역감정 대결이 격해질수록 이득을 보는 것은 노태우 진영이었다. 정권 차원의 지역감정 조장 프로그램이 가동되고 있음이 분명했다.

언론의 편파·왜곡 보도는 대통령 선거일이 다가올수록 강도를 더했다. 텔레비전은 유세장의 폭력사태를 최대한 자극적으로 보도했다. 방송의 편파 보도는 지역감정을 악화시켰고 다른 지역의 반호남 정서를 부추겼다. "텔레비전의 왜곡 보도로 남편은 가장 큰 피해를 보았지요. 방송에서 남편의 연설이나 토론을 내보낼 때면 언제나 찡그린 표정이나 과격한 제스처만 편집해서 보여주었어요. 토론회에서 한 발언을 소개할 때도 까다로운 질문에서 머뭇거리는 장면만 보여주었지요. 방송에서 남편이 웃는 모습을 볼 수 없었어요."

노태우에게 일방적으로 유리한 이런 보도는 일선 기자들의 반발을 불러일으켰다. 1987년 9월 MBC 기자들은 성명을 내 불공정 보도 사례 10여 건을 공개하며 정권의 통제와 압력을 비판했다. 11월 9일에는 KBS 기자들이 'KBS 노태우 후보 여론조작 방송 계획'이란 이름으로 편파·왜곡 보도 실태를 폭로했다.

신문들의 왜곡 보도도 방송에 뒤지지 않았다. 〈조선일보〉는 그 선두에 서 있었다. 후에 민주언론운동연합 신문모니터분과는 "〈조선일보〉는 1987년 선거보도를 통해 '지역감정=호남문제'라는 등식을 고착시켰다"고 비판했다. 지역감정의 피해자인 호남이 왜곡 보도를 거쳐 지역감정의 가해자로 뒤바뀐 것이었다. 〈조선일보〉는 호남 지역의 유세장 폭력사태는 1면 머리기사로 크게 보도하고 다른 지역의 폭력사태는 작게 보도해, 폭력을 호남의 문제로 보이게 했다.

방송과 신문의 왜곡·편파 보도가 심해질수록 사람들은 김대중의 연설을 직접 들으려고 유세장으로 몰려들었다. 투표를 사흘 앞둔 12월 13일 서울 보라매공원에서 열린 김대중의 유세에는 200만이 넘는 인파가 몰렸다. 평화민주당의 색깔인 황색의 물결이었다. 이희호도 청중의 규모에 놀랐다. “선거 역사에 유례가 없는 대군중이었어요. 사람들이 얼마나 몰려들었는지 끝이 보이지 않았지요. 후보 얼굴을 보려고 나무에까지 사람들이 올라갔어요.” 김대중의 연설이 끝난 뒤 10만여 명이 보라매공원에서부터 한강대교를 지나 서울시청 앞까지 15킬로미터를 행진했다. “우리가 승리했다는 느낌이 들었지요. 남편도 그렇게 생각했고요. 10만 명이 서울시청 앞까지 행진하는데 남편과 나는 트럭을 개조한 무개차를 타고 청중과 함께 갔어요. 다들 승리를 확신하는 분위기였어요.”

12월 14일 재야 후보 백기완이 후보를 사퇴했다. 투표를 하루 앞두고 12월 15일 대한항공기 폭파범 김현희가 압송돼 서울에 도착했다. 안기부원들에게 양팔을 붙잡힌 채로 마스크를 쓰고 나타난 김현희는 방송과 신문을 점령했다. 선거 보도가 뒤로 밀려났다. 이튿날 13대 대통령 선거 투표가 치러졌다. 저녁에 개표방송이 시작됐다. 치열한 경합이 벌어지리라는 예상을 깨고 처음부터 노태우가 독주했다.

2

# 패배의 아픔을 딛고

## 4·26총선

1987년 13대 대통령 선거 결과는 민주화 세력에 충격을 안겼다. 노태우가 36.6퍼센트(828만 표)를 얻어 1위를 하고, 이어 김영삼(28.0퍼센트, 633만 표), 김대중(27.1퍼센트, 611만 표), 김종필 (8.1퍼센트, 182만 표) 순으로 표를 얻은 것으로 나타났다. 이희호는 개표 결과를 믿을 수 없었다. "컴퓨터로 집계해 개표하는 방식을 그때 처음으로 도입했는데 도무지 믿기 어려웠어요. 개표 방송을 지켜보는데 어느 지역에서는 우리 쪽 표가 시간이 갈수록 줄어드는 거예요. 그래서 남궁진 비서와 둘이서 그 화면을 모두 사진으로 찍었지요. 어이가 없었어요."

텔레비전의 개표 방송은 이해할 수 없는 상황의 연속이었다. 밤 11시 29분에 86.3퍼센트가 진행된 부산의 경우, 노태우 55만5963표, 김영삼 95만7886표, 김대중19만95표, 김종필 4만3844표였는데, 31분 뒤인 12시 정각에는 노태우 55만7935표, 김영삼 96만21표, 김대중 5만8745표, 김종필 4만3969표가 됐다. 31분 동안 김대중의 표가

13만1350표나 줄어들었다. 명백한 개표 부정이었다. 부정선거 사례는 그것만이 아니었다. "17일 아침 7시에 '노태우 대통령 당선'이라고 커다란 활자로 뽑힌 친정부 신문 호외가 잠실 지역에 뿌려졌는데, 오전 7시 현재 후보별 득표 상황이 게재돼 있었어요. 그 시각에 텔레비전에서 방영하는 후보별 득표 상황과 수치가 일치했어요. 그 호외는 17일 새벽에 인쇄해 그날 오후에 뿌려야 했는데 보급소 실수로 미리 배포한 것이었다고 해요."

서울 구로구에서는 '부정 투표함 사건'이 일어났다. 투표 당일 오전 9시 부재자투표함 네 개가 든 봉고트럭을 빼돌리려는 사람들이 공정선거감시단에 붙잡혔다. 적발된 투표함에서는 노태우 후보 난에 기표된 투표용지가 무더기로 쏟아졌다. 투표함을 바꿔치기하려 했음이 분명했다. 부정 투표함을 증거로 보전하려는 사람들은 전투경찰의 폭력진압에 밀려 구로구청 옥상으로 쫓겨갔고, 5층 옥상에서 한 사람이 떨어져 허리가 꺾이는 중상을 입었다.

명동성당에서는 '13대 대통령 선거 무효화와 5공화국 정권 타도'를 주장하며 8일 동안 항의농성이 벌어졌다. 평화민주당은 선거 결과에 불복하는 성명을 발표했다. 통일민주당도 13대 대선을 '원천적인 부정선거'로 규정하고 정권 타도 투쟁을 선언했다. 민통련 의장 문익환은 단식농성을 벌였다. 평화민주당은 대통령 선거 부정 백서를 발간해 컴퓨터 개표 부정 사례를 낱낱이 폭로하고 컴퓨터 사전 입력과 개표 조작 증거들을 제시했다. 두 달 뒤 천주교정의구현사제단 대표 김승훈은 명동성당에서 기자회견을 열어 "12·16선거는 컴퓨터 부정선거였다"고 규정하고 투표 결과가 지역별·후보별로 사전에 조작됐다고 발표했다.

부정선거 규탄은 선거 결과를 되돌리지 못했다. 군부독재 종식과 민주주의 실현을 열망하던 국민은 깊은 상실감에 빠졌다. 이희호도 김대중도 큰 충격을 받았다. "원통하고 분했어요. 정권 교체를 이루지 못해서 국민에게 큰 죄를 지었다는 생각에 많이 힘들었지요." 김대중은 훗날 자서전에서 "나라도 양보해서 불출마를 단행하지 못한 것을 얼마나 후회했는지 모른다"고 밝혔다. 김대중은 1991년 언론 인터뷰에서도 "국민들은 단일 야당후보를 바랐고 그랬더라면 정권 교체에 실패했다 하더라도 한을 품지는 않았을 것"이라고 후회했다. 언론은 야당의 패인을 부정선거가 아니라 단일화 실패에서 찾았다. 왜곡·편파 보도에 앞장섰던 언론일수록 야권 분열을 패배의 원인으로 지목했다. 남의 실책을 앞세워 자신들의 오점을 가리는 꼴이었다.
"남편은 상실감에 빠져서 서재에 오래 혼자 있었어요."

1988년 2월 25일 노태우가 제13대 대통령으로 취임했다. 김대중은 실의를 딛고 당 체제를 재정비했다. 1988년 4월 총선을 앞두고 2월 3일 박영숙·문동환·성내운·이길재·이해찬·이상수·고영근·양성우를 비롯해 재야인사 91명이 평화민주당에 입당했다. 재야세력의 대규모 진입은 정치에 새바람을 불어넣었다. 야권 재통합 움직임도 계속됐다. 통일민주당은 평화민주당에 당을 해체하고 들어오라고 요구했다.
"남편은 통합의 조건으로 공동대표제를 제시했는데, 통일민주당은 그 제안을 받아들이지 않았어요. 백기를 들고 투항하라는 식이었어요. 그래서 남편은 그 제안을 거두어들였지요."

4월 국회의원 선거를 앞두고 가장 큰 쟁점은 선거구제 개편이었다. 민정당은 유신헌법 아래서 마련된 중선거구제 유지를 주장했다. 한 선거구에서 두 명씩 뽑으면 안전하게 과반수를 확보할 수 있다는 계산이었다. 통일민주당은 민정당이 추진하는 중선거구제를 받아들였다. 김대중은 양당의 재통합 조건으로 소선거구제 당론을 다시 제시했다. "남편은 야당이 제1당이 되려면 소선거구제로 정면 승부를 해야 한다고 했어요. 선진국에서도 대개 소선거구제를 실시하고 있고요. 당시 국민 여론도 소선거구제를 바라고 있었지요." 통일민주당이 받아들이지 않자 양당의 통합 협상은 겉돌다가 끝났다. 결국 민정당이 당론을 바꾸어 소선거구제를 받아들였다. 3월 8일 국회의원 선거법 개정안이 국회 본회의를 통과했다. 13대 국회의원 선거일은 4월 26일로 잡혔다.

4·26총선을 앞두고 노태우는 전임 대통령 전두환과 결별하는 수순을 밟기 시작했다. 1988년 3월 18일 권력형 비리 의혹에 휩싸인 새마을운동중앙본부 명예회장 전경환이 김포공항을 거쳐 몰래 출국했다. 여론이 들끓었다. 전두환은 동생을 이틀 만에 귀국시켰다. 전경환은 3월 29일 검찰에 연행돼 31일 구속됐다. 전경환이 구속되자 국민의 눈초리가 다시 전두환의 재임 중 비리로 쏠렸다. 전두환은 4월 13일 국가원로자문회의 의장직과 민정당 명예총재직에서 물러났다. 국가원로자문회의를 움직여 '왕 위의 왕' 노릇을 하려던 전두환의 구상은 물거품이 됐다. 전두환은 날개가 꺾였다.

김대중은 4·26총선에 사활을 걸었다. 3월 17일 평화민주당 총재직을 내놓고 재야 입당파인 박영숙에게 총재 대행을 맡겼다. 또 박영숙을 전국구 1번으로 올리고 김대중 자신은 전국구 11번으로 등록했다. "당시 세간에서는 평화민주당이 잘해야 30석 정도 얻을 것이라고 보았지요. 남편은 전국구 11번으로 배수진을 치고, 총선에 모든 것을 걸었어요. 주위에서 반대가 심했지만 당이 살아나려면 그 길밖에 없다고 생각했어요."

그 무렵 국회의원 후보 공천 문제는 이희호에게도 괴로움을 안겼다. "공천이 가장 힘든 일이었지요. 하루 종일 집 안이 북새통이었어요. 막무가내로 찾아오는 사람들, 공천에서 탈락한 뒤 찾아와서 항의하는 사람들로 정신을 차리기 어려웠어요. 어떤 사람들은 행패를 부리기도 하고요. 자리는 한정돼 있는데 수십 명이 신청서를 내는 지역구도 있었어요. 오랫동안 같이 고생하던 분들이 공천에서 탈락해 울분을 토하기도 했지요." 공천 기간 동안 이희호와 김대중은 사람들을 피해 친지의 집을 옮겨 다니기도 했다. 1988년 3월 17일부터 31일 사이에 쓴 이희호의 일지는 이동 경로를 이렇게 밝혀놓았다. '목동(이희호 여동생 집)-김 차장 댁(김옥두)-목동-밤 12시 넘어 동교동 귀가-목동-필동(이희호 큰오빠 집)-목동-동교동 귀가.'

김대중은 평화민주당 상임고문 자격으로 후보 지원 유세를 다녔다. 이희호도 유세단을 꾸려 찬조연설을 했다. 4·26총선은 야권의 대승으로 끝났다. 민정당은 125석에 머물렀고 야권은 174석을 얻어 한국 정치사상 최초로 여소야대 국회를 탄생시켰다. 이변의 주역은 평화민주당이었다. 평화민주당은 지역구 54석, 전국구 16석으로 70석을 얻어 제1야당으로 올라섰다. 통일민주당은 59석으로 제2야당이 됐고, 공화당은 35석을 얻었다. 13대 총선을 통로로 삼아 재야의 민주인사들이 대거 국회로 진출했다. 평화민주당에서는 문동환·박영숙·이해찬·이상수·정상용·박석무·이철용·양성우가 당선됐고, 통일민주당에서는 노무현·장석화·김광일이 뽑혔다. "남편은 총선 결과가 나쁘면 정치를 그만둔다는 심정으로 뛰었는데, 결과가 좋게 나와 나도 마음을 놓았지요."

13대 총선은 극심한 지역분열을 드러내 한국 정치가 풀어야 할 또 다른 숙제를 안겨주기도 했다. 평화민주당은 광주와 전남북 선거구 37곳에서 36명을 당선시켰고, 통일민주당은 부산 선거구 15곳 중 14곳을 장악했다. 민정당은 대구 선거구 8곳을 석권하고 경북 21곳 중 17곳을 휩쓸었다. 신민주공화당도 충남 선거구 18곳 중 13곳을 차지했다. 여소야대 구조로 노태우와 민정당은 여야 타협의 정치를 하지 않을 수 없게 됐다. 제1야당 지도자 김대중은 정국의 중심으로 떠올랐다.

4·26총선이 끝나고 20일 뒤 〈한겨레신문〉이 창간됐다. 〈한겨레신문〉은 국민의 민주화 열망의 산물이었다. 1987년 6월항쟁 뒤 해직기자들이 중심이 돼 새 신문 창간작업에 뛰어들었고, 그해 10월부터 국민주 모집 방식으로 창간자금을 모았다. 13대 대통령 선거에서 노태우가 당선되자 국민의 참여가 폭주해 두 달 만에 목표액 50억 원을 채웠다. "창간운동 시절에 남편도 한겨레신문 국민주를 샀지요." 5월 15일치 창간호가 나오는 날 오후 김대중은 서울 영등포구 양평동 한겨레신문사를 찾아가 초대 사장 송건호와 함께 윤전기를 막 빠져나온 신문을 펼쳐보았다. 권언유착으로 치부한 기존 언론과 전혀 다른, 민주·통일·민권 지향의 신문이 탄생했다.

앞서 5월 7일 김대중은 임시전당대회에서 평화민주당 총재로 복귀했다. 수석부총재로는 문동환이 임명됐다. 5월 30일 13대 국회가 개원했다. 김대중은 이날 아침 일찍 국립묘지와 4·19묘지를 참배했다. 이희호는 집을 나서는 김대중에게 말했다. "시청으로 가면 안 돼요." 1972년 유신 선포로 국회가 해산되고 16년 만에 다시 국회로 출근하는 남편에게 던지는 농담이었다. 그사이 국회는 서울시청 앞에서 여의도로 옮겨가 있었다. 6월 29일 김대중은 제1야당 총재로서 국회에서 대표연설을 했다. 김대중은 광주항쟁 진상규명과 제5공화국 유산 청산을 가장 시급한 과제로 제시했다. "그날 국회의사당 본회의장 방청석에서 남편의 연설을 들었어요. 정치가 남편의 본업이고 운명이라는 생각이 들었지요."

이희호는 국회가 개원한 뒤 평화민주당 13대 의원 부인들과 자주 만났다. "남편이 국회로 돌아가니 감회가 새로웠어요. 그래서 13대 의원 부인들과 특별히 가깝게 지냈지요. 1989년 동해시 보궐선거와 1990년 함평·영광 보궐선거를 함께 도우면서 더 친해졌어요. 연말이면 조를 짜서 전국 교도소를 방문하고 양말이랑 내의를 차입해 수감자들을 도왔지요."

이해 봄 대학가에서 통일운동이 거세게 일어났다. 3월 29일 서울대학교 총학생회장 선거에서 후보들이 '김일성대학교 청년학생에게 드리는 공개서한'을 발표하고 '민족단결을 위한 남북한 청년학생체육대회'를 제안했다. 김일성대학교 학생위원회가 답신을 보내 그 제안을 받아들임으로써 통일운동이 열기를 뿜기 시작했다. 5월 15일 명동성당 안 가톨릭교육관 옥상에서 서울대 학생 조성만이 '양심수 석방', '남북공동올림픽 개최'를 요구하며 할복 투신했다. 김대중은 남북공동올림픽 개최를 지지한다는 뜻을 밝혔다. 6월 10일 전국에서 3만 명의 학생들이 연세대에 집결해 '6·10남북학생회담'에 참가하겠다며 판문점 출정식을 열었다. 경찰이 학생들의 앞길을 최루탄을 쏘며 막았다. 남북학생회담은 열리지 못했다.

7월 7일 대통령 노태우는 '민족자존과 통일번영을 위한 대통령 특별선언'을 발표했다. 7·7선언은 '남북동포 간 상호교류'를 비롯한

6개 항을 제시했다. 노태우는 "북한을 경쟁과 대결이라는 적대적 대상이 아니라 통일을 위한 동반자, 즉 '민족공동체의 일원'으로 보아야 한다"고 밝혔다. 대학생들의 통일운동과 공동올림픽 개최 요구를 틀어막고 발표한 7·7선언은 노태우 정권의 비일관성을 극명하게 보여주었다. 학생과 재야의 올림픽 공동개최 운동은 결실 없이 끝났다.

9월 17일부터 보름 동안 제24회 서울올림픽이 열렸다. 160개국에서 1만3000여 명이 참가해 올림픽 사상 최대 규모를 이루었다. 동유럽 공산권 국가들까지 모두 참여했으나 북한은 끝내 불참했다. 한국은 금 12개를 포함해 33개의 메달을 따 4위에 올랐다. 신문과 방송은 한국 선수의 활약을 열광적으로 보도했다. 올림픽이 끝난 직후인 10월 8일 이감 중이던 미결수 12명이 호송버스와 총기를 빼앗아 탈주하는 사건이 일어났다. 서울 주택가에서 인질극을 벌이던 탈주범 지강헌은 자살하기 직전 "유전무죄 무전유죄"라는 말을 남겼다. 지강헌 사건은 올림픽의 영광 뒤에 숨겨진 한국 사회의 병폐를 그대로 보여주었다.

1988년 6월 27일 여소야대 국회는 '5·18광주민주화운동 진상조사특별위원회'(광주특위), '제5공화국 정치권력 비리조사특별위원회'(5공특위)를 설치했다. 그해 11월에 헌정사상 처음으로 국회 청문회가 실시됐다. 광주특위와 5공특위에 국민의 관심이 집중됐다. 텔레비전으로 생중계된 국회 청문회는 시청률이 60퍼센트에 이르렀다.

"남편은 그때 광주특위 청문회 첫 번째 증인으로 나가 증언했지요."

김대중은 청문회 증인석에서 광주학살의 발포 책임자 규명을 요구했다. 광주청문회를 통해 그동안 철저히 감춰졌던 광주학살의 실상이 일부나마 국민들에게 알려졌다. 청문회에 나온 학살 책임자들은 '집단 발포는 자위권 행사였다'며 변명으로 일관했다. 5공특위에서는 초선 의원 노무현의 활약이 돋보였다. 특위 활동으로 전두환 일가의 거대한 부정축재 실태가 드러났다. 막다른 골목에 몰린 전두환은 11월 23일 사과성명을 발표하고 강원도 백담사로 '유배'를 떠났다.

## 3

# 솟구치는 통일 열기
## 공안탄압

1989년 1월 31일 김대중과 이희호는 유럽 여섯 나라 순방길에 올랐다. 첫 방문국 스웨덴에 도착해 1980년 김대중 구명운동에 힘쓴 올로프 팔메의 묘소를 찾아 헌화하고, 스웨덴 총리 잉바르 칼손(Gösta Ingvar Carlsson)과 만났다. 이 만남이 계기가 돼 평화민주당은 국제 사민주의 정당 모임인 '사회주의 인터내셔널'(SI)의 1989년 6월 총회에 옵서버(참관인) 자격으로 참가했다. 2월 3일 김대중과 이희호는 웁살라대학을 방문했다. "그 자리에서 스웨덴 지도자 27명이 남편을 노벨평화상 후보로 추천했다는 소식이 발표됐어요. 우리는 무척 놀랐지요."

이어 로마로 간 이희호와 김대중은 교황청을 방문해 교황 요한 바오로 2세를 만났다. "교황께서 환한 얼굴로 우리를 맞아주었지요. 요한 바오로 2세는 남편이 사형선고를 받았을 때 세 번이나 교황청 대사를 보내 사형 집행에 반대한다는 메시지를 전하고 친서를 직접 보내주기도 했던 고마운 분이었어요. 그날 교황이 남편에게 십자가를 기념으로 주시기도 했지요." 네덜란드 암스테르담에 들렀을 때는 《안네의 일기》를 쓴 안네 프랑크(Anne Frank)가 살던 집을 찾아가기도 했다. "유럽 순방 중 마지막으로 간 곳은 헝가리였어요. 우리가 방문하기 직전에 한국과 수교한 나라였지요."

2월 4일 함석헌이 88년의 생애를 뒤로하고 세상을 떠났다. 17일 일정으로 유럽 방문을 마치고 귀국한 날 이희호와 김대중은 함석헌의 빈소를 찾았다. "함석헌 선생님과 우리는 유신시대 때부터 민주화 운동을 같이했지요. 3·1민주구국선언사건 때도 남편과 함께 재판을 받았고요. 함 선생님은 기독교사상가로서 평생 실천하는 삶을 사셨어요. 언제나 하얀 두루마기 차림에 흰 고무신을 신고 다니셨지요. 우리는 함 선생님을 존경했고 함 선생님의 씨알사상에 많은 감명을 받았어요."

김대중·이희호 일행이 유럽에서 돌아오고 얼마 지나지 않아 〈조선일보〉와 평화민주당 사이에 큰 싸움이 벌어졌다. '조·평사태'였다. 〈조선일보〉 정치부 기자가 〈주간조선〉 3월 5일치에 쓴 '김대중 평민당 총재 일행의 유럽 순방 동행 취재기'가 사태의 발단이었다. 문제의 기사는 "좌파에도 우파에도 손짓, 수행의원들 추태 만발"이라는 악의적인 제목 아래 수행원들 중 일부가 비행기 안에서 맨발로 돌아다니고 교황의 소매를 붙들고 '헤이' 하고 부르는가 하면 호텔 로비에서 귀부인을 희롱했다고 주장했다. 기사에는 김대중이 예약된 1등석을 놔두고 기자들이 있는 일반석에 착석하기를 고집했다는 내용도 있었다. "〈주간조선〉 기사는 사실 확인도 제대로 하지 않고 쓴 것이었어요. 우리는 항상 일반석을 탔는데 그것까지 문제 삼았지요. 남편은 천주교 신자로서 수행원들이 교황에게 결례를 범했다고 매도당하

1989년 1월 31일 김대중과 이희호는 유럽 여섯 나라 순방길에 올랐다.
로마에서 교황청을 방문해 교황 요한 바오로 2세를 만났다.

는 걸 참지 못했어요. 나도 몹시 화가 났지요."

〈조선일보〉와 평민당의 불화는 오래된 것이었다. 직접적 충돌은 전해 12월 31일 국회 언론청문회에서 벌어졌다. 평민당 소속 의원 박석무가 증인으로 출석한 〈조선일보〉 사장 방우영에게 전두환 정권 초기 국가보위입법회의 입법의원 활동 이력을 따졌다. "입법위원으로 있으면서 언론기본법 통과에 한마디 반대의견도 못 내놓았느냐?" 박석무는 〈조선일보〉의 광주항쟁 왜곡보도를 비롯해 5공화국 시절의 보도도 추궁했다. 〈조선일보〉는 지면을 통해 박석무와 평민당을 공격했다. 〈주간조선〉 기사는 그런 흐름 속에서 나온 것이었다.

평민당은 박영숙 부총재를 위원장으로 하는 ‘〈조선일보〉 허위·왜곡보도 대책위원회’를 구성하고 3월 6일 ‘언론인 여러분께 드리는 글’을 발표했다. “그동안 〈조선일보〉의 집요하고도 잔인한 비수에 수없이 상처를 입고 가슴 아파해왔으면서도 인내의 자세로 묵묵히 참아왔던 것이 김대중과 평민당이었던 것은 어쩌면 언론인 여러분들이 더욱 잘 알고 계실 일일지 모른다. (…) 우리는 국민을 대신하여 〈조선일보〉에 당당하고 의연하게 맞서 싸우고자 한다. 누가 광주 시민을 일컬어 난동분자라 했으며 누가 전두환 씨를 일컬어 조국의 위대한 영도자라 칭했던가.” 평민당은 담당 기자와 〈조선일보〉 발행인을 포함해 5명을 명예훼손으로 서울지검에 고소했다.

〈조선일보〉는 지면을 동원해 평민당을 성토했다. 3월 6일 〈조선일보〉 편집국 기자들이 총회를 열어 ‘언론자유수호선언’을 발표했다. 기자들은 “평민당이 〈조선일보〉에 대해 취하고 있는 일련의 공격적 행동은 구시대 독재권력의 언론탄압과 결코 다름없는 새로운 형태의 언론탄압”이라고 주장했다. 〈조선일보〉 강제해직 언론인 모임인 조선투위는 3월 14일 성명을 내 〈조선일보〉를 질타했다. “민주주의가 질식당하고 인권이 유린되던 시절에 〈조선일보〉는 무엇을 썼고 어떻게 말했는가 우리는 묻고 싶다. ‘언론자유수호선언’은 언론사의 사적 이익을 위해 편리할 때 편리한 방법으로 하는 그런 액세서리가 아니다. 써야 할 때 써야 할 진실은 1단 기사로도 쓰지 못하던 신문이 자신의 이익을 위해서는 사회의 공기인 신문 지면을 더럽게 먹칠하면서 이것을 언론자유수호라고 말한다면 국민의 지탄을 면치 못할 것이다.”

3월 15일 전국언론노동조합연맹은 기관지 〈언론노보〉의 사설 ‘조선일보는 다시 태어나야 한다'에서 조·평사태는 〈조선일보〉의 보도 태도에서 비롯했다고 지적했다. 조선일보사는 3월 17일 김대중을 명예훼손 혐의로 고소하고 〈조선일보〉, 〈월간조선〉, 〈주간조선〉을 총동원해 평민당과 김대중을 공격했다. 3월 17일 한국기자협회 기관지 〈기자협회보〉는 동행했던 다른 기자들을 취재한 결과를 토대로 삼아 〈주간조선〉 기사가 사실을 왜곡했다고 확인했다. 3월 21일 전국 대학신문 16곳의 대표들이 기자회견을 열어 "〈조선일보〉는 반민족적이고 반민중적인 준동을 멈추라"고 요구하고 조선일보사 앞으로 몰려가 항의시위를 벌였다. 이날 민가협과 전국구속학생학부모협의회도 조선일보사 앞에서 "독재 통치에 기여해온 〈조선일보〉의 사죄"를 요구했다. '조·평사태'는 일곱 달 동안이나 계속되다가 10월 17일 평민당의 고소 취하로 끝을 맺었다. "그 뒤로도 이 신문의 태도는 별로 변하지 않았어요. 남편을 정당하게 비판하는 것이 아니라 왜곡·편파 보도로 상처를 냈지요."

'조·평사태'가 벌어지던 시기에 정치권의 큰 이슈는 '대통령 중간평가' 문제였다. 대통령 중간평가는 노태우가 13대 대통령 후보 시절 내놓은 공약이었다. 1989년 새해 들어 통일민주당 총재 김영삼이 '노태우 대통령 중간평가'를 들고나왔다. 중간평가는 애초 노태우가 원하던 것이었다. 1988년 서울올림픽이 끝난 뒤에 노태우는 '대통령 신임을 건 중간평가 국민투표'를 실시하려고 했다. 여소야대 정국을 뒤집어 주도권을 잡으려는 것이었다. "남편은 그때 중간평가를 대통령 신임과 연계하는 것은 야당에 도움이 되지 않는 위험한 도박이라고 생각하고 있었지요." 3월 10일 김대중은 노태우와 청와대에서 회담하고 "중간평가를 신임과 연계하지 않는 단순 정책평가로 실시해야 한다"는 데 합의했다. 김대중과 노태우는 전두환 국회 증언, 지방자치제 실시에도 합의했다.

김영삼은 김대중과 노태우의 합의에 반발해 군중집회를 열며 '노태우 정부 불신임' 투쟁을 벌였다. 그러는 중에도 노태우와 김영삼은 물밑에서 정계개편 작업을 따로 했다. 정계개편의 노태우 쪽 대리인이었던 박철언은 회고록에서 그때의 상황을 이렇게 밝혔다. "1989년 3월 16일 밤 10시, 상도동 김영삼 총재 집 2층 서재에서 김 총재와 마주 앉았다. 이날 나와 김 총재는 '노태우 대통령과 김영삼 총재는 자유민주주의 수호와 발전을 위해 구국적 차원에서 양당을 합당하기로 합의한다'고 합당에 원칙적인 합의를 보았다. 그리고 중간평가를 무기한 연기하는 데도 합의를 끌어냈다."

3월 20일 노태우는 '중간평가 무기한 연기'를 발표했다. "남편은 노태우 대통령의 중간평가 연기를 환영했지요." 당시 평민당 원내총무였던 김원기는 "신임을 걸고 국민투표를 할 경우 우리가 이길 확률이 0.1퍼센트도 되지 않았다"고 후에 밝혔다. 김영삼은 다음날 의원총회를 열어 중간평가 유보를 국민 기만행위라고 비난했다.

1989년 봄 숫구치는 통일 열기를 타고 방북사건이 잇따라 일어났다. 3월 18일 일본에 머물고 있던 소설가 황석영이 북한을 방문한다고 발표했다. 황석영은 베이징을 거쳐 3월 20일 평양에 도착했다. 황석영 방북 파문이 가라앉기도 전인 3월 25일 문익환이 평양 순안비행장에 발을 디뎠다. 문익환은 김일성과 만난 뒤 북한 조국평화통일위원회 위원장 허담과 공동성명을 내 "공존의 원칙에서 연방제 방식으로 통일을 하는 것이 필요하다"고 밝혔다. 노태우 정권은 황석영과 문익환의 방북을 공안탄압의 호재로 삼았다.

4월 3일 안기부·검찰·보안사 합동으로 공안합동수사본부가 설치돼 공안몰이가 시작됐다. "문익환 목사님이 방북하기 전에 문동환 부총재와 함께 남편과 만났어요. 남편은 정부의 사전 허락을 꼭 받아야 한다고 이야기했지요. 그런데 문 목사님이 결국 정부에 알리지 않고 가셨어요." 후폭풍이 거세게 일었다. 그해 1월 결성된 재야연합단체 전민련(전국민족민주운동연합)으로 수사가 확대돼 고은을 비롯한 주요 간부가 구속됐다.

문익환은 4월 13일 귀국하자마자 공항에서 체포됐다. 김대중은 즉각 성명을 발표했다. "민주인사를 구속하는 것은 옳지 않다. 이렇게 된 것은 북을 적이 아니라 동반자라고 선언한 정부가 그 뒤 후속 조치를 취하지 않았기 때문이다." 문익환이 구속된 다음날 〈한겨레신문〉 논설고문 리영희도 구속됐다. 한겨레신문사가 그해 1월 창간 1돌 기념사업으로 방북취재를 구상했다가 중도에 그만두었는데 그걸 빌미로 삼았다. 노태우 정권은 리영희에게 반국가단체 지역으로 탈출하려고 예비음모를 꾸몄다는 혐의를 걸었다.

공안정국은 여름이 되어도 풀리지 않았다. 이해 6월 21일 한국외국어대 4학년 임수경이 서울을 출발해 도쿄와 베를린을 거쳐 6월 30일 평양에 도착했다. 평양에서 열리는 제13회 세계청년학생축전에 전대협 대표로 참가한 것이었다. 임수경과 북한 학생대표 김창룡은 7월 7일 남북청년학생공동선언을 발표했다. 임수경은 천주교정의구현전국사제단이 파견한 신부 문규현과 함께 8월 15일 판문점을 거쳐 남쪽으로 내려온 직후 연행돼 구속됐다.

임수경이 방북하기 사흘 전 '서경원 밀입북 사건'이 터졌다. 가톨릭농민운동가 출신인 서경원은 재야인사들과 함께 평민당에 들어가

1988년 4월 총선에서 국회의원이 됐다. 서경원은 그해 8월 정부에 알리지 않고 북한을 다녀왔다. 안기부는 열 달이 지나서야 방북 사실을 꺼내 6월 27일 서경원을 국가보안법 위반 혐의로 구속했다. 서경원은 뒷날 "분단 상황을 깨는 데 나서야 한다는 사명감" 때문에 방북했다고 밝혔다. 서경원 사건이 터지자 공안 광풍이 김대중과 평민당을 집어삼킬 듯 몰아쳤다. 안기부는 서경원을 무자비하게 고문했다. 후에 서경원은 자신을 고문한 사람에 대해 이렇게 말했다. "그 사람 참! 무슨 속셈인지 꼭 맨주먹으로 머리를 자주 내갈깁디다. 그 사람에게 조사받는 동안 피를 세 그릇이나 쏟았어요. 재떨이로 두 번, 바가지로 한 번 말입니다. 그때만 해도 이름조차 몰랐습니다. 언젠가 교도소에서 본 잡지에 그 얼굴이 실렸는데 '정형근'이란 이름이 붙어 있습디다."

7월 25일 검찰과 안기부는 서경원을 고문해 받아낸 허위자백을 언론에 퍼뜨렸다. "서경원 의원이 남편의 지령을 받고 경비를 지원받아 방북했다고 거짓말을 퍼뜨렸어요. 북한에서 받은 돈 1만 달러를 남편에게 주었다는 말도 만들어냈지요. 남편의 정치생명을 끊으려 하는 것 같았어요." 언론은 공안당국보다 더 살벌하게 김대중과 평민당을 비난하고 붉은 색칠을 했다. "남편은 언론 보도 때문에 서글퍼했어요. 우리가 독재치하에서 언론자유를 위해 앞장서서 투쟁했는데 도움은 못 받고 오히려 언론으로부터 박해를 당하고 있다고요."

8월 3일 검찰과 안기부가 김대중을 강제로 구인해 중부경찰서로 끌고 갔다. 김대중은 14시간 동안 조사를 받고 다음날 새벽 3시에야 풀려났다. "남편을 그렇게 막무가내로 끌고 갔는데 혐의란 게 불고지죄였어요. 서경원 의원 방북 사실을 두 달 전에 알고도 알리지 않았다는 거예요. 증거라고는 서경원 의원을 고문해서 자백받은 것이 전부였어요. 그래서 남편은 서 의원과 대질시켜달라고 요구했는데, 그것도 들어주지 않았어요. 후에 검찰이 남편을 기소했는데 아무런 증거도 대지 못해 결국 무혐의로 끝났지요."

1989년 5월 전국교직원노동조합(전교조)이 결성됐다. 2만여 명이 가입해 '민족·민주·인간화 교육' 실천을 결의했다. 노태우 정권은 공안정국을 이용해 전교조 교사들을 마구잡이로 탄압했다. 8월 전교조 교사 1500여 명이 교단에서 쫓겨났다.

1989년 11월 9일 베를린 장벽이 무너졌다. "그 무렵 빌리 브란트 전 서독 총리가 우리나라를 방문했어요. 남편이 브란트 총리를 워커힐호텔로 초청해 저녁을 대접했지요. 브란트 총리는 남편이 유신시절에 도쿄에서 납치됐을 때, 또 1980년 사형선고를 받았을 때 구명운동을 벌이며 우리를 많이 도와준 분이었어요. 만찬이 한창 진행 중이었는데 브란트 총리에게 베를린 장벽이 무너졌다는 전갈이 왔어요. 모두 놀랐지요. 브란트 총리도 그렇게 급작스럽게 독일 통일이 오리라고는 예측하지 못했지요."

## 4

# 평생의 소원을 이루다

## 가족법 개정

1989년 12월 이희호에게 뜻밖의 기쁨을 주는 일이 벌어졌다. 가족법 개정이었다. "가족법 개정은 내 평생소원이었어요. 헌법은 남녀평등을 보장하고 있는데 가족법은 일제강점기에 틀이 만들어진 뒤로 거의 바뀌지 않았거든요. 내가 창설에 앞장섰던 여성문제연구소가 가족제도에 관한 민법 개정을 추진하고, 그 뒤에는 이태영 박사가 가정법률상담소를 이끌면서 여성단체들과 함께 개정 운동을 벌였어요. 그래서 1960년, 1977년 두 차례 손질했는데 여전히 남녀차별 조항이 많았어요. 여성들은 여자라는 이유만으로 아들, 손자에게까지 법률상 종속돼 있었지요."

가족법 개정은 가부장제의 뼈대인 호주제·친권제, 남녀 상속 차별, 친족 범위의 남녀 차별, 동성동본 혼인금지, 이혼 배우자 재산분할권이 주요 쟁점이었다. "1989년에 상황이 아주 좋아졌어요. 각 당에서 순번제로 법사위원회의 소위원회 위원장을 맡는데, 평화민주당이 그해 맡게 됐어요. 또 여성계 대표로 평민당 의원이 된 박영숙 부총재가 보건복지위원회 소속이었어요." 당시 법사위 소위원장은 평민당 의원 홍영기였다. "그런데 법사위 소위원장이 회의를 소집하지 않아요. 여야 가릴 것 없이 남자 의원들이 가족법 개정을 바라지 않았어요. 어느 날 박영숙 부총재가 나한테 전화를 했어요. 위원장이 회의 소집을 안 한다고 도와달라고요. 나는 다른 정치 문제에는 일절 관여하지 않았지만, 가족법 개정 문제만큼은 내 생각을 남편에게 전했지요. 남편도 여성 권리 신장에 관심이 많아서 내 의견을 그대로 들어주었어요."

김대중은 홍영기와 이야기했다.

"소위원장을 다른 분에게 맡기면 어떻겠습니까?"

"아이고, 제발 그래주십시오. 저는 정말 그 일이 싫습니다."

김대중은 총재 비서실장인 조승형에게 소위원장을 맡아달라고 했다. "저도 가족법 개정에 반대하지만 총재님의 뜻이니 맡겠습니다." 김대중은 여야 영수회담 때마다 가족법 개정을 촉구했다. 1989년 12월 15일 김대중은 대통령 노태우와 여야 대표가 만난 5자회담에서 '제5공화국 비리' 청산을 매듭짓는 조건으로 가족법 개정과 지방자치제 부활을 요구했다. 노태우가 한번 검토해보자고 긍정적인 반응을 보였다. 제1야당 총재와 대통령이 찬성하자 가족법 개정 움직임이 빨라졌다. 정기국회 마지막 날인 12월 19일 가족법 개정안이 국회를 통과했다.

"통과하기 직전까지도 곡절이 많았어요. 여당 의원들이 완강하게 반대하는 거예요. 박준규 민정당 대표가 호주제와 동성동본 금혼 규정을 일단 빼고 가면 어떻겠느냐고 박영숙 의원한테 제안을 해서 그렇게 하기로 했대요. 그런데도 여당이 말을 안 들으니까 남편이 직접 노태우 대통령한테 전화를 걸어 약속을 지키라고 따졌어요. 그래서 대통령이 여당 간부들에게 가족법 개정안에 협조하라고 지시해 가까스로 통과했지요. 국회의원 부인들과 함께 국회에서 법안이 통과될 때 방청했어요. 다들 손뼉을 치고 좋아했지요."

김대중은 가족법 개정안이 가결되자 원내총무 김영배에게 말했다.

"김 총무, 역사적인 법안이 통과됐는데 다른 당은 몰라도 우리 당 의원들은 박수 한번 칩시다."

"남자 권리 다 빼앗겼는데 뭐가 좋아서 박수 치느냐고 그럽니다."

의원석을 돌고 온 김영배의 대답이었다.

"가족법 개정안이 통과된 뒤에 남편이 방청한 의원 부인들을 초대해 여의도에서 축하 점심을 샀어요. 남편이 그 자리에서 한마디 했지요. 여성들을 위해 그동안 많은 일을 했는데 고맙다는 말 한마디 듣지 못했다고요." 가족법 개정은 이희호의 살림에도 도움을 주었다. "남양주에 선산이 있었는데 그 땅이 수용돼 고속도로가 났어요. 그때 친정 조카가 나에게도 보상금 중 일부를 나누어주었어요. 여자도 남자와 똑같이 상속을 받을 수 있게 된 거지요." 1989년 가족법 개정안에서 빠졌던 호주제는 2005년 3월 국회에서 폐지 법안이 통과됐다. 동성동본 금혼 규정도 1997년 7월 헌법재판소에서 헌법불합치 결정이 내려진 뒤 2005년 폐지돼 역사의 유물이 됐다.

1988년 활동을 시작한 국회의 5공특위와 광주특위는 1989년 12월 31일 전두환의 국회 증언으로 막을 내렸다. 전두환은 이날 새벽 백담사에서 나와 오전 10시 국회에 증인으로 출석했다. 청문회는 14시간이나 진행됐지만 전두환은 광주학살 발포 문제를 놓고 '자위권 행사였다'는 말만 되풀이했다. 흥분한 평민당 의원들의 항의와 민정당 의원들의 맞대응으로 청문회는 일곱 차례나 중단됐다. 광주항쟁 당시 시민군 간부였던 정상용은 “사람을 죽여놓고 자위권이냐”고 소리쳤다. 이철용은 증인석으로 뛰쳐나가 전두환에게 “당신은 살인마야”라고 외쳤다.

전두환이 퇴장하자 노무현은 자기 명패를 바닥에 내동댕이쳤다. 뒤에 펴낸 책에서 노무현은 통일민주당 지도부에 화가 나 명패를 던졌다고 밝혔다. “이럴 때는 으레 통일민주당도 일어나 야당 편을 들어주는 게 관례였다. 그런데 그때는 달랐다. 뒤쪽 지도부에서 ‘우리 당은 조용히 있어라, 이제 평민당이 다 뒤집어쓰게 되었다’는 식의 의사가 전달되어오는 게 아닌가. 나는 도저히 참을 수 없어 벌떡 일어나 민정당 의원들을 향해 ‘전두환이가 아직도 너희들 상전이야!’ 하며 소리를 질렀다. 결국 소동이 가라앉지 않자 전두환 씨가 퇴장을 했고 나는 통일민주당 지도부를 향해 욕을 퍼부으며 명패를 집어 바닥에 팽개쳐버렸다.”

1990년 1월 22일 텔레비전에 충격적인 장면이 나왔다. 청와대 접견실에서 대통령 노태우가 통일민주당 총재 김영삼, 신민주공화당 총재 김종필을 양옆에 세우고 ‘3당 합당’을 선언했다. “그 전날 저녁 우리는 박태준 민정당 대표위원이 초청한 국회 경제과학위원회 위원 부부 만찬에 참석했어요. 그 자리에서도 합당 이야기는 전혀 나오지 않았는데, 바로 다음날 그런 일이 벌어지니 입이 다물어지지 않았어요.” 이날 대통령 노태우는 ‘3당 합당 공동발표문’을 낭독했다. 발표문은 “4당으로 갈라진 현재의 구조로는 나라 안팎의 도전을 효율적으로 헤쳐 나라의 앞날을 개척할 수 없다”며 “정책노선을 같이하는 정치세력이 뭉쳐 정책 중심의 정당정치를 실천해 당파적 이해로 분열·대결하는 정치에 종지부를 찍기로 했다"고 밝혔다. 김영삼은 "이번 결단은 위대한 결정이요, 혁명"이라고 말했다.

3당 합당이 이루어지기 전에 노태우는 박철언을 대리인으로 삼아 야당 총재들과 접촉했다. "노태우 대통령이 남편에게도 합당을 제의했다고 해요. 남편은 단호하게 거절했지요." 김대중은 자서전에서 노태우의 합당 제안에 다음과 같이 답했다고 밝혔다. "오늘의 여소야대는 국민이 선택한 것입니다. 노 대통령께서도 여소야대가 하늘의 뜻이며 국민의 뜻이라고 하지 않았습니까. 민정당과 평민당이 합치는 것은 민의를 배반하는 일입니다." 김대중은 이런 말도 했다. "3당 합당만은 결코 해서는 안 됩니다. 지금 국정을 펴는 데 불편한 것이 없잖습니까? 국익을 위해서라면 우리 평민당은 그동안 초당적인 협조를 했습니다. 여소야대라 하지만 모든 걸 만장일치로 합의해서 처리하고 있습니다. 여소야대라는 것도 한번 해봐야 민주주의 발전에 도움이 됩니다."

3당 합당은 노태우·김영삼·김종필 세 사람이 동상이몽을 꾸었기에 가능한 일이었다. 민정당은 집권 연장을 노렸고, 김영삼은 대통령 자리를, 김종필은 내각제를 생각했다. 3당이 통합해 만든 민주자유당은 2월 9일 합당결의대회를 열었다. 3당 합당으로 여소야대 국회가 사라졌다. 집권당은 전체 299석 가운데 218석을 거느린 공룡정당이 됐다. 5월 전당대회에서 노태우는 총재를, 김영삼은 대표최고위원을, 김종필은 박태준과 공동으로 최고위원을 맡았다. 통일민주당에서는 이기택·김정길·노무현을 포함한 의원 다섯 명이 합당을 거부하고 남아 민주당을 창당했다. 민주당은 '꼬마민주당'으로 불렸다. "3당 합당은 민의를 배반한 쿠데타적인 사건이었어요. 그 주역이 김영삼 총재였다는 것에 남편은 충격을 받았지요. 김영삼 총재가 아무리 사정이 어려워도 군사정권의 후예와 손을 잡을 거라고는 보지 않았거든요. 남편은 3당 합당을 보수대연합이 아니라 반민주·반호남 연합이라고 했는데 나도 그 생각에 동의합니다. 그 뒤로 호남 고립이 더 심해졌지요."

거대 여당이 탄생하자 세상의 분위기가 바뀌었다. 어렵게 전진하던 민주화 흐름이 역류하기 시작했다. 1990년 3월 2일 노태우 정권은 노조에 협조적이던 KBS 사장 서영훈을 몰아내고 〈서울신문〉 사장 서기원을 새 사장으로 임명했다. KBS 노조는 서기원의 사장 취임을 저지하는 제작거부 투쟁을 벌였다. 투쟁이 계속되자 노태우 정권은 4월 30일 경찰 3000명을 투입해 사원 333명을 연행했다.

시국의 풍랑은 가라앉지 않았지만 1990년 6월 이희호 집안에 세 번째 화촉이 밝혀졌다. "막내 홍걸이가 서교성당에서 결혼식을 올렸어요. 막내는 우리가 망명생활을 할 때 미국에 함께 있다가 뒤에 귀국했지요. 고려대에 복학했다가 방위로 군복무를 했는데 그때 고등학교 시절 친구 소개로 셋째 며느리를 만났어요. 부산에서 태어나 자란, 사업하는 집안 딸이었는데, 일본에서 디자인 공부를 했어요. 우리는 둘의 결혼에 일절 간섭을 하지 않았어요. 셋째 며느리까지 부산 태생이어서 며느리 셋이 모두 경상도 출신이 됐지요."

1990년 7월 오스트리아 총리를 지낸 브루노 크라이스키가 세상을 떠났다. 이희호는 장례식에 참석했다. "남편이 몹시 바빠 크라이스키 총리 장례식에 내가 대신 갔지요. 둘째 홍업이랑 최운상 전 대사랑 함께 참석했어요. 크라이스키 총리는 1970년대에 빌리 브란트 서독 총리, 올로프 팔메 스웨덴 총리와 함께 유럽 사회민주주의를 대표하는 정치인이었어요. 브란트 총리, 팔메 총리와 함께 남편이 사형선고를 당했을 때 구명운동에도 앞장섰지요. 옥중에 있던 남편을 자기 이름을 딴 크라이스키 인권상 수상자로 선정하기도 했고요. 장례식이 참 아름다웠어요."

장례식이 끝난 뒤 이희호는 독일 베를린에도 들렀다. "전해 11월 베를린 장벽이 무너졌잖아요. 그래서 현장을 보려고 갔지요. 장벽이 그대로 남아 있었는데, 커다란 구멍이 뚫려 있었어요. 사람들이 구멍이 난 장벽을 통과하는 걸 보고 나도 분단된 우리나라를 생각하면서 장벽을 넘어가보았지요. 동독과 서독은 그해 10월에 정식으로 통일됐어요." 이희호는 후에 빌리 브란트 장례식에도 참석했다. "브란트 총리가 1992년 10월에 세상을 떠났어요. 14대 대선 기간 중이어서 그때도 내가 남편 대신 갔지요. 전 세계의 정치 수뇌들이 대거 조문객으로 참석했는데, 규모는 컸지만 아주 검소했어요."

1990년 10월 4일 탈영한 육군 이병 윤석양이 KNCC 인권위원회 사무실에서 국군보안사령부의 민간인 사찰 기록을 공개했다. 야당 정치인과 재야인사를 포함한 민간인 1600여 명에 대한 불법사찰 실태가 담겨 있었다. 정국은 커다란 회오리에 휩싸였다. 10월 8일 김대중은 지방자치제 실시, 내각제 포기, 보안사 해체를 요구하며 평민당 당사에서 무기한 단식투쟁에 들어갔다. 김대중 단식의 핵심 목표는 지방자치제 실시였다.

"남편은 국회에서 '미스터 지자체'로 불릴 정도로 지방자치제에 대한 신념이 강했어요. 1963년 국회에 들어간 뒤로 남북화해협력, 노사공동위원회, 지방자치제가 이루어져야 민주주의가 완성된다고 기회가 날 때마다 말했어요. 1971년 대통령 선거 때도 지방자치제를 핵심

1990년 여름 크라이스키 오스트리아 전 총리 장례식에 김대중 대신 참석한
이희호는 둘째아들 홍업과 독일에 들러 무너진 베를린 장벽에서
남북통일을 기원했다.

공약으로 내걸었고요." 지방자치제는 1989년 2월에 여야 4당이 실시하기로 합의하고 관련법도 통과시킨 터였다. "그런데 3당 합당을 하고 나서 여당에서 지방자치제 실시를 연기하려고 했어요. 남편은 이대로 밀리다가는 아무것도 되지 않겠다고 보고 단식을 결심했지요."

김대중이 단식투쟁을 시작하자 이희호는 거처를 당사로 옮겼다. "보리차를 끓이며 남편 곁을 지켰어요. 단식 중에 먹을 수 있는 게 보리차뿐이잖아요. 5일쯤 지나자 몸이 급속도로 쇠약해졌어요. 주위에서 나에게 단식을 중단하게 해달라고 했는데, 끝까지 그 말을 못 했어요. 보리차를 끓일 때 남편 몰래 다시마를 넣었는데, 내가 해줄 수 있는 게 그것뿐이었지요."

10월 13일 서울 보라매공원에서 야당과 재야 공동주최로 '보안사 불법사찰 규탄과 군정 청산 국민대회'가 열렸다. '꼬마민주당' 총재 이기택은 "노태우 정권 퇴진만이 우리 국민의 유일한 선택"이라며 "정권 퇴진을 위한 가장 효율적인 수단은 야권통합"이라고 외쳤다. 김대중은 단식으로 몸이 쇠약해져 대회에 참가하지 못했다. "단식 8일째에 탈수현상이 심해졌어요. 당직자와 비서들이 놀라서 남편을 세브란스병원으로 옮겼지요." 김대중은 병원에서도 단식을 멈추지 않았다. 평민당 의원 30명도 15일부터 동조단식에 들어갔다. 10월 20일 마침내 노태우 정권이 1991년 상반기에 지방자치 선거를 치르겠다고 발표했다. "정부의 약속을 받고서야 남편은 단식투쟁을 끝냈어요. 13일 만이었어요. 그 후로도 한동안 단식 후유증으로 고생했지요." 그러나 이듬해 1월 노태우는 지방의회 선거만 먼저 치르고, 자치단체장 선거는 1~2년 뒤로 미루겠다고 말을 바꾸었다.

김대중의 단식투쟁으로 불완전하게나마 지방자치제 시대가 다시 열렸다. 박정희 쿠데타로 중단된 지 30여 년 만이었다. "그렇게 고생해서 지방자치제 선거를 얻어냈는데 이듬해 3월에 치른 기초의회 선거랑 6월에 치른 광역의회 선거에서 야당이 모두 패배하고 말았지요." 3월 26일의 기초의회 선거에서 친여 후보 당선자는 전체의 75퍼센트에 이르렀다.

5

# 세 번째 도전에 뛰어들다

## 1992년 대선

1991년 4월 26일 '학원 자주화 투쟁' 시위에 참가한 명지대 1학년 학생 강경대가 백골단의 쇠파이프에 맞아 목숨을 잃었다. 이날 이후 한 달 남짓 동안 대학생들의 분신이 줄을 이었다. 4월 29일 전남대 학생 박승희가 '강경대 치사 사건 규탄과 공안통치 분쇄를 위한 범국민대회' 중에 분신한 것을 기점으로 해 11명의 젊은이가 목숨을 버렸다. 젊은이들의 분신은 3당 합당 이후 한국 사회를 휘감은 절망감의 표출이었다. 5월 8일에는 전민련 사회부장 김기설이 유서를 남기고 서강대 옥상에서 분신자살했다. 노태우 정권은 '분신배후설'을 퍼뜨렸다.

검찰은 5월 18일 전민련 총무부장 강기훈이 김기설의 유서를 대필해 자살을 방조했다는 혐의로 압수수색을 벌였다. 분신 정국의 반전을 노린 수사였다. 노태우 정권은 김기설의 유서가 강기훈의 필체와 같다는 국립과학수사연구소의 필적 감정을 받아내 강기훈을 구속했다. 강기훈은 징역 3년의 실형을 살고 출소했으나 '유서대필 조작' 의혹은 그 뒤로도 사라지지 않았다. 2014년에야 서울고등법원이 강기훈에게 무죄 판결을 내리고 2015년 5월 대법원이 고등법원의 판결을 확정했다. 모든 것이 검찰의 조작이었으나 '유서대필 사건'은 언론을 통해 진실인 양 퍼져나가 민주화 세력의 도덕성에 큰 타격을 안겼다.

분신 정국이 계속되자 5월 24일 노재봉이 총리에서 물러나고 교육부 장관을 지낸 정원식이 새 총리로 기용됐다. 이튿날 '공안통치 민생파탄 노태우정권 퇴진 3차 국민대회'에서 성균관대 학생 김귀정이 시위 도중 질식사당했다. 6월 3일 정원식이 외국어대에 왔다가 흥분한 학생들에게 붙들려 밀가루와 계란을 뒤집어썼다. 정부는 이 사건을 호재로 활용해 학생들을 '패륜아'로 몰아붙였다. 앞서 4월 9일 평민당은 광역의회 선거를 앞두고 재야인사들과 옛 야권인사들을 영입해 신민주연합당으로 재출발했으나 '정원식 사건'은 야당에 악영향을 끼쳤다. 6월 20일 정권의 공안몰이 중에 광역의회 선거가 치러졌다.

"결국 선거에서 패배하고 말았지요. 당시 강경대 군의 죽음이나 정원식 총리 사건은 노태우 정부의 공안통치와 민주주의 탄압 때문에 일어난 일이었지만, 학생들의 대응이 국민과 호흡을 함께하지 못한 것은 문제였어요." 신민주연합당은 최소 목표인 200석에도 미치지 못하는 165석에 머물렀다. 반면에 민자당은 애초 목표보다 많은 564명을 당선자로 냈다. 1991년 8월 17일 평화민주당의 후신인 신민주연합당은 '꼬마민주당'에 야권통합을 제의했다. "두 당의 국회의원 수는 67 대 8로 큰 차이가 났지만 남편은 당 대 당 통합을 조건으로 제시했지요. 큰 폭의 양보였어요." 9월 16일 두 당은 민주당으로 통합해 새로 출발했다. "남편은 이기택 총재와 함께 공동대표를 맡았어요."

1991년 9월 17일 제46차 UN 총회에서 남북한 UN 동시가입이 만장일치로 결정됐다. 북한은 160번째, 남한은 161번째 UN 회원국이 됐다. "남편은 1971년 대통령 선거 때 남북의 UN 동시가입을 주장했는데, 그것 때문에 용공이라는 비난을 받았어요. 20년 뒤에 결국 남과 북이 UN에 함께 들어갔는데, 감회가 깊었지요." 그날 김대중은 소련 방문에 나섰다. 김대중은 모스크바대학에서 민주주의를 주제로 삼아 강연했다. "오늘날 많은 공산국가들이 몰락한 것은 그 나라들이 사회주의를 했기 때문이 아니라 민주주의를 하지 않았기 때문입니다. 사회주의가 패배한 것이 아니라 민주주의를 하지 않은 독재적 사회주의가 패배한 것입니다. 민주주의를 하고 있는 나라는 자본주의든 사회주의든 다 같이 성공했습니다. 서구 사회의 자본주의와 민주적 사회주의가 이 사실을 증명합니다. 20세기는 사회주의에 대한 자본주의의 승리가 아니라 독재에 대한 민주주의의 승리의 역사입니다." 모스크바대학 총장 아나톨리 로구노프(Anatoly Logunov)는 김대중을 모스크바대학 평생 명예교수로 임명했다.

1992년 3월 24일로 예정된 14대 총선을 앞두고 그해 1월 현대그룹 창업주 정주영이 정치에 뛰어들었다. 정주영은 2월 8일 통일국민당을 창당했다. 2월 말 국민당은 전국의 일간지에 '아파트를 반값으로 낮추어 대량으로 공급하겠다'는 광고를 냈다. 국민당이 총선의 주요 변수로 떠올랐다. 노태우는 "14대 총선을 가장 공명정대한 선거로 치르겠다"고 밝혔지만, 공언과 달리 노골적으로 선거에 개입했다. 전국을 순회하며 지역개발 공약을 남발했다. 민자당은 피라미드 조직 방식으로 '한맥청년회'를 만들어 대학생들을 끌어들였다. 학생들은 고액 일당을 받고 유세장에 동원됐다.

3월 22일 육군 9사단 소대장 이지문이 공명선거실천시민운동협의회(공선협) 사무실에서 군 부재자투표 부정을 폭로했다. 보안사 후신인 국군기무사가 개입해 공개투표와 중간검표를 비롯해 선거부정행위를 광범위하게 저질렀다고 양심선언을 한 것이다. 방송과 신문은 이지문의 폭로를 축소·왜곡해 보도했다. 14대 총선은 부정으로 얼룩졌다. 민자당은 예상을 깨고 선거에서 참패했다. 전체 299석 가운데 과반수에 미달하는 149석을 얻는 데 그쳤다. 총선 전 의석수 218석에서 69석을 잃었다. 반면에 민주당은 22석을 늘려 97석을 확보했다. 서울에서는 44곳 중 25곳에서 승리했다. 정주영의 국민당은 31석을 얻었다.

1992년 5월 10일 이희호는 결혼 30돌을 맞았다. "결혼 10돌 때는 시어머니께서 돌아가셔서 상을 치르느라 정신이 없었고요, 결혼 20돌 때는 남편이 청주교도소에 갇혀 있었어요." 30돌은 처음으로 평안한 마음으로 맞은 기념일이었다. "그날 우리는 평소처럼 각각 교회와 성당을 다녀왔어요. 늘 주일이면 가족들이 모여 점심식사를 함께했는데 그날도 같이 밥을 먹었지요. 우리는 세 며느리에게 각별히 고마움을 표시했어요. 핍박받는 정치인 집에 시집와 잘 살아줘서 고맙다고요."

결혼 뒤 험한 세월을 보내느라 이희호는 생일이나 기념일을 챙길 여유가 없었다. "미국에 망명했던 때 처음 생일 케이크를 받았어요. 하비 목사의 부인 제인 하비(Jane Harvey)가 미국 유학 시절부터 친하게 지낸 후배였는데, 1983년 생일에 꽃과 케이크를 보내왔어요. 가족들이 그때야 내 생일인 줄 알고 한바탕 소동을 벌였지요." 이희호는 김대중이 감옥에서 보내온 생일 축하 엽서를 일생의 귀한 생일선물로 간직했다. "청주교도소에 있을 때 한 달에 봉함엽서 한 장밖에 보낼 수 없었는데, 엽서 한 면에 생일 축하한다고 크게 써서 보내왔어요." 김대중은 1982년 9월 23일치 엽서에 이렇게 썼다. "축 생신. 당신의 생일을 진심으로 축하하며 하느님께서 당신이 지금까지 겪은 고난과 헌신에 비추어 특별한 축복을 주시도록 간절히 기도드립니다."

14대 총선이 끝난 뒤 연말에 치를 14대 대통령 선거 구도가 짜였다. 민주당의 김대중, 민자당의 김영삼, 국민당의 정주영이 각축했다. 김영삼은 5월 19일 민자당 대통령 후보로 선출됐다. 8월 25일에는 노태우에게서 민자당 총재 자리도 넘겨받았다. 앞서 정주영은 5월 15일 국민당 대통령 후보로 뽑혔다. 5월 26일 김대중은 민주당 대통령 후보로 선출됐다. 세 번째 도전이었다. 김대중은 후보 수락 연설에서 '정치보복이 없는 대화합의 정치를 하겠다'고 선언했다. 경제정의를 실천하고 금융실명제를 실시하며 '공화국연합제' 방식의 남북통일을 추진하겠다는 약속도 했다.

"남편은 그때 68살이었어요. 마지막 도전이라고 생각했지요. 분위기가 좋아서 우리는 대통령 선거에서 승리할 수 있을 거라는 믿음이 있었지요." 민주당은 '뉴DJ플랜' 전략을 세워 변화한 상황에 대응했다. "오랫동안 굳어진 '강경한 김대중' 이미지를 바꾸려는 차원에서 나온 것이었어요. 가만히 있어도 왠지 근엄해 보인다는 것이 오히려 약점으로 지적됐지요. 나는 남편에게 가능하면 자주, 많이 웃으라고 조언했어요. 특히 유세 중에 목소리를 높일 때 표정이 굳어지니 톤을 낮추고 천천히 말하라고 권했어요."

6월 1일 김대중은 "대규모 옥외집회를 자제하고 3당 후보가 텔레비전 공개토론을 열어 국민에게 각 당의 견해를 밝히자"고 제안했다. "텔레비전 토론은 남편이 1971년 대통령 선거 때부터 주장해오던 것이었어요. 1992년에는 우리나라 거의 모든 가정에 텔레비전이 보급돼 있었어요. 텔레비전 토론을 하면 비용도 적게 들고 국민도 후보들의 정견을 잘 알 수 있잖아요. 그런데 주요 신문들이 모두 침묵했어요. 〈한겨레신문〉만 사설에서 정치왜곡을 막으려면 텔레비전 토론이 필요한데 왜 거부하느냐고 지적했지요."

9월 7일 김대중은 러시아 국립 외교대학원에서 '한국 사회에서 민주주의의 생성과 발전에 관하여'라는 주제로 정치학 박사학위를 받았다. 1980년대 이래 한국 민주주의와 관련해 쓴 주요 논문들을 재구성한 것이었다. "그해 러시아어로 번역된 남편의 저작으로 박사학위를 받았어요. 남편은 정식으로 대학을 나오지 않아 '대학 콤플렉스'가 있었는데, 그 콤플렉스를 극복하려고 무던히도 공부를 했지요." 김대중은 11월에 인촌 김성수 동상 제막식에서 전두환과 처음으로 대면했다. "그냥 덤덤하게 웃으면서 만났대요. 남편은 박정희 대통령 묘소를 참배하기도 했어요. 자신을 핍박했던 사람들을 먼저 용서하고 그 사람들과 화해하는 절차였어요. 정치보복에 반대하고 국민 대화합을 이루겠다는 약속을 행동으로 보여준 것이었지요. 나도 남편의 뜻이 좋다고 생각했어요."

1992년 9월 9일 국민당은 일간신문에 '공무원과 언론은 공명선거를 가늠하는 두 잣대입니다'라는 제하의 정책광고를 냈다. 이 광고에서 국민당은 "언론계에는 '김영삼 장학생'이라는 말이 있습니다. 조직적으로 신문·방송에 영향력을 심고 있는 것은 이제 비밀이 아닙니다"라고 주장했다. 거대 언론은 사실이 아니라고 발뺌했지만 〈기자협회보〉는 10월 1일치에 '김영삼 장학생'의 실체를 보여주는 물증을 폭로했다. 통신사 고위간부가 언론사 주요 간부·기자들의 성향을 김영삼 쪽에 수시로 보고하고 언론인들을 회유하는 작업을 해왔음이

1992년 11월 첫 자서전《나의 사랑 나의 조국》출판기념회에서
세 아들 부부와 함께했다. 이희호는 이 책을 펴내고 남편의 선거운동에
적극적으로 뛰어들었다.

이 폭로로 드러났다. "1992년 대통령 선거는 언론이 좌지우지했어요. 독재의 탄압이 줄어든 대신에 거대 언론이 편파·왜곡보도로 선거판을 어지럽혔지요."

김대중 진영은 언론의 적대적 환경을 이겨내고 대세를 잡았다고 판단했다. "여론조사들을 보면 남편이 앞서가고 있는 것으로 나왔어요. 그래서 다들 이번에는 우리가 이긴다고 봤지요. 외국 언론들도 남편의 당선이 유력하다고 보고 목포와 하의도를 먼저 취재하기도 했어요. 외국 어느 대사관에서는 '대통령 취임 후 정책'을 듣겠다고 면담을 요청하기도 했고요." 선거운동이 본격화하자 민주당에서는 헬리콥터 유세를 제안했지만 이희호는 단호하게 반대했다. "다른 후보들이 헬리콥터를 타고 다니는데 남편은 전용버스를 타고 이동하니 기동성에서 큰 차이가 났어요. 그래서 참모들이 우리도 헬리콥터를 이용하자는 제안들을 했어요. 나는 헬리콥터는 너무 위험하다고 보았어요. 저쪽에서 무슨 일을 꾸밀지 알 수 없잖아요. '대통령이 안 되는 한이 있어도 헬리콥터는 타지 않는 게 좋겠다'고 했지요." 동교동은 여전히 도청 위협에 시달렸다. "우리 집 전화는 그때도 도청당하고 있었어요. 1994년 3월에야 우리 뒷집을 포함해 주변 집 네 채를 경찰이 소유하고 있다는 사실이 밝혀졌지요."

1992년 10월 6일 선거판을 흔드는 대규모 간첩단 사건이 발표됐다. '조선노동당 이선실 간첩단 사건'이었다. 안기부가 발표한 내용은 다음과 같았다. '조선노동당 정치국 후보위원으로 서열 22위인 거물 간첩 이선실이 세 차례나 남한에 잠입해 공작지도부를 구축하고 재야단체·정계·노동계·학계에 침투해 조선노동당 지부를 만들었다. 장관급을 포함한 10여 명의 간첩을 남한에 밀파해 10여 년간 암약케 했으며 사회 각계각층 400여 명을 조직원으로 포섭해 대남 적화공작을 해왔다.' 안기부는 전 민중당 대표 김낙중을 포함해 62명을 체포했다고 밝혔다. "간첩단 사건이 신문 지면과 방송 화면을 점령하다시피 했어요. 선거 때마다 부는 '북풍'이 다시 불었지요. 1987년에는 20대 김현희더니 1992년에는 70살 이선실이었어요. 안기부는 남편의 비서 한 사람이 국방부 예산 관련 자료를 간첩에게 넘겨주었다고 물고 늘어졌어요. 그 비서는 간첩이라는 걸 모르고 자료를 넘겨주었는데, 그것도 안기부 공작일 가능성이 컸어요. 이선실이 우리 집에 와서 나랑 기념사진을 찍었다는 소문까지 안기부가 퍼뜨렸지요. 어처구니가 없었어요. 그런데 그렇게 요란하던 간첩단 사건이 대통령 선거가 끝나자 흐지부지 자취를 감춰버렸어요."

민자당은 간첩단 사건을 최대한 이용했다. 안기부는 "북한 김일성 주석이 이번 선거에서 김대중 후보를 지지하도록 대남방송을 하고 있다"는 거짓 정보를 흘리기도 했다. 김영삼은 선거 막판에 유세장에서 김대중에게 '붉은 색깔'을 씌웠다. "북한이 남한을 적화하려는데 우리 내부에 동조하는 세력이 있다." "최근 평양방송은 김영삼이를 낙선시키고 모당 후보를 당선시키라더니 그 당이 김일성 노선 추종자들이 섞인 전국연합과 손잡자 환영했다."

이희호는 김영삼의 '사상 공격'에 충격을 받았다. "그렇게 오랫동안 남편과 정치를 함께했는데 사상이 그렇게 불순하다면 자기는 뭐예요. 사실이 아니기 때문에 함께했던 거잖아요." 김대중은 선거가 끝난 뒤 언론 인터뷰에서 이렇게 말했다. "나와 함께 30년이나 민주화투쟁을 했던 옛날의 동지가 나의 사상을 물고 늘어지는 데는 정말 놀랐습니다. 이것은 지금도 내 가슴에 응어리로 남아 있습니다. 쉽게 잊을 수가 없습니다."

6

# 눈물 속에 받아쓴 정계은퇴서

## 영국 생활

1992년 12월 15일 14대 대통령 선거를 사흘 앞두고 국민당 선거대책본부장 김동길이 '초원 복국집 사건'을 폭로했다. '초원 복국집 사건'은 나흘 전인 12월 11일에 일어난 일이었다. 이날 아침 전 법무부 장관 김기춘이 부산 지역 기관장들을 모아 '지역감정을 일으켜 김영삼을 당선시키자'는 내용으로 선거대책모임을 열었다. 이 모임의 참석자는 김기춘 외에 부산시장 김영환, 부산경찰청장 박일룡, 안기부 부산시지부장 이규삼, 부산지구기무부대장 김대균, 부산시교육감 우명수, 부산지검장 정경식을 포함한 아홉 명이었다.

김기춘은 그 자리에서 이렇게 말했다. "이번에 김대중이나 정주영이가 어쩌고 하면 부산·경남 사람들 영도다리에 빠져 죽자. 하여튼 민간에서 지역감정을 좀 불러일으켜야 돼." 김기춘은 이런 말도 했다. "부산·경남·경북까지 요렇게만 딱 단결하면 안 되는 일이 없다. 5년 뒤에는 대구 분들하고 서울 분들하고 다툼이 될는지, 그때 대구

분들 우리에게 손 벌리려면 지금 화끈하게 도와주고… 안 그렇습니까?" 그 자리에서 김기춘이 "노골적으로 해도 괜찮지 뭐. 우리 검찰에서 양해할 거야. 아마 경찰청장도 양해…"라고 말하자 박일룡은 "양해라뇨? 제가 더 떠듭니다"라고 맞장구쳤다. 고위 공직자들이 특정 후보 선거운동을 하고 그것도 모자라 지역감정을 조장할 계략을 꾸민 것이었다.

김영삼은 12월 17일 기자회견을 열어 이렇게 주장했다. "부산사건은 민자당과는 전혀 무관한 일이다. 이번 사건으로 인한 최대 피해자는 나 자신이다. 대화 내용을 녹음한 것 자체가 공작정치다. 불법적인 도청을 뿌리 뽑아야 한다." 거대 언론을 등에 업은 김영삼은 사건의 본말을 뒤집어버렸다. 언론은 도청이 문제라고 국민당을 몰아세웠다. 선거는 지역감정을 일으키려는 사람들 뜻대로 흘러갔다.

대통령 선거 투표일인 1992년 12월 18일 이희호와 김대중은 아침 일찍 투표를 마치고 임진각 통일동산을 찾았다. 저녁에 시작된 개표는 지역대결 양상을 그대로 보여주었다. '초원 복국집 사건'은 여당의 바람대로 역풍을 불러일으켰다. 개표 결과는 김영삼 997만여 표(42퍼센트), 김대중 804만여 표(33.8퍼센트), 정주영 388만여 표(16.3퍼센트), 박찬종 151만여 표(6.4퍼센트)였다. 김대중은 세 번째 도전에서도 패배했다.

승부를 가른 건 경상도 지역의 몰표였다. 김영삼이 부산·경남과 대구·경북에서 얻은 표는 474만7184표, 김대중이 광주·전남과 전북에서 얻은 표는 281만4226표였다. 193만2958표 차이였다. 이 차이는 김영삼과 김대중의 전국 총득표 차이 193만5956표에 2998표가 모자란 것이었다. "결국 지역감정이 선거 결과를 결정했지요. 사실 남편은 지역장벽을 극복하려고 이런저런 노력을 다했어요. 1990년 영광·함평 보궐선거에서는 이수인 영남대 교수를 후보로 공천해 압도적인 표차로 당선시키기도 했어요. 그런 노력도 헛수고였지요. 선거가 끝난 뒤에 광주의 어느 신문은 '김대중 씨가 강원도에서만 태어났어도 이미 대통령이 됐을 것'이라고 했어요. 허탈한 마음을 가눌 길 없었지요."

12월 18일 저녁 개표 윤곽이 드러나자 김대중은 11시쯤 당사에서 나와 집으로 돌아왔다. "남편은 잠자리에 들었다가 새벽에 일어났어요." 김대중은 잠을 못 이루는 이희호에게 말했다. "다시 국민의 마음을 얻지 못했소. 내가 할 일은 여기까지인 것 같소. 마음을 정리하려고 하는데 당신도 동의해줬으면 좋겠소. 이제 정계를 떠나려고 하오. 내가 말하는 것을 받아써주시오." 이희호는 할 말을 잃었다. "남편이 구술하고 내가 받아 적었어요. 정서를 하는데 눈물이 주르륵 종이 위에 떨어졌지요." 이희호가 계속 흐느끼자 김대중이 이희호의 손을 잡았다. "여보, 우리 사형선고 받았을 때 생각하면 이 정도는 웃을 일 아니오?" 김대중이 오히려 이희호를 위로했다. "그래도 눈물이 멈추지 않고 계속 흘러내렸지요."

선거 다음날인 12월 19일 오전 8시 30분 김대중이 민주당사로 들어섰다. 당원들이 울음을 터뜨렸다. 김대중이 민주당 당적까지 포기하겠다고 하자 사무총장 한광옥, 비서실장 조승형이 "그것만은 안 된다"며 울었다. 김대중은 정계은퇴 성명을 읽었다. "존경하는 국민 여러분! 저는 또다시 국민 여러분의 신임을 얻는 데 실패했습니다. 저는 이것을 저의 부덕의 소치로 생각하며 패배를 겸허한 심정으로 인정합니다. (…) 저는 오늘로써 국회의원직을 사퇴하고 평범한 시민이 되겠습니다. 이로써 40년의 파란 많았던 정치생활에 사실상 종말을 고한다고 생각하니 감개무량한 심정을 금할 길이 없습니다. 그간 국민 여러분의 막중한 사랑과 성원을 받았습니다. 국민 여러분의 하해 같은 은혜를 하나도 갚지 못하고 물러나게 된 점 가슴 아프고 송구스럽게 생각합니다."

김대중의 은퇴선언은 당원과 지지자를 놀라게 했다. "집으로 편지와 전화가 쇄도했어요. 다들 서러워하고 분통을 터뜨렸지요. 그 뒤로 송별 모임이 여러 곳에서 열렸는데 그때마다 눈물이 쏟아졌어요. 그렇게 애를 썼는데 뜻이 이루어지지 않은 걸 생각하면 눈물이 나서 견딜 수 없었지요."

이듬해 1월 2일 추기경 김수환이 동교동을 방문했다. "추기경님이 우리를 위로해주셨지요." 김수환은 대통령 선거에 승리한 김영삼이 당선 인사를 하러 찾아오자 솔직하게 말했다. "좀 섭섭하게 들릴지 모르겠지만 저는 다른 후보를 찍었습니다." 김수환은 그 뒤 언론 인터뷰에서도 "김대중 씨가 대통령이 된다면 지역감정 문제가 크게 완화될 수 있으리라는 생각에서 찍었다"고 밝혔다. 1월 6일 김대중의 생일에 민주당 사람들이 마련한 점심 자리에서 김대중은 자기 안의 응어리를 털어놓았다. "남편은 감옥에 가고 정치적 박해를 받는 것보다 누명을 쓰는 것을 더 괴로워했어요. 사상이 의심스럽다느니 돈을 쌓아두었다느니 하는 말을 수없이 들었지요. 그런 말에 현혹돼 국민들이 남편을 무작정 비난할 때마다 피눈물을 쏟았어요. 그날 남편은 그런 속마음을 다 이야기했지요."

영국 케임브리지대학에서 초청장이 왔다. "처음에 남편은 미국으로 유학을 갈까 생각하기도 했는데, 조금이라도 더 국내 정치에서 떨어져 있으려고 영국으로 가겠다고 결심했지요. 영국에서 독일 통일과 유럽 통합을 주제로 삼아 연구하겠다는 생각을 했어요." 1월 26일 김대중은 영국행 비행기에 올랐다. "나는 살림 준비를 하려고 박금옥 비서와 함께 일주일 먼저 영국으로 떠났어요. 그 뒤에 남편이 케임브리지로 왔지요." 케임브리지는 런던에서 북쪽으로 80여 킬로미터 떨어진 인구 10만 명의 대학도시였다. 도시 가운데를 흐르는 캠 강을 따라 단과대학 31곳이 자리 잡고 있었다. "우리는 남편의 연구실에서 가까운 2층 아파트 '파인허스트 로지'에 들어갔어요. 방이 세 개 딸려 있었어요."

김대중은 클레어홀대학의 객원연구원으로 강의와 연구를 시작했다. 클레어홀은 숙소에서 오가는 데 10분가량 걸리는 곳에 있었다. 케임브리지대학 부총장은 "옥스퍼드에서는 빌 클린턴(Bill Clinton)이 공부를 했고, 이제 우리 대학에는 김대중 선생이 왔다"고 환영사를 했다. "남편은 모스크바대학에서 평생 명예교수직을 받았는데, 그래서 다들 '김대중 교수'라고 불렀어요." 김대중은 케임브리지에서 《제3의 길*The Third Way. The renewal of social democracy*》을 쓴 사회학자 앤서니 기든스(Anthony Giddens), 민주주의 연구의 권위자 존 던(John Dunn) 같은 학자들과 교류했다. "남편은 여러 학자들을 만났어요. 정치 현장에 있을 때보다 훨씬 행복해 보였지요. 남편은 이렇게 유서 깊은 대학에서 공부해보는 것이 소원이었는데 대통령이 됐으면 이런 곳에서 공부할 기회가 있었겠느냐는 말도 했어요."

김대중은 케임브리지 말고도 옥스퍼드대학, 런던대학, 왕립국제문제연구소(채텀하우스)에서 강연했다. 옥스퍼드에서 강연할 때 일본 유학생 한 명이 김대중에게 이런 질문을 했다. "2차 세계대전 때 점령

당했던 프랑스는 독일과 잘 지내는데 왜 한국은 과거에 얽매여 아직도 일본과 화해를 하지 않는가?" 장내가 조용해졌다. 김대중이 대답했다. "독일이 일본처럼 프랑스의 말과 글, 성을 빼앗고 민족말살을 하려고 했는가? 일본처럼 잘못을 인정하지 않고 사과를 회피했는가? 국민에게 과거의 잘못을 가르치지 않고 교과서를 왜곡했는가? 일본의 태도가 독일과 확연히 다른데 어떻게 과거를 덮을 수 있겠는가?" 김대중의 답변에 박수가 터졌다. "강의가 끝난 뒤에 그 일본 유학생이 남편에게 다가와서 사과했어요. 그런 역사를 전혀 모르고 있었다고요."

이희호와 김대중은 케임브리지대학 석좌교수인 천체물리학자 스티븐 호킹(Stephen W. Hawking)과도 친구가 됐다. "우리가 사는 곳 복도 맞은편에 호킹 박사가 살았어요. 그래서 거기 사는 동안 자주 만났지요. 호킹 박사와 남편은 구면이었어요. 1991년에 호킹 박사가 한국을 방문했을 때 영국대사관 초청으로 남편과 한 테이블에서 이야기한 적이 있었거든요. 그때 남편이 우주의 생성과 미래, 우주와 인류의 관계 같은 질문들을 많이 했는데, 호킹 박사가 강한 인상을 받았던가 봐요. 정치인이 그런 질문을 하니까요. 그래서 영국에 갔을 때 호킹 박사가 우리를 아주 반갑게 맞아주었지요."

김대중과 호킹은 서로 집을 오가며 대화했다. "호킹 박사는 근육이 위축되는 루게릭병 때문에 손가락밖에 움직이지 못해요. 그 손가락으로 휠체어 앞에 붙은 컴퓨터 자판을 누르면 말이 나와요. 그런데도 항상 웃음 가득하고 사람들에게 친절했어요. 그런 몸으로 뉴턴, 아인슈타인에 버금가는 물리학 업적을 이뤄낸 것에 우리는 감동했지요." 김대중과 호킹은 생각이 잘 통했다. "남편이나 호킹 박사나 유머감각이 넘친다는 게 공통점이에요. 어려운 현실을 잘 이겨내는 낙관적인 사고방식도 비슷하고요."

이희호와 김대중은 영국에 있으면서 유럽 여러 나라를 방문했다. 2월에는 베를린사회과학센터가 주최한 '독일 통일 문제 토론회'에 참석해 '분단 한국, 통일을 위해 무엇을 해야 하나'라는 주제로 강연했다. 네덜란드 헤이그의 이준 열사 묘지를 찾아가 참배하기도 했다. "이준 열사는 헤이그에서 열린 만국평화회의에 참석해 일본의 침략을 규탄하고 을사늑약이 무효라는 사실을 알린 분이에요. 우리가 묘지에 찾아갔을 때 거기에 꽃이 놓여 있었어요." 포르투갈 리스본에서 열린 24개국 지도자회의에서 김대중과 이희호는 포르투갈 대통령 마리우 소아르스(Mário Soares)를 만났다. "소아르스 대통령은 열두 차례나 투옥당하고 프랑스 망명까지 갔던 분이었지요." 두 사람은 모스크바·헝가리·루마니아도 방문해 공산주의 붕괴 이후의 삶을 관찰했다.

김대중과 이희호는 독일도 여러 차례 방문했다. 독일 통일의 현장을 살피려는 것이었다. 동독 마지막 총리를 지낸 로타어 데메지에르(Lothar de Maiziere)는 이렇게 충고했다. "우리 동독은 통일을 너무 서두르는 잘못을 저질렀습니다. 한국은 흡수통일이 아닌 단계적이고 점진적인 통일을 이루는 게 좋을 것입니다." 독일 대통령 리하르트 폰 바이츠제커(Richard von Weizsäcker)도 비슷한 충고를 했다. "베를린 장벽은 무너졌지만 마음의 장벽은 그대로 남아 있습니다. 이질성을 극복하려면 적어도 30년은 걸릴 것입니다." 통일 독일 현장학습은 소득이 컸다. "독일은 통일이 됐지만 사실상 '1국가 2사회'였어요. 흡수통일로 후유증을 심하게 앓고 있었지요. 남편은 통일 독일이 겪는 어려움을 보면서 앞으로 무엇을 할지 확신이 섰다고 했어요."

영국에 있는 동안 일본 NHK방송에서 김대중을 찾아와 일대기를 만들자는 제안을 했다. "홋타 긴고(堀田謹吳) 피디가 그런 제안을 했어요. 남편을 설득해 결국 동의를 받아냈지요. 홋타 피디는 유럽 대륙 방문에 동행하면서 인터뷰를 했어요. 그 일대기는 1993년 9월에 나흘 동안 일본에서 방영됐는데, 1500만 명이 시청했다고 해요." 김대중은 영국에서 자전 에세이《새로운 시작을 위하여》도 집필했다. "출판사 김영사의 박은주 사장이 어느 날 영국으로 날아와서 책을 쓰자고 권했어요. 젊은이들에게 도움이 될 수 있을 거라고요. 수학자 김용운 교수도 함께 와서 설득했지요. 그래서 구술을 시작했는데, 나중에는 남편이 원고를 직접 썼어요. 그 책은 우리가 귀국한 뒤에 출간돼 베스트셀러가 됐지요."

케임브리지에 있던 시절 이희호와 김대중이 사귄 친구들 중에는 로빈이라는 새도 있었다. "남편은 동교동 집에 있을 때 날마다 참새들에게 모이를 주었어요. 영국에 와서도 빵 부스러기나 쌀을 매일 뿌려주었어요. 새들 중에 좀 큰 새가 한 마리 있었어요. 항상 혼자 와서 모이를 쪼아 먹고는 훌쩍 떠나요. 가슴에 붉은 털이 있는 새인데, 제네바에 들렀을 때 어떤 부인에게 그 새 이야기를 했더니 '로빈'이라고 알려주었어요. 영국을 떠날 때 그 새와 헤어지는 것이 참 아쉬웠지요."

1993년 6월 말 학기가 끝났다. "남편은 처음엔 1년쯤 공부할 생각이었지만 북한 핵 문제가 떠오르고 한반도 긴장이 높아지자 돌아갈 생각을 했어요. 남편이 떠날 때 클레어홀대학에서 남편을 교수회의 평생회원으로 선출했어요. 또 우리가 묵던 아파트 이름을 '파인허스트 로지'에서 남편 이름을 따 '킴스 로지'(김대중의 집)로 바꾸었어요. 아파트 현판을 바꿀 때 엘리자베스 여왕 남편 필립(Philip Mountbatten) 공이 참석했지요." 1993년 7월 4일 이희호와 김대중은 귀국했다. 영국으로 떠난 지 159일 만이었다. 서울 땅을 밟는 날 김포공항에는 수천 명의 환영인파가 나와 두 사람을 맞았다. 김대중은 인사말을 했다. "6개월 전 이 공항을 떠날 때는 유배지로 가는 심정이었으나 이제 그런 고통은 없습니다. 남은 인생에 대한 확고한 설계와 희망과 자신을 갖고 돌아왔습니다."

## 7

# 햇볕정책의 탄생

## 아태재단

1993년 7월 이희호와 김대중이 영국에서 돌아올 무렵 대통령 김영삼의 인기는 최고조에 이르러 있었다. 김영삼은 그해 2월 취임식에서 파격적인 발언을 했다. "어느 동맹국도 민족보다 나을 수는 없습니다. 어떤 이념이나 사상도 민족보다 더 큰 행복을 가져다주지 못합니다." 김영삼은 3월 19일 비전향 장기수 이인모를 조건 없이 북한에 송환했다. 남북관계 개선 희망이 부풀어 올랐다.

김영삼은 취임 사흘째 '고위공직자 재산공개'를 밀어붙였다. 3월에는 육군참모총장 김진영을 경질했다. 이 일을 신호탄으로 삼아 군부 사조직인 하나회를 제거했다. 8월에는 '금융실명거래에 관한 대통령 긴급재정경제명령'을 발표했다. '금융실명제' 실시로 검은돈의 금고인 가명계좌가 발붙일 곳을 잃었다. 김영삼에 대한 국민의 지지율은 모든 여론조사에서 80퍼센트를 넘나들었다. 호남 지역에서도 김영삼의 개혁에 대한 지지율은 85퍼센트에 이르렀다.

김영삼의 개혁 행보는 취임 뒤 1년이 안 돼 어그러지기 시작했다. 복병은 외교에서 먼저 튀어나왔다. 북한이 1993년 3월 '핵확산금지조약'(NPT)을 탈퇴한 것이 시작이었다. 미국을 비롯한 국제사회가 북한의 핵 개발 의혹에 촉각을 곤두세웠다. 소련 해체 이후 어려움에 빠진 북한 경제가 그대로 무너질 것이라는 말들이 돌았다. 남과 북은 서로 강경책을 내놓으며 남북관계를 최악의 상황으로 몰아갔다. 대통령 취임식 때의 훈풍은 온데간데없이 사라졌다.

영국에서 돌아온 직후부터 김대중은 모든 관심을 남북문제에 쏟아부었다. "남편은 귀국하고 일주일쯤 지난 뒤에 경기도 일산에 아파트를 세냈어요. 주중에는 주로 거기에 머물면서 통일문제 연구에 힘을 쏟았지요." 8월 13일 '도쿄 납치 생환 20돌 기념식'에서 김대중은 북한 핵 문제를 푸는 방안으로 '줄 것은 주고 받을 것은 받는' 일괄타결 방안을 제시했다. "북한은 핵 개발을 완전히 포기하고, 미국은 북한과 관계를 정상화해야 한다는 것이 남편이 제시한 방안이었지요. 한반도 긴장을 완화하고 남북관계를 개선하려면 다른 방법이 없다고 생각했어요."

9월 21일 이희호와 김대중은 독일·러시아·미국을 차례로 방문했다. "남편은 평화재단을 세우는 일에 몰두하고 있었어요. 그래서 여러 나라의 명망 있는 인사들과 만나 한반도 통일 문제를 논의하고 평화재단 건립 협조도 얻어냈지요." 김대중은 독일의 나우만재단, 러시아의 고르바초프재단, 미국의 카터재단·브루킹스연구소를 방문해 국제 협력 조직을 구축했다. "세 나라를 방문하고 나서 남편은 평화재단을 세계적인 재단으로 키울 수 있겠다는 자신감을 얻었지요."

그 무렵 이희호와 김대중은 문화현장도 자주 찾았다. "한국영화를 많이 봤어요. 임권택 감독의 〈서편제〉도 보고 〈그대 안의 블루〉, 〈그 섬에 가고 싶다〉, 〈휘몰이〉도 보았고요. 연극 〈사랑을 찾아서〉, 가극 〈금강〉, 창작 판소리 〈밥〉, 뮤지컬 〈아가씨와 건달들〉도 보았지요." 김대중은 〈서편제〉를 본 뒤 제작진에게 소감을 얘기했다. "영화 속 한은 원한도 절망도 아니고 민중이 포기하지 않고 무엇인가를 해보려는 것으로 보입니다." 〈서편제〉의 한을 김대중의 한과 연결해 설명하는 신문 칼럼이 여러 편 나왔다. 〈서편제〉의 여주인공 오정해는 김대중·이희호 부부와 각별한 사이가 됐다. "1997년 오정해 씨가 우리를 찾아와 결혼식 주례를 부탁했어요. 고향이 목포여서 남편을 더 가깝게 느꼈나 봐요. 남편이 주례석에서 두 사람의 앞날을 축복해주었지요. 그 뒤로도 오정해 씨는 우리 집에 자주 왔어요." 오정해는 김대중을 "내 인생의 아버지"라고 불렀다.

1994년 1월 18일 통일운동가 늦봄 문익환이 심장마비로 세상을 떠났다. "한신대 장례식장에서 남편이 많이 울었어요. 문익환 목사님과 남편은 1976년 3·1민주구국선언 사건 때도 함께 싸웠고, 1980년 내란음모 사건 때도 같이 재판을 받고 옥살이를 했잖아요. 건강하셨는데 그렇게 갑자기 떠나실 줄 몰랐어요. 문 목사님과 생각이 다를 때도 있었지만, 우리는 그분을 늘 존경했지요." 김대중은 장례위원회 고문을 맡아 영결식에서 조사를 했다. "문 목사는 민족의 분단을 자신의 허리가 잘린 고통으로 생각하셨던 이 시대의 가장 순수한 민족정신의 상징이었습니다." 2월에는 저항시인 김남주가 췌장암으로 세상을 떠났다. 김대중과 이희호는 김남주의 빈소를 찾아가 조문했다.

1994년 1월 27일 '아시아·태평양평화재단'이 출범했다. "내 이름으로 영등포 근처에 땅이 있었어요. 돈이 궁할 때마다 그걸 팔려고 했는데 김대중 집 땅이라고 해서 사려는 사람이 없었어요. 그 땅을 팔아 재단 설립 자금으로 썼지요." 아태평화재단은 한반도 평화통일, 아시아의 민주화, 세계평화의 실현을 3대 목표로 내걸었다. "아태재단 이사장을 맡은 뒤 남편은 '햇볕정책'을 입안했지요." 김대중은 1994년 가을 미국 헤리티지재단의 초청 연설에서 햇볕정책을 세상에 처음 알렸다. "미국의 외교정책은 태양정책(햇볕정책)을 적용한 곳에서 성공했습니다. 그러나 강풍정책만을 적용한 데에서는 전체주의 체제를 변화시키는 데 실패했습니다."

김대중은 아태재단에서 통일전문가 임동원을 만났다. 육군 소장 출신인 임동원은 노태우 정부에서 남북고위급회담 대표와 통일원 차관을 지낸 사람이었다. 남북의 화해·불가침·교류협력에 관한 역사적 합의인 1991년 '남북기본합의서'를 끌어낸, 통일정책의 주역이었다. "남편은 임동원 씨의 경험과 능력을 탐냈어요. 그래서 아태재단 사무총장으로 모시려고 정동채 비서실장을 보냈는데, 그쪽에서 계속 사양했어요. 정동채 실장이 세 번째 찾아갔을 때에야 마음을 열어서 1995년 1월에 우리 집에서 만났지요."

임동원은 회고록에서 김대중과 처음 만났을 때를 이렇게 기록했다. "나는 이날의 첫 만남에서 (북한) 핵 문제에 대한 그의 예리한 분석력과 판단력, 그리고 명쾌한 해결책에 큰 감명을 받았다. 어느 전문가보다 문제의 핵심을 정확히 꿰뚫어 보는 데 놀라는 한편, 두려움 같은 것을 느꼈다. 또한 그의 확고한 통일철학과 원대한 비전, 그리고 논리 정연함에 감탄할 수밖에 없었다. 나는 '아, 이런 분이 지난 대선에서 당선되었다면 지금쯤 남북관계는 큰 진전을 이루었겠구나' 하는 생각을 했다. 동시에 김대중이라는 인물에 대해 가지고 있던 부정적인 고정관념이 여지없이 깨져나가는 것을 느꼈다." 임동원은 아태재단 사무총장직을 받아들였다. "남편과 임동원 총장은 통일 문제를 놓고 이야기를 참 많이 했어요. 어느 날은 호텔에 투숙해 밤이 새도록 토론하기도 했고요." 그런 토론 끝에 완성된 것이 남북연합-연방제-완전통일을 뼈대로 하는 '3단계 통일론'이었다.

남북관계는 1994년에 들어와 북한 핵 문제로 악화일로를 달렸다. 3월 19일 제8차 남북 특사 교환 실무접촉에서 북한 쪽 단장 박영수는 남한 쪽 대표 송영대에게 초강경 발언을 했다. "서울은 여기에서 멀지 않소. 전쟁이 일어나면 서울이 불바다가 될 것이오. 송 선생도 살아남기 어려울 것이오." 북한 대표단은 이 말을 던지고 회담장을 박차고 나갔다. 언론은 '서울 불바다' 발언을 크게 키워 보도했다. 4월 15일 김영삼 정부는 남북 특사 교환을 포기했다. 남북 갈등은 극으로 치달았다.

1994년 5월 워싱턴을 방문한 김대중은 5월 12일 내셔널 프레스 클럽에서 연설했다. 김대중은 그 자리에서 북한 핵 문제를 해결할 방안으로 일괄타결을 다시 역설했다. "북한과 미국은 두 가지씩 서로 양보해야 한다. 북한은 핵에 대한 야심을 포기하고 남쪽의 안보를 보장해야 한다. 미국은 북한과 외교를 통해 경제협력에 나서고 팀스피릿 훈련을 중단해 북한의 안보를 보장해야 한다." 김대중은 이 연설에서 김일성과 대화할 수 있는 인물을 평양에 보낼 것을 제안했다. "남편은 지미 카터 전 대통령이 가장 적합한 인물이라고 생각하고 있었어요. 전날 남편은 카터 대통령에게 전화해 미리 양해를 구했지요. 특사로 제안하려고 하는데 괜찮겠느냐고요. 카터 대통령이 흔쾌히 동의를 해주었어요. 남편의 연설은 그해 내셔널 프레스 클럽 '베스트

1994년 5월 12일 미국 워싱턴의 내셔널 프레스 클럽에서 연설하는 김대중.
김대중은 이날 일괄타결 방안과 특사 파견 등 1차 북핵위기의
돌파구를 여는 명연설을 했다.

스피치'로 뽑혔지요." 김영삼 정부는 김대중의 제안이 실현 가능성이 없다고 했으나, 미국은 카터를 특사로 파견하기로 했다. 카터는 한 달 뒤 김일성을 만나러 방북했다.

그사이 한반도 긴장은 최고조에 이르렀다. 북한은 핵 문제 일괄타결에 실패하자 미국의 경고를 무시하고 영변의 핵 연료봉 추출을 강행했다. 미국 국방부는 '영변 핵 시설 정밀 타격' 시나리오를 가동하기 시작했다. 영변 공격은 전면전으로 비화할 가능성이 컸다. 당시 미국 국방부는 한반도에서 다시 전쟁이 터지면 90일 안에 미군 5만2000명, 한국군 49만 명이 죽거나 다치고 민간인 사상자가 100만 명에 이를

것으로 예측했다. 전쟁 개시 12시간 안에 북한이 박격포 5000발을 발사해 서울을 쑥대밭으로 만들 것이라는 예상도 했다. 전쟁의 먹구름이 한반도를 덮었다. 6월 16일 주한미군사령관 게리 럭(Gery Luck)과 주한 미국 대사 제임스 레이니는 극비리에 만나 주한미군 가족·군무원의 철수가 불가피하다는 결론을 내렸다. 레이니는 한국에 와 있던 딸과 손자·손녀에게 "사흘 안으로 서울을 떠나라"고 말했다.

그런 상황에서 카터가 북한 주석 김일성의 초청을 받아 6월 15일 3박4일 일정으로 북한을 방문했다. 카터는 김일성과 면담하고 '미국이 북한 핵 공격의 위협을 제거한다면 북한은 핵 개발을 동결하겠다'는 합의를 끌어냈다. 그 순간 미국에서는 대통령 빌 클린턴이 북한 핵 시설 공격 결정을 앞두고 있었다. 당시 국방장관 윌리엄 페리(William James Perry)는 그때의 상황을 뒤에 이렇게 밝혔다. "클린턴 대통령이 마지막 결정을 내려야 하는 상황이었다. 그런데 불과 한 시간을 앞두고 지미 카터 전 대통령으로부터 전화가 걸려왔다. 북한이 영변 원자로의 폐연료봉 재처리를 중단하고 미국과 협상하겠다는 것이었다. 1시간 차이로 역사가 바뀌었다."

카터는 김일성과 만난 자리에서 남북정상회담을 제안했고 김일성은 이 제안을 수용했다. 6월 18일 판문점을 넘어 남쪽으로 온 카터는 김영삼을 만나 회담 결과를 설명했다. "방북을 마치고 온 카터 대통령이 우리를 만나러 왔어요. 북한에 갈 때에도 우리를 먼저 만나고 싶어 했는데, 정부의 반응이 좋지 않아 제임스 레이니 대사가 대신 우리 집에 왔지요. 남편은 '김일성 주석이 초청을 했다면 반드시 선물을 준비했을 것이니 안심하고 다녀와도 좋을 것'이라고 이야기해 주었지요."

카터의 방북과 남북정상회담 성사로 대결 국면이 대화 국면으로 급속히 바뀌었다. 남북정상회담이 7월 25일 평양에서 열리는 것으로 확정됐다. 김영삼은 정상회담에 대비해 연일 참모들과 회의했다. 김일성도 정상회담 준비에 여념이 없었다. 김영삼 일행이 묵을 묘향산 별장을 둘러보기도 했다. 정상회담을 16일 앞둔 7월 9일 날벼락 같은 소식이 전해졌다. 북한 중앙방송이 이날 정오 김일성의 죽음을 알렸다. 김일성은 7월 7일 저녁 심장발작을 일으켜 이튿날 새벽 2시에 숨을 거두었다. 북한은 이 사실을 비밀에 부치다가 34시간 만에야 밝혔다. 절대권력자의 죽음에 북한 전역이 비통한 분위기에 휩싸였다.

김일성의 죽음은 김대중에게도 충격이었다. "남편은 김일성 주석이 갑작스럽게 세상을 떠서 몹시 허망해했어요. 감옥에 있을 때도 마음속으로 김일성 주석과 만나 남북통일 문제를 놓고 장기를 두듯이 수없이 대화를 했대요. 우리 민족이 함께 살 수 있는 길을 허심탄회하게 이야기하고 싶어 했는데 끝내 만나지 못한 것을 안타까워했지요. 김 주석도 남편을 한번 만나 이야기해볼 만한 사람이라고 평가했다고 해요. 그런 평가 때문에 남편이 피해를 보기도 했고요. 그래서 언젠가 북한과 잘 통하는 일본 의원을 통해 '제발 그런 발언 좀 하지 말아달라'는 편지까지 써서 보내기도 했어요."

남한에서는 김일성의 죽음으로 북한이 곧 붕괴할 것이라는 생각이 번졌다. 대화 국면은 한순간에 다시 대결 국면으로 돌아갔다. 7월 11일 민주당 의원 이부영이 국회 외무통일위원회에서 "혹 정부가 조문 의사를 표명할 용의는 없는가?"라고 질문했다. 보수언론은 "6·25를 일으킨 전쟁범죄자에게 조문할 수 있느냐"며 이부영의 발언을 맹공격했다. '조문 파동'이 시작됐다. 김영삼 정부는 어떤 형식의 조의 표명도 국가보안법 위반으로 간주해 단호히 대처할 것이라고 경고했다. 〈워싱턴포스트〉 기자 돈 오버도퍼는 그때의 상황에 대해 이렇게 썼다. "북한 전체가 슬픔 속에 빠져 있던 이 시기에 김영삼 정부가 보여준 행동과 발언들은 북한을 격분하게 만들었다." 김영삼은 그해 8월 15일 광복절 경축사에서 "남북한 사이의 체제경쟁은 끝났다"며 '갑작스런 통일의 대비'를 이야기했다. 북한붕괴론이었다.

북한은 남한을 배제하고 미국과 직접 협상으로 현안을 해결하는 쪽으로 자세를 바꾸었다. 북한과 미국은 10월 21일 제네바에서 외교부 제1부부장 강석주와 국무부 차관보 로버트 갈루치(Robert Gallucci)를 수석대표로 하는 고위급회담을 열었다. 두 나라는 북한의 핵 동결과 핵확산금지조약(NPT) 복귀, 북한 경수로 건설 지원, 북·미 관계개선에 합의했다. '제네바 합의'였다. 북한은 핵 개발을 포기하고 그 대가로 미국이 북한의 체제를 보장한다는 것이 이 합의의 핵심이었다. 남북관계 악화로 한국은 아무런 구실도 하지 못하고 경수로 지원 비용의 70퍼센트를 내는 짐만 떠안았다. 김영삼 정부의 외교 실패였다.

8

# '반대'에서 '이해'로

## 정계복귀

1994년 김대중은 싱가포르 총리를 지낸 리콴유(李光耀)와 지상 논쟁을 벌였다. 리콴유는 능란한 외교술로 싱가포르를 키운 사람이자 장기집권으로 독재 권력을 세운 사람이었다. 리콴유-김대중 논쟁은 미국의 권위 있는 국제관계 학술지 〈포린어페어스〉에서 벌어졌다. 리콴유는 1994년 3·4월호에서 '문화는 운명이다'라는 주제로 편집장과 대담했다. 이 대담에서 리콴유는 이렇게 밝혔다. "문화는 운명적인 것이다. 서구의 시스템인 민주주의를 무분별하게 아시아에 강요해선 안 된다. 유교적 가치에 입각한 싱가포르 모델이 정치적 안정을 유지하면서 경제적 번영을 이룰 수 있다." 아시아 나라들의 개발독재를 합리화하는 주장이었다. "남편은 리콴유의 대담을 읽고 〈포린어페어스〉에 이의를 제기했어요. 그랬더니 그쪽에서 반론을 해달라고 해서 장문의 글을 써서 보냈지요." 김대중의 반론은 '문화가 운명인가'라는 제목으로 〈포린어페어스〉 1994년 11·12월호에 실렸다.

김대중은 이 논문에서 아시아의 민주주의 뿌리에 주목했다. "영국의 정치철학자 존 로크(John Locke)가 근대 민주주의의 기초를 세웠다고 널리 알려져 있다. 주권은 국민에게 있고, 국민들과의 계약에 의지하여 지도자들이 통치권의 위임을 받는데, 통치를 잘하지 못할 경우 이 통치권이 철회될 수 있다는 것이 로크의 이론이다. (…) 2000년 앞서 중국 철학자 맹자(孟子)는 비슷한 사상을 설파한 바 있다. 왕이 악정을 하면 국민은 왕을 권좌에서 몰아낼 권리가 있다고 했다. 맹자는 심지어 옳지 않은 왕을 죽이는 것까지도 허락했다. 폭군을 죽이는 것이 정당한 것인가 하고 물었을 때, 맹자는 왕이 하늘로부터 위임받은 통치권을 잃게 되면 백성의 충성을 받을 자격이 없다고 했으며, 백성이 첫째이고 국가(사직)가 둘째이며 그다음이 왕이라고 말했다."

김대중은 한국의 동학사상도 논거로 내보였다. "한국의 토착신앙인 동학은 더 나아가 '인간이 곧 하늘'이라고 했으며 '사람 섬기기를 하늘같이 하라'고 가르친다. 이런 동학정신은 1894년에 봉건적이고 제국주의적인 착취에 대항하여 거의 50만 명이나 되는 농민들이 봉기하는 데 동기를 제공해주었다. 이런 유교와 동학의 가르침보다 민주주의에 더 근본적인 사상이 어디에 있겠는가? 아시아에도 서구에 못지않은 심오한 민주주의 철학의 전통이 있음이 확실하다. 아시아의 풍부한 민주주의적 철학과 전통은 전 세계 민주주의 발전에 큰 공헌을 할 수 있다. 민주주의가 우리의 운명이다."

김대중의 반론은 반향을 일으켰다. "당시엔 리콴유 총리의 주장에 동조하는 서구 학자들도 적지 않았거든요. 그런데 남편은 민주주의 철학과 전통이 아시아에도 있다는 것을 강조하고, 민주주의 제도를 서양이 한발 앞서 만들어냈을 뿐이라고 이야기했어요. 그 논문은 미국 정치학 교재 《문화와 민주주의》에 리콴유의 대담과 함께 실려서 미국 대학에서 교재로 쓰기도 했대요." 후에 김대중이 대통령이 된 뒤 취임 첫해에 방한한 독일 대통령 로만 헤어초크(Roman Herzog)는 김대중의 그 논문을 인용해 청와대에서 답사를 했다. "김 대통령께서는 1994년 〈포린어페어스〉에 발표한 논문에서 민주주의 준비 단계가 아시아에도 있었고 유럽과 같이 민주주의에 대한 확신이 있었다는 것을 증명하였습니다. 저는 이 논문을 모든 사람이 필독해야 한다고 생각합니다. 민주주의는 아시아에 어울리지 않는다고 하는 견해가 아직도 있는 이때에 이 논문은 매우 중요합니다."

1994년 10월 29일 12·12군사반란 고소·고발 사건을 수사해온 서울지검이 수사 결과를 발표했다. 검찰은 "12·12사태가 군사반란 사건임이 명백하다"면서도 "피의자들을 기소할 경우 군론 분열과 국가안정 저해가 우려되는데다 피의자들이 나름대로 국가발전에 기여한 면이 있는 점들을 인정해 역사적 평가는 후세에 맡기는 것이 바람직하다"고 밝혔다. 검찰은 전두환·노태우를 포함해 관련자 전원에게 기소유예 처분을 내렸다.

1995년 1월 민자당 대표 김종필이 토사구팽을 당했다. 1990년 김영삼과 3당 합당을 결행한 김종필은 1992년 김영삼을 민자당 대통령 후보로 세우는 데 공을 들였다. 김영삼이 대통령이 된 뒤에도 지극정성으로 김영삼을 받들었으나 수모만 당하다가 끝내 쫓겨났다. 김영삼은 김종필이 당을 나가도 아무 힘을 쓰지 못할 것으로 보았다. 2월 9일 김종필은 민자당 탈당과 신당 창당을 선언했다. 이어 3월 30일에는 자유민주연합(자민련)을 창당하고 총재가 됐다. 창당대회장은 김영삼 정부 성토장이었다. 자민련은 강령으로 내각제 개헌을 채택했다.

1995년 4월 이희호와 김대중은 일본을 방문했다. 1973년 도쿄납치사건 이후 22년 만의 방문이었다. "우리가 영국에 체류하던 시절 NHK방송에서 '김대중 일대기'를 제작해 방영했잖아요. 그 일대기가 반향을 일으켜 마이니치신문사에서 내가 옥중의 남편에게 보낸 편지들을 묶어서 책으로 출간하기도 했어요." 일본 방문 중에 이희호는 NHK 라디오방송과 인터뷰했다. "인터뷰 끝에 초등학교 때 나를 가르친 일본인 여자 선생님을 찾고 있다고 했더니, 그 다음날 아침에 연락이 왔어요. 마침 선생님의 아들이 그 방송을 들었던 모양이에요. 규슈의 후쿠오카에서 한 시간 거리에 있는 댁을 찾아가 선생님을 만났지요. 결혼해서 성이 야마구치에서 소노다로 바뀌었는데, 그때 벌써 80대 할머니였어요. 60년 만의 해후였지요."

1995년 5월 19일 대통령 김영삼이 정부 정책에 반기를 든 한국통신 노동조합을 향해 강경 발언을 했다. "한국통신 노조가 정부의 통신정책에 반대투쟁을 전개하며 불법적인 행위를 계속해 정부 통신 업무를 방해하는 것은 국가전복의 저의가 있다." 노조 간부들에게 사전구속영장이 발부됐다. 한국통신 노조는 거세게 반발했다. 노조 지도부는 검거를 피해 명동성당과 조계사로 피신했다. 정부는 6월 6일 명동성당과 조계사에 경찰력을 투입해 농성 중인 간부들을 모두 체포해 구속했다.

명동성당과 조계사, 재야민주세력은 김영삼 정부의 폭력 탄압을 규탄했다. 추기경 김수환은 6월 11일 미사에서 "정부가 한국통신 노사분규 해결을 중재하고 있는 교회를 무시하고 힘을 선택한 것에 놀라움과 깊은 슬픔을 느낀다"고 경찰력 투입을 비판했다. 신부·수녀·신도들이 "군사독재정권 시절과 다를 바 없다"며 연일 규탄집회를 열었다. 조계사 스님들도 "성스러운 사찰에 공권력을 투입해 한국통신 노동자들을 연행한 것은 명백한 종교탄압이자 노동운동 탄압"이라며 책임자를 엄벌하라고 촉구했다. 이희호와 김대중도 놀랐다. "김영삼 정부가 그전부터 계속 보수화하고 있었는데, 이 사건은 노동자들을 적으로 대하는 것이었어요. 남편은 김영삼 정부에 대한 기대를 접었지요." 김영삼 정부는 독단적 국정운영을 계속했다.

김영삼은 김대중에 대한 견제와 감시도 풀지 않았다. 경찰·안기부·청와대가 연계된 '김대중 전담부서'가 있다는 사실이 그해 월간 〈신동아〉 10월호에 폭로됐다. 김대중 전담부서는 김대중의 일거수일투족을 감시해 동향 보고서를 청와대에 올렸다. "문민정부에서도 남편의 활동을 방해하는 일이 계속됐어요. 남편의 책을 내려는 출판사에 압력을 넣기도 하고, 남편을 다룬 영화를 제작하려던 것도 막았고요." 뒷날 안기부가 비밀도청 조직 '미림팀'을 꾸려 1994년부터 1997년 사이에 국내 주요 인사 636명을 도청했다는 사실이 밝혀졌다.

영남 편중 인사는 김영삼 정부에서도 계속됐다. 1994년 12월 정부 개각에서 장관급과 차관급 48명 가운데 호남 출신은 장관 1명, 차관 2명뿐이었다. 호남 차별에 대한 비판이 일자 김영삼 정부는 어린 시절에 전남 장성에서 산 적 있는 외무부장관 공로명과 남편의 고향이 전북 익산인 정무2장관 김장숙을 호남 출신이라고 주장했다. 경찰·검찰·군·정부투자기관에서도 사정은 다르지 않았다. 바뀐 것이 있다면 대구·경북에서 부산·경남으로 중심이 이동했다는 것뿐이었다. 김영삼 정부 초기 지지율이 80퍼센트를 넘었던 호남에서는 실망감이 급속히 퍼졌다. 1995년 1월 광주지역 여론조사에서 '호남지역 낙후가 문민정부에서 개선됐느냐'는 질문에 '달라진 것 없다'(80.8퍼센트)거나 '오히려 악화했다'(12.7퍼센트)는 의견이 93.5퍼센트에 이르렀다. "남편은 6월 지방자치선거를 앞두고 강연을 할 때마다 지역등권론을 이야기했지요."

김대중은 5월 26일 국민대 행정대학원 강연에서 "특정 지역이 모든 것을 차지하고 나머지 지역을 소외시키고 박해하는 것이 지역패권주의"라며 "지역이기주의는 바람직하지 않지만 각 지역이 서로 수평적으로 협력관계를 유지한다면 수직적 상하관계에 있던 때보다 진보된 상태가 될 것"이라고 했다. 5월 30일 인천 목회자정의평화실천협의회 초청 강연에선 "등권주의란 특정 지역이 모든 권력을 독점하는 것이 아니라 다른 지역과 똑같이 나눠 갖자는 것"이라고 설명하고 "이 주장에 반대하는 것은 그동안 독점해온 권력을 내놓기 싫어하기 때문"이라고 말했다. 민자당은 당직자를 총동원해 김대중의 지역등권론을 지역할거주의라고 공격했다.

1995년 6월 27일 4대 지방선거(광역자치단체장·광역의회의원·기초자치단체장·기초의회의원)가 동시에 치러졌다. "선거를 앞두고 민주당에 악재가 발생해 판세가 썩 좋지 않았어요. 그래서 이기택 대표와 민주당 지도부가 남편에게 지원유세를 해달라고 요청해왔지요." 민주당의 악재는 5월 13일 민주당의 경기도지사 후보를 뽑는 대의원대회에서 불거졌다. 이기택의 지원을 받은 장경우 후보 쪽이 돈봉투를 살포했다는 주장이 나와 개표가 중단되는 파행을 겪었다. 장경우와 맞붙은 안동선은 후보를 사퇴했지만, 돈봉투 사건은 연일 언론에 오르내렸다.

"남편은 그때 경기도지사 후보는 이종찬 씨, 서울시장 후보는 조순 씨로 할 경우 반드시 이긴다고 생각하고 있었지요. 그런데 이기택 대표가 장경우 씨를 고집했어요. 돈봉투 문제가 나오자 이기택 대표는 남편을 찾아와 '만약 장경우 후보가 떨어지면 모든 책임을 지겠다'면서 장 후보를 지원해달라고 했어요." 김대중은 정당연설회 연설원으로 등록하고 전국을 순회하면서 지원연설을 했다. '우리는 김대중을 기다린다'고 쓰인 현수막이 곳곳에 나부꼈다.

6월 27일 지방선거는 여당의 참패와 야당의 압승으로 끝났다. 민자당은 광역 시·도 15곳 가운데 5곳에서만 당선자를 냈다. 특히 서울에서 민자당 후보 정원식은 무소속 후보 박찬종에게도 밀려 3위로 주저앉았다. 김종필이 이끄는 자민련은 충청도와 강원도를 석권했다. 민주당은 서울을 비롯해 광주·전남·전북을 차지했다. 말썽이 났던 경기도에서는 민주당 후보 장경우가 민자당 후보 이인제에게 패배했다. 기초단체장 선거에서도 민자당은 230곳 가운데 71석을 차지하는 데 머물렀다. 서울에서는 25곳 가운데 2곳만 민자당이 승리했고, 나머지 23곳은 모두 민주당이 차지했다. 선거 막판에 민자당은 '김대중 비판'에 당력을 쏟아부었다. 민자당 대변인들이 하루 4~5번씩 김대중 비판 논평을 내고 민자당 당보를 김대중 비판으로 채워 100만 부나 뿌리기도 했다. 민자당의 김대중 비판은 '김대중 바람'을 삼재우시 못했다.

지방선거가 끝나고 이틀 뒤인 6월 29일 서울 강남 한복판에 서 있던 삼풍백화점이 붕괴하는 대참사가 일어났다. 지상 5층, 지하 4층 건물이 통째로 주저앉았다. 이 사고로 502명이 죽고 937명이 다쳤다. 김영삼 정부는 '사고공화국'이란 말을 들었다. 그 시절 유난히 대형 사고가 많았다. 1993년 3월에는 구포 열차탈선 사건으로 78명이 숨졌다. 그해 7월에는 아시아나항공기가 추락해 66명이 숨졌다. 10월에는 서해훼리호가 침몰해 292명이 목숨을 잃었다. 1994년 10월에는 성수대교가 붕괴해 32명의 사망자가 났다. 삼풍백화점이 붕괴하기

두 달 전에는 대구 지하철공사장이 폭발해 101명이 숨졌다. 대형 사고가 날 때마다 김영삼은 사과했다. '사과공화국'이란 말이 붙었다.

1995년 7월 13일 민주당 의원 51명이 결의해 김대중에게 정치 재개를 요청했다. 지방선거에서 민심을 확인한 김대중은 정치에 복귀하기로 결심했다. 이희호는 남편의 정치 재개에 반대했다. "남편이 정계은퇴를 한다고 했을 때 정말 많이 울었어요. 대통령이 돼서 나라를 바르게 이끌어보고 싶다는 소망이 정말로 간절했는데 그 꿈을 이루지 못하고 떠나야 하니까, 그런 남편의 마음을 아니까 그렇게 슬플 수가 없었어요. 그런데도 정치를 다시 하겠다는 말을 들었을 때는 반대했어요. 국민과 한 약속이니까 지켜야 한다고 생각했지요. 남편은 프랑스 드골(Charles de Gaulle) 대통령과 미국 닉슨 대통령 예를 들었어요. 드골 대통령이 정계에서 은퇴했다가 다시 복귀해 알제리전쟁을 평화적으로 해결하고 프랑스 번영을 가져왔잖아요. 닉슨도 캘리포니아 주지사 선거에서 패배하자 은퇴했다가 복귀해 1968년에 대통령이 됐고요. 나는 남편의 간절한 소망을 결국 이해하고 받아들였지요."

김대중은 자서전에서 자신의 정계복귀가 평생의 꿈을 실현해보고자 하는 마음 때문이었다고 밝혔다. "내가 정계복귀를 결심한 근본적인 이유는 평생 품었던 꿈을 실현해보고 싶다는 데 있었다. 그 하나는 민주주의 국가 완성이요, 다른 하나는 민족통일에 이바지하고자 함이었다. 내 평생소원 두 가지 중에서 하나도 이루지 못하고 물러설 수는 없었다. 나는 대통령이 되어 세상을 바꿔보고 싶었다. 열심히 일해서 국민들에게 보답하고 싶었다. 내게는 오랜 세월 갈고닦은 정책들이 있었고 아직 열정이 남아 있었다. 다시 한번 국민들에게 기회를 달라고 간구하기로 했다."

9

# 김영삼 정부의 파국

## 국민회의 창당

김대중은 1995년 7월 18일 '국민여러분께 드리는 말씀'이라는 성명을 발표하고 신당 창당을 선언했다. 정계은퇴 이후 2년 7개월 만의 복귀였다. 7월 22일 신당에 참여하는 의원 65명이 의원총회를 열었다. 신당은 각계의 명망 있는 인물 250명을 영입했다. 1995년 9월 5일 서울 올림픽공원 펜싱경기장에서 당원 1만여 명이 참여한 가운데 새정치국민회의 창당대회가 열렸다. 김대중은 총재로 선출됐다. 조세형·이종찬·정대철·김영배·김근태·박상규·신낙균·유재건이 부총재로 뽑혔다. 김대중은 정치의 중심으로 다시 들어섰다.

"많은 사람들이 남편의 정계복귀를 비판했어요. 마음이 편치 않았지요. 민주당을 탈당해 새 당을 만드는 것이 잘못됐다고 하는 사람들도 많았고요. 여당에서 남편을 두고 '대통령병 환자', '거짓말쟁이'라고 비난했는데, 도가 지나치다고 생각했어요. '삼선개헌은 하지 않겠다', '국민에게 더는 표를 달라고 하지 않겠다'고 해놓고 헌법을 고

정계에 복귀한 김대중은 1995년 9월 5일 서울 올림픽공원 펜싱경기장에서 열린 새정치국민회의 창당대회에서 총재로 선출됐다.

---

쳐 3선을 하고 나중에는 헌법을 아예 부정한 사람도 있는데, 그런 사람에게는 너그러웠던 사람들이 남편의 정계복귀만 비난하는 건 옳지 않다고 생각했지요."

1995년 7월 18일 5·18 관련 고소·고발 사건을 수사한 서울지검 공안1부는 전두환·노태우를 포함해 피고소·고발인 58명 전원에게 '공소권 없음' 결정을 내렸다. 검찰은 "당시 일련의 조처는 정치적 변혁 과정에서 기존 통치 질서를 대체하고 새로운 헌법 질서를 형성하는 기초가 됐다는 점에서 사법심사의 대상이 되지 않는다"고 밝혔다. 1995년 10월 19일 민주당 의원 박계동은 국회 본회의에서 노태우의 비자금

4000억 원이 시중은행에 차명으로 분산·예치돼 있다고 폭로하고 차명계좌 이름과 계좌번호까지 밝혔다. 노태우·전두환을 비호해온 김영삼 정부는 궁지에 몰렸다.

노태우 비자금 사건의 불똥은 김대중에게도 튀었다. 10월 20일 중국을 방문 중이던 김대중은 "1992년 대통령 선거 기간 중 노태우 대통령으로부터 20억 원을 받은 바 있다"고 고백했다. 김대중은 또 "당시 노태우 씨가 김영삼 후보에게 수천억 원을 제공했다는 유력한 정보가 있다"고 말했다. "14대 대통령 선거 때였는데 남편은 처음에는 노태우 대통령이 주는 돈을 받지 않고 돌려보내려고 했어요. 그런데 김중권 정무수석이 '이걸 안 받으면 현직 대통령을 적으로 삼는 것인데, 그런 상태로 어떻게 대통령 선거를 치르겠느냐'고 하면서 다른 후보들도 다 받았으니 받으시는 게 좋겠다고 해서 받았다고 해요. 받은 돈은 대통령 선거 자금으로 썼어요. 남편은 노태우 대통령의 돈을 받은 건 잘못이고 부끄러운 일이라고 사과했지요." 민자당 사무총장 강삼재는 김대중이 돈을 더 받았다며 '20억+알파' 설을 거론했다. 김대중은 "노태우 대통령으로부터 받은 돈은 20억 원 말고 없다"며 "노태우 씨가 이 점을 분명히 밝혀주기 바란다"고 반박했다.

노태우는 11월 16일 수뢰 혐의로 구속됐다. 야당에서는 김영삼 대선자금 수사를 촉구했다. 사태가 여기에 이르자 김영삼은 11월 24일 5·17쿠데타 관련자 처벌을 위한 특별법 제정 지시를 내렸다. 검찰은 몇 달 전 태도를 바꿔 11월 30일 '12·12 및 5·18 사건 특별수사본부'를 꾸려 수사를 재개했다. 검찰은 군형법상 반란수괴 혐의로 사전구속영장을 받아 12월 3일 전두환을 구속했다. 12월 19일 여야 3당은 5·18특별법 단일안에 합의하고 정기국회 마지막 날에 통과시켰다.

1995년 12월 15일 이희호와 김대중은 경기도 일산으로 이사했다. "일산에 2층짜리 집을 지었어요. 서울에 있는 것이 너무 번잡하기도 하고, 동교동 집이 늘 감시와 도청에 시달렸거든요. 그래서 조용한 곳으로 이사했지요. 동교동 집을 떠나는 게 아쉬웠는데 큰아들 홍일이가 동교동 집으로 들어왔어요. 일산으로 이사해 처음으로 내 방이 생겨서 기뻤지요." 이희호와 김대중은 아침이면 자주 산책을 했다. "일산에 호수가 있잖아요. 아침마다 호수공원을 산책하고, 또 집 앞에 작은 정발산이 있는데 그 산에도 자주 올라갔지요."

1996년 4·11 국회의원 총선거를 앞두고 여야는 당의 전열을 재정비했다. 민자당은 1995년 12월 6일 김영삼이 주창한 '세계화'를 완성한다는 명분을 앞세워 민자당의 당명을 신한국당으로 바꾸었다. 12월 15일 김영삼은 서울대 총장 이수성을 국무총리로 임명했다. 이어 1996년 1월 16일 박찬종을 신한국당에 영입했다. 1월 22일에는 국무총리를 지낸 이회창이 신한국당에 들어갔다. 이회창은 문민정부의 초대 감사원장을 지내다 1993년 12월 국무총리에 임명됐으나 김영삼과 갈등을 빚다가 1994년 4월 22일 국무총리에서 물러났다. 이 사건으로 이회창은 국민들 사이에서 인기가 올랐다. 이회창에 이어 2월 13일에는 이홍구가 신한국당에 들어가 선거대책위 고문을 맡았다. 신한국당은 대통령을 꿈꾸는 '9룡'의 각축장이 됐다.

3월 21일 청와대 제1부속실장 장학로의 비리가 폭로됐다. 검찰은 37억 원의 부정축재 혐의로 장학로를 구속했다. 장학로 구속으로 김영삼 정권은 도덕성에 큰 타격을 입었다. 4·11 총선을 앞두고 또다시 '북풍'이 불기 시작했다. 1996년 4월 5일과 6일 북한이 난데없이 판문점 공동경비구역(JSA) 북쪽 지역에 500여 명의 북한군을 진입시켜 무력시위를 벌이고 박격포 진지를 구축했다. 미국 〈워싱턴포스트〉는 4월 8일치에 "총선을 앞두고 하락하던 한국 집권여당의 지지도가 북한의 비무장지대 병력투입으로 유권자들이 안보위기를 느끼면서 반등하고 있다"고 전했다.

4월 11일 치러진 15대 총선에서 김대중이 이끄는 국민회의는 지역구 66석, 전국구 13석을 합쳐 79석을 얻었다. 김종필이 이끄는 자민련은 50석을 확보했다. 국민회의에 합류하지 않고 남아 있던 민주당은 15석을 얻어 원내교섭단체 구성에 실패했다. 민주당 공동대표 김원기, 상임고문 이기택을 포함해 당 지도부가 모두 낙선했다. 여당인 신한국당은 지역구 121석을 포함해 139석을 차지했다. 서울에서 신한국당은 47석 가운데 27석을 얻었다.

이희호와 김대중은 선거 결과에 실망했다. "100석은 얻을 것이라는 관측이 많았는데 그보다 못한 결과가 나왔잖아요. 선거를 앞두고 판문점 무력시위가 일어나 타격을 받았고, 야권이 갈라진 것도 영향을 주었지요." 서울을 포함해 곳곳에서 접전이 벌어졌다. 58곳에서 3000표 이하로 당락이 갈렸다. 신한국당은 무소속 당선자들을 끌어들여 과반수 의석을 확보했다. 4·11총선 당시 김영삼은 1992년 대선 자금으로 쓰고 남은 1197억 원을 안기부 계좌에 예치했다가 신한국당에 지원한 것으로 훗날 밝혀졌다.

1996년 8월에는 '한총련 사태'가 일어났다. 8월 13일 한국대학총학생회연합(한총련) 소속 대학생 2만 명이 연세대에서 '범청학련 통일대축전'을 벌였다. 경찰은 헬리콥터까지 투입해 집회를 강제로 해산하고 학생들을 검거했다. 학생들은 연세대 건물을 점거한 뒤 격렬히 저항했으나 8월 20일 경찰에 진압됐다. 경찰은 5848명을 연행해

462명을 구속하고 3341명을 불구속 입건했다. 이 사건으로 학생운동은 큰 타격을 받았다. 10월 9일 국민회의 의원 추미애는 국정감사에서 "경찰이 여학생들을 연행해 조사하는 과정에서 성추행을 저질렀다"며 "성적으로 피해를 당한 여학생들의 진술을 담은 녹음테이프를 갖고 있다"고 밝혔다. 추미애는 진상규명과 관련자 처벌을 요구했다.

1996년 10월 11일 경제협력개발기구(OECD)가 한국의 회원국 가입을 승인했다. 그해 12월 12일 한국은 OECD의 29번째 회원국이 됐다. 앞서 1995년 수출이 1000억 달러를 돌파하고 국민 1인당 소득이 1만 달러를 넘어섰다. 그러나 외형의 화려함과 달리 한국 경제의 내실은 허약했다. 1994년부터 1996년 사이 총외채가 520억 달러에서 1080억 달러로 폭증했다. 경상수지 적자도 같은 기간에 38억 달러에서 230억 달러로 늘었다.

1996년 끝자락에 김영삼 정부의 파국을 알리는 일이 일어났다. 12월 26일 새벽 신한국당 소속 의원 154명이 안기부법 · 노동법 개정안을 7분 만에 날치기로 통과시켰다. 여야가 합의해 1993년 고무찬양죄와 불고지죄에 대한 안기부의 수사권을 박탈했는데, 신한국당은 3년 만에 이 조항을 제자리로 되돌렸다. 거센 후폭풍이 뒤따랐다. 국민회의는 "고무찬양죄와 불고지죄에 대한 수사권을 안기부에 주는 것은 대통령 선거에 악용하려는 것"이라고 반발했다. 노동법 개정안은 복수노조 허용, 정리해고제·변형근로제 도입, 파업기간 중 무노동 무임금 원칙 적용, 대체근로 허용을 주요 내용으로 하는 것이었다. 한국노총과 민주노총은 무기한 총파업에 들어갔다.

김대중과 김종필은 여당의 날치기 처리를 '김영삼 쿠데타'로 규정하고 강력한 투쟁을 벌여나가기로 했다. 천주교정의구현전국사제단은 "성탄절 다음날 새벽 우리는 이 땅의 민주화를 위한 노력이 한순간에 무너지는 아픔과 충격을 겪어야 했다"며 "문민정부의 조종 소리가 울려 퍼졌다"고 비판했다. 23일이나 계속된 총파업 투쟁으로 김영삼 정권은 무릎을 꿇었다. 노동관계법은 도로 개정됐다. 김영삼 정권은 급속히 힘을 잃었다.

1997년 1월 23일 '한보사태'가 터졌다. 재계 서열 14위인 한보그룹의 부도는 경제에 막대한 충격을 가했다. 권력이 개입한 거대한 금융부정 비리가 드러났다. 한보그룹의 부실대출 규모는 5조7000억 원에 이르렀다. '건국 이래 최대 금융부정 사건'이었다. 한보그룹 총회장 정태수가 1월 31일 공금횡령·뇌물수수 혐의로 구속되고 여야 정치인과 전직 은행장들이 줄줄이 잡혀 들어갔다. 문민정부 출범 이후 '소통령'으로 불리던 김영삼의 차남 김현철이 이 사건의 중심인물로 떠올랐다. 김영삼은 2월 25일 "자식의 허물은 아비의 허물"이라며 국민에게 사과했다. 1997년 4월 7일 한보청문회가 국회에서 열렸다. 그 무렵 김현철의 방송사 인사 개입을 입증하는 비디오테이프가 공개됐다. 5월 17일 김현철은 알선수제·조세포탈 혐의로 구속돼 서울구치소에 수감됐다.

한보사태가 정치와 경제를 뒤흔들던 1997년 2월 12일 북한 노동당 국제담당비서 황장엽이 측근 김덕홍과 함께 베이징 한국총영사관에 망명하는 사건이 일어났다. 황장엽은 필리핀을 경유해 4월 20일 서울에 도착했다. 황장엽 망명은 대통령 선거를 앞두고 '북풍'의 소재로 활용됐다. 4월 22일 〈조선일보〉는 황장엽이 작성한 〈조선 문제〉라는 문건의 내용을 보도했다. 이 문건에서 황장엽은 북한이 남한을 불바다로 만들 수 있는 핵무기·화학무기·로켓무기를 가지고 있으며,

남한에 대한 공작을 통해 학생소요를 조종해왔다고 주장했다. 황장엽은 "북한의 경제를 약화시키기 위해 일체의 경제협력을 봉쇄해야 한다"는 주장도 했다.

5월에 들어와 여야는 대통령 후보 선출을 본격화했다. 새정치국민회의는 5월 19일 서울 올림픽체조경기장에서 대통령 후보 선출대회를 열었다. 김대중은 정대철을 누르고 대통령 후보로 뽑혔다. 당 총재 선거에서도 김대중은 김상현을 큰 표 차로 이겼다. 김대중은 후보 수락 연설에서 "대통령에 당선되면 정치보복을 하지 않고, 전두환·노태우 씨가 사죄하면 용서하고, 김영삼 대통령이 임기를 무사히 마치도록 돕겠다"고 약속했다.

"대통령 후보 선출대회에 넬슨 만델라(Nelson Mandela) 남아프리카공화국 대통령 딸 송가니 씨가 참석했어요. 주한 외교사절들도 많이 왔고요. 그때 송가니 씨가 남편에게 만델라 대통령이 찼던 손목시계를 선물로 주었지요. 27년 동안 감옥에 갇혀 있을 때 쓰던 시계였어요. 남편은 답례로 미국 망명 시절에 들고 다니던 낡은 밤색 서류가방을 주었지요. 만델라가 흑인 해방 투쟁을 하며 오랜 세월 고난을 겪은 데 대해 남편은 동질감을 느꼈어요. 그래서 그 몇 년 전에 만델라 대통령의 자서전《자유를 향한 머나먼 길》을 번역하기도 했고요. 만델라가 70대에 대통령에 당선됐다는 사실도 남편에게 용기를 주었지요."

6월 24일에는 김종필이 자민련 대통령 후보로 선출됐다. 신한국당에서는 이회창 대세론에 맞서 경기도지사 이인제가 신한국당 안 민주계의 대항마로 나섰다. 7월 21일 신한국당 전당대회에서 이회창은 60퍼센트의 지지율로 이인제를 누르고 대통령 후보로 선출됐다. 8월

20일에는 서울시장 조순이 민주당에 입당해 15대 대통령 선거 출마를 선언했다. 조순은 8월 28일 민주당 전당대회에서 만장일치로 당 총재로 추대됐다.

대통령 선거운동이 본격화하자 또다시 '북풍'이 불었다. 1997년 8월 15일 천도교 교령을 지낸 오익제가 월북했다. 오익제는 평양으로 가기 전 미국에서 쓴 '나의 독백'이라는 글에서 "북에 두고 온 아내와 딸에 대한 그리움 때문에 북한으로 갈 결심을 했다"고 밝혔다. 오익제는 평통자문위원과 국민회의 고문을 맡고 있었다. 여당은 오익제가 국민회의 고문이라는 사실만 문제 삼아 국민회의를 공격했다.

며칠 뒤인 8월 20일에는 '이석현 명함 파동'이 벌어졌다. 국민회의 의원 이석현이 외국인용으로 만든 명함에 '남조선'이라는 명칭을 썼다는 걸 '용공'으로 몰고 간 사건이었다. 이석현 명함은 세계 어느 곳에서나 쓸 수 있도록 일곱 나라 말로 인쇄돼 있었다. 이석현은 "한자권 공산국 사람들은 남조선이라고 해야 잘 알기 때문에 남조선을 괄호 안에 부기했으며, 이 명함을 로스앤젤레스에서 쓸 때 '남조선'을 지우고 썼다"고 해명했다. 신한국당은 이 사건을 국민회의 공격의 호재로 삼았다. 언론의 집중포화를 받은 이석현은 8월 29일 눈물을 머금고 국민회의를 탈당했다. 후에 '이석현 명함 파동'은 안기부가 개입해 일으킨 것이었음이 검찰 수사로 드러났다.

10

# IMF 사태와 준비된 대통령

## 15대 대통령 선거

1997년 8월 신한국당 대통령 후보 이회창이 두 아들의 병역면제와 관련된 의혹을 받아 지지율이 급락했다. 신한국당의 내부 갈등이 걷잡을 수 없이 커졌다. 8월 13일 청와대에서 김영삼을 만난 이인제는 독자 출마 의사를 밝혔다. 9월 13일 이인제는 신한국당을 탈당해 15대 대선에 출마하겠다고 선언했다. 9월 18일 공표된 조선일보-한국갤럽의 대선 후보 지지율 조사는 김대중 29.9퍼센트, 이인제 21.7퍼센트, 이회창 18.8퍼센트, 조순 11.6퍼센트, 김종필 3.3퍼센트로 나타났다. "남편은 1997년 여름을 거치면서 여론조사에서 1위를 차지한 뒤로 계속 선두를 지켰지요." 김영삼은 9월 30일 신한국당 총재 자리를 이회창에게 물려주었다.

이회창 지지도가 10퍼센트대까지 추락하자 신한국당에서는 '김대중 비자금' 문제를 꺼내들었다. 10월 7일 신한국당 사무총장 강삼재는 기자회견을 열어 김대중이 670억 원의 비자금을 관리해왔다고 주장했다. 강삼재는 김대중이 노태우로부터 20억 원 외에 6억 원을 더 받았다는 '20억+알파' 설도 다시 꺼냈다. 10월 9일에는 신한국당 대변인 이사철이 나서서 1992년 대통령 선거를 앞두고 김대중이 기업 10곳으로부터 134억 원을 받았다고 주장했다. "여당의 후보 지지율이 올라가지 않자 그런 흑색선전으로 남편을 흠집 내려고 했어요. 1992년 대선 때 김영삼 후보는 노태우 대통령에게서 천문학적인 액수의 선거자금을 받아 썼는데, 그 당사자들이 남편을 터무니없이 공격하니 기가 막혔지요."

김대중은 "야당 정치인으로서 친지와 기업들의 도움을 받은 것은 사실이지만 어떤 경우에도 부정하거나 문제 있는 돈은 받은 적이 없다"고 밝혔다. 김대중의 지지율이 변함없이 선두를 유지하자 신한국당은 10월 14일 국정감사장에서 '김대중 비자금' 문제를 다시 들고나왔다. 일가·친척·아태재단 관계자 40여 명의 이름으로 10년 동안 342개 계좌에 378억 원의 비자금을 분산해 관리해왔다는 것이었다. 신한국당은 김대중을 뇌물수수·조세포탈 혐의로 대검찰청에 고발했다.

10월 21일 검찰총장 김태정은 김대중 비자금 의혹 사건을 15대 대통령 선거 뒤로 미룬다고 발표했다. 일선 검사 90퍼센트가 비자금 수사 유보에 찬성했다. 훗날 김태정은 이렇게 말했다. "법조인의 양심으로 수사에 착수할 수 없었다. 근거가 있어야지 아무런 근거도 없이 어떻게 수사할 수 있겠는가?" 이회창은 검찰의 수사 유보가 김영삼의 지시에 따른 것이라고 보고 10월 22일 긴급 기자회견을 열어 당 명예총재인 김영삼의 탈당을 요구했다. 이회창의 탈당 요구에 청와대는 즉각 거부의사를 밝혔다. 다음날 강삼재는 사무총장직을 내놓고 "김대중 비자금 폭로는 이회창 총재 지시로 이루어졌다"고 또 다른 폭로를 한 뒤 지역구인 마산으로 내려갔다. "뒤에 남편은 진실을 밝히는 차원에서 비자금 수사를 요청했는데, 조작이었다는 것이 밝혀졌지요. 비자금 계좌라고 떠든 것이 관계 기관을 통해 죽은 계좌를 모두 수집해 열거한 것이었어요."

1997년 10월 27일 밤 김대중은 김종필의 청구동 집을 찾았다. 그 자리에서 김대중과 김종필은 후보단일화에 합의했다. 'DJP(김대중+김종필) 연합'이었다. '김대중·김종필 연합' 협상은 1996년 4·11총선 이후 1년 6개월을 끌어온 일이었다. 양당이 최종 합의한 내용은 "대통령 후보는 김대중 총재로 단일화하고 집권할 경우 실질적인 각료 임명 제청권과 해임 건의권을 갖는 실세 총리는 자민련에서 맡는다"는 것이었다. 김대중은 국민들이 내각제를 원하면 임기 안에 개헌할 수 있다는 자민련의 요구도 받아들였다.

"남편이 김종필 총재와 단일화 협상을 할 때 재야 민주화운동 출신 의원들이 반대를 많이 했어요. 당 밖에 있는 종교계 인사들 중에도 반대하는 분들이 있었고요. 나도 처음에는 김종필 총재와 손을 잡는 것이 달갑지 않았지요. 남편은 선거 때마다 나타나는 '색깔론'을 극복하고 호남 고립을 깨려면 자민련과 손을 잡는 것이 필요하다고 했어요. 결국 당내 재야 출신들이 남편의 뜻을 이해했지요. 독일에서도 색깔이 다른 정당끼리 연립정부를 세우잖아요. 남편은 공동정부를 운영해도 충분히 성공할 수 있다는 자신감이 있었지요. 일본에서 나온 책에 '오늘의 친구가 내일의 적이 되고, 내일의 적이 다시 친구가 된다'고 쓰인 걸 읽은 적이 있는데, 정치란 게 그런 것이라는 생각이 들었어요."

11월 3일 국민회의와 자민련은 야권후보단일화 합의문 서명식을 열었다. 이튿날엔 포항 보궐선거에서 당선된 박태준이 자민련에 입당했다. 박태준은 자민련 총재로 선출됐다. 'DJP 연합'은 'DJT(김대중+김종필+박태준) 연합'으로 나아갔다. "박태준 의원과 남편은 그해 9월 도쿄에서 한·일 월드컵 예선전이 열렸을 때 만났어요." 김대중과 박태준은 한국 대표팀이 일본 대표팀에 2 대 1로 역전승을 거둔 뒤 다음날 아침식사를 함께했다. "그때 박태준 의원이 남편에게 사상이라든가 정책이라든가 이것저것 많이 물어보았는데, 다 듣고 나서 남편을 돕겠다고 약속했어요. 남편도 박태준 의원의 식견이 뛰어나다고 보았고요. 그 전에 강원용 목사님이 박태준 의원을 만나서 남편이 대통령이 되도록 도와주는 게 좋겠다는 이야기를 했다고 해요. 박태준 의원은 남편의 사상을 의심하고 있었는데, 강 목사님이 '절대로 그렇지 않다, 한번 만나 이야기해보라'는 말씀을 해주셨대요."

10월 14일 이인제가 이끄는 국민신당이 대구에서 창당 준비대회를 열었다. 국민신당은 11월 4일 서울 올림픽공원 펜싱경기장에서 중앙당 창당대회를 열어 이인제를 대통령 후보로 선출했다. 같은 날 신한국당 대구 필승대회에서 김윤환은 이인제의 배후로 김영삼을 지목하고 공격했다. 11월 6일 신한국당 경북지역 필승결의대회에서 '국민'이라는 이름표를 단 마스코트가 '03'이라는 이름의 마스코트를 내리치는 행위극이 펼쳐졌다. 신한국당 민주계는 강력히 반발했다. 11월 7일 신한국당 명예총재 김영삼은 "엄정한 대선 관리와 국정 수행에 전념하겠다"고 밝히고 신한국당을 탈당했다. 그날 저녁 이회창과 조순이 만나 신한국당과 민주당의 통합에 합의했다. 11월 13일 이회창과 조순은 합당 서명식을 열고 "통합된 당의 대통령 후보는 이회창 신한국당 총재로 하고, 조순 민주당 총재는 통합당의 총재직을 맡는다"고 밝혔다.

이회창과 조순의 합당 서명식이 열린 날 민주당 안의 비주류 모임인 통추(국민통합추진회의) 소속 김원기·노무현·김정길·원혜영·유인태·박석무를 포함한 8명의 전직 의원들이 "정권교체가 이 시대 최대의 사명이고 최대의 개혁"이라고 밝히고 국민회의에 입당했다. "남편은 통추 소속 정치인들이 명분 있는 행동을 하는 신뢰할 만한 분들이라고 생각했어요." 국민회의는 통추 대표 김원기를 상임고문으로, 김정길과 노무현을 부총재로 임명했다. "남편은 자민련과의 연합으로 오른쪽 날개를 얻었고, 통추 소속 정치인들의 입당으로 왼쪽 날개를 얻었지요." 11월 21일 민주당과 통합한 신한국당은 이름을 한나라당으로 바꾸었다. 국민회의는 "당명을 아무리 바꾸어도 신한국당이 저지른 실책과 실패는 가릴 수 없다"고 논평했다.

조순과 손을 잡은 뒤 이회창의 지지율이 처음으로 이인제를 제쳤다. 11월 22일 한국갤럽 조사 결과는 김대중 33.4퍼센트, 이회창 28.9퍼센트, 이인제 20.5퍼센트였다. 15대 대통령 선거의 가장 달라진 풍경은 텔레비전 후보 토론회였다. 선거법이 개정돼 대규모 군중 집회가 사라지고 안방에서 대통령 후보들의 면면을 살펴볼 수 있게 됐다. "15대 대통령 선거에서 우리가 이길 수 있었던 것은 텔레비전 덕분이었다고 생각합니다. 남편은 1971년 대통령 선거 때부터 텔레비전 토론을 계속 주장했는데, 여당에서 반대하는 바람에 할 수 없었어요. 텔레비전 토론회에서 남편은 신문 기사나 방송 뉴스가 왜곡하지 않은 모습을 그대로 국민에게 보여줄 수 있었지요."

김대중은 주부 대상 프로그램에도 출연해 살아온 삶을 이야기했다. "텔레비전 아침 방송 〈10시 임성훈입니다〉에 출연했어요. 거기서 젊은 시절에 고생하던 이야기, 일찍 사별한 부인 이야기를 했어요. 강한 인상만 기억하고 있던 주부들이 남편의 인간적인 모습을 처음으로 보게 된 거지요. 1996년 여름에는 MBC의 〈일요일 일요일 밤에〉 제작진이 일산 우리 집으로 찾아왔어요. 호수공원 산책하고 꽃구경하고 맨손체조 하는 우리의 평소 생활을 보여주었는데, 국민들에게 남편의 다른 모습을 알려주는 계기가 됐지요."

15대 대통령 선거에서도 이희호는 남편을 도와 선거운동을 했다. "여기저기 많이 다녔어요. 여성단체도 찾아가고 서울 지구당 47곳을 다 방문했고요. 시골에까지 내려가 연설도 했어요. 'DJP 연합'이 성사된 뒤에는 김종필 총리 부인 박영옥 여사와 함께 대구·부산에도 함께 가고 육영수 여사 생가도 찾아갔지요."

OECD 가입 1돌을 앞두고 한국 경제에 재앙이 떨어졌다. 1997년 11월 21일 밤 10시 50분 신임 경제부총리 임창열이 국제통화기금(IMF)에 200억 달러의 구제금융을 신청했다고 발표했다. 예고 없이 닥친 날벼락이었다. 앞서 10월 28일 경제부총리 강경식은 국회 답변에서 금융가에 나도는 '금융대란설'을 두고 "한국 경제는 펀더멘털(토대)이 튼튼하기 때문에 문제가 없다"고 답변했던 터였다. 한 달도 안 돼 한국은 IMF의 지원을 받지 않으면 국가부도사태가 날 처지로 떨어졌다. 외환위기의 직접적 원인은 유동성 위기였다. 동남아시아가 금융위기에 빠지자 한국에 돈을 넣었던 외국 투자자들이 한꺼번에 대출 회수에 나섰다. 한국 경제는 삽시간에 대혼란에 빠졌다. OECD에 가입했다고 환호하던 한국은 1년 만에 IMF의 '경제신탁통치' 아래 들어갔다. '한국전쟁 이후 최대 국난'이었다. 11월 21일은 '국치일'로 기록됐다.

11월 28일 IMF 협상단이 한국에 도착해 12월 3일 협상을 마무리했다. IMF 총재 미셸 캉드쉬(Michel Camdessus)는 "한국은 믿을 수 없으니 대통령 후보들이 모두 IMF 협상 결과를 받아들인다는 각서를 제출하라"고 요구했다. 경제주권이 IMF에 넘어간 것이나 다름없었다. "남편은 굴욕이라고 느끼면서도 다른 후보들과 함께 각서에 서명을 해서 주었지요." IMF가 차관을 제공하는 대가로 정부와 맺은 협약은 가혹했다. 외국인 주식투자 한도를 50퍼센트로 높이고, 은행과 증권을 비롯한 금융시장을 개방하며, 무역 관련 보조금을 폐지하고, 수입선 다변화 제도를 앞당겨 없앤다는 납득할 수 없는 조건들을 달고 있었다. 한국의 불리한 처지를 이용해 미국과 일본이 자신들에게 유리한 조항을 끼워 넣은 것이었다. 힘을 앞세워 강요한 '불평등 협약'이었다. 김대중은 이날 IMF가 요구한 각서에 서명한 뒤 따로 '대량실업과 연쇄도산 방지를 위해 추가협상을 해야 한다'는 공문을 대통령에게 보냈다. 이튿날 유럽연합(EU) 대사 15명과 유럽 경제인 300여 명이 참석한 특강에서 김대중은 "IMF 관리체제를 조속히 극복하려면 관치경제를 뿌리 뽑아야 한다"고 말했다.

'IMF 재앙'이 닥친 상황에서도 한나라당과 안기부는 남북대치 국면을 이용했다. 12월 5일 안기부는 월북한 오익제가 11월 말 국민회의 총재 김대중에게 편지를 보냈다며 압수수색영장을 발부받아 수사에 나섰다. 국민회의는 조작이라고 강력하게 반발했다. 이 무렵 한나라당이 북한에 돈을 주고 판문점에서 총격 사건을 일으키게 하려는 공작을 꾸민 사실이 훗날 검찰 수사로 드러났다.

'북풍'이 효과를 내지 못하자 한나라당은 김대중의 건강에 이상이 있다는 소문을 퍼뜨렸다. "당시 남편은 건강에 특별한 문제가 없었어요. 그런데도 별별 말을 다 만들어냈지요. 심지어는 내가 치매에 걸렸다는 말까지 퍼뜨렸어요. 소문을 내려고 '구전 홍보단'까지 조직했다고 해요. 한나라당이 유포한 '건강이상설' 때문에 2차 텔레비전 토론 때 애를 먹기도 했지요. 전날 남편이 감기 기운이 있어서 코를 훌쩍거려요. 콧물을 막으려고 응급처치를 하면 머리가 몽롱해지는 문제가 있었어요. 나는 맑은 머리로 토론해야 한다고 생각했지요. 그래서 약을 먹지 않고 토론에 임했는데, 다행히 아무 일도 일어나지 않았지요."

12월 7일 열린 2차 텔레비전 토론회에서 김대중은 IMF와 추가협상을 할 필요가 있음을 역설했다. "멕시코와 인도네시아에서도 없었던 무역개방 요구를 수용한 것이나 수입선 다변화까지 고치도록 한 것은 잘못된 것이므로 따져야 합니다." 김대중의 추가협상 주장은 막판에 선거 쟁점으로 떠올랐다. 〈조선일보〉를 비롯한 보수신문과 한나라당은 김대중이 '재협상'을 주장해 국제신인도를 떨어뜨리고 상황을 악화시키고 있다고 공격했다. 〈조선일보〉는 일주일 전인 12월 2일치 사설('IMF 한파')에서 IMF의 요구사항의 문제점을 지적하면서 "정부 당국자와 IMF 측의 추후협상이 요구되는 대목"이라고 썼던 터였다. 그 사설에서 〈조선일보〉는 "경제정책은 그 나라의 특수사정과 현실을 바탕에 깔고 실시해야 실효를 거둘 수 있다"는 주장도 했다. 김대중은 "원칙적으로 IMF 합의사항을 지지하지만 보완해야 할 문제는 다시 논의하겠다는 것"이라고 자신의 입장을 다시 밝혔다. 한나라당과 보수언론은 'IMF 재협상 논란'으로 마지막까지 김대중을 물고 늘어졌다. 대통령 선거가 끝난 뒤 이듬해 IMF는 협약 이행 조건을 수정했다.

제6부

# 청와대의 시간

1

# 감격 어린 평화적 정권교체

## 대통령 당선

외환위기 충격 속에 1997년 12월 14일 마지막 텔레비전 토론이 열렸다. 김대중은 국민에게 호소했다. "불행히도 저는 대통령에 세 번이나 도전했지만 실패했습니다. 국민이 저를 이때 쓰시려고 뽑아주시지 않은 것 같습니다." 김대중은 "당선되면 1년 6개월 안에 IMF 체제를 벗어나겠다"고 약속했다. 김대중의 선거구호는 '준비된 대통령'이었다. 1997년 12월 17일 선거운동 마지막 날 김대중은 서울 명동 상업은행 앞에서 마지막 유세를 했다. "저에게는 40년 동안 갈고닦은 지혜와 경륜이 있습니다. 저는 감옥에서도, 미국에서도 대통령이 될 준비를 했습니다. 전 세계에서 대통령이 될 준비를 저만큼 한 사람도 아마 없을 것입니다. 저에게 꼭 한 번 기회를 주십시오."

이날 밤 김대중의 동생 김대의가 세상을 떠났다. 김대의는 "형님에게 누를 끼칠 수 있으니 선거가 끝날 때까지 내 죽음을 알리지 말라"는 말을 유언으로 남겼다. "남편이 여론조사에서 박빙으로 앞서고 있었어요. 마지막 날 오후에 시동생이 운명했어요. 남편의 건강 문제가 선거 쟁점이어서 시동생의 죽음조차도 알릴 수 없었지요. 언론에서 눈치를 채고 병원에 확인을 요구하니까 동서는 시동생을 한양대 병원에서 삼성의료원으로 옮기기까지 했어요. 우리는 투표가 마감된 뒤에야 빈소를 찾았지요." 김대중은 동생 영정 앞에서 하염없이 울었다. "시동생들이 남편 때문에 고생을 많이 했어요. 막내 시동생(김대현)은 남편을 경호하는 일을 맡았다가 5·17쿠데타 때 잡혀가 고초를 겪고 1년 동안 옥살이를 하기도 했고요."

1997년 12월 18일 제15대 대통령 선거가 치러졌다. 오후 6시 투표 마감과 동시에 MBC와 한국갤럽의 출구조사 결과가 발표됐다. "방송사 출구조사를 보니 남편이 1퍼센트 차로 승리할 거라고 나왔어요. 너무 차이가 작아 안심이 되지 않았어요. 개표 초판에는 이회창 후보가 앞섰는데 10시가 넘어가자 순위가 뒤집히더니 12시쯤 남편의 승리가 확실해졌고 새벽 1시쯤에 사실상 확정이 됐어요." 최종 결과는 80.7퍼센트의 투표율에 김대중 40.3퍼센트, 이회창 38.7퍼센트, 이인제 19.2퍼센트였다. 39만 표 차이의 승리였다.

김대중의 일산 집 안팎은 흥분의 도가니로 변했다. "남편과 나는 당직자들과 함께 집에서 개표 상황을 보았지요." 집 밖으로 몰려든 시민들이 "김대중 대통령"을 연호했다. 사람들은 서로 부둥켜안고 눈물을 흘렸다. 〈아침이슬〉, 〈선구자〉, 〈목포의 눈물〉을 합창하는 소리가 울려 퍼졌다. "나는 창문으로 내다보며 손을 흔들고 모여든 사람들에게 감사하다고 인사를 했지요."

헌정사상 최초로 이루어진 여야 간 평화적·수평적 정권교체였다. 김대중은 1954년 정치에 입문하고 43년 만에, 1971년 대통령 선거에

헌정사상 최초로 이루어진 여야 간 평화적·수평적 정권교체 결정 뒤
지지자들에게 인사하는 김대중과 이희호.

처음 도전한 뒤로 26년 만에 대통령에 당선됐다. 헤아릴 수 없이 많은 사람들이 피와 땀과 눈물을 바친 승리였다. 불공정과 반칙이 난무하는 적대적 환경을 뚫고 이룬 승리여서 감격은 더 컸다. "그 세월이 참 길고도 험했구나 하는 생각이 들었어요. 그냥 운 좋게 얻은 승리가 아니라 죽음의 고비를 몇 차례나 넘기며 이룬 승리였잖아요. 말할 수 없이 기뻤지만, 한편으로는 허탈한 심정이었어요. 당선이 확정된 뒤 남편은 방에 들어와 잠이 들었는데 계속 함성과 노랫소리가 들려왔어요." 정치학자 최장집은 15대 대선에 관해 쓴 글에서 국가권력의 영향력, 재벌의 자금력, 거대 보수언론의 여론 주도력으로 무장한 정·재·관·언의 4자 연합에 맞서 야당이 승리하겠다고 나선 것은 "마치 풍차에 도전하는 돈키호테를 연상시킬 정도"의 모험이었다고 했다.

새벽에 일어난 이희호와 김대중은 큰아들 홍일의 전화를 받았다. "아버지에게 축하드린다는 전화였어요. 홍일이를 생각하면 우리는 언제나 가슴이 아팠지요. 중앙정보부에서 당한 고문 후유증 때문에 말도 자유롭지 못했고 잘 걷지도 못했어요. 고맙고 미안했지요." 집 밖에는 밤을 새운 지지자들이 모여 있었다. 김대중은 이희호와 뜰 앞에 서서 대통령 당선자로서 국민에게 첫인사를 했다. "국민 여러분께 진심으로 감사드립니다. 건국 이래 처음으로 여야 간 평화적 정권교체를 이룸으로써 이제 이 나라에 새로운 역사가 시작됐습니다."

이희호와 김대중은 어려웠던 시절에 힘을 주었던 은인들을 떠올렸다. "정일형·이태영 두 분이 가장 먼저 생각났어요. 우리에게는 후견인 같은 분들이었고, 우리가 힘들 때 같이 걱정해주시고 우리를 일으켜주시던 분들이었어요. 정일형 박사님이 돌아가셔서 혼자 계시는 이태영 선생님을 어서 뵙고 싶었지요. 남편이 대통령이 됐다고 말씀드리는 게 도리라고 생각했어요." 이희호는 서울 봉원동의 이태영 집으로 향했다. "당선이 확정된 직후에 청와대 경호팀이 우리에게 왔어요. 오랜 세월 정보기관의 미행과 감시만 받다가 갑자기 경호를 받게 되니 어색하고 낯설었어요."

이태영은 병환으로 누워 있었다.

"선생님, 바라시던 대로 대통령이 됐어요."

"뭐라고요?"

"김대중이 대통령이 됐습니다."

이희호는 이태영을 일으켜 앉히며 큰 소리로 말했다. 이태영은 이희호를 물끄러미 바라보았다. "그런데 댁은 누구시오?" 이태영은 이희호를 알아보지 못했다. "도무지 믿기지 않았어요. 그렇게 단정하던 선생님이 치매를 앓고 계셨어요. 선생님이 나를 알아보지 못하니까 동행한 박영숙 씨와 이종옥 씨가 온갖 방법으로 선생님의 정신을 깨우려고 했는데 다 허사였어요. 억장이 무너지는 것 같은 슬픔을 주체할 수 없었지요. 여성, 약자의 인권을 위해 한평생 노력하셨던 분인데 치매로 무너졌다는 게 믿기지 않았어요. 댁을 나서면서도 발길이 떨어지지 않았지요." 이태영은 1년 뒤에 세상을 떠났다. "선생님이 늘 '김대중 같은 사람을 대통령 못 시키는 것은 우리 국민의 불행'이라고 말씀하셨는데, 김대중이 대통령이 됐다는 사실도 알아보지 못하는 게 얼마나 가슴 아팠는지 몰라요."

미국·일본·중국·유럽의 주요 언론들이 김대중의 대통령 당선을 머리기사로 알렸다. 〈뉴욕타임스〉는 "전 국민이 외환위기로 고통받는 상황에서 민주화 운동 지도자로서 비전과 리더십을 갖춘 김대중 씨가 대통령에 당선된 것은 한국 국민들에게 행운이다"라고 보도했다. 〈월스트리트저널*The Wall Street Journal*〉은 "남아프리카공화국의 넬슨 만델라, 폴란드의 레흐 바웬사가 대통령에 선출된 것에 견줄 위대한 정치적 사건"이라고 평했다. 독일 〈쥐트도이체 차이퉁*Süddeutsche Zeitung*〉은 "빌리 브란트 전 독일 총리가 동방정책을 통해 유럽에서 냉전 종식의 반석을 놓았듯이 많은 한국인들은 김대중 당선자가 남북한 화해의 길을 발견해 동아시아 냉전을 끝낼 수 있을 것으로 기대한다"고 보도했다.

12월 19일 오전 9시 김대중은 국회 의원회관에서 대통령 당선자로서 공식 기자회견을 했다. "다시는 이 땅에 차별로 인한 대립이 발붙이지 못하도록 할 것입니다. 모든 기업을 권력의 사슬로부터, 권력의 비호로부터 완전히 해방시킬 것입니다. 앞으로는 시장경제에 적응해서 세계적인 경쟁을 이겨내는 기업만 살아남을 것입니다. 경제의 목적은 국민의 행복입니다. 서민의 권익을 철저히 보호하여 우리 경제가 민주적 시장경제로 발전해나가는 시대를 열겠습니다." 이회호와 김대중은 아침에 동작동 국립 서울 현충원을 참배하고 오후에 수유리 4·19묘지를 참배했다. "4·19묘지를 참배하고 나오는데 우리보다 먼저 와 있던 민가협·유가협 어머니들을 만났지요. 민주화 투쟁 중에 자식을 잃은 어머니들이 우리 손을 붙잡고 놓아주지 않았어요. 눈물을 흘리는 분들도 있었고요."

12월 19일 새벽 미국 대통령 빌 클린턴이 김대중에게 전화를 했다. "민주주의와 정치 진보를 위해 일생을 헌신한 김대중 당선자께서 위대한 승리를 한 데 대해 축하와 존경을 보냅니다." 클린턴은 당선 축하 인사를 한 뒤 곧바로 IMF 합의사항 이행을 촉구했다. "남편은 당선이 되면 한적한 곳에서 차근차근 국정 구상을 하고 싶어 했어요. 그런데 모두들 남편만 찾았지요. 선거운동 기간 동안 쌓인 피로를 풀 틈도 없었어요. 청와대에 들어갈 때까지 하루도 쉬지 못했지요."

12월 20일 오전 김대중은 경제부총리 임창열의 보고를 받았다. 외환보유고는 12월 18일 현재 38억7000만 달러였다. 나라의 금고가 사실상 텅 비어 있었다. 그 얼마 안 되는 돈마저 하루에 4억~5억 달러씩 줄어들고 있었다. "남편은 나라 금고 사정이 그 정도로 심각할 줄은 몰랐다고 탄식했지요." 임창열은 "외채와 외환 관리를 소홀히 하고 환율 방어에만 매달렸던 것이 위기를 키웠다"고 보고했다. 구제금융이 들어오지 않으면 연말에 71억 달러의 국가부도가 날 상황이었다. 그날 김대중은 대통령 김영삼과 만나 '외환위기 극복을 위한 6가지 항목'에 합의했다. 12인 비상경제대책위원회가 설치됐다. "비상경제대책위원장은 김용환 자민련 부총재가 맡았어요. 남편은 김용환 부총재의 능력을 신임하고 있었지요."

김대중은 김영삼과 만난 자리에서 전직 대통령 전두환·노태우의 사면·복권을 요청했다. 전두환과 노태우는 12·12, 5·18 주범으로 무기징역과 징역 17년 형을 각각 선고받고 복역하고 있었다. 김영삼은 22일 전두환·노태우의 사면·복권을 발표했다. "남편은 사형선고를 받았을 때도 정치보복을 반대한다고 밝혔어요. 대통령 선거 기간 중에도 가해자들을 용서하겠다고 했고요. 전두환·노태우 대통령의 사면·복권은 남편의 신념을 실천한 것이었어요. 나는 그이들이 저지른 죄는 나쁘지만 용서하는 것이 옳다고 생각했어요."

외환위기의 충격으로 경제는 악화일로를 질주했다. 부도기업 수가 전해에 비해 열 배나 늘어 1997년 한 해 동안 1만7000곳에 이르렀다. 1996년 말 12.6퍼센트이던 이자율은 1997년 12월 23일에는 31.1퍼센트까지 뛰었다. 환율은 1996년 말 1달러에 844원이던 것이 1997년 말에는 1965원까지 갔다. 1인당 국민소득은 곤두박질치더니 이듬해 6700달러까지 떨어졌다.

12월 22일 미국 재무부 차관 일행이 한국에 왔다. 미국은 'IMF 합의' 외에 정리해고제 수용, 외환관리법 전면 개정, 적대적 인수합병 허용을 요구했다. "남편은 정리해고제 도입을 2년 동안 유예하겠다고 선거기간 중에 약속했어요. 그 약속을 깨면 노동계가 반발할 수밖에 없었지요. 그런 사정을 알면서도 국가부도를 막으려고 어쩔 수 없이 수용했지요." 크리스마스 직전에 IMF의 100억 달러 긴급지원 통보가 왔다. 눈앞에 닥친 부도 위기를 넘겼다.

12월 25일 김대중은 대통령직 인수위원회 명단을 발표했다. 국민회의 부총재 이종찬이 위원장을 맡았고, 국민회의와 자민련에서 각각 12명이 위원으로 참여했다. "남편은 김중권 씨를 대통령 비서실장으로 발탁했어요. 노태우 정부에서 청와대 정무수석을 지낸 사람을 비서실장으로 들이는 걸 보고 모두들 놀랐지요. 탕평인사를 하겠다는 의지를 보여준 결정이었어요."

대통령 당선자로서 김대중은 외국에서 온 중요 인사들을 집에서 만났다. "남편은 외국 손님들을 일산 집으로 초대했어요. 아침·점심·저녁 식사 약속이 빼곡하게 차 있었어요. 미셸 캉드쉬 IMF 총재, 제임스 울펀슨(James D. Wolfensohn) 세계은행(IBRD) 총재, 조지 소로스(George Soros) 퀀텀펀드 회장 같은 이들이 우리 집으로 왔어요. 남편과 나는 그 사람들과 함께 식사를 했지요. 사람의 마음을 얻으려면 집으로 초대해 식사를 같이하는 것이 가장 좋은 방법이거든요."

1998년 초 외채는 1500억 달러에 이르렀다. 3월 말 안에 갚아야 할 빚이 251억 달러였다. '금 모으기 운동'이 일어났다. 1월 12일 시민·소비자·농민·종교단체 인사들이 중심이 돼 '외채상환 금 모으기 범국민운동' 발대식을 열었다. 추기경 김수환은 추기경 취임 때 받은 금십자가를 내놓았다. 함께 참석한 조계종 총무원장 송월주가 "십자가를 내놓아도 되느냐"고 묻자 "예수님은 몸도 바쳤는데 나라를 살리는 일에 십자가를 내놓는 것은 당연한 일 아니냐"고 대답했다. 발대식에 참석한 사람들은 금반지·금목걸이를 내고 그 대신 통장이나 '3년 만기 국채' 위탁증서를 받았다.

"'금 모으기 운동'은 남편이 1997년 말에 소비자보호단체 간부들과 간담회를 하면서 처음 제안했던 거였어요. '우리나라가 연간 60억 달러의 금을 수입하는데 상당 부분이 금고에 쌓여 있으니 금 모으기

운동을 해서 내다 팔면 달러를 마련할 수 있을 것'이라고 했거든요. 3년 정도 뒤에 이자를 더해 금값을 국민들에게 돌려주면 될 것이라고 방법도 이야기했고요." 금 모으기 운동이 시작되자 참여 열풍이 불었다. "우리 부부도 집에 있던 금붙이를 다 모아서 내놨지요. 홍걸이 돌반지도 있었어요." 3월까지 전국에서 350만 명이 참여했다. 모인 금은 226톤에 이르렀다. 시세로 21억5000만 달러어치였다.

"그때 정말로 많은 국민들이 나섰어요. 신혼부부는 결혼반지를 내놓고 운동선수들이 금메달을 내놓기도 했고요. 그때 일본에 살던 재일동포들이 특히 많이 참여했어요. 조국이 어려우니 돕자고요. 정말 깜짝 놀랐어요. 우리 국민의 애국심이 대단하다는 생각이 들었지요." 모은 금은 곧바로 달러로 바뀌었다. 1998년 2월 수출이 21퍼센트나 늘어나 무역흑자가 32억 달러에 이르렀다. 그중 금 수출액이 10억5000만 달러였다. "남편은 금 모으기 운동을 보면서 외환위기를 극복할 수 있겠다는 자신감을 얻었어요. 외국에서도 한국을 다시 보고 적극적으로 돕겠다고 했어요. 결국 IMF에서 빌린 돈을 예정보다 3년 앞당겨서 3년 반 만에 다 갚았지요."

2

# 동교동보다 소박했던 청와대 살림

## 국민의 정부

외환위기가 불러온 경제 혹한이 온 나라를 덮쳤다. 김대중은 1998년 1월 13일 4대 재벌 회장들을 만났다. 기업 경영의 투명성 제고, 상호지급보증 해소, 재무구조의 획기적 개선, 중소기업 협력 강화, 지배주주·경영진의 책임성 강화를 핵심으로 하는 5개 항에 합의했다. 김대중은 재벌 총수의 사재 출연도 요구했다. 이날 한국노총이, 이튿날에는 민주노총이 노사정위원회에 참여할 뜻을 밝혔다. "남편은 정리해고제 도입으로 노동자들의 희생이 너무 크다고 생각했어요. 그래서 사회적 합의기구가 필요하다고 보고 노동자·사용자·정부가 함께하는 노사정위원회를 만들었지요." 김대중은 노조의 정치활동을 허용하고 교직원노조를 1999년 7월부터 합법화하기로 약속했다. 공무원직장협의회도 1999년 1월부터 설치하기로 약속했다. 실업대책 재원도 5조 원으로 늘렸다. 사회적 대타협이었다.

대통령 취임식을 앞두고 이희호는 청와대를 방문했다. "1997년 말에 김영삼 대통령 부부 초청으로 청와대 만찬에 갔어요. 부부 동반으로 한자리에 앉은 게 그때가 처음이었어요. 손명순 여사는 그전에 국회의원 부인 모임에서 몇 번 보기는 했지만 대화를 한 적은 없었어요. 2월 중순에 다시 청와대에 갔을 때 손명순 여사가 청와대 관저 내부를 보여주었어요. 나라가 어려운 때여서 관저 내부를 수리하지 않고 그대로 입주했지요." 2월 22일 이희호와 김대중은 가족을 모두 불러 저녁 식사를 했다. "남편이 아들들에게 신중하게 처신하라고 거듭 당부했지요. 김영삼 대통령 아들이 소통령 소리를 들어서 민심이 떠났잖아요. 나는 '아버지가 국정에 전념하실 수 있도록 조용히 살자'고 얘기했지요." 2월 24일에는 김대중의 비서 출신 정치인들이 임명직 공직에 참여하지 않겠다고 발표했다.

1998년 2월 25일 '국민의 정부'로 이름 붙인 새 정부가 출범했다. 오전 10시 여의도 국회의사당 앞에서 대통령 취임식이 열렸다. 김대중은 취임사에서 국난을 맞은 상황을 침통하게 설명했다. "올 한 해 동안 물가는 오르고 실업은 늘어날 것입니다. 소득은 떨어지고 기업의 도산은 속출할 것입니다. 우리 모두는 지금 땀과 눈물을 요구받고 있습니다. 잘못은 지도층이 저질러놓고 고통은 죄 없는 국민이 당하는 것을 생각할 때 한없는 아픔과 울분을 금할 수 없습니다. 이런 파탄의 책임은 장래를 위해서도 국민 앞에 마땅히 밝혀져야 합니다."

김대중은 취임사에서 지식정보화 시대를 맞아 정보강국을 건설하겠다는 꿈도 밝혔다. "새 정부는 우리의 자라나는 세대가 지식정보사회의 주역이 되도록 힘쓰겠습니다. 세계에서 컴퓨터를 가장 잘 쓰는 나라를 만들어 정보대국의 토대를 튼튼히 닦아나가겠습니다." 김대중은 남북관계에 대해서도 이야기했다. "남북기본합의서 이행을 위한 특사 교환을 제의합니다. 북한이 원한다면 정상회담에도 응할

1998년 2월 25일 여의도 국회의사당 앞에서 열린 대통령 취임식에
이희호는 남편 김대중과 나란히 섰다.

용의가 있습니다."

김대중은 한나라당에 도움을 요청했다. "오늘의 난국은 다수당인 야당의 협력이 없이는 결코 극복할 수 없습니다. 나라가 벼랑 끝에서 있는 금년 1년만이라도 저를 도와주십시오." 한나라당은 이날 오후 김종필 총리 인준안 거부 당론을 재확인했다. "한나라당이 김종필 총리 인준을 6개월이나 해주지 않았어요. 대통령 선거로 국민이 공동정부를 승인해준 것이라고 할 수 있는데, 야당이 인정을 해주지 않아 참 안타까웠지요. 정부를 운영해야 하니까 남편은 김종필 총리서리 체제를 출범시킬 수밖에 없었지요."

취임식이 열린 날 저녁 청와대 영빈관에서 축하 리셉션이 열렸

다. 전 독일 대통령 리하르트 폰 바이츠제커, 전 필리핀 대통령 코라손 아키노, 전 일본 총리 나카소네 야스히로(中曾根康弘)와 다케시타 노보루(竹下登), 전 일본 사회당 당수 도이 다카코(土井たか子), 국제올림픽위원회(IOC)위원장 후안 안토니오 사마란치(Juan Antonio Samaranch), 미국 팝가수 마이클 잭슨(Michael Jackson)이 참석했다.

"우리는 리셉션을 끝낸 뒤 밤 9시쯤 관저로 갔어요. 안방이 너무 커서 부담스러웠어요. 화장실도 멀리 떨어져 있고요. 역대 대통령이 머물던 방이라 여러 생각이 났어요. 남편과 함께 고생하던 시절, 교도소에 면회하러 다니던 시절이 떠올랐지요."

권위주의 문화를 청산하는 일이 시급했다. 청와대에 들어간 김대중과 이희호는 호칭부터 바꾸었다. "남편은 '각하'라는 말 대신 '대통령님'으로 부르라고 했어요. 나도 '영부인' 대신 '여사'로 불러달라고 했지요. 영부인이라는 건 '대통령 부인'이라는 뜻인데 대통령 부인이기 이전에 '나 자신'이고, 또 나이가 들었으니까 여사로 불러주면 좋겠다고 했지요." 호칭 변경과 함께 청와대와 정부의 권위주의 문화도 바뀌었다. "경호실장 직급을 차관급으로 낮췄어요. 또 총무수석비서관 직급도 비서관으로 한 단계 낮춰, 동교동 시절부터 집안일을 도왔던 박금옥 씨를 임명했지요. 알뜰하기가 이를 데 없었어요."

김대중은 관공서에 대통령 사진을 걸지 말라고 지시했다. "휘호를 써서 현판을 만드는 일을 하지 않았어요. 예외적으로 안기부를 국가정보원으로 바꾸었을 때 이종찬 원장의 부탁으로 '정보는 국력이다'라는 원훈을 써주었어요. 남편은 검찰과 정보기관의 피해를 많이 봤잖아요. 그래서 검찰과 안기부가 민주인사를 탄압하던 과거의 잘못을 씻고 제 임무에 충실해야 한다고 했지요." 청와대도 시민에게 개방했다. "청와대 문을 열어 누구나 관람할 수 있게 했어요. 우리가 청와대에 있던 5년 동안 127만 명이 찾았다고 해요."

대통령 부인의 일정과 활동을 관리하는 제2부속실의 살림은 궁색했다. "제2부속실에는 별도 예산이 한 푼도 없었어요. 고아원에라도 가려면 총무비서관실에서 돈을 타다 써야 했어요. 제2부속실 실비로 나오는 게 한 달에 100만 원이었는데, 그중에 30만 원은 운전기사 보조에 쓰고 20만 원은 9급 대졸 직원 월급이 너무 적어 거기에 주었어요. 50만 원으로 제2부속실에 오는 손님들 차 대접을 했지요. 첫해 추석을 맞아서 장관·차관·비서관 이런 분들에게 추석 선물을 하는데, 값이 싼 곶감을 보냈어요. 그런데 곶감이 곰팡이가 슨 것이어서 나중에 그 사실을 알고 얼마나 미안했는지 몰라요."

'IMF 한파'가 몰아치던 때라 청와대 전체가 허리띠를 졸라맸다. "4월에 런던에서 아시아유럽정상회의(ASEM)가 열렸어요. 취임 뒤 첫 국제회의였어요. 대통령 특별기를 타고 갔는데, 모든 걸 다 줄였어요. 기내에서 마시던 프랑스제 포도주도 국산으로 바꾸고, 기내식 식단도 줄이고요. 승무원도 18명에서 12명으로 줄였어요. 수행원들도 2인1실을 사용해 숙박료를 아꼈지요." 관저 생활에도 경제 한파가 스며들었다. "관저 생활비로 한 달에 200만 원이 나왔어요. 청와대에 살면 산해진미를 먹는 줄 알았는데, 동교동에 살 때보다 못했어요. 음식이 입맛에 맞지도 않았고요. 그렇게 아끼고 아껴서 나중에 퇴임할 때 6억 원을 남겨서 넘겨주었어요. 박금옥 비서관이 마른 수건 짜듯이 돈을 아꼈지요."

이희호는 제2부속실 인사를 할 때 지역과 종교를 따지지 않았다. "제2부속실 직원이 네댓 명 됐는데 호남 출신이 1년 동안 한 명도 없었어요. 우리나라는 종교의 자유가 있는 곳이니까 내가 기독교인이지만 종교를 따지지도 않았고요." 이회호는 청와대에 들어간 뒤 교회 예배를 2주에 한 번으로 줄였다. "늘 다니던 창천교회로 가려면 경호 인원이 따라붙어요. 내 개인의 신앙생활 때문에 경호원이 여러 사람 동원되는 게 부담스러웠어요. 주민이나 교인들에게 불편을 줄까 염려가 되기도 했고요. 아예 안 갈 수는 없고, 그래서 2주에 한 번으로 줄였지요."

1998년 4월 26일 이희호는 청와대 관저에서 사고를 당했다. 고관절 골절이었다. "일요일 아침에 모처럼 쉬는 남편을 방해하지 않으려고 내 집무실로 갔어요. 책상에 앉으려는 순간 바퀴 달린 의자가 뒤로 밀리면서 바닥에 그대로 주저앉았어요. 지독히 아파서 꼼짝도 할 수 없었어요. 사람을 부르는데도 관저가 넓어서 대답이 없는 거예요. 20분쯤 그대로 있었지요. 한참 뒤에 부속실 남자 직원이 달려와 경복궁 옆 육군지구병원으로 옮겼어요. 오른쪽 고관절이 골절이었어요. 그날 밤 인공관절을 넣는 수술을 받고 일주일 만에 퇴원했는데, 그 뒤로도 한 달 가까이 고생을 했어요. 남편이 나더러 '어떻게 오른쪽 고관절까지 나를 따라서 다치냐'고 농담을 했지요. 5월 5일 청와대 녹지원에서 열린 어린이날 행사는 휠체어를 타고 참석했어요. 다행히 내 힘으로 걸을 수 있게 되어서 남편이 미국에 갈 때 동행할 수 있었지요."

1998년 6월 4일 지방자치제 선거가 열렸다. 김대중이 이끄는 국민회의는 광역자치단체장 선거에서 서울·경기를 포함해 6곳을 차지했다. 자민련은 인천을 비롯해 4곳에서 승리했다. 야당인 한나라당은 6곳을 차지했다. 또 전국 기초자치단체장 232곳 중 국민회의는 84곳, 자민련은 29곳, 한나라당은 74곳에서 당선자를 냈다. 무소속 당선자는 44명이었다. 서울·경기·인천의 수도권에서 국민회의와 자민련이 압승을 거두어 공동정부에 힘이 실렸다.

6월 6일 김대중과 이희호는 미국 대통령 빌 클린턴 초청으로 미국 방문길에 올랐다. "첫 미국 국빈방문이라 남편은 준비를 많이 했어요. 15차례가 넘는 연설이 기다리고 있었는데 남편은 주요 연설을 모두 영어로 준비했어요. 영어 발음이 좋은 비서관에게 부탁해 연설을 녹음해서 시간이 날 때마다 테이프를 듣고 따라했지요." 6월 9일 워싱턴 백악관에서 한·미 정상회담이 열렸다. 클린턴은 환영사에서 김대중을 바웬사·하벨·만델라와 함께 '자유의 영웅'으로 내세웠다. "김대중 대통령은 인권의 개척자이고 용기 있는 생존자이며 세계를 위해 더 좋은 미래를 건설하려는 미국의 동반자입니다."

김대중과 클린턴은 65분 동안 단독정상회담을 했다. 김대중은 클린턴에게 30분 동안 '햇볕정책'을 설명했다. "햇볕정책은 따지고 보면 미국의 성공에서 배운 것입니다. 제2차 세계대전 후에 미국은 극단적인 냉전체제를 유지했지만 돌아온 것은 무기경쟁뿐이었습니다. 미국은 1970년대부터 데탕트 정책으로 바꿨고 경제협력과 교류를 시작했습니다. 15년 정도 지나 소련이 그대로 무너졌습니다. 외부에서 총 한방 쏘지 않았지만 붕괴했습니다. 이런 변화는 인류 역사에 일찍이 없었습니다." 김대중은 미국이 중국과 베트남에도 화해정책을 펴 개방으로 이끌었음을 강조했다. "반면에 쿠바는 40년 동안 봉쇄하며 압박했지만 굴복시키지 못했습니다. 만일 쿠바와 국교를 수립했다면 쿠바는 이미 개방했을 것입니다. 북한도 마찬가지입니다. 공산주의를 대할 때 군사적 힘으로 도발은 못 하게 하고, 다른 한편으로는 개방을 하도록 유도해야 합니다. 우리 햇볕정책은 미국의 대외정책을 통해 이미 검증을 마친 것입니다."

클린턴은 김대중의 주장을 경청하고 고개를 끄덕였다. "클린턴 대통령이 남편의 설명을 듣고 '김대중 대통령이 핸들을 잡아 운전하고 나는 옆자리로 옮겨 보조적 역할을 하겠다'고 답했다고 해요. 클린턴 대통령의 말은 우리나라가 분단 이후 처음으로 대북정책을 주도하게 됐음을 알려주는 상징적인 발언이었지요. 남편은 한·미 관계가 대등해지고 자주외교의 새 장이 열렸다고 기뻐했어요. 대통령들끼리도 궁합이 맞는 사람, 안 맞는 사람이 있는 것 같은데, 남편과 클린턴은 서로 잘 맞았어요."

그날 저녁 클린턴 주최로 국빈만찬이 열렸다. 만찬장에서 비디오 아티스트 백남준이 벌인 해프닝이 화제가 됐다. "백남준 씨 부부도 만찬에 초청받아 참석했는데, 그이가 뇌졸중으로 몸이 불편해 휠체어를 타고 있었어요. 클린턴 대통령과 악수를 하려고 일어서다가 멜빵에 멘 바지가 흘러내렸어요. 속옷을 안 입고 있어서 사람들이 놀라고…. 클린턴 대통령의 스캔들을 풍자하려고 계획적으로 그런 것 같았어요. 모두들 웃고 야단이었지요."

6월 11일 김대중과 이희호는 샌프란시스코를 방문했다. 샌프란시스코는 이날을 '김대중의 날'로 선포했다. "샌프란시스코는 망명생활을 할 때 우리를 뜨겁게 지지해준 곳이었어요. 자유롭고 진보적인 도시지요. 남편은 스탠퍼드대학과 실리콘밸리를 방문해서 한국을 세계에서 컴퓨터를 가장 잘 쓰는 나라로 만들겠다고 했지요. 벤처기업들한테 한국에 투자하라고 호소도 하고요." 6월 12일 김대중과 이희호는 로스앤젤레스도 방문했다. "LA 다저스의 박찬호 선수가 리셉션에 왔어요. 박찬호 선수가 미국 메이저리그에서 활약하니까 우리 국민들이 아주 좋아했잖아요. 프로골퍼 박세리 선수도 그 시절에 국민 스타였고요. 박찬호 선수는 그 뒤로 우리와 가까워졌어요. 퇴임 뒤에도 동교동에 찾아왔고, 한번은 약혼녀와 함께 오기도 했지요."

로스앤젤레스 방문 때 이희호는 두 다리가 없는 한국인 입양아 애덤 킹(Adam King, 한국명 오인호)을 만났다. "로스앤젤레스에서 입양아 80여 명과 함께 아침을 먹었어요. 그런데 그중에 두 다리에 의족을 한 아이가 있었어요. 네 살 때 입양된 애덤 킹이라는 아이였는데 생글생글 웃는 표정으로 나에게 물어요. 한국에 갈 수 있느냐고요." 이희호는 애덤 킹에게 한국을 방문하게 해주겠다고 약속했다. "약속은 했는데, 경비가 문제였어요. 애덤 가족만 초청할 수도 없고요. 그 행사에 참여했던 장애 아이들과 가족을 합치면 40명도 넘어요. 청와대에서는 그 많은 경비를 댈 여력이 없다고 해요. 걱정만 하고 있는데 아시아나항공 박성용 명예회장이 이야기를 전해 듣고 '그런 좋은 일이라면 우리가 돕겠다'고 나서서 비행기 표를 얻을 수 있었어요."

3

## 여성과 어린이를 위해

### 금강산 관광

1998년 11월 이희호가 약속한 대로 애덤 킹 가족을 포함해 한국인 입양아를 둔 열 가족이 한국에 왔다. "청와대 점심에 초대해서 만났지요. 애덤 킹을 입양한 찰스 킹(Charles King)과 도나 킹(Donna King)은 초청장을 받고 처음엔 어리둥절했대요. 킹 부부는 세 아이가 있는데도 장애아 일곱 명을 포함해 아홉 명이나 입양해서 키우고 있었어요. 그중 한국에서 입양한 아이가 다섯 명이나 됐어요. 참 대단한 분들이고 우리를 부끄럽게 하는 분들이었지요."

이희호는 그 뒤로도 애덤 킹을 몇 번 더 만났다. "2000년 1월에 로스앤젤레스에 있는 서던캘리포니아대학에서 '국제사회복지상' 첫 번째 수상자로 나를 선정했어요. 수상 뒤에 강연을 하고 연단에서 내려오는데 한 아이가 꽃을 들고 뒤뚱뒤뚱 걸어오는 거예요. 애덤 킹이었어요. 새 티타늄 다리를 자랑해요. 그 뒤에 동네 장애인팀에서 야구를 시작했다고 사진과 편지를 보내왔어요. 그래서 두산 베어스에서

야구 유니폼과 용품을 기증받아 보내주었지요."

2001년 애덤 킹은 다시 한국을 찾았다. "2001년 4월에 프로야구 개막식 시구를 애덤으로 하면 어떻겠느냐는 의견이 나왔어요. 그래서 애덤을 다시 초청했지요." 4월 5일 두산 베어스와 해태 타이거즈 개막전에서 애덤은 티타늄 다리로 서서 개막 시구를 던졌다. 이희호는 난생처음 야구장을 찾았다. 주최 쪽은 장애 어린이 400명도 초청했다. "'국민의 정부' 출범 첫해에 '장애인 인권 헌장'을 제정하고 제1차 장애인 복지 발전 5개년 계획을 시작했지요. 청와대에서 장애인 초청 행사를 많이 열었어요. 그런데 그 웅장한 건물에 장애인용 화장실이 없었어요. 서둘러서 1층에 만들었지요. 장애인에 대한 배려가 그만큼 부족했던 거지요."

이희호는 청와대에 있는 동안 여성과 어린이에게 관심을 쏟았다. "남편이 대통령이 될 때까지 나는 청와대에 들어가면 어떤 일을 해야지 하는 생각을 구체적으로 해본 적이 없었어요. 그저 기회가 온다면 어려운 이웃과 여성을 돕는 일에 힘쓰고 싶다는 마음뿐이었지요." IMF 경제위기로 가난한 사람들의 고통이 더 커졌다. "그때 밥을 굶는 아이들이 많았어요. 한번은 초등학교를 방문해 점심시간에 아이들과 함께 식사를 했어요. 그런데 도시락을 싸오지 못하는 아이들이 보이더라고요. 그래서 굶는 아이들에게 밥을 먹일 수 있는 길이 없을까 하고 방법을 궁리했지요. 그때 나랑 가까운 박영숙 씨, 한신대 김성재 교수와 함께 의논했어요."

그런 논의 끝에 1998년 8월 10일 태어난 것이 '사단법인 사랑의 친구들'이었다. 박영숙이 총재를 맡고 이희호는 명예총재가 됐다. "6월 미국 방문 때 교포 어머니들에게 조국의 굶는 아이들을 도와달라고 호소했더니, 워싱턴에서 가정법률상담소를 운영하는 방숙자 씨가 우리를 돕겠다고 나섰어요. 방숙자 씨가 나라사랑어머니회를 조직해 우리에게 물품을 많이 보내주었지요."

이희호는 재원을 마련할 방법을 찾다가 옥중의 남편에게 보낸 편지들을 묶어 《내일을 위한 기도》라는 이름으로 펴냈다. 그런 사정을 박영숙은 추천사에서 이렇게 밝혔다. "IMF 시대로 들어선 뒤 결식아동은 12만 명을 넘어섰으며 헤아릴 수 없는 가정파탄이 이어지고 있다. 이런 안타깝고 가슴 아픈 상황을 보고 들으며 무언가 해야 한다는 생각으로 '사랑의 친구들'을 통해 사회봉사 활동을 하기에 이르렀다. (…) 함께 일하던 몇 사람이 문득 떠올린 것이 바로 사형선고를 받은 김대중 선생에게 보낸 이희호 여사의 편지 묶음이었다." 책의 인세는 '사랑의 친구들' 활동에 모두 들어갔다. "'사랑의 친구들'이 1년에 한 번씩 바자회를 열었어요. 그렇게 모은 돈으로 저소득층 지역의 결식아동을 돕고, 의약품을 지원받아 북한 어린이 돕기에도 썼지요. '사랑의 친구들'은 우리가 청와대를 떠난 뒤에도 활동을 계속하고 있어요. 바자회도 매년 열고 있고요."

'사랑의 친구들' 사업이 궤도에 오르자 이희호는 이듬해 '한국여성재단'을 만드는 데 마음을 기울였다. "박영숙 씨가 아이디어도 많고 추진력도 있어서 이사장을 맡았어요. 기업체들에서 기부금을 받아 여성 능력 개발을 지원하고 저소득층 여성을 돕는 일을 했어요. 나는 명예이사장을 맡아 힘을 보탰지요." 한국여성재단은 1999년 12월 '딸들에게 희망을'이라는 표어를 내걸고 발족했다.

1998년 6월 16일 현대그룹 명예회장 정주영이 자신의 서산농장에서 기른 소 500마리를 트럭에 싣고 북한 방문에 나섰다. 정주영은 이날 오전 판문점 공동경비구역 '평화의 집'에서 기자회견을 했다. "강원도 통천 가난한 농부의 아들로 태어나 18살이던 1933년 아버님의 소 판 돈 70원을 갖고 집을 나섰습니다. 이제 그 한 마리 소가 1000마리 소가 되어 그 빚을 갚으러 꿈에 그리던 고향 산천을 찾아갑니다." 정주영은 소떼와 함께 걸어서 군사분계선을 넘었다. 세계의 이목을 집중시킨 행사였다. CNN을 비롯한 미국의 주요 언론들은 실시간으로 또 주요 뉴스로 이 사실을 보도했다.

정주영이 돌아오기 하루 전인 6월 22일 동해상에서 북한 잠수정 한 척이 어선이 쳐놓은 그물에 걸려 표류 중인 채로 발견됐다. 이튿날 북한 잠수정 예인작업이 벌어지는 동안 임진각에서는 정주영 귀환 행사가 열렸다. 7박8일 일정을 마치고 돌아온 정주영은 북한과 금강산 관광 사업에 합의했다고 밝혔다. "정부의 승인을 받는 대로 이르면 금년 가을부터 매일 1000명 이상의 관광객이 유람선을 이용해 금강산 관광을 하게 될 것입니다." 잠수정 사건이 일어났지만, 여론조사에서 80퍼센트가 넘는 국민이 햇볕정책을 지지하는 것으로 나타났다.

7월 31일 김대중은 전직 대통령 부부를 초청해 만찬을 했다. 최규하·전두환·노태우·김영삼 부부가 참석했다. 전직 대통령이 모두 한자리에 모여 만찬을 함께한 것은 한국 현대사에서 처음 있는 일이었다. "남편은 국민 화합 차원에서 전직 대통령 부부를 모두 모셨지요. 우리를 핍박했던 분들이었지만 남편은 아무런 사감 없이 대했어요. 저녁을 함께 먹은 뒤 남자들은 남자들끼리, 여자들은 여자들끼리 따로 테이블을 마련해 이야기했지요. 그런데 저쪽에서는 전두환 대통령, 이쪽에서는 이순자 여사 목소리가 가장 컸어요. 아주 거침이 없었지요."

10월 7일 김대중과 이희호는 일본을 국빈으로 방문했다. "남편은 한국과 일본이 불행한 과거사를 정리하고 미래의 동반자로 거듭나는 계기를 만들고 싶어 했지요. 김영삼 대통령이 독도 영유권 문제가 불거졌을 때 '버르장머리를 고쳐주겠다'고 극언을 해서 서로 강경책을 내놓는 바람에 한·일 관계가 아주 안 좋았거든요." 도쿄 도착 첫날 김대중과 이희호는 일왕 부부를 예방했다. "남편은 외교적 차원에서 일본 국민이 원하는 대로 아키히토 천황을 '천황'이라고 불렀어요. 마사코 황태자비가 하버드대학에서 남편의 연설을 들은 적이 있다고 해서 놀랐지요. 1983년 우리가 미국에 망명해 있던 시절에 황태자비가 하버드대학에서 수학하고 있었던 모양이에요."

아키히토는 일본의 한국 식민지배에 대해 사죄했다. "한때 우리나라가 한반도와 여러분께 크나큰 고통을 안겨준 시대가 있었습니다. 그것에 대한 깊은 슬픔은 항상 본인의 기억 속에 남아 있습니다." 아키히토는 "교토에 도읍한 간무 천황의 생모가 백제에서 온 귀화인이라고 한다"는 이야기도 했다. "미치코 황후가 일본어로 번역된 내 자서전 《나의 사랑 나의 조국》을 읽었던가 봐요. 내용을 다 꿰고 있었어요. 구로다 사야코(黒田清子) 공주는 남편이 텔레비전 동물 프로그램을 좋아한다는 것도 알고 있었어요."

다음날 한·일 정상회담이 열렸다. 김대중과 일본 총리 오부치 게이조(小渕惠三)는 '21세기 한·일 파트너십'을 발표했다. 이 공동선언에서 오부치는 "일본이 과거 한때 식민지 지배로 인하여 한국 국민에게 다대한 손해와 고통을 안겨주었다는 역사적 사실을 겸허히 받아들이면서, 이에 대하여 통절한 반성과 마음으로부터의 사죄를 하였다"고 밝혔다. "이 발표문은 일본 정부가 식민통치에 대한 반성과 사죄를 한국을 직접 지칭해서 처음으로 외교문서에 명기했다는 데 의미가 있었어요. 우리 외교의 승리라고 할 수 있지요."

한·일 정상은 일본 대중문화를 한국 시장에 개방하겠다는 결정도 했다. "일본 대중문화 개방은 남편의 뜻이 반영된 것이었어요. 당시 국내에서는 일본 대중문화 개방이 시기상조라는 의견이 많았어요. 남편은 우리의 문화 역량을 감안하면 개방하더라도 문제될 것이 없다고 믿었지요. 나도 대중문화를 개방하는 것이 옳다고 생각했어요. 그래야 우리 대중문화도 일본으로 나갈 수 있고요. 일본 대중문화를 개방한 뒤로 일본에서 한류가 크게 일어났잖아요."

10월 9일 김대중과 이희호는 일본에 있는 친구들을 만났다. "남편이 일본에 망명해 있던 시절부터 가깝게 지낸 분들을 숙소로 초대해 만났지요. 도쿄 납치 때 남편의 비서였던 조활준 씨, 남편의 초등학교 친구 김종충 씨가 왔어요. 월간 〈세카이〉 발행인인 야스에 료스케 씨가 그해 1월에 세상을 떠나서 그 부인이 왔고요. 도이 다카코 사회당 당수, 무라야마 도미이치(村山富市) 전 총리, 고노 요헤이(河野洋平) 전 자민당 총재도 왔어요. 노벨문학상을 받은 오에 겐자부로(大江健三郎), 재일동포 지문날인 철폐운동을 벌이던 이인하 목사도 만났지요."

11월 11일 김대중과 이희호는 중국을 방문했다. 김대중은 동포들과 간담회를 하면서 중국 방문을 포함한 4대국 외교의 의미를 이렇게 강조했다. "한국은 4대국 사이에 끼여 있는데 자칫 잘못하면 찢기고 당할 수 있지만 잘만 하면 우리의 지정학적 중요성 때문에 4대국이 서로 협력하려 할 것입니다. 색시 하나를 두고 신랑감 넷이 프러포즈를 하게 만들 수 있는 것입니다. 그것이 외교입니다."

11월 12일 김대중과 중국 국가주석 장쩌민(江澤民)이 단독 정상회

1998년 11월 중국 국빈방문 때의 모습.
베이징 인민대회당에서 열린 만찬행사에서 〈오 솔레 미오〉를 부른
장쩌민의 강권으로 답가를 하고 있는 김대중·이희호 부부.

담을 했다. "남편과 장쩌민 주석은 서로 마음이 잘 맞았어요. 남편보다 8개월 아래인 장쩌민 주석이 남편을 형님이라고 불렀어요. 아주 솔직하고 통이 큰 사람이었어요. 그래서 통역도 없이 영어로 서로 대화했어요. 장 주석은 노래도 잘해요. 나중에 만찬장에서 이탈리아 노래 〈오 솔레 미오〉를 불렀어요. 그러고는 우리에게도 한 곡 부르라고 강권해서 〈목포의 눈물〉을 불렀지요." 김대중과 장쩌민은 한·중 관계를 선린우호 관계에서 동반자 관계로 한 단계 올렸다.

11월 14일 김대중과 이희호는 상하이 '대한민국 임시정부' 청사를 찾았다. "청사에 임시정부 주석을 지낸 김구 선생 흉상이 있었어요.

그 앞에서 남편이 수행원들에게 '백범 선생의 일지를 보면 경제정의와 공평 사회를 만들자고 역설하는데, 그 뜻을 되살려야 한다'고 이야기했지요. 남편은 '국민의 정부'가 임시정부의 법통을 이어받았다고 생각했어요. 그래서 취임 첫해 삼일절 기념사에서도 '대한민국 임시정부의 정통성을 받든다'고 선언했고요."

1998년 10월 27일 정주영은 소 501마리를 데리고 두 번째 방북길에 올랐다. 방북 기간 동안 북한은 현대그룹에 금강산 관광객 유치 허가를 내주었다. 정주영은 국방위원장 김정일도 만났다. 11월 18일 금강산 관광객 1418명을 태운 유람선이 동해에서 첫 출항을 했다. 정주영도 아들들과 함께 유람선에 올랐다. "분단 반세기 만에 남과 북이 대규모 민간교류를 시작했어요. 남쪽의 관광객이 처음으로 북한 땅을 밟았어요. 북한은 최전방 지역과 군사요충지 장전항을 개방했고요. 엄청난 사건이었지요. 금강산 관광은 햇볕정책의 첫 결실이었어요."

1998년 12월 김대중과 이희호는 베트남을 방문했다. "남편은 베트남전쟁 때 한국군이 참전해 총을 겨눈 사실을 무작정 덮어버릴 수는 없다고 생각했어요. 그래서 정상회담 때 '두 나라 사이에 한때 불행한 시기가 있었다'고 그 문제에 대해 에둘러 사과의 뜻을 밝혔지요. 우리는 베트남 국민이 국부로 모시는 호찌민 주석 묘소를 참배하고 꽃을 바쳤지요." 김대중과 이희호가 베트남에서 돌아온 12월 17일 이태영이 세상을 떠났다. 이희호와 김대중은 이튿날 빈소를 찾았다. 이희호는 눈물을 흘렸다. "이태영 선생님은 평안북도 운산이 고향인데, 생전에 '통일이 되면 판문점에 이산가족을 위한 가정법률상담소를 만들겠다'는 말씀을 하셨어요. 결국 남북통일을 보지 못하고 떠나셨지요."

1999년 2월 25일 '국민의 정부' 출범 1년을 맞았다. 1997년 12월 38억 달러였던 외환보유고가 그사이 520억 달러로 늘어났다. 사상 최대의 보유고였다. 1997년 87억 달러 적자를 냈던 무역수지는 1998년 399억 달러 흑자로 뒤바뀌었다. "그런데 경기회복이 더뎌서 온기가 여전히 윗목까지 퍼지지 않았어요. 남편은 실업 문제를 해결하려고 온갖 노력을 하는데도 성과가 빨리 나지 않아 안타까워했지요."

2월 21일 김대중은 텔레비전 방송에 나와 '국민과의 대화'를 했다. 방청석 질문자가 "남태평양 무인도에 간다면 가져가고 싶은 것 세 가지만 꼽아달라"고 하자 김대중은 "실업, 부패, 지역감정"이라고 답했다. "당시 야당에서 지역감정을 부추겼어요. 호남 지역만 호황이고 영남 기업은 다 죽는다고요. 고위 공직자도 호남이 독식한다고 했고요. 그건 사실이 아니었거든요. 예산도 영남이 훨씬 많고 고위 공직자도 영남 출신이 많았어요. 남편은 예산을 배정할 때 광역자치단체장들을 서울로 오게 해서 예산청장과 예산기획위원장이 참석한 자리에서 예산을 배분했어요. 1999년도에는 영남에 2조6000억 원, 호남에 1조5000억 원이 돌아갔지요."

## 4

# 소록도 한센인들의 손을 잡다

## 국가조찬기도회

1999년 5월 말 김대중과 이희호는 4대국 외교의 마지막 나라인 러시아를 방문했다. 러시아 대통령 보리스 옐친(Boris Yeltsin)은 공동성명에서 한국의 '대북포용정책'을 지지한다고 밝혔다. "남편이 첫해 미국을 방문한 데서 시작해 일본·중국을 거쳐 러시아 방문으로 4대국 외교를 마쳤지요. 1년 걸린 일이었어요. 그 순방으로 주변 4대국과 모두 긴밀한 동반자 관계를 만들었어요. 남편은 우리나라의 국제적 위상이 높아졌고 북한과의 관계를 푸는 데도 힘을 얻었다고 기뻐했지요."

1999년 5월 24일 국민의 정부 2기 내각이 출범했다. 통일부 장관에 외교안보수석 임동원, 법무부 장관에 검찰총장 김태정, 문화부 장관에 청와대 공보수석 박지원이 임명됐다. 다음날 온 나라를 떠들썩하게 만든 '옷 로비' 사건이 터졌다. 외화 밀반출 혐의로 구속된 신동아그룹 회장 최순영의 부인 이형자가 남편을 구명하려고 고급 옷을 사 들고 고위 공직자 부인들에게 로비했다는 혐의였다.

5월 25일 청와대는 이희호의 이름이 거론되는 데 대해 "전혀 사실과 다르다"고 해명했다. "나는 원래 남대문시장이나 동대문시장에서 옷을 사 입었어요. 험한 세월을 보내느라 사치할 여유도 없었고요. 그러다가 야당 총재 부인으로 옷차림에 신경을 써야 되니까 강남에 있는 옷가게 라스포사를 가끔 이용했어요. 30퍼센트 정도 깎아주었거든요. 그런데 법무부 장관 부인이 거기서 옷을 한 벌 산 적이 있나 봐요. 그런 이유로 내 이름까지 거론된 거지요."

5월 28일 법무장관 김태정의 부인 연정희가 이형자를 고발하자 검찰 수사가 시작됐다. 6월 2일 서울지검 특수2부는 "이형자 씨가 '남편 구명'을 위해 전 통일부 장관 부인 배정숙 씨에게 접근했고 배정숙 씨는 김태정 검찰총장 부인 연정희 씨를 통해 선처를 부탁하려 했으나 실제로 하지 못했으며, 연정희 씨에게 옷을 사준 일도 없는 것으로 밝혀졌다"고 발표했다. 6월 1일 러시아 방문을 마치고 돌아온 김대중은 귀국 기자회견에서 "모든 것을 유리 속처럼 투명하게 수사해서 잘못이 나오면 책임을 져야 할 것"이라고 말했다. 김대중은 언론 보도가 '마녀사냥 식'이라는 말도 했다. 이 발언이 여론의 불길에 기름을 끼얹은 꼴이 됐다.

"남편은 항상 말을 절제해서 하는데, 그날은 좀 흥분했어요. 내 이름이 거론돼서 그랬던가 봐요. 청와대에 있는 동안 나는 한 번도 로비를 받아본 일이 없어요. 신동아그룹 회장 부인이 나에게 밍크코트를 선물하려고 했다는데, 어처구니가 없지요. 청와대에 들어오려면 경호실을 거쳐야 하고, 혹시 물건을 가지고 들어와도 다 뒤져보고 거기다 맡기고 핸드백도 못 가지고 들어가잖아요. 그런데 어떻게 코트를 가지고 와서 나에게 전할 수 있겠어요."

8월 23일부터 25일까지 국회 법사위에서 옷 로비 의혹 관련자들을 대상으로 한 청문회가 열렸다. 청문회로도 여론의 관심이 수그러들지 않자 특별검사제가 도입됐다. 헌정사상 처음이었다. 10월 7일 임명된 특별검사는 12월 20일 '이형자가 남편 최순영의 구명을 위해 이희호와 연정희에게 접근하려 했으나 연정희로부터 최순영의 구속 방침을 접하고 로비를 포기했다'고 발표했다. 여섯 달 동안 나라를 떠들썩하게 한 '옷 로비 사건'은 '해프닝'으로 끝났다. "아무런 실체도 없는 사건이었어요. 하지만 어쨌든 그 사건으로 '국민의 정부'의 도덕성에 흠집이 났어요. 구제금융 사태로 국민들이 큰 고통을 받고 있었기 때문에 그런 소문만으로도 사람들이 실망했던 거지요. 그 뒤로 행보를 더욱 조심하게 됐지요."

1999년 6월 15일 서해 연평도 서쪽 해역에서 남한 해군 함정과 북한 경비정 사이에 총격전이 벌어졌다. '연평해전'이었다. 북한의 꽃게잡이 어선이 북방한계선을 넘어 들어오자 남한 경비정들이 북한 경비정들과 힘겨루기를 하다 벌어진 교전이었다. 북한 경비정의 선제공격에 남한 해군이 대응사격을 했다. 북한의 피해가 컸다. 어뢰정 한 척이 침몰하고 경비정이 크게 부서졌다. 북한군의 사망자는 30명이 넘었다. 남한 해군의 피해는 경미했다. "우리 정부의 햇볕정책은 '북한의 어떠한 무력도발도 용납하지 않는다'는 원칙 위에 선 것이었어요. 남편은 그 원칙을 그대로 행동에 옮겼지요. 그날 동해안에서는 금강산 관광선이 떠났는데, 관광객들은 아무 일 없이 금강산을 올랐어요."

1999년 7월 4일 미국 독립기념일에 김대중은 '필라델피아 자유메달'을 받았다. 필라델피아는 이날을 '김대중의 날'로 선포했다. "그해 4월 7일에 남편이 수상자로 발표됐지요. 필라델피아 자유메달은 제2의 노벨상이라고 불리는데, 레흐 바웬사, 바츨라프 하벨(Vaclav Havel), 지미 카터 같은 인권지도자들이 받은 상이었어요." 김대중은 수상연설을 하던 중 아내와 막내아들을 청중에게 소개했다. "나는 지금도 1980년의 일을 잊지 못합니다. 그때 나는 사형언도를 받고 육군교도소에서 죽음을 기다리고 있었습니다. 아내는 자식들과 같이 면회를 와서 눈물로 기도했습니다. 온 가족이 울고 또 울었습니다. 그러나 내 가족 중 누구도 군사독재자와 타협하라고 권하지 않았습니다."

7월 26일 박정희 기념사업회가 발족했다. 김대중은 기념사업회 명예회장을 맡았다. "남편은 자신을 죽이려 했던 사람을 기념하는 사업을 지원하고 용서와 화해의 정신으로 명예회장까지 맡았어요. 용기가 필요한 일이었지요."

1999년 9월 11일 김대중과 이희호는 뉴질랜드 오클랜드에서 열린 아시아태평양경제협력체(APEC) 정상회담에 참석했다. 김대중은 각국 대표들에게 동티모르 유혈 사태 해결책을 세우자고 제안했다. 인도네시아 동부의 섬나라 동티모르는 1975년에 포르투갈로부터 독립했으나 곧바로 인도네시아의 지배를 받았다. 주민들의 저항이 계속되자 인도네시아 정부는 1999년 1월 동티모르 주민들에게 독립 여부를 묻는 주민투표를 허용했다. 8월 30일 UN이 주관해 실시한 투표에서 78.5퍼센트가 독립에 찬성했다. 동티모르 독립에 반대한 인도네시아 군부는 민병대를 투입해 동티모르 전역에서 학살을 저질렀다.

"남편은 동티모르 사태에 깊은 관심이 있었어요. 1994년 아태평화재단을 만든 것도 아시아의 평화와 민주주의를 지키자는 것이어서 책임감을 느꼈지요. 각국 정상들을 만날 때마다 동티모르 사태를 평화적으로 해결해야 한다고 역설했어요. 'APEC이 경제 문제를 다루는 협력체라고 하지만 동티모르 문제를 외면한다면 세계가 APEC이 필요 없다고 할 것'이라고요." 김대중은 한·중 정상회담에 이어 한·미·일 3국 정상회담에서도 이 문제를 거론했다. 폐막 전날 3국 정상은 UN과 인도네시아 정부가 동티모르 독립에 힘써야 한다는 공동성명을 발표했다.

"남편은 APEC에 참석한 인도네시아 재무장관에게도 동티모르 사태 해결에 인도네시아 정부가 나서야 한다고 촉구했어요." 재무장관이 APEC 회의 분위기를 인도네시아 대통령 바하루딘 유숩 하비비(Bacharuddin Jusuf Habibie)에게 전했다. 하비비는 UN의 다국적군 파병을 수용하겠다고 발표했다. 몇 주 뒤에 조제 하무스 오르타(Jose Ramos Horta) 동티모르 저항운동협의회 부의장이 청와대를 방문해 김대중을 만났다. "인도네시아 점령 3년 동안 20만 명이 목숨을 잃었습니다. 김대중 대통령이 아니었다면 10만 명이 더 죽었을 겁니다." 하무스 오르타는 뒤에 노벨평화상을 받고 대통령이 됐다.

"남편은 상록수부대를 평화유지군으로 동티모르에 파견했어요. 그 뒤로도 정상회담이 있을 때마다 동티모르 문제를 거론했지요." 동티모르는 2002년 완전 독립을 이루었고 독립혁명전선을 이끈 샤나나 구스망(Xanana Gusmão)이 대통령에 취임했다. 한국은 동티모르를 주권국가로 승인하고 대사급 외교관계를 맺었다. "남편은 동티모르 학살을 중단시키고 독립을 도운 데 보람을 느꼈지요."

김대중은 미얀마 민주화 문제에도 관심을 기울였다. "아웅산 수치(Aung San Suu Kyi) 여사가 오랫동안 탄압을 받고 있었거든요. 그래서 미얀마 군사정권 총리와 정상회담을 하는 자리에서 수치 여사와 대화할 것을 촉구했지요. 2013년 1월 수치 여사가 방한했을 때 김대중평화센터를 찾아와서 반갑게 만났어요. 아주 겸손하고 청렴해 보이는 분이었어요. 결국 군사독재가 물러나고 미얀마 민주화가 이루어지고 있어서 기쁘게 생각합니다."

새 천년이 시작됐다. 2000년 2월 2일 이희호는 워싱턴 힐튼호텔에서 미국 국가조찬기도회가 주최한 '오찬 연설'에 참석해 주요 연사로 연설했다. "오찬 연설은 국가조찬기도회 전날에 열려요. 정근모 박사가 국가조찬기도회를 이끄는 더글러스 코어(Douglas Coe) 준비위원장에게 나를 소개해 이루어진 일이었어요."

이희호의 오찬 연설에는 미국 상하 의원과 정계 인사, 외교사절 수백 명이 참석했다. 이희호는 어려움에 처한 이웃에게 관심을 기울이자고 촉구했다. "지구촌 구석구석에는 지금도 기아와 전쟁, 질병을 비롯한 온갖 어려움으로 고통받는 사람들이 너무나 많습니다. 이들에게는 새로운 밀레니엄(천년)이 '희망의 아침'이 아니라 또 다른 '어두운 밤'의 시작에 지나지 않을 수도 있습니다." 이희호는 북한 어린이들에 대한 관심도 요청했다. "우리 한반도의 북녘에는 지금도 많은 주민들이 굶주림에 지친 절망적인 삶을 살고 있습니다. 이미 널리 알려진 것처럼 북한 어린이들의 기아와 질병, 영양실조로 인한 발육 부진 문제는 매우 심각합니다."

이희호는 이 연설에서 남편 김대중과 함께 겪은 고난의 삶도 이야기했다. "저는 남편과 함께 오랜 세월 고난에 찬 삶을 살아왔습니다. (…) 그러나 저는 남편의 신념이 옳은 길임을 확신했습니다. 그리고 대통령이 된 지금, 남편은 자신을 탄압했던 군사정권 지도자들을 모두 용서하고 그이들과 화해했습니다. 특히 자신을 박해하고 지금은 고인이 된 전직 대통령의 기념사업회 명예회장까지 맡았습니다." 이희호는 북한·일본에 대한 화해정책의 의미도 이런 신념과 결부해 설명했다. "남북 간의 화해와 협력을 위한 포용정책이나 일본과의 오랜 갈등과 증오를 청산한 일은 모두 이런 용서와 화해의 신념에서 나온 것이라고 저는 생각합니다."

이희호의 연설은 박수를 많이 받았다. "연설이 끝난 뒤 기립박수를 받았어요. 눈시울이 붉어진 사람들도 있었고요. 외국 참석자 중에 셸 본데비크(Kjell Magne Bondevik) 노르웨이 총리가 있었는데, 그이가 '고난의 의미'에 대한 내 연설에 감동해, 그해 노벨평화상 수상자 선정에도 영향을 주었다는 말을 나중에 들었지요."

이희호는 '오찬 연설' 뒤 미국 대통령 부인 힐러리 클린턴(Hillary Rodham Clinton)과 만났다. "1998년 한·미 정상회담 때 본 뒤로 두 번째 만남이었어요. 백악관에서 30분 정도 이야기했는데, 대통령 부인으로 끝날 사람이 아니라는 느낌이 들었어요. 말 한마디 한마디에 힘이 있었어요. 남편 클린턴 대통령 못지않은 실력과 매력을 갖춘 사람이라고 느꼈어요. 힐러리 클린턴이 미국 대통령이 된다면 여성이라는 상징성만으로도 세계의 여성들에게 큰 희망을 줄 수 있을 것이라고 기대했지요." 안타깝게도 힐러리 클린턴은 2016년 11월 미국 대통령 선거에서 도널드 트럼프(Donald J. Trump)에게 패배했다.

이희호는 로스앤젤레스로 가 서던캘리포니아대학이 제정한 '국제사회복지상'을 수상했다. "과분하게도 여러 곳에서 상을 받았어요. 2000년 9월에는 미국 뉴저지주 드루대학에서 명예박사학위를 받았고, 2002년에는 밴더빌트대학에서 명예박사학위를 받았지요. 밴더빌트는 모교 스캐릿대학과 합쳐진 대학이었어요. 또 1998년에는 일본

2000년 2월 이희호는 미국 국가조찬기도회가 주최한 '오찬 연설'에 참석해
연설했다. 오찬 연설 뒤 백악관에서 미국 대통령 부인 힐러리 클린턴과 만났다.

아오야마가쿠인대학에서 교육학 명예박사학위를 받았지요."

2000년 1월 20일 새정치국민회의가 새천년민주당으로 바뀌었다. 김대중이 총재를, 서영훈이 대표를 맡았다. 4·13총선을 앞둔 여당의 재정비였다. 그 무렵 진보적인 시민단체들이 총선시민연대를 결성하고 '낙천낙선운동'을 시작했다. 총선시민연대는 1월 24일 '공천 받아서는 안 될 정치인' 67명의 명단을 발표했다. 총선시민연대 상임집행위원장 박원순은 "낙천낙선운동의 궁극적 목적은 지역감정을 극복하는 것"이라고 말했다. 〈시사저널〉 2000년 2월 10일치에 발표된 여론조사에서 수도권 유권자 77퍼센트가 총선시민연대의 부적격자 명단이 적절하다고 대답한 것으로 나타났다. 2월 2일 총선시민연대는 부적격 정치인 48명을 추가로 발표했다.

4월 13일 치러진 국회의원 총선거에서 한나라당은 133석을 차지해 제1당을 유지했다. 새천년민주당은 115석을 얻었다. 자민련은 17석으로 줄었다. 민주당 소속으로 영남에 출사표를 던진 후보들은 모두 낙선했다. 지역주의의 벽은 여전히 높았다. 특히 부산에 출마한 노무현의 패배는 반향이 컸다. 4월 28일 광주에서 노무현 팬클럽 '노사모' 호남지부가 처음으로 결성됐다. 그 뒤 노사모는 전국으로 퍼졌다.

2000년 5월 이희호는 소록도의 한센인들을 방문했다. "주민자치회장이 대통령 부인의 방문을 간곡하게 부탁하는 편지를 보내왔어요. 그동안 대통령 부인이 아무도 오지 않았다는 거예요. 그래서 내가 처음으로 소록도를 방문한 대통령 부인이 되었지요. 1984년에 교황 요한 바오로 2세가 방문했는데, 그보다 16년이나 늦은 방문이었어요."

이희호는 한센인들의 손을 잡았다. "나이 든 한센인들이 100여 분 계셨어요. 손가락이 하나뿐인 사람도 있고 얼굴이 쭈그러지거나 코가 주저앉은 분들도 있고요. 그분들이 대통령 부인이 왔다고 반가워하면서 많이 울었어요. 살아온 삶이 서러워서 그랬겠지요. 그분들 손을 하나하나 잡아드렸지요." 이희호는 2001년 11월 소록도를 다시 방문했다. "한센인들 친척이나 자원봉사자가 소록도에 오면 쉴 곳이 없다는 거예요. 그래서 '사회복지공동모금회'라는 곳에 부탁해서 그쪽의 지정 기탁을 받아 '자원봉사회관'을 지었지요. 준공식 때 다시 거기에 갔어요. 미안함이 조금 덜어졌지요."

5

# 분단 반세기의 단절을 넘어

## 남북정상회담

2000년 4월 10일 오전 10시 통일부 장관 박재규와 문화관광부 장관 박지원이 남북의 정상회담 개최 합의 사실을 발표했다. "김정일 국방위원장의 초청에 따라 김대중 대통령이 2000년 6월 12일부터 14일까지 평양을 방문한다. 평양 방문에서는 김대중 대통령과 김정일 국방위원장 사이에 역사적인 상봉이 있게 되며 남북정상회담을 개최한다." 시민단체들과 경제단체들이 환영성명을 냈다. 미국 대통령 빌 클린턴은 특별성명을 직접 발표해 남북정상회담 개최 합의를 환영했다. "남편이 취임 후 일관되게 추진한 햇볕정책이 북한의 의심을 마침내 녹였지요."

남북정상회담 합의는 끈기 있는 노력 끝에 성사된 것이었다. 이해 2월 9일 김대중은 일본 TBS와 회견하면서 김정일을 이렇게 평가했다. "지도자로서 판단력과 식견을 갖췄다고 봅니다. 남북관계를 풀려면 김정일 국방위원장과 대화하는 것밖에 없습니다." 김대중은 박지원을 특사로 임명했다. 박지원은 3월 8일 북한 아태평화위원회 부위원장 송호경과 싱가포르에서 처음으로 비밀리에 만났다. 다음날 독일 방문 중이던 김대중은 베를린자유대학에서 남북정상회담을 촉구하는 '베를린 선언'을 발표했다.

4월 8일 베이징에서 열린 박지원과 송호경의 네 번째 비밀접촉에서 정상회담 개최가 합의됐다. "남편은 남북정상회담을 치밀하고 꼼꼼하게 준비했지요. 회담 상대인 김정일 국방위원장이 어떤 사람인지 정확히 알 필요가 있었어요. 그래서 김정일 위원장에 대해 쓴 책을 모두 찾아 읽었어요. 황장엽 씨가 쓴 책도 읽었는데 하나같이 부정적인 평가뿐이었어요. 그 책들의 내용이 다 사실이라면 그런 사람과 어떻게 정상회담을 할 수 있겠냐고 탄식했지요."

김대중은 국정원장 임동원을 두 차례 평양에 파견했다. 김정일이 어떤 인물인지 파악하고 남북정상회담 초안을 사전에 협의하는 것이 임무였다. 6월 3일 두 번째로 평양에 간 임동원은 김정일을 만난 뒤 서울로 돌아와 김대중에게 보고했다. "김정일 위원장은 대통령님의 민주화 투쟁과 고난의 삶에 대해 잘 알고 있었습니다. 개인적으로 대통령님을 존경한다고 했습니다. 실제로 그런 느낌을 받았습니다. 평양에 오시면 존경하는 어른으로 품위를 높여 모시겠다고 했습니다."

임동원은 김정일이 어둡고 괴팍한 성격이라는 인상을 전혀 받지 않았다고 말했다. "상대방의 말을 경청하고 말하기를 즐겼습니다. 두뇌가 명석하고 판단력이 빠르다는 느낌을 받았습니다. 명랑한 편이고 유머 감각도 대단했습니다." 임동원은 김정일이 "연장자를 깍듯이 예우한다는 느낌을 받았다"는 말도 했다. "남편은 임동원 원장의 설명을 듣고 나서 좀 안심을 했어요. 그 뒤 청와대에서 정상회담을 상정하고 실제처럼 두 차례 예행연습까지 했지요." 6월 10일 북한에서 갑자기 평양 방문을 하루 연기해달라는 요청을 했다. "좀 걱정이 되기는 했지만 '55년을 기다렸는데 하루쯤 더 기다릴 수 있지 않느냐'는 심정으로 받아들였지요."

2000년 6월 13일, 북녘땅을 밟는 날이었다. 이날 아침 김대중과 이희호는 청와대를 출발해 성남 서울공항에 도착했다. 환송식이 열렸다. 어린이합창단이 〈우리의 소원은 통일〉을 불렀다. 김대중은 출발성명을 발표했다. "저의 이번 평양길이 평화와 화해의 길이 되기를 진심으로 바랍니다. 한반도에서 전쟁의 위험을 제거하고 남북 7000만 모두가 안심하고 살 수 있는 냉전 종식의 계기가 되기를 바라 마지않습니다." 일행은 긴장 속에 비행기에 올랐다. "남편도 긴장하고 있었어요. 분단 후 처음으로 열리는 정상회담이고, 공동선언도 합의가 안 된 상태였어요. 북쪽에서는 김일성 주석이 안치된 금수산기념궁전 참배를 요구했는데, 그 문제도 해결이 되지 않은 상태였고요." 비행기는 9시 15분 서울공항을 떠났다.

대통령 부부와 수행원을 태운 공군 1호기는 북위 38도선을 넘어 9시 45분 북한 영공에 진입했다. 오른쪽 아래로 백령도와 옹진반도 장산곶이 보였다. 10시 27분 비행기는 평양 순안공항에 도착했다. 분단 반세기의 단절을 넘는 데 걸린 시간은 한 시간 남짓이었다. 이희호는 창밖을 내다보았다. "김정일 국방위원장이 걸어오고 있었어요." 초청국의 원수가 공항에서 직접 영접하지 않는다는 외교 관례로 보면 파격적인 출현이었다. "놀랐지요. 김정일 위원장이 직접 공항에 나올지도 모른다는 보고를 받기는 했지만 북한의 특성상 아무것도 장담할 수 없었거든요."

트랩으로 나가기 전 이희호는 남편의 얼굴을 유심히 보았다. "전날까지도 밤잠을 못 자고 노심초사했는데, 남편의 표정이 아주 고요했어요." 김대중과 이희호는 트랩 위에서 북녘땅을 바라보았다. 그 순간의 심정을 김대중은 자서전에 이렇게 밝혔다. "북한의 조국 강산을 처음 보는 심정은 감개무량했다. 울컥울컥 뜨거운 것이 올라왔다. 꽃술을 흔드는 군중이 보이고 그들이 외치는 함성이 들렸다. 저 아래 김정일 위원장이 있었다. 인민복을 입은 김정일 위원장, 그가 마중을 나왔다. 트랩을 내려갔다. 북녘땅을 처음 밟았다. 무릎을 꿇고 그 땅에 입을 맞추고 싶었다. 그러나 다리가 불편해서 그리할 수 없었다."

김대중과 김정일은 서로 다가서며 손을 맞잡았다. 거의 동시에 같은 인사말이 나왔다. "반갑습니다." 세계 언론이 그 순간을 주시했다. 서울 소공동 롯데호텔에 마련된 프레스센터에는 외신 기자 500여 명을 포함한 취재기자 1200여 명이 일제히 일어나 손뼉을 쳤다. 눈물을 훔치는 사람도 있었다. 김정일은 이희호에게도 인사했다. "나에게도 '반갑습니다' 하고 밝게 인사를 했지요. 참을성 없고 신경질적이라던 풍문과는 아주 다른 인상이었어요. 명랑해 보였어요."

영접행사가 이어졌다. 의장대장이 우렁찬 목소리로 보고했다. "조선인민군 육해공군 명예의장대는 경애하는 최고사령관 동지와 함께 김대중 대통령을 영접하기 위하여 정렬하였습니다." 김정일은 세심했다. "의장대를 사열하는데 내가 약간 뒤에 있었거든요. 김정일 위원장이 나를 대통령 옆으로 안내해주었지요." 의장대 사열이 끝난 뒤 김정일은 북쪽 인사들을 소개했다. 최고인민회의 상임위원장 김영남, 국방위원회 제1부위원장 겸 인민군 총정치국장 조명록, 내각 총리 홍성남, 노동당 간부 담당 비서 김국태, 대남 담당 비서 김용순, 최고인민회의 의장 최태복, 외교부 제1부부장 강석주, 조선아태평화위원회 부위원장 송호경, 조국평화통일위원회 서기국장 안경호였다.

"영접행사가 끝나고 남편을 뒤따라 검은색 승용차로 가는데 북쪽 안내자가 나를 뒤차로 안내했어요. 잠시 어리둥절했지요." 김정일이 김대중을 오른쪽 뒷좌석으로 안내한 뒤 뒤로 돌아서 뒷좌석 왼쪽에 탔다. 아무도 예상하지 못한 일이었다. "김정일 위원장이 남편과 함께 앞차에 타고 나는 뒤차에 탔어요. 내 옆자리에는 박선옥 아태평화위원회 국제부장이 동승했고요."

차에 탄 김대중과 김정일은 연도에 늘어선 수십만 평양 시민들의 함성을 들으며 이야기를 나누었다. 김정일이 물었다. "북에 오는데 무섭지 않았습니까? 무서운데 어떻게 왔습니까?" 김정일의 말이 이어졌다. "저 많은 사람들이 모두 자발적으로 대통령을 환영하기 위해서 나왔습니다. 여기 계시는 동안에는 아주 잘 모시겠습니다. 편안히 계십시오." 김대중도 김정일에게 말했다. "남북 국민과 세계가 관심을 갖는 회담에서 민족에 희망을 주는 결과가 있었으면 합니다."

김대중과 김정일이 탄 차는 평양 시내 입구에서 잠시 멈췄다. 김대중은 차에서 내려 학생에게서 꽃다발을 받았다. 평양 시민들과 악수를 하기도 했다. 김대중이 탄 차는 천리마거리, 조선혁명박물관, 만수대 언덕, 모란봉 천리마 동상, 개선문, 김일성종합대학교, 금수산 기념궁전을 지나 백화원에 멈췄다. 이희호의 차는 그 뒤를 따랐다. "도로 양쪽에 빨간 꽃술을 흔드는 여성들이 빽빽했어요. 함성이 말로 할 수 없이 컸지요. 창밖을 보느라고 옆에 있던 박선옥 국제부장과 무슨 이야기를 할 상황이 아니었어요. '김정일'을 연호하는 소리가 계속 들리고 간혹 '김대중'을 외치는 소리도 들렸지요."

이희호의 차가 백화원 영빈관에 도착했다. "먼저 도착해 있던 김정일 위원장이 나를 기다리고 있었어요. 내가 먼저 들어가도록 안내해 주었지요." 김대중과 이희호는 백화원 로비에서 김정일과 기념사진을 찍은 뒤 접견실로 옮겼다. "김정일 위원장은 말하는 것이 거침이 없고 자연스러웠어요. 좌중을 휘어잡는 힘이 있었어요. 그러면서도 장관과 수행원들까지 배려했어요."

접견실의 환담은 텔레비전으로 생중계됐다. "아침에 계란 반숙을 절반만 드시고 떠나셨다고 하셨는데 구경 오시는데 왜 아침식사를 적게 하셨습니까?" 김정일의 물음에 김대중은 농담으로 답했다. "평양에 오면 식사를 잘할 줄 알고 그랬습니다." 자리에 앉은 사람들이 모두 웃었다. "섭섭지 않게 해드리겠습니다. 우리가 어떤 마음으로 방북을 지지하고 환영하는지 똑똑히 보여드리겠습니다. 장관들도 김 대통령과 동참해 힘든, 두려운, 무서운 길을 오셨습니다. 하지만 공산주의자도 도덕이 있고 우리는 같은 조선 민족입니다." 김정일은 김일성 이야기도 했다. "주석님께서 생존했다면 주석님이 대통령을 영접했을 것입니다. 서거 전까지 그게 소원이었습니다."

이희호는 김정일을 찬찬히 관찰했다. "정확하고 풍부한 어휘로 말을 쏟아냈어요. 유머 감각도 있고요. '저 표현력을 어떻게 지금까지 감출 수 있었을까' 하고 생각하다가 '아, 북한에는 선거가 없지' 하고 자문자답하면서 혼자 웃음을 삼켰지요." 1992년 북한군 창설 60돌 기념식에서 "영웅적 조선인민군 장병들에게 영광 있으라!"고 단 한마디 한 것이 이날 이전까지 국제사회에 알려진 김정일 육성의 전부였다. 이희호의 가슴에 문득 서러움이 번졌다. "만감이 교차했지요. 이렇게 짧은 시간에 올 수 있는데 남과 북의 정상이 만나기까지 반세기나 걸렸잖아요. 또 우리는 북한과 화해하고 협력해야 한다고 주장한 것 때문에 수십 년 동안 박해를 받았고요. 그래서 나도 모르게 서러운 마음이 들었지요."

접견실 환담을 마친 김대중과 이희호는 숙소 응접실에서 점심을 들었다. "텔레비전을 켜보니 남쪽 방송이 나와요. 순안공항에서 남북 정상이 상봉하는 장면을 반복해서 보여주었어요. 텔레비전을 보면서 방으로 배달된 점심을 먹었지요. 닭국물에 밥을 말아 먹는 평양식 온반이었는데, 담백하고 정갈한 맛이 일품이었지요."

오후 3시에 김대중은 만수대 의사당에서 북한의 국가수반인 최고인민회의 상임위원장 김영남을 만났다. 김영남은 축하인사에서 김대중의 민주화 투쟁 경력을 이야기했다. "김 대통령의 민주화 투쟁을 잘 알고 있습니다. 1973년 8월 일본 도쿄에서 납치되었을 때 북남관계를 중지시켰습니다. 같은 겨레로서 꼭 구출되어야 한다고 생각했습니다. 그때부터 우리 인민들은 김대중 대통령을 잘 알게 되었습니다." 북한이 그런 조처를 했다는 것을 김대중은 그 자리에서 처음 들었다.

이날 저녁 김영남이 주최한 만찬이 열렸다. "만찬을 끝내고 숙소로 돌아와서 텔레비전을 켜니 남쪽의 열기가 대단했어요." 평양에서 기자단이 보내는 현장 장면을 서울에서 편집할 틈도 없이 그대로 방송하고 있었다. 공보수석 박준영이 '우리 대통령이 너무 말씀을 안 하신다'는 기자들의 반응을 전했다. "남편은 김정일 위원장이 수수께끼 같은 인물로 알려져 있기 때문에 우리 국민과 국제사회가 김 위원장이 어떤 사람인지 알게 하는 것이 중요하다고 했어요. 그래서 말을 아끼고 상대편 말을 더 많이 듣는다고 했지요. 김 위원장이 어떤 사람인지 탐색하는 것이었어요."

평양 방문 이틀째인 6월 14일 오전 이희호는 창광유치원과 수예연

평양 방문 이틀째 창광유치원을 찾은 이희호.
맞벌이 부부를 위해 설립한 이곳에서 아이들 손을 잡고 춤을 추었다.

구소를 방문했다. "창광유치원은 맞벌이 부부를 위해 설립한 곳이래요. 놀이방에서 아이들 손을 잡고 원을 그리며 돌았어요. 식량난 때문인지 아이들이 잘 먹지를 못해서 말랐어요. 마음이 아팠지요." 이희호와 김대중은 평양 옥류관에서 점심으로 냉면을 먹었다. 오후에 이희호는 평양조산원을 방문했다. "1981년에 세계 최대 규모로 지은 여성 전문 병원이었어요. 그런데 건물은 큰데 의료기기가 부족해 휑한 느낌이 들었어요. 임산부들도 많지 않고요. 남쪽에서 기증받아 가져간 최첨단 초음파 영상 진단기를 전해주었지요."

이희호는 이화고녀 시절의 은사도 만났다. "방북하기 전에 북쪽에서 만나고 싶은 사람이 있으면 써내라고 해서 친구들 이름을 여럿 써냈어요. 일제강점기 시절엔 북쪽이 먼저 개화돼서 이화고녀에 이북 여학생들이 많이 유학 왔거든요. 그런데 친구들은 못 만나고 이화고녀 시절 수학을 가르쳐주신 김지한 선생님만 만났어요. 여선생님이에요. 85살이나 됐는데 따님과 함께 나왔어요. 내가 그 시절에 수학을 잘했기 때문에 선생님이 날 기억하실 거라고 생각했는데, 연세가 많이 드셔서인지 나를 알아본다는 확신이 서지 않았어요. 헤어질 때 여름 한복을 선물로 드렸지요."

이어 남북 여성좌담회가 열렸다. 이희호는 이화여대 총장 장상, 청와대 제2부속실장 성인숙과 함께 참석했다. 북쪽에서는 조선여성협회 회장 홍선옥, 교원대 학장 남선희, 인민배우 김정화를 비롯해 일곱 명이 나왔다. "나는 정신대(일본군 위안부) 문제에 남북이 공동으로 대처하자고 제의했지요." 좌담회가 끝난 뒤 이희호는 오후 5시쯤 숙소로 돌아왔다. "남편은 그때까지도 계속 정상회담을 하고 있었어요."

●

2000년 6월 14일 오후 3시 김대중과 김정일의 정상회담이 백화원에서 열렸다. 회담은 팽팽한 긴장의 연속이었다. 아무것도 사전에 합의된 바 없는 백지 위의 정상회담이었다.

김대중은 네 가지 의제를 제시했다. 첫 번째 의제는 화해와 통일 문제였다. "통일은 점진적·단계적으로 추진해나가야 하며 통일의 과정은 남과 북이 협력해서 관리해나가야 합니다. 그러려면 남북연합을 제도화하는 것이 필요합니다." 두 번째로 김대중은 긴장 완화와 평화 정착 문제를 이야기했다. "나는 1998년 미국에 가서 북쪽에 대한 경제제재 조처를 해제하는 것이 좋겠다고 얘기했습니다. 그러니 북쪽도 핵 문제 해결을 위한 1994년 북·미 제네바 합의를 준수하고 미국과의 미사일 회담도 잘하기 바랍니다. 그리고 한반도와 동북아의 평화와 안보를 위해 남과 북이 미국·중국·일본·러시아와 함께 6개국 동북아안보협력기구를 구성해 운영할 수 있도록 노력합시다."

세 번째 의제는 남북 교류협력 문제였다. "남북관계를 잘 푸는 데는 경제협력이 중요합니다. 끊어진 철도와 도로를 다시 잇고 서해안 산업공단을 함께 건설합시다. 그리고 관광사업도 백두산 관광, 평양 관광으로 넓혀가는 게 좋겠습니다. 2002년 한·일 월드컵에도 참가하고 시드니 올림픽에도 함께 입장하는 것으로 합시다." 마지막으로 김대중은 8월 15일에 이산가족이 서로 방문할 것을 제의했다. "남북 장관급 회담, 경제공동위원회, 군사공동위원회를 개최하고 이산가족 상봉과 다방면의 교류협력을 실현합시다. 그리고 김 위원장의 서울 방문을 정식으로 초청합니다." 김정일은 큼직한 선언적인 내용만 합의문에 넣고 나머지는 장관급 회담에 위임하자고 했다. 김대중은 구체적인 내용을 합의문에 포함시키자고 주장했다. 양쪽의 밀고 당기기가 계속됐다.

논쟁은 통일 방안으로 이어졌다. 김정일이 낮은 단계의 연방제부터 하자고 제안했다. 김대중은 연방제 통일 방안은 수용할 수 없다고 말했다. 김대중은 자신이 제시한 '3단계 통일'의 첫 단계인 남북연합이 현실적인 방안이라고 설명했다. 배석한 국정원장 임동원이 연방제와 연합제의 다른 점을 설명했다. "연방제는 연방정부, 곧 통일된 국가의 중앙정부가 군사권과 외교권을 행사하고 지역정부는 내정에 관한 권한만 행사하게 됩니다. 연합제는 이와 달리 각각 군사권과 외교권을 지닌 주권국가들의 협력 형태를 말합니다."

김정일은 '낮은 단계의 연방제는 남쪽이 주장하는 연합제처럼 군사권과 외교권은 남과 북의 두 정부가 각각 보유하고 점진적으로 통일을 추진하자는 개념'이라고 설명했다. 두 정상은 '북이 제시한 낮은 단계의 연방제와 남이 제의한 남북연합제가 공통점이 많으니 앞으로 함께 논의해나가자'는 데 의견을 모았다. 남북 경제협력에서도 휴전선 가까운 곳에 산업공단을 설치하고 경의선 철도를 연결하기로 합의했다.

가장 어려운 것은 김정일의 서울 답방과 제2차 정상회담 개최 명문화 문제였다. 김정일이 버티자 김대중은 마지막에 인간적으로 호소했다. "나이 많은 내가 먼저 평양에 왔는데 김 위원장께서 서울에 안 오면 되겠습니까. 서울에 반드시 오셔야 합니다." 김정일이 마침내 수락했다. 합의문을 만들려면 아직 가야 할 길이 멀었다. 5시 22분 정상들은 회담을 중단하고 잠시 휴식했다. "남편이 잠깐 쉬러 왔는데 많이 지쳐 보였어요. 6시쯤 돼서 회담장으로 다시 갈 때는 지팡이를 짚어야 했지요. 남편의 뒷모습이 무척 고독하고 힘겨워 보였어요. 서서 배웅하는데 눈가에 눈물이 맺혔지요."

회담이 다시 시작됐다. 김정일은 김대중이 예상하지 못한 이야기를 했다. "제가 대통령께 비밀사항을 정식으로 말씀드리겠습니다. 미군 주둔 문제입니다. 1992년 초에 미국 공화당 정부 시기에 김용순 비서를 미국에 특사로 보내 '남과 북이 싸움 안 하기로 했다'고 말했습니다. 그러면서 '미군이 계속 남아서 남과 북이 전쟁을 하지 않도록 막아주는 역할을 해달라'고 요청했습니다. 역사적으로 주변 강국들이 한반도의 지정학적 위치의 전략적 가치를 탐내어 수많은 침략을 자행한 사례를 들면서 '동북아시아의 역학관계로 보아 조선반도의 평화를 유지하면서 미국이 와 있는 것이 좋다'고 말했습니다. 제가 알기로 김 대통령께서는 '통일이 되어도 미군이 있어야 한다'고 말씀하셨는데 그것은 제 생각과도 일치합니다."

김대중이 물었다. "그런데 왜 계속 미군 철수를 주장하고 있습니까?" 김정일이 답했다. "그것은 우리 인민들의 감정을 달래기 위한 것이니 이해해주시기 바랍니다." 이제까지 알려진 것과는 다른 뜻밖의 발언이었다. 김정일은 농담도 덧붙였다. "대통령과 제가 종씨라서 그런지 잘 통한다는 생각이 들어 이야기한 것입니다." 모두들 웃었다.

"김 위원장 본관은 어디입니까?"

"전주 김씨입니다."

"전주요? 아, 그럼 김 위원장이야말로 진짜 전라도 사람 아닙니까. 나는 김해 김씨요. 원래 경상도 사람입니다."

밝아진 분위기는 정상회담 막바지에 누구의 이름으로 서명할 것인지 문제로 다시 팽팽해졌다. 김대중은 김정일이 직접 서명해야 한다고 요구했다. "그렇다면 수표(서명)는 김영남 위원장과 하고 합의 내용을 내가 보증하는 식으로 하면 될 것 같습니다." 김대중은 받아들이지 않았다. 북쪽 배석자인 김용순이 말했다. "두 분의 존함만 쓰면 어떻겠습니까?" 김대중은 이 제안도 일축했다. "직함을 안 쓰고 이름만 쓰면 여러 오해가 생깁니다." 김정일이 말했다. "대통령이 전라도 태생이라 그런지 무척 집요합니다." 김대중이 답했다.

"김 위원장도 전라도 전주 김씨 아니오. 직접 서명합시다."

"아예 개선장군 칭호를 듣고 싶은 모양입니다."

"개선장군 좀 시켜주면 어떻습니까. 내가 여기까지 왔는데 덕 좀

봅시다."

김정일이 웃었다. 저녁 7시가 넘어 정상회담이 끝났다. 합의 날짜는 6월 15일로 하되 합의문은 이날 저녁에 발표하기로 했다.

정상회담 뒤의 만찬은 남쪽에서 주최하는 것이었다. "한참을 기다려도 남편이 오지 않아요. 그래서 나 먼저 만찬장인 목란관으로 갔지요. 나는 헤드테이블이 아니라 1번 대표단 테이블로 가서 앉았어요. 우리 쪽 의전상 북쪽에 내 상대역이 없어서 그렇게 한 것이었지요." 만찬장으로 가는 길에 김대중을 다시 만난 김정일은 합의에 만족을 나타냈다. "99퍼센트 잘됐습니다." 그때까지 풀리지 않은 문제가 한 가지 있었다. 금수산기념궁전 참배 문제였다. "북한은 금수산궁전 참배를 집요하게 요구했어요. 우리도 '국민 정서상 안 된다'고 완강하게 반대해서 해결되지 않은 채 평양에 왔거든요. 그런데 김정일 위원장이 만찬장에 오는 차 안에서 남편에게 '내일 금수산궁전은 안 가셔도 되겠다'고 이야기했대요. 우리 쪽 수행원들이 계속 설득해 북쪽에서 받아들였다고 해요."

만찬은 저녁 8시가 되어서야 시작됐다. 김대중이 만찬사를 읽었다. "김정일 위원장과 제가 정상회담을 성공리에 마무리했다는 것을 보고합니다. 이제 비로소 민족의 밝은 미래가 보입니다. (…) 저는 제 평생에 북녘땅을 밟아보지 못하는 것 아닌가 하는 비감한 심정에 사로잡힌 때가 한두 번이 아니었습니다. 오늘 이 감격을 무엇에 비하겠습니까." 김정일이 1번 테이블에 앉아 있는 이희호를 발견하고 소리치듯 말했다. "여사님, 이쪽으로 오십시오. 이산가족이 되시면 안 됩니다. 대통령께서 그토록 이산가족 상봉을 주장하시는데 평양에서 이산가족이 되면 되겠습니까." 만찬장에 폭소가 터졌다. "그래서 헤드테이블로 자리를 옮겨 김 위원장 왼쪽에 앉았지요. 김 위원장은 포도주 잔을 들어 '건강하십시오' 하고 건배를 했어요. 스스럼이 없고 활달했어요."

이희호는 김정일에게 가족사를 이야기했다. "할머니가 개성 분이고 아버지는 송도고보를 나오셨다는 이야기를 했지요." 김정일이 이희호의 말을 받았다. "여기서는 개성을 '깍쟁이'라고 합니다. 개성 음식이 맛있다고 해서 개성 토박이에게 음식을 청했는데 양이 적습니다." 김정일은 남한의 대중예술에도 관심이 많았다. "우리나라 영화에 대해 모르는 것이 없었어요. 배우들도 알고요. 김정일 위원장이 예술에 관심이 많아서 우리 것을 다 보고 있다고 해요. 남쪽 유행가도 많이 알고 있고요."

만찬이 진행되는 중에 남쪽의 임동원, 북쪽의 김용순이 완성된 남북공동선언문을 가져왔다. 6·15남북공동선언은 "남북 정상은 분단 역사상 처음으로 열린 이번 상봉과 회담이 서로 이해를 증진시키고 남북 관계를 발전시키며 평화통일을 실현하는 데 중대한 의의를 가진다고 평가한다"고 밝히고 합의 내용을 열거했다. "1. 남과 북은 나라의 통일 문제를 그 주인인 우리 민족끼리 서로 힘을 합쳐 자주적으로 해결해 나가기로 하였다. 2. 남과 북은 나라의 통일을 위한 남측의 연합제 안과 북측의 낮은 단계의 연방제 안이 서로 공통점이 있다고 인정하고 앞으로 이 방향에서 통일을 지향해 나가기로 하였다. 3. 남과 북은 올해 8·15에 즈음하여 흩어진 가족·친척 방문단을 교환하며 비전향 장기수 문제를 해결하는 등 인도적 문제를 조속히 풀어 나가기로 하였다. 4. 남과 북은 경제협력을 통하여 민족 경제를 균형적으로 발전시키고 사회·문화·체육·보건·환경 등 제반 분야의 협력과 교류를 활성화하여 서로의 신뢰를 다져 나가기로 하였다. 5. 남과 북

만찬장에서 김정일 국방위원장과 건배하는 모습.
2000년 6월 13~15일 평양에서는 '작은 통일'이 이루어졌다.

은 이상과 같은 합의사항을 조속히 실천에 옮기기 위하여 이른 시일 안에 당국 사이의 대화를 개최하기로 하였다." 마지막으로 공동선언문은 "김대중 대통령은 김정일 국방위원장이 서울을 방문하도록 정중히 초청하였으며 김정일 국방위원장은 앞으로 적절한 시기에 서울을 방문하기로 하였다"고 밝혔다.

김대중이 김정일에게 연단으로 나가 축하인사를 하자고 제안했다. 두 사람이 일어섰다. 김대중이 "우리 두 사람이 남북공동선언에 완전히 합의했다"고 발표하자 장내의 사람들이 모두 일어나 뜨거운 박수를 보냈다. "말로 할 수 없이 기뻤어요. 남편에게도 나에게도 일생에 가장 큰 사건이었지요." 김대중과 김정일은 축배를 높이 들었다. 그 순간 공보수석 박준영이 다가와 곤혹스런 표정으로 말했다. "대통령님 대단히 죄송합니다. 아까 두 분이 나가셔서 공동선언에 합의했다고 말씀하신 것을 카메라 기자들이 없어 잡지를 못했습니다. 매우 중요한 역사적인 장면인 만큼 죄송하지만 다시 한번 해주십시오."

김대중이 옆자리의 김정일에게 말했다. "아까 우리가 나가서 한 것을 기자들이 없어서 못 찍었다는데…" 김정일이 즉각 받았다. "그럼 오늘 배우 하십시다. 좋은 날인데 배우 한번 하십시다." 김대중과 김정일은 다시 연단으로 나갔다. "조금 전에 사진을 못 찍었다고 해서 다시 합니다. 우리가 드디어 공동선언에 완전히 합의했습니다. 여러분 축하해주십시오." 김대중과 김정일은 잡은 손을 번쩍 들어올렸다. 카메라 플래시가 터졌다. 박수 소리가 우레처럼 쏟아졌다. "두 정상이 손을 잡고 들어 올린 장면을 찍은 사진은 그렇게 연출한 것이었어요. 정상회담 내내 연출이 없었는데 그 장면이 유일하게 연출한 것이었지요."

만찬장은 감격의 물결로 출렁거렸다. 김정일이 큰 소리로 말했다. "아아, 국방위원들 어딨어. 모두 나와 대통령님께 한 잔씩 올리라우." 대장 박재경을 비롯한 인민군 장성들이 헤드테이블로 와서 인사하고 술을 따랐다. "남편은 술을 마시지 않는데 그날은 따라 주는 술을 몇 잔 마셨지요." 특별수행원인 시인 고은이 연단으로 나왔다. 고은은 "오늘 아침 숙소에서 우리 민족을 생각하며 이 시를 썼다"고 밝히고 〈대동강 앞에서〉를 낭송했다. 격렬한 목소리가 만찬장을 울렸다. "아 이 만남이야말로/이 만남을 위해 여기까지 온/우리 현대사 백 년 최고의 얼굴 아니냐."

만찬은 밤이 깊어서야 끝났다. 11시 20분 김대중과 김정일은 백화원 영빈관으로 옮겨 6·15남북공동선언 조인식을 했다. 두 정상의 서명으로 선언이 확정됐다. 민족사의 분수령이 된 길고 긴 하루가 갔다. "숙소에 온 남편은 너무나 피곤해서 깊은 잠에 빠져들었지요." 이튿날 아침 일찍 찾아온 수행원들에게 김대중이 말했다. "젖 먹던 힘까지 다했다. 내 평생 가장 길고 무겁고 보람을 느낀 날이었다. 회담 3시간 50분 동안 3시간 30분이 긴장의 연속이었다. 두어 번 포기하고 싶은 마음도 들었는데 이 길이 어떤 길인가, 7000만 겨레의 염원을 생각하고 젖 먹던 힘까지 다 쏟아 설득했다. 김 위원장의 유연한 사고와 해박한 지식이 도움이 됐다. 합리적이어서 고집하다가도 납득이 되면 생각을 바꿨다." 76살 대통령이 젖 먹던 힘까지 다했다고 하자 수행원들이 웃음을 터뜨렸다.

6월 15일 평양을 떠나기 전 김정일이 주최한 송별 연회는 화기가 넘쳤다. 국방위원회 제1부위원장 조명록이 군부를 대표해 6·15공동선언을 지지했다. 군부의 서약이었다. 김정일이 6·15공동선언의 첫 성과물을 발표했다. "인민군 총사령관으로서 오늘 12시부터 전방에서 대남 비방 방송을 중지할 것을 명령했습니다." 남쪽도 다음날 최전방 대북 방송을 중단했다. 오찬장은 축제 분위기였다. 양쪽 수행원들이 김대중과 김정일에게 술을 따랐다. 남과 북이 서로 어울려 어느 쪽이 어느 쪽인지 알 수 없는 작은 통일이 이루어졌다. 문화관광부 장관 박지원이 〈우리의 소원은 통일〉을 부르자고 제안했다. "모두 일어나 손을 잡고 합창했지요. 기쁨과 슬픔이 뒤섞여 가슴이 뭉클했어요. 남편과 김정일 위원장도 손을 잡고 앞뒤로 흔들며 노래했지요. 나도 김정일 위원장 손을 잡았어요."

6

# "평화상의 절반은 부인의 몫"

## 노벨평화상

2000년 6월 15일 오후 백화원 송별 연회를 끝낸 김대중과 이희호는 순안공항으로 향했다. 도착 때와 마찬가지로 김정일이 김대중과 동승했다. 평양 시민 수십만 명이 나와 꽃술을 흔들며 환송했다. 김일성종합대학교 앞에서 김대중과 김정일이 잠시 차에서 내리자 시민들이 만세를 외쳤다. 김대중과 이희호는 오후 4시가 넘어 순안공항에 도착했다. 김대중과 김정일은 이별의 악수를 했다. 김정일이 김대중을 껴안았다. 두 사람은 세 번 포옹했다. "우리는 김정일 위원장을 다시 만날 줄 알았지요. 그런데 그게 마지막 만남이었어요." 김대중과 이희호는 트랩에 올랐다. 김정일이 손을 흔들었다. 김대중과 이희호도 김정일에게 손을 흔들었다. "우리는 평양에 54시간 머물렀어요. 남편은 김정일 위원장과 11시간 동안 자리를 함께했어요. 김 위원장은 정상회담을 통해 새로운 모습을 국제사회에 알렸지요."

김대중과 이희호는 6월 15일 오후 5시 24분 서울공항에 내렸다. "공항에 도착하니 많은 시민들이 나와 우리를 맞아주었어요. 실향민들도 나왔고요. 강남대로와 시청 앞을 지나 청와대로 가는 길에도 수많은 시민들이 나와 태극기를 흔들고 우리를 환영해주었지요." 여론조사 결과는 정상회담 지지 의견이 90퍼센트를 넘었음을 알려주었다. 미국 대통령 빌 클린턴은 남북공동선언을 지지한다는 성명을 발표했다. UN 사무총장 코피 아난(Kofi Annan)도 축하 메시지를 보냈다. "우리가 서울로 돌아올 때 김정일 위원장이 풍산개 두 마리를 선물했어요. 우리는 북쪽에 진돗개 한 쌍을 선물했고요. 풍산개 이름을 '우리'와 '두리'라고 지어주었어요. 퇴임할 때 서울대공원에 기증했지요."

7월 29일부터 31일까지 남북정상회담 이후 처음으로 남북 장관급 회담이 열렸다. 남과 북은 경의선 철도 연결을 포함한 여섯 항목에 합의했다. 8월 5일 한국신문협회(회장 최학래)와 한국방송협회(회장 박권상) 소속 언론사 사장단 48명이 북한을 방문했다. 8월 11일 언론사 사장단은 북한 언론기관과 함께 "남과 북의 언론사들과 언론기관들은 새롭게 조성된 정세의 흐름에 맞게 민족의 화해와 단합을 저해하는 비방 중상을 중지하기로 한다"는 합의문을 내놓았다.

8월 15일 서울과 평양에서 남북 이산가족 상봉이 이루어졌다. 1985년 첫 이산가족 상봉 이후 15년 만의 만남이었다. 남쪽의 이산가족 102명이 평양에서 북녘의 가족들과 재회했다. 북쪽 이산가족 101명은 서울에서 남쪽에 있는 가족 750명을 만났다. "남편과 나는 이산가족이 만나는 장면을 청와대에서 텔레비전으로 봤어요. 나이 든 사람들이 서로 부둥켜안고 울부짖고 눈물을 쏟아내는 장면을 보면서 우리도 많이 울었어요. 남편은 대통령 되기를 잘했다고 했지요. 평양에 간 보람이 있었다고요."

9월 11일 북한의 특사 김용순이 남북직항로를 이용해 서울에 왔다. "김용순 비서가 김정일 위원장이 보내는 추석선물로 칠보산 송이버섯을 싣고 왔어요. 10킬로그램짜리 300상자나 됐어요. 북한 사정이 어려운데 그 많은 선물을 받으니 좀 미안했지요. 김용순 비서는 전직 대통령, 여야 대표를 포함해 송이버섯을 선물할 사람 명단을 가지고 왔어요. 통일부에서 송이버섯을 나누어주었지요."

남북공동선언이 일으킨 평화 물결이 퍼져나갔다. 2000년 9월 15일 오스트레일리아 시드니에서 제27회 올림픽이 열렸다. 개막식에서 남과 북의 선수단은 한반도기를 앞세우고 사상 처음으로 동시에 입장했다. 개막식장에 〈아리랑〉이 울려 퍼졌다. 11만 관중이 모두 일어나 손뼉을 쳤다. 남과 북의 화해를 세계에 알리는 장면이었다. 9월 18일 임진각 '자유의 다리' 앞에서 경의선 연결 기공식이 열렸다. 1945년 9월 운행이 중단된 뒤로 55년이나 버려졌던 철길을 다시 잇는 역사적인 행사였다. 반도의 고립에서 벗어나 유라시아 대륙으로 나아가는 '철의 실크로드'를 닦는 일이었다. 9월 24일 북한 인민무력부장 김인철과 북한 대표단이 남북 국방장관 회담을 하러 남한에 왔다. 북한군 수뇌부가 군사분계선을 넘은 것은 한국전쟁 이후 처음이었다. "김인철 인민무력부장이 청와대를 방문했어요. 북한 군부가 청와대에 와서 대통령에게 인사하는 것을 보고 세상이 바뀌었다고 느꼈지요."

북한과 미국의 관계도 화해 국면으로 급속히 옮겨갔다. 10월 9일에는 북한 국방위원회 제1부위원장 조명록이 미국을 방문했다. 조명록은 대통령 클린턴을 예방하고 국무장관 매들린 올브라이트(Madeleine K. Albright), 국방장관 윌리엄 코언(William Cohen)과 연쇄 회담을 했다. 조명록과 올브라이트는 "미합중국 대통령의 방문을 준비하기 위하여 매들린 올브라이트 국무장관이 가까운 시일에 조선민주주의인민공화국을 방문하기로 합의하였다"는 '북·미 공동선언'을 발표했다. 두 사람은 "한반도에서 긴장 상태를 완화하고 1953년 정전협정을 공고한 평화협정체제로 바꿔 한국전쟁을 공식 종식시키는 데서 4자회담 등 여러 가지 방도들이 있다는 데 대하여 견해를 같이했다"고 밝혔다.

2000년 10월 13일 오후 6시 노르웨이 노벨위원회가 그해 노벨평화상 수상자를 발표했다. 이희호와 김대중은 그 시각 청와대 관저에서 텔레비전을 보았다. 노벨위원회 선정위원장 군나르 베르예(Gunnar Berge)가 나와 발표문을 읽었다. "노르웨이 노벨위원회는 2000년 노벨평화상 수상자로 한국과 동아시아 민주주의와 인권 신장 및 북한과의 화해와 평화에 기여한 한국의 김대중을 선정했다. 한국에서 수십 년 동안 지속된 권위주의 체제 속에서 계속된 생명의 위협과 기나긴 망명 생활에도 불구하고 김대중은 한국 민주주의의 대변자였다. 그가 1997년 대통령 선거에 당선됨으로써 한국은 세계 민주주의 국가 대열에 들었다." 노벨위원회는 김대중이 아시아 인권과 평화의 수호자로 활동한 사실을 강조하고 남북정상회담의 성과에 주목했다. "김대중은 햇볕정책을 통해 남북한 사이의 50년 이상 지속된 전쟁과 적대감을 극복하려고 노력했다. 그의 북한 방문은 두 나라 사이의 긴장을 완화하는 과정에 주요 동력이 됐다. 이제 한반도에는 냉전이 종식되리라는 희망이 싹트고 있다."

이희호와 김대중은 기쁨의 포옹을 했다. "남편은 1987년 빌리 브란트 전 서독 총리의 추천으로 후보에 오른 뒤 14년 동안 계속 후보로 추천됐어요. 남편은 국회의원도, 대통령도 여러 차례 떨어졌다가 됐는데, 노벨평화상도 그랬어요. 2000년은 노벨평화상 제정 100돌 되는 해여서 특히 경쟁이 심했다고 해요. 단체 35곳과 개인 115명이 후보로 올랐지요."

세계 언론은 김대중의 노벨평화상 수상을 크게 보도했다. 일본 〈요미우리신문〉은 호외를 발행했다. 〈워싱턴포스트〉는 사설에서 김대중의 수상을 '아시아 민주주의의 승리'로 다루었다. "김대중 씨는 자유와 민주주의가 인종·지역·문화를 떠나 인류 보편의 가치이자 소망이라는 것을 입증했다." 미국 대통령 클린턴도 전화로 김대중의 수상을 축하했다. "이 세상에서 대통령님만큼 이 상을 받을 만한 사람은 없다고 생각합니다." 넬슨 만델라도 축하전화를 했다. "불굴의 의지로 고난을 극복하고 민주주의와 평화를 위해 노력하는 것을 보면서 깊은 감명과 존경심을 느끼고 있습니다." 10월 20일 서울에서 열린 ASEM에서도 각국 정상들은 김대중의 수상을 축하했다.

반면에 국내 일부의 반응은 싸늘했다. "야당과 보수 언론에서 노벨평화상 수상을 반대했어요. 야당 지지자들이 노르웨이에까지 반대 편지를 보냈고요. 수상이 결정된 뒤에도 노벨상을 받으려고 돈으로 로비를 했다는 말을 퍼뜨리기도 하고, 나라가 어려운데 시상식에 참석해선 안 된다는 주장을 하기도 했고요. 수십 년 동안 당한 일이었지만 그래도 그런 일을 겪으니 가슴이 아팠지요."

노벨상 수상자 발표 뒤 선정위원장 베르예는 언론 인터뷰에서 노벨상 수상 로비가 있었느냐는 질문에 "노벨상을 받으려는 로비가 아니라 노벨상을 주지 말라는 로비가 있었다"고 밝혔다. 베르예는 "노벨평화상이 로비로 받아낼 수 있는 상이라면, 과연 그 상이 세계 제일의 평화상으로 가치를 인정받을 수 있다고 생각하는 것인지 그 사람들에게 묻고 싶다"고 불쾌감을 감추지 않았다. 스웨덴과 노르웨이 한국 교민들은 인터넷에 글을 올려 현지의 분위기를 전했다. "이후로 한국인들은 노벨상을 받을 수 없을 것이다. 스웨덴 한림원이 한국이라면 넌더리를 내고 있다." 노르웨이 현지 신문은 수상자 선정과 관련해 "과거에는 이런저런 자격 시비가 있었지만 김대중 대통령은 단 한 건의 반대 의견도 없었다"고 보도했다.

10월 23일 미국 국무장관 매들린 올브라이트가 평양을 방문했다. 올브라이트는 금수산궁전을 참배한 뒤 오후에 국방위원장 김정일과 장시간 만났다. 올브라이트의 김정일 평가는 호의적이었다. "그는 남의 말을 경청하는 훌륭한 대화 상대자였다. 실용주의적이고 결단력 있다는 인상을 받았다." 11월 7일 미국 대통령 선거가 치러졌다. 초박빙의 승부였다. 플로리다 재검표까지 거쳐 공화당의 조지 부시가 민주당의 앨 고어(Al Gore)를 밀치고 대통령에 당선됐다. 클린턴은 북한을 방문하고 싶어 했지만 임기 말에 중동평화협상 문제가 겹쳐 결국 방북을 포기했다. 클린턴은 김정일을 워싱턴으로 초청했다. "김정일 위원장이 초청에 응하지 않았어요. 우리는 상황이 그렇게 되어가는 걸 몹시 안타깝게 생각했지요. 클린턴 대통령이 북한에 갔거나 김정일 위원장이 미국을 방문했다면 북한과 미국 사이에 관계 정상화가 이루어졌을 것이고, 남북관계도 엄청난 변화를 맞았을 거예요."

2000년 12월 8일 이희호와 김대중은 민주화운동 동지들과 함께 노르웨이 오슬로로 향했다. 문익환의 부인 박용길, 박종철의 아버지 박정기, 이한열의 어머니 배은심, 5·18재단 이사장 윤영규, 이문영·한승헌·한완상·이해동을 비롯한 54명이 동행했다. 노벨상 수상 반대 움직임은 오슬로까지 따라왔다. 민주노총 일각에서 김대중 정부가 민주노총 위원장을 구속하고 은행 파업을 공권력을 동원해 해산시켰다며 노벨위원회 위원들과 면담을 요청했다. 노르웨이 노총도 김대중의 해명이 없으면 항의집회를 열겠다고 했다. 김대중은 노르웨이 노총 위원장을 만났다. "남편이 대통령이 된 뒤 전교조·민주노총을 합법화하고 민주노동당이 제약 없이 활동할 수 있도록 해주었지요. 남편은 그런 사정을 상세히 이야기했어요. 세계 어느 민주국가도 폭력을 쓰는 불법파업을 용인하지는 않는다는 설명도 하고요. 노르웨이 노총 위원장이 남편의 이야기를 듣고 오해를 풀어주어 고맙다고 했어요. 남편과 사진을 함께 찍고 싶다고 해서 사진도 찍었지요."

12월 10일 낮 12시 오슬로 시청에서 노벨평화상 시상식이 열렸다. 김대중과 이희호 일행이 시청 후문 앞 광장에 도착하자 어린이 2000명이 기다리고 있다가 김대중에게 '평화의 횃불'을 건넸다. 김대중은 분쟁지역의 평화를 기원하는 기념물에 불을 댕겼다. 소년소녀들이 〈어린이를 구하소서〉를 불렀다. 시청 중앙 홀에서 시상식이 열렸다. 노르웨이 총리 옌스 스톨텐베르그(Jens Stoltenberg), 노르웨이 국왕 하랄 5세(Harald V)를 비롯한 각국 인사 1100여 명이 김대중과 이희호를 맞았다. "중앙 홀이 온통 노란색 꽃이었어요. 보통은 붉은색 장미로 꾸미는데 햇볕정책을 상징하느라고 그런 관례를 깨고 노란 해바라기로 장식했다고 해요."

노벨위원회 위원장 군나르 베르예가 선정 이유를 발표했다. "김대중 대통령은 50년의 적대관계를 청산하고 세계에서 가장 중무장된 전선 너머로 협조의 손길을 뻗으려는 의지를 보였습니다. 그의 의지는 유감스럽게도 다른 분쟁지역에서는 너무 자주 결여되어 있는 것이기도 합니다. (…) 김대중 대통령의 집권까지의 노정은 멀고도 먼 길이었습니다. 수십 년 동안 그는 권위주의 독재 체제와 승산이 없어 보이는 싸움을 했습니다. 김대중 씨가 간직한 불굴의 정신은 국외자들에게는 거의 초인적인 것처럼 보일지 모릅니다. 그런 점에서 이번 수상은 한층 더 진지한 면이 있습니다. 김대중 씨는 용서할 수 없는 것까지 포함해 모든 것을 용서했습니다. (…) 세계는 햇볕정책이 한반도 마지막 냉전의 잔재를 녹이는 것을 보게 될 것입니다."

이어 김대중이 수상연설을 했다. "한국에서 민주주의와 인권 그리고 민족의 통일을 위해 기꺼이 희생한 수많은 동지들과 국민들을 생각할 때 오늘의 영광은 제가 차지할 것이 아니라 그분들에게 바쳐야 마땅하다고 생각합니다. (…) 노벨상은 영광인 동시에 무한한 책임의 시작입니다." 시상식이 끝난 뒤 하랄 5세가 김대중 일행과 노벨위원회를 초청해 오찬을 열었다. 노르웨이 국왕이 수상자를 초청한 것은 전례가 없는 일이었다.

중국 인민일보사가 내는 잡지 〈스다이차오時代潮〉는 이희호를 주목해 이렇게 논평했다. "이희호 여사는 민주주의와 인권 수호를 위한 노력을 평생 대통령과 함께해온 만큼 노벨평화상의 절반은 부인의 몫이다." 한국PR협회는 김대중의 노벨평화상 수상의 경제적 효과가 19억 달러(약 2조 원)에 이를 것이라고 추산했다. "남편은 노벨상 상금 11억 원 중 3억 원을 연세대 김대중도서관에 기증했지요. 나머지 8억 원은 해마다 12월에 이자를 받아 불우이웃 돕기와 국외 민주화 운동 지원에 써왔지요."

노르웨이에서 돌아온 뒤 그해 12월 25일 이희호는 '펄 벅 인터내셔널'이 주는 '올해의 여성상' 수상자로 뽑혔다. 펄 벅 인터내셔널은

"민주화운동에 지도자적 역할을 수행하고, 아동과 여성의 권익에 앞장서 왔으며, 김대중 대통령의 동반자로서 역할도 훌륭하게 수행한 점을 높이 평가했다"고 이희호를 뽑은 이유를 밝혔다.

7

# UN 아동총회 임시의장

## 여성부 탄생

2001년 1월 29일 정부조직법이 바뀌었다. 정부 수립 이래 처음으로 여성부가 들어섰다. 새천년민주당 의원 한명숙이 장관으로 임명됐다. "여성 권익 향상은 내 오랜 소망이었어요. 남편이 대통령으로 있는 동안 여성 지위 향상에 노력을 많이 했지요. 정부 출범 때 대통령 직속 여성특별위원회를 만들었는데 이 특별위원회를 발전시켜 여성부를 세웠어요. 남편은 양성평등 문제에서 다른 사람들을 앞서갔어요. 내가 뭐라고 이야기할 필요가 없을 정도로요. 1998년엔 가정폭력방지법을 만들었고 1999년엔 남녀차별금지법을 시행했지요. 여성부가 출범하던 날 남편이 '여성부 탄생을 축하하지만 빨리 없어질수록 좋다'고 했는데, 맞는 말이에요. 양성평등이 실현되면 사라져야 할 부서니까요."

여성부 신설과 함께 교육부·행자부·법무부·농림부를 포함한 정부의 여섯 부처에 여성정책 담당관실도 설치됐다. "우리가 청와대에 있는 동안 정부와 사회에서 여성의 진출이 눈에 띄게 늘었지요. 우리가 들어가기 전 50년 동안 청와대에 여성 비서관이 한 명뿐이었어요. '국민의 정부' 5년 동안 그 수가 열 명으로 불었지요. 여성 장관도 네 명 배출했고요." 이희호가 청와대에 있던 동안 육군 여성 장교가 처음으로 장성이 됐다. 경찰에서도 여성 총경이 탄생했다. "어느 해인가(2000년) 공군사관학교 졸업식에 갔는데, 여학생이 생도대장이었어요. 구령하는 모습을 보고 세상의 변화를 느꼈지요." 이희호가 가장 아쉽게 생각한 건 여성 국무총리 탄생 무산이었다. "장상 이화여대 총장이 2002년에 총리 후보로 지명됐는데 시어머니가 사소한 잘못을 한 것 때문에 야당이 부결시켰어요. 그 뒤 '참여정부'에서 한명숙 장관이 첫 여성총리에 기용돼서 다행이라고 느꼈지요."

2001년 1월 전국의 모든 중학교에 의무교육이 실시됐다. "남편은 교육 분야에 민주화·정보화·교육복지 세 가지 목표가 있었어요. 교육 민주화 조처로 1999년 1월 교직원노조를 합법화했고 국립대 총장 직선제도 받아들였지요. 또 모든 학교와 교실을 인터넷으로 연결해 교육 정보화를 세계에서 가장 먼저 완성했어요. 중고등학교 학교급식을 시행하고 빈곤가정 학생에게 점심을 제공하는 일도 했지요. '국민의 정부'가 마지막까지 이루어내지 못한 것이 대학 시간강사 처우 개선이었어요. 남편은 그걸 몹시 안타까워했지요. 사회가 지식인을 너무 홀대한다고요."

2월 25일 세종로 정부청사와 과천청사를 연결하는 사상 첫 영상 국무회의가 열렸다. "남편은 취임식 때 우리나라를 세계에서 컴퓨터를 가장 잘 쓰는 정보 강국으로 만들겠다고 했는데 그 약속만큼은 지켰지요." 1999년 37만 가구였던 인터넷 가입 가구가 2002년 10월 1000만 가구를 넘어섰다. 인터넷 사용 인구도 1997년 말 163만 명에서 2002년 말에는 2700만 명으로 늘었다. OECD는 2001년 말 기준으로 한국의 초고속인터넷 보급률이 회원국 중 1위라고 발표했다. 미국보다 4배나 많은 100명당 17.16명이었다.

2001년 3월 6일 김대중과 이희호는 미국을 방문했다. 3월 8일 한·미 정상회담이 열렸다. 신임 미국 대통령 조지 부시의 정책 기조는 '클린턴이 해놓은 것은 모두 부정한다'였다. 네오콘(신보수) 강경파인 부통령 딕 체니(Dick Cheney)와 국방장관 도널드 럼스펠드(Donald Rumsfeld)가 백악관의 대외 정책을 좌지우지했다. 미사일방어(MD)시스템 개발 명분을 세우려고 북한의 위협을 들먹였다. 김대중과 부시의 정상회담은 순조롭지 못했다. 기자회견에서 부시는 김대중의 말을 가로채는가 하면 한국 대통령을 '이 사람'(this man)이라고 부르기까지 했다.

당시 국무부 부장관이던 리처드 아미티지(Richard Armitage)는 훗날 이렇게 회고했다. "고지식함과 무지, 외교력 결여, 한국에 대한 이해 부족에서 빚어진 실수였다. 준비되지 않고 지독하게 교만한 텍사스 출신 카우보이 대통령이 노벨평화상 수상자를 만났던 것이다. 회담은 거기서부터 내리막으로 치달았다." 김대중은 모욕감을 느꼈다. "회담이 끝난 뒤 남편이 몹시 불쾌해했어요. 우리 국민이 무시당했다고 생각했지요." 이튿날 김대중은 온건 보수파인 부시의 아버지(George H. W. Bush)에게 전화를 걸어 도움을 요청했다. 전임 대통령 빌 클린턴에게도 전화해 도와달라고 부탁했다.

미국에서 돌아온 직후인 3월 12일 남아공 대통령을 지낸 넬슨 만델라가 청와대를 방문했다. "만델라 대통령과 남편이 직접 만난 것은 그때가 처음이었어요. 그 전까지 여러 경로를 통해 간접 대화를 많이 했기 때문에 사실상 구면이나 다름없었지요. 남편과 만델라 대통령은 모두 70대에 대통령이 됐고 노벨평화상도 비슷한 나이에 받았어요. 서로 통하는 점이 많았지요." 김대중과 만델라는 세계 평화와 번영을 위한 메시지를 발표했다.

김대중은 재임 중에 교도소 인권 개선에 특별한 관심을 쏟았다. "남편이 오랫동안 수감 생활을 했기 때문에 교도소 문제를 잘 알고 있었어요." 김대중은 법무부 교정국장을 검사가 맡아오던 관행을 바꾸어 교도관 출신이 맡도록 했다. 소년원도 혁신했다. "전국의 소년원 12곳에 멀티미디어 어학실과 컴퓨터 교실을 설치하고 실용영어 컴퓨터 교육과 직업훈련을 시켰어요. 스키 캠프 같은 개방적인 교육도 실시했지요."

이희호는 청소년 재소자들을 청와대로 초청했다. 2000년 7월 소년원생들이 처음으로 청와대를 관람했다. "소년원생들을 부르겠다고 하자 청와대 안에서 반대가 많았어요. 어떻게 범죄자가 청와대에 올 수 있느냐고요. 그래서 지금 대통령도 한때 사형수였다고 설득했지요. 소년원생들과 함께 청와대 경내도 관람하고 영빈관에서 다과회도 하고 송승환 씨가 연출한 〈난타〉도 함께 관람했지요. 소년원생들이 돌아가 여러 통의 편지를 보내왔어요. 그중 한 소년원생이 기억에 남아 직접 청주소년원에 찾아가 만나기도 했지요. 그 아이에게 오히라 미쓰요(大平光代)가 쓴 《그러니까 당신도 살아》를 선물했어요. 비행소녀였다가 마음을 고쳐먹고 변호사가 된 여성의 이야기지요."

이희호는 틈이 날 때마다 소년원생들을 만났다. "소년원생들이 뮤지컬을 아주 좋아했어요. 그래서 2001년 3월에 소년원생 70명과 장애인 30명을 초대해 대학로 학전그린 소극장에서 김민기 씨가 만든

〈지하철 1호선〉을 함께 봤지요. 그 뒤에도 예술의전당에서 뮤지컬 〈명성황후〉, 세종문화회관에서 프랑스 뮤지컬 〈레미제라블〉을 소년원생들과 함께 보았지요. 청와대를 나올 때까지 전국의 모든 소년원생을 만나보겠다는 생각을 했는데 다 이루지는 못했어요. 그 청소년들에게 '사회가 너희를 소중하게 생각하고 있으니 용기를 내서 희망을 키우라'는 뜻을 전해주고 싶었지요."

2001년 3월 21일 현대그룹 명예회장 정주영이 86살로 세상을 떠났다. 남북 화해의 물꼬를 튼 '소떼 방북'의 주인공이었다. 북한은 조문단을 보내 정주영의 죽음을 애도했다. 3월 22일에는 인천국제공항이 개항했다. 동북아 물류의 중심축이 위용을 드러냈다. "남편은 인천공항에 이어 경의선까지 복원되면 우리나라가 물류의 중심국으로 우뚝 설 것이라고 기대했지요. 유라시아 대륙을 연결하는 '철의 실크로드'를 보는 것이 소망이었어요."

2001년 6월 말 이희호는 '한국 방문의 해' 명예위원장으로 중국을 방문했다. "저녁에 베이징 인민대회당에서 '한·중 우호의 밤'이 열렸어요. 우리 쪽 70명, 중국 쪽 150명이 모여 만찬을 함께했지요. 내 서간집 《내일을 위한 기도》 중국어판이 그 무렵 나와서 그날 출판기념회도 열렸어요." 이희호는 책의 인세를 전부 중국 오지 어린이 돕기 기금으로 냈다.

2001년 8월 23일 IMF 차입금 195억 달러 중 마지막으로 남아 있던 1억4000만 달러가 상환됐다. "이날로 '경제신탁통치'에서 벗어났지요. IMF와 약속한 2004년보다 3년 앞당겨서 빚을 청산한 거였지요." 그해 9월 15일 외환보유액이 1000억 달러를 넘어섰다. 한국은 세계 5위의 외환보유국이 됐다. 이듬해에는 국제신용평가사 무디스가 한국의 국가신용등급을 A등급으로 회복시켰다. 한국은 투자 부적격 국가라는 불명예를 벗었다.

2001년 8월 '만경대 방명록 사건'이 일어났다. 평양에서 열린 민족통일대축전에 참가한 동국대 교수 강정구가 김일성 생가로 알려진 만경대를 방문해 "만경대 정신 이어받아 통일위업 이룩하자"고 쓴 것이 화근이었다. 야당은 방북 허가를 내준 책임을 물어 통일부 장관 임동원의 교체를 요구했다. 공동여당인 자민련도 야당과 발을 맞췄다. "남편은 임동원 장관을 교체할 수는 없다고 했지요. 자민련에 협조를 구했는데, 받아들여지지 않았어요." 자민련의 동참으로 임동원의 해임 건의안이 가결됐다. 민주당-자민련 공동정권이 3년 7개월 만에 무너졌다. 정국이 1여 2야로 재편되고 여당은 소수당이 됐다.

2001년 9월 11일 테러조직 알카에다가 납치한 비행기 두 대가 미국 뉴욕의 세계무역센터를 들이받았다. 쌍둥이 건물이 무너지고 3000명이 사망하는 전대미문의 테러 사건이었다. "그날 밤 저녁 식사 뒤에 관저에서 쉬고 있는데, 비서관이 연락을 했어요. CNN 방송에 긴급뉴스가 나오는데 세계무역센터에 비행기가 충돌했다는 거예요. 바로 텔레비전을 켰지요. 쌍둥이 빌딩이 화염에 휩싸여 있었어요. 눈으로 보고도 믿기가 어려웠어요. 남편은 이 사건으로 한반도에까지 불똥이 튈까 봐 걱정이 많았지요." 조지 부시의 미국은 10월 7일 알카에다 지도자 오사마 빈 라덴(Osama bin Laden)을 비호하고 있다는 핑계를 대고 아프가니스탄을 공격했다. "부시 대통령이 '테러와의 전쟁'을 선포하고 모든 나라들에게 동참하라고 촉구했어요. 세계를 '친구 아니면 적'으로 갈랐지요."

2001년 11월 국가인권위원회가 출범했다. "국가인권위원회 설치는 '국민의 정부' 100대 과제 가운데 하나였어요. 그런데 정부 부처와 시민단체의 이견 때문에 미루어지다가 2001년에야 법을 제정하고 인권위원회를 출범시켰지요." 초대 인권위원장은 변호사 김창국이 맡았다. "남편은 인권 관련 법안 통과에 신경을 많이 썼어요. 민주화운동 과정에서 희생된 분들 덕에 대통령이 될 수 있었다고 생각했으니까요. 우리가 청와대에 들어간 첫해부터 유가협 회원들이 국회 앞에서 422일이나 천막농성을 벌이기도 했지요. 의문사진상규명특별법과 민주화운동보상법을 통과시켜달라고요. 이소선 여사가 청와대에 와서 남편의 소매를 붙잡고 울먹이기도 했어요. 1999년 말에 여야 합의로 제주4·3특별법, 국민기초생활보장법과 함께 국회 마지막 법안으로 통과되었지요."

2001년 11월 8일 김대중은 새천년민주당 총재직을 사임했다. 그해 12월 말 아태평화재단이 동교동 김대중·이희호의 집 바로 옆에 들어섰다. "건물 터는 우리를 수십 년 동안 감시하던 집이 있던 자리였어요. 사찰하는 데 쓰던 집을 사들여 평화재단을 만든 거지요. 건축비가 부족해 일부를 융자받았어요. 동교동 우리 집도 너무 낡아서 그때 새로 짓기로 했지요."

2002년 1월 미국 대통령 조지 부시가 연두교서에서 이라크·이란·북한을 '악의 축'이라고 규정했다. 북한과 미국 사이 긴장의 파고가 높아졌다. 2월 20일 부시가 한국을 방문했다. 부시는 1년 전의 오만한 태도가 많이 누그러져 있었다. 김대중은 정상회담 1시간 40분 동안 부시를 설득했다. 회담이 끝난 뒤 부시는 김대중의 정책을 지지한다고 밝혔다. "김 대통령의 햇볕정책을 지지합니다. 미국은 북한을 공격할 의사가 없습니다." 한·미 정상은 휴전선 앞 도라산역을 방문

2002년 5월 이희호는 UN 아동특별총회에 한국 대표로 참석해
임시의장 역할을 맡아 회의를 주재하고 기조연설을 했다.

했다. 김대중은 부시에게 끊어진 철도와 도로를 연결하는 현장을 보여주었다. 부시는 철도 침목에 기념 서명을 하고 "우리는 북한과 대화할 준비가 돼 있다"고 밝혔다. "도라산역을 둘러보고 나서 부시 대통령의 태도가 확 달라졌어요. 남편을 존경한다는 말도 했지요."

2002년 5월 6일 이희호는 UN 아동특별총회에 한국 대표로 참석했다. "그해 우리나라가 UN 의장국이었어요. 남편이 참석해야 하는데, 의료진이 대통령의 장거리 여행을 만류했어요. 그때 남편이 여러 문제로 건강이 좋지 않았거든요. 외교안보수석실에서 대통령보다 내가 아동총회에 어울린다고 해서 대한민국 정부대표단 수석대표를 맡았지요. 내 임무는 임시의장으로서 영어로 회의를 주재하고 기조연설을 하는 것이었어요." UN 아동특별총회는 1990년 아동을 위한 세계정상회의에서 결의한 아동의 생존·보호·발달에 관한 세계선언과 행동계획에 대한 지난 10년의 실적을 평가하고 향후 10년의 행동 방안을 검토하는 자리였다. 5월 8일 이희호는 뉴욕의 UN본부 총회 의장석에 앉았다. "회의장에 들어서니 오른쪽에 코피 아난 사무총장, 왼쪽에 사무차장이 있었어요. 나는 의상석에 앉아 9시에 개회 선언을 하고 의장이 선출될 때까지 회의를 주재했지요."

이어 이희호는 아동특별총회 기조연설을 했다. "어린이가 살기 좋은 세상을 만드는 것은 곧 평화롭고 번영된 인류의 미래를 만드는 일입니다. 지금도 수많은 어린이들이 빈곤과 학대, 영양실조와 에이즈에 희생되고 있습니다." 이희호는 "우리의 아이들이 이러한 고통에서 벗어나 밝고 건강하게 자랄 수 있도록 우리 모두 나서자"고 촉구했다. 이튿날 아동서약서 전달식이 열렸다. "UN본부 잔디밭에서 아동서약서 전달식을 했어요. 세계 여러 나라에서 온 아이들이 지켜봤어요. 남아공 만델라 전 대통령 부부도 그 자리에 참석했지요." 이희호에게 UN 특별총회는 뜻깊은 행사였다. "UN 총회에서 임시의장으로 회의를 주재하고 기조연설을 한 것은 여성으로서는 내가 처음이었다고 해요. 영광스러운 일이었지요."

8

# 슬픔과 기쁨의 이중주

## 한·일 월드컵

2002년 3월 9일 새천년민주당 대통령 후보를 뽑는 국민 참여 경선이 제주에서 시작됐다. 이인제·노무현·한화갑·정동영·김중권·김근태·유종근이 경선에 참여했다. 당원과 일반 유권자가 50퍼센트씩 참여해 전국 시도 16곳을 돌며 투표를 했다. 민주당 경선은 긴장의 끈을 놓을 수 없는 '50일의 드라마'였다. 민주당의 대세를 장악한 이인제와 대세에 도전하는 노무현의 바람이 맞붙었다. 국민의 관심이 일제히 민주당 경선에 쏠렸다. 가장 중요한 승부처는 민주당의 근거지인 광주였다. 3월 16일 광주에서 노무현은 이인제를 누르고 1위에 올랐다.

노무현 돌풍이 거세게 불었다. 4월 14일 전남 경선에서 노무현이 62퍼센트의 지지율로 1위를 차지하자 이인제는 경선을 포기했다. 4월 26일 서울 경선에서 노무현은 민주당 대통령 후보로 확정됐다. 끝까지 경선에 참여한 정동영은 2위를 기록했다. 노무현의 국민지지율은 60퍼센트에 이르렀다. 4월 29일 노무현은 김대중을 방문해 이렇게 말했다. "'국민의 정부'가 제대로 평가받지 못하는 게 아쉽습니다. 저는 국민의 정부를 당당하게 평가하고 그렇게 소신껏 얘기하면서 후보로 뽑혀서 자부심을 느낍니다."

민주당 경선이 이어지는 중에 김대중의 건강에 이상이 생겼다. 4월 9일 김대중은 무거운 몸으로 청와대에서 핀란드 대통령 타르야 할로넨(Tarja Halonen)과 정상회담을 했다. "오후가 됐는데 남편의 몸 상태가 더 안 좋아졌어요. 그 전부터 며칠 동안 잘 먹지를 못했어요. 의료진이 부정맥이 있다고 바로 입원하는 게 좋겠다고 했지요." 김대중은 할로넨과 만찬을 예정보다 한 시간 앞당겨 마치고 국군서울지구병원에 입원했다. "그날 남편이 재임 중 처음으로 입원했어요. 피로 누적과 위장 장애 때문에 6일 동안 치료를 받고 퇴원했지요."

그 무렵 불거진 아들들 문제도 김대중의 건강 악화에 영향을 주었다. 5월이 되자 신문과 방송이 연일 둘째아들 홍업, 셋째아들 홍걸의 비리연루 의혹 소식을 전했다. 김대중은 5월 6일 새천년민주당을 탈당하고 아들들이 물의를 일으킨 것에 사과했다. 이희호는 신문을 볼 때마다 겁이 났다. "신문 읽기가 힘들었어요. 국민들 앞에 고개를 들기 어려웠지요. 남편은 일정이 많은데도 밤잠을 이루지 못했어요. 내가 죄인이 된 것같이 괴로웠지요." 비리 의혹 보도가 계속되자 김대중은 청와대 부속실장 김한정을 미국으로 보내 홍걸을 직접 만나보라고 지시했다. 홍걸을 만나고 온 김한정이 김대중에게 보고했다. "홍걸 씨가 나서서 청탁한 일은 없습니다. 이용당한 것 같습니다." 김대중은 기력을 잃었다. "수사에 성실히 응하라 하시오. 죄가 있으면 받으라 하시오."

이희호는 기도로 나날을 보냈다. 정신적 충격으로 구토를 하기도

했다. "남편이 여러 차례 경고를 했지만 홍걸이가 따르지를 않았어요. 홍걸이는 미국 유학을 오래 해서 국내 사정을 잘 몰랐어요. 접근한 사업자를 너무 쉽게 믿었지요. 미국에서 귀국한 날 아버지 보기가 두려워서 청와대에 오지도 못했어요." 홍걸은 5월 18일 알선수재 혐의로 구속됐다. 한 달 뒤에는 둘째 홍업도 기업체에서 돈을 받은 혐의로 구속됐다. 김대중은 사과성명을 냈다. "제 평생 많은 어려움을 겪었지만 이렇게 참담한 일이 있으리라고는 생각조차 못했습니다. 이는 모두 저의 부족함과 불찰에서 비롯된 일입니다."

이희호는 마음을 추스르고 감옥의 홍걸과 홍업에게 편지를 썼다. 홍걸에게 쓴 편지에서 이희호는 이렇게 말했다. "사랑하는 홍걸에게. 비록 어려운 처지에 있으나 오히려 오늘 처해 있는 모든 것에 대해 하느님께 감사드려라. 그리고 잘못한 것을 회개하여라. 하느님의 사랑이 너를 더욱 크게 할 것이다. (…) 나도 너의 현재를 감사드린다. 그리고 내 잘못을 회개한다. 너도 나라와 민족을 위해, 그리고 너를 사랑하는 가족과 이웃을 위해 기도하여라. 그곳에 있는 동안 〈욥기〉, 〈시편〉, 〈잠인〉, 〈이사야서〉 그리고 신약을 읽어라. 특히 영국의 유명한 극작가 버나드 쇼(George Bernard Shaw)가 모든 책이 다 없어진다 해도 꼭 하나 갖고 싶은 책이 있는데 그것이 바로 〈욥기〉라고 했다. 그것은 곤욕과 질곡을 겪으면서도 하느님께 감사하는 것을 잊지 않는 욥의 위대함을 발견했기 때문이다. 네가 그곳 생활을 감사의 마음으로 잘 이겨내면 너의 앞날에 희망의 빛이 반드시 비칠 것이다. 2002년 5월 19일 어머니."

이희호는 감옥에서 당뇨로 고생하는 홍업에게도 편지를 보냈다. "사랑하는 홍업에게. 너의 모습이 야위었다고 들었다. 이젠 정말 보고 싶구나. 그곳 생활이 어려움도 많고 마음 또한 괴롭겠지만 너의 생애에 귀한 체험을 한다고 생각하면 좋겠다. 억울하고 분한 생각도 들겠지만 하느님의 뜻은 우리와는 다른 것이다. 우리가 어떻게 환경이 바뀌든지 감사함으로 받아들일 때 우리의 앞날이 좋은 것으로 변한다고 믿는다. 네가 처음보다는 안정되고 믿음의 생활을 하고 있다는 것을 듣고 나는 매우 기쁘다. 너는 마음이 착해서 반드시 복을 받을 것이다. (…) 조금도 염려하지 마라. 내일은 기쁨과 희망이 너를 맞이해줄 것이다. 범사에 하느님께 감사드리자. 2002년 9월 19일 너를 사랑하는 어머니."

홍업이 일시 가석방됐을 때 이희호는 홍업이 보고 싶어 청와대로 불렀다. "청와대에 온 홍업이가 '아버지에게 누를 끼쳐서 죄송하다'고 큰절을 하는데 다리가 굽어지지 않았어요. 그대로 주저앉아 두 다리를 뻗고 울었지요. 그런데도 남편이 받아주지 않았어요. 화가 풀릴 때까지 오래 걸렸지요. 홍업이는 억울함을 하소연했어요. 검찰이 사업하는 홍업이 친구를 들볶아 진술을 받아낸 뒤 홍업이를 구속했는데, 그 친구가 2008년 2월 세상을 떠나기 이틀 전에 '검찰에 진술한 내용은 모두 거짓이었다'는 녹취록을 유언으로 남겼어요."

두 아들이 구속돼 고통을 받던 시기에 이희호에게 힘을 준 사람이 둘째며느리였다. "둘째며느리가 성격이 밝고 씩씩해요. 믿음도 깊어서 성경 공부를 열심히 하고 위안이 될 성경 구절을 찾아 나에게 알려주었어요. 직장생활을 하느라 바쁘고 홍업이가 감옥에 있어서 힘들 텐데도 내색하지 않았어요. 자주 나를 찾아왔지요." 홍걸은 6개월 뒤 집행유예로 풀려났고, 홍업은 이듬해 9월 석방됐다.

이희호와 김대중에게는 괴로운 일이 겹쳤지만 나라에는 상서로운 기운이 뻗쳤다. 2002년 5월 31일 한·일 월드컵이 막을 올렸다. 프랑스와 세네갈이 개막전에서 맞붙었다. '코리안 서포터즈'의 열렬한 응원을 받은 세네갈이 프랑스를 1 대 0으로 물리쳤다. 이변의 시작이었다. 6월 4일 부산 월드컵경기장에서 한국과 폴란드의 경기가 열렸다. 귀빈석에 있던 김대중은 유상철이 골을 넣는 순간 자기도 모르게 자리에서 벌떡 일어섰다. 한국은 폴란드를 2 대 0으로 꺾고, 월드컵 출전 역사상 처음으로 1승을 올렸다. 폴란드 대통령 알렉산데르 크바시니에프스키(Aleksander Kwaśniewski)가 김대중의 손을 번쩍 들어올렸다. 경기가 끝난 뒤 김대중은 한국대표팀을 만나 감독 거스 히딩크(Guus Hiddink)를 꼭 껴안았다.

6월 10일 한국과 미국의 예선경기가 열렸다. "나는 우리 팀이 하는 경기를 주로 텔레비전으로 보았어요. 그날도 청와대 본관에서 남편과 함께 보았지요. 아들들 일로 편치 않았지만 우리 선수들이 잘할 때마다 박수를 치며 마음을 달랬지요." 후반 33분 안정환이 동점골을 터뜨렸다. 한국은 미국과 1 대 1로 비겼다. 이날 붉은옷을 입은 수십만 명의 거리응원단이 서울시청 앞 광장을 메웠다. 1987년 6·10항쟁 이후 가장 많은 인원이었다. 사람들은 경기가 끝나고 한 시간도 안 돼 광장의 쓰레기를 말끔히 치웠다. 길거리응원이 월드컵의 또 다른 볼거리로 떠올랐다.

월드컵 열기가 달아오르던 6월 13일 전국지방선거가 치러졌다. 야당인 한나라당이 서울과 수도권을 비롯해 광역단체 16곳 중 11곳에서 승리를 거두었다. 민주당은 호남과 제주 4곳에서 당선자를 냈고 자민련은 충남 한 곳을 지켰다. 민주당 대통령 후보 노무현은 자신의 정치생명을 걸고 부산·울산·경남 지역 광역단체장 중에서 최소 한

석은 얻어내겠다고 다짐했지만 결과는 전패였다. 민주당 당무회의는 노무현 재신임을 의결했다.

6월 14일 한국의 마지막 예선경기가 인천 문학경기장에서 열렸다. 한국은 박지성의 결승골로 포르투갈을 1 대 0으로 제압했다. 월드컵 진출 48년 만에 처음으로 한국대표팀이 16강전 본선에 오르는 순간이었다. 전국이 열광에 휩싸였다. 6월 18일 대전에서 열린 16강전에서 한국은 이탈리아와 만났다. 응원단 '붉은악마'는 '어게인 1966'을 표어로 내걸었다. 북한이 1966년 런던 월드컵 본선에서 이탈리아를 이기고 8강에 오른 것을 상기하는 표어였다. 한국팀은 이탈리아팀을 연장전 끝에 안정환의 역전골로 물리쳤다. 이변의 연속이었다. 온 국민이 '붉은악마'가 돼 함성을 질렀다. 외신은 수백만 명이 벌이는 길거리응원 풍경을 세계에 알렸다. 폭력이나 미움을 찾아볼 수 없는 열정의 폭발이었다.

6월 22일 광주에서 열린 8강전에서 한국은 승부차기 끝에 스페인을 누르고 아시아에서 처음으로 4강전에 나갔다. '붉은 함성'이 금남로를 뒤덮었다. 경기장 관중석에 있던 김대중은 전율에 휩싸여 눈물을 흘렸다. 6월 25일 서울 월드컵경기장에서 열린 준결승전에서 한국은 독일에 0 대 1로 졌다. 아쉬운 패배였다. "그날은 나도 남편과 함께 경기장에 가서 우리 선수들을 응원했지요." 길거리응원에 나선 650만 시민들은 한국의 분투에 환호하고 석패에 탄식했다. 한국갤럽이 6월 26일 실시한 국민 여론조사에서 응답자의 95퍼센트가 "월드컵으로 삶이 즐거워졌다"고 답했다. 응답자의 47퍼센트는 거리응원에 직접 나섰고, 53퍼센트는 붉은옷을 입고 응원했다고 밝혔다. 북한은 한국의 경기를 포함한 주요 경기를 녹화해 방영했다. 북한의 조선

중앙텔레비전은 "아시아·아프리카 가운데 준결승에 오른 것은 남조선이 처음"이라고 소개하기도 했다.

월드컵 폐막을 하루 앞둔 6월 29일 오전 서해 연평도 부근에서 남북 해군 사이에 전투가 벌어졌다. 북한 해군 경비정의 기습포격으로 남한 해군 여섯 명이 전사하고 고속정 한 척이 침몰했다. 1999년 6월 서해교전이 벌어진 뒤 3년 만에 같은 장소에서 다시 벌어진 교전이었다. "남편은 이 사건을 엄중하게 생각했지요." 국방부 장관이 북한의 사과와 책임자 처벌을 요구하는 성명을 발표했다. 북한은 긴급통지문을 보냈다. "이 사건은 계획적이거나 고의성을 띤 것이 아니라 순전히 아랫사람들끼리 우발적으로 발생시킨 사고였음이 확인됐다. 매우 유감스럽게 생각한다. 다시는 이런 사고가 재발하지 않도록 노력하자." 4주 뒤인 7월 25일 북한은 통일부 장관 앞으로 보내온 전통문에서 정식으로 유감의 뜻을 나타냈다. 이 전통문은 분단 이후 북한이 한국 정부에 보낸 최초의 사과 문서였다.

서해교전이 벌어진 그날 저녁 대구에서 한국과 터키의 3·4위전이 벌어졌다. 한국은 터키에 2 대 3으로 패했지만 경기장 안팎의 관중은 환호와 박수로 한국팀을 격려했다. 7월 5일 김대중은 한국선수단, 코리안서포터즈, 붉은악마를 포함한 300명을 청와대로 초청했다. 그 자리에서 김대중은 "월드컵 성공의 일등공신은 외국팀을 응원한 코리안서포터즈이고, 둘째는 붉은악마, 셋째는 히딩크 감독과 선수들"이라고 말했다. "남편은 히딩크 감독에게 많이 배웠다고 했어요. 지연·학연을 가리지 않고 실력으로 선수를 뽑아 키운 것은 그동안 우리 한국인들이 하지 못한 일이었어요. 남편은 히딩크 감독에게 명예국민증을 주었지요."

월드컵 열기가 한창이던 6월 13일 경기도 양주군에서 여중생 2명이 친구 생일잔치에 가던 중 미군 장갑차에 깔려 숨지는 사고가 일어났다. 인터넷 사이트에서는 주한미군을 규탄하고 '소파'(SOFA, 한미주둔군지위협정)의 불평등 조항 개정을 요구하는 글이 이어졌다. '미군 장갑차 여중생 살인만행 범국민대책위'가 만들어졌다. 서울에서 항의 촛불시위가 시작돼 그해 말까지 이어졌다. 12월에는 5만 명이 넘는 시민들이 촛불을 들고 미국대사관 앞으로 몰려가 시위를 벌였다. "남편은 여중생의 죽음이 부른 촛불시위를 보고 앞으로는 인터넷에서 여론이 형성될 거라고 보았지요." 미국 대통령 조지 부시는 12월 13일 김대중에게 전화를 걸어 여중생 사망 사건에 대해 한국 국민에게 사과했다.

월드컵 성공 열기를 타고 대한축구협회장 정몽준의 국민 지지율이 급상승해 유력 대통령 후보로 떠올랐다. 경선 승리 직후 50퍼센트를 넘었던 민주당 대통령 후보 노무현의 지지율은 20퍼센트 밑으로 추락했다. 민주당 안에서는 대선후보단일화추진협의회(후단협)가 만들어지고 후보 교체 논란이 커지기 시작했다.

9월 29일 부산 아시안게임이 개막했다. 개회식과 폐회식에서 남북 선수단은 한반도기를 앞세우고 입장했다. 같은 모양의 단복을 입고 서로 손을 잡은 채 운동장을 돌았다. 남한의 이봉주가 남자 마라톤에서 1등을 하고 북한의 함봉실이 여자 마라톤에서 우승해 금메달을 목에 걸었다. 남남북녀가 함께 이룬 쾌거였다. 북한은 경제시찰단도 보냈다. 10월 26일 노동당 제1부부장 장성택을 포함한 장관급 5명이 서울에 와 8박9일 동안 남한 경제를 배웠다.

11월 16일 민주당 대통령 후보 노무현과 국민통합21 대통령 후보 정몽준이 후보단일화에 합의했다. 11월 24일 노무현과 정몽준의 여론 조사 결과가 발표됐다. 노무현이 46.8퍼센트의 지지를 얻어 42.2퍼센트에 그친 정몽준을 누르고 두 당의 단일후보로 확정됐다. 대통령 선거를 25일 앞둔 시점이었다. 노무현의 지지율이 40퍼센트대로 다시 솟아올랐다.

제7부

# 동교동의 날들

1

# 청와대 5년과 작별하다

## 다시 동교동으로

제16대 대통령 선거 투표 하루 전날인 2002년 12월 18일 저녁 서울 종로에서 노무현과 정몽준의 마지막 공동유세가 열렸다. 청중 가운데 한 사람이 '다음 대통령 정몽준'이라고 쓴 피켓을 들었다. 노무현은 "다음 대통령은 경쟁을 통해서 올라와야지 그냥 주는 게 아니다"라며 "속도위반하지 말라"고 말했다. 정몽준은 '난일화 성신'을 훼손했다며 이날 밤 노무현 지지를 철회했다. 노무현은 19일 새벽 0시 5분 서울 평창동 정몽준의 집을 찾아갔으나 만나지 않겠다는 말을 듣고 발길을 돌렸다. '정몽준 폭탄'이 터졌다. 〈조선일보〉는 19일 아침 신문에 "정몽준, 노무현 버렸다"라는 제목의 사설을 실었다. 노무현 지지자들의 투표참여 독려로 투표 당일 내내 인터넷이 달아올랐다.

12월 19일 치러진 대통령 선거 결과는 노무현의 극적인 승리였다. 노무현은 유효투표의 48.9퍼센트(1200만여 표)를 얻어 46.6퍼센트(1143만여 표)에 그친 한나라당 후보 이회창을 눌렀다. 노무현은 광주에서 최고득표율(95.2퍼센트)을 올리고, 대구에서 최저득표율(18.6퍼센트)을 기록했다. 반대로 이회창은 대구에서 최고득표율(77.8퍼센트), 광주에서 최저득표율(3.6퍼센트)을 기록했다. "노무현 후보가 승리해 정권 재창출을 이루어냈지요. 우리가 이긴 것만큼이나 기뻤어요. 남편은 선거에 관여하면 안 되니까 속으로만 애를 태우다가 노무현 후보가 당선되니 말할 수 없이 기뻐했지요."

노무현은 대통령 당선자 신분으로 12월 23일 청와대를 방문해 김대중을 만났다. 김대중은 현안인 북한 핵 문제를 찬찬히 설명했다. 노무현은 햇볕정책을 지속하겠다고 말했다. 2003년 1월 5일 김대중과 이희호는 대통령 당선자 부부를 청와대 만찬에 초청했다. "그날 권양숙 여사가 청와대로 왔어요. 권양숙 여사는 1996년 종로에서 노무현 후보가 출마했을 때 처음 만났지요. 청와대 관저와 제2부속실을 안내하고 설명했어요. 아주 겸손한 분이었어요."

보수언론에서 김대중과 이희호가 퇴임한 뒤 돌아갈 동교동 집을 '아방궁'이라고 불렀다. 이희호는 새집을 둘러보고 와서 둘째아들에게 편지를 보냈다. "집이 다 되었다고 해서 가보았는데 살고 싶지 않은 집이어서 실망했다. 예전 동교동 집보다 답답하다. 우선 주위에 높은 건물이 둘러쳐 있고 정원이 반으로 줄어 개 한 마리도 기를 수 없게 되었다. 무엇 하나 마음에 드는 것이 없구나. 다만 주방이 전보다 조금 넓어진 것뿐이다. 그러나 그 집밖에 갈 곳이 없으니 가서 살기는 해야겠지."

북한이 미국의 조지 부시 정권과 갈등을 빚은 끝에 2003년 1월 10일 핵확산금지조약(NPT)을 탈퇴했다. 미국이 1994년 제네바합의의 '북한 핵 동결' 전제조건이었던 중유 공급을 직전 12월에 중단한 것이 직접적인 이유였다. 미국 상원의원 에드워드 케네디는 워싱턴 내셔널프레스클럽에서 "북한 핵 위기는 김대중 대통령의 햇볕정책을 무시한 부시 행정부가 초래했다"고 부시의 잘못된 정책을 비판했다.

1월 17일 연세대 총장 김우식이 아태평화재단을 인수하여 김대중 도서관을 만들기로 했다고 발표했다. "남편이 아태재단을 연세대에 기증했어요. 서재에 있던 남편의 책 1만6000권과 자료들도 함께 기증했지요. 대통령 이름이 붙은 도서관으로는 아시아에서 처음이었다고 해요."

이희호는 청와대에서 지낸 시간을 돌아보았다. "청와대 생활이 불편했지요. 만나고 싶은 사람을 자유롭게 만날 수 없었어요. 하고 싶은 일이 많았는데 대통령 부인이 쓸 예산이 없다는 것이 안타까웠어요. 예산을 어느 정도는 배정해줘야 나름대로 국민이 바라는 일을 할 수 있잖아요. 대통령 부인이라고 해서 대통령 뒤만 졸졸 따라다녀서는 안 된다고 생각해요. 같이 갈 일도 있지만 독자적으로 해야 할 일도 있으니까요. 가난한 여성들, 소외된 사람들에게 도움을 주는 활동을 하고 싶었는데 돈이 없어서 제대로 하지 못한 것이 마음에 계속 남았어요."

김대중의 퇴임을 앞두고 '대북 송금 사건'이 터졌다. '현대가 4억 달러를 대출받아 금강산 관광 대가로 보냈다'는 한나라당의 주장이 일으킨 파문이 눈덩이처럼 커졌다. "야당이 정상회담을 돈으로 샀다고 공격했어요. 노무현 대통령 당선자 쪽에서는 검찰수사가 불가피하다고 했지요. 당선자 비서실장이 '김대중 정권에서 털고 가야 한다'는 말도 했고요. 남편은 그 일로 마음고생을 많이 했어요."

김대중은 2월 14일 '국민에게 드리는 말씀'을 발표했다. "정부는 남북정상회담 추진 과정에서 북한 당국과 많은 접촉이 있던 현대 쪽의 협조를 받았습니다. 현대는 대북 송금의 대가로 북쪽으로부터 철도·전력·통신·관광·개성공단 등 7개 사업권을 얻었습니다. 정부는 그것이 평화와 국가 이익에 크게 도움이 된다고 판단했기 때문에 실정법상 문제가 있지만 이를 수용했습니다." 김대중은 "공개적으로 문제가 된 이상 진상을 밝히고 책임을 지겠다"고 말하고, 남북 긴장 완화와 국익 증진의 기회가 훼손되지 않기를 바란다고 부탁했다. "남편이 간절히 호소했는데도, 야당이 계속 이 문제를 키우면서 특별검사제를 도입해야 한다고 했지요." 김대중이 호소문을 발표한 그날 금강산 육로 시범 관광이 시작됐다. 동해안 휴전선이 열리고 남쪽 사람들을 실은 버스가 북쪽으로 넘어갔다.

2월 23일 이희호는 하루 종일 짐을 싸느라 바빴다. 지난 5년을 되새겼다. "국민의 정부가 이루어낸 일이 참 많았어요. 남북정상회담을 했고, 국가인권위원회를 만들고 여성부를 신설했지요. 국가부도사태를 극복했고요. 그런데 외환위기 충격을 수습하느라 서민의 삶을 충분히 돌보지 못했어요. 외환위기로 허물어진 중산층을 복원하는 것도 바란 만큼 되지 않았고요. 참으로 안타까운 일이었지요. 남편도 5년 단임이라는 시간이 너무 짧다고 여겼어요. 1년 6개월만 더 시간이 있었더라면 많은 문제를 해결했을 텐데 그걸 못 했다고 아쉬워했지요. 짐을 다 쌌는데 허탈하고 텅 빈 것 같은 마음이 들었어요. 우리가 잘못한 일에 대해 용서를 빌고 새로운 분이 잘하도록 도와주시고 바른길로 인도해주시기를 기도했지요."

앞서 2월 10일 김대중과 이희호는 공동정부에서 여당 대표를 지낸 민주당과 자민련 인사들과 함께 청와대에서 고별 만찬을 했다. 이희호는 그 자리에서 아껴두었던 말을 꺼냈다. "지난 5년을 돌아보니 아쉬움이 많습니다. 남편은 나라와 민족을 위해 최선을 다했습니다. 남편이지만 저도 찬사를 보내고 싶습니다. 제가 옆에서 지켜본 바에 의하면 항상 밤잠을 설쳐가면서 나라와 민족을 진심으로 생각하고 사랑해온 것만은 사실입니다."

2월 24일 아침 이희호와 김대중은 국립묘지를 참배했다. 김대중은 마지막 국무회의 시작 전에 '위대한 국민에게 바치는' 퇴임인사를 했다. "국민 여러분과 저의 정부는 지난 5년 동안 최선의 노력을 다하여 국운 융성의 큰 기틀을 잡았다고 생각합니다. 일생 동안, 특히 지난 5년 동안 저는 잠시도 쉴 새 없이 달려왔습니다. 이제 휴식이 필요합니다. 저는 우리 민족의 장래에 큰 희망을 가지고 있습니다. 대한민국은 반드시 세계로부터 존경받는 위대한 국가로 성장할 것입니다. 우리 국민은 그럴 자격이 있습니다. 경제대국의 꿈도 이룰 수 있을 것입니다. 남북 간의 평화적 통일도 언젠가는 실현시키고 말 것입니다." 오후 5시 이희호와 김대중은 청와대를 떠났다. "떠나는 것은 언제나 슬픈 일이에요. 5년 동안 함께 고생한 직원들이 모두 나와 인사를 했어요. 시민들이 연도에서 태극기를 흔들었어요. 동교동에 오니 사람들이 꽹과리를 치면서 환영해주었는데, 흥겨운 소리를 들으니 다시 마음이 밝아졌지요."

2003년 2월 25일 노무현이 16대 대통령으로 취임했다. 김대중은 몸이 불편했지만 이희호와 함께 취임식에 참석했다. 노무현은 취임사에서 "개혁과 통합을 바탕으로 삼아 국민과 함께하는 민주주의, 더불어 사는 균형발전사회, 평화와 번영의 동북아 시대를 열어나갈 것"이라고 선언했다. 노무현 정부에 대한 국민의 기대는 높았다. 취임 직후 여론조사에서 일반 국민의 92퍼센트가 노무현의 '참여정부'에 기대를 걸고 있는 것으로 나타났다.

노무현이 취임한 다음날인 2월 26일 한나라당이 대북송금사건 특검법을 통과시켰다. 여당인 민주당은 대통령이 특검법을 거부해야 한다고 주장했다. 3월 14일 임시국무회의가 열렸다. 국무위원 가운데 한 사람을 빼고 모두 특검법 공포에 반대했다. 통일부 장관 정세현은 "대북 사업 추진 과정이 공개되면 남북대화와 민간교류가 중단될 수 있다"고 반대했다. 이날 노무현은 특검법을 원안대로 공포했다. "당시 남북관계 개선을 바라는 사람들은 대다수가 특검법을 거부해야 한다고 생각했어요. 그런데 노무현 대통령이 우리에게 이야기도 하지 않고 특검법을 공포했어요. 남편은 안타까워하고 속상해했지요. 그래도 밖으로는 말을 하지 않았어요."

3월 20일 미국이 이라크를 공격했다. 이라크가 대량살상무기를 감추고 있다는 것이 이유였지만 근거가 희박했다. 명분 없는 침략에 세계가 미국을 비난했다. 조지 부시 정권을 거치는 동안 미국의 도덕적 위상은 급속히 추락했다. 미국의 요구를 받은 한국은 이라크에 공병대를 파견하기로 결정했다.

4월 22일 김대중과 이희호는 청와대에서 부부 동반 만찬을 했다. "노무현 대통령이 그 자리에서 '현대 대북 송금이 어찌된 일이냐'고 물었어요. 그 때문에 남편이 기분이 좋지 않았어요. 남편은 현대의 대북 송금이 사법심사의 대상이 되어서는 안 된다고 했지요. 즐거운 자리가 되지 못했지요." 특검의 활동이 시작됐다. '국민의 정부' 시절 금융감독원장 이근영, 청와대 경제수석 이기호, 청와대 비서실장 박지원이 구속됐다. "우리는 그분들이 죄인이 아니라 통일일꾼이라고 생각했지요." 대북 송금과 관련해 조사를 받던 현대아산 회장 정몽헌이 8월 4일 자신의 집무실에서 투신자살하는 일이 벌어지기도 했다. 6·15남북공동선언실천연대는 성명을 내 "특검이라는 이름으로 애국이 범죄로 전도되는 비이성적 상황이 계속되어서는 안 된다"고 말했다.

김대중의 건강이 나빠졌다. 5월 11일 김대중은 신촌 연세대세브란스병원에 입원했다. 협심증 증세였다. 5월 12일 김대중은 심혈관 확장 수술을 받고 처음으로 혈액 투석을 받았다. "남편은 청와대에 있는 동안 신장이 나빠져 2002년 12월에 혈액 투석을 받아야 한다는 진단을 받았어요. 그런데 투석을 한번 하면 다섯 시간 동안 꼼짝없이 누워 있어야 해요. 그래서는 정상적인 집무를 할 수 없다고 해서 미루었지요." 5월 16일 퇴원한 뒤로 김대중은 정기적으로 투석치료를 받았다. "한 주에 세 번 투석을 했지요. 남편이 의식을 잃기도 해서 처음에는 두려웠어요. 그렇게 이틀에 한 번씩 마지막까지 5년이 넘도록 투석을 받았지요."

5월 31일 사단법인 통일맞이 늦봄 문익환 기념사업회가 주는 제8회 늦봄통일상 수상자로 김대중이 결정됐다. "남편 건강이 좋지 않아 내가 대신 가서 받았어요. 문익환 목사님이 생전에 남편과 함께 민주화운동을 하셨잖아요. 기쁜 마음으로 받았지요." 김대중은 8월에 만해대상 평화부문상을 수상했다. 8월 8일 이희호는 일본 도쿄 국제문화회관에서 열린 김대중 납치 30돌 기념식에 참석했다. "그때도 남편의 기력이 다 회복되지 않아 내가 가서 남편의 메시지를 전달했지요. 진상을 이제라도 밝혀 공식문서에 기록해야 한다고 했지요."

2003년 9월 노무현 대통령을 탄생시킨 새천년민주당이 분당 사태를 맞았다. 9월 19일 신당파 의원 37명과 한나라당 탈당파 의원 이부영·이우재·김영춘·안영근·김부겸이 새 교섭단체인 국민참여통합신당을 출범시켰다. 9월 29일 노무현도 민주당을 탈당했다. "분당 과정에서 많은 갈등이 있었어요. 남편은 노무현 대통령이 왜 그렇게 조급하게 서두르고 일부러 적을 만드는지 모르겠다고 생각했어요. 산토끼를 잡으려다 집토끼마저 잃는 것은 아닌지 걱정했어요. 하지만 말을 아꼈지요. 남편은 대통령에서 퇴임한 뒤로는 국내 정치에서 한발 떨어져 남북통일과 세계평화에 힘쓰겠다고 했거든요." 11월 11일 국민참여통합신당 의원들과 개혁국민정당에서 탈당한 김원웅·유시민이 주축이 돼 열린우리당이 창당됐다. 11월 21일 〈한겨레〉 여론조사에서 국민의 지지율은 한나라당 23.7퍼센트, 새천년민주당 18.2퍼센트, 열린우리당 11.7퍼센트로 나타났다.

2003년 10월 6일 정몽헌의 부인 현정은을 포함해 민간인 1100명이 류경정주영체육관 개관 행사에 참가하러 분단 반세기 만에 처음으로 경의선 육로를 거쳐 평양을 방문했다. 11월 3일 연세대 김대중도서관이 개관했다. 대통령 노무현과 정당대표·외교사절을 포함해 300여 명이 참석했다. "남편은 김대중도서관이 한반도 평화와 통일에 중요한 역할을 하고 세계평화에도 기여하기를 바랐지요."

개관식에서 노무현은 김대중이 외환위기 극복, 지식정보화 기반 구축, 남북정상회담의 업적을 남겼다고 열거하고 이렇게 말했다. "김대중 전 대통령에 대한 세계 각국의 평가는 우리 일반 예상을 훨씬 뛰어넘는 것이었습니다. 역사는 김대중 전 대통령의 민주주의와 평화, 통일에 대한 열정과 헌신을 영원히 기억할 것입니다." 11월 14일 퇴임한 빌 클린턴이 김대중도서관을 찾아왔다. "김대중도서관 개관 이후로 많은 손님이 방문했어요. 클린턴 대통령이 왔을 때는 참 반갑게 만났지요. 박근혜 한나라당 대표도 왔는데, 유신 시절에 남편이 겪은 고초에 대해 사과했어요."

2

## 다시 평양에 갈 수 있을까
10·4선언

2003년 말 제11회 춘사 나운규 예술영화제 공로상 수상자로 김대중이 선정됐다. "재임 중 스크린쿼터를 지키고 표현과 창작의 자유를 보장했으며 1500억 원의 영화진흥기금을 조성해 한국 영화의 장기적인 발전에 버팀목이 됐다"는 것이 선정 이유였다. "남편은 그 상을 아주 기쁘게 생각했어요. 대통령으로 있는 동안 문화예술 발전을 위해 노력을 많이 했거든요. '지원은 하되 간섭은 하지 않는다'는 약속을 지켰지요. 문화예산을 1퍼센트로 끌어올리기도 했고요." 한국영화 시장점유율은 김대중 집권 시기에 큰 폭으로 올라 2001년 50퍼센트, 2002년 48.3퍼센트, 2003년 53.5퍼센트를 기록했다.

2004년 1월 29일 '김대중 내란음모 사건' 재심 선고 공판이 열렸다. 사형선고를 받은 지 23년 만에 무죄를 선고받았다. 김대중은 공판이 끝난 뒤 "최종적으로 법에 의해 신군부를 단죄했다"며 "국민과 역사는 반드시 승리한다는 것을 다시 깨달았다"고 말했다. "남편은 대통령 재임 때는 재심신청을 하지 않았어요. 사법부에 부담을 주고 싶어 하지 않았거든요. 우리는 후세를 위해서라도 반드시 법률적 심판을 해야 한다고 생각했어요. 그날 남편과 함께 선고공판에 나갔지요. 늦었지만 진실을 밝히고 정의를 실현하게 되어 정말 기뻤어요. 남편의 변호를 맡은 최재천 변호사가 수고를 많이 해주었지요."

2004년 4월 총선을 앞두고 헌정사상 처음으로 대통령 탄핵소추 사태가 터졌다. 전해 12월 24일 대통령 노무현은 "민주당을 찍으면 한나라당을 도와주는 것"이라고 말했다. 새로 창당된 열린우리당을 지원하는 발언이었다. 2004년 1월 5일 민주당 대표 조순형은 "노무현 대통령의 선거개입은 헌법과 법률 위반으로 탄핵 사유"라고 주장했다. 노무현은 2월 24일 "국민들이 총선에서 열린우리당을 압도적으로 지지해줄 것을 기대한다"고 말해 선거중립의무 위반 논란을 일으켰다. 3월 3일 중앙선거관리위원회는 노무현의 발언이 "공무원의 선거중립의무를 위반했다"며 선거중립의무 준수를 요청했다.

3월 9일 한나라당 의원 108명과 민주당 의원 51명이 대통령 탄핵소추안을 발의했다. 3월 11일 노무현은 기자회견에서 사과를 거부하고 "총선에서 나타난 국민의 뜻에 따라 정치적 결단을 하겠다"고 맞섰다. 3월 12일 오전 국회에서 경호권이 발동된 가운데 대통령 탄핵안이 가결됐다. "대통령 탄핵소추 사건은 우리에게도 충격이었어요. 국민이 직접 투표로 뽑은 대통령인데, 그 정도 일로 탄핵까지 하는 건 잘못이라고 생각했지요. 우리는 민심이 받아들이지 않을 것이라고 봤어요."

탄핵 역풍이 불었다. 3월 12일 서울 광화문에서 탄핵 반대 촛불집회가 열렸다. 촛불집회는 3월 27일까지 보름 동안 계속됐다. 열린우리당 지지율은 폭등하고, 한나라당과 민주당의 지지율은 추락했다. 3월 23일 한나라당은 임시 전당대회에서 박근혜를 새 대표로 뽑았다. 4월 15일 17대 총선이 치러졌다. 47석이던 열린우리당은 과반수인 152석을 차지했다. 한나라당은 121석을 확보했다. 62석이던 민주당은 9석으로 추락했다. 민주노동당은 10석을 차지했다. 5월 14일 헌법재판소는 대통령 탄핵소추안에 대해 "대통령이 선거법과 헌법 수호 의무를 위반했지만 그것이 파면할 만큼 중대한 것은 아니다"라고 기각 결정을 내렸다. 노무현은 63일 만에 대통령직에 복귀했다.

김대중은 2004년 봄부터 외국의 초청에 응해 국외 강연여행을 시작했다. "남편이 퇴임한 뒤로 세계 여러 나라에서 초청장이 왔어요. 2004년엔 기력을 회복해 외국 방문을 할 수 있었어요. 5월에 프랑스·노르웨이·스위스 세 나라를 순방했어요. 파리에서는 OECD 포럼에서 연설했고요. 그 뒤 노르웨이 오슬로로 가서 노벨연구소가 주최한 강연회에서 '햇볕정책-과거와 현재와 미래'라는 주제로 연설했지요." 김대중은 스위스 제네바에 있는 세계보건기구(WHO)에서 특별연설을 하고 사무총장 이종욱을 만났다. "이종욱 박사는 한국인으로는 처음으로 국제기구 수장이 된 분이에요. 우리는 세계보건기구가 북한 동포들을 지원해준 것에 감사를 표했지요. 안타깝게도 이종욱 박사는 2년 뒤에 갑자기 세상을 떠났어요." 김대중은 국외 강연여행 중에도 이틀에 한 번씩 혈액 투석을 받았다. "남편이 투석 때문에 힘들어했지만 활동하는 데는 큰 지장이 없었지요."

6·15남북공동선언 4돌을 맞아 국제토론회가 서울에서 2004년 6월 14일부터 나흘 동안 열렸다. "국제토론회를 김대중도서관과 북한 통일문제연구소가 함께 주최했어요. 북한에서 리종혁 아태평화위원회

부위원장을 비롯해 여러 사람이 참여했지요." 김대중은 특별연설에서 김정일의 답방을 촉구했다. "그런데 남북이 공동으로 여는 6·15 공동행사는 그 뒤로 열리지 못했어요. 북·미 관계가 계속 나빠졌거든요."

김대중과 이희호는 6월 29일 중국 인민외교학회 초청으로 중국을 방문했다. "중국은 남편이 퇴임한 뒤에도 국가원수 예우를 해주었어요. 장쩌민 중앙군사위원회 주석이 우리를 맞았지요. 남편은 중국이 중요한 나라이고 앞으로 세계를 좌지우지하게 될 거라고 생각했어요. 중국에 갈 때면 미리 중국에 관한 책을 열심히 읽었어요. 사전에 철저하게 준비를 하니 그쪽에서도 귀담아들지요." 김대중과 이희호가 중국을 방문할 때 동북아의 주요 관심사 가운데 하나는 2003년 9월부터 열린 6자회담이었다. 남·북한과 미국·중국·일본·러시아 네 나라가 참여해 북한 핵 문제 해결 방안을 찾았다. 김대중은 장쩌민을 만난 자리에서 "6자회담을 통해 북한 핵 문제를 해결한 뒤에도 6자회담을 존속시켜 동북아 평화를 보장하는 상설기구로 만드는 것이 좋겠다"고 말했다.

2004년 11월 김대중과 이희호는 스웨덴과 이탈리아를 방문했다. "남편은 스웨덴 팔메센터에서 '한반도 평화와 스웨덴에 거는 기대'라는 제목으로 연설했지요." 이어 김대중과 이희호는 로마에서 노벨평화상 수상자 세계정상회의에 참가했다. "남편은 개막식에서 기조연설을 했어요. 미하일 고르바초프(Mikhail Gorbachev) 전 소련 대통령, 레흐 바웬사 전 폴란드 대통령 같은 노벨평화상 수상자들과 함께 '북한 핵 문제와 중동 위기의 평화로운 해결'을 촉구하는 선언문을 채택했지요." 이희호는 따로 로마에서 여성운동가 마리사 핀토(Marisa Pinto

Olori del Poggio)와 만났다. "청와대에 있던 시절에 로마를 방문했을 때 핀토 여사를 알게 됐는데, 그이가 나를 만나고 싶어 했어요. 남편이 세상을 떠난 뒤 큰 저택에서 혼자 살고 있었어요. 여성운동을 열심히 하는 분이었어요. 그이가 내 자서전 《나의 사랑 나의 조국》을 이탈리아어로 번역해서 출간했어요. 고맙고 기뻤지요."

북한과 미국의 갈등이 악화일로를 걸었다. 2005년 2월 10일 북한이 핵무기 보유 선언을 했다. 조지 부시의 제2기 정권이 출범한 직후였다. 5월에는 영변 핵연료봉 추출을 완료했다고 발표했다. 6자회담이 다시 열렸다. 북한이 핵무기를 포기하고 북·미 관계 정상화를 추진한다는 내용의 '9·19공동성명'이 채택됐다. 미국은 합의사항을 지키지 않고 마카오에 있는 방코델타아시아(BDA)의 북한 계좌를 동결했다. 북한이 거세게 반발했다. 북·미 관계는 출구를 찾지 못하고 대결국면으로 돌아갔다.

김대중은 2005년 8월 10일 다시 세브란스병원에 입원했다. "북한 핵 문제가 현안이어서 6자회담을 성사시키려고 힘을 쓰다가 피로가 겹쳐서 입원했지요. 그 무렵 '국민의 정부'에서도 국가정보원의 불법 도청이 있었다는 발표를 듣고 충격을 받은 것도 영향을 주었지요. 세균성 폐렴으로 12일 동안 치료를 받았어요. 8·15행사에 참가하려고 김기남 노동당 비서를 포함해 북쪽 대표단이 서울에 와 있었는데, 세브란스 병실로 남편의 병문안을 왔어요. 김기남 비서가 '좋은 계절에 다시 평양에 오시라'는 김정일 위원장의 방북 요청을 전했지요." 앞서 6월에 통일부 장관 정동영이 북한을 방문했을 때도 김정일은 "김대중 전 대통령을 좋은 계절에 초청하겠다"는 말을 했다. 김기남 일행을 만난 자리에서 김대중은 적절한 시기에 연락하겠다고 대답했다. 방북 요청을 사실상 수락한 것이었다. 9월 22일 김대중은 다시 호흡곤란과 탈진증세로 세브란스병원에 입원했다. "또다시 입원을 하니 걱정이 많이 됐어요. 줄곧 병실을 지켰지요. 남편은 보름 만에 퇴원해 집으로 돌아왔어요. 그 뒤 기력을 되찾아 12월 노벨평화상 수상 5돌 기념행사를 할 수 있었지요."

2006년 2월 11일 아태민주지도자회의가 김대중평화센터로 이름을 바꾸었다. "아태민주지도자회의는 남편의 정계은퇴 시절인 1994년에 상설기구로 창설했어요. 김대중평화센터로 이름을 바꿔 남편이 이사장으로 취임했지요. 남북의 화해협력을 지원하고 동북아와 세계평화에 기여하는 것이 활동의 목표였어요." 김대중은 통일부 장관을 지낸 정세현을 부이사장으로 임명했다. 2006년 봄 김대중의 방북 계획이 구체적으로 논의됐다. "남편은 정부 특사가 아니라 개인 자격으로 가겠다고 했지요." 5월 16일 김대중평화센터 관계자들이 금강산호텔에서 북쪽 대표단과 만나 6월 하순에 3박4일로 방북한다는 데 합의했다. "육로로 가느냐 서해 직항로로 가느냐 하는 문제만 남아 있었어요. 우리는 육로로 가기를 원했지요. 그런데 6월 하순이 다가오는데도 북쪽에서 아무 연락이 없었어요. 북·미 관계 악화로 북쪽에서 초청을 할 수 없었던가 봐요." 방북이 무산됐다. 미국과 갈등을 빚은 북한은 10월에 핵실험을 강행했다.

2006년 5월 31일 제4회 전국지방선거가 치러졌다. 열린우리당은 광역단체 16곳 중에서 단 한 곳에서만 승리했다. 한나라당이 12곳, 민주당이 2곳에서 이겼고, 제주에서는 무소속이 당선됐다. 5·31지방선거는 민심이 노무현과 열린우리당에서 멀어졌음을 보여주었다. "남편은 그해 1월 열린우리당 지도부를 만났을 때 '국민의 손을 잡고 반걸음만 앞서 나가라'고 이야기했어요. 참여정부가 민주주의를 하고 있는 것은 평가하지만 국민 의사를 수렴하는 데는 문제가 있다고 봤어요. 더 겸손해져야 한다고 얘기했지요." 김대중은 2006년 10월 3일 〈경향신문〉 창간 60돌 특별회견에서 "열린우리당이건 민주당이건 비극은 결국 국민이 지원했던 당이 갈라지면서 시작됐다"며 분당에 대한 안타까움을 나타냈다. 2006년 11월 열린우리당의 국민지지율은 8퍼센트대로 떨어졌다.

2006년 11월 2일 김대중도서관 전시관이 개관했다. 대통령 노무현을 포함해 많은 사람들이 참석했다. "노무현 대통령이 전시관 개관 행사 때 참석해서 고마웠지요. 그런데 이틀 뒤에 다시 동교동 우리 집을 방문했어요. 권양숙 여사도 함께 왔지요. 현직 대통령이 전직 대통령의 집을 찾은 건 전에 없던 일이었어요. 노무현 대통령이 응접실을 둘러보며 과거에 우리 집에 찾아왔던 일을 이야기했어요. 대통령 부부에게 점심을 대접했지요. 노무현 대통령이 솔직하고 담백하게 이런저런 얘기를 했어요. 남편이 아주 기뻐했지요."

2007년 열린우리당 탈당 사태가 벌어졌다. 1월 28일 열린우리당 원내대표와 법무부 장관을 지낸 천정배가 당을 떠났고, 2월 6일에는 열린우리당 의원 23명이 집단으로 탈당했다. 3월 19일에는 경기도 지사를 지낸 손학규가 한나라당을 탈당했다. 2007년 4월 24일 이희호는 전남 나주에 있는 동신대에서 주는 사회복지학 명예박사학위를 받았다. 학위를 받으러 내려간 길에 이희호는 4·25 국회의원 보궐선거에 민주당 후보로 출마한 둘째아들 홍업의 찬조연설을 했다. "그때 열린우리당이 후보를 내지 않았어요. 신안·무안 주민들이 홍업이를 선택해주어 명예를 회복했지요. 남편도 응어리가 풀려 홍업이를 반

2006년 11월 김대중도서관 전시관 개관을 축하하며
동교동을 찾은 노무현·권양숙 부부. 현직 대통령이
전직 대통령의 집을 찾은 건 처음 있는 일이었다.

갑게 맞았어요." 언론에서는 김홍업의 당선으로 '범여권 통합'이 속도를 낼 것이라는 전망을 내놓았다.

2007년 8월 이희호는 금강산 광광을 다녀왔다. "청와대에 있을 때는 대통령 부인 신분이라 가보고 싶어도 갈 수 없었고요. 그해 여름에 박지원 실장과 함께 갔어요. 이화고녀 3학년 때 가보고 60년 만에 간 것이었어요. 여학교 때는 뛰어다니다시피 하면서 비로봉 꼭대기까지 갔는데, 몸이 성하지 않아 휠체어를 타고 비로봉 앞에서 폭포를 봤지요. 북쪽에서 사람들이 와서 우리에게 저녁식사를 대접해줬어요. 빨리 통일이 이루어져 우리 민족이 평화롭게 살면 좋겠다고 생각했지요."

대통령 노무현이 임기를 5개월 남겨놓고 2007년 10월 2일 남북정상회담을 하러 평양을 방문했다. 노무현은 국가원수로는 처음으로 군사분계선을 걸어서 넘었다. "남편과 나는 텔레비전 생중계로 그 장면을 지켜봤지요. 남편은 그동안 틈만 나면 남북정상회담을 해야 한다고 호소했는데, 늦게나마 성사돼 다행이라고 생각했지요. 2000년 남북정상회담 하던 때가 떠올랐지요." 김정일은 4·25문화회관에 직접 나와 노무현을 영접했다. "김정일 위원장은 2000년 우리와 만났을 때보다 건강이 안 좋은 것 같았어요." 노무현과 김정일은 10월 4일 '남북관계 발전과 평화번영을 위한 선언'을 발표했다.

'10·4남북공동선언'에서 가장 눈에 띄는 것은 '서해평화협력특별지대' 추진이었다. 두 번의 '연평해전'이 벌어진 충돌 위험 지역을 평화 공간으로 바꾸어 공동어로수역과 경제특구로 만들자는 내용이었다. 경제협력 부문에서도 남과 북은 중요한 진전을 이루었다. 개성-신의주 철도와 개성-평양 고속도로를 개보수해 공동으로 이용하고, 서울-백두산 직항로를 개설해 백두산 관광길을 열기로 했다. "10·4남북공동선언 내용에 남편은 만족스러워했어요. 다만 너무 늦게 정상회담이 이루어진 것을 좀 걱정스럽게 생각했지요. 정권이 바뀌면 어떻게 될지 모르니까요."

3

# 민주주의·서민경제·남북관계의 후퇴

## 촛불시위

2007년 8월 5일 열린우리당에서 탈당한 의원 80명과 민주당에서 탈당한 의원 5명이 중심이 돼 대통합민주신당을 창당했다. 대통합민주신당과 열린우리당은 8월 15일 합당을 선언했다. 열린우리당은 2003년 11월 창당된 뒤 3년 9개월 만에 대통합민주신당에 흡수돼 사라졌다.

8월 20일 한나라당 대통령 후보 경선에서 이명박이 박근혜를 제치고 승리했다. 이명박은 경선 기간 중에 벌어진 검증 청문회에서 "차명재산은 하나도 없다"고 말했다. 주가조작 사건에 연루된 투자자문회사 비비케이(BBK)의 실소유주 논란과 관련해서도 의혹을 부인했다. BBK 의혹과 상관없이 이명박의 국민지지율은 40퍼센트를 넘나들었다. 9월 15일 대통합민주신당이 대통령 후보 경선을 시작했다. 본선에 나선 정동영·손학규·이해찬이 각축을 벌인 끝에 10월 15일 정동영이 후보로 확정됐다. 정동영의 국민지지율은 10퍼센트대에 머물렀다. 유한킴벌리 사장을 지낸 문국현도 10월 14일 창조한국당을 출범시켰다. 문국현은 범여권 대선주자로 떠올랐다.

대통령 선거에서 여권의 고전이 계속되자 동교동의 걱정도 커졌다. 김대중은 11월 22일 문화예술인들이 마련한 '2007 창작인 포럼' 특별강연에서 정치적 보수화 바람으로 '국민의 정부' 이래 축적된 자유화의 성과가 큰 위기에 처할 가능성이 있다고 말했다. "남편은 정권이 보수세력에 넘어가면 과거 50년 동안 계속된 남북 대결 시대로 돌아갈지도 모른다고 걱정을 많이 했지요. 그래서 평화세력이 힘을 모아 대통령 후보를 단일화해야 한다고 촉구했어요. 한나라당이 '국민의 정부'와 '참여정부' 시기를 '잃어버린 10년'이라고 했는데, 남편은 '자랑스러운 10년'이라고 반박했지요."

12월 4일 김대중과 이희호는 노벨평화상 수상 7돌 기념으로 '버마 민주화의 밤' 행사를 열었다. 그해 8월 15일 미얀마 군사정권에 대항해 일어난 미얀마 민주시민의 '사프란 혁명'을 지원하는 행사였다. 사프란은 미얀마 불교 승려들이 입는 연황색 승복 색깔을 가리키는 말이었다. 승려들은 9월 18일부터 대거 시위에 가담했다. 미얀마 군부는 승려와 시민의 저항을 무력으로 진압했고 민주화 지도자 아웅산 수치의 가택연금을 연장했다. "남편은 대통령 재임 시절에도 미얀마 민주화 운동을 지원했어요. 그날 우리는 '버마 민주화의 밤' 행사에서 모금한 4만 달러를 수치 여사에게 전달했지요."

12월 3일 국민중심당 대통령 후보 심대평이 무소속 대통령 후보 이회창으로 후보단일화를 한다고 선언했다. 12월 4일 창조한국당 대통령 후보 문국현은 대통합민주신당 대통령 후보 정동영에게 후보단일화를 제의했다. 두 사람은 단일화를 이루어내지 못하고 대통령 선거를 치렀다. 12월 5일 BBK 주가조작 의혹을 수사한 서울중앙지검 특별수사팀이 이명박의 동업자 김경준을 횡령·주가조작 혐의로 구속하고, 이명박의 의혹에는 무혐의 결정을 내렸다.

12월 16일 대통합민주신당이 '이명박 BBK 동영상'을 공개했다. 2000년 10월 17일 이명박이 광운대 최고경영자과정 특강에서 "금년(2000년) 1월에 BBK라는 투자자문회사를 설립했다"고 발언하는 내용이 담긴 동영상이었다. 대통령 노무현은 BBK 사건 재수사 방안을 검토하라고 법무부 장관에게 지시했다. 이명박은 대통합민주신당이 내놓은 'BBK 특검 법안'을 수용하겠다고 밝혔다. 이명박이 대통령에 당선된 뒤 특검팀은 이명박과 BBK 주가조작 사이에 아무 관련이 없다고 발표했다.

12월 19일 17대 대통령 선거 결과는 야당의 압승이었다. 이명박은 48.7퍼센트의 득표율을 올려 26.1퍼센트에 머무른 정동영을 따돌렸다. "이명박 대통령이 한나라당 후보 시절에 동교동을 방문했어요. 남편이 '햇볕정책'을 설명하니까 자기와 생각이 똑같다고 했지요. 그런데 당선된 뒤에 영 딴 길로 가고 말았어요." 김대중은 정권이 보수진영으로 넘어간 것에 낙담했나. 2008년 1월 1일 김대중 정부 시절 장차관 신년회가 김대중도서관에서 열렸다. 김대중은 "내가 정치를 한 이래 반세기 동안 (진보세력이) 이렇게 처참하게 진 것은 처음이었다"며 민주주의와 남북관계의 앞날에 대한 불안감을 털어놓았다.

2008년 2월 10일 밤 국보 1호 숭례문이 불에 타 누각이 무너져 내렸다. 텔레비전으로 생중계된 화재 장면에 국민은 충격을 받았다. 2월 14일 이명박 정부 첫 내각의 장관 후보자 15명이 발표됐다. 편중인사를 풍자하는 '고소영'이라는 말이 화제가 됐다. '고려대 출신, 소망교회 신도, 영남 출신'의 앞 글자를 딴 말이었다. 2월 25일 이명박이 17대 대통령으로 취임했다. "우리는 이명박 대통령의 정책에 걱정이 많았어요. 당선되자마자 북한에 대해 강경책을 내보여서 실망했지요. 국민이 반대하는데도 한반도 대운하 사업을 하겠다고 한 것도 걱정스러웠고요." 4월 9일 제18대 국회의원 선거가 치러졌다. 야당이 된 진보세력은 여전히 신임을 얻지 못했다. '뉴타운 공약'을 앞세운 한나라당은 153석을 얻었고 대통합민주신당과 민주당이 합당해 만든 통합민주당은 81석에 머물렀다.

2008년 4월 15일 이희호와 김대중은 미국을 방문했다. "포틀랜드대학에서 남편이 명예박사학위를 받았어요. 그 뒤 보스턴에 있는 하버드대학을 방문했지요. 남편이 1980년대 미국 망명 중에 하버드대학 국제문제연구소에서 연구원 생활을 한 곳이어서 감회가 컸지요. 24년 만의 방문이었어요. 하버드 시절에 남편은 연구 논문 쓰는 중에 미국 곳곳에서 한국 인권 상황을 알리느라 눈코 뜰 새 없이 바빴지요." 김대중은 하버드대학 케네디스쿨에서 '햇볕정책이 성공의 길이다'라는 제목으로 강연했다. 한국과 미국의 보수정권을 향해 던지는 외침이었다.

2008년 4월 18일 '한·미 쇠고기 협상'이 타결됐다. 4월 29일 MBC 〈피디수첩〉이 '미국산 쇠고기, 과연 광우병에서 안전한가' 편을 방영했다. 국민들 사이에 불안감이 커졌다. 5월 2일 서울 종로 청계광장에서 쇠고기 협상 무효를 주장하는 촛불집회가 처음으로 열렸다. 참가인원이 1만 명이 넘었다. 촛불집회의 직접 원인을 제공한 것은 '미국산 쇠고기 전면 수입'이었지만 그 밑에 깔린 것은 이명박 정부의 민주주의 역행에 대한 반발이었다. 5월 6일 1700여 시민사회단체가 모여 만든 '광우병 위험 미국산 쇠고기 전면 수입을 반대하는 국민대책회의'가 출범했다. 5월 10일 촛불시위 참가인원은 3만 명을 넘어섰다.

5월 29일 농림수산식품부가 '미국산 쇠고기 수입 고시'를 강행했다. 5월 30일 촛불을 든 수만 명의 시민이 서울시내 중심가를 메웠다. 시위는 축제처럼 진행됐다. 인터넷과 휴대전화로 무장한 시민들은 거리에 모여 직접민주주의를 실험했다. 교복을 입은 중고등학교 학생들부터 유모차를 끌고 나온 여성들까지 촛불을 들었다. 시민들은 헌법 제1조('대한민국은 민주공화국이다')를 노래로 만들어 함께 부르고 '미국산 쇠고기 수입 반대'를 외쳤다. "남편과 나는 촛불집회를 예사롭지 않게 바라봤지요. 정부에 대한 항의를 표출하는 방식이 놀라웠지요."

5월 31일 밤 촛불시위대는 청와대에서 1킬로미터 떨어진 지점까지 나아갔다. 경찰은 병력 1만 명과 물대포를 동원해 시위를 막았다. 6월 1일 촛불집회 인원은 10만 명으로 늘었다. 대통령 이명박의 국정지지도는 10퍼센트대로 추락했다. 한국갤럽의 여론조사에서 '쇠고기 수입 재협상을 해야 한다'는 의견(81.2퍼센트)이 '재협상은 필요 없다'는 의견(15.6퍼센트)을 압도했다. 6월 6일 이명박은 '재협상 불가'를 선언했다. 촛불이 더 거세게 타올랐다. 6·10항쟁 21돌 기념일인 6월 10일 촛불시위가 전국 주요 도시에서 벌어졌다. 서울의 촛불집회에는 50만 명이 넘는 시민이 참가했다. 광우병대책회의는 "이명박 정부는 사실상 국민의 심판을 받은 것이나 다름없다"고 말했다. 경찰은 광화문 네거리 세종로 한복판을 5.4미터 높이의 컨테이너 장벽으로 막았다. 시민들은 컨테이너 장벽을 '명박산성'이라고 불렀다.

6월 12일 여의도 63빌딩에서 열린 6·15남북공동선언 8돌 기념식에서 김대중은 촛불시위에 대해 이렇게 말했다. "2000년 전 그리스 아테네에서 시작된 직접민주주의 이래 처음으로 한국에서 다시 그 직접민주주의를 경험하고 있습니다. 이 민주주의는 인터넷과 문자메시지를 통한 온라인과 촛불문화제의 오프라인의 연대 속에 행해지고 있습니다. 이제 평화적인 대중들이 직접민주주의의 중요한 정치 주체가 되었다는 것을 인정하고 국민 요구를 수렴하는 길을 찾아야 할 것입니다."

6월 19일 이명박은 기자회견을 열어 "아무리 시급한 국가적 현안이라도 국민이 어떻게 받아들일지 챙겼어야 하는데 이 점에 대해 뼈저린 반성을 하고 있다"고 쇠고기 협상 파문에 대해 사과했다. 이명박은 30개월 이상 된 미국 쇠고기가 수입될 수 없도록 하겠다고 약속했다. 대운하 사업도 국민이 반대하면 추진하지 않겠다고 말했다. 광우병대책회의는 '전면 재협상'을 요구했다. 촛불은 그 뒤로도 두 달 동안 타올랐다.

2008년 7월 11일 금강산 관광객 한 명이 호텔에서 멀리 떨어진 곳까지 새벽 산책을 하러 갔다가 북한군의 총에 맞아 죽는 사고가 일어났다. 북한은 유감을 표명했지만 책임은 남쪽에 있다며 현장 조사를 거부했다. 금강산 관광이 중단됐다. "왜 그런 일이 일어났는지 이해할 수가 없어요. 그때 금강산 관광이 중단됐잖아요. 남북화해의 상징이 금강산 관광이었는데, 그 길이 막혀 얼마나 안타까운지 몰라요."

8월 4일 말레이시아 말라야대학이 김대중에게 명예 인문학 박사 학위를 주었다. "그때 남편 대신 내가 가서 학위를 받았어요. 말라야대학 졸업식에 참석하고 학생들과 환담하기도 했지요. 그 학교에 그해 한국어학과가 생겨서 마음이 뿌듯했어요." 말라야대학은 학위수

여문에서 김대중의 삶을 되돌아보고 마지막에 이렇게 덧붙였다. “김대중 전 대통령의 삶을 이렇게 조각조각 설명한다고 해서 그의 인생 드라마 전부와 그 위대함을 다 담아낼 수는 없을 것입니다. 다만 우리가 하고자 하는 것은 너무나 많은 이들을 사로잡은 그의 인생을 돌아봄으로써 그의 삶의 핵심을 되새기고자 하는 것입니다.”

8월 13일 도쿄 납치 생환 기념일을 맞아 김대중과 이희호 가족이 모두 모였다. “홍일이가 움직이기 어려워서 서교동 홍일이 집으로 갔어요. 남편은 아들이 파킨슨병으로 몸을 가누지 못하는 것을 몹시 가슴 아파했지요. 홍일이는 착하고 나를 잘 따랐어요. 아버지한테 이야기하지 못하는 것이 있으면 나한테 와서 다 이야기했지요. 말도 못하고 누워 있는 걸 볼 때마다 얼마나 괴로운지 몰라요.”

10월 2일 김대중과 이희호는 중국인민학회와 선양시가 주최한 ‘동북아지역발전협력포럼’에 참가했다. “남편이 기조연설을 했어요. 그 뒤에 우리는 북한 접경에 있는 단둥으로 갔지요. 압록강 너머로 신의주가 보였어요. 남북이 지구상에 마지막 분단국으로 남아 있다는 것이 안타까웠지요.” 2008년 11월 미국 대통령 선거에서 민주당 후보 버락 오바마(Barack Obama)가 당선됐다. “조지 부시 대통령은 참 무능한 사람이었어요. 부시 정권 8년 동안 미국의 위상이 땅에 떨어졌어요. 지도자가 얼마나 중요한지 절감했지요. 오바마 대통령이 당선된 것은 미국이 흑백차별의 악습을 극복했다는 의미가 있어요. 오바마 대통령이 미국을 잘 이끌어주기를 바랐지요.”

11월 11일 이희호의 자서전 《동행—고난과 영광의 회전무대》 출판기념회가 열렸다. “남편이 ‘고난과 영광의 회전무대’를 제목으로 제안했어요. 나도 그게 좋겠다고 생각해 제목에 넣었지요. 그날 출판

2008년 11월 이희호의 자서전《동행—고난과 영광의 회전무대》출판기념회에서
김대중은 감사하는 마음을 담아 90도로 허리를 숙여 인사했다.

기념식에서 남편이 일어서더니 사람들이 보는 앞에서 내게 90도로 허리를 숙여 감사인사를 했어요. 생각지도 못한 인사를 받고 깜짝 놀랐지요."

이 무렵 이희호와 김대중은 자주 차를 타고 한강변을 둘러보았다. "퇴임 뒤에도 활동을 많이 했지만 정치 현장에 있을 때보다는 시간이 많이 났어요. 점심을 먹고 나면 한강변이나 서울 교외로 차를 타고 나갔어요. 남편이 사극을 좋아해서 집에서 드라마도 함께 보고요. 밤에 자기 전에는 한 시간 정도 노래도 같이 불렀지요. 찬송가도 부르고 가곡도 부르고 유행가도 부르고요. 〈만남〉, 〈사랑이여〉, 〈목포의 눈물〉, 〈우리의 소원은 통일〉 이런 노래들을 많이 불렀지요." 그 무렵 김대중은 이희호에게 옷을 선물하기도 했다. "남편이 나에게 의상실에 가자고 하더니 옷을 한 벌 사주었어요. 그게 남편한테서 평생 처음 받아본 옷 선물이었어요." 김대중은 이희호에게 자주 농담을 건넸다. "남편이 꽃 가꾸기를 좋아했어요. 꽃이 활짝 피면 꽃구경 값을 달라고 해요. 나는 돈이 없다고 종이에 차용증을 써주었지요. 10만 원을 써주기도 하고 100만 원을 써주기도 하고요."

2008년 12월 16일 김대중의 노벨평화상 수상 8돌 기념으로 '한반도 평화를 위한 대강연회'가 열렸다. 김대중은 "이명박 정부가 들어선 뒤로 민주주의·서민경제·남북관계가 후퇴해 3대 위기에 직면했다"고 말했다. 2009년 1월 20일 새벽 서울 용산구의 재개발구역 철거민 농성장을 경찰특공대가 습격했다. 남일당 건물 옥상에서 경찰의 강제진압에 맞서던 철거민 다섯 명이 목숨을 잃었다. 경찰도 한 명 숨졌다. 옥상에 쌓아둔 시너가 폭발해 일어난 참사였다. "가슴 아프고 통탄스러운 일이었어요. 우리는 이명박 정부의 야만적 처사에 분노했지요. 국민을 적으로 여기지 않으면 일어날 수 없는 일이었어요. 나라의 상황이 독재정권 시절로 돌아가는 것 같아 참으로 안타까웠지요."

4

# 47년 동역자를 보내다

## 이별

2009년 2월 16일 추기경 김수환이 선종했다. 추모행렬이 명동성당을 둘러쌌다. 이희호와 김대중은 2월 17일 명동성당을 찾아가 추기경의 '천국 영생'을 빌었다. "참 훌륭한 삶을 사신 분이었지요. 추기경님은 우리와 함께 오랫동안 민주화 투쟁을 하셨지요. 남편이 3·1민주구국선언 사건으로 진주교도소에 있을 때도 면회하시고, 내란음모 사건으로 청주교도소에 있을 때도 찾아가셨어요. 우리가 어려울 때 생활비를 주시기도 했고요."

이명박 정부의 검찰이 전임 대통령 노무현 주변의 비리 의혹에 대한 총력 수사를 벌였다. 태광실업 회장 박연차의 정관계 로비 수사가 실마리였다. 수사의 방향이 노무현의 가족과 측근으로 향했다. 검찰이 혐의를 흘리면 언론이 받아 경쟁하듯 보도했다. 참여정부의 핵심 인사들이 줄줄이 구속되고 노무현의 부인·아들까지 조사를 받았다. 노무현의 검찰 소환을 이틀 앞둔 4월 28일 민주당 고문 김근태는 성명을 내 "노무현 전 대통령에 대한 검찰 수사의 본질은 정치 보복"이라고 말했다. 성명은 "노 전 대통령은 검찰권을 검찰에 돌려줬으나 검찰은 돌려받은 검찰권을 다시 이명박 대통령에게 헌납했다"고 이명박과 검찰을 비판했다. 4월 30일 노무현은 대검찰청 특별조사실에서 다음날 새벽 2시까지 조사를 받았다. 그 뒤로도 검찰은 노무현의 가족과 측근에 대한 혐의 내용을 누설하며 노무현을 압박했다. 참여정부 시절 '대북 송금 특검'으로 구속됐던 민주당 의원 박지원은 노무현 구속 반대 서명운동을 벌여 민주당 의원 50여 명의 동의를 받았다.

5월 23일 아침 노무현이 봉화마을 뒷산 부엉이바위에서 투신해 스스로 목숨을 끊었다. 노무현은 컴퓨터에 남긴 유서에서 이렇게 말했다. "너무 많은 사람들에게 신세를 졌다. 나로 말미암아 여러 사람이 받은 고통이 너무 크다. 앞으로 받을 고통도 헤아릴 수 없다. 여생도 남에게 짐이 될 수밖에 없다. 건강이 좋지 않아 아무것도 할 수 없다. 책을 읽을 수도 글을 쓸 수도 없다." 이희호와 김대중은 노무현의 투신에 큰 충격을 받았다. "그날 아침 남편은 집에서 독일 시사주간지 〈슈피겔*Der Spiegel*〉과 인터뷰를 했어요. 인터뷰를 마친 직후에 노무현 대통령이 서거했다는 소식을 들었지요. 남편은 '내 몸의 반이 무너지는 것 같다'고 했지요." 김대중은 일기에 이렇게 썼다. "그간 검찰이 너무도 가혹하게 수사를 했다. 노무현 대통령, 부인, 아들, 딸, 형, 조카사위 등을 마치 소탕작전을 하듯 공격했다. 그리고 매일같이 수사기밀 발표가 금지된 법을 어기며 언론플레이를 했다. 결국 노 대통령의 자살은 이명박 정권에 의해 강요된 것이나 마찬가지다."

전국의 분향소에는 500만 명에 이르는 조문객이 찾아와 노무현의 죽음을 애도했다. 5월 28일 이희호와 김대중은 서울역에 마련된 분향소를 찾았다. 조문을 마친 김대중은 "노무현 전 대통령이 좀더 견며야 했다는 심정도 있지만, 그분이 겪은 치욕과 좌절, 슬픔을 생각하면 나라도 그런 결단을 했을 것 같다는 생각이 든다"고 울분을 토했다. 29일 경복궁에서 영결식이 열렸다. "남편은 한명숙 총리의 부탁을 받고 추도사를 준비했어요. 그런데 정부에서 막는 바람에 할 수 없었지요." 영결식장에서 김대중은 권양숙의 손을 붙잡고 통곡했다.

김대중이 쓴 추도사는 7월에 나온 책 《노무현, 마지막 인터뷰》에 추천사 형식으로 실렸다. 김대중은 추도사에서 이렇게 말했다. "서거 소식을 전해 듣고 나는 '내 몸의 반이 무너진 것 같다'고 했습니다. 왜 그때 그런 표현을 했는지 생각해봅니다. 나는 노 대통령 생전에 민주주의가 다시 위기에 처해 있는 상황을 보고 아무래도 우리 둘이 나서야 할 때가 머지않아 올 것 같다고 생각해왔습니다. 그러던 차에 돌아가셨으니 그렇게 말했던 것입니다. 노무현 대통령 당신, 죽어서도 죽지 마십시오. 우리는 당신이 필요합니다. 노무현 당신이 우리 마음속에 살아서 민주주의 위기, 경제 위기, 남북관계 위기, 이 3대 위기를 헤쳐 나가는 데 힘이 되어주십시오. 당신은 저승에서, 나는 이승에서 우리 모두 힘을 합쳐 민주주의를 지켜냅시다. (…) 노무현 전 대통령의 서거 소식을 접하고 우리 국민들은 엄청난 충격을 받았고 조문객이 500만에 이르렀습니다. 나는 그것이 한과 한의 결합이라고 봅니다. 노무현의 한과 국민의 한이 결합한 것입니다. 노무현 전 대통령은 억울한 일을 당해 몸부림치다 저세상으로 갔습니다. 우리 국민들도 억울해하고 있습니다. 나도 억울합니다. 목숨 바쳐온 민주주의가 위기에 처해 있으니 억울하고 분한 것입니다."

시민들의 애도 속에 노무현은 봉화마을에 묻혔다. 6월 10일 500여 시민사회단체와 민주당을 포함한 다섯 야당, 4대 종단이 '6월항쟁 계승과 민주회복을 위한 범국민대회'를 열어 이명박 정부의 강압통치 중단과 남북의 평화적 관계 회복을 요구했다. 6월 11일 6·15남북공동선언 9돌 기념행사가 열렸다. "남편은 그날 아침부터 몸이 좋지 않았어요. 행사장에 조금 늦게 도착해 혼신을 다해 연설했지요." 김대중은 민주주의 후퇴에 대한 안타까움을 이야기했다. "여러분께 간곡히 피맺힌 마음으로 말씀드립니다. '행동하는 양심'이 됩시다. 행동하지 않는 양심은 악의 편입니다. 독재정권이 과거에 얼마나 많은 사람을 죽였습니까. 그분들의 죽음에 보답하기 위해, 우리 국민이 피땀으로 이룬 민주주의를 지키기 위해서 우리가 할 일을 다해야 합니다. (…) 이번에 노무현 대통령이 돌아가셨는데, 만일 노 전 대통령이 그렇게 고초를 겪을 때 500만 명 문상객 중 50만 명만 나섰어도 노 전 대통령은 죽지 않았을 것입니다. 저는 여러분께 말씀드립니다. 진정 평화롭고 정의롭게 사는 나라가 되려면 행동하는 양심이 되어야 합니다." 김대중의 이 말은 사실상 유언이 되었다.

삶의 끝자락에 선 김대중에게 가장 걱정스러운 것은 나라와 민족의 명운이었다. 김대중은 외교의 중요성을 자서전에 이렇게 기록했다. "한국처럼 4대 강국에 둘러싸여 있는 나라는 지구상에 없다. 그러므로 우리나라는 세계에서 외교가 가장 필요한 나라다. 외교가 운명을 좌우한다고 해도 과언이 아니다. (…) 우리에게 외교는 명줄이나 다름없다. 한반도는 4대국의 이해가 촘촘히 얽혀 있는, 기회이자 위기의 땅이다. 도랑에 든 소가 휘파람을 불며 양쪽의 풀을 뜯어먹을 것인지, 열강의 쇠창살에 갇혀 그들의 먹이로 전락할 것인지 전적으로 우리에게 달렸다."

김대중은 죽음을 앞두고 일기를 썼다. "남편은 밤에 안방으로 오기 전에 서재에서 일기를 썼어요." 김대중은 지나온 삶을 이렇게 회고했다. "나는 누명을 쓰고 박해를 받을 때 예수님의 삶을 떠올렸다. 악의 무리에 비폭력으로 저항하면 그 저항이 상대를 깨우치게 해서 결국 세상을 바꾼다는 것을 믿었다. 권력을 가진 자들은 무조건 나를 핍박하고 저주했다. 나를 알려고도 하지 않았다. 무조건 매도했다. 그럴 때마다 예수님의 최후를 떠올렸다. 군중들이 침을 뱉고 욕하며 돌을 던졌다. 그때 예수 편에 서려면 목숨을 걸어야 했다. 나는 감히 예수 편에 서려고 했다. 진정한 용기는 성격에서 나오는 것이 아니라 진리에 대한 헌신에서 나온다."

7월 13일 김대중은 연세대세브란스병원에 입원했다. "그날 남편이 유난히 식사를 조금 하고 쉬어야겠다고 누웠어요. 오후 3시쯤 주치의가 가벼운 폐렴 증상이 있다고 입원하시는 게 좋겠다고 했지요." 이희호는 큰 걱정을 하지 않았다. 김대중은 집을 나서기 전 중국 국가부주석 시진핑(習近平)과 전 국무위원 탕자쉬안(唐家璇)에게 보내는 편지에 서명했다. "그런데 입원하고 사흘 만에 중환자실로 옮겼어요. 그 다음날 인공호흡기를 부착했고요." 김대중은 병세가 나아져 18일 호흡기를 뗐다. 22일에는 일반 병실로 옮겨졌으나 23일 병세가 나빠져 다시 중환자실로 옮겨졌다. 이희호는 병원을 지켰다. "그래도 희망을 잃지는 않았지요. 그런데 중환자실로 다시 들어간 뒤 29일 목을 뚫고 기도삽관을 했어요. 그때부터는 대화를 할 수 없었지요." 대기실에서 이희호는 김대중을 위해 털실로 양말과 장갑을 짰다. "발과 손을 만져봤는데 얼음장같이 차가워요. 그래서 급히 짜기 시작했는데 그걸 다 짜지 못하고 돌아가셨지요." 8월 1일 김대중의 민주화 투쟁 동지인 전 필리핀 대통령 코라손 아키노가 세상을 떠났다. 8월 10

노무현 전 대통령의 비극적 죽음 이후 급격히 쇠약해진 김대중은 결국 기력을
회복하지 못하고 세상을 떠났다. 이희호는 47년 동안 함께한 '동역자'를 보냈다.
사진은 2007년 9월 구리 코스모스축제에서 밝게 웃는 모습이다.

일 김영삼이 김대중이 입원한 세브란스병원을 방문했다. 8월 11일에는 대통령 이명박이 병문안을 했고, 8월 14일에는 전두환이 세브란스를 찾았다.

중환자실의 김대중은 기력을 회복하지 못했다. 8월 18일 의료진은 가족에게 이별을 준비할 것을 알렸다. 오전 11시 10분 가족과 비서들이 마지막 인사를 했다. 둘째아들 홍업이 흐느꼈다. "죄송합니다. 용서해주십시오. 책임지고 화목한 가정을 만들겠습니다." 12시쯤 휠체어를 탄 첫째아들 홍일이 도착했다. 파킨슨병으로 말을 하지 못하는 홍일은 아버지를 바라보았다. 홍일의 입에서 세 마디가 튀어나왔다. "아, 버, 지." 온 힘을 다한 마지막 인사였다. 이희호가 작별의 말을 했다. "정 그렇게 가시려거든 여기는 걱정하지 마시고 편히 가세요." 김대중은 눈을 뜨고 이희호를 바라보았다. 김대중의 눈가에 눈물이 흘렀다. 오후 1시 43분 김대중은 눈을 감았다. 85년 8개월의 삶이었다.

김대중의 장례는 이희호의 뜻대로 국장으로 치러졌다. 장지는 동작동 국립현충원으로 정해졌고, 여의도 국회의사당 앞뜰에 빈소가 차려졌다. "남편은 의회민주주의자로서 평생을 살았기 때문에 국회에 빈소를 차리는 것이 맞다고 생각했어요." 나라 안팎에서 애도의 물결이 일었다. 미국 시사주간지 〈뉴스위크〉는 2009년 9월 23일 김대중을 중국의 덩샤오핑(鄧小平), 남아공의 넬슨 만델라와 함께 '조국을 변혁시킨 지도자' 11명 가운데 한 사람으로 꼽았다.

입관하기 전날 이희호는 김대중에게 마지막 편지를 썼다. "사랑하는 당신에게. 같이 살면서 나의 잘못됨이 너무 많았습니다. 그러나 당신은 늘 너그럽게 모든 것 용서하며 아껴주었습니다. 참 고맙습니다. 이제 하느님의 뜨거운 사랑의 품 안에서 편히 쉬시기를 빕니다. 너무 쓰리고 아픈 고난의 생을 잘도 참고 견딘 당신을 나는 참으로 사랑하고 존경했습니다. 이제 하느님께서 당신을 뜨거운 사랑의 품 안에 편히 쉬시게 하실 것입니다. 어려움을 잘 감내하신 것을 하느님이 인정하시고 승리의 면류관을 씌워주실 줄 믿습니다. 자랑스럽습니다. 당신의 아내 이희호. 2009. 8. 20." 이희호는 편지를 성경책·손수건과 함께 남편의 관에 넣었다.

김대중의 장례가 치러지는 동안 북한이 조문단을 파견했다. 노동당 비서 김기남을 단장으로 한 특사조의방문단은 8월 21일 오후 김포공항을 통해 입국해 국회 빈소에서 조문하고 국방위원장 김정일의 화환을 봉정했다. 김기남 일행은 이희호를 만나 조의를 표했다. 북한 조문단은 이틀을 더 머문 뒤 대통령 이명박을 면담하고 김정일의 메시지를 전했다. 이 자리에서 남북정상회담 개최 문제가 논의됐다. 그 뒤 남북이 몇 차례 비밀접촉을 했으나 정상회담은 끝내 이루어지지 못했다. 김대중의 죽음이 가져온 남북관계 개선 기회를 날려버린 꼴이었다.

23일 오후 김대중의 영결식이 국회에서 열렸다. 이희호와 김대중의 민주화 동지 박영숙이 조사를 읽어 내려가는 동안 이희호는 참았던 눈물을 쏟았다. 큰아들 홍일은 휠체어에 앉아 아버지를 보냈다. 둘째아들 홍업, 셋째아들 홍걸도 눈물을 훔쳤다. 영결식장을 나온 영구차가 동교동 집에 멈추었다. 박정희·전두환 독재정권 시절 6년이나 연금을 당했던 그 집이었다. 김대중과 이희호의 문패가 나란히 걸린 집이었다. 서재에는 김대중이 입원하기 직전까지 읽던《제국의 미래》와《조선왕조실록》이 책상에 놓여 있었다.

동교동을 나온 영구차는 서울시청 앞 광장에 멈추었다. 이희호는 단상에 올라 시민들에게 감사 인사를 했다. 슬픔 중에도 노구의 몸에서 뿜어져 나오는 목소리에 힘이 있었다. "사랑하고 존경하는 국민 여러분, 대단히 감사합니다. 제 남편은 일생을 통하여 민주주의를 지키기 위해 피나는 고통을 겪었습니다. 많은 오해를 받으면서도 오로지 인권과 남북의 화해협력을 위해 노력해왔습니다. (…) 남편이 추구해온 화해와 용서의 정신 그리고 평화를 사랑하고 어려운 이웃을 사랑하는 행동하는 양심으로 살아가기를 간절히 원합니다."

이날 오후 김대중은 국립현충원에 묻혔다. 생전에 정적으로 맞섰던 이승만·박정희의 묘지에서 멀지 않은 곳이었다. 이희호는 47년 동안 함께한 '동역자'를 보냈다. "우리는 정말 서로 인격을 존중했어요. 늦게 결혼했고 결혼할 때 많은 사람들이 반대했지만, 참 좋은 분을 만나서 내 일생을 값있고 뜻있게 살았다고 생각합니다."

김대중이 떠나고 20여 일 뒤인 2009년 9월 10일 이희호는 김대중평화센터 이사장에 선임됐다. 취임 인사말에서 이희호는 "남편의 유지를 받들어 김대중평화센터의 설립 목적인 한반도와 동아시아를 비롯한 세계 평화, 남북의 화해협력을 위해 노력하겠다"고 말했다. 10월 21일 이희호는 노무현의 고향 봉하마을을 찾았다. 남편을 잇달아 잃은 이희호와 권양숙은 서로 끌어안았다. 이희호는 노무현의 묘소를 참배하는 자리에서 울음을 터뜨렸다. 권양숙도 이희호와 함께 오랫동안 울었다. 이희호는 해마다 봉하마을을 찾았다. "5·18을 앞두고 광주에서 인권포럼이 열려요. 거기에 참석하고 5·18묘지를 참배한 뒤에 봉하마을로 가서 노무현 대통령 묘지에 참배하지요. 권양숙 여사는 남편 서거일에 찾아오시고요. 권양숙 여사가 못 오시면 아들 노건호 씨가 대신 오기도 하고요."

5

## 홀로 다시 다녀온 평양

방북

2010년 3월 26일 백령도 인근 해상에서 '천안함'이 가라앉는 사건이 일어났다. 해군 40명이 죽고 6명이 실종됐다. 정부는 5월 20일 천안함이 북한의 어뢰 공격으로 침몰했다고 발표했다. 북한은 천안함 사건은 자신들과는 관련이 없는 일이라고 부인했다. 대통령 이명박은 5월 24일 대북 제재 조처를 발표했다. '5·24조치'는 남북 교역을 중단하고 대북 투자를 금지했다. 인도적인 목적의 사업도 정부와 협의를 거치지 않으면 할 수 없게 했다. 남북관계는 수렁으로 빠져들었다.

이희호는 6·15공동선언 10돌을 앞두고 〈한겨레〉와 한 인터뷰에서 남북관계 악화를 걱정했다. "6·15공동선언 이후 세상이 얼마나 바뀌었나요. 개성공단이 만들어지고, 남북 도로·철도가 연결되고…. 전에는 상상도 하지 못할 일이 일어났어요. 그런데 이 정부에 들어와 남북관계가 파탄났어요. 냉전시대로 돌아가버렸지요. 개성공단에 진출한 기업들이 속이 탈 거예요. 햇볕정책을 계속해야 해요. 이명박 대통령에게 6·15공동선언을 한번 읽어보라고 말씀드리고 싶어요."

그해 11월 23일 북한이 서해 연평도를 향해 170발의 포탄을 발사했다. 군인 두 명이 죽고 민간인 두 사람이 목숨을 잃었다. 휴전협정 이후 북한이 남한 영토를 공격해 민간인이 사망한 것은 이 사건이 처음이었다. 남북관계는 최악으로 치달았다. 12월 9일 이희호는 '김대중 노벨평화상 수상 10돌 대토론회'에서 "남북이 즉각 대화를 시작해야 한다"고 호소하고 "연평도 폭격으로 무고한 민간인까지 희생된 것에 대해 사과하라"고 북한에 촉구했다.

2011년 12월 17일 북한 국방위원장 김정일이 세상을 떠났다. 북한 방송은 19일 김정일이 희천발전소 현지지도 방문 중 과로로 인한 급성 심근경색과 심장쇼크로 열차에서 죽음을 맞았다고 발표했다. 김정일의 셋째아들인 노동당 중앙군사위 부위원장 김정은이 장례위원장을 맡아 10일 동안 장례를 치렀다. 이희호는 정부에 조문 방북 허가를 신청했다. "6·15공동선언의 주역인 김정일 위원장이 세상을 떠났기 때문에 조문을 해야 한다고 생각했지요." 정부는 이희호의 조문 방북을 허용했다. 이희호 일행은 12월 26일 1박2일 일정으로 육로를 통해 조문길에 올랐다.

이날 오후 6시 20분 이희호는 김정일이 안치된 금수산기념궁전에 도착해 상주 김정은을 만났다. 김정은이 이희호에게 다가와 고개를 숙이고 이희호의 손을 두 손으로 잡았다. "깊은 애도를 표합니다." 이희호가 김정은에게 조의를 표하자 김정은이 대답했다. "멀리 찾아와주셔서 감사합니다." 이희호는 조의록에 6·15정신을 되새기는 글을 썼다. "김정일 국방위원장님께서 영면하셨지만 6·15남북공동선언의 정신을 이어 하루속히 민족통일이 이뤄지기를 바랍니다." 이희호는 백화원초대소에서 하룻밤을 보냈다. "북쪽의 배려로 2000년 6월에 머물렀던 백화원초대소 101호에 묵었지요."

이튿날 이희호는 최고인민회의 상임위원장 김영남을 만수대의사당에서 만났다. "6·15, 10·4 선언이 계속 잘 이행되기를 바란다고 이야기했지요." 김영남은 "6·15, 10·4 남북공동선언과 관련해 세 분(김대중·노무현·김정일)의 일이 잘 진행됐으면 좋겠다"고 답했다. 김영남은 "조의 방문을 못 오신 권양숙 여사께도 인사를 전해주기 바란다"는 말도 했다. "평양을 떠날 때는 김양건 노동당 통일전선부장이 배웅을 나왔지요." 이희호 일행은 12월 27일 오후 경기도 파주 도라산 남북출입사무소를 거쳐 서울로 돌아왔다.

북한은 김정은 후계 체제로 빠르게 바뀌었다. 김정은은 2012년 4월 11일 조선노동당 제1비서가 되고 4월 12일에는 국방위원회 제1위원장이 됐다. 2012년 8월 20일 박근혜가 한나라당 후신인 새누리당의 18대 대통령 선거 후보로 결정됐다. 박근혜는 8월 22일 이희호를 방문했다. 이희호는 박근혜에게 남북관계 개선에 적극 나서달라고 주문했다. 박근혜는 "남북관계가 대결국면으로 계속 가고 있는데 대화국면으로 바뀔 수 있도록 하겠다"고 대답했다. "그런데 박근혜 후보가 대통령이 된 뒤 남북관계가 더 나빠졌지요." 한 달 뒤 문재인이 민주통합당 대통령 선거 후보로 선출됐다. 범야권 대통령 후보로 떠오른 안철수도 9월 19일 대통령 선거 출마를 선언했다. 11월 23일 안철수가 후보 사퇴를 선언하고 문재인으로 야권후보단일화가 이루어졌다.

12월 10일 민주통합당은 국가정보원 소속 심리정보국 직원들이 인터넷에서 야당 후보를 떨어뜨리려는 여론조작을 하고 있다고 폭로했다. 문재인과 박근혜는 투표 직전까지 접전을 벌였다. 12월 19일 투표에서 박근혜가 제18대 대통령으로 당선됐다. 12월 21일 이희호를 방문한 문재인은 "호남에서 깜짝 놀랄 정도의 지지를 해주셨는데 제가 뜻을 이루지 못해서 호남 분들이 상실감을 느끼지 않을까 걱정스럽다"고 말했다. 이희호는 문재인을 위로했다. "정권교체 열망이 컸는데 아깝게 져서 몹시 안타까웠지요."

2013년 1월 28일 미얀마(버마) 민주화운동 지도자 아웅산 수치가 한국을 방문했다. 미얀마 군사정부의 유화정책으로 전해 4월 하원의원에 당선된 뒤였다. 수치는 1월 31일 광주를 방문해 5·18묘역을 참배하고 5·18기념재단이 주는 광주인권상을 9년 만에 수상했다. 2월 1일 아웅산 수치는 동교동을 방문했다. "남편이 1994년 아태평화재단을 만들 때부터 수치 여사를 도왔는데, 직접 만난 것은 그때가 처음이었지요." 2015년 10월 25년 만에 치러진 미얀마 자유총선에서 아웅산 수치가 이끄는 민주주의민족동맹이 군사정권에 맞서 압승을 거두었다. 이희호는 총선 승리를 "아웅산 수치 여사를 비롯한 버마 민주세력들의 50여 년에 걸친 민주화 투쟁의 성과이며 민주개혁을 바라는 버마 국민들의 위대한 선택"이라고 평가했다.

2013년 2월 12일 북한이 제3차 핵실험을 실시했다. 이명박 정부의 대북 강경책과 버락 오바마 미국 행정부의 '전략적 인내' 정책에 대한 맞대응이었다. 2월 25일 박근혜가 제18대 대통령으로 취임했다. 북한은 4월 2일 영변 원자로를 재가동한다고 발표하고 4월 8일 개성공단 근로자를 철수했다. 박근혜 정부는 북한의 조처에 맞서 4월 26일 개성공단 안 남쪽 잔류 인원을 철수시켰다. 개성공단은 2013년 9월에야 가동을 재개했다.

2013년 5월 17일 이희호의 평생 동지인 박영숙이 세상을 떠났다. "그 얼마 전에 '사랑의 친구들'에서 행사를 했는데, 그날 나와서 하루 종일 수고를 했거든요. 그런데 그 다음날 갑자기 아파서 병원에 간다고 하더니, 암이 전신에 퍼졌대요. 두 번 병원에 찾아갔는데 두 번째는 사람을 알아보지 못했어요. 박영숙 씨는 내가 YWCA 총무 할 적에 대학생부 간사였어요. 3·1민주구국선언 사건 때 안병무 박사(박영숙 남편)도 잡혀 들어가서 우리가 함께 밖에서 싸웠지요. 내가 청와대에 있을 때 '사랑의 친구들' 만드는 일도 함께했고 한국여성재단을 세우는 일도 앞장서 했지요. 항상 나와 함께했는데 그렇게 가버리니 참으로 허망했어요."

2013년 6월 15일 목포 김대중노벨평화상기념관이 문을 열었다. '옥중 편지'를 포함해 4830여 점의 자료가 전시됐다. 전시 공간에 김대중과 이희호의 밀랍인형이 세워져 방문객을 맞았다. 7월 3일 서울고등법원이 1976년 3·1민주구국선언 사건 때 '긴급조치 9호' 위반으로 실형을 선고받았던 김대중과 문익환을 포함한 16명에게 무죄를 선고했다. 이희호는 기쁨을 이렇게 표현했다. "37년 만에 무죄를 받아 감개무량합니다. 남편이 이 사실을 알면 하늘나라에서 기뻐할 것입니다. 앞으로 누구든 죄 없이 수감되는 일이 없기를 바랍니다."

2014년 4월 16일 진도 앞바다에서 여객선 '세월호'가 침몰했다. 배에 타고 있던 경기도 안산 단원고 학생들을 포함해 304명이 죽거나 실종됐다. "그 어린 학생들이 왜 그렇게 죽어가야 했는지 이해할 수가 없어요. 뭐라고 말로 표현할 수 없는 참혹한 일이었어요." 박근혜 정부를 향한 국민의 비난이 빗발쳤다. 세월호 사건은 국민의 뇌리에 깊은 상처를 남겼다.

2014년 10월 28일 이희호는 청와대를 방문해 대통령 박근혜를 만났다. "북한 어린이 돕기 활동을 위해 북한에 가고 싶다고 했더니 받아들여주었지요." 2014년 12월 24일 북한 국방위원회 제1위원장 김정은이 이희호에게 친서를 보냈다. 김정은은 친서에서 "다음에 좋은 계절에 여사께서 꼭 평양을 방문하여 휴식도 하면서 즐거운 나날을 보내게 되시기를 기대한다"고 말했다. 김정은은 "김정일 동지께서는 생전에 여사께서 김대중 전 대통령과 함께 민족과 통일을 위한 길에 모든 것을 다 바쳐온 데 대해 자주 회고하셨다"는 말도 했다.

2015년 8월 5일 이희호는 서해 직항로를 통해 북한을 3박4일 일정으로 방문했다. 세 번째 방북이었다. 이날 아침 10시 김포공항에서 이희호는 방북하는 심정을 수행단장 김성재를 통해 밝혔다. "우리 민족이 분단 70년의 아픔과 상처를 치유하고 6 · 15정신으로 화해협력하면서 평화롭게 살기를 바라는 마음으로 평양에 갑니다." 이희호의 방북에는 한반도평화포럼 이사장 백낙청, '사랑의 친구들' 초대 운영위원장 윤장순을 포함한 18명이 함께했다. 만 93살의 노구를 태운 전세기는 평양으로 향했다. "김정은 제1위원장이 우리를 직접 초대했기 때문에 만날 수 있기를 기대했지요."

이희호 일행이 탄 비행기는 오전 11시 평양 순안공항에 도착했다. 북한 아태평화위원회 부위원장 맹경일이 공항에 나와 이희호 일행을 맞았다. "맹경일 부위원장이 마지막까지 우리를 수행했어요." 이희호는 다시 백화원초대소에 묵었다. 맹경일은 김정은이 "이희호 여사는 고결한 분이기 때문에 정성껏 모시고 원하시는 모든 것을 해드리라"고 지시했다고 밝혔다. 이희호는 평양산원 부설 유선종양연구소와 옥류아동병원을 방문했다. 첫날 저녁 만찬이 열렸다. 김정은은 나타나지

2015년 8월 평양을 방문한 이희호는 육아원에서 어린이들을 안아주었다.
이희호는 세계 평화와 남북의 화해협력, 인권과 민주주의의 증진을 위한
노력을 멈추지 않았다.

않았다. "김정은 위원장을 만나면 '6·15남북공동선언을 서로 지켜가도록 하자'는 말을 하고 싶었어요. 그런데 만나지 못하니까 만찬 자리에서 맹경일 부위원장에게 말했어요. '아니, 김정은 위원장이 초청장을 보내서 왔는데, 나오지도 않는다면 뭐가 되느냐'고요. 그랬더니 그이가 밖으로 나가 한참 동안 전화를 하고 왔는데, 난감한 표정만 지었어요. 그이한테 '6·15공동선언을 잘 지키도록 하자'는 말을 김정은 위원장에게 대신 전해달라고 했지요."

이튿날 이희호 일행은 평양에 있는 애육원·육아원·양로원을 방문했다. "북한을 방문한 1차 목적이 북한 어린이들에게 '사랑의 친구

들'에서 마련한 물품을 전달하는 것이었거든요. '사랑의 친구들'에서 짠 모자와 장갑이 1만6000개 정도 됐어요. 박영숙 씨가 살아 있을 적에도 짰고, 나도 직접 짰고요. 그걸 전해주었지요." 이희호 일행은 이날 오후 묘향산으로 향했다. 북쪽에서는 만일의 상황에 대비해 구급차 한 대를 포함해 13대의 차량으로 이희호 일행의 이동을 도왔다. 이희호는 셋째 날 묘향산 만폭동과 보현사를 관람했다. 8월 8일 이희호는 3박4일 방북 일정을 마치고 평양을 떠났다. "마지막 오찬 때까지 김정은 위원장이 오기를 기대했는데 끝내 만나지 못했지요."

이희호는 낮 12시 김포공항에 도착해 성명을 읽었다. "민간인 신분인 저는 이번 방북에서 어떠한 공식 업무도 부여받지 않았습니다. 그러나 6·15정신을 기리고 키우는 데 일조한다는 사명감을 가지고 모든 일정을 소화했습니다. 특히 평양에서 애육원·육아원을 방문하고 해맑은 어린이들의 손을 잡으면서 다음 세대에 분단의 아픔을 물려주어서는 안 된다는 것을 더욱 깊이 새기게 되었습니다." 북한의 매체 〈우리민족끼리〉는 이날 "우리 인민은 고령의 나이에도 불원천리 평양을 방문한 이희호 여사에게서 민족의 단합과 통일을 위해 애쓰는 진심을 알 수 있었고 여생을 통일의 길에 바치려는 그의 남다른 열정에 깊은 감명을 받았다"고 밝혔다.

2016년 1월 6일 북한이 제4차 핵실험을 실시했다. 1월 26일 이희호는 아침 침대에서 일어나다 넘어져 골반뼈에 금이 가는 사고를 당했다. 급히 세브란스병원에 입원했다. 이희호는 남북의 대치가 격해질 때마다 밤잠을 이루지 못했다. 2월 7일 북한이 광명성 4호를 실은 로켓을 발사했다. UN과 미국은 북한의 장거리 미사일 발사를 규탄했다. 박근혜 정부는 2월 10일 개성공단 가동을 중단했다. 격랑 속에서도 지켜온 남북 협력의 상징이 문을 닫았다. 이희호의 마음은 한없이 무거웠다. 4월 13일 제20대 총선이 치러졌다. 여당인 새누리당이 참패하고 야권이 대승을 거두었다. 10월 최순실 사태가 터졌다. 박근혜 정부는 치명적인 타격을 입었다.

이희호는 지나온 삶을 돌아보았다. 20세기를 관통해 21세기에 이른 100년 가까운 삶이었다. "내 양심에 비추어 일생을 부끄럽지 않게 살았다고 생각합니다." 이희호는 자신이 여성운동가 · 민주화운동가로 기억되기를 바랐다. "여성의 인권을 존중하고 높이는 데 조금이라도 도움이 된 사람으로 기억되기를 바랍니다. 그리고 남편과 함께 민주주의를 이루기 위해 한길을 걸었다는 것을 기억해주었으면 합니다." 이희호는 한국이 인권국가로 반듯하게 서는 날이 오기를 꿈꾸었다. "우리나라가 도덕적으로 모범이 되는 나라로 세계인에게 인정받는 날이 오면 좋겠습니다. 여유 있는 사람들이 어려운 처지에 있는 사람들을 도와서 같이 잘 사는 나라가 되면 좋겠습니다." 이희호는 매일 기도했다. "남과 북이 서로 사랑하고 도와가며 살아가게 해달라고 기도합니다."

# 저자 후기

이희호 평전 집필은 내 삶의 예정된 시간표에는 들어 있지 않은 작업이었다. 우리 현대 정치사의 중심에 선 인물의 삶을 재현하는 일은 괴로움의 바다를 건너는 일이다. 그 일이 '김대중의 부인 이희호'의 삶을 그리는 일이라면 괴로움은 두 배가 된다. 이희호와 김대중은 동반자요, 동역자요, 평생을 함께 한 정치적 동지였으니, 이희호를 기술하는 일은 김대중을 기술하는 일과 따로 떨어져 있지 않다. 두 사람의 삶은 너무나 많은 정치적 쟁론의 한복판을 가로질러왔다. 그러므로 그 삶을 뒤쫓는 일은 사나운 말들의 가시덤불을 헤쳐나가야 하는 일이 될 수밖에 없다. 그 쟁론의 여진은 지금도 이 나라의 정치적 자장을 흔들고 있다. 내가 몸담고 있는 신문사에서 평전 집필 임무를 맡기지 않았다면, 그 무거운 짐을 지겠다고 스스로 나서는 일은 없었을 것이다. 글쓰기의 괴로움이 눈앞에 선명하게 보였다.

나는 과제를 받아들였다. 그때의 내 심정을 시인 김수영의 시구를 빌려 말하자면 이런 것이었다. "바람은 딴 데서 불고 구원은 예기치 않은 순간에 온다." 과제를 앞에 두고 나는 내 마음을 바꾸었다. 다시 말해 내 오래된 빚을 덜기로 했다. 우리에게 허락된 자유의 공기는 저 처절한 현대사가 키워낸 민주주의의 나무가 준 선물 아닌가. 반동의 힘이 아무리 거칠게 흔들어도 그 민주주의 나무를 뿌리까지 뽑지는 못할 것이다. 그 나무 아래서 비바람을 피하고 있는 나는 이 현대사가 흘린 다량의 피, 민주주의 나무의 뿌리를 흥건히 적신 그 피에 빚진 채무자다. 이희호와 김대중은 그 나무를 키우고 지키는 데 일생을 바친 사람들이니, 그 삶을 복원하는 작업을 하는 것은 내 처지에서 보면 채무이행이나 다를 바 없다.

오랫동안 쌓아둔 빚을 갚는다는 심정으로 나는 과제를 받아들였고 그 과제를 완수하는 일에 2년 가까운 시간을 매달렸다. 집필 작업을 하는 하루하루는 글쓰기의 외로움과 두려움을 씹고 삼키는 시간이었다. 언제 끝날지 알 수 없는 막막한 터널 안을 짐꾼처럼 걷는 시간이었다. 평전을 쓰는 일은 이희호와 김대중을 휘감았던 수많은 정치적 환란의 불길을 지나야 하는 일이었다. 나는 두 사람이 찔린 말들의 가시에 함께 찔렸고 두 사람이 빠진 수렁에 함께 빠졌다. 두 사람이 걸은 골고다 언덕을 함께 올랐다. 두 사람이 십자가를 지고 오르는 동안 나는 숙제를 품에 안은 학생처럼 의무감의 짐을 지고 올랐다. 짐을 지고 오르는 길은 나를 채무불이행의 태만으로부터 구원하는 길이기도 했다.

평전 쓰기 자체에 들어 있는 기술적인 곤란은 나에게 두 번째 짐을 지워주었다. 개인이 역사적 개인일 때, 그 개인의 일대기를 쓰는 일은 역사의 주요 사건을 통과하는 일이 된다. 역사를 살피는 사람에게 가장 기본이 되는 것은 사실 확인이다. 사실들의 숲에서 나는 자주 길을 잃고 헤매었고, 돌부리에 걸려 비틀거렸다. 하나의 사실을 두고 역사책마다 증언자마다 진술이 다르니 무엇이 진짜인가를 확인하는 일이 내 발길을 막았다. 서로 비교하고 대조하고 경위를 따져가며 사실을 확인하는 작업은 신경이 닳아빠지는 고역이었다. 그런 중에도 믿을 만한 기록과 증언이 있어 어두운 숲에 마냥 갇히지 않은 건 다행한 일이다.

이희호 평전을 쓰는 일이니만큼 집필자에게 가장 중요한 1차 자료는 이희호의 목소리였다. 2015년 3월부터 8월까지 여섯 달 동안 이희호 이사장 인터뷰를 진행했다. 인터뷰는 매주 월요일 오후 김대중 도서관 5층 회의실에서 한 번에 한 시간 반씩 모두 25차례 이루어졌다. 그러나 인터뷰만으로 사실 관계 전체를 포괄한다는 것은 애초에 가능하지 않은 일이었다. 김대중도서관과 김대중평화센터의 도움을 받아 이희호 이사장의 개인 자료를 집필에 활용했다. 2006년과 2010년에 23차례 행해져 김대중도서관에 보관된 이희호 인터뷰 자료는 사건에 부딪힌 주인공의 마음을 들여다보는 데 길잡이 구실을 했다. 이희호 이사장이 출간한 자서전과 이희호 이사장 관련 도서들은 글을 쓰는 동안 사실들의 난마에 얽히지 않고 앞으로 나아갈 수 있게 해준 안내자였다. 그 책들의 주요 내용은 이 평전에 들어와 필요한 곳마다 자리를 잡았다.

이희호의 삶을 기술하는 일은 김대중의 삶을 함께 기술하는 일이 될 수밖에 없다. 나는 김대중의 모든 저작물과 연설문과 인터뷰를 구해, 할 수 있는 한 샅샅이 읽고 정리했다. 그런 작업을 거쳐 이 평전이 그려낸 삶은 '김대중과 함께한 이희호'의 삶이 될 수 있었다. 여기에 더해 이희호와 김대중을 둘러싼 인물들의 회고록과 증언록은 사태의 진실을 아는 데 꼭 필요한 도움을 주었다. 또 현대사의 고비 고비를 서술할 때마다 현대사 연구자들의 저서가 나를 이끌어주었다. 특히 언론학자 강준만의 방대한 한국 근현대사 전집은 이 집필 여행의 동반자로서 내 곁을 떠나지 않았다. 그러나 책마다 어긋나는 사실관계를 확인하고 확정하는 일은 가외의 품을 들여야 하는 일이었다. 잘못된 기술을 바로잡는다는 마음으로 여건이 허락하는 한 노력을 기울였으나 그래도 남는 오류가 있다면 그것은 오로지 내가 감당할 몫이다.

정치 무대에 선 인물을 정당하게 평가하려면 먼저 정적들이 만들어낸 뒤틀린 이미지를 바로잡는 것이 필요하다. 이 평전을 쓰는 동안 이희호와 김대중에게 덮씌워진 음해와 비방의 너울을 걷어내는 데 마음을 기울였다. 이희호가 살아온 지난 한 세기의 역사는 해방, 통일, 인권, 민주주의를 향한 길고도 힘든 격투의 시간이었다. 이 평전을 쓰는 동안 그 역사를 만든 민중의 노고를 잊지 않으려고 했다. 이희호와 김대중의 삶은 민중 열망의 물결을 탄 것이었고, 동시에 두 사람은 민중 저항의 노도를 일으킨 힘의 중심이기도 했다. 그 시련의 역사를 헤쳐나가는 길에서 두 사람이 맞닥뜨린 절망의 최저점과 희망의 최고점을 온전히 그려내보는 것이 내 바람이었다. 그 최저점과 최고점 사이에서 흘러나오는 혼의 울림이 이 평전의 배경음이 되기를 바라는 마음을 한 문장 한 문장 쓸 때마다 다지고 새겼다.

이 평전 작업은 의무에서 시작된 일이었지만 배려를 거쳐 완성될 수 있었다. 이 작업을 할 수 있도록 기회를 주고 어려움에 처할 때마다 격려해준 한겨레신문사 선후배들, 신문사 밖의 지인들께 감사드린다. 신문 지면에 연재된 글이라 참고문헌을 일일이 각주로 밝히지 못했다. 글을 쓸 때 바탕이 된 자료의 목록 일부를 뒤에 싣는다.

2016. 11.

고명섭

# 참고문헌


• 이희호 관련 저술

이희호, 《나의 사랑 나의 조국》, 명림당, 1992.

이희호, 《동행 — 고난과 영광의 회전무대》, 웅진지식하우스, 2008.

이희호, 《옥중서신 2 — 이희호가 김대중에게》, 시대의창, 2009.

피천득 외, 《내가 만난 이희호》, 명림당, 1997.

• 김대중 관련 저술

가쿠마 다카시, 추성춘 옮김, 《아시아의 리더1 — 김대중 대통령》, 창작시대, 2000.

강준만, 《김대중 죽이기》, 개마고원, 1995.

김대중, 《김대중의 21세기 시민경제 이야기》, 산하, 1997.

김대중, 《김대중 자서전 1, 2》, 삼인, 2010.

김대중, 김용운 편역, 《김대중 자서전 1, 2 — 역사와 함께 시대와 함께》, 인동, 1999.

김대중, 《나의 길 나의 사상 — 세계사의 대전환과 민족통일을 방략》, 한길사, 1994.

김대중, 《나의 삶 나의 길》, 산하, 1997.

김대중, 《내가 걷는 70년대》, 범우사, 1970.
김대중, 《내가 사랑한 여성》, 에디터, 1997.
김대중, 《다시, 새로운 시작을 위하여》, 김영사, 1993.
김대중, 《대중경제론》, 청사, 1986.
김대중, 《대중 참여 경제론》, 산하, 1997.
김대중, 《분노의 메아리》, 한국정경사, 1967.
김대중, 《옥중서신 1 — 김대중이 이희호에게》, 시대의창, 2009.
김대중, 《이경규에서 스필버그까지》, 조선일보사, 1997.
김대중, 《한국 : 민주주의의 드라마와 소망》, 청도, 1992.
김대중, 《행동하는 양심으로》, 금문당, 1985.
김대중, 《후광 김대중 대전집》(전 15권), 중심서원, 1993.
김대중, 《21세기와 한민족 — 김대중 전 대통령 주요 연설·대담》, 돌베개, 2004.
김대중선생납치사건 진상규명을 위한 시민의 모임, 《김대중납치사건의 진상》, 푸른나무, 1995.
김대중 외, 《각계 명사들이 말하는 나의 아버지》, 문학사상사, 2000.
김대중평화센터, 《통일 지향의 평화를 향하여》, 한겨레출판, 2007.
김택근, 《새벽 — 김대중 평전》, 사계절, 2012.
김하중, 《증언 — 외교를 통해 본 김대중 대통령》, 비전과리더십, 2015.
문명자, 《내가 본 박정희와 김대중》, 월간말, 1999.
아태평화재단, 《김대중의 3단계 통일론 — 남북연합을 중심으로》, 아태평화출판사, 1995.
이문영 외, 《김대중 내란음모의 진실》, 문이당, 2000.
평화민주당총재비서실, 《김대중 연설문집 — 민족의 내일을 생각하며》, 학민사, 1990.

• 한국 현대사 관련 저술

강만길, 《역사가의 시간 — 강만길 자서전》, 창비, 2010.

강원용, 《빈들에서 — 나의 삶 한국현대사의 소용돌이 1~3》, 삼성출판사, 1995.
강준만, 《전라도 죽이기》, 개마고원, 1995.
강준만, 《한국 근대사 산책 1~10》, 인물과사상사, 2007~2008.
강준만, 《한국 현대사 산책 — 1940년대편 1, 2》, 인물과사상사, 2004.
강준만, 《한국 현대사 산책 — 1950년대편 1~3》, 인물과사상사, 2004.
강준만, 《한국 현대사 산책 — 1960년대편 1~3》, 인물과사상사, 2004.
강준만, 《한국 현대사 산책 — 1970년대편 1~3》, 인물과사상사, 2002.
강준만, 《한국 현대사 산책 — 1980년대편 1~4》, 인물과사상사, 2003.
강준만, 《한국 현대사 산책 — 1990년대편 1~3》, 인물과사상사, 2006.
강준만, 《한국 현대사 산책 — 2000년대편 1~5》, 인물과사상사, 2011.
계훈제, 《흰 고무신 — 계훈제, 미완의 자서전》, 삼인, 2002.
권노갑, 《누군가에게 버팀목이 되는 삶이 아름답다》, 살림, 1999.
김경재, 《김형욱 회고록 — 혁명과 우상 1~5》, 인물과사상사, 2009.
김구, 《백범어록》, 돌베개, 2007.
김구, 《백범일지 — 백범 김구 자서전》, 돌베개, 1997.
김근태, 《남영동》, 중원문화, 2007.
김삼웅, 《곡필로 본 해방 50년》, 한울, 1995.
김옥두, 《고난의 한길에도 희망은 있다》, 인동, 1999.
김옥두, 《다시, 김대중을 위하여 — 김대중과 함께 30년, 그 격동의 현장》, 살림터, 1995.
김옥두, 《든든해요 김대중 — 김대중 대통령 97 대선 집권 드라마》, 나남출판, 1998.
김홍일, 《나는 천천히 그러나 쉬지 않는다》, 나남출판, 2001.
김형욱·박사월, 《김형욱 회고록 1, 2》, 아침, 1985.
김충식, 《남산의 부장들》, 폴리티쿠스, 2012.
김형수, 《문익환 평전》, 실천문학사, 2004.

김활란, 《그 빛 속의 작은 생명—우월 김활란 자서전》, 이화여자대학교출판부, 1999.
노무현, 《여보, 나 좀 도와줘》, 새터, 1994.
도널드 그레그, 차미례 옮김, 《역사의 파편들—도널드 그레그 회고록》, 창비, 2015.
돈 오버도퍼·로버트 칼린, 이종길·양은미 옮김, 《두 개의 한국》, 길산, 2002.
문동환, 《문동환 자서전—떠돌이 목자의 노래》, 삼인, 2009.
민주언론운동협의회, 《보도지침》, 두레, 1988.
박철언, 《바른 역사를 위한 증언 1, 2》, 랜덤하우스중앙, 2005.
백남운, 《조선민족의 진로·재론》, 범우, 2007.
브루스 커밍스, 김동노 외 옮김, 《브루스 커밍스의 한국 현대사》, 창비, 2001.
서중석, 《조봉암과 1950년대 상·하》, 역사비평사, 1999.
서중석, 《이승만의 정치 이데올로기》, 역사비평사, 2005.
신동아, 《선언으로 본 80년대 민족·민주 운동》, 동아일보사, 1990.
윌리엄 글라이스틴, 황정일 옮김, 《알려지지 않은 역사—전 주한미국대사 글라이스틴 회고록》, 알에이치코리아, 2014.
임동원, 《피스 메이커—남북관계와 북핵문제 25년》, 창비, 2015.
이태영, 《'정의의 변호사' 되라 하셨네—이태영 선생 유고 변론집》, 한국가정법률상담소, 1999.
장준하, 《돌베개》, 세계사, 1992.
전남사회운동협의회·황석영, 《죽음을 넘어 시대의 어둠을 넘어》, 풀빛, 1985.
정일형, 《오직 한 길로—항일·반독재 투쟁사》, 을지서적, 1991.
제임스 릴리, 김준길 옮김, 《아시아 비망록》, 월간조선사, 2005.
조봉암, 《우리의 당면과업》, 범우, 2009.
짐 스텐츨, 《시대를 지킨 양심—한국 민주화와 인권을 위해 나선 월요모임 선교사들의 이야기》, 민주화운동기념사업회, 2007.
최상천, 《알몸 박정희》, 인물과사상사, 2007.

최정운, 《오월의 사회과학》, 오월의봄, 2012.
한국기독교교회협의회 인권위원회, 《1970년대 민주화운동 1~5》, 한국기독교교회협의회, 1987.
한홍구, 《대한민국사》, 한겨레신문사, 2003.
한홍구, 《유신—오직 한 사람을 위한 시대》, 한겨레출판, 2014.

• 그 밖의 저술

테야르 드 샤르댕, 양명수 옮김, 《인간현상》, 한길사, 1997.
존 F. 케네디, 박광순 옮김, 《존 F. 케네디의 용기 있는 사람들》, 범우사, 2007.
아널드 토인비, 원창화 옮김, 《역사의 연구 1, 2》, 홍신문화사, 1992.
아널드 토인비, 역사의연구간행위원회 옮김, 《역사의 연구》(전 14권), 동서문화원, 1977.
앨빈 토플러, 원창엽 옮김, 《제3의 물결》, 홍신문화사, 1994.

• 신문 · 백과사전

〈경향신문〉
〈동아일보〉
〈한겨레〉
〈한국일보〉
〈두산백과〉
〈위키백과〉
〈한국근현대사사전〉
〈한국민족문화대백과〉

# 연보

| | |
|---|---|
| 1922. 9. 21. | 서울 종로구 수송동 외가에서 이용기-이순이의 6남2녀 중 넷째로 태어남 |
| 1940. 3. | 이화고녀(이화여고) 졸업 |
| 1942. 4. | 이화여전 문과 입학 |
| 1944. 1. | 이화여전 '여자청년연성소 지도원 양성기관'으로 변경 |
| 1944. 4. | 강제 졸업 후 충남 예산 삽교공립국민학교 부설 여자청년연성소 지도원으로 배치 |
| 1945. 8. 15. | 삽교공립국민학교 부설 여자청년연성소에서 해방 맞음 |
| 1946. 9. | 서울대학교 사범대 영어과 입학 |
| 1948 | 서울대학교 사범대 교육학과로 전과 |
| 1950. 5. | 서울대학교 사범대 교육학과 졸업 |
| 1950~1952 | 대한여자청년단 활동 |

| | |
|---|---|
| 1952.11. | 여성문제연구원 창립 |
| 1954. 9.~1956. 5. | 미국 램버스대학(Lambuth College)에서 수학 |
| 1956. 9.~1958. 5. | 미국 스캐릿대학(Scarritt College)에서 석사과정(사회학 석사) |
| 1958. 9~12. | 이화여대 사회사업과 강사 |
| 1959~1962 | 대한YWCA연합회 총무 |
| 1961~1970 | 한국여성단체협의회 이사 |
| 1962. 5. 10. | 김대중과 결혼 |
| 1963~1965 | 이화여대 사회사업과 강사 |
| 1964~1970 | 사단법인 여성문제연구회 회장 |
| 1964~1982 | 대한YWCA연합회 상임위원 |
| 1968~1972 | 범태평양·동남아시아 여성연합회 한국지회 부회장 |
| 1971 | 김대중 제7대 대통령 선거 출마 |
| 1972. 10. 17. | 박정희 유신 선포 |
| 1972. 10. 18. | 치료 차 일본에 있던 김대중 도쿄에서 유신 반대 성명 발표 |
| 1973. 8. 8. | 김대중 도쿄납치사건 |
| 1973. 8. 13. | 김대중 귀국 후 가택연금 |
| 1976. 3. | 김대중 '3·1민주구국선언'으로 구속 수감 |
| 1978. 12. 27. | 김대중 형집행정지로 가석방 후 가택연금 |
| 1979. 12. 8. | 10·26사건으로 긴급조치 및 가택연금 해제 |
| 1980. 5. 17. | 김대중 신군부에 강제 연행 |
| 1980. 5. 18~27. | 광주항쟁 |
| 1980. 9. 17. | 김대중 군사재판에서 사형선고 받음 |

| | |
|---|---|
| 1982. 12. 23. | 김대중 형집행정지로 석방 후 미국 망명 |
| 1983. 1. 9. | 미국 교회여성연합회에서 '용감한 여성 상' 수상 |
| 1983. 5. | 미국 스캐릿대학에서 '탑상'(Tower Award) 수상 |
| 1984 | 북미연합으로부터 '1984년 인권상' 수상 |
| 1985. 2. 8. | 망명 2년 3개월 만에 귀국 |
| 1987 | 김대중 제13대 대통령 선거 출마 |
| 1987. 9. | 미국 노스이스턴대학에서 명예박사학위(인문학) 받음 |
| 1988. 5. | 미국 워시번대학에서 명예박사학위(인문학) 받음 |
| 1989. 12. | 가족법 개정 |
| 1992 | 김대중 제14대 대통령 선거 출마, 낙선 뒤 정계은퇴 선언 |
| 1993. 2~6. | 김대중 영국 케임브리지대학 객원연구원으로 활동 |
| 1994. 1. 27. | 아시아·태평양평화재단(아태재단) 출범 |
| 1994~1997 | 아태재단 이사 |
| 1995. 7. 13. | 김대중 정계복귀 선언 |
| 1997. 6. | 미국 코럴리지침례대학 명예박사학위(종교교육학) 받음 |
| 1998. 2. 25. | 김대중 제15대 대통령 취임(대통령 부인 자격으로 무궁화대훈장 수훈) |
| 1998. 4. | 일본 아오야마가쿠인대학 명예박사학위(교육학) 받음 |
| 1998. 5. | 이화여대 명예박사학위(철학) 받음 |
| 1998~2002 | 사단법인 사랑의 친구들 명예총재 |

| | |
|---|---|
| 1999~2002 | 한국 방문의 해 추진위원회 명예위원장 |
| 2000~2002 | 한국여성재단 명예이사장 |
| 2000. 1. | 미국 서던캘리포아니대학에서 '국제사회복지상' 수상 |
| 2000. 2. 2. | 미국 국가조찬기도회 오찬 연설 |
| 2000. 9. | 미국 드루대학 명예박사학위(인문학) 받음 |
| 2000. 12. 10. | 김대중 노벨평화상 수상 |
| 2000. 12. 25. | 펄 벅 인터내셔널 '올해의 여성 상' 수상 |
| 2001. 1. 29. | 여성부 출범 |
| 2002 | 미국 밴더빌트대학 명예박사학위 받음 |
| 2002 5. | UN 아동특별총회 임시의장 |
| 2003. 2. 24. | 김대중 제15대 대통령 퇴임 |
| 2003~현재 | 사단법인 사랑의 친구들 고문 |
| 2005~현재 | 외환은행나눔재단(현 하나금융나눔재단) 이사 |
| 2007. 4. 24. | 동신대 명예박사학위(사회복지학) 받음 |
| 2007~2009. 9. | 김대중평화센터 고문 |
| 2008. 11. 11. | 자서전《동행 — 고난과 영광의 회전무대》출간 |
| 2009. 8. 18. | 김대중 서거 |
| 2009. 9. 10.~현재 | 김대중평화센터 이사장 |
| 2011. 12. | 북한 김정일 국방위원장 사망(육로 통해 조문 방북) |
| 2013. 2. 1. | 아웅산 수치 동교동 방문 |
| 2015. 8. | 세 번째 방북 |

지은이 **고명섭**
〈한겨레〉 논설위원. 인간의 정신과 내면을 들여다보는 데 관심이 있다. 《니체극장: 영원회귀와 권력의지의 드라마》, 《즐거운 지식: 책의 바다를 항해하는 187편의 지식 오디세이》, 《광기와 천재: 루소에서 히틀러까지 문제적 열정의 내면풍경》, 《담론의 발견: 상상력과 마주보는 150편의 책읽기》, 《지식의 발견: 한국 지식인들의 문제적 담론 읽기》를 썼다. 소설 《미궁: 테세우스와 미노타우로스》, 시집 《황혼녘 햇살에 빛나는 구렁이알을 삼키다》를 냈다. 《세계를 매혹시킨 반항아 말론 브랜도》(공역)를 우리말로 옮겼다.

이희호 평전
– 고난의 길, 신념의 길



**초판 1쇄 인쇄** 2016년 12월 1일
**초판 1쇄 발행** 2016년 12월 8일

**지은이** 고명섭
**펴낸이** 이기섭
**편집인** 김수영
**책임편집** 정회엽
**마케팅** 조재성 정윤성 한성진 정영은 박신영
**경영지원** 김미란 장혜정

**펴낸곳** 한겨레출판(주) www.hanibook.co.kr
**등록** 2006년 1월 4일 제313-2006-00003호
**주소** 121-750 서울시 마포구 효창목길6(공덕동) 한겨레신문사 4층
**전화** 02) 6383-1602~3 **팩스** 02) 6383-1610
**대표메일** book@hanibook.co.kr

ISBN 979-11-6040-025-0 03990

* 표지 사진은 오동명 작가가, 본문 사진은 김대중평화센터에서 제공해 주었습니다.
* 책값은 뒤표지에 있습니다.
* 파본은 구입하신 서점에서 바꾸어 드립니다.